Abgeleitete physikalische Größen (Fortsetzung)

Name	Formelzeichen	Definitionsgleichung	Einheiten		Weitere Einheiten		Zusammenhang/ Erläuterungen
			Name	Zeichen	Name	Zeichen	
Energie Arbeit Innere Energie Wärme Elektr. Energie	E, W W Q W	$W = F \cdot s$ $Q = m \cdot c \cdot \Delta T$ $W = U \cdot I \cdot t$	Joule	J	Newtonmeter Wattsekunde Kilowattstunde	Nm Ws kWh	1 J = 1 Nm = 1 Ws 1 kWh = 3 600 000 Ws = 3,6 MJ
Leistung	P	$P = \frac{W}{t}$	Watt	W			$1\ \text{W} = 1\ \frac{\text{Nm}}{\text{s}} = 1\ \frac{\text{J}}{\text{s}} = 1\ \text{V} \cdot \text{A}$
Schwingungsdauer	T	$T = \frac{t}{n}$	Sekunde	s			
Frequenz	f	$f = \frac{1}{T}$	Hertz	Hz			$1\ \text{Hz} = \frac{1}{\text{s}}$
Beleuchtungsstärke	E		Lux	lx			$1\ \text{lx} = 1\ \frac{\text{cd}}{\text{m}^2}$
Brechkraft	D	$D = \frac{1}{f}$	Dioptrie	dpt			$1\ \text{dpt} = 1\ \frac{1}{\text{m}}$
Temperaturdifferenz	ΔT $\Delta \vartheta$	$\Delta T = T_2 - T_1$ $\Delta \vartheta = \vartheta_2 - \vartheta_1$	Kelvin	K	Grad Celsius	°C	1 °C = 1 K
Wärmekapazität	C	$C = \frac{Q}{\Delta \vartheta}$	Joule durch Kelvin	$\frac{\text{J}}{\text{K}}$	Joule durch Grad Celsius	$\frac{\text{J}}{°\text{C}}$	$1\ \frac{\text{J}}{\text{K}} = 1\ \frac{\text{J}}{°\text{C}}$
Spezifische Wärmekapazität	c	$c = \frac{Q}{m \cdot \Delta \vartheta}$	Joule durch Kilogramm mal Kelvin	$\frac{\text{J}}{\text{kg} \cdot \text{K}}$	Joule durch Kilogramm mal Grad Celsius	$\frac{\text{J}}{\text{kg} \cdot °\text{C}}$	$1\ \frac{\text{J}}{\text{kg} \cdot \text{K}} = 1\ \frac{\text{J}}{\text{kg} \cdot °\text{C}}$
Wärmeleitfähigkeit	λ		Joule durch Meter mal Kelvin	$\frac{\text{J}}{\text{m} \cdot \text{K}}$			
Wärmedurchgangszahl	U		Watt durch Quadratmeter mal Kelvin	$\frac{\text{W}}{\text{m}^2 \cdot \text{K}}$			
Elektrische Ladung	Q	$Q = I \cdot t$	Coulomb	C	Amperestunde	Ah	1 C = 1 As 1 Ah = 3 600 As
Elektrische Spannung	U	$U = \frac{W}{Q}$	Volt	V			$1\ \text{V} = 1\ \frac{\text{Nm}}{\text{C}} = 1\ \frac{\text{Ws}}{\text{C}}$
Elektrischer Widerstand	R	$R = \frac{U}{I}$	Ohm	Ω			$1\ \Omega = 1\ \frac{\text{V}}{\text{A}} = \frac{1}{\text{S}}$
Elektrischer Leitwert	G	$G = \frac{I}{U}$	Siemens	S			$1\ \text{S} = 1\ \frac{\text{A}}{\text{V}}$
Spezifischer Widerstand (linearer Leiter)	ϱ	$\varrho = R \cdot \frac{A}{l}$	Ohm mal Quadratmillimeter durch Meter	$\frac{\Omega \cdot \text{mm}^2}{\text{m}}$			elektrische Leitfähigkeit $\kappa = \frac{1}{\varrho}$
Elektrische Kapazität	C	$C = \frac{Q}{U}$	Farad	F			$1\ \text{F} = 1\ \frac{\text{C}}{\text{V}}$
Aktivität	A	$A = \frac{n}{t}$	Becquerel	Bq	$\frac{1}{\text{s}}$		$1\ \text{Bq} = \frac{1}{\text{s}}$
Energiedosis	D	$D = \frac{W}{m}$	Gray	Gy	Joule durch Kilogramm	$\frac{\text{J}}{\text{kg}}$	$1\ \text{Gy} = 1\ \frac{\text{J}}{\text{kg}}$
Äquivalentdosis	H	$H = D \cdot Q$	Sievert	Sv	Joule durch Kilogramm	$\frac{\text{J}}{\text{kg}}$	$1\ \text{Sv} = 1\ \frac{\text{J}}{\text{kg}}$ 1 Sv = 100 rem

Physik

Berufsfachschule

Heinrich Hübscher
Bernd Vorwerk

unter Mitarbeit der Verlagsredaktion

westermann

1. Auflage, 2013
Druck 1, Herstellungsjahr 2013

Redaktion: Lutz Mannigel
Umschlaggestaltung: boje5 Grafik & Werbung, Braunschweig
Satz und Layout: deckermedia GbR, Vechelde
Druck und Bindung: westermann druck GmbH, Braunschweig

ISBN 978-3-14-**222541**-8

VORWORT UND NUTZUNGSHINWEISE

Das Buch ist vorrangig für den Physikunterricht an Berufsfachschulen entwickelt worden. Der Konzeption dieses neu entwickelten Titels liegt die Vermittlung von Kompetenzen zugrunde, wie sie in den Bildungs- und Lehrplänen der Länder formuliert sind. Die Themen werden problemorientiert behandelt und fördern die Handlungskompetenz der Schülerinnen und Schüler.

Viele **Beispiele**,

zahlreiche leicht durchführbare **Versuche** sowie

vertiefende **Aufgaben** helfen bei der Erarbeitung der Inhalte aller Kapitel.

Wichtige **Merksätze** sind mit roter Schrift gekennzeichnet. Begriffe, die fett gedruckt sind, stehen im **Register** und können unabhängig vom Inhaltsverzeichnis nachgeschlagen werden.

Am Ende jedes Hauptkapitels wird das **Basiswissen** übersichtlich zusammengefasst. Für umfangreichere Kapitel, wie die Mechanik, die Optik und die Elektrizitätslehre, gibt es jeweils zwei Zusammenfassungen.

Einige Themen werden jeweils von einem hochqualitativen **Video** begleitet.

Sie sollen der Veranschaulichung und einem tieferen Verständnis dienen. Weiterhin geben sie zusätzliche Informationen für aktuelle technische Anwendungen der physikalischen Gesetzmäßigkeiten.

Die Videos sind über den Link http://www.westermann.de/links/222541 kostenlos abrufbar.

Im Interesse der besseren Lesbarkeit wurde in diesem Buch meist nur die männliche Form verwendet. Selbstverständlich sind immer beide Geschlechter angesprochen.

Die Autoren und der Verlag sind für Hinweise und Verbesserungsvorschläge jederzeit aufgeschlossen und dankbar.

Autoren und Verlag

1 Einführung

1.1 Physik – eine Naturwissenschaft

1.2 Aufbau und Eigenschaften von Körpern

1.1 Physik - eine Naturwissenschaft

1.1.1 Der Weg zur Naturwissenschaft

Menschen der Frühzeit waren mit der Natur viel enger verbunden als die heutigen Menschen. Sie fühlten sich den Naturabläufen und den Naturgewalten total ausgesetzt. Das galt erst recht für Naturkatastrophen, wie Überschwemmungen, Vulkanausbrüche, Erdbeben und extreme Unwetter, die auch heute noch viele Opfer fordern. Schon die Menschen des Altertums, z. B. die Sumerer, Babylonier oder Ägypter, untersuchten das Naturgeschehen und entdeckten dabei Regelmäßigkeiten. Immer mehr Abläufe in der Natur ließen sich auf diese Weise „physikalisch" erklären und brauchten nicht mehr den Launen von Göttern und Dämonen zugeschrieben werden.

Der Grieche **Aristoteles** (384–322 v. Chr.) befasste sich besonders intensiv mit Naturerscheinungen. Durch Beobachten mit den Sinnen - Experimentieren spielte damals eine untergeordnete Rolle - gewann er viele Erkenntnisse, die er seinen Schülern als Naturlehre vermittelte.

Der Italiener **Galilei** (1564–1642) verstand das Experiment als gezielte Frage an die Natur. Mit Hilfe von Experimenten erhielt er viele zuverlässige physikalische Erkenntnisse, z. B. über Bewegungsabläufe, die er auch mathematisch zu beschreiben versuchte. Mit Hilfe eines selbstgebauten Fernrohres entdeckte er Berge auf dem Mond und vier Monde des Planeten Jupiter. Mit dem Erkennen und dem mathematischen Formulieren von Gesetzmäßigkeiten entwickelte sich die Naturlehre zur Naturwissenschaft. Das bedeutet, dass man immer und überall bei gleichen Versuchsgegebenheiten zum gleichen Versuchsergebnis kommt.

Es gilt der Zusammenhang: Gleiche physikalische Ursache - gleiche physikalische Wirkung.

Die Naturwissenschaft Physik ermöglicht, Natur und Umwelt besser zu verstehen, sorgsam und verantwortungsbewusst mit ihr umzugehen und sie nicht „auszubeuten". Mit ihr können neue Techniken und Technologien entwickelt werden.

Sich mit Physik befassen heißt

- die Natur und technische Vorgänge beobachten,
- Genaueres wissen wollen,
- Vermutungen anstellen,
- planmäßig experimentieren,
- Experimente auswerten und
- die gewonnenen Erkenntnisse möglichst auch mathematisch formulieren.

Auf diesem Wege (1) fanden viele berühmte Physikerinnen und Physiker Gesetze, die immer und überall gelten.

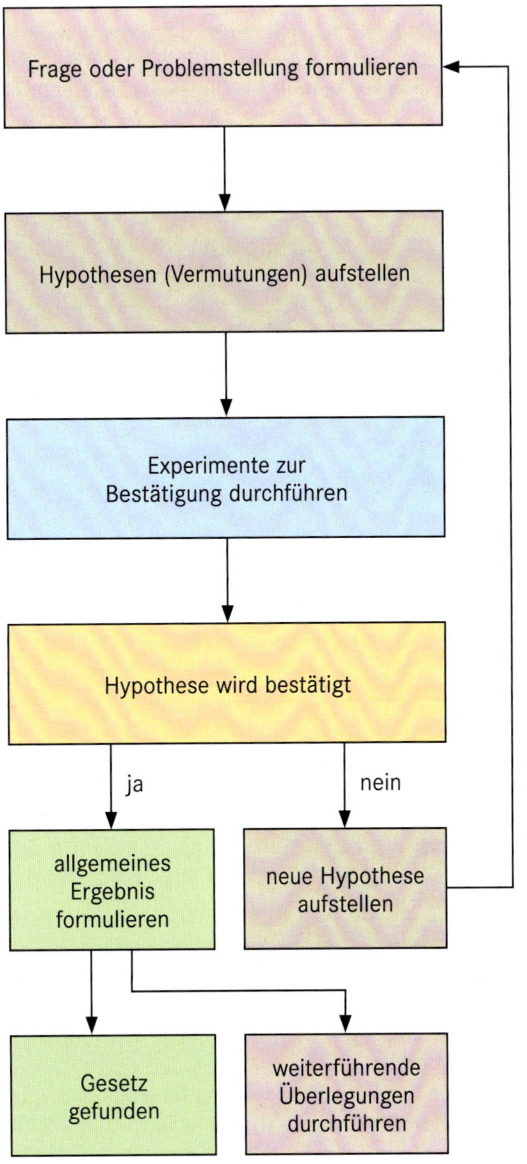

1 Der Weg zum physikalisches Gesetz

Die Physik ist zuverlässig. Es gibt aber immer noch viel zu entdecken. Forscherinnen und Forscher aus fast allen Nationen bemühen sich intensiv, vorhandene Erkenntnisse zu präzisieren und neue zu gewinnen. Für besonders wertvolle Forschungsergebnisse auf dem Gebiet der Physik wird seit 1900 Jahr für Jahr ein Preis, der nach seinem Stifter Nobelpreis genannt wird, verliehen.

Einer der bekanntesten Nobelpreisträger der Physik war Albert **Einstein** (1879–1955).

1.1.2 Physikalische Größen

Physikalische Größen richtig darstellen

Im Alltag verwendet man unklare Begriffe. Oft stört das nicht weiter. So weiß jeder Kraftfahrer, was die Zahl 30 auf dem rot umrandeten, runden Verkehrsschild bedeutet (1): Es darf höchstens mit einer Geschwindigkeit von 30 km/h gefahren werden.

1 Darstellung einer physikalischen Größe

In der Physik müssen klare Begriffe benutzt werden. Die Geschwindigkeit ist eine **physikalische Größe**. Eine physikalische Größe wird immer mit einem Zahlenwert (Maßzahl, z. B. 30) und der **physikalischen Einheit** (z. B. km/h) angegeben.

Alle physikalischen Größen setzen sich aus zwei Anteilen zusammen, einem Zahlenwert und einer physikalischen Einheit.

Physikalische Größe = Zahlenwert · Einheit

Wenn der Weg in Metern (m) und die Zeit in Sekunden (s) angegeben werden, ergibt sich für die Geschwindigkeit die Einheit Meter/Sekunde (m/s).

Physikalische Größen werden durch kursiv gesetzte Formelzeichen symbolisiert. So erhält beispielsweise die Geschwindigkeit das Symbol v.

Basisgrößen

Die **Zeit** t und die **Länge** s sind **Basisgrößen**. Sie sind physikalische Größen, die nicht auf andere Größen zurückgeführt werden können. Die zugehörigen Einheiten heißen **Basiseinheiten**. Als Einheit der Zeit wurde 1 Sekunde festgelegt. Bis 1969 war festgelegt, dass eine Sekunde der 86 400ste Teil eines mittleren Sonnentages ist. Da sich die Erde nicht exakt gleichmäßig dreht, wird heute die Zeit 1 s durch die gleichmäßige Strahlung des Elementes Cäsium festgelegt. Eine Sekunde ist das 9162631770-fache der Periodendauer der Cäsiumstrahlung.

Als größere Einheiten werden die Minute (min), die Stunde (h) und der Tag (d) verwendet:

1 min = 60 s 1 h = 3 600 s 1 d = 86 400 s

Zeiten werden mithilfe von Uhren gemessen. Sie verwenden dazu gleichmäßig schwingende Systeme wie Pendel, Unruhen oder Quarze. Über Zahnräder werden die Schwingungen in entsprechende Zeigerstellungen übersetzt. Bei den Quarzuhren werden die Schwingungen elektronisch gezählt und in einem Display angezeigt.

Entfernungen nennt man häufig auch Strecken oder Längen. Die Länge ist auch eine physikalische Größe. Sie erhält das Symbol s oder l.

Im Jahre 1875 einigten sich 17 Staaten auf das metrische System. Seitdem ist als Einheit für die Länge 1 Meter in vielen Staaten gesetzlich festgelegt. Auf einem Stab aus Platin und Iridium wurde die Einheit damals durch den Abstand zweier Markierungen festgelegt (2).

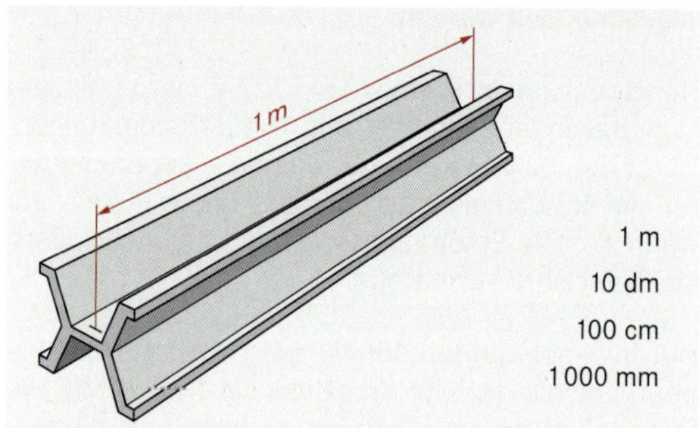

2 Längennormal

Dieses **Urmeter** wird sorgfältig in Paris aufbewahrt und ist gegen Umwelteinflüsse geschützt. Alle Staaten haben eine entsprechende Nachbildung bekommen. Heute wird die Länge mit Hilfe der Lichtgeschwindigkeit definiert. Die Einheit 1 Meter ist die Strecke, die das Licht im Vakuum, also im luftleeren Raum, während der Zeit 1/299792458 Sekunden zurücklegt.

Obwohl das Meter die gesetzliche Längeneinheit ist, werden noch andere Längeneinheiten benutzt:

- Zoll (engl. Inch) ("): 1" = 2,54 cm
- Meile (mi): 1 mi = 1 609 m
- Seemeile (sm): 1 sm = 1 852 m

Je nach Messgenauigkeit muss ein entsprechendes Messgerät ausgewählt werden. Lineale, Maßbänder, Messlatten, Messschieber und Gliedermaßstäbe sind Beispiele für **Längenmessgeräte**.

Elektrische Entfernungsmesser senden Ultraschall oder Laserlicht aus. Treffen der Schall oder das Licht auf ein Hindernis, werden sie reflektiert und von einem Sensor aufgenommen. Aus dem Zeitunterschied zwischen dem Aussenden und dem Aufnehmen wird mithilfe der Schall- oder Lichtgeschwindigkeit die Entfernung berechnet und auf dem Bildschirm angezeigt.

Abgeleitete Größen

Flächen (A) sind **abgeleitete Größen**. Die Einheit 1 Quadratmeter (m^2) wird auf die Basiseinheit 1 m zurückgeführt. Sind z. B. a und b die Längen der Rechteckseiten, dann ist die Fläche A des Rechtecks durch Multiplikation festgelegt (3).

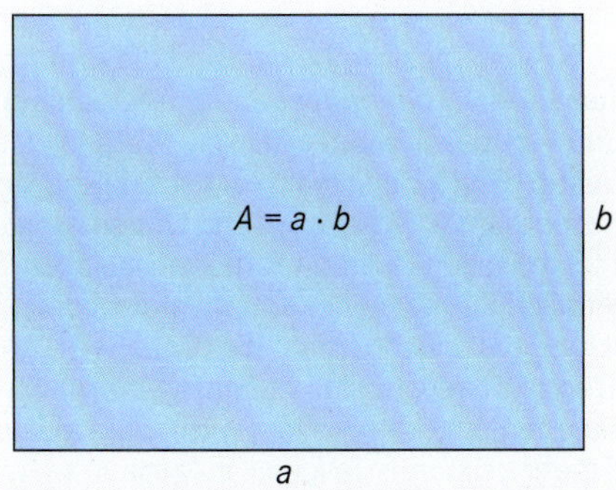

3 Flächeninhalt eines Rechtecks

Es ergibt sich die Einheit für die Fläche A:

$1\ \text{m} \cdot 1\ \text{m} = 1\ \text{m}^2$

Auch die Geschwindigkeit v ist eine abgeleitete Größe. Die Beziehungen zwischen den Basisgrößen Länge und Zeit werden als Gleichungen dargestellt. Wenn für die Länge (Weg) das Formelzeichen s und für die Zeit das Formelzeichen t benutzt wird, ergibt sich die Gleichung für die Geschwindigkeit v:

$$v = \frac{s}{t}$$

Rechnen mit physikalischen Größen

Mit physikalischen Größen darf wie mit Zahlen gerechnet werden. Dabei gelten folgende Regeln:

- Nur Größen gleicher Art dürfen addiert oder subtrahiert werden, z. B.:

  $3\ \text{m}^2 + 5\ \text{m}^2 = 8\ \text{m}^2$
- Physikalische Größen dürfen multipliziert oder dividiert werden, z. B.: Länge/Zeit ergibt eine Geschwindigkeit.
- Verschiedene Einheiten können ineinander umgerechnet werden, z. B.: Meter in Zentimeter oder Minuten in Sekunden.
- Formelgleichungen dürfen umgestellt und aufgelöst werden. Wenn zwei Größen bekannt sind, kann man durch Umstellen der Gleichung die dritte Größe berechnen, z. B.:

  $v = \frac{s}{t}$ $\quad s = v \cdot t \quad$ $t = \frac{s}{v}$

Fehler im Umgang mit Messungen

Will man die Fläche einer rechteckigen Tischplatte ermitteln, muss man Längenmessungen vornehmen. Eine mögliche Fehlerquelle ist das Ablesen der Skala. Die Genauigkeit der Messung hängt aber auch vom verwendeten Messgerät ab. Jedes Messgerät hat einen bestimmten Messbereich und eine bestimmte Genauigkeit. Ein Lasermessgerät für die Längenmessung liefert ein genaueres Ergebnis als z. B. eine Messung mit einem Gliedermaßstab.

Um Messfehler zu verringern, werden die gleichen Messungen mehrfach wiederholt (4).

Messung	1	2	3	4	5
Länge in m	5,275	5,266	5,273	5,271	5,270

4 Messreihenbespiel

Aus den gewonnenen Werten wird der **Mittelwert** gebildet. Dazu werden die einzelnen Messwerte addiert und durch die Anzahl der Messwerte dividiert. Im Mittel beträgt die Länge 5,271 m (4).

Werden die Messwerte mit unterschiedlichen Messgeräten ermittelt, so darf das Ergebnis des Mittelwertes nur so viele Stellen nach dem Komma erhalten, wie der Messwert mit der geringsten Anzahl von Nachkommastellen. Wäre der 5. Wert mit 5,27 m angegeben worden, wäre der errechnete Mittelwert auf gültige Ziffern abzurunden.

Oftmals ergibt sich, dass der rechnerisch ermittelte Wert eine Genauigkeit vortäuscht, die durch die Messwerte nicht sinnvoll ist. So darf das Ergebnis einer Multiplikation oder Division höchstens so viele geltende Ziffern aufweisen wie der Messwert mit der geringsten Ziffernfolge.

Beispiel

Flächenberechnung

Wie groß ist die Fläche einer rechteckigen Platte mit a = 5,27 m, b = 3,266 m?

Die schriftliche Multiplikation oder ein Taschenrechner liefern das Ergebnis 17,21182 m^2.

Der Messwert mit der geringsten Ziffernanzahl hat 3 Ziffern. Deshalb sind im Ergebnis auch nur 3 geltende Ziffern anzugeben. Das Rechenergebnis ist abzurunden. A = 17,2 m^2

Ergebnisse sollen immer nur mit der Genauigkeit angegeben werden, die aufgrund der ermittelten Daten sinnvoll sind.

Aufgaben

1. Berechnen Sie die Mittelwerte der Zeitmessungen 12,5 s; 12,53 s; 12,49 s; 12,518 s; 12,52 s.
2. Geben Sie die Fläche eines Rechtecks mit a = 6,38 m und b = 4,22 m an.

1.2 Aufbau und Eigenschaften von Körpern

1.2.1 Körper – aus physikalischer Sicht

Eigenschaften von Körpern

Taucht man ein umgedrehtes Glas in Wasser ein, so dringt nur wenig Wasser in das umgedrehte Glas ein (1). Der Flüssigkeitsspiegel in der Glasschale steigt.

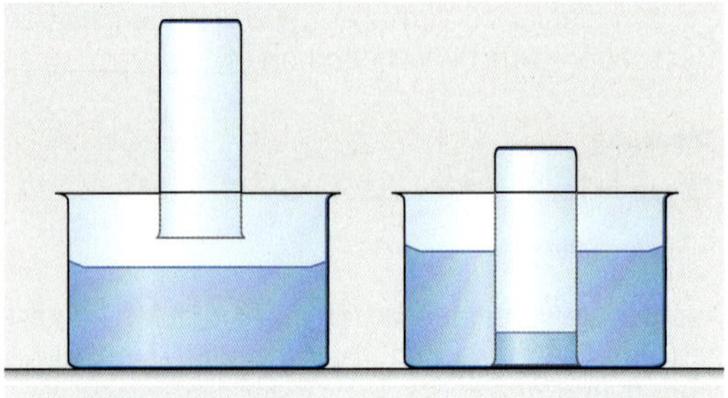

1 Verdrängung von Wasser

Offenbar hat das Gas Luft die Flüssigkeit Wasser verdrängt. Ob das Wasser auch durch andere **Körper** verdrängt werden kann, lässt sich mit Hilfe einer Versuchsreihe untersuchen (2).

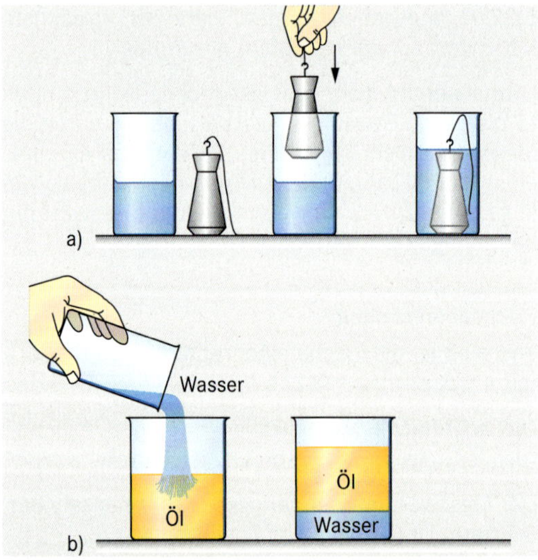

2 Verdrängung von Körpern

Taucht man einen festen Gegenstand in das Wasser, so steigt der Wasserspiegel (2a). Füllt man in die Glasschale etwas Öl und schüttet aus einem zweiten Glas etwas Wasser dazu, so verdrängt die Flüssigkeit Wasser die Flüssigkeit Öl (2b).

In der Alltagssprache verstehen wir unter „Körper" meistens einen menschlichen oder tierischen Körper. In der Mathematik bedeutet Körper (z. B. Würfel oder Kegel) wieder etwas anderes: Der Körper umgrenzt einen bestimmten Raum.

In der Physik verstehen wir unter „Körper" alle Dinge, die aus einem Stoff bestehen und begrenzt sind. Die Luft in einem Ballon bildet einen gasförmigen Körper, das Wasser in einem Glas einen flüssigen Körper und ein Geldstück einen festen Körper.

Unter einem physikalischen Körper versteht man eine begrenzte Menge Stoff.

Fest – flüssig – gasförmig, das sind die drei **Aggregatzustände**, in denen fast alle Stoffe vorkommen können. Am bekanntesten ist das Wasser, das als Eis (fester Stoff), als Wasser (Flüssigkeit) sowie als Wasserdampf (Gas) existiert. Um sich die drei unterschiedlichen Zustände für den gleichen Stoff verständlich zu machen, kann man die Vorstellung benutzen, die sich bereits die Griechen Leukipp und Demokrit (etwa 450 v. Chr.) gemacht hatten. Sie nahmen an, dass alle Stoffe aus kleinsten, nicht mehr teilbaren Teilchen aufgebaut sind, und nannten diese **Atome** (atomos, gr. unteilbar). Inzwischen weiß man mehr über die Atome.

Die verschiedenen Stoffe wie Eisen, Wasser, Kupfer, Holz unterscheiden sich in der Art ihrer kleinsten Teilchen. Die Atome der 118 zurzeit bekannten Elemente (Grundstoffe), wie Eisen, Kupfer, Sauerstoff, Wasserstoff, Kohlenstoff unterscheiden sich durch ihre Masse und Größe voneinander.

Viele dieser Atome können sich zusammenfügen. Es entstehen dann **Moleküle**. Sie sind die Grundbausteine der zahlreichen chemischen Verbindungen. So verbinden sich gern zwei Wasserstoffatome mit einem Sauerstoffatom. Sie bilden ein Wassermolekül (Wasserteilchen).

Atome können noch weiter geteilt werden. Es genügt jedoch vorerst, sich die Atome als winzig kleine, harte, unzerstörbare Kugeln vorzustellen. Mit dieser vereinfachten Darstellung – dem **Teilchenmodell** – lassen sich bereits viele Dinge erklären.

Mit dem Teilchenmodell lassen sich viele Beobachtungen erklären.

Versuche

1. Tauchen Sie ein umgedrehtes Glas in das Wasser ein (1). Beschreiben Sie Ihre Beobachtungen.
2. Führen Sie die folgenden Versuche durch und beschreiben Sie die Beobachtungen:
   a) Tauchen Sie den festen Gegenstand in das Wasser und ziehen Sie ihn wieder heraus (2a).
   b) Füllen Sie in die Glasschale etwas Pflanzenöl und schütten Sie aus einem zweiten Glas etwas Wasser dazu (2b).
3. Gießen Sie vorsichtig Wasser aus einem Glas aus (3). Beschreiben Sie die Beobachtung. Versuchen Sie, sie mit Hilfe des Teilchenmodells zu erklären.

Kräfte zwischen den kleinsten Teilchen

Beim Ausgießen von Wasser aus einem Glas geschieht es häufig, dass das Wasser an der Außenwand des Glases herunterläuft, obwohl es doch eigentlich senkrecht nach unten fallen müsste (3).

3 Ausgießen von Wasser

Mit Hilfe des Teilchenmodells kann diese Beobachtung erklärt werden. Zwischen den einzelnen Teilchen des gleichen Stoffes herrschen Kräfte, dadurch werden die Wasserteilchen untereinander zusammengehalten. Man spricht von **Kohäsionskräften**. Aber auch zwischen den Atomen des Wassers und des Glases wirken Kräfte. Diese Kräfte, die zwischen Teilchen verschiedener Stoffe wirken, heißen **Adhäsionskräfte**. Beim vorsichtigen Ausgießen reichen sie aus, um die Wasserteilchen am Glas entlangfließen zu lassen.

Fest – flüssig – gasförmig

Die zwischen Atomen wirkende Kräfte sind auch dafür verantwortlich, ob ein Körper gasförmig, flüssig oder fest ist. Man kann also die Aggregatzustände mit dem Verhalten der kleinsten Teilchen erklären (4). Bei festen Körpern (z. B. Kupfer, Eis, Zucker) sind die Kräfte zwischen den Teilchen sehr groß, sodass ein einzelnes Atom oder Molekül seinen Platz nicht verlassen kann. Daher sind Festkörper meistens stabil und haben eine kaum veränderbare Form. Je größer die Kräfte zwischen den einzelnen Teilchen eines festen Körpers sind, desto schwerer wird es sein, die Teilchen gegeneinander zu verschieben. Das wird durch den Begriff **Härte** ausgedrückt.

Manche Körper fallen durch ebene Oberflächen auf. Es sind **Kristalle**. Die meisten festen Körper bestehen aus einer Vielzahl kleiner Kristalle, die nur mit der Lupe oder unter dem Mikroskop erkennbar sind. Die Regelmäßigkeit der äußeren Form kann durch die regelmäßige Anordnung der Teilchen erklärt werden.

Bei Flüssigkeiten sind die Kräfte zwischen den Teilchen wesentlich schwächer als bei festen Körpern. Es gelingt, die einzelnen Teilchen gegeneinander zu verschieben. Flüssigkeiten nehmen daher jede Form an, in die sie hineingegossen werden.

In Flüssigkeiten liegen die Teilchen dicht nebeneinander, können aber trotz der Anziehungskräfte leicht gegeneinander verschoben werden.

Bei Gasen gibt es nur noch sehr schwache Kräfte zwischen den Teilchen, die weit voneinander entfernt sind. Daher benötigen Gase ein wesentlich größeres Volumen als Flüssigkeiten oder feste Körper bei gleicher Masse und gleichem Druck. Erst wenn die Temperatur sinkt, werden die Anziehungskräfte zwischen den Gasteilchen stärker wirksam, sodass viele Gase dann beginnen, flüssig zu werden (z. B. Bildung von Tau auf einer Wiese).

Zwischen den Gasteilchen ist viel Platz und zwischen den einzelnen Teilchen wirken kaum Kräfte.

Aufgabe

Beschreiben Sie die Aggregatzustände mit Hilfe des Teilchenmodells.

	a) feste Körper	b) flüssige Körper	c) gasförmige Körper
Form, Volumen	• eigene Form • eigenes Volumen	• keine eigene Form • haben eigenes Volumen • füllen Formen aus	• keine eigene Form • füllen jedes Volumen aus
Kräfte zwischen den Teilchen	stark	schwach	sehr schwach
Teilchen verschiebbar	nein	• ja • leicht verschiebbar	• ja • viel Platz zwischen den Teilchen
Beispiel	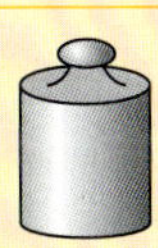 Eisenklotz, Gewichtsstück	 Limonade im Glas	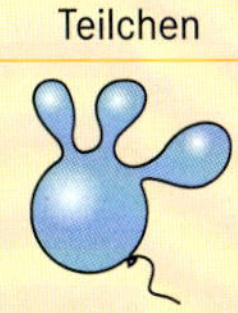 Luft im Luftballon
Veranschaulichung im Teilchenmodell	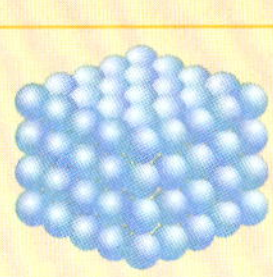		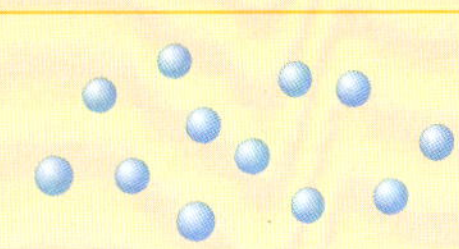

4 Vergleich der Aggregatzustände

1.2.2 Körper haben eine Masse

Das Massennormal

Zum Vergleich von Massen benutzt man eine Tafel- oder eine Balkenwaage sowie Wägestücke (1).

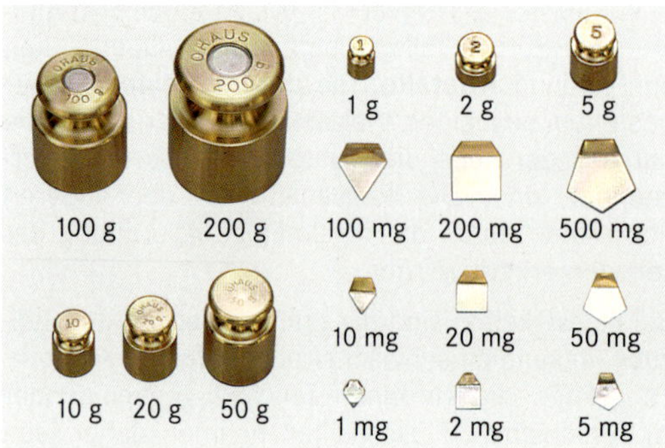

1 Wägestücke

Eine Waage befindet sich im Gleichgewicht, wenn der Waagebalken waagerecht steht. Die Waage ist dann austariert. Die Massen auf beiden Seiten sind gleich. Wird der Körper auf der einen Seite der Waage geteilt oder umgeformt, wird dadurch seine **Masse** nicht verändert. Die Waage bleibt austariert. Man sagt: Die Masse bleibt erhalten. Das Formelzeichen der Masse ist der Buchstabe m. Die Einheit ist 1 **Kilogramm** (kg).

Für geringere Massen werden auch Bruchteile von 1 kg benutzt:
1 kg = 1000 g (Gramm)
1 g = 1000 mg (Milligramm)

Größere Massen werden in Tonnen (t) angegeben:
1 t = 1000 kg

Seit über 100 Jahren wird bei Paris das **Urkilogramm** (Gewichtsstück) zum Vergleich staubfrei in einem geschützten Raum aufbewahrt (2).

2 Massennormal

Das Urkilogramm ist ein Zylinder aus Platin und Iridium und hat vereinbarungsgemäß die Masse m = 1 kg. Fast alle Länder haben davon eine genaue Kopie erhalten. Die Kopie für Deutschland wird in der Physikalisch-Technischen Bundesanstalt in Braunschweig sorgsam aufbewahrt. Nach dieser Kopie werden die Wägestücke genau festgelegt.

Zusammenhang von Masse und Gewichtskraft

Der Zusammenhang von **Gewichtskraft** und Masse kann am Beispiel einer Tafel Schokolade dargestellt werden (3).

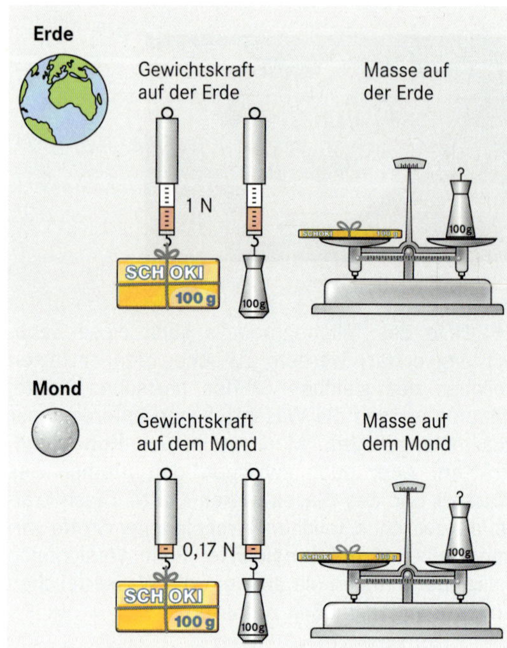

3 Zusammenhang von Masse und Gewichtskraft

Mit einer Balkenwaage wird die Masse der Schokolade bestimmt. Sie befindet sich auf der Erde im Gleichgewicht mit Wägestücken von 100 g. Die Masse m beträgt 100 g. Mit einem Kraftmesser wird die **Schwerkraft** zwischen der Erde und einem Gegenstand bestimmt. Das ist in diesem Beispiel die Gewichtskraft F_G der Schokolade. Sie beträgt auf der Erde 1 Newton (1 N).

Würden die Messungen auf dem Mond wiederholt werden, würde die Balkenwaage wieder eine Masse von 100 g anzeigen. Der Kraftmesser würde die Gewichtskraft F_G = 0,17 N anzeigen, also ungefähr ein Sechstel der Gewichtskraft auf der Erde.

Die Masse bleibt gleich. Die Gewichtskraft ist ortsabhängig.

Versuche

1. Legen Sie auf eine der beiden Waagschalen einer Balkenwaage eine Kugel aus Knete oder Ton. Legen Sie auf die andere Waagschale so lange Gewichtsstücke, bis Gleichgewicht herrscht. Formen Sie anschließend aus der Knetekugel kleinere Kugeln und legen Sie alles wieder gemeinsam auf die Waagschale. Formulieren Sie ein Ergebnis.
2. Schätzen Sie die Masse von unterschiedlichen Körpern (Bleistift, Federtasche, Knete, Nägel oder Schrauben). Bestimmen Sie anschließend die Masse mit Hilfe einer Waage.

Ortsfaktor

Die Masse der Schokolade bliebe in jedem Fall gleich, solange nichts davon weggenommen oder dazugetan wird. Aber die Gewichtskraft änderte sich. Auf dem Mond wirkt eine geringere Anziehungskraft (Schwerkraft) als auf der Erde. Könnte dieser Versuch auch auf anderen Himmelskörpern durchgeführt werden, würde man feststellen:

Auf Himmelskörpern mit großer Masse wäre die Gewichtskraft größer als auf Himmelskörpern mit kleiner Masse (4).

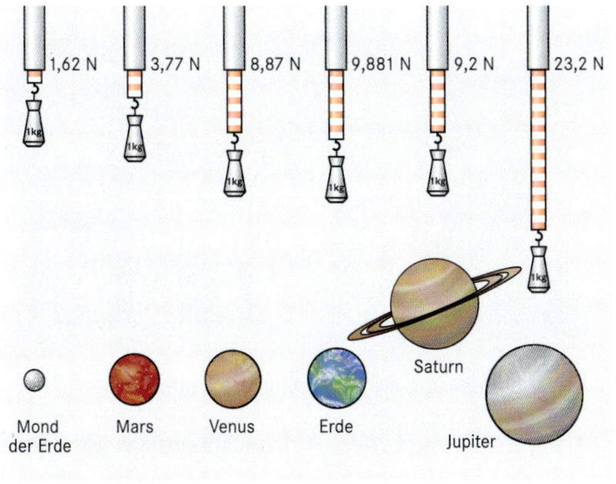

4 Die Gewichtskraft ist ortsabhängig

Video

Außerdem änderte sich die Gewichtskraft mit der Entfernung zum Himmelskörper. Selbst auf der Erde zeigt ein Kraftmesser für dasselbe Gewichtsstück unterschiedliche Werte an (5). Eine Ursache für die Abweichungen auf der Erde ist ihre abgeplattete Form. So beträgt der Durchmesser am Äquator 12 756 km, vom Nord- zum Südpol 12 714 km. Eine weitere Ursache ist die Drehung der Erde um die eigene Achse. Zwischen allen Körpern wirkt eine **Massenanziehungskraft** (Schwerkraft oder **Gravitationskraft**).

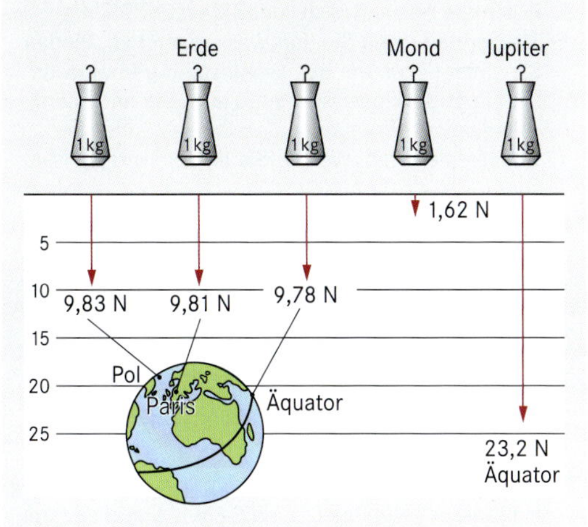

5 Ortsfaktor

Auf einen Körper mit der Masse m = 1 kg, der sich auf der Erdoberfläche in Mitteleuropa befindet, wirkt die Gewichtskraft 9,81 N. Auf dem Mond wirkt auf den gleichen Körper die Gewichtskraft 1,62 N.

Will man nun die Gewichtskraft F_G einer bestimmten Masse m an einem dieser Orte berechnen, so muss man die jeweilige Masse (6) mit dem Faktor 9,81 (Erde) bzw. 1,62 (Mond) multiplizieren. Dieser Faktor heißt **Ortsfaktor** g. Seine Einheit ist N/kg.

Haar	0,011 mg
1 l Luft	1,3 g
Münze 2 ct	3 g
1 l Wasser	1 kg
Frau	60 kg
Mann	70 kg
Pkw	1 t
Elefant	5–6 t

6 Beispiele für Massen

Um die Gewichtskraft einer Masse m zu berechnen, benutzt man die folgende Gleichung:

$$F_G = m \cdot g$$

Auf der Erde kann man näherungsweise mit dem Faktor g = 10 N/kg rechnen. Für eine Masse von einem Kilogramm ergibt sich die Gewichtskraft 1 N.

Aufgaben

1. Geben Sie die Masse an für ein Paket Butter, einen Becher Jogurt, eine Tafel Schokolade.
2. Vergleichen Sie die beiden Messungen in Bild 3. Beschreiben Sie Gemeinsamkeiten und Unterschiede. Formulieren Sie einen Merktext.
3. Berechnen Sie den Unterschied der Gewichtskraft eines Menschen (m = 75 kg) am Nordpol und am Äquator.
4. Die Gesamtausrüstung eines Raumfahrers (7) hat eine Masse von 84 kg. Wie groß ist die Gewichtskraft auf der Erde und auf dem Mond?

7 Geringere Gewichtskraft auf dem Mond

5. Astronauten bringen vom Mond Gesteinsproben mit zur Erde. Auf dem Mond messen sie eine Gewichtskraft von 12 N.
   a) Wie groß ist die Gewichtskraft auf der Erde?
   b) Wie groß ist die Masse?

1.2.3 Körper haben ein Volumen

Feste Körper, Flüssigkeiten und Gase

Das **Volumen** eines Würfels, Quaders oder Zylinders kann man besonders leicht berechnen (1).

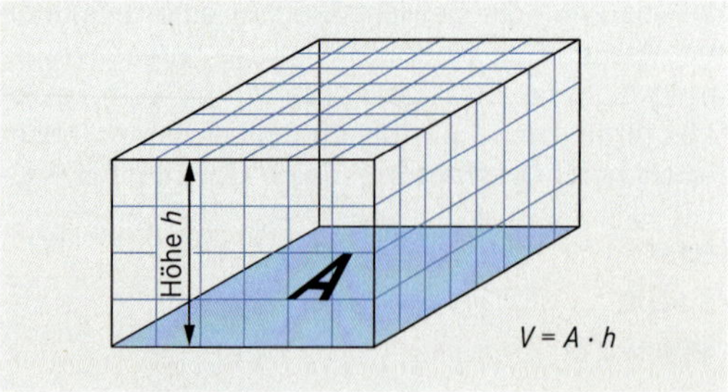

1 Volumen von Quadern

Hierbei ist A die Grundfläche und h die Körperhöhe. Volumenangaben V erfolgen in der Einheit 1 m^3 (Kubikmeter). In vielen Fällen benutzt man die kleinere Einheit 1 dm^3 (1 Kubikdezimeter = 1 l, Liter) oder die noch kleinere Einheit 1 cm^3 (1 Kubikzentimeter = 1 ml, Milliliter).

Beispiel

Volumenberechnung

Ein Tetrapak hat die Grundfläche $A = 50\ cm^2$. Er ist 20 cm hoch. Wie groß ist das Volumen?

Es gilt: $V = 50\ cm^2 \cdot 20\ cm = 1000\ cm^3 = 1\ l$

Diese Angabe bedeutet, dass 1000 Würfel mit der Kantenlänge 1 cm in diesem Tetrapak Platz hätten.

Das Volumen von Flüssigkeiten kann mit einem **Messzylinder** bestimmt werden (2). Dazu wird die Flüssigkeit in den Messzylinder gefüllt. Zum Abmessen kleinerer Flüssigkeitsvolumen kann eine Saugpipette benutzt werden, in die die zu messende Flüssigkeit hineingesaugt wird (3).

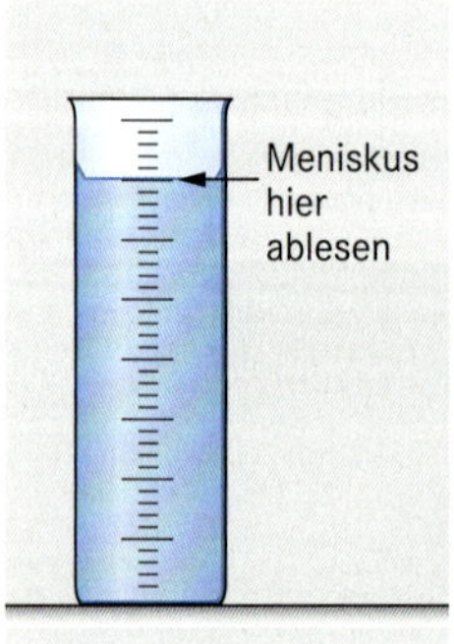

2 Messzylinder

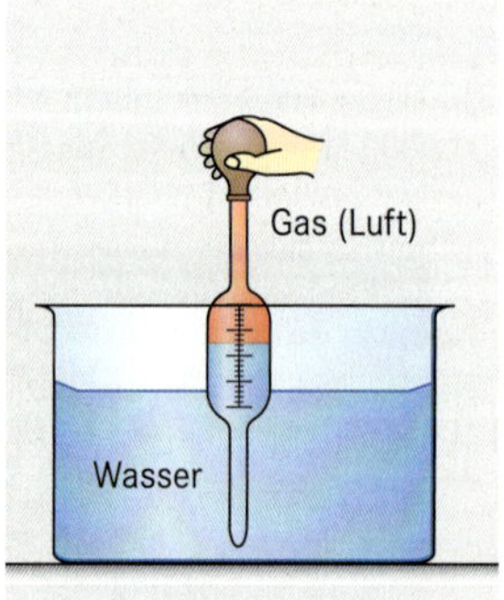

3 Messpipette

An den Markierungsstrichen ist das Volumen ablesbar. Beim Ablesen muss aber beachtet werden, dass das Wasser am Rand etwas höher steht als in der Mitte. Diese Wölbung heißt Meniskus. Damit einheitlich abgelesen wird, vereinbarte man, dass an der tiefsten Stelle abgelesen wird.

Viele Körper haben nicht die einfache Form eines Würfels oder eines Quaders, sodass eine Berechnung mit der einfachen Formel nicht möglich ist. Das Volumen eines unregelmäßig geformten Körpers lässt sich jedoch mit einem Messzylinder bestimmen (4a). Da der Gegenstand das Wasser verdrängt hat, muss sein eigenes Volumen genauso groß sein wie die Differenz beider Werte. Bei einem Überlaufgefäß wird das verdrängte Wasser in einem Messzylinder aufgefangen (4b).

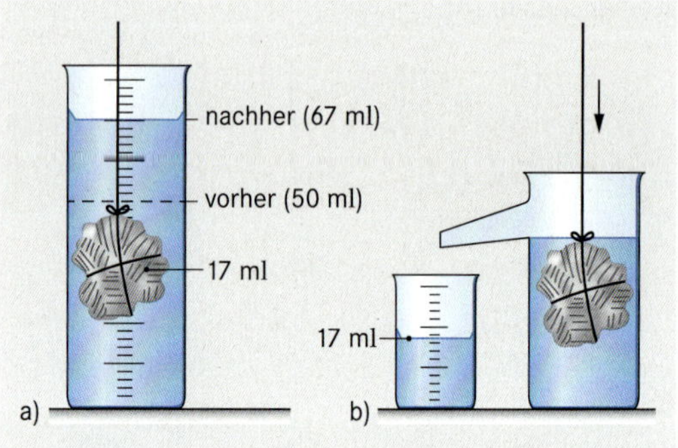

4 Volumenmessung unregelmäßig geformter Körper

Die Volumenangabe kann unterschiedlich erfolgen:

- 1 m^3 = 1000 dm^3 = 1000 l
- 1 dm^3 – 1000 cm^3
- 1 l = 1000 ml
- 1 hl = 100 l
- 1 cm^3 = 1 000 mm^3
- 1 Tropfen, 1 Teelöffel voll

Versuche

1. Bestimmen Sie mit einem Messzylinder, wie viel Flüssigkeit in ein Trinkglas, eine Tasse oder eine Milchflasche passt. Schätzen Sie vor jeder Messung das Volumen.
2. Ermitteln Sie die Menge der Flüssigkeit, die Sie an einem Tag trinken.
3. Füllen Sie einen Messzylinder (4a) zum Teil mit Wasser und lesen Sie den Wasserstand ab. Binden Sie einen Faden um den Gegenstand und tauchen Sie ihn in die Flüssigkeit ein. Lesen Sie nach dem vollständigen Eintauchen des Gegenstandes den Wasserspiegel ab. Werten Sie die Messergebnisse aus.
4. Stellen Sie neben ein vollständig gefülltes Überlaufgefäß einen Messzylinder (4b). Lassen Sie den Gegenstand in das Überlaufgefäß sinken. Lesen Sie an den Eichmarken das Volumen des verdrängten Wassers ab.
5. Messen Sie 250 ml Atemluft ab.
6. Bestimmen Sie Ihr Atemvolumen mit einem hinreichend großen Auffangbehälter.
7. Füllen Sie ein Überlaufgefäß bis zur Ausflussöffnung mit Wasser (4b). Bestimmen Sie das Volumen Ihrer Hand.

Volumenmessung

Zur **Volumenmessung** eines Gases wendet man gern folgenden Trick an (5): Zunächst wird ein Messzylinder vollständig mit Wasser gefüllt. Danach wird er unter der Wasseroberfläche einer ebenfalls mit Wasser gefüllten Schale umgestülpt. Anschließend lässt man das Gas durch einen Schlauch in den umgestülpten Messzylinder perlen. Das Gas steigt im umgekehrten Zylinder nach oben und verdrängt dabei das Wasser.

5 Messung eines Gasvolumens

Durch Benzin- und **Wasseruhren** (6) werden die verbrauchten Flüssigkeitsmengen z. B. an Tankstellen oder bei der Wasserversorgung im Wohnhaus bestimmt. Von der Flüssigkeit wird ein Flügelrad angetrieben. Die Zahl der Umdrehungen ist ein Maß für die durchgeflossene Flüssigkeitsmenge.

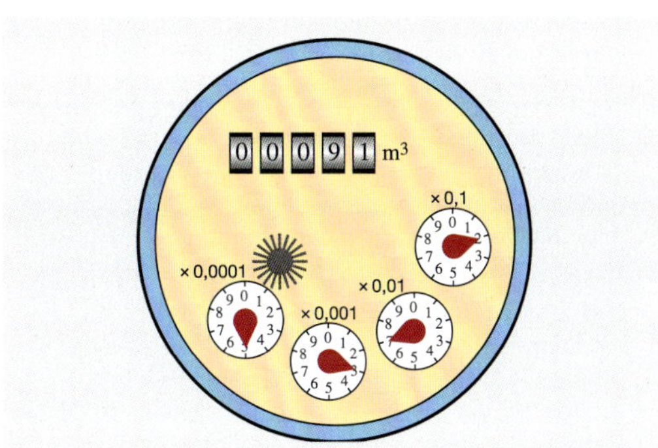

6 Wasseruhr

Beispiel

Ablesen einer Wasseruhr (6)

Ziffernanzeige 00091 m³

Zeigeranzeigen

$2 \cdot 0{,}1 = 0{,}2\ \text{m}^3$

$7 \cdot 0{,}01 = 0{,}07\ \text{m}^3$

$3 \cdot 0{,}001 = 0{,}003\ \text{m}^3$

$5 \cdot 0{,}0001 = 0{,}0005\ \text{m}^3$

$= 91{,}2735\ \text{m}^3$

Der Kofferraum eines Pkw wird ebenfalls in Litern angegeben. Zur Ermittlung des Kofferraumvolumens wird der Kofferraum mit kleinen Messquadern (a = 20 cm, b = 10 cm, c = 5 cm) ausgelegt (7).

7 Messquader zur Ermittlung des Kofferraumvolumens

Das Volumen von Flüssigkeiten in Vorratsbehältern oder Tanks wird über den Füllstand bestimmt (8). Die Füllstandshöhe ist an einem Standrohr, einem herausziehbaren Peilstab ①, an einem Schauglas ② oder an einem Schwimmer ③ ablesbar.

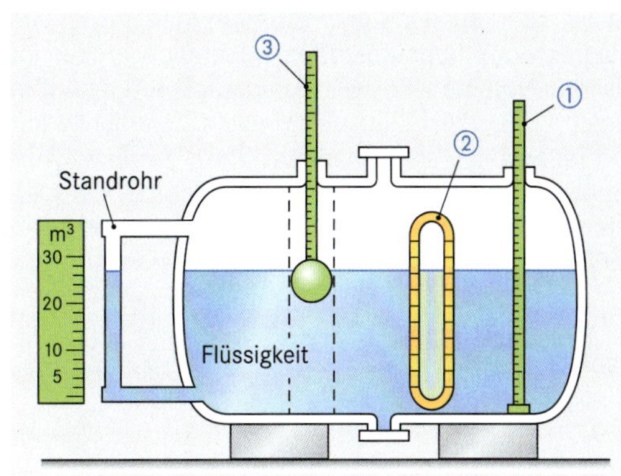

8 Möglichkeiten der Volumenbestimmung über den Füllstand

Aufgaben

1. Schätzen Sie den Wasserverbrauch im Haushalt für
   a) einmal Zähneputzen,
   b) drei Minuten duschen,
   c) ein Wannenbad,
   d) 500 g Nudeln kochen,
   e) einen Waschgang der Waschmaschine und
   f) einmal WC-Spülung betätigen.
2. Planen Sie eine Versuchsreihe, um die geschätzten Werte aus Aufgabe 1 zu überprüfen.
3. Ermitteln Sie eine Woche lang den täglichen Wasserverbrauch. Lesen Sie dazu täglich zur gleichen Zeit die Wasseruhr ab und notieren Sie die Werte.
4. Berechnen Sie das Volumen eines Messquaders (a = 20 cm, b = 10 cm, c = 5 cm). Wie viele Quader passen in den jeweiligen Kofferraum hinein?
   a) 330 l, b) 410 l, c) 540 l
5. Beschreiben Sie, wie man die Volumenangaben in Bild 8 überprüfen kann.

1.2.4 Jeder Stoff hat eine Dichte

Was ist schwerer, Schaumstoff oder Eisen?

Bei einer vorschnellen Antwort würde jeder sofort antworten: Natürlich Eisen. Aber das ist nicht richtig. Die Tafelwaage ist im Gleichgewicht (1). Das Gewichtsstück und die Schaumstoffteile haben die gleiche Masse, sie sind gleich schwer.

1 Gleich und doch nicht gleich

Es ist aber auch deutlich zu erkennen, dass das Volumen des Schaumstoffes wesentlich größer ist als das Volumen des Gewichtsstückes. Legt man gleich große Würfel aus Eisen und Schaumstoff auf die Tafelwaage, stellt man fest, dass der Eisenwürfel eine wesentlich größere Masse besitzt. Bei gleicher Masse besitzen Würfel aus unterschiedlichen Stoffen unterschiedliche Volumen (2).

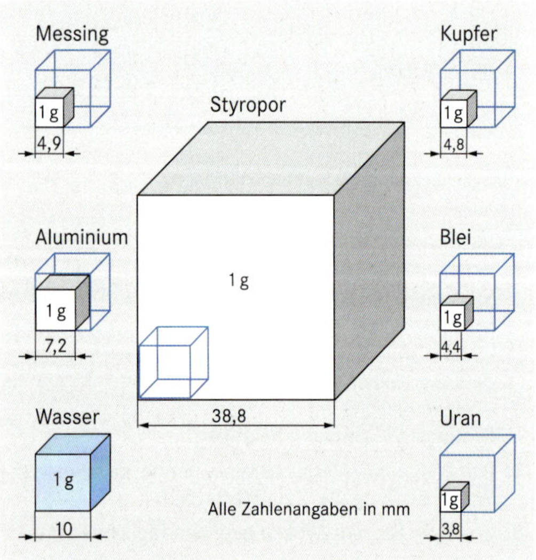

2 Würfel gleicher Masse

Der Zusammenhang zwischen der Masse *m* und dem Volumen *V* kann durch den folgenden Versuch bestimmt werden: Eine Knetekugel wird in Stücke zerteilt. Von jedem Stück Knete werden die Masse *m* und das Volumen *V* bestimmt. Die Werte werden in eine Tabelle eingetragen (3).

Stück	Masse *m* in g	Volumen *V* in cm³	*m*/*V* in g/cm³
1	32	13	2,5
2	27	12	2,3
3	41	17	2,4
4	19	8	2,4
5	38	16	2,4

3 Bestimmung der Dichte über Masse und Volumen

Trägt man die Messwerte in ein Diagramm ein, stellt man fest, dass die Messergebnisse angenähert auf einer Geraden liegen, die durch den Nullpunkt geht. Masse und Volumen sind proportional zueinander.

Anschließend wird für jedes Stück der Quotient aus der Masse und dem Volumen berechnet und jeweils in die vierte Spalte der Tabelle eingetragen. Zum Schluss stellt man fest, dass die ermittelten Werte annähernd übereinstimmen.

Berechnet wurde hier die **Dichte** der einzelnen Stücke. Diese Materialeigenschaft ist in diesem Fall für jeweils den gleichen Stoff ermittelt worden.

Die Dichte erhält man als Quotienten aus der Masse und dem Volumen eines Körpers.

$$\varrho = \frac{m}{V}$$

Die Dichte erhält das Formelzeichen ϱ (rho; griechischer Buchstabe). Die Einheit der Dichte ist 1 kg/m³. Oft ist es bequemer, eine andere Einheit zu wählen, z. B. 1 g/cm³.

Versuche

1. Teilen Sie eine Ton- oder Knetekugel in einzelne Stücke. Bestimmen Sie mit einer Balkenwaage von jedem Stück die Masse *m* und anschließend mit einem Überlaufgefäß das Volumen *V*.
   Tragen Sie die Messergebnisse in eine Tabelle ein. Fertigen Sie mit den Werten ein Diagramm an. Dividieren Sie für jedes einzelne Stück Ton oder Knete die Masse *m* durch das Volumen *V* und tragen Sie die Ergebnisse in die vierte Spalte der Tabelle ein. Beschreiben Sie die Ergebnisse.
2. Planen und beschreiben Sie jeweils einen Versuch, um die Dichte folgender Stoffe zu bestimmen: a) Eisen, b) Spiritus, c) Speiseöl
3. Bestimmen Sie die Dichte verschiedener Münzen. Welche Münzsorten sind aus dem gleichen Material?
4. Bestimmen Sie die Masse eines vollgepumpten Fußballs. Leiten Sie danach einen Teil der Luft aus dem Fußball in einen Messzylinder. Wiegen Sie den Fußball erneut. Berechnen Sie aus den Messwerten die Dichte.

Beispiel

Dichtebestimmung

Um die Dichte der Luft zu ermitteln, muss zunächst die Masse *m* und dann das Volumen *V* einer bestimmten Luftmenge gemessen werden. Dazu wird ein vollgepumpter Fußball gewogen. Anschließend werden aus diesem Fußball 700 cm^3 Luft entnommen und er wird erneut gewogen (4).

Die Masse des Fußballs wurde um 0,84 g geringer.

Es gilt: $\varrho = \frac{m}{V}$

Daraus folgt: $\varrho = \frac{0{,}84\ \text{g}}{700\ \text{cm}^3}$ $\qquad \varrho = 0{,}0012\ \frac{\text{g}}{\text{cm}^3}$

Die Dichte der Luft beträgt 0,0012 g/cm^3.

Dichteänderung

Wenn sich die Temperatur oder der Druck verändert, verändert sich bei vielen Stoffen auch das Volumen. Dadurch ändert sich auch deren Dichte. In Tabellen der Dichte werden deshalb die Werte in der Regel bei einer Temperatur von 20 °C und einem Druck von 1013 mbar angegeben (4).

Stoff	Dichte in g/cm^3
Luft bei 20 °C	0,0013
Styropor	0,017
Spiritus	0,83
Eis	0,9
Wasser	1,0
Salzwasser Nordsee	1,01
Salzwasser Totes Meer	1,20
Mensch	1,02
Aluminium	2,7
Eisen	7,86
Kupfer	8,93
Gold	19,3

4 Beispiele für Dichten

Die Dichte ist eine Stoffkonstante, sie ist charakteristisch für das jeweilige Material.

Die Dichte von pulverisierten, granulierten oder körnigen Stoffen kann man in gewissen Grenzen erhöhen, wenn man die Gefäße, in denen sich diese Stoffe befinden, leicht aufstößt.

Gase lassen sich zusammenpressen. Bei einer Fahrradpumpe (5), die vorn zugehalten wird, wird bei gleicher Masse das Volumen ebenso verringert wie in einem Zylinder des Viertakt-Motors.

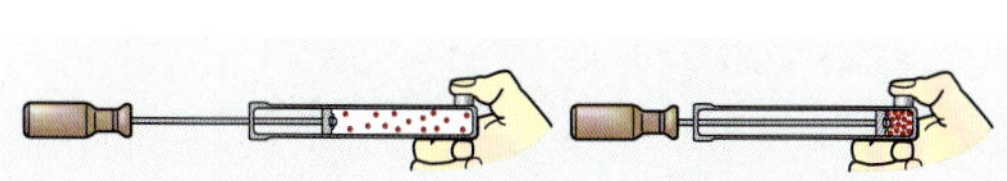

5 Dichte ändern

Beispiel

Dichteänderung

Werden in eine Gasflasche mit einer Pumpe zusätzliche Gasteilchen hineingepumpt, so wird bei gleichem Volumen *V* die Masse *m* des Gases vergrößert.

Dadurch nimmt die Dichte ϱ zu. Gleichzeitig steigt der Druck in der Flasche. Bei normalem Druck ergibt sich nach der Formel für die Dichte folgender Wert:

$\varrho = \frac{m}{V}$

$\varrho = \frac{13\ \text{g}}{1000\ \text{cm}^3}$ $\qquad \varrho = 0{,}013\ \frac{\text{g}}{\text{cm}^3}$

Wird zusätzlich Luft hineingefüllt, entsteht ein Überdruck. Die Dichte beträgt dann:

$\varrho = \frac{19{,}5}{1000\ \text{cm}^3}$ $\qquad \varrho = 0{,}0195\ \frac{\text{g}}{\text{cm}^3}$

Wird Luft abgepumpt, entsteht ein Unterdruck.
Die Dichte beträgt:

$\varrho = \frac{5\ \text{g}}{1000\ \text{cm}^3}$ $\qquad \varrho = 0{,}005\ \frac{\text{g}}{\text{cm}^3}$

Wird bei gleicher Masse *m* das Volumen *V* verringert, wird die Dichte ϱ größer.

Beispiele

Berechnungen mit der Dichteformel

1. 10 kg Knete sollen verpackt werden.
   Berechnen Sie das Volumen.
   Lösung: $V = \frac{m}{\varrho}$

   $V = \frac{1000\ \text{g}}{2{,}4\ \frac{\text{g}}{\text{cm}^3}}$ $\qquad V = 417\ \text{cm}^3$

2. Wie groß ist die Masse m von einem Stück Knete mit dem Volumen 80 cm^3?
   Lösung: m = $\varrho \cdot V$

   $m = 2{,}4\ \frac{\text{g}}{\text{cm}^3} \cdot 80\ \text{cm}^3 = 192\ \text{g}$

Aufgaben

1. Vergleichen Sie die beiden Seiten der Tafelwaage (1). Formulieren Sie das Ergebnis.
2. Vergleichen Sie die Masse *m* und das Volumen *V* von 1 kg Eisen mit 1 kg Styropor.
3. Bestimmen Sie das Volumen der Würfel (2).
4. Berechnen Sie die Dichte.
   a) Schmuckanhänger m = 3,51 g, V = 0,2 cm^3
   b) Zucker m = 1000 g, V = 625 cm^3
5. 500 g gemahlener Kaffee füllt ein Gefäß von 750 ml aus. Berechnen Sie die Dichte.
6. Ein Kupferkabel hat eine Länge von 50 m und eine Querschnittsfläche von 1,5 cm^2. Berechnen Sie das Volumen *V* und die Masse *m*.
7. Schnee hat die Dichte ϱ = 0,2 g/cm^3. Berechnen Sie die Schneemasse auf einem Garagenflachdach (a = 6,50 m; b = 4,20 m) bei einer Schneehöhe von 70 cm.

2 Mechanik

2.1 Kräfte

2.1.1 Kräfte und ihre Wirkungen

Die **Muskelkraft** soll durch unterschiedliche Übungen mit einem Sandsack, einem Ball und einem Expander gesteigert werden. Ein Vergleich der Tätigkeiten macht deutlich, dass sich die Wirkungen der Muskelkraft in zwei Gruppen einteilen lassen:

- Der Sandsack zeigt den Eindruck der Faust, der Expander wird gespannt, ein Ball wird eingedrückt. Hierbei wird immer etwas verformt. Wenn die **Verformung** zurückgeht, nennt man die Körper **elastisch**, im anderen Fall unelastisch (plastisch).
- Der Sandsack bewegt sich etwas und wird beim Zurückpendeln abgebremst, ein Ball wird weggestoßen, abgefangen oder in eine andere Richtung gelenkt. Bei diesen Beispielen wird immer eine Bewegung verändert.

Ursache für alle diese unterschiedlichen Vorgänge ist die Muskelkraft. Sie bewirkt eine Verformung oder eine **Bewegungsänderung** (1).

1 Kräfte beim Ballspielen

Eine Bewegungsänderung kann ganz unterschiedlich sein, z. B. tritt man beim Radfahren kräftig in die Pedale, um schneller zu werden. Es wird beschleunigt.

Durch Bremsen wird man langsamer, schließlich bleibt man stehen. Die Bewegung wird abgebremst.

Obwohl man in der Kurve gleich schnell bleibt, ist das Kurvenfahren eine Bewegungsänderung, weil sich die Richtung ändert.

Verformungen oder Bewegungsänderungen können auch durch andere Vorgänge herbeigeführt werden. Mit Muskelkraft kann man einen Bogen spannen. Der gespannte Bogen erhält **Spannkraft**. Mit der Spannkraft kann ein Pfeil in Bewegung gesetzt werden, der durch die **Reibungskraft** der Luft abgebremst wird und schließlich zu Boden fällt. Das bewirkt die Schwerkraft.

Ein Expander ließe sich auch durch die **Gewichtskraft** eines angehängten Gewichtsstücks dehnen.

Beim Radfahren wäre es sicherlich bequemer, wenn man sich zusätzlich durch **Motorkraft** antreiben ließe.

Die **Windkraft** verbiegt Bäume oder beschleunigt Segelboote (2).

2 Segelboot vor dem Wind

Die **Wasserkraft** reißt oft viel Sand und Geröll in den Flüssen mit (3).

3 Wasserkraft im Gebirgsfluss

Allgemein kann man sagen: Immer, wenn etwas bewegt oder verformt wird, muss eine **Kraft** wirken.

Jede Verformung oder Bewegungsänderung wird durch eine Kraft verursacht.

Die Kraft ist eine physikalische Größe. Das Formelzeichen der Kraft ist F (engl. force).

Manchmal wird das Wort Kraft auch im nichtphysikalischen Sinn gebraucht. Da Sehkraft, Willenskraft, Waschkraft und Überzeugungskraft weder etwas verformen noch eine Bewegung verändern können, zählen sie nicht zu den physikalischen Kräften.

Versuch

Zeigen Sie in Versuchen, wie durch Magnetkraft, Gewichtskraft und Windkraft etwas verformt wird oder eine Bewegung geändert wird.

2.1.2 Kraftmessung

Wie werden Kräfte gemessen?

Zum Vergleichen von Kräften eignet sich z. B. ein **Expander** (1).

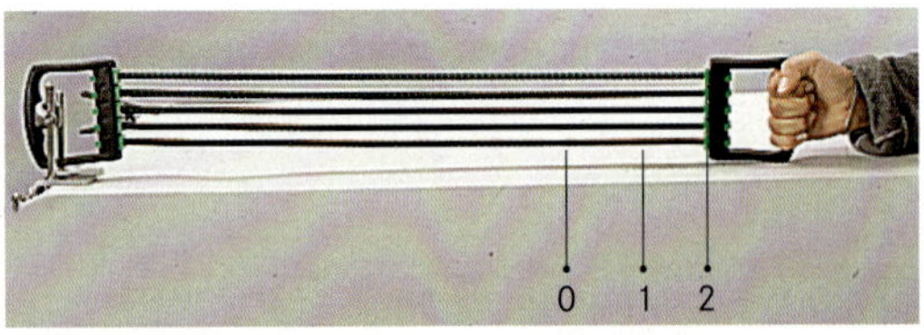

1 Der Expander als Kraftmesser

Je weiter der Expander auseinander gezogen wird, desto größer ist die Muskelkraft. Auch ein Gewichtsstück dehnt den Expander (2).

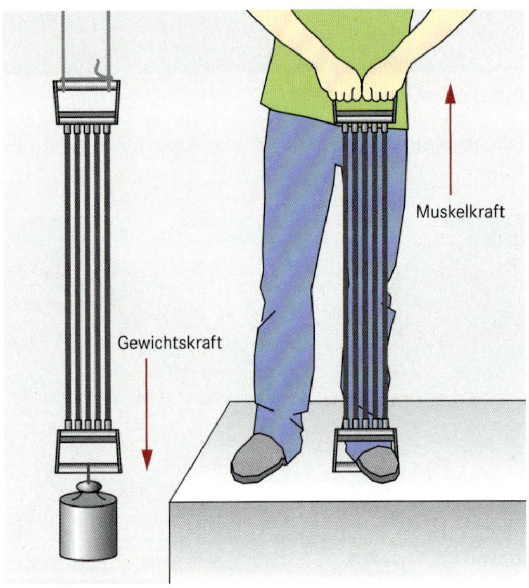

2 Gleiche Wirkung durch Gewichtskraft und Muskelkraft

Muskelkraft und Gewichtskraft sind gleich groß, wenn sie denselben Expander um die gleiche Strecke verlängern.

Die Einheit der Kraft ist 1 Newton (1 N).

Sie ist nach dem englischen Physiker Isaac **Newton** (1643 - 1727) benannt.

Es ist festgelegt, dass ein Körper der Masse 102 g auf der Erde die Gewichtskraft F_G = 1 Newton (N) ausübt.

Auch das Vielfache der Kraft 1 N lässt sich mit einem Expander bestimmen. Dazu werden nacheinander ein, zwei, drei, ... gleiche Gewichtsstücke an den Expander gehängt. Die Wirkung der Gewichtsstücke verdoppelt, verdreifacht, ... sich. Eine doppelte, dreifache, ... Kraft wirkt, wenn sie denselben Expander oder eine Metallfeder soweit dehnt wie 2, 3, ... Gewichtsstücke.

Umgang mit einem Kraftmesser

Kräfte können mit dem **Kraftmesser** gemessen werden (3).

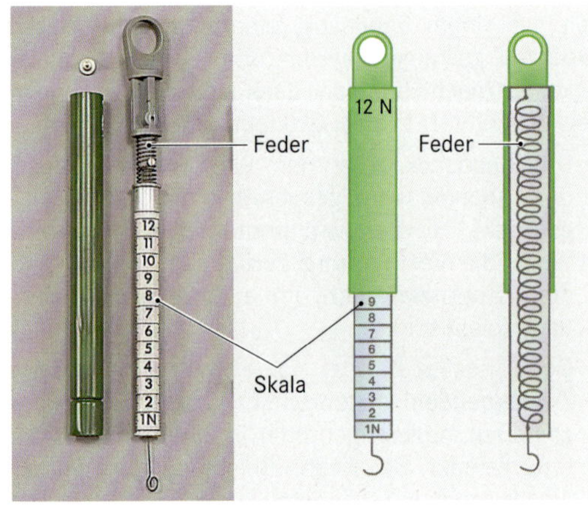

3 Aufbau eines Kraftmessers

Im Innern eines Kraftmessers befindet sich eine Schraubenfeder aus elastischem Stahl. Die Ausdehnung wird auf einer Skala angezeigt. Kraftmesser gibt es für unterschiedliche Messbereiche. Vor jeder Messung stellt man die äußere Hülle so fest, dass der untere Rand mit dem Skalenwert Null abschließt. Der Kraftmesser muss dann in Richtung der zu messenden Kraft gehalten werden. Dabei können die Gewichts- und Zugkräfte sehr verschieden sein, z. B.:

- Die Gewichtskraft einer Tafel Schokolade beträgt 1 N, die von einem Liter Wasser 10 N und die von einem durchschnittlichen Menschen 700 N.
- Ein menschliches Haar reißt bei einer Zugkraft von 1 N. Der Mensch hat eine maximale Zugkraft von ca. 500 N und wird ein Pkw beschleunigt, so entsteht eine Zugkraft von ca. 3 500 N.

Versuch

1. Befestigen Sie am Ende eines Tisches einen Expander an einem Stativ, und sichern Sie ihn so mit einer Klemme, dass er während des Versuches nicht abrutscht (1). Ziehen Sie verschieden stark und markieren Sie jeweils, wie weit der Expander auseinander gezogen wird. Vergleichen Sie Ihre Kräfte mit anderen.
2. Bestimmen Sie die Kräfte mit einem Kraftmesser. Schätzen Sie vor jeder Messung die Kraft.
   a) Bestimmen Sie die Gewichtskraft F_G einer Federtasche, des Physikbuches, eines Schlüssels.
   b) Bestimmen Sie die Kraft, bei der ein Haar, ein Faden oder ein dünner Draht zerreißt.
3. Bauen Sie einen Kraftmesser (4) und messen Sie damit unterschiedliche Kräfte. Vergleichen Sie die Messungen mit einem Kraftmesser aus der Sammlung.

Bauanleitung für einen Kraftmesser

Bohren Sie in den Boden der beiden Röhrchen jeweils in der Mitte ein kleines Loch, durch das der Draht gezogen werden kann (4).

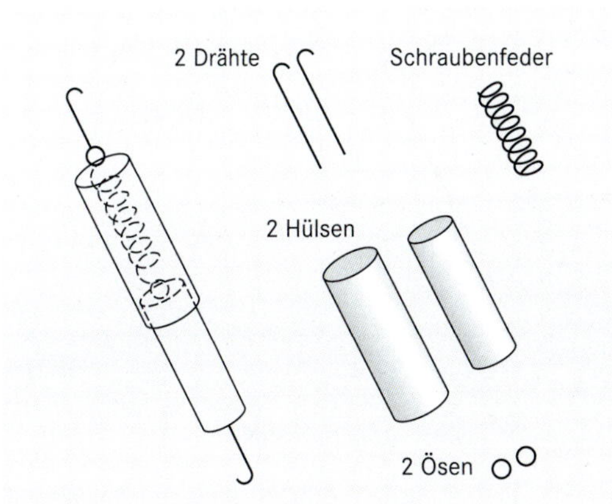

4 Material zum Bau eines Kraftmessers

Befestigen Sie an beiden Enden der Schraubenfeder jeweils eine Öse. An den Ösen werden die beiden Drähte so befestigt, dass Sie sie in die Röhrchen ziehen können. Ziehen Sie zunächst die Feder in das engere Röhrchen und biegen Sie den Draht nach dem Durchstechen zu einem Haken. Ziehen Sie danach das andere Ende der Feder mit dem Draht in das äußere Röhrchen und sichern Sie das Drahtende durch eine Öse.

Herstellen der Skala

Nehmen Sie mehrere gleiche Gewichtsstücke, deren Gewichtskraft Sie kennen (z. B. Schokoladetafeln). Bestimmen Sie zunächst den Nullpunkt und markieren Sie ihn auf dem inneren Röhrchen. Hängen Sie danach die Gewichtsstücke der Reihe nach an und kennzeichnen Sie die entsprechenden Punkte ebenfalls auf dem inneren Röhrchen. Wenn Sie den Versuch mit den Tafeln Schokolade durchgeführt haben, entspricht der Abstand von einer Markierung zur anderen der Kraft von $F = 1$ N. Den Abstand zwischen zwei Marken können Sie in zehn gleiche Abstände einteilen.

Kraft und Wechselwirkung

Zwei Jugendliche auf einem Skatboard ziehen etwa gleich stark am Seil (5). Was wird geschehen? Sie treffen sich in der Mitte. Was geschieht, wenn nur einer zieht, während der andere sich das Seil um den Körper bindet? Das Ergebnis ist sicherlich überraschend. Sie treffen sich wieder in der Mitte. Offenbar wirkt auch auf die ziehende Person eine gleich große Kraft, die entgegengesetzt zu ihrer Muskelkraft wirkt. Man nennt diese Kraft **Gegenkraft**. Sie wirkt gleichzeitig und ist der Richtung entgegengesetzt.

5 Wechselwirkung der Muskelkräfte

Gefährlich wird es, wenn der Skater plötzlich vom Skateboard nach hinten abspringt. Durch die Gegenkraft saust das Skateboard nach vorn und könnte jemanden verletzen. Diese Gegenkraft wird auch als **Rückstoß** bezeichnet. Wenn der Skater einen schweren Gegenstand (z. B. Medizinball) wegstößt, kommt er durch die Gegenkraft in Bewegung.

In Raketen wird die vorwärtstreibende Kraft durch den Rückstoß eines ausströmenden Gases oder einer ausströmenden Flüssigkeit erzeugt. Das kann mithilfe eines Luftballons, der auf einem kleinen Wagen befestigt ist, nachempfunden werden (6).

6 Luftballonantrieb

Versuche

1. Befestigen Sie einen aufgeblasenen Luftballon auf einem leichten Wagen und lassen Sie die Luft entweichen (6). Fertigen Sie ein Versuchsprotokoll an.
2. Befestigen Sie eine mit Gas gefüllte Patrone (z. B: Heimsiphon) an einem kleinen Wagen. Schlagen Sie mit einem Hammer und einem Nagel die Patrone an, damit das Gas entweichen kann. Erklären Sie das Ergebnis.

2.1.3 Hookesches Gesetz

Bei der Kraftfahrzeugfederung dient die **Schraubenfeder** zum Abfangen von Stößen. Gleiches leisten die Federn in einer Sprungfedermatratze.

Federn werden aber auch zu anderen Zwecken verwendet, z. B. als Spielzeugantrieb oder im Kugelschreiber zum Zurückfedern der Mine.

Die **elastische Dehnung** kann genauer an einer Schraubenfeder (z. B. der eines Kugelschreibers) untersucht werden. Nacheinander werden ein, zwei, drei, ... gleiche Gewichtsstücke an eine Schraubenfeder gehängt (1).

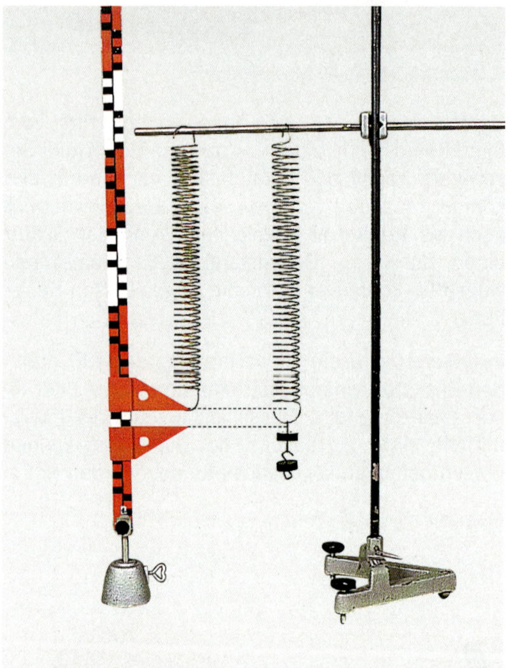

1 Dehnung einer Schraubenfeder

Die jeweiligen Verlängerungen der Schraubenfeder werden abgelesen und anschließend in eine Tabelle eingetragen (2).

Gewichtskraft *F* in N	Verlängerung *s* der Feder in cm	*F/s* in N/cm
0,5	1,0	0,5
1	2,0	0,5
1,5	3,0	0,5
2	4,1	0,49
2,5	5,0	0,5
3	6,0	0,5

2 Messbeispiel Schraubenfeder

Zur Darstellung der Messwerte in einem Diagramm wird ein Achsenkreuz gezeichnet (3).

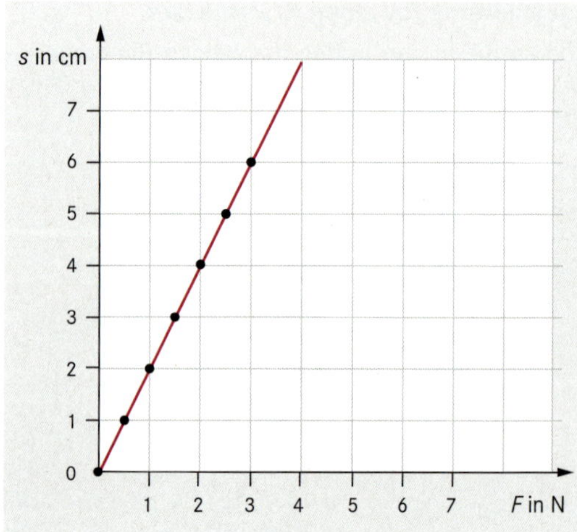

3 Grafische Darstellung der Messwerte

Für die Einteilung der Achsen wird ein passender Maßstab gewählt. Auf der horizontalen Achse wird die Kraft F in Newton aufgetragen, auf der senkrechten Achse die Verlängerung s in cm. Die Messergebnisse für jede einzelne Feder liegen auf einer Geraden, das ist ein proportionaler Zusammenhang.

Dieser Zusammenhang wird **hookesches Gesetz** genannt und wurde zum ersten Mal von dem englischen Naturforscher Robert Hooke (1635–1703) formuliert. Wird dieser Versuch mit anderen Schraubenfedern oder Gummibändern durchgeführt, ergibt sich, dass gleich große Verlängerungen s nur bei den Schraubenfedern auftreten. Die Messergebnisse eines Gummibandes ergeben keine proportionale Zuordnung.

Eine Schraubenfeder dehnt sich proportional zur Gewichtskraft F_G.

$s \sim F$ (sprich: s proportional F).

Das hookesche Gesetz gilt nur für elastische Verformungen.

Versuche

1. Besorgen Sie sich eine Schraubenfeder und mehrere Gewichtsstücke mit gleicher Gewichtskraft. Befestigen Sie die Schraubenfeder wie in Bild 1 und kennzeichnen Sie die Länge der Feder.
   a) Hängen Sie nacheinander an diese Schraubenfeder ein, zwei, drei, ... Gewichtsstücke und kennzeichnen Sie die jeweilige Länge der gedehnten Feder.
   b) Messen Sie jeweils die Verlängerung der Feder und tragen Sie Ihre Ergebnisse in eine Tabelle nach Bild 2 ein.
   c) Stellen Sie die Messergebnisse in einem Diagramm dar. Was stellen Sie fest?
2. Wiederholen Sie Versuch 1 mit anderen Schraubenfedern und mit einem Gummiband. Erfassen Sie die Ergebnisse ebenfalls in einem Diagramm und formulieren Sie einen Merksatz.

Beispiel

Wertepaare ablesen

Ein Gewichtsstück verlängert die Feder um 1 cm. Zwei Gewichtsstücke haben die doppelte Kraft, die Feder dehnt sich um 2 cm. Drei Gewichtsstücke wirken auf die Feder mit dreifacher Kraft, die Verlängerung beträgt 3 cm. Das Diagramm (4) verdeutlicht besser den Zusammenhang zwischen der Kraft *F* und der Verlängerung *s* einer Schraubenfeder.

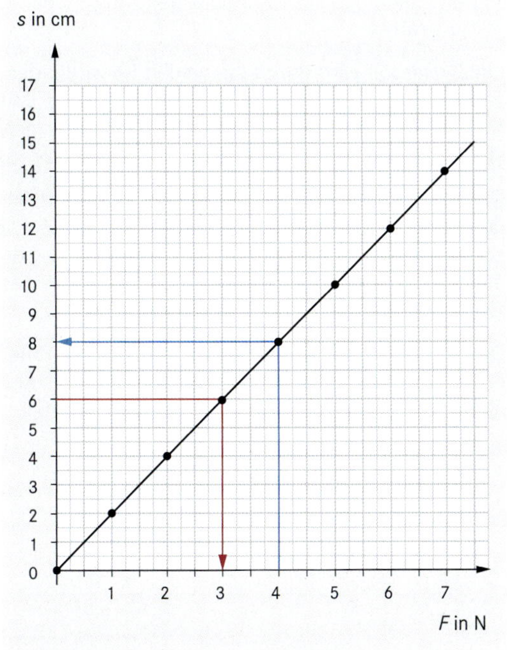

4 So wird abgelesen

Die Achsen werden mit Skalen in einem sinnvollen Maßstab versehen. In diesem Beispiel wird für die Kraft 1 Newton 2 cm, für die Verlängerung *s* der Feder jeweils 1 cm gezeichnet. Jeder Punkt im Achsenkreuz ist durch ein Wertepaar gekennzeichnet. Die Verbindungslinie aller Werte bildet eine Gerade, die durch den Nullpunkt geht. Aus dem Diagramm können dann für jeden Punkt die entsprechenden Wertepaare abgelesen werden.

a) Wie groß ist die Verlängerung *s* der Feder, wenn eine Kraft von 4 Newton wirkt?

Hinweis: Die Kraft ist bekannt, folgen Sie dem blauen Pfeil.

Ergebnis: Die Verlängerung *s* beträgt 8 cm.

b) Wie groß ist die Kraft *F* zum Verlängern der Feder um 6 cm?

Hinweis: Die Verlängerung ist bekannt, folgen Sie dem roten Pfeil.

Ergebnis: Die Kraft *F* beträgt 3 N.

Aus dem Diagramm können Sie auch Werte bestimmen, die nicht in der Tabelle angegeben sind:

Beispiel: Die Kraft $F = 4{,}5$ N verlängert die Feder um 9 cm.

Federkonstante

Will man die Eigenschaften verschiedener Federn beschreiben, spricht man von harten und weichen Federn. Bei der „weichen" Feder genügt beispielsweise eine Kraft von 0,5 N, um sie um 1 cm zu verlängern. Bei der „härteren" Feder wird eine Kraft von 3 N benötigt, um sie um die gleiche Strecke zu verlängern. Die **Federkonstante** *D* ist ein Maß für die Härte einer Feder. Man erhält die Federkonstante, wenn man den Quotienten aus der Kraft *F* und der Verlängerung *s* der Feder bildet.

$$D = \frac{F}{s}$$

Als Einheit für die Federkonstante ergibt sich 1 N/m oder auch 1 N/cm.

Aufgaben

1. Bilden Sie für jedes Messergebnis von Versuch 1 und 2 den Quotienten *F/s* und vergleichen Sie.

2. Um wie viele Zentimeter wird jede Feder (5) gedehnt, wenn eine Kraft von 4, 6 Newton wirkt?

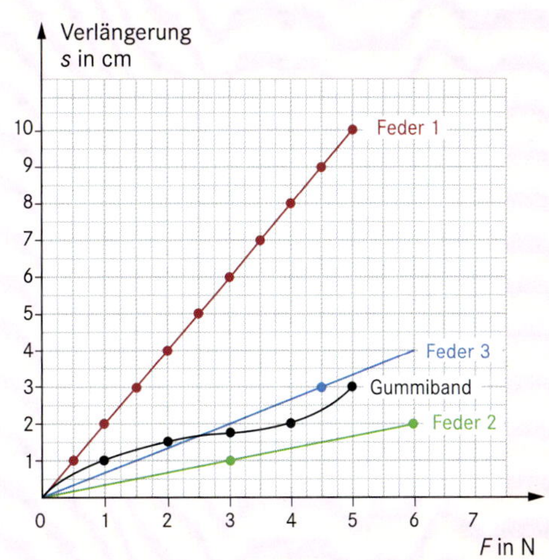

5 Messbeispiele

3. Bestimmen Sie für jede Feder in Bild 5 die Kraft, die notwendig ist, die Federn um 6,2 cm zu verlängern.

4. Berechnen Sie die Federkonstanten der Federn (5).

5. Eine Schraubenfeder verlängert sich um 2,5 cm, wenn eine Kraft von 1 N wirkt.
a) Zeichnen Sie das Diagramm.
b) Lesen Sie im Diagramm die Verlängerung *s* ab, wenn eine Kraft von 3,5 N wirkt.
c) Welche Kraft *F* wirkt, wenn die Feder um 3,5 cm verlängert wird?

6. a) Lesen Sie aus dem Diagramm (4) ab, wie groß die Verlängerung der Feder ist, wenn eine Kraft von 2,5 N wirkt.
b) Welche Kraft muss wirken, damit die Feder um 3,5 cm verlängert wird?

2.1.4 Kräfte addieren und zerlegen

Kräfte werden dargestellt

Vereint geht es besser - nach dieser uralten Methode schleppten schon die Ägypter vor 4000 Jahren riesige Steinblöcke zu den Pyramiden. Viele Arbeiter zogen in die gleiche Richtung, die Beträge der Kräfte addierten sich zur Gesamtkraft.

Wirken Kräfte in die gleiche Richtung, so addieren sich ihre Beträge.

Die Wirkung der Kraft hängt nicht nur von der Größe ab. Wichtig sind auch die Richtung, in der die Kraft wirkt, sowie der **Angriffspunkt** der Kraft, von dem sie ausgeht (1).

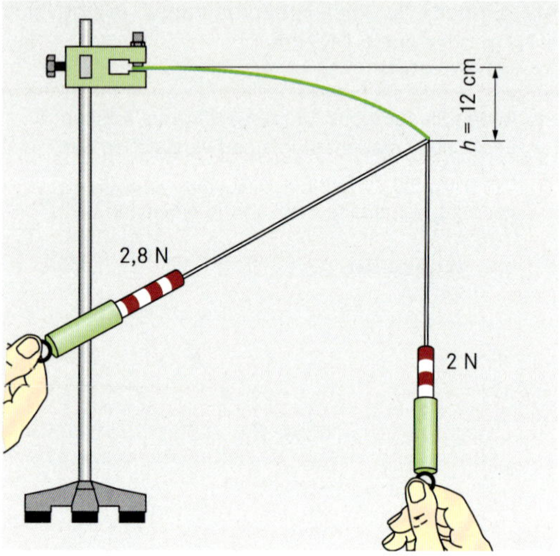

1 Die Richtung ist wichtig

Je schräger man zieht und je näher der Angriffspunkt der Kraft am eingespannten Ende der Feder liegt, desto geringer ist die Durchbiegung bei gleicher Kraft.

Wenn Kräfte zeichnerisch dargestellt werden sollen, kann man statt der Kraftmesser Pfeile zeichnen (2).

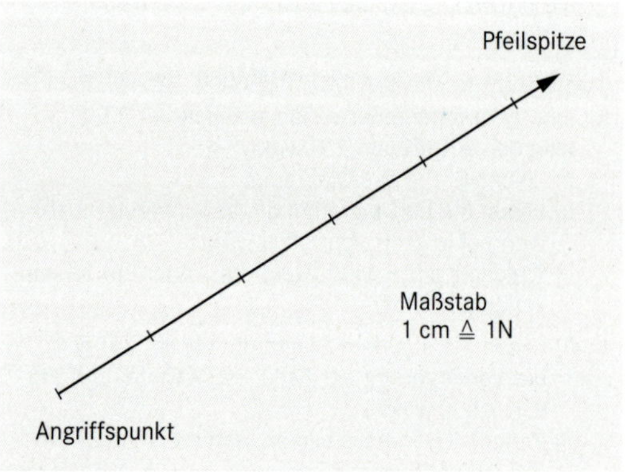

2 Kraftpfeil

Diese Pfeile, die **Kraftpfeile**, müssen folgende Merkmale besitzen:

- Die Pfeillänge ist ein Maß für den Betrag der Kraft. Es wird ein sinnvoller Maßstab vereinbart. In diesem Beispiel entspricht 1 cm der Kraft 2 N.
- Die Richtung des Pfeils kennzeichnet die Kraftrichtung.
- Der Anfangspunkt entspricht dem Angriffspunkt der Kraft.

Ein Zweierbob wird durch die beiden Sportler angeschoben. Ihre Muskelkräfte addieren sich. Mit Kraftpfeilen lässt sich diese Situation leicht darstellen.

Der erste Kraftpfeil wird gezeichnet (3a). Der Anfang des zweiten Kraftpfeils wird an die Spitze des ersten Kraftpfeils gelegt. Als Summe erhält man einen Pfeil vom Anfang des ersten bis zur Spitze des zweiten Pfeiles.

Das gilt auch beim Tauziehen mit gleich großer Kraft in entgegengesetzte Richtungen (3b). Das Seil bleibt in Ruhelage. Die Summe der Kräfte ist null.

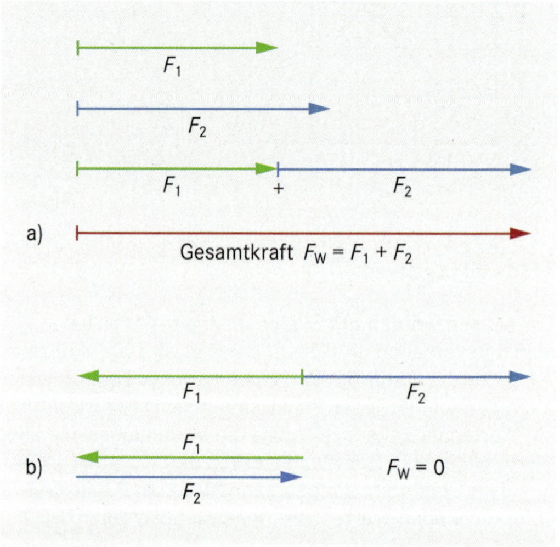

3 Kräfteaddition

Versuch

Befestigen Sie an einem Ende einer Blattfeder (z. B. Metallverschluss aus einem Schnellhefter) oder eines Lineals einen Bindfaden. Das andere Ende wird fest eingespannt (1).

a) Ziehen Sie zunächst nach unten, dann in seitliche Richtung und messen Sie die Kräfte bei gleicher Durchbiegung.

b) Befestigen Sie danach den Bindfaden in der Mitte der Blattfeder bzw. des Lineals, ziehen Sie wieder und messen Sie die entsprechende Kraft zum Biegen. Vergleichen Sie die Ergebnisse.

c) Beschreiben Sie, wie mit möglichst kleiner Kraft eine große Durchbiegung erreicht wird.

Kräfte bilden einen Winkel

Zwei Hunde, die in einer Hand an jeweils einer Leine geführt werden, ziehen in unterschiedliche Richtungen. Während der eine Hund mit der Kraft F_1 = 200 N nach rechts zerrt, zieht der andere mit der Kraft F_2 = 150 N nach links. Ihre Leinen bilden einen Winkel von 50°.

Auch auf diese Situation können die Additionsvorschriften für Kraftpfeile angewandt werden. Dazu wird der Kraftpfeil F_1 gezeichnet (4a). Durch Parallelverschiebung wird der zweite Kraftpfeil F_2 an die Spitze des ersten Kraftpfeils gezeichnet. Die wirkende Kraft F_W ergibt sich vom Anfangspunkt des ersten bis zur Spitze des zweiten Pfeiles. Um die Hunde zu halten, muss mit gleich großer Kraft in die entgegengesetzte Richtung gezogen werden. Man kann auch mit dem Kraftpfeil F_2 beginnen (4b).

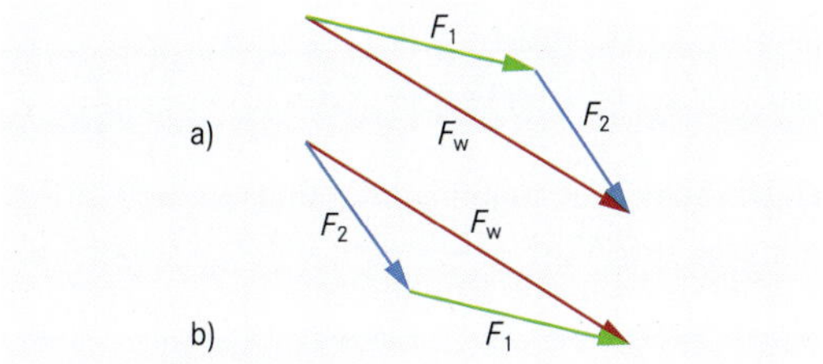

4 Lösung durch Kraftpfeile

Beiden Kraftpfeile können auch zu einem Parallelogramm ergänzt werden (5). Die Diagonale durch den Anfangspunkt der beiden Kraftpfeile ist dann der Kraftpfeil der wirkenden Ersatzkraft F_W, die **Resultierende**.

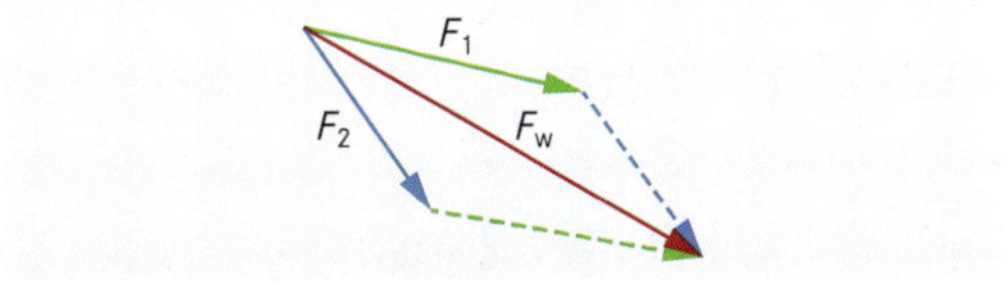

5 Lösung durch ein Parallelogramm

Die Kräfte der beiden Hunde zusammen haben offensichtlich die gleiche Wirkung wie eine einzelne Kraft, die entgegengesetzt zur Muskelkraft wirkt. Diese Überlegungen können in einem Versuch überprüft werden (6). Das Versuchsergebnis stimmt mit der zeichnerischen Lösung überein.

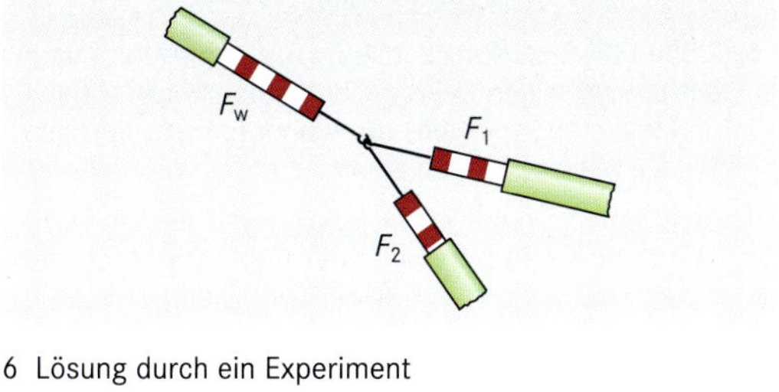

6 Lösung durch ein Experiment

Mit welcher Kraft bergab?

Ein Fahrrad rollt den Berg hinunter (7). Dazu wird ein Teil der Gewichtskraft (F_G = 600 N) genutzt.

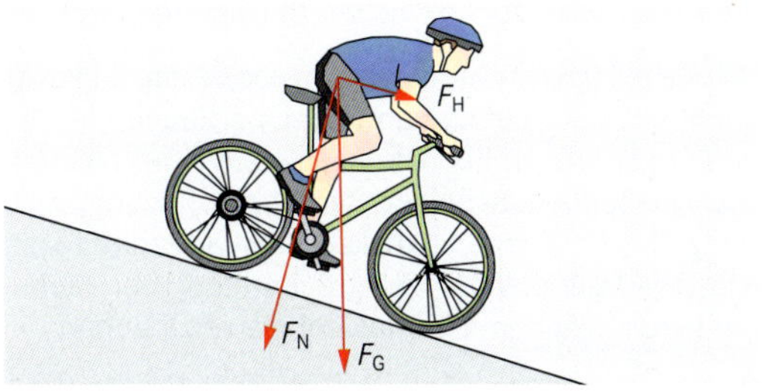

7 Aufgeteilte Gewichtskraft

Die Kraft, die in Richtung des Hanges wirkt, heißt **Hangabtriebskraft** F_H. Der andere Anteil der Gewichtskraft ist die **Normalkraft** F_N. Sie wird so gewählt, dass sie senkrecht zur Oberfläche der geneigten Fahrbahn wirkt. Je steiler die Fahrbahn geneigt ist, desto größer wird der Anteil für die Hangabtriebskraft F_H.

Die Verteilung der Kraft wird durch Kraftpfeile ermittelt. Dazu wird der Kraftpfeil der Gewichtskraft gezeichnet (8). Er wird als Diagonale des Kräfteparallelogramms aufgefasst.

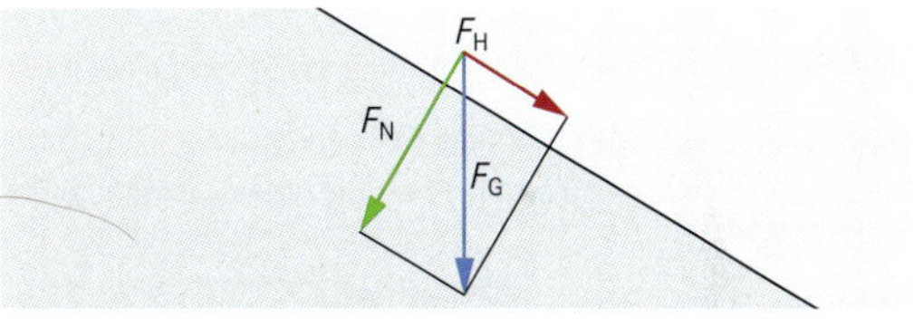

8 Zerlegung der Gewichtskraft

Die Richtung der Hangabtriebskraft, die durch die Neigung der Fahrbahn vorgegeben ist, und die Richtung der Normalkraft bestimmen die Seiten des Parallelogramms. Die Längen der Kraftpfeile ergeben die Beträge der Teilkräfte.

Versuche

1. Befestigen Sie drei Kraftmesser aneinander (6). Lesen Sie die Werte ab. Formulieren Sie einen Ergebnissatz.
2. Bauen Sie den Versuch (9) auf und messen Sie die Hangabtriebskraft. Stellen Sie durch Messungen fest, wie sich die Hangabtriebskraft ändert, wenn das Fahrzeug durch Gewichtsstücke belastet wird.

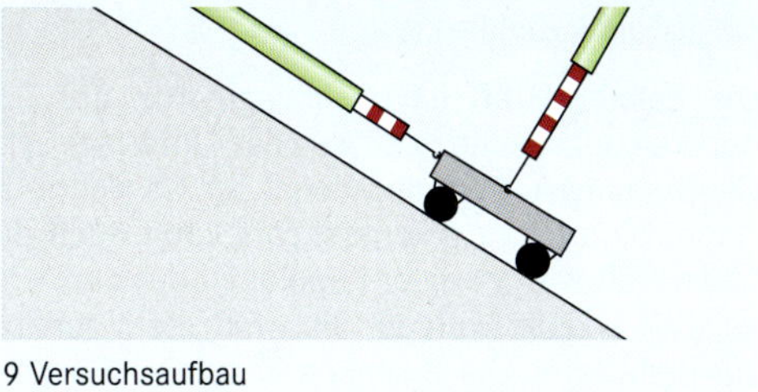

9 Versuchsaufbau

2.1.5 Reibung

Reibungskraft

Beim Verschieben von Gegenständen spürt man die Reibungskraft, weil sie die Bewegung hemmt.

Die Reibungskraft ist entgegengesetzt zur Zugkraft gerichtet. Auf unebenen, rauen Oberflächen ist die Reibungskraft größer als auf glatten Oberflächen. Die Unebenheiten beider Berührungsflächen, z.B. Klotz und Unterlage, verhaken oder verzahnen sich wie zwei aufeinander gelegte Bürsten; bei rauen, unebenen Flächen mehr als bei glatten Flächen.

Der Zugkraft entgegen wirkt die Gegenkraft. Man spricht von der **Haftreibungskraft**. Um einen Gegenstand auf der Unterlage zu bewegen, muss man zunächst die Verzahnungen durch Anheben beseitigen. Erst wenn die Zugkraft einen bestimmten Wert erreicht hat, setzt sich der Klotz in Bewegung.

Auf nassen oder polierten Flächen sind die Unebenheiten ausgeglichen. Die Reibungskräfte sind hier erheblich kleiner. Ist der Klotz erst einmal in Bewegung, reicht eine kleinere Kraft aus, um ihn gleichmäßig über die Unterlage gleiten zu lassen. Diese Zugkraft ist gerade so groß, dass die bewegungshemmende **Gleitreibungskraft** ausgeglichen wird (1).

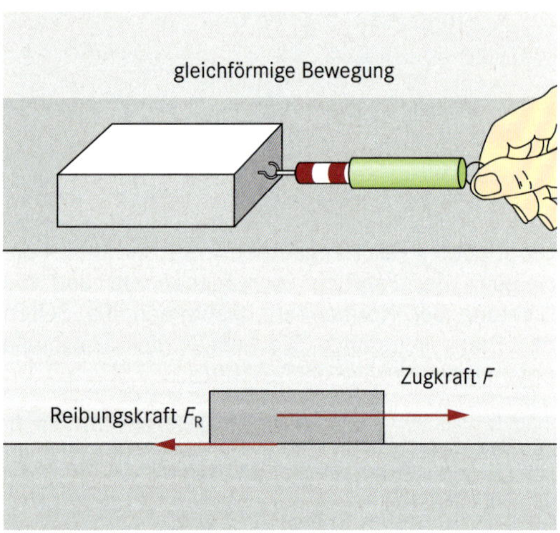

1 Reibungskräfte werden gemessen

Je größer die Kraft ist, mit der die Berührungsflächen gegeneinander gepresst werden, desto größer ist die Reibungskraft.

Die Reibungskraft ist unabhängig von der Größe der Reibungsfläche. Auf gleicher Unterlage ist die Gleitreibungskraft proportional zur Gewichts- bzw. Anpresskraft. Die **Anpresskraft** kann auch durch Federkraft wie bei einer Kupplung oder durch Muskelkraft erzeugt werden. Sie wirkt stets senkrecht zur Reibfläche. Diese senkrecht zur Reibfläche wirkende Kraft bezeichnet man als **Normalkraft** F_N.

Dividiert man den Wert der Reibungskraft durch den Wert der Gewichtskraft (bzw. Normalkraft), so stimmen bei gleichem Material und bei gleicher Beschaffenheit der Oberflächen die Werte überein (2).

	Normalkraft F_N in N	Gleitreibungskraft F_R in N	F_R/F_N
Holzstück	1	0,15	0,15
Holzstück mit 1 Gewichtsstück	1,5	0,23	0,15
Holzstück mit 2 Gewichtsstücken	2	0,30	0,15

2 Messbeispiel Gleitreibungskräfte

Der Wert F_R/F_N heißt **Reibungszahl** und wird mit dem griechischen Buchstaben μ (my) gekennzeichnet. Je größer μ ist, desto größer ist die Reibungskraft.

$$F_R = \mu \cdot F_N$$

Das Produkt aus Reibungszahl und Normalkraft ergibt die Reibungskraft, mit der eine Bewegung auf ebener Unterlage gehemmt wird.

Versuche

1. Untersuchen Sie die Reibungskräfte mit einem Stück Fahrradmantel (3).

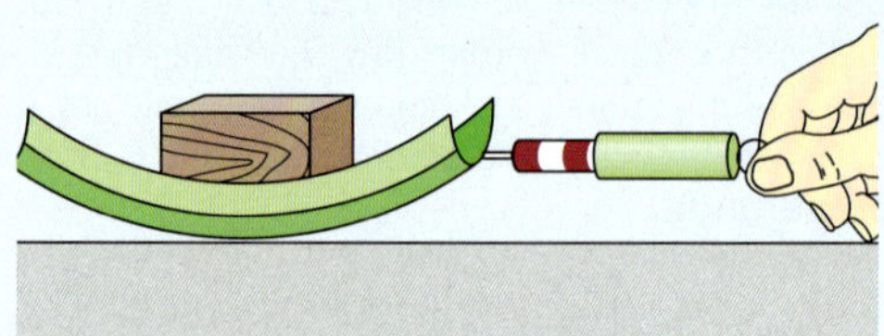

3 Reibungskräfte untersuchen

Ziehen Sie einen Holzklotz gleichmäßig über die glatte Tischplatte. Messen Sie die Kraft, bei der der Holzklotz in Bewegung gerät, und die Kraft, die ihn in Bewegung hält. Erstellen Sie ein Versuchsprotokoll.

2. Ziehen Sie den Holzklotz nacheinander über einen Streifen Teppichboden, über nasse Kacheln und über ein Holzbrett. Messen Sie die Zugkräfte. Formulieren Sie einen Ergebnissatz.
3. Ziehen Sie den Klotz nacheinander mit einem, zwei oder drei Gewichtsstücken und messen Sie der Reihe nach die jeweilige Reibungskraft.
4. Ziehen Sie den Klotz zunächst auf der breiten, dann auf der schmalen Seite gleichmäßig über den Tisch und messen Sie jeweils die Reibungskraft. Fertigen Sie ein Versuchsprotokoll an.
5. Bestimmen Sie die Reibungskraft, mit der ein Turnschuh auf glattem, rauem oder nassem Untergrund haftet. Wie ändert sich diese Kraft, wenn der Schuh belastet wird?

Aquaplaning

Bei Nässe bildet sich vor den Reifen ein Wasserkeil (4), der durch die Profilrillen abgeleitet und zur Seite gedrückt werden muss.

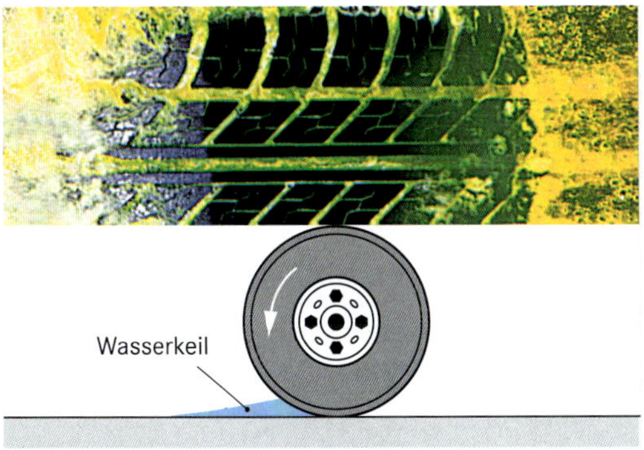

4 Ein Wasserkeil führt zu Aquaplaning

Bei hoher Geschwindigkeit und starken Regenfällen gelingt dies nicht mehr, der Reifen wird angehoben und verliert den Kontakt zum Boden. Er gleitet auf der Wasserfläche, das Auto lässt sich weder lenken noch abbremsen. Dieses **Aquaplaning** tritt besonders dann auf, wenn die Reifen abgefahren sind und kein ausreichend tiefes Profil haben, bei höherer Geschwindigkeit und bei starkem Regen.

Reibungskräfte unerwünscht

In vielen Maschinen oder Geräten stört die Reibungskraft. Sie hemmt die Bewegung und führt zur Erwärmung. Durch **Rollen-** oder **Kugellager** (5) und durch Schmiermittel werden diese Kräfte verringert.

5 Kugel und Rollenlager

Beim Schmieren mit Öl oder Fett entsteht ein dünner Flüssigkeitsfilm zwischen den Reibflächen, der die Reibungskraft besonders stark herabsetzt. Praktisch keine Gleitreibungskräfte gibt es, wenn die sich bewegenden Flächen wie bei einer Magnetschwebebahn auf Abstand gehalten werden.

Gleitreibungszahlen		**Haftreibungszahlen**	
Reifen - Straße trocken	0,8	Reifen - Straße trocken	0,9
Reifen - Straße nass	0,5		
Reifen - Eis	0,05		
Stahl - Stahl	0,06	Stahl - Stahl	0,15
Stahl - Eis	0,01	Stahl - Eis	0,027

6 Beispiele für Reibungszahlen

Aufgaben

1. Beschreiben Sie, wie Aquaplaning entsteht und wie sich Aquaplaning vermeiden lässt.
2. Wie ändert sich die Haftreibungskraft, wenn ein Pkw in einen plötzlichen Regenschauer gerät?
3. Welcher Zusammenhang zur Reibungskraft besteht bei folgenden Tätigkeiten: Schnürbänder knoten, Scharniere ölen, Sand auf Eis streuen, Skier einwachsen?
4. Welche Aufgabe haben Teppichunterlagen?
5. Vergleichen Sie eine Sommersprungschanze mit einer Rutsche auf dem Spielplatz oder im Schwimmbad. Beschreiben Sie, wie bei den Rutschen die Reibung gering gehalten wird.
6. Ein Radfahrer ist unterwegs. Beschreiben Sie, wo bei der Fahrt Reibungskräfte wirken. Wie ändern sich die Reibungskräfte, wenn er von einer trockenen auf eine nasse Fahrbahn kommt?
7. Bei welchem Wetter müssen Verkehrsteilnehmer die Reibung besonders beachten? Welche Maßnahmen können die Unfallgefahren reduzieren?
8. Warum führen abgefahrene Reifen beim Bremsen besonders auf nassen Straßen zum Rutschen?
9. Zu geringe Reibungskräfte durch Nässe oder glatte Oberflächen führen oft zu Unfällen. Beschreiben Sie ein Beispiel. Zeigen Sie, wie dieser Unfall durch vorbeugende Maßnahmen oder Verhaltensweisen vermieden werden kann.
10. Berechnen Sie die Reibungskräfte für ein Fahrzeug (F_G = 7 200 N), das mit blockierten Rädern auf trockener, nasser und vereister Fahrbahn (6) geschoben wird.
11. Erklären Sie Bild 7.

7 Besserer Halt - mehrfach umlegen

2.1.6 Auflagedruck

Eine Kraft wirkt auf eine Fläche

Den Zusammenhang zwischen Kraft und Fläche erfährt ein Skifahrer, der im weichen Schnee ohne Skier unterwegs ist. Seine Gewichtskraft wirkt dann auf eine kleinere Fläche. Er sinkt ein (1).

1 Unterschiedliche Eintauchtiefen

Bei gleicher Gewichtskraft können die Einsinktiefen unterschiedlich sein. Je kleiner die Auflagefläche ist, desto tiefer sinkt man ein. Für die Einsinktiefe kommt es neben der Kraft auch auf die Fläche an. Dieser Zusammenhang zwischen Kraft und Fläche wird als **Druck**, besser als **Auflagedruck** bezeichnet. Die Eintauchtiefe und somit auch der Druck nehmen zu, wenn bei gleicher Auflagefläche die Gewichtskraft vergrößert wird. Diese Abhängigkeiten können zusammengefasst werden:

Der Druck ist der Quotient aus der Kraft F und der Fläche A, auf die die Kraft senkrecht wirkt.

$$\boldsymbol{p = \frac{F}{A}}$$

Der Druck erhält das Formelzeichen p (engl. = pressure). Die Einheit des Drucks ist 1 N/m^2.

Der Auflagedruck wird häufig dadurch verringert, dass man bei gleicher Kraft die Auflagefläche vergrößert.

Beispiel

Skifahren

Eine Skifahrerin (Gewichtskraft F_G = 450 N) steht auf ihren Skiern (Auflagefläche A = 1 500 cm^2). Ihre Skistiefel haben eine Sohlenfläche von je 180 cm^2. Wie groß ist jeweils der Druck auf die Unterlage?

Die Werte werden in die Formel $p = F/A$ eingesetzt.

Druck p mit Skiern: $p = \frac{450\ \text{N}}{1\,500\ \text{cm}^2} = 0{,}3\ \frac{\text{N}}{\text{cm}^2}$

Druck p mit Stiefeln: $p = \frac{450\ \text{N}}{360\ \text{cm}^2} = 1{,}25\ \frac{\text{N}}{\text{cm}^2}$

Versuche

1. Legen Sie drei gleich schwere Ziegelsteine auf eine dicke Schaumstoffunterlage (2). Beschreiben Sie Ihre Beobachtung.

2 Die gleiche Kraft wirkt auf unterschiedlichen Flächen

2. Legen Sie einen Ziegelstein auf die Schaumstoffunterlage. Verdoppeln, verdreifachen Sie die Gewichtskraft durch Auflegen eines zweiten, dritten Ziegelsteins. Fertigen Sie ein Versuchsprotokoll an.
3. Klemmen Sie einen Reißnagel (3) zwischen Daumen und Zeigefinger. Erklären Sie Ihre Beobachtung.

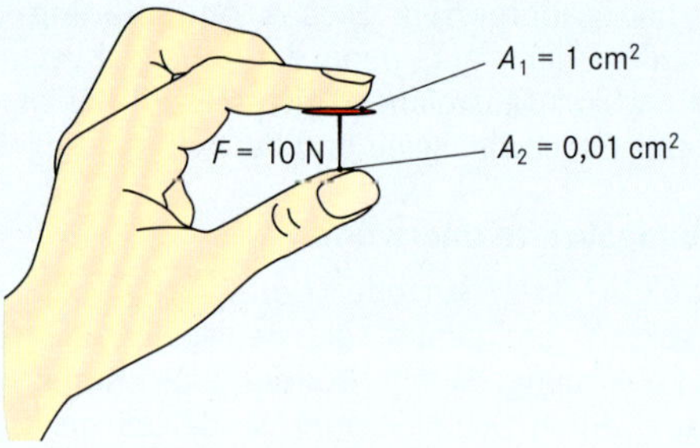

3 Kleinere Fläche – größerer Druck

Aufgaben

1. Beschreiben Sie, wie sich in den folgenden Beispielen der Auflagedruck ändert.
   a) Unter die Räder des Musikflügels werden Holzteller gelegt.
   b) Frisch gesäter Rasen wird mit Holzbrettern festgetreten.
2. Ein Kind ist im Eis eingebrochen. Warum bricht der Retter, der sich auf dem Bauch rutschend nähert, nicht auch ein, zumal er schwerer als das Kind ist?
3. Berechnen Sie den Druck am Reißnagelkopf, an der Spitze (3).
4. Nennen Sie drei Beispiele, bei denen eine Kraft a) auf eine möglichst kleine, b) auf eine große Fläche wirkt.
5. Schuhe mit kleinen Absätzen (A = 1 cm^2) hinterlassen auf Parkettböden tiefe Eindrücke. Wie groß ist der Druck, den eine Jugendliche (F_G = 480 N) ausübt, wenn sie auf zwei Absätzen und danach auf einem Absatz steht?
6. Warum sind Raupenschlepper für moorige Böden, nicht aber für Straßenfahrten geeignet?

2.1.7 Anwendungsaufgaben

1. Woran erkennt man physikalische Kräfte?
2. Nennen Sie je zwei Beispiele, bei denen Muskelkraft, Gewichtskraft, Magnetkraft, Federkraft oder Motorkraft eingesetzt werden. Beantworten Sie jeweils folgende Fragen:
   a) Wer übt die Kraft aus?
   b) Auf wen wirkt sie?
   c) Welche Wirkung erkennt man?
   d) Wie heißt die Kraft?
3. Notieren Sie die Werte der Kraftmesser (4).

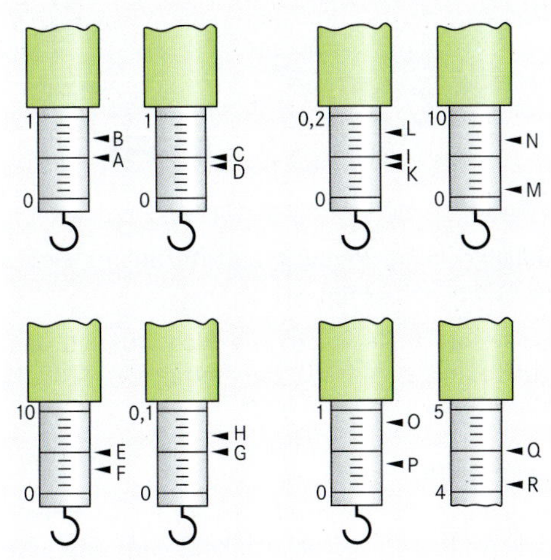

4 Kraftmesser ablesen

4. Nennen Sie Beispiele für erwünschte und unerwünschte Wirkungen von Wind- und Wasserkräften.
5. Beschreiben Sie, wie man die Wind- und Wasserkraft als Antriebskraft nutzt.
6. Wieso sind Sehkraft, Willenskraft, Waschkraft und Überzeugungskraft keine Kräfte im Sinne der Physik?
7. Untersuchen Sie die Antriebskräfte von Spielzeugautos. Welche unterschiedlichen Antriebskräfte stellen Sie fest?
8. Beschreiben Sie Bewegungsänderungen bei der Autofahrt. Durch welche Kräfte werden sie hervorgerufen?
9. Zeichnen Sie Kräfte vom Betrag 400 N, 250 N, 380 N (1 cm ≙ 100 N).
10. Beim Tauziehen zieht die Mannschaft der linken Seite mit den Kräften 300 N, 290 N, 320 N, 320 N. Die Mannschaft der rechten Seite zieht mit 280 N, 270 N, 140 N, 320 N, 220 N.
    a) Wer gewinnt?
    b) Zeichnen Sie die Kraftpfeile.
11. Bestimmen Sie die Magnetkraft, mit der eine Platte gehalten wird (5).
12. In Baugeschäften gibt es Taschenwaagen, mit denen man auch Kräfte messen kann. Sie enthalten eine Feder und eine „Kilo-Skala" (6). Beschreiben Sie, wie man eine Newton-Skala erhält.

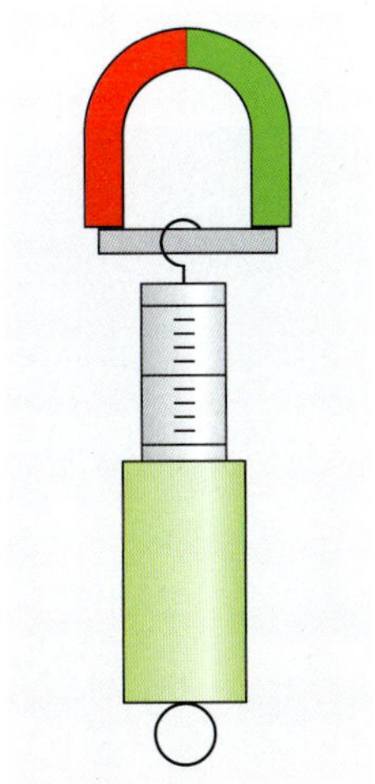

5 Magnetkraft

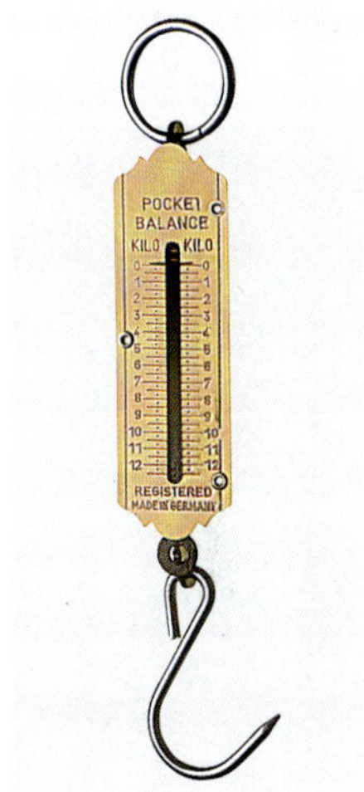

6 Taschenwaage

13. Eine Person trägt einen Einkaufskorb mit einer Kraft $F = 90$ N. Eine zweite Person hilft ihr. Wann halbiert sich die Kraft?
14. Zwei Personen wollen gemeinsam Kisten wegziehen (7).

    Zeichnen Sie die Kisten mit den Kraftpfeilen ab und zeichnen Sie jeweils die Ersatzkraft ein. Bestimmen Sie jeweils den Betrag der Ersatzkraft.

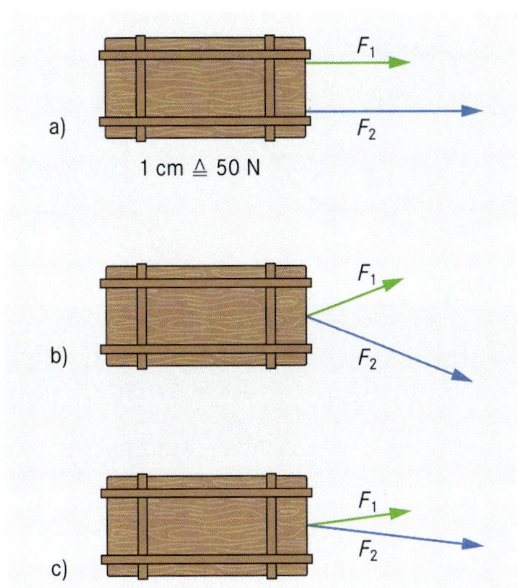

7 Gemeinsam ziehen

2.2 Kraftumformung

2.2.1 Kraftwandler

Seil und Stange

Kräfte stehen in den seltensten Fällen dort ausreichend zur Verfügung, wo sie gebraucht werden. Schon sehr früh haben die Menschen Werkzeuge und **einfache Maschinen** benutzt, um Muskelkräfte zu verstärken. Mit Seilen, Stangen, Rollen und Hebeln werden Kräfte übertragen (1).

1 Kraftwandler

Kraftwandler gibt es aber nicht nur dort, wo große Kräfte benötigt werden. Sie werden im Alltag häufig verwendet. Man benutzt sie, um eine Kraft von einem Ort zum anderen zu übertragen. Dabei kann die Kraft verringert oder verstärkt werden.

Alle einfachen Maschinen formen Kräfte um oder verlagern ihre Angriffspunkte.

Mit einem **Seil** (2) oder einer **Stange** kann die Kraft übertragen werden.

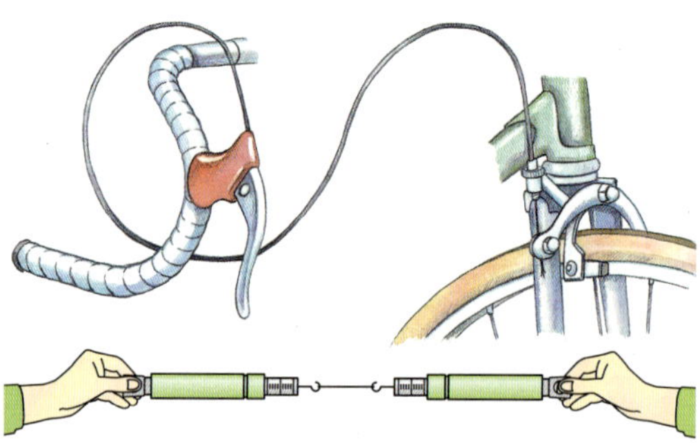

2 Kraftübertragung über ein Seil mit Versuchsanordnung

Ein dazwischen geschalteter Kraftmesser zeigt in einem entsprechenden Versuch an allen Stellen des Seiles denselben Wert an. Lediglich der Angriffspunkt der Kraft ist verlagert.

Seil und Stange verlagern den Angriffspunkt der Kraft.

Feste Rolle

Bei einem Kranwagen führt das Seil über eine Rolle am Ausleger. Die Drehachse dieser Rolle ist immer an derselben Stelle. Obwohl sich die Rolle beim Auf- und Abwickeln des Seiles dreht, spricht man hier von einer **festen Rolle**. Sie ist bei der Kraftübertragung stets an derselben Stelle (3).

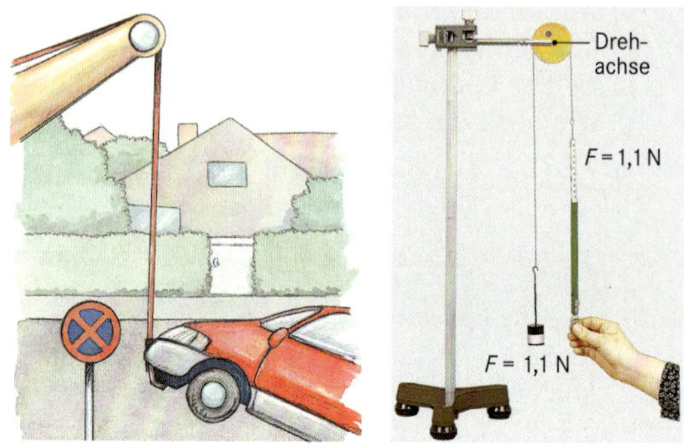

3 Feste Rolle mit Versuchsanordnung

Solange keine Reibung auftritt, ändert sich auch nicht der Betrag der Kraft.

Eine feste Rolle ändert die Richtung und den Angriffspunkt der Kraft. Der Betrag der Kraft bleibt gleich.

Lose Rolle

Manche Kräne haben neben der festen Rolle noch eine weitere Rolle, die sich hebt und senkt. Die Lage der Drehachse ändert sich, deshalb spricht man von einer **losen Rolle** (4).

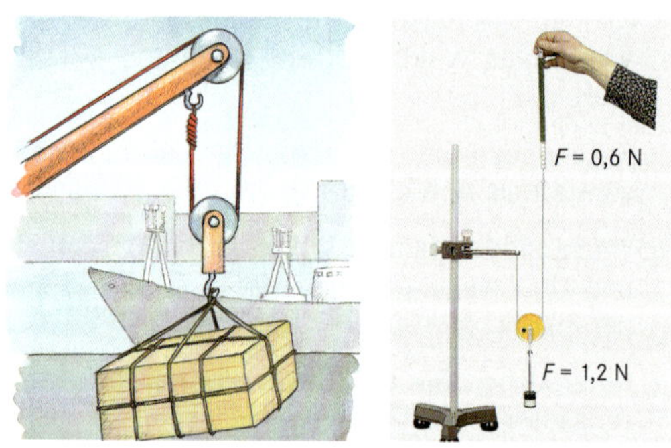

4 Lose Rolle mit Versuchsanordnung

Bei der losen Rolle hängt die Last an zwei Seilstücken. Durch diese Rolle wird die **Zugkraft** halbiert. Die andere Hälfte wird durch das zweite Seilstück und durch den Haken gehalten. Mit Hilfe der losen Rolle kann man also „Kraft sparen“. Allerdings muss man das Seil 2 m aufwickeln, wenn man den Korb um 1 m heben will.

Mit der losen Rolle wird der Betrag der Kraft halbiert.

$$F_Z = \frac{1}{2} F_G$$

Flaschenzug

Eine Kombination von losen und festen Rollen ist der **Flaschenzug**. Um die zum Heben notwendige Kraft zu verringern, kombiniert man mehrere lose und feste Rollen miteinander. Geschickterweise legt man die Rollen nicht übereinander, sondern auf einer Achse nebeneinander (5).

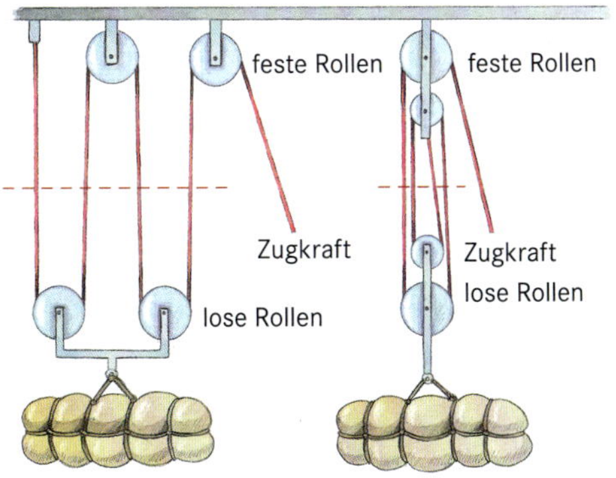

5 Prinzip Flaschenzug

Am Flaschenzug wird die Gewichtskraft F_G auf mehrere Seilstücke verteilt (6).

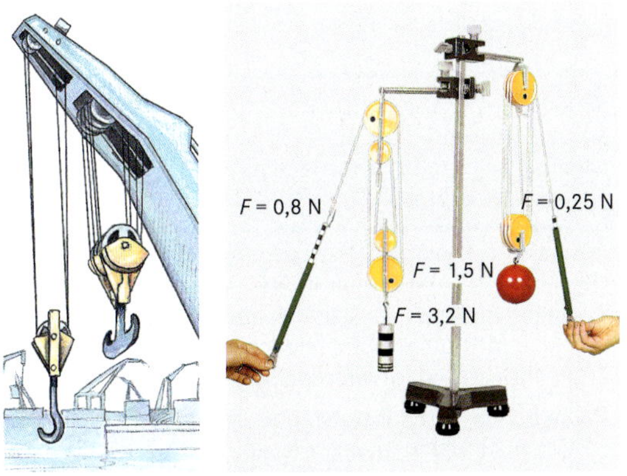

6 Flaschenzug mit Versuchsanordnung

Bei $n = 4$ Seilstücken wird nur der vierte Teil der Gewichtskraft zum Ziehen benötigt. Das gilt aber nur, wenn die Reibungskräfte an den Rollen äußerst gering sind.

Die Zugkraft ist gleich dem Quotienten aus der Gewichtskraft und der Anzahl der tragenden Seilstücke.

Die Anzahl der Rollen lässt sich jedoch nicht beliebig vergrößern, weil dadurch auch die Gewichtskraft der Rollen und die Reibungskraft zunehmen.

Mit einem Flaschenzug werden Angriffspunkt, Richtung und Betrag der Kraft geändert.

$$F_Z = \frac{F_G}{n}$$

Bei den Kraftwandlern gelten zwischen dem Weg der Kraft s_F und dem Weg der Last s_L folgende Beziehungen:

Feste Rolle: $s_F = s_L$

Lose Rolle: $s_F = 2 \cdot s_L$

Flaschenzug: $s_F = n \cdot s_L$

Versuch

Bauen Sie die Versuchsanordnungen in den Bildern 2, 3, 4 und 6 nach. Hängen Sie verschiedene Lasten an das Seil und messen Sie die jeweils zum Halten erforderliche Kraft.

Vergleichen Sie jeweils die Haltekraft mit der Gewichtskraft der Last. Beachten Sie hierbei auch die Gewichtskraft der losen Rollen.

Erstellen Sie ein Tabelle (7) und fassen Sie die Ergebnisse zusammen. Formulieren Sie zu jedem Beispiel einen Merksatz.

Kraftwandler	Feste Rolle	Lose Rolle	Flaschenzug 4 Rollen	Flaschenzug 6 Rollen
Gewichtskraft der Last				
Zugkraft				
Kraftveränderung				

7 Auswertungstabelle

Aufgaben

1. Welche gemeinsame Eigenschaft haben Kraftwandler?
2. Vergleichen Sie bei den abgebildeten Kraftwandlern die Wege der Kraft (s_F) mit den Wegen der Last (s_L). Stellen Sie jeweils eine Gleichung auf.
3. Verschnürungen an Schuhen sind ebenfalls Flaschenzüge, aber ohne Rollen. Erläutern Sie diese Aussage.
4. Der Weltrekord im Gewichtheben der Frauen steht im Jahre 2012 auf 182,5 kg. Mit welchem Gerät kann dieser Weltrekord von einer Person gebrochen werden, die höchstens mit einer Muskelkraft von 310 N ziehen kann?
5. Wie groß muss die Zugkraft eines Motors mindestens sein, der eine Last mit der Gewichtskraft von 6 000 N heben soll, mit
   a) einer festen Rolle,
   b) einer losen Rolle und
   c) einem Flaschenzug mit vier Rollen?
6. Eine Auszubildende kann mit einer Kraft $F = 320$ N ziehen. Welche Gewichtskraft kann sie höchstens heben mit
   a) einer festen Rolle,
   b) einer losen Rolle und
   c) einem Flaschenzug mit vier Rollen?

2.2.2 Schiefe Ebene

Zum Transport von schweren Lasten wird oft eine schiefe Ebene verwendet (1).

1 Schräg aufwärts (Rampe)

Auf der **schiefen Ebene** hat die zum Halten erforderliche Kraft den gleichen Betrag wie die entsprechende Hangabtriebskraft. Sie ist stets kleiner als die Gewichtskraft. Je kleiner der Neigungswinkel ist, desto kleiner ist die **Haltekraft**.

Die Neigung der schiefen Ebene kann nicht nur durch den **Neigungswinkel**, sondern auch durch das Verhältnis von Höhe h zur Länge l der schiefen Ebene angegeben werden (2).

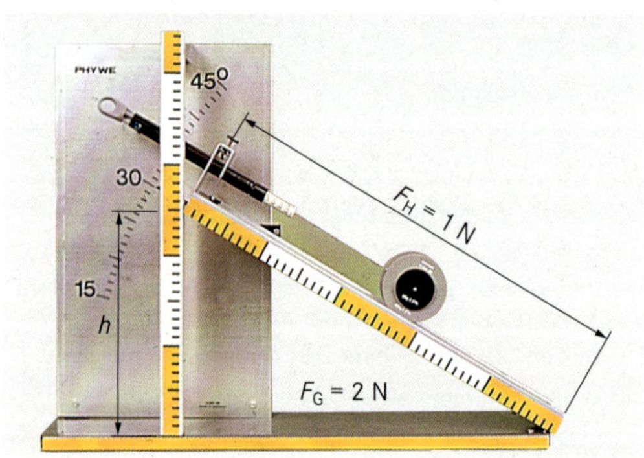

2 Haltekraft an der schiefen Ebene

Der Quotient h/l gibt an, wie steil oder flach eine schiefe Ebene verläuft.

$$F_H = F_G \cdot \frac{h}{l}$$

Jede geneigte Straße ist eine schiefe Ebene. Eine einfache Anwendung der schiefen Ebene ist der **Keil** zum Spalten von Holz oder zum Anheben von Türen. Schneidegeräte wie Beil, Messer oder Meißel bestehen aus zwei aneinander gefügten schiefen Ebenen.

Auch die **Schraube** kann als schiefe Ebene aufgefasst werden. Wenn man aus Papier ein rechtwinkliges Dreieck ausschneidet und es um einen runden Stab, z. B. um einen Bleistift, wickelt, bildet der obere Rand des Papiers ① eine Schraubenlinie (3).

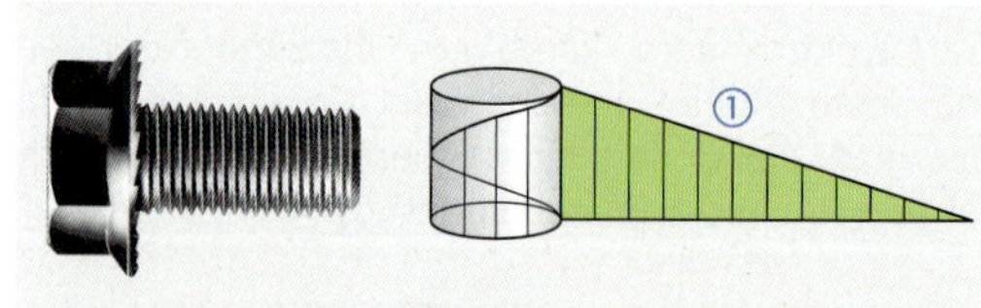

3 Schraube und Schraubenlinie

Serpentinen sind auch schiefe Ebenen. Auf ihnen kann der Aufstieg bequemer erfolgen als beim direkten Hinaufsteigen (4). Bequemer heißt, dass viel weniger Kraft aufgebracht werden muss, als wenn man fast senkrecht nach oben geht. Andererseits ist der Weg steil nach oben wesentlich kürzer als der Weg in Serpentinen am Hang.

4 Schräg aufwärts ist leichter als steil nach oben

Versuch

Bauen Sie eine Versuchsanordnung zur schiefen Ebene auf (2). Messen Sie bei unterschiedlich geneigter Fahrbahn die zum Halten erforderliche Kraft. Erstellen Sie ein Versuchsprotokoll.

Aufgaben

1. Reicht die Kraft $F = 2\,000$ N aus, um einen Pkw ($F_G = 100\,000$ N) auf einer schiefen Ebene ($h = 1$ m, $l = 4$ m) festzuhalten?
2. Radfahrer und Rollstuhlfahrer sind an manchen Orten auf Rampen angewiesen. Beschreiben Sie zwei Beispiele aus Ihrer Umgebung.
3. Wie erhält man eine Schraubenlinie mit weiterem Abstand?
4. Bild 5 zeigt, wie der Transport schwerer Steinblöcke auf große Höhen beim Pyramidenbau möglich war. Beschreiben Sie, wie und warum die Ägypter Rampen und Seile benutzten.

5 Rampen und Seile beim Pyramidenbau

2.2.3 Hebel und Hebelgesetz

Kleine Kraft, große Wirkung

Mit einem Holzbalken als **Hebel** gelingt es mit geringerer Kraft eine schwere Last zu bewegen (6). Der Hebel ist der einfachste, aber auch der vielseitigste Kraftwandler. Meistens besteht er aus einer starren Stange, die drehbar gelagert ist. Ein Hebel kann als **einseitiger Hebel** (6) und als **zweiseitiger Hebel** (7) benutzt werden.

6 Einseitiger Hebel

7 Zweiseitiger Hebel

Jeder Hebel hat eine **Drehachse** und Hebelarme. Beim zweiseitigen Hebel greifen die Kräfte auf beiden Seiten der Drehachse an. Beim einseitigen Hebel wirken die Kräfte auf derselben Seite der Drehachse. Je länger ein **Hebelarm** ist, an dem eine Kraft angreift, desto größer ist die wirkende Kraft (8).

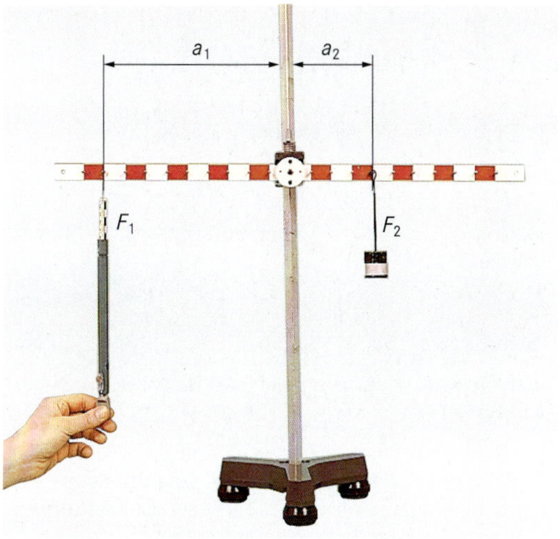

8 Modellversuch zum Hebel

Genauer lässt sich dieser Zusammenhang in einem Experiment untersuchen. Ein Gewichtsstück (F_2 = 2 N) behält seinen Abstand zur Drehachse bei, z. B. a_2 = 10 cm. Mit einem Kraftmesser, der in unterschiedlichen Abständen von der Drehachse befestigt wird, wird das Gleichgewicht hergestellt und die ermittelten Werte in eine Tabelle eingetragen (9).

Abstand von der Drehachse a_1 in cm	F_1 in N
2,5	8
5	4
7,5	2,7
10	2
12,5	1,6
15	1,3

9 Messwerte

Die Messwerte zeigen, dass bei doppeltem Abstand von der Drehachse (Hebelarm) die benötigte Kraft nur halb so groß ist. Bei dreifachem Hebelarm beträgt die Haltekraft nur noch den dritten Teil der Gewichtskraft. Es besteht eine umgekehrt proportionale Zuordnung. Bildet man jeweils das Produkt aus Kraft F und Hebelarm a der linken bzw. rechten Seite des Hebels, so stellt man fest: Das Produkt aus Kraft F und zugehörigem Hebelarm a hat immer den gleichen Wert.

$$F_1 \cdot a_1 = F_2 \cdot a_2$$

Der Grieche Archimedes (um 250 v. Chr.) hat das **Hebelgesetz** erstmals formuliert.

Der Hebel bleibt im Gleichgewicht, solange das Produkt $F \cdot a$ auf beiden Seiten gleich ist.

Doch lange zuvor wurden die Hebelwirkungen technisch genutzt. Auch heute benutzen wir viele Geräte und Werkzeuge, ohne die Hebelwirkungen genau zu kennen.

Versuche

1. Untersuchen Sie die an dem Hebel wirkenden Kräfte (8). Hängen Sie dazu an die eine Seite des Hebels in einem bestimmten Abstand von der Drehachse ein Gewichtsstück. Befestigen Sie an der anderen Seite einen Kraftmesser der Reihe nach an verschiedenen Stellen. Messen Sie jeweils die Kraft, die den Hebel waagerecht hält, und den dazugehörenden Abstand des Kraftmessers von der Drehachse.

   Tragen Sie die Messergebnisse in eine Tabelle ein. Werten Sie die Tabelle aus.
2. Untersuchen Sie, ob das Hebelgesetz auch am einseitigen Hebel gilt.

Aufgabe

Erklären Sie die Redensart: Er sitzt am längeren Hebel.

Mit dem Hebelgesetz rechnen

Mithilfe des Hebelgesetzes können Kräfte oder Längen am Hebel berechnet werden. Zangen und Scheren sind **Werkzeuge** mit zwei zweiseitigen Hebeln (1).

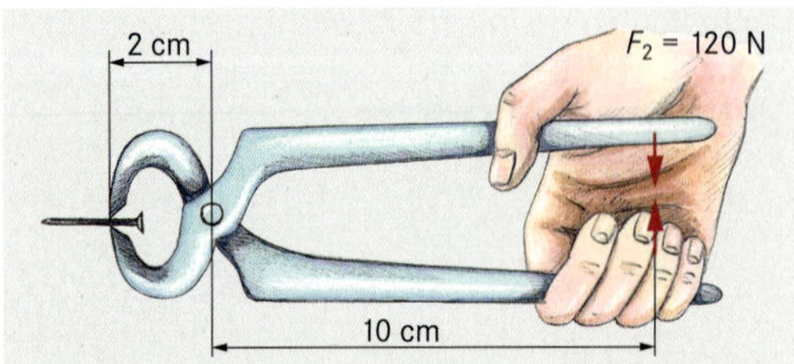

1 Hebelwirkung einer Kneifzange

Auf der Griffseite ist $F \cdot a$ = 1200 Ncm. Das ist gleich dem Produkt $F \cdot a$ an der Schneidenseite. Aus der Gleichung $F_1 \cdot a_1 = F_2 \cdot a_2$ folgt:

$$F = \frac{1200 \text{ Ncm}}{2 \text{ cm}} = 600 \text{ N}$$

Mit der Kraft 600 N kann der Nagel durchtrennt werden.

Ein Nussknacker ist ein einseitiger Hebel (2).

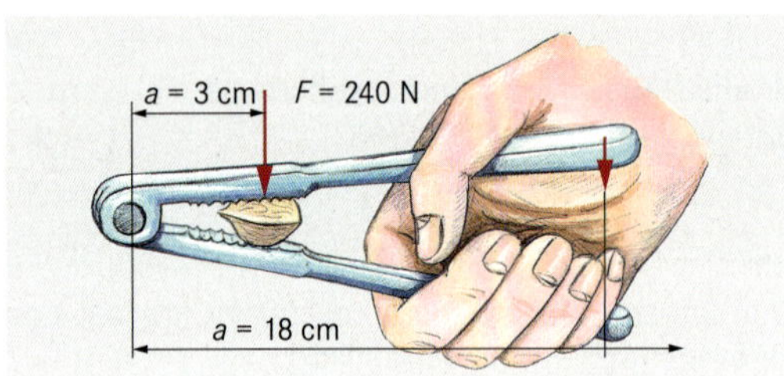

2 Nussknacker

Zum Zerknacken der Nuss ist eine Kraft von mindestens 240 N notwendig. Durch den sechsfach längeren Hebelarm der wirkenden Muskelkraft wird nur der sechste Teil dieser Kraft benötigt.

Auch am Skelett gibt es mehrere Hebel. Am Unterarm endet der Beugemuskel etwa 5 cm von der Drehachse des Ellenbogengelenkes entfernt (3). Die Kraft, die der Beugemuskel ausüben muss, ist erheblich größer als die Gewichtskraft der Kugel.

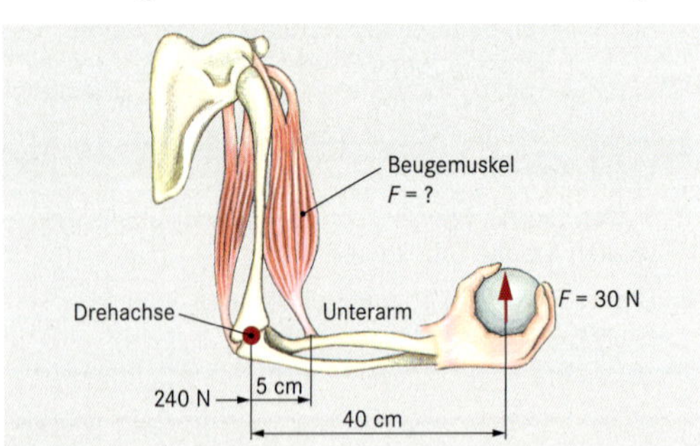

3 Hebel am Unterarm

Aufgaben

1. Beschreiben Sie die Funktion des Flaschenöffners (4)

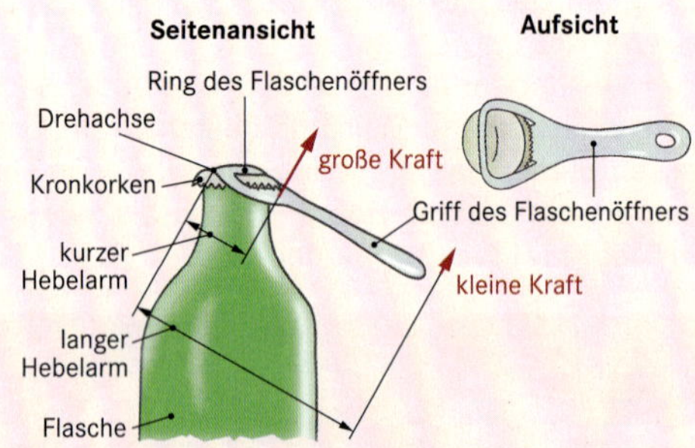

4 Flaschenöffner

2. Untersuchen Sie die Kräfte und Hebelarme an den Werkzeugen und Geräten in Bild 5. Beschreiben Sie jeweils die Kraftwirkung.

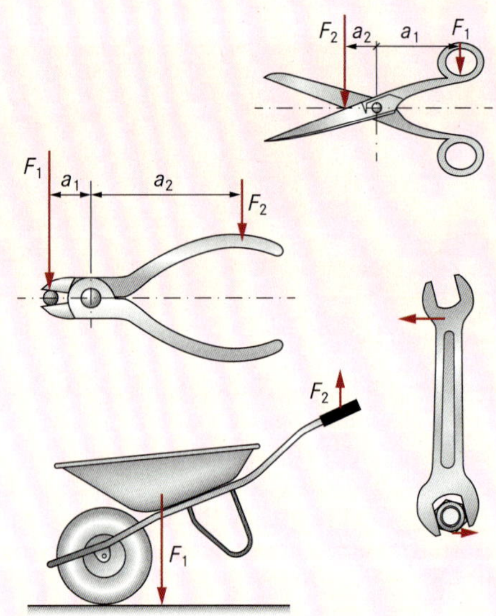

5 Werkzeuge mit Hebel

3. Bestimmen Sie die fehlenden Größen (5).

	F_1	a_1	M	F_2	a_2
Seitenschneider	?	1,5 cm	300 Ncm	?	10 cm
Schere	12 N	8 cm	?	?	2,5 cm
Schubkarre	500 N	30 cm	?	?	120 cm
Schraubenschlüssel	?	2 cm	90 Ncm	?	24 cm

4. Zeichnen Sie drei Geräte dieser Seite ab. Kennzeichnen Sie jeweils die Drehachse, die Kraftarme sowie die Angriffspunkte der Kräfte.

Drehmoment

Das Produkt aus Kraft F und zugehörigem Hebelarm a ist ein Maß für die Drehwirkung, die Einheit ist **Newtonmeter** (Nm). Das Produkt $F \cdot a$ heißt auch **Drehmoment** M.

$$M = F \cdot a$$

Zur Drehung eines Hebels gegen den Uhrzeigersinn kommt es, wenn das linksdrehende Drehmoment größer ist als das rechtsdrehende Drehmoment. Eine Drehrichtung im Uhrzeigersinn erfolgt im umgekehrten Fall. **Gleichgewicht** herrscht, wenn die Summe der Drehmomente im Uhrzeigersinn gleich der Summe der Drehmomente im Gegensinn ist.

Beim Anziehen von Schraubverbindungen können die Schraubköpfe abreißen, wenn durch einen langen Schraubenschlüssel eine zu große Kraftwirkung erreicht wird. Mit einem Drehmomentenschlüssel kann das jeweilig vorgegebene Drehmoment eingestellt werden.

Räder

Auch dort, wo man keine Hebel sieht, gilt das Hebelgesetz. Räder, **Kurbelwelle** und **Wellrad** wirken ebenso wie Hebel und verändern die Kraft (6).

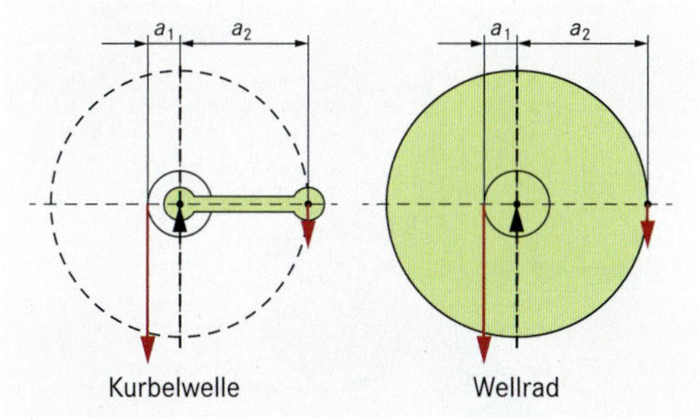

6 Kurbelwelle und Wellrad

Beim Fahrrad wird die Kraft von der Pedale über zwei Zahnräder und eine Kette auf das Hinterrad übertragen. Die Tretkurbel mit dem Antriebszahnrad bildet ebenso ein Wellrad wie das hintere Zahnrad (Ritzel) mit dem Hinterrad (7).

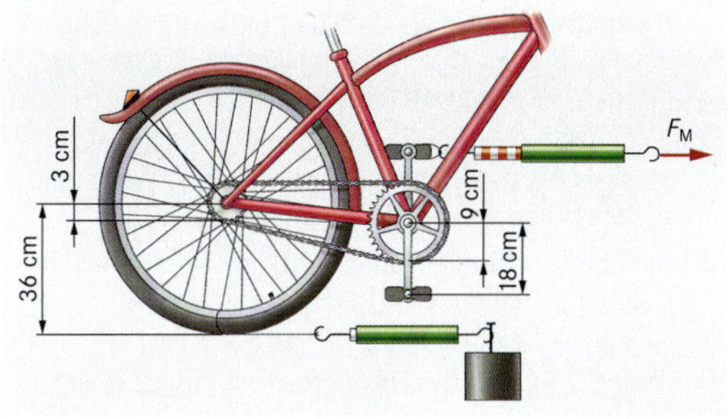

7 Kraftübertragung am Fahrrad

Beispiel

Kräfte am Fahrrad

Das Pedal eines Fahrrades hat einen Abstand von 18 cm von der Drehachse. Der Radius des Zahnkranzes beträgt 9 cm. Wenn der Fahrer mit einer Kraft von 60 N senkrecht zum Kurbelarm auf die Pedale tritt, ist die Kraft, mit der die Kette gezogen wird, mit 120 N doppelt so groß (8).

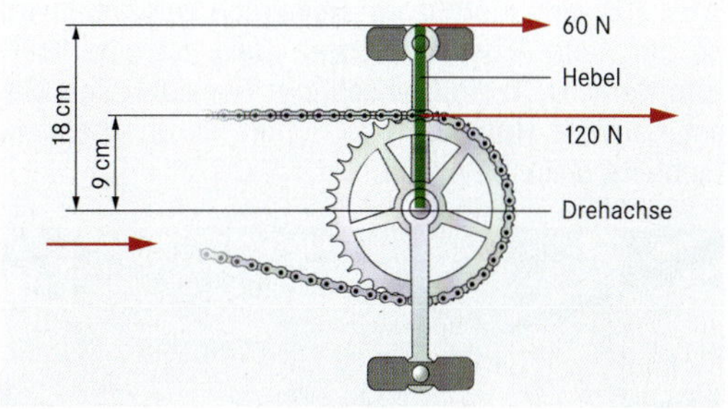

8 Tretkurbel und Antriebszahnrad

Die Kette überträgt wie ein Seil diese Kraft auf das hintere Zahnrad (r = 3 cm). Auf das kleine Zahnrad am Hinterrad wirkt die Kraft von 120 N (9).

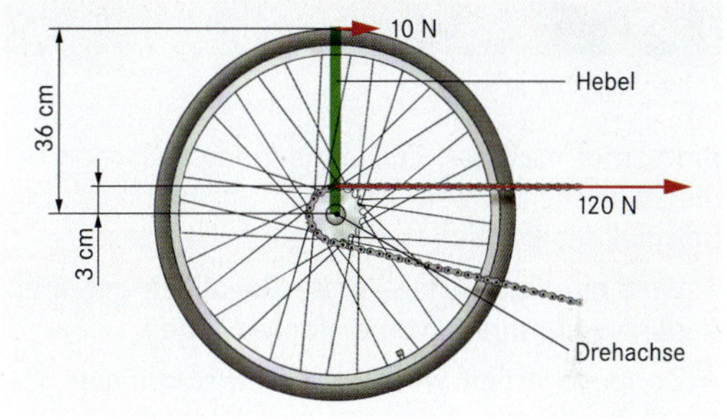

9 Ritzel und Wellrad

Das kleine Zahnrad treibt das Hinterrad (Radius = 36 cm) an. Zwischen Reifen und Straße wirkt dann bei einem zehnfachen Abstand von der Drehachse eine Kraft von 10 N.

Versuch

Untersuchen Sie die Kraftübertragung beim Fahrrad (7). Stellen Sie mithilfe eines Kraftmessers eine Zugkraft von 50 N an der Pedale ein.

a) Messen Sie am Hinterrad die Kraft, die notwendig ist, damit sich das Rad nicht dreht.
b) Wiederholen Sie die Messung bei unterschiedlichen Gängen. Formulieren Sie einen Zusammenhang.

Aufgaben

1. Am Ende eines 32 cm langen Schraubenschlüssels wirkt die Kraft F = 150 N. Berechnen Sie das Drehmoment.
2. Die Radmuttern eines Pkws wurden mit einem Drehmoment von 90 Nm fest gezogen. Wie groß muss die Kraft zum Lösen mit einem 20 cm langen Schraubenschlüssel mindestens sein?

2.3 Arbeit - Energie - Leistung

2.3.1 Mechanische Arbeit

Um den Begriff der **mechanischen Arbeit** W (work, engl. Arbeit) festzulegen, greift man auf zwei messbare Eigenschaften zurück - auf die Kraft F und die Weglänge s.

Wird z. B. eine Kiste in ein Regalfach gehoben, wird an der Kiste Arbeit verrichtet. Dazu ist eine Kraft erforderlich. Ob ein Mensch, ein Tier oder eine Maschine diese **Hubarbeit** verrichtet, ist unerheblich. Es bleibt dieselbe Arbeit (1).

1 Mechanische Arbeit

Betrachtet man den Zusammenhang zwischen der mechanischen Arbeit und der Gewichtskraft am Beispiel des Regals (1), dann gilt Folgendes:

- Wird die Kiste in das erste Regalfach gehoben, dann spricht man von einfacher Arbeit.
- Doppelte Arbeit wird verrichtet, wenn zwei Kisten in das erste Fach gehoben werden.
- Beim Transport von drei Kisten in das erste Fach spricht man von dreifacher Arbeit.
- Eine doppelte Arbeit würde auch dann verrichtet werden, wenn eine andere Kiste eine doppelte Gewichtskraft hätte.

Die Arbeit W ist umso größer, je größer die erforderliche Kraft F ist.

Es besteht ebenso ein Zusammenhang zwischen der mechanischen Arbeit und der Hubhöhe. Wird z. B. die Kiste statt in das erste Regalfach bis ins zweite oder dritte Fach gehoben, so ist es auch sinnvoll, von zweifacher, dreifacher Arbeit zu sprechen.

Die Arbeit W ist umso größer, je größer der zurückgelegte Weg s ist.

Zur Berechnung der Arbeit müssen die beiden Größen Kraft F und Weglänge s berücksichtigt werden. Es ist daher zweckmäßig, die Arbeit als Produkt aus der Kraft F und der Weglänge s festzulegen (definieren). Dabei müssen Kraft und Weglänge die gleiche Richtung haben.

$$W = F \cdot s$$

Die Einheit der Arbeit ist 1 **Newtonmeter**. Nach dem englischen Physiker J. P. Joule (1818–1889) nennt man diese Einheit auch 1 **Joule** (1 J).

1 000 J = 1 kJ (Kilojoule)

Die Arbeit 1 Nm kann auf unterschiedliche Weise verrichtet werden:

- Eine Tafel Schokolade (Gewichtskraft 1 N) 1 m hochheben,
- mit der Zugkraft 10 N einen Gegenstand 0,10 m über den Boden ziehen oder
- ein Paket (20 N) um 0,05 m heben.

Beispiel

Hubarbeit berechnen

Ein Fass wird ohne Kraftwandler senkrecht hochgehoben (2). Die Hubarbeit beträgt:

$W = F \cdot s$

$W = 500\ \text{N} \cdot 1{,}5\ \text{m}$

$W = 750\ \text{Nm}$

2 Anheben eines Fasses

Versuche

1. Heben Sie ein Gewichtsstück mit unterschiedlichen Kraftwandlern hoch. Messen Sie die jeweilige Kraft F und die Wegstrecke s. Bilden Sie anschließend das Produkt $F \cdot s$. Vergleichen Sie die Ergebnisse mit der Hubarbeit ohne Kraftwandler.
2. Ziehen Sie einen Gegenstand über die Tischplatte. Messen Sie die Reibungskraft F und die Weglänge s. Berechnen Sie die Reibungsarbeit W.
3. Bestimmen Sie die Hubarbeit W, wenn eine Tasche oder ein Stuhl auf den Tisch gestellt wird.
4. Berechnen Sie die Hubarbeit, wenn 26 Stühle (m = 6,2 kg) auf die Tische (h = 0,74 m) gestellt werden.

2.3.2 Hubarbeit mit Kraftwandlern

Goldene Regel der Mechanik

Mit Kraftwandlern können Kräfte verändert werden. Besonders günstig ist es, wenn der Betrag der Kraft so umgeformt wird, dass die eingesetzte Kraft verringert wird. Lässt sich mit Kraftwandlern auch die Arbeit verringern? Um diese Frage zu beantworten, muss man in der Gleichung $W = F \cdot s$ das Produkt $F \cdot s$ betrachten. Mit einem Kraftwandler müsste sich dann ein kleinerer Wert für die Arbeit W ergeben als beim senkrechten Hochheben des Fasses (2). Die Hubarbeit ohne Kraftwandler beträgt 750 N. Wird die Arbeit hingegen wie bei der losen Rolle (3) mit geringerer Kraft ausgeführt, muss die Zugkraft längs einer größeren Wegstrecke wirken.

3 Hubarbeit mit einer losen Rolle

Das Seil muss doppelt so weit gezogen werden. Die Hubarbeit beträgt $W = 250\ \text{N} \cdot 3\ \text{m} = 750\ \text{Nm}$.

Auch an der schiefen Ebene (4a) bzw. beim Flaschenzug (4b) spart man Kraft, dafür ist der Weg länger. Auch hier beträgt die Arbeit W jeweils 750 Nm.

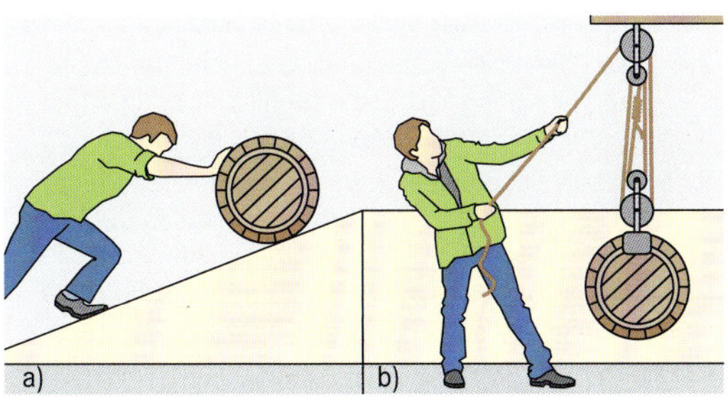

4 Hubarbeit mit schiefer Ebene und Flaschenzug

Diese Beispiele zeigen, dass mit einfachen Maschinen die Kräfte zwar verringert werden können, die Wegstrecken aber größer werden. Die Arbeit bleibt jedoch gleich.

Mit Kraftwandlern können Kraft und Weglänge verändert werden, die Arbeit bleibt gleich.

Dieser Zusammenhang, den schon Heron von Alexandria im 1. Jahrhundert erkannte, wird als **goldene Regel der Mechanik** bezeichnet.

Beispiel

Treppensteigen

Die Teilnehmerinnen einer Betriebsbesichtigung müssen einen Höhenunterschied von 38 m überwinden (5). Wie groß ist die Hubarbeit bei einer Gewichtskraft von 520 N?

Mit Hilfe der goldenen Regel der Mechanik kann man auch die Hubarbeit beim Treppensteigen einfach bestimmen. Man kann so tun, als ob man auf direktem Weg senkrecht nach oben klettert oder einen Fahrstuhl benutzt.

5 Treppensteigen ist Hubarbeit

Die Arbeit wird berechnet:

$W = 520\ \text{N} \cdot 38\ \text{m} = 19\,760\ \text{Nm}$

Lösung: $W = 19{,}760\ \text{kJ}$

Auch hier wird gearbeitet

Auf die Rennwagen wirken die Antriebskräfte der Motoren (6).

6 Beschleunigungsarbeit und Reibungsarbeit

Wenn sie auf eine höhere Geschwindigkeit gebracht werden, nennt man diese Arbeit **Beschleunigungsarbeit**. Werden sie abgebremst, wird **Reibungsarbeit** verrichtet. Dabei entsteht Wärme. Die Reibungsarbeit ist besonders klein, wenn die Reibungskräfte durch Rollreibung klein gehalten werden.

Das Spannen einer Feder oder das Teigkneten erfordert **Verformungsarbeit**. Auch in diesen Beispielen hängt die Arbeit von der Kraft ab. Wichtig bei allen Berechnungen ist, dass die Kraft und der Weg die gleiche Richtung haben.

2.3.3 Energie

Um auf der Halfpipe hin- und herzuskaten, muss erst einmal eine Plattform erklommen werden (1).

1 Die Halfpipe als Energiewandler

Das ist Hubarbeit der Skater ①. Diese Arbeit kann nach der Gleichung $W = F_G \cdot h$ berechnet werden. Durch diese Arbeit erhält ein Skater seine Energie, die **Lageenergie**, die auch **potenzielle Energie** genannt wird. Das Formelzeichen ist E_{Pot}.

Die Fähigkeit, Arbeit verrichten zu können, beschreibt man mit dem Begriff Energie (Formelzeichen E). Arbeit und Energie erhalten die gleiche Einheit 1 Nm oder 1 Joule.

Dann kann der Skater sich abwärts bewegen. Dabei beschleunigt er und verrichtet Beschleunigungsarbeit ②. Seine Lageenergie nimmt ab, während die **Bewegungsenergie** zunimmt. Sie wird auch als **kinetische Energie** bezeichnet, Formelzeichen E_{kin}. Am tiefsten Punkt der Bahn ist die Lageenergie fast vollständig in Bewegungsenergie umgewandelt worden. Ein Teil der Energie wird dazu benutzt, die Reibungskraft zu überwinden.

Am Gegenhang wird Hubarbeit verrichtet ④. Dabei wandelt sich die Bewegungsenergie wieder in Höhenenergie um ⑤. Während der ganzen Fahrt wird Reibungsarbeit verrichtet. Sie führt stets zu einer Erwärmung und sorgt dafür, dass die Bewegung aufhört. In einem Energieflussdiagramm kann die Energieumwandlung bei einer Berg- und Talfahrt verdeutlicht werden (2).

Der **Energieerhaltungssatz** besagt:

Energie kann von einer Form in die andere umgewandelt werden. Dabei bleibt der Gesamtbetrag der Energie erhalten.

Ein Wagen rollt eine schiefe Ebene herab, an deren Ende sich eine Stahlfeder befindet (3).

3 Der Wagen prallt gegen eine Stahlfeder

Beim Auftreffen wird die Feder zusammengedrückt. Dadurch erhält sie **Spannenergie**. Durch diese Energie wird der Wagen wieder beschleunigt. Durch die Bewegungsenergie kann der Wagen wieder Hubarbeit verrichten und auf der Gegenseite hochrollen. Dabei kann diese Arbeit höchstens gleich der Arbeit sein, die am Anfang am Wagen verrichtet wurde.

Energie kann in verschiedenen Formen auftreten, in der Mechanik als Lageenergie oder potenzielle Energie, Bewegungsenergie und Spannenergie. Weitere Energieformen sind elektrische Energie, Schallenergie, Lichtenergie, Wärme und chemische Energie.

Im **Energieflussdiagramm** wird deutlich, dass es keine Maschine gibt, die ständig mehr Arbeit verrichtet, als ihr zugeführt wird. Trotzdem versuchen immer noch viele Menschen, so eine Maschine, ein **Perpetuum mobile**, zu konstruieren.

Versuche

1. Lassen Sie einen Wagen auf einer schiefen Ebene hinabrollen und gegen eine Stahlfeder prallen (3). Beschreiben Sie die Bewegung des Wagens.
2. Schieben Sie einen Wagen von der tiefsten Stelle einer gekrümmten Fahrbahn (2) bis ans Ende der Fahrbahn nach oben und lassen Sie ihn hinabrollen. Beschreiben Sie die Bewegung des Wagens. Zeichnen Sie das Energieflussdiagramm.

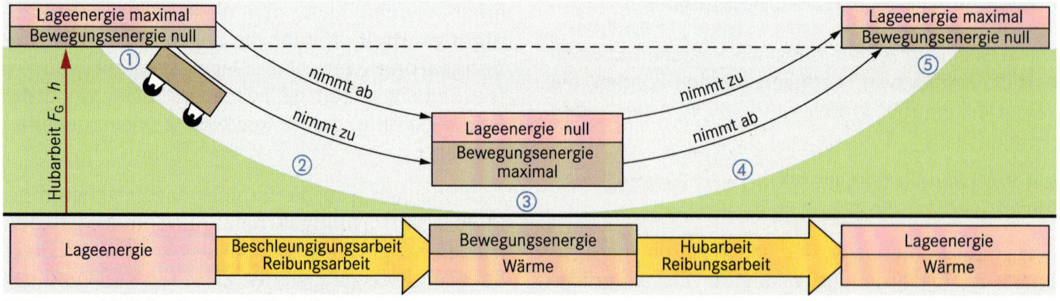

2 Berg- und Talfahrt im Energieflussdiagramm

2.3.4 Leistung

Rollenbahnen in Logistikzentren laufen schneller, wenn in gleicher Zeit (z. B. in einer Stunde) mehr Waren befördert werden sollen (4).

4 Rollenbahn im Logistikzentrum

Mit Rolltreppen werden Personen z. B. nach oben befördert, es wird Hubarbeit verrichtet. Um bei gleicher Geschwindigkeit der Rolltreppe mehr Personen nach oben zu transportieren, müssten alle näher zusammenrücken. Die **Leistung** würde dadurch erhöht werden. Die Leistung wird mit dem Formelzeichen P abgekürzt.

Die Leistung P ist umso größer, je größer die Arbeit W in einer bestimmten Zeit t ist.

Man könnte aber auch die Rolltreppe schneller laufen lassen, um die Leistung zu vergrößern. Die gleiche Arbeit wird dann in kürzerer Zeit verrichtet.

Die Leistung P ist umso größer, je geringer die benötigte Zeit t für eine bestimmte Arbeit W ist.

Bei der Leistung kommt es auf die Arbeit und die Zeit an, in der die Arbeit verrichtet wird. Die Leistung P erhält man, wenn der Quotient aus Arbeit W und Zeit t gebildet wird:

$$P = \frac{W}{t}$$

Die Einheit der Leistung ist 1 Nm/s.

Durch die Hubarbeit wird Energie übertragen. Die nach oben transportierten Personen haben mehr Höhenenergie. Deshalb kann die Leistung auch durch den Quotienten aus der übertragenen Energie E und der dazu benötigten Zeit t definiert werden.

$$P = \frac{E}{t}$$

Als weitere Einheit der Leistung erhält man 1 J/s. Nach dem Engländer James Watt (1736–1819) wird sie auch als 1 **Watt** (W) bezeichnet.
1 Watt = 1 Nm/s = 1 J/s

Für größere Leistungen benutzt man:
1 Kilowatt (kW) = 1 000 W
1 Megawatt (MW) = 1 000 000 W

Die Leistung 1 W entspricht einem Gewichtsstück von 100 g (F_G = 1 N), das in 1 Sekunde um 1 Meter hoch gehoben wird. Bild 5 zeigt weitere Beispiele für Leistungen.

• Glühlampe 100 W	• Pferd (Dauerleistung) 500 W
• Mofa 1000 W	• Mensch
• Windmühle 5 kW	- Körperfunktionen 100 W
• Pkw 55 kW	- Dauerleistung 75 W - kurzfristig 1100 W
• Lkw (15 t) 250 kW	
• Flugzeug 35 000 kW	• Rakete 75 000 000 kW

5 Beispiele für Leistungen

Bei Leistungsangaben von Automotoren sollte die noch häufig benutzte Einheit 1 PS (Pferdestärke) nicht mehr verwendet werden. Mithilfe dieser Einheit, die James Watt einführte, sollten früher die Leistungen von Pferden untereinander verglichen werden. Aber es sollte auch beurteilt werden, wie viele Pferde damals durch eine Dampfmaschine ersetzt werden konnten. Es gilt: 1 PS = 736 W.

Beispiel

Sportliche Leistung

Drei Sportlerinnen trainieren an der 3 m hohen Sprossenwand. Wer erbringt die größere Leistung? Das sind die Ergebnisse:

	Gewichtskraft F_G in N	Zeit t in s
a	360	9
b	360	10
c	440	10

a) $\frac{1080 \text{ Nm}}{9 \text{ s}} = 120 \frac{\text{Nm}}{\text{s}}$

b) $\frac{1080 \text{ Nm}}{10 \text{ s}} = 108 \frac{\text{Nm}}{\text{s}}$

c) $\frac{1320 \text{ Nm}}{10 \text{ s}} = 132 \frac{\text{Nm}}{\text{s}}$

Nicht immer vollbringt die Schnellste auch die größte physikalische Leistung.

Versuche

1. Bestimmen Sie die eigene Leistung beim Treppensteigen oder Seilklettern.
2. Bestimmen Sie die Leistung eines Elektromotors, der eine Last nach oben zieht. Befestigen Sie dazu den Motor so, dass seine Achse waagerecht steht. Ein Wägestück wird mithilfe eines Fadens, der sich auf der Achse aufwickelt, hoch gehoben. Hubhöhe und Zeit werden mit einem Maßstab und mit einer Stoppuhr bestimmt.

   Wiederholen Sie die Messungen mehrmals und berechnen Sie aus den Ergebnissen den Mittelwert.
3. Mit einer Aquarienpumpe wird Wasser aus einem Eimer in ein Aquarium gepumpt. Welche Größen muss man messen, um die Leistung zu bestimmen?

2.3.5 Aus Technik und Sport

Pumpspeicherwerk

Elektrische Energie wird im Laufe eines Tages sehr unterschiedlich benötigt. Pumpspeicherwerke liefern elektrische Energie, wenn besonders viel elektrische Energie im Verbundnetz benötigt wird.

Damit die Wärmekraftwerke aber gleichmäßig ausgelastet werden, wird in **Pumpspeicherwerken**, wenn im Verbundnetz wenig elektrische Energie gebraucht wird, Wasser aus einem Talsee in einen höher gelegenen Bergsee gepumpt. Windenergieanlagen und Solarenergieanlagen können auch elektrische Energie zum Antrieb der Pumpen liefern. Elektrische Energie wird so in Lageenergie umgewandelt (1).

1 Pumpspeicherwerk

Im Pumpspeicherwerk Geesthacht bei Hamburg wird das Elbwasser nachts in ein 83 m höher gelegenes Speicherbecken gepumpt. Dieses Becken kann ca. 3,8 Millionen Kubikmeter Wasser aufnehmen. Die drei Pumpen zusammen können in neun Stunden 3 300 000 m^3 Wasser in das Becken hochpumpen. Zu Spitzenzeiten, wenn also besonders viel elektrische Energie benötigt wird, strömt das Wasser über eine Turbine in die Elbe zurück. Die Turbine treibt Generatoren an, die dann elektrische Energie abgeben.

Trampolin und Schleuderbrett

Mit einem kraftvollen Sprung beginnt die Trampolinspringerin ihre Übung (2).

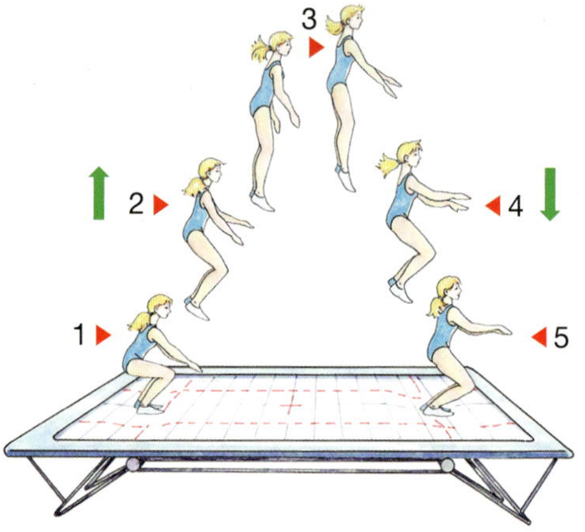

2 Trampolinspringer

Das **Trampolin** mit seinem elastischen Tuch und seinen Federn ist stark gespannt. Die Springerin kommt für einen kurzen Augenblick zum Stillstand, dann schnellt das Tuch zurück und beschleunigt die Springerin, sodass sie hochfliegt. Die Spannenergie des Trampolintuches wird dabei in Bewegungsenergie der Springerin umgewandelt. Sie fliegt hoch und erhält Lageenergie. Für einen kurzen Moment kommt sie zum Stillstand, ihre Bewegungsenergie ist null, dafür hat sie aber die maximale Lageenergie. Gleich darauf wird die Lageenergie wieder in Bewegungsenergie umgewandelt.

Aufgaben

1. Pumpspeicherwerke sind Energiewandler.
a) Welche Energieformen treten beim Pumpspeicherwerk auf?
b) Beschreiben Sie die Energieumwandlungen.
c) Zeichnen Sie das Energieflussdiagramm.

2. Wie groß ist ungefähr die gespeicherte Lageenergie, wenn das Becken (1) vollständig gefüllt ist?

3. Berechnen Sie die Leistung der Pumpen des Pumpspeicherwerkes (1).

4. In Bild 2 sind mehrere Phasen einer Trampolinspringerin dargestellt.
a) Geben Sie die Stellen an, bei denen die Trampolinspringerin zur Ruhe kommt.
b) Beschreiben Sie die einzelnen Phasen.
c) Zeichnen Sie das Energieflussdiagramm.

5. Manche Artisten benutzen zum Hochschleudern ihrer Partner ein Schleuderbrett (3).
Zeichnen Sie die Energieumwandlungskette.

3 Schleuderbrettartisten

Energieumwandlungen bei einer Bergtour

Bei einer Bergtour finden unterschiedliche Energieumwandlungen statt (4).

4 Energieumwandlungen bei einer Bergtour

Leistung einer Küchenmaschine

Auf dem Typenschild einer Küchenmaschine mit drei Leistungsstufen ist die höchste elektrische Leistung mit 140 W angegeben. Sie zieht einen Eimer mit Gewichtsstücken (F_G = 250 N) 2 m hoch (5). Auf der langsamsten Stufe braucht sie dazu 10 Sekunden, auf Stufe II 7 s, auf Stufe III nur 5 s.

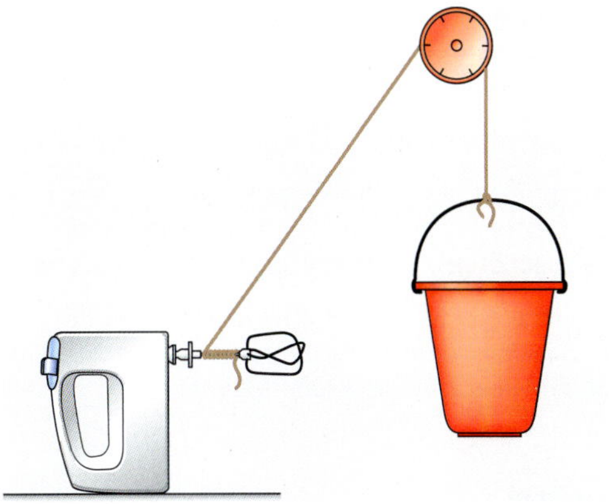

5 Leistungsstufen eines Motors bestimmen

Eine Fahrt in der Achterbahn

Zunächst wird der Wagen mit den Fahrgästen durch einen Elektromotor nach oben gezogen (6).

6 Ohne Energie keine Arbeit

Gleich danach beginnt die Talfahrt, der Wagen wird schneller. In rasender Fahrt durcheilt er das Tal und saust den Gegenhang hinauf. Dort kommt er fast zum Stillstand. Doch er überwindet den niedrigeren Berg und saust wieder herunter über den nächsten Hügel. Ein kräftiger Ruck, der Wagen stoppt.

Aufgaben

6. Beschreiben Sie die Energieumwandlungen vom Start bis zum Ziel (4).

Zeichnen Sie das Energieflussdiagramm

7. Berechnen Sie die Leistung für jede Stufe der Küchenmaschine (5).

8. Beschreiben Sie die Energieumwandlungen einer Achterbahnfahrt (6) und zeichnen Sie das Energieflussdiagramm.

9. Warum ist die größte Leistung immer kleiner als der auf der Küchenmaschine angegebene Wert 140 W?

10. Nennen Sie drei Möglichkeiten, um eine Leistung von 20 W zu erreichen.

11. Nennen Sie je drei Beispiele für
a) Hubarbeit,
b) Reibungsarbeit,
c) Verformungsarbeit,
d) Beschleunigungsarbeit.

12. Nennen Sie vier Möglichkeiten, um die Arbeit 100 Nm (50 Nm, 10 Nm) zu verrichten.

13. Welche Angaben braucht man zur Berechnung der
a) mechanischen Arbeit,
b) mechanischen Leistung?

14. Eine Pumpe befördert in einer Minute 6 000 kg Wasser 5 m hoch.

Berechnen Sie die Arbeit und die Leistung.

Physikalische Größen
Physikalische Größen werden durch das Produkt aus Zahlenwert und Einheit beschrieben.

Physikalische Größe = Zahlenwert · Einheit

Basisgrößen sind physikalische Größen, die nicht auf andere Größen zurückgeführt werden können. Die zugehörigen Einheiten heißen Basiseinheiten.

Abgeleitete Größen sind physikalische Größen, die auf Basisgrößen zurückzuführen sind. Die zugehörigen Einheiten sind abgeleitete Einheiten.

Masse *m*
Jeder Körper hat eine Masse.

Die Einheit der Masse ist 1 Kilogramm (kg). Auf einen Körper der Masse m = 1 kg wirkt auf der Erdoberfläche ungefähr die Gewichtskraft von 10 N.

Dichte ϱ
Die Dichte ist eine Stoffkonstante und ist charakteristisch für das jeweilige Material. Die Dichte ist der Quotient aus der Masse und dem Volumen.

$$\varrho = \frac{m}{V}$$

Die Einheit der Dichte ist 1 kg/m³.

Kraft *F*
Jede Verformung oder Bewegungsänderung wird durch eine Kraft verursacht.

Zu den physikalischen Kräften zählen z. B.: Muskelkraft, Gewichtskraft, Magnetkraft, Motorkraft, Windkraft, Wasserkraft, Reibungskraft.

Die Einheit der Kraft ist 1 Newton (1 N).

Auf der Erde übt ein Körper mit der Masse 102 g die Gewichtskraft von 1 N aus.

Hookesches Gesetz
Eine Schraubenfeder dehnt sich proportional zur Kraft.

$$s \sim F$$

Federkonstante *D*
Die Federkonstante D gibt an, welche Kraft aufgewandt werden muss, um eine Feder z. B. um 1 cm zu verlängern.

$$D = \frac{F}{s}$$

Kraftpfeile
Kräfte können als Kraftpfeile dargestellt werden.

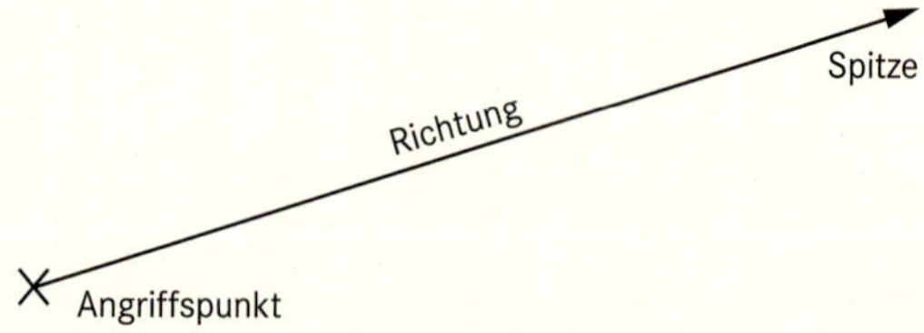

Druck *p*
Der Druck p gibt an, wie groß die Kraft ist, die senkrecht auf eine Fläche von 1 m² wirkt.

$$p = \frac{F}{A}$$

Einheit: $1 \frac{\text{N}}{\text{m}^2}$

Reibungskräfte
Reibungskräfte entstehen an den Berührungsflächen zweier Körper. Man unterscheidet die Haftreibungskraft von der Gleitreibungskraft.

Die Reibungskräfte sind abhängig von der Art der Berührungsflächen und von der Anpresskraft. Sie sind unabhängig von der Größe der Berührungsflächen.

Die Normalkraft F_N ist die senkrecht zur Reibfläche wirkende Kraft.

Das Produkt aus Reibungszahl μ und Normalkraft ergibt die Reibungskraft F_R.

$$F_R = \mu \cdot F_N$$

Kraftumformung

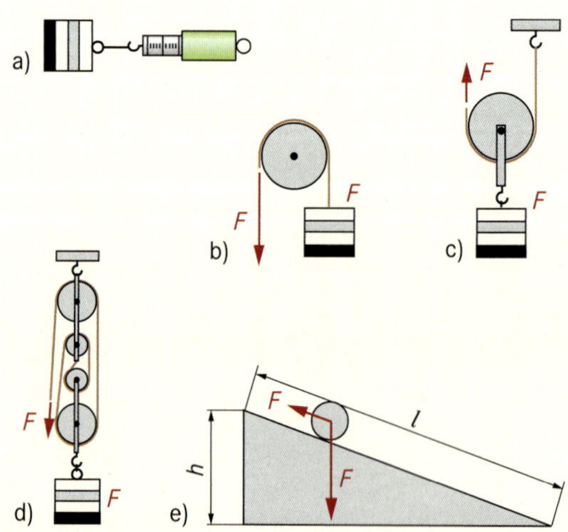

Alle einfachen Maschinen formen Kräfte um oder verlagern deren Angriffspunkte.

a) Seil und Stab verlagern den Angriffspunkt der Kraft.

b) Eine feste Rolle ändert die Richtung und den Angriffspunkt der Kraft. Der Betrag der Kraft bleibt gleich.

$$F_Z = F_G$$

c) Mit der losen Rolle wird der Betrag der Kraft halbiert.

$$F_Z = \frac{1}{2} F_G$$

d) Mit einem Flaschenzug werden Angriffspunkt, Richtung und Betrag geändert.

$$F_Z = \frac{F_G}{n}$$

e) An der schiefen Ebene hängt die Hangabtriebskraft F_H vom Neigungswinkel ab.

Der Quotient h/l gibt an, wie steil oder flach eine schiefe Ebene verläuft.

$$F_H = F_G \cdot \frac{h}{l}$$

Hebel
Jeder Hebel hat eine Drehachse und Hebelarme. Die Kraft wirkt senkrecht zum Hebelarm.

Einseitiger Hebel

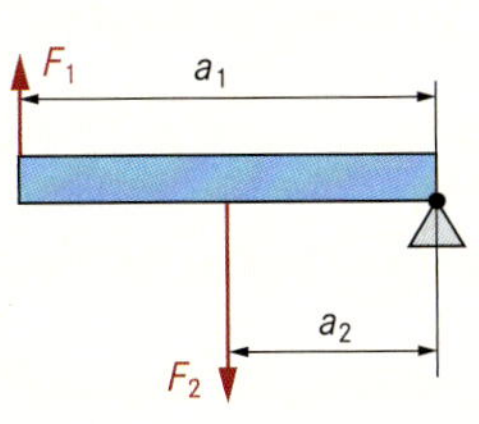

Zweiseitiger Hebel

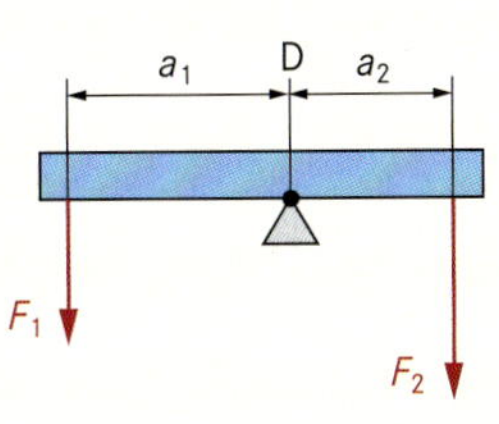

Gleichgewicht am Hebel:

$$F_1 \cdot a_1 = F_2 \cdot a_2$$

Drehmoment
Das Produkt aus $F \cdot a$ heißt Drehmoment M. Es ist ein Maß für die Drehwirkung.

Räder
Räder, Kurbelwelle und Wellrad wirken ebenso wie Hebel und verändern die Kraft.

Mechanische Arbeit *W*
Die mechanische Arbeit W ist das Produkt aus Kraft F und Weglänge s. Hierbei müssen Kraft F und Weglänge s die gleiche Richtung haben.

$$W = F \cdot s$$

Einheit der Arbeit
Newtonmeter (Nm)
1 Nm = 1 Joule (J)

Goldene Regel der Mechanik
Mit Kraftwandlern können Kräfte und Weglängen verändert werden: Die Arbeit bleibt gleich.

Leistung *P*
Die Leistung ist der Quotient aus Arbeit und Zeit.

$$P = \frac{W}{t}$$

Einheit der Leistung
1 Nm/s = 1 J/s = 1 W

1 Newtonmeter pro Sekunde = 1 Joule pro Sekunde = 1 Watt

Energie *E*
Die Fähigkeit, Arbeit verrichten zu können, beschreibt man mit dem Begriff Energie.

Einheit der Energie
1 Nm = 1 J (Joule)

Formen der Energie
Energie kommt in verschiedenen Formen vor. Man unterscheidet in der Mechanik Lageenergie, Bewegungsenergie, Spannenergie. Weitere Energieformen sind Sonnenenergie, chemische Energie, elektrische Energie, Wärmeenergie und Kernenergie.

Energie kann von einer Form in die andere umgewandelt werden.

Energieflusssdiagramm
Energie kann von einem Körper auf einen anderen übertragen werden. In einem Energieflussdiagramm lässt sich die Energieumwandlung vereinfacht darstellen.

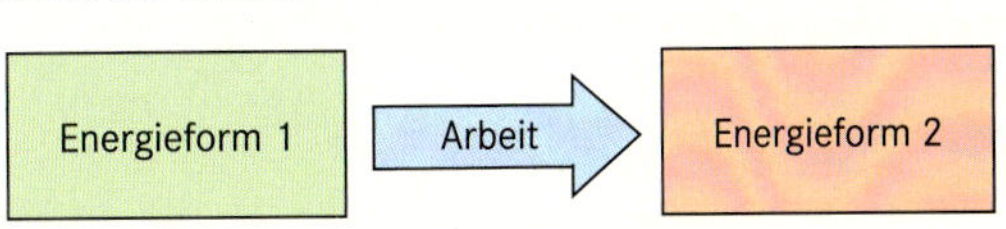

2.4 Bewegungen

2.4.1 Geschwindigkeit

Wenn man mit dem Auto, der Bahn oder anderen Verkehrsmitteln fährt, benutzt man zur Beschreibung des Bewegungsablaufs oft die Geschwindigkeit. Mit ihr drückt man aus, welche Strecke in einer bestimmten Zeit zurückgelegt wurde.

Aber nicht nur in diesem Bereich sind Geschwindigkeiten sinnvoll. So lässt sich z. B. auch das Wachsen des Haares ① oder die Bewegung der Erde um die Sonne ② jeweils durch eine Geschwindigkeit kennzeichnen. Die Zahlenwerte unterscheiden sich erheblich voneinander.

Beispiele

Beispiele für Geschwindigkeiten in m/s

Wachsen eines Haares ①	ca. 0,0000000001
Kriechen eines Regenwurms	ca. 0,001
Fußgänger	ca. 1,0
Rennpferd	ca. 15
Rennwagen	ca. 100
Flugzeug (Airbus)	ca. 240
Schall in Luft bei 15 °C	340
Erde um die Sonne ②	30 000
Licht	300 000 000

Die Geschwindigkeit gibt dabei an, welche Strecke in einer bestimmten Zeit zurückgelegt wird. Sie wird oft in Meter durch (pro) Sekunde oder in Kilometer durch (pro) Stunde angegeben. Für die Umrechnung gilt:

$$1\,\frac{\text{km}}{\text{h}} = \frac{1\text{ m}}{3{,}6\text{ s}} \qquad 1\,\frac{\text{m}}{\text{s}} = 3{,}6\,\frac{\text{km}}{\text{h}}$$

Wenn man am Ende des Bewegungsvorganges eine Geschwindigkeit für den gesamten Weg ermitteln will, braucht man nicht zu wissen, wie schnell die einzelnen Abschnitte zurückgelegt wurden. Es reicht die Angabe der **Durchschnittsgeschwindigkeit**. Man kann sie berechnen, indem man den insgesamt zurückgelegten Weg durch die dafür benötigte Zeit dividiert.

$$\boldsymbol{v_D = \frac{s}{t}}$$

Beispiel

Geschwindigkeitsberechnung

Für eine Strecke von 2,5 km werden insgesamt 30 Minuten benötigt. Berechnen Sie die Durchschnittsgeschwindigkeit in m/s und km/h.

$v_D = \frac{s}{t}$ 1 km = 1 000 m 1 h = 60 min = 3 600 s

$v_D = \frac{2\,500\text{ m}}{1\,800\text{ s}}$ $v_D = 1{,}4\,\frac{\text{m}}{\text{s}}$

$v_D = \frac{2{,}5\text{ km}}{0{,}5\text{ h}}$ $v_D = 5\,\frac{\text{km}}{\text{h}}$

Für das Verhalten im Straßenverkehr ist auch wichtig, welche Geschwindigkeiten in den jeweiligen Augenblicken (Momenten) gefahren werden. Man nennt sie **Momentan-** oder **Augenblicksgeschwindigkeiten**, die auf dem Tacho (1) angezeigt werden. Die Anzeige ist analog, weil zu jeder Geschwindigkeit eine bestimmte Zeigerstellung gehört.

1 Momentangeschwindigkeit am Tacho

In Lastkraftwagen und Bussen wird die Momentangeschwindigkeit in **Fahrtenschreibern** aufgezeichnet. Dabei entsteht ein auf einer Scheibe festgehaltenes Geschwindigkeit-Zeit-Diagramm (2).

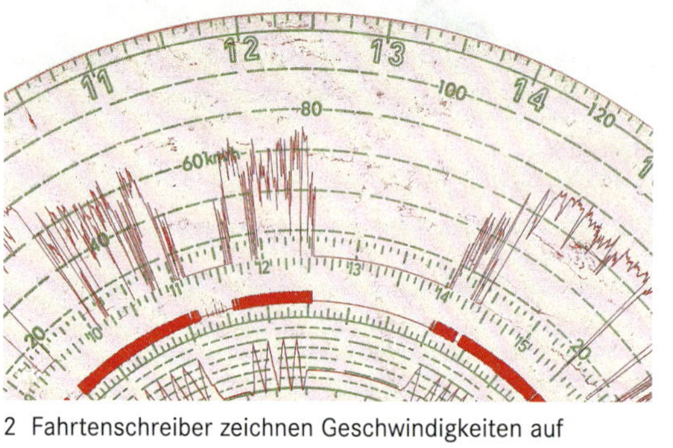

2 Fahrtenschreiber zeichnen Geschwindigkeiten auf

Seit Mai 2006 müssen in Neufahrzeuge elektronisch arbeitende und digital anzeigende Geräte eingebaut werden (3). Sie werden als **Tachograf** bezeichnet und arbeiten genauer als die herkömmlichen Fahrtenschreiber. Zusätzlich werden u. a. auch Lenk- und Ruhezeiten sowie Lenkzeitunterbrechungen aufgezeichnet.

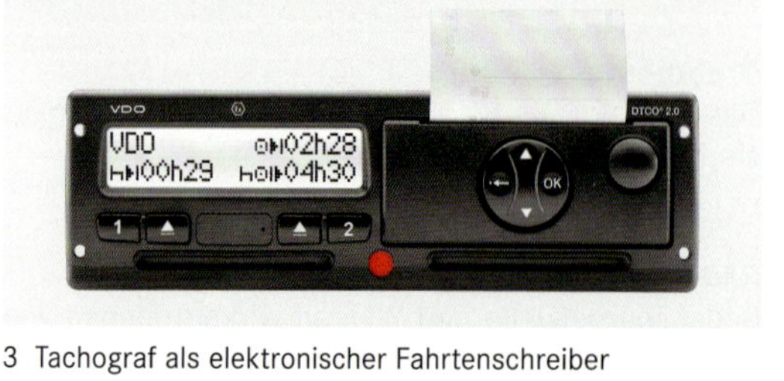

3 Tachograf als elektronischer Fahrtenschreiber

Das Fahrverhalten eines Fahrzeugs soll am Beispiel der abgebildeten Scheibe des Fahrtenschreibes (2) genauer untersucht werden. Am oberen Rand ist die Uhrzeit durch grüne Ziffern aufgetragen. Es ist lediglich der Ausschnitt von etwa 10:00 Uhr bis 15:00 Uhr sichtbar. Darunter sind die Geschwindigkeiten von 100 km/h bis 20 km/h auf gestrichelten Kreisbögen angegeben. Die „unruhige" rote Linie kennzeichnet die jeweilige Momentangeschwindigkeit.

Da die Geschwindigkeit innerhalb von 24 Stunden auf einer einzelnen Scheibe des Fahrtenschreibers festgehalten werden soll, ist die Zeitachse stark zusammengedrückt. Ein genaues Ablesen von Einzelwerten wird dadurch erschwert. Deshalb wird für die nachfolgenden Betrachtungen von dem vereinfachten, auf wenige Minuten begrenzten Geschwindigkeit-Zeit-Diagramm (4) ausgegangen. Es kennzeichnet die Geradeausfahrt eines Busses.

Der Bus fährt im Zeitpunkt t_0 = 0 min an. Anfahren bedeutet immer, dass sich die Geschwindigkeit von 0 km/h beginnend allmählich vergrößert. Es handelt sich um eine **beschleunigte Bewegung**.

Wenn sich innerhalb eines Zeitabschnitts die Geschwindigkeit ändert, bezeichnet man diese Bewegung als beschleunigte Bewegung.

Der Anfahrvorgang ist im Bereich A etwa nach zweieinhalb Minuten beendet. Die Linie im Diagramm verläuft danach waagerecht, d.h. die Geschwindigkeit ändert sich nicht mehr.

Im Abschnitt B bleibt die Geschwindigkeit der geradlinigen Bewegung bei 50 km/h. Man nennt diese Bewegung deshalb **gleichförmige Bewegung**.

Bei der gleichförmigen Bewegung ist die Bewegung geradlinig und die Geschwindigkeit konstant.

Es ist anzunehmen, dass für die zurückgelegte Wegstrecke die Formel $v = s/t$ verwendet werden kann. Sie müsste nach dem Weg s umgestellt werden. Da der Bus sich im Bereich B aber nicht am Anfang, sondern innerhalb des Bewegungsablaufs befinden, darf zur Berechnung nicht die gesamte Zeit von 5,5 min verwendet werden. Der Bus fährt lediglich von 2,5 min bis 5,5 min mit konstanter Geschwindigkeit. Es muss die Zeitdifferenz $t_2 - t_1$ (5,5 min - 2,5 min = 3 min) eingesetzt werden.

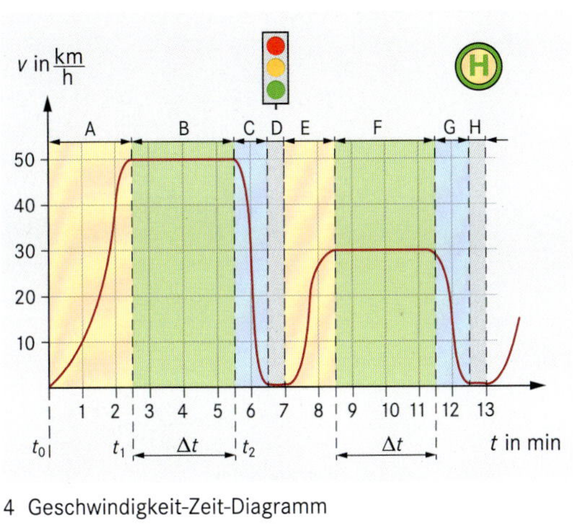

4 Geschwindigkeit-Zeit-Diagramm

Differenzen werden in der Physik durch den griechischen Buchstaben Δ (sprich „Delta") gekennzeichnet. Da der zurückgelegte Weg im Abschnitt B auch nicht bei Null beginnt (es wurde bereits beim Anfahren ein bestimmter Weg zurückgelegt), muss die Wegstrecke ebenfalls durch ein Delta gekennzeichnet werden. Als Formel für die Geschwindigkeit gilt deshalb allgemein:

$$v = \frac{\Delta s}{\Delta t}$$

Diese allgemeine Formel lässt sich jetzt für die im Zeitabschnitt t_1 bis t_2 zurückgelegte Wegstrecke verwenden:

$$\Delta s = v \cdot \Delta t$$

$$\Delta t = 5{,}5 \text{ min} - 2{,}5 \text{ min} \qquad \Delta t = 3 \text{ min}$$

$$\Delta s = \frac{50 \text{ km} \cdot 3 \cdot 60 \text{ s}}{\text{h}}$$

$$\Delta s = \frac{50 \cdot 1\,000 \text{ m} \cdot 180 \text{ s}}{3\,600 \text{ s}} \qquad \Delta s = 2\,500 \text{ m}$$

Die zurückgelegte Wegstrecke hat im Abschnitt B um 2500 m zugenommen.

Der Bewegungsablauf im Diagramm (4) soll jetzt weiter verfolgt werden. Im Bereich C verringert sich die Geschwindigkeit von 50 km/h bis 0 km/h. Man spricht vom Abbremsen oder von einer verzögerten Bewegung. Sie ist die Umkehrung des Anfahrens und wird ebenfalls als beschleunigte Bewegung bezeichnet. Allerdings muss man zwischen Anfahren und Abbremsen unterscheiden und nennt diese Bewegungen positiv bzw. negativ beschleunigte Bewegungen.

Aufgaben

1. Berechnen Sie die Durchschnittsgeschwindigkeit eines Sprinters in km/h, der 100 m in 10 s zurücklegt.
2. Ermitteln Sie für den Abschnitt F in Bild 4 die zurückgelegte Wegstrecke.
3. Beschreiben Sie die Bewegungsvorgänge in den Abschnitten E und F in Bild 4.
4. Wie hat sich das Fahrzeug in den Abschnitten D und H bewegt (4)?
5. Begründen Sie, warum die Durchschnittsgeschwindigkeit niemals größer als die größte Momentangeschwindigkeit sein kann.

2.4.2 Gleichförmige Bewegung

Experimentelle Untersuchung

Im Straßenverkehr kommt es selten vor, dass man sich gleichförmig, also geradlinig und mit gleich bleibender Geschwindigkeit bewegt. Man muss anfahren, abbremsen, durch Kurven fahren usw., sodass ein Geschwindigkeit-Zeit-Diagramm oft sehr unregelmäßig aussieht.

Aus diesem Grunde wird für die genaue Ermittlung der physikalischen Zusammenhänge bei der geradlinigen und gleichförmigen Bewegung ein Experiment mit einer waagerechten Fahrbahn durchgeführt, auf der sich ein Wagen befindet (1). Die Räder des Wagens sind nahezu reibungsfrei gelagert. Um auch noch den Luftwiderstand bei der Bewegung auszugleichen, wird die Fahrbahn leicht geneigt.

1 Fahrbahn mit Wagen

Zur Auswertung des Experiments muss für die zurückgelegten Wegstrecken die dafür benötigte Zeit gemessen werden. Dazu sind in gleich bleibenden Abständen Spurenmarken angebracht. Durchfährt der Wagen jetzt die einzelnen Strecken, können die dafür benötigten Zeiten z. B. mit einer Stoppuhr gemessen werden (2).

Weg *s* in cm	**Zeit *t* in s**	$\frac{s}{t}$ **in** $\frac{\text{cm}}{\text{s}}$
20	1,84	10,87
40	3,66	10,92
60	5,51	10,89
80	7,31	10,94
100	9,17	10,91

2 Messwerte zum Fahrbahnversuch

Aus den Werten kann man erkennen, dass bei gleichmäßiger Zunahme des Weges auch die dafür benötigte Zeit gleichmäßig zunimmt.

Deutlich erkennbar wird dieser Zusammenhang, wenn man den Weg *s* in Abhängigkeit von der Zeit *t* grafisch darstellt (3). Das Diagramm wird als **Weg-Zeit-Diagramm** der gleichförmigen Bewegung bezeichnet. Die Gerade geht durch den Ursprung (Nullpunkt). Es gilt: $s \sim t$ (*s* proportional *t*).

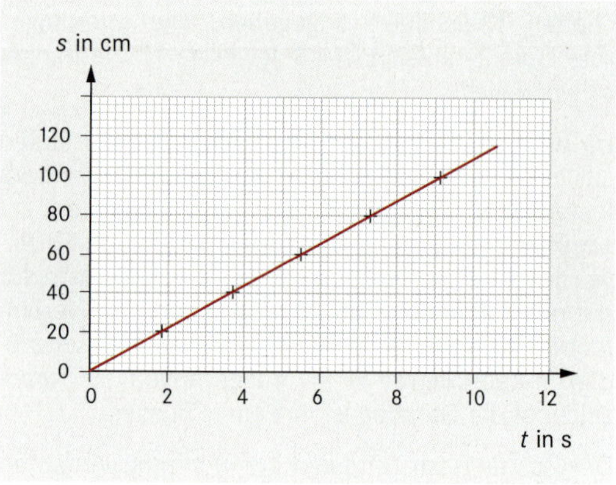

3 Weg-Zeit-Diagramm der gleichförmigen Bewegung

Bei der gleichförmigen Bewegung sind Weg *s* und Zeit *t* proportional.

Fügt man jetzt die drei Größen *v*, *s* und *t* in einer Formel zusammen, ergibt sich folgende Gleichung:

$$v = \frac{s}{t}$$

Aufgrund der Messfehler schwanken die Werte geringfügig (siehe rechte Spalte in Bild 2). Als Mittelwert ergibt sich eine Geschwindigkeit von 10,9 cm/s. In jedem Zeitpunkt der Messung war die Geschwindigkeit konstant, sodass in der grafischen Darstellung eine Gerade parallel zur Zeit-Achse gezeichnet werden muss (4). Es handelt sich dabei um das **Geschwindigkeit-Zeit-Diagramm** der gleichförmigen Bewegung.

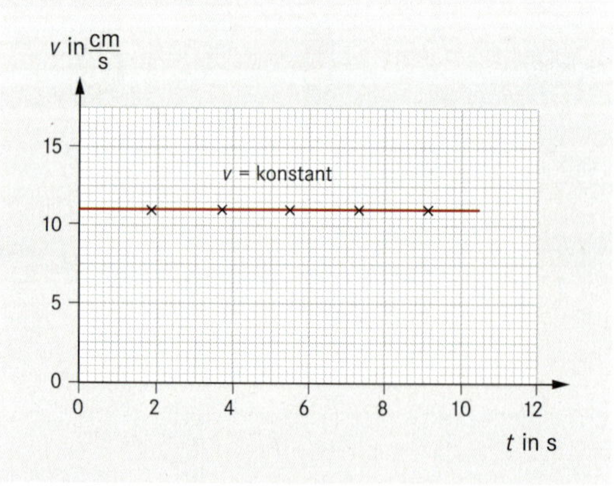

4 Geschwindigkeit-Zeit-Diagramm der gleichförmigen Bewegung

Berechnungen und Diagramme

Die für die gleichförmige Bewegung zutreffende Formel $v = s/t$ kann verwendet werden, um eine der drei Größen zu berechnen. Sie kann aber z. B. auch benutzt werden, um Werte zu berechnen, die zwischen zwei Messpunkten liegen.

Beispiel

Berechnung einer gleichförmigen Bewegung

Wie viel Zeit benötigt der Wagen (1) auf Grundlage der angegebenen Messwerte (2), um eine Strecke von 65 cm zurückzulegen?

Grundformel: $v = \frac{s}{t}$

Gegeben: $s = 65\ \text{cm}$ $\quad v = 10{,}9\ \frac{\text{cm}}{\text{s}}$

$t = \frac{s}{v} \qquad t = \frac{65\ \text{cm}}{10{,}9\ \frac{\text{cm}}{\text{s}}} \qquad t = 5{,}96\ \text{cm}$

Mehrere Bewegungsvorgänge lassen sich gemeinsam in einem Diagramm darstellen. Als Beispiel dient dazu ein Weg-Zeit-Diagramm, in dem die Bewegungsvorgänge von zwei Fahrzeugen abgebildet worden sind (5).

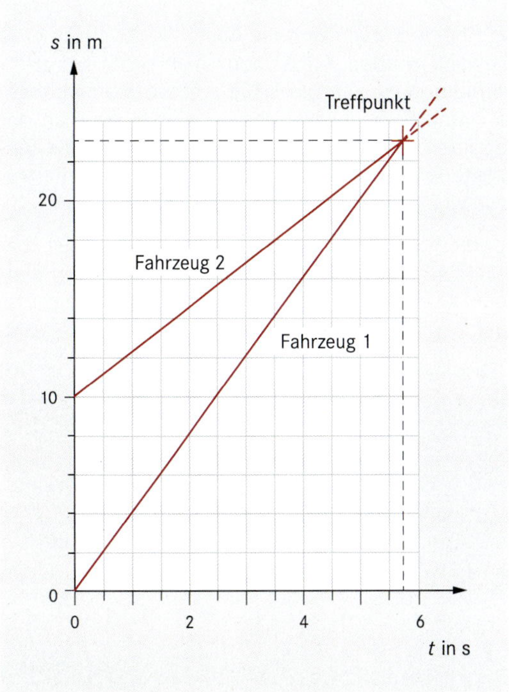

5 Zwei Bewegungen in einem Diagramm

Das Fahrzeug 1 ist im Ursprung (Nullpunkt) des Diagramms „gestartet" und legte in 5,7 s insgesamt 23 m zurück. Es ergibt sich daraus die folgende Durchschnittsgeschwindigkeit:

$v_D = \frac{s}{t} \qquad v_D = \frac{23\ \text{m}}{5{,}7\ \text{s}} \qquad v_D = 4{,}0\ \frac{\text{m}}{\text{s}}$

Eine geradlinig gleichförmige Bewegung wird in einem Weg-Zeit-Diagramm durch eine Gerade dargestellt.

Fahrzeug 2 startet nicht bei 0 m. Die Bewegung beginnt gewissermaßen mit einem „Wegvorsprung" von 10 m. Für die Berechnung der Geschwindigkeit muss deshalb eine Wegdifferenz Δs eingesetzt werden. Aus dem Diagramm können z. B. folgende Werte verwendet werden:

$\Delta s = 23\ \text{m} - 10\ \text{m} \qquad \Delta s = 13\ \text{m}$

Mit der allgemeinen Formel für die Durchschnittsgeschwindigkeit ergibt sich der folgende Wert:

$v_D = \frac{\Delta s}{\Delta t} \qquad v_D = \frac{13\ \text{m}}{5{,}7\ \text{s}} \qquad v_D = 2{,}3\ \frac{\text{m}}{\text{s}}$

Die beiden Durchschnittsgeschwindigkeiten sind also unterschiedlich. Im Diagramm gehört zum größeren Wert die steilere Gerade.

Der Schnittpunkt der beiden Geraden ist ein besonderer Punkt. Er kennzeichnet den **Treffpunkt** der beiden Fahrzeuge. Sie haben unterschiedliche Wegstrecken in derselben Zeit zurückgelegt.

Wenn bei unterschiedlichen Bewegungsabläufen von geradlinig gleichförmigen Bewegungen in einem Weg-Zeit-Diagramm Schnittpunkte entstehen, handelt es sich um einen Treffpunkt.

Aufgaben

1. Berechnen Sie den Mittelwert der Geschwindigkeit aus den Tabellenwerten in Bild 2.
2. Berechnen Sie die zurückgelegte Wegstrecke nach 15 Sekunden, wenn die Durchschnittsgeschwindigkeit 2,3 m/s beträgt.
3. Welche Zeit ist vergangen, wenn ein Wagen eine Strecke von 30 m zurückgelegt hat und die Durchschnittsgeschwindigkeit 4 m/s betrug?
4. Ermitteln Sie zeichnerisch mit den Werten aus Bild 5 den Treffpunkt (Weg und Zeit), wenn Fahrzeug 1 zwei Sekunden verspätet startet und beide Fahrzeuge ihre Durchschnittsgeschwindigkeiten beibehalten.
5. Zeichnen Sie ein Weg-Zeit-Diagramm entsprechend Bild 5 mit der Durchschnittsgeschwindigkeit von Fahrzeug 1. Der Start ist im Nullpunkt. Das Fahrzeug 2 startet bei 30 m mit einer Durchschnittsgeschwindigkeit von 3 m/s und kommt Fahrzeug 1 entgegen.

   Nach welcher Zeit und welcher Strecke treffen sie sich, wenn beide gleichzeitig starten?
6. Der Flug von Düsseldorf nach New York (6 000 km) dauert in der Regel 8 Stunden. Für den Rückflug benötigt dieselbe Maschine nur 7 Stunden. Woran liegt das?

   Berechnen Sie für beide Fälle die Durchschnittsgeschwindigkeiten.

2.4.3 Beschleunigung

Kurvenverlauf

Zum Vergleich von Fahrzeugen verwendet man z. B. die folgende Angabe: „In 12,5 Sekunden von 0 auf 100“ und meint dabei natürlich, die Geschwindigkeit ändert sich von 0 km/h auf 100 km/h in 12,5 Sekunden. Dieses ist die Angabe einer Beschleunigung.

Was bedeutet aber im Vergleich dazu die Angabe für ein anderes Auto, wenn dieses in 10 Sekunden eine Geschwindigkeit von 90 km/h erreicht. Beschleunigt es dann besser?

Diese Frage lässt sich beantworten, wenn man die jeweilige Geschwindigkeit durch die zugehörige Zeit dividiert. Im ersten Fall erhält man:

- 100 km/h : 12,5 s = 8 km/h
  In einer Sekunde werden 8 km/h erreicht.
- 90 km/h : 10 s = 9 km/h
  In einer Sekunde werden 9 km/h erreicht.

Das zweite Auto beschleunigt also besser.

Für die Beschleunigung a gilt demnach folgende allgemeine Definition:

Die Beschleunigung ist die Änderung der Geschwindigkeit dividiert durch die Zeitänderung.

Daraus ergibt sich folgende Gleichung mit der Einheit m/s^2:

$$a = \frac{\Delta v}{\Delta t}$$

Zur Veranschaulichung der Formel dient das Weg-Zeit-Diagramm (1). Dort ist der Beschleunigungsvorgang beim Anfahren von zwei Fahrrädern dargestellt worden. Die entsprechenden Messwerte werden aufgelistet (2). Man erkennt bereits, dass in gleichen Zeitabschnitten die Wegstrecken zunehmen. Wie ermittelt man nun daraus die Beschleunigung?

Eine erste Aussage lässt sich mithilfe der Durchschnittsgeschwindigkeit machen. Berechnet man sie mit $v_D = s/t$ für einzelne Messpunkte, dann ergeben sich immer unterschiedliche Werte.

Bei der Berechnung der Durchschnittsgeschwindigkeit geht man davon aus, dass sie für den betrachteten Zeitbereich konstant bleibt. Dieses ist jedoch bei dem gekrümmten Kurvenverlauf (1) niemals der Fall. Wir müssen also die Momentangeschwindigkeit ermitteln. Dazu zeichnen wir in einzelne Punkte an die Kurve eine **Tangente** (berührende Gerade). Im Berührungspunkt wird so die gekrümmte Kurve durch eine Gerade angenähert.

In Bild 1 sind deshalb in den Punkten P1 und P2 (Wegstrecke 10 m) an die Kurven Tangenten und entsprechend die Weg-Zeit-Änderungen (Dreiecke) eingezeichnet worden. Woran erkennt man nun, dass die Kurve für Fahrrad 1 eine größere Momentangeschwindigkeit besitzt?

Für beide Kurven sind die Abstände Δt gleich groß gewählt worden. An Δs kann man somit sofort erkennen, dass Fahrrad 1 die größere Momentangeschwindigkeit besaß. Dieses ist aber auch an der Steilheit der Tangente erkennbar. Je steiler die Tangente ist, desto größer ist auch die Momentangeschwindigkeit.

Unter der Momentangeschwindigkeit einer beschleunigten Bewegung in einem bestimmten Zeitpunkt versteht man die Steigung der Tangente an der Weg-Zeit-Kurve in diesem Punkt.

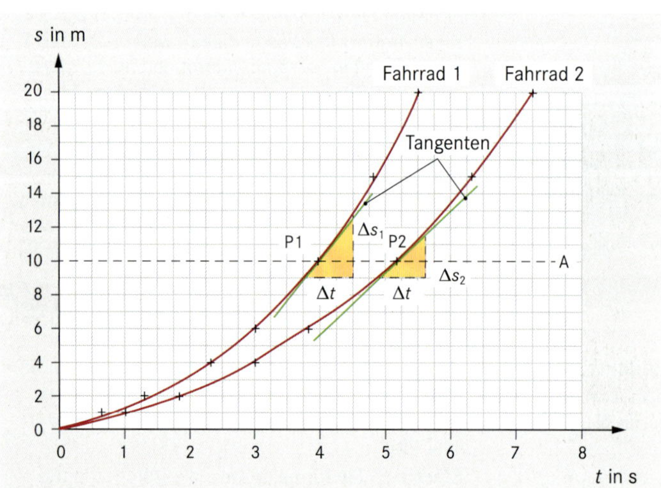

1 Weg-Zeit-Diagramm einer beschleunigten Bewegung (Anfahren)

s in m	t in s	
	Fahrrad 1	Fahrrad 2
1	0,6	1,0
2	1,3	1,8
4	2,3	3,0
6	3,0	3,8
10	3,9	5,1
15	4,8	6,3
20	5,5	7,5

2 Messwerte zu Bild 1 (Anfahren)

Gleichmäßig beschleunigte Bewegung

Die Gesetzmäßigkeiten der beschleunigten Bewegung sollen jetzt mit Hilfe einer **Luftkissenbahn** (3) ermittelt werden. Sie besteht aus einer hohlen Metallschiene, in der sich viele kleine Löcher befinden. Über einen Schlauch wird Luft in das Innere geblasen. Sie tritt an den Löchern aus und trägt den Wagen, sodass er zu schweben scheint. Reibung kann vernachlässigt werden.

Damit eine beschleunigte Bewegung stattfindet, muss eine Kraft auf den Wagen wirken. Dazu „zieht" ein kleines Gewichtsstück an dem Wagen über einen Faden und eine Rolle. Die Kraft ist stets konstant.

Mit Hilfe einer Lichtschranke werden für bestimmte Wegstrecken die Zeiten gemessen. Die Ergebnisse werden in einer Tabelle festgehalten (4).

Zur Auswertung der Messwerte sind die zurückgelegten Wegstrecken in Abhängigkeit von der Zeit in einem Weg-Zeit-Diagramm dargestellt (5a). Zur Ermittlung der Momentangeschwindigkeiten wurden in einzelnen Punkten Tangenten an die Kurve gezeichnet und Dreiecke mit Δs und Δt gebildet. Welche Aussage kann man jetzt über diese Momentangeschwindigkeiten machen?

Da mit zunehmender Zeit die Kurve steiler wird, steigt auch die Momentangeschwindigkeit. Die Momentangeschwindigkeiten sind in einem Diagramm eingezeichnet (5b).

Die Geschwindigkeit nimmt gleichmäßig mit der Zeit zu. Beide Größen sind proportional ($v \sim t$). Die Beschleunigung kann aus diesem Kurvenverlauf oder über die allgemeine Formel $a = \Delta v / \Delta t$ ermittelt werden. Sie beträgt 25 cm/s².

Bei der gleichmäßig beschleunigten Bewegung ist die Beschleunigung konstant. Die Geschwindigkeit steigt linear mit der Zeit an.

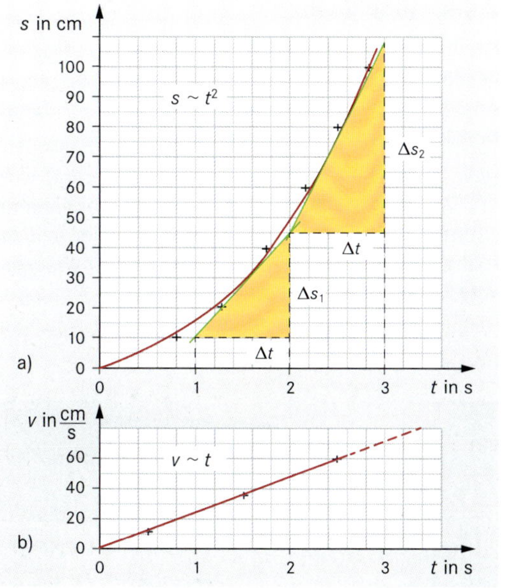

5 Gleichmäßig beschleunigte Bewegung

Auch für die Weg-Zeit-Kurve (5a) lässt sich noch eine Formel entwickeln. Aufgrund des ansteigenden Verlaufs kann vermutet werden, dass es sich um eine Parabel (quadratischer Zusammenhang) handelt.

Dazu wird für jeden Messpunkt das Verhältnis s/t^2 gebildet. Das Ergebnis ist in der rechten Spalte der Tabelle (4) aufgelistet. Der Mittelwert beträgt 12,6 cm/s². Der Einheit nach handelt es sich um eine Beschleunigung und der Zahlenwert ist halb so groß wie der aus dem Geschwindigkeit-Zeit-Diagramm ermittelte Beschleunigungswert. Es lassen sich nun daraus folgende Formeln für die gleichmäßig beschleunigte Bewegung aufstellen:

$$s = \frac{a \cdot t^2}{2} \qquad a = \frac{v}{t}$$

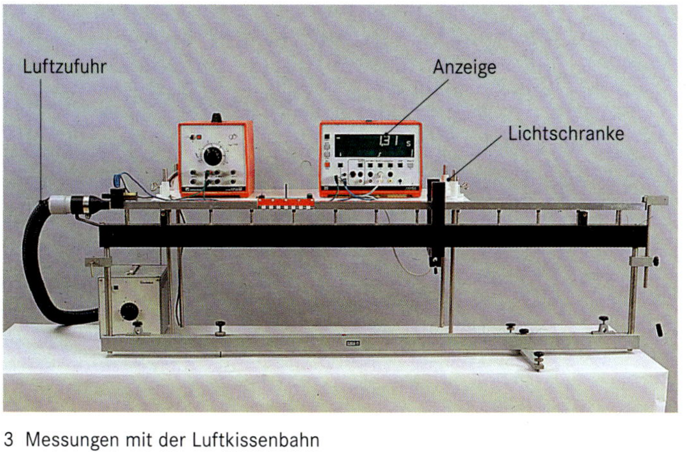

3 Messungen mit der Luftkissenbahn

s in cm	t in s	t^2 in s²	s/t^2 in cm/s²
20	1,25	1,56	12,8
40	1,78	3,17	12,6
60	2,19	4,80	12,5
80	2,52	6,35	12,6
100	2,82	7,95	12,6

4 Mess- und Berechnungswerte zur gleichmäßig beschleunigten Bewegung

2.4.4 Anhalteweg

Obwohl in geschlossenen Ortschaften nur Höchstgeschwindigkeiten von 50 km/h bzw. 30 km/h erlaubt sind, kommt es oft zu Unfällen, an denen besonders Kinder beteiligt sind (über 80 %).

Wenn vom Autofahrer die Gefahr erkannt wird (1), vergeht bis zur Reaktion noch die sogenannte „**Schrecksekunde**“. Der Weg, der in dieser Zeit zurückgelegt wird, wird deshalb auch als **Reaktionsweg** bezeichnet.

Durch Alkohol, Müdigkeit, Tabletten usw. vergrößert sich der Reaktionsweg erheblich.

1 Achtung! Bremsen

In der „Schrecksekunde“ bewegt sich das Fahrzeug mit konstanter Geschwindigkeit weiter. Wenn man z. B. mit einer Geschwindigkeit von 50 km/h fährt, bewegt sich das Fahrzeug noch 14 m weiter.

Nach dem Reaktionsweg folgt der **Bremsweg**, der von der gefahrenen Geschwindigkeit, der Fahrzeugmasse und wesentlich von der Beschaffenheit der Straße abhängig ist (2).

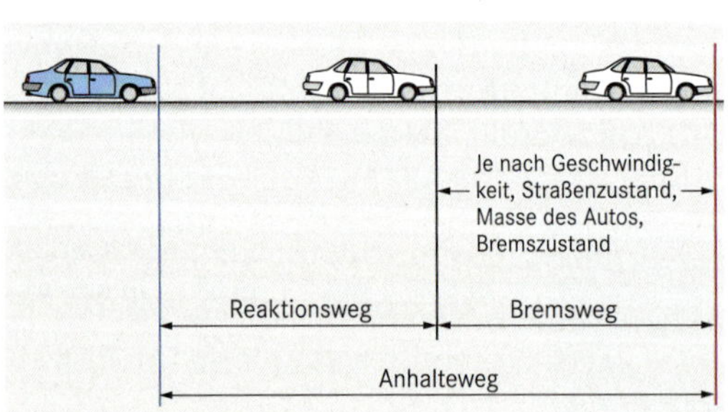

2 Anhalteweg

Der **Anhalteweg** setzt sich aus dem Reaktions- und Bremsweg zusammen.

Durch den Bremsvorgang verringert sich die Geschwindigkeit von 50 km/h bis zum Stillstand. Die Beschleunigung ist negativ. Auch dafür gelten die ermittelten Formeln:

$$s = \frac{a \cdot t^2}{2} \qquad a = \frac{v}{t}$$

Zur Ermittlung des Anhalteweges ist eine Aussage über den Bremsweg in Abhängigkeit von der Anfangsgeschwindigkeit und der jeweiligen Verzögerung erforderlich. Um diesen Zusammenhang formelmäßig zu erfassen, setzt man die zweite Formel in die erste ein und erhält folgende Formel für den Bremsweg:

$$s_B = \frac{v^2}{2 \cdot a}$$

Mit der letzten Berechnung wird deutlich, dass sich bei einer Verdopplung der Geschwindigkeit v der Bremsweg vervierfacht ($s_B \sim v^2$).

Die Werte für Verzögerungen (negative Beschleunigungen) sind stark von der Beschaffenheit der Fahrbahn abhängig (3). Legt man z. B. eine trockne Asphaltstraße und eine Geschwindigkeit von 50 km/h zugrunde, dann lässt sich folgender Bremsweg berechnen:

$$s_B = \frac{13{,}9^2 \cdot \text{m}^2}{2 \cdot 7 \cdot \frac{\text{m}}{\text{s}} \cdot \text{s}} \qquad s_B = 13{,}8\ \text{m}$$

Berücksichtigt man nun noch die zurückgelegte Wegstrecke von ebenfalls 14 m in der „Schrecksekunde“, dann ergibt sich insgesamt ein Anhalteweg von 27,8 Metern!

Fahrbahn	trocken	nass
Beton	9 m/s²	5 m/s²
Asphalt	7 m/s²	3 m/s²
Kopfsteinpflaster	6 m/s²	3 m/s²
Befestigter Feldweg	5 m/s²	2 m/s²
Bei Vereisung: 0,5 bis 1 m/s².		

3 Beispiele für Verzögerungen (ungefähre Angaben)

Bei einer feuchten Straße erhöht sich der Anhalteweg erheblich (4).

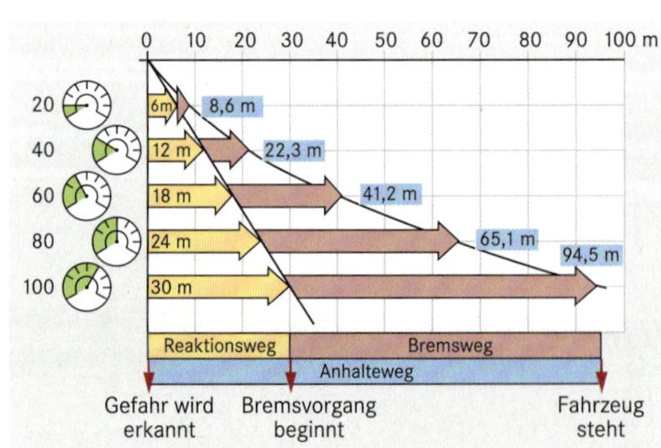

4 Anhaltewege eines Autos auf feuchter Straße

Aufgabe

Berechnen Sie den Bremsweg, wenn ein Autofahrer verbotswidrig mit 70 km/h durch eine Ortschaft fährt.

2.4.5 Freier Fall

Oft kann man beobachten, dass Laub, ein Bogen Papier oder eine Feder im Vergleich zu einem fallenden Stein geradezu „herunterschweben". Die Luft behindert deutlich den Fall der leichten und großflächigen Gegenstände.

Wie würden die Gegenstände aber herunterfallen, wenn die umgebende Luft nicht vorhanden wäre? Dazu wird ein Versuch durchgeführt, bei dem die verschiedenen Einflüsse wie Wind, Erschütterungen usw. weitgehend ausgeschaltet sind (5).

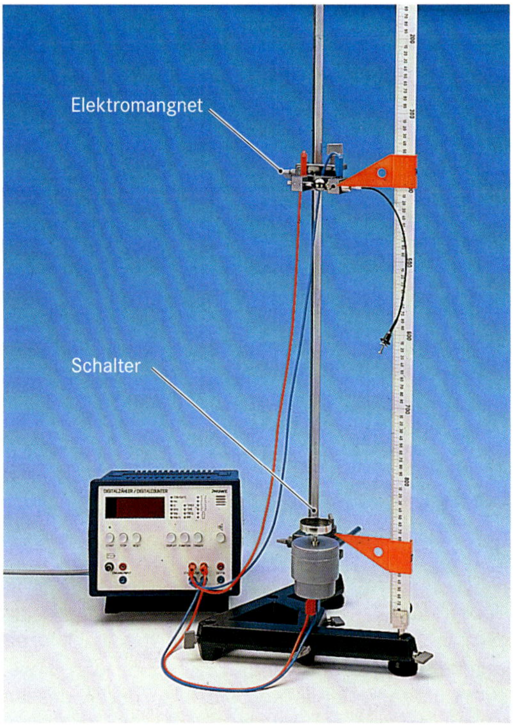

5 Versuchsaufbau zum freien Fall

Eine Stahlkugel hängt an einem Elektromagneten, der sich am oberen Ende der Fallstrecke befindet. Wenn man jetzt den Versuch an der elektrischen Uhr startet, löst sich die Kugel und die Zeitmessung beginnt. Am Ende der Fallstrecke wird durch die auftreffende Kugel über einen Schalter die Uhr wieder abgeschaltet. Der Weg kann gemessen und die dazugehörige Fallzeit abgelesen werden.

Aus den erfassten Messwerten (6) wird ein Diagramm gezeichnet (7). Vergleicht man diesen Grafen mit dem Grafen der gleichmäßig beschleunigten Bewegung, dann stellt man fest, dass der Graf genauso aussieht. Es handelt sich beim freien Fall also um eine gleichmäßig beschleunigte Bewegung.

Alle Körper erfahren beim freien Fall dieselbe Beschleunigung. Der freie Fall eines Körpers hängt nicht von der Masse oder seiner Form ab.

Weg *s* in cm	Zeit *t* in s
10	0,16
20	0,21
30	0,25
40	0,28
50	0,31
60	0,35
70	0,38
80	0,40
90	0,43
100	0,45

6 Messwerte zum freien Fall

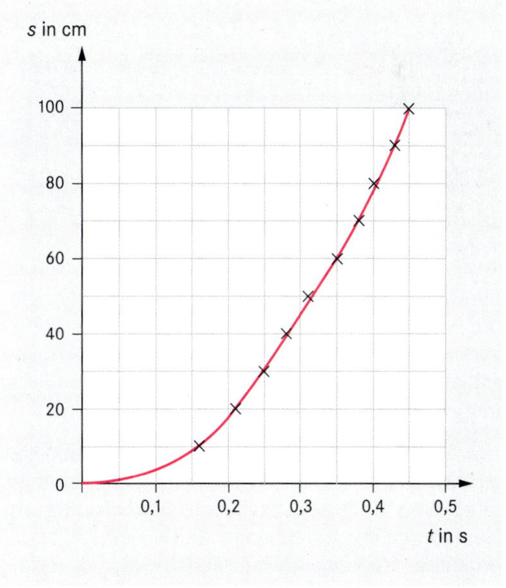

7 Weg-Zeit-Diagramm zum freien Fall

Die konstante Beschleunigung wird als **Fallbeschleunigung** bezeichnet und mit g abgekürzt (von Galilei). Sie beträgt in unseren Breitengraden 9,81 m/s². Ersetzt man in den Formeln die allgemeine Beschleunigung a durch g, dann erhält man:

$$s = \frac{g \cdot t^2}{2} \qquad v = g \cdot t$$

Aufgaben

1. Ein Stein wird von einer 20 m hohen Brücke fallen gelassen. Wann fällt er in das Wasser? Wie groß ist seine Geschwindigkeit beim Eintauchen?
2. An eine einige Meter lange Schnur werden in Abständen von 10 cm, 30 cm, 50 cm, 70 cm, 90 cm, ... Metallteile (z. B. Muttern, Schrauben) angeknotet und dann fallen gelassen. In welchen zeitlichen Abständen fallen die Metallteile auf den Boden?

2.5 Kraft und Bewegung

2.5.1 Kraft, Masse, Beschleunigung

Um auf ebener Straße eine gleichmäßige Geschwindigkeit einzuhalten, müssen die Reibungskräfte überwunden werden. Dazu ist eine Kraft erforderlich. Soll ein Fahrzeug beschleunigt werden, muss diese Kraft erhöht werden. Auch beim Abbremsen, bei der negativen Beschleunigung, muss wieder eine zusätzliche Kraft wirken.

Den genauen Zusammenhang zwischen der Kraft F, der Beschleunigung a und der Masse m eines Körpers zeigt eine Versuchsreihe (1).

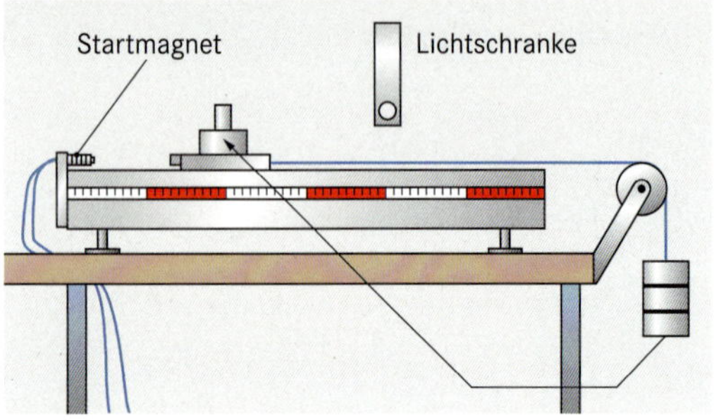

1 Experimentierfahrbahn

Ein Gleiter, der auf der glatten Fahrbahn leicht gleitet, wird mit einem herabhängenden Gewichtsstück verbunden. Wenn der Gleiter losgelassen wird, beschleunigt das Gewichtsstück sich und den Gleiter mit gleich bleibender Kraft, z. B. 0,1 N.

Um den gleichen Gleiter stärker zu beschleunigen, ist eine größere Kraft erforderlich. Der Gleiter erfährt eine doppelte, dreifache **Beschleunigung**, wenn durch das herabhängende Gewichtsstück die doppelte, dreifache Antriebskraft wirkt.

Die Messwerte in Bild 2 zeigen, dass bei gleicher Masse m die Beschleunigung a proportional zur wirkenden Kraft F ist: $a \sim F$.

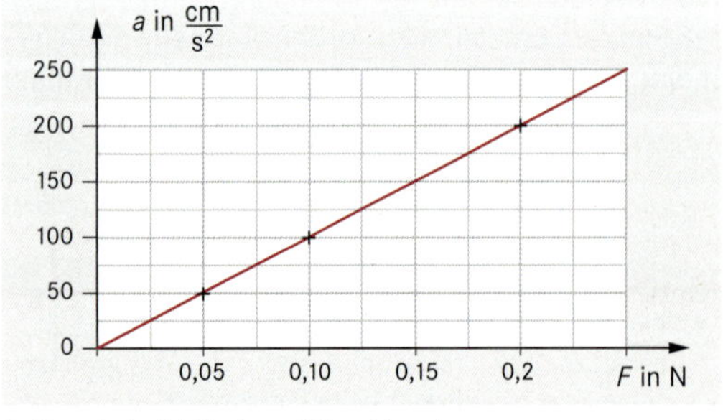

2 Messbeispiel Kraft und Beschleunigung

Wird die Masse des Gleiters durch Auflegen von Gewichtsstücken verdoppelt oder verdreifacht und jeweils durch eine gleiche Kraft beschleunigt, zeigen die Messwerte (3), dass die Beschleunigung bei gleicher Kraft F umgekehrt proportional zur Masse ist: $a \sim 1/m$.

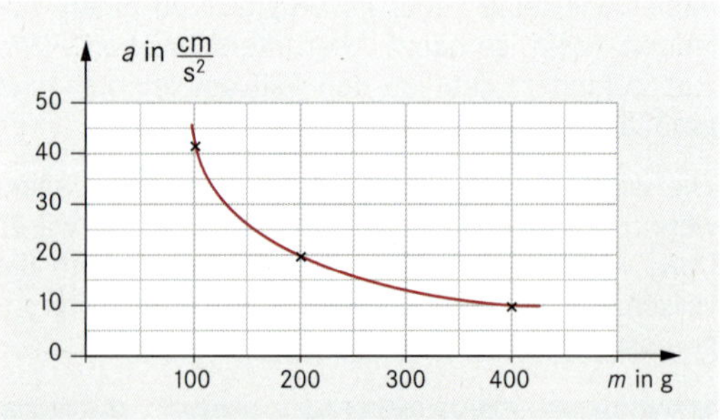

3 Messbeispiel Masse und Beschleunigung

Fügt man die Beziehungen der drei Größen a, F, und m zusammen, so ergibt sich $a \sim \frac{F}{m}$. Daraus folgt:

Die Kraft ist gleich dem Produkt aus Masse und Beschleunigung.

$$F = m \cdot a$$

Aufgrund dieser Beziehungen kann die Kraft definiert werden. Erfährt ein Gleiter (m = 1 kg) durch den herabhängenden Körper die Beschleunigung von 1 m/s², so wirkt die Kraft 1 N.

Die Kraft 1 N erteilt einem Körper der Masse 1 kg eine Beschleunigung von 1 m/s².

Durch diese Gleichung ist auch die Einheit festgelegt: $1\ \text{N} = 1\ \text{kg} \cdot 1\ \frac{\text{m}}{\text{s}^2} = 1\ \text{kg}\ \frac{\text{m}}{\text{s}^2}$

Neben der Kraftmessung mit dem Kraftmesser ist mit der Gleichung $F = m \cdot a$ auch die Möglichkeit gegeben, die Größe einer Kraft über die Bewegungsänderung eines Körpers, also durch dessen Beschleunigung, zu bestimmen.

Versuch

1. Bauen Sie eine Fahrbahn mit Gleiter und Lichtschranken auf. Befestigen Sie ein Gewichtsstück mithilfe eines Fadens an einem Gleiter. Lassen Sie den Gleiter mehrmals durch das Gewichtsstück starten. Bestimmen Sie mithilfe der Lichtschranken jeweils die Zeit für bestimmte Wegstrecken. Notieren Sie die Ergebnisse in Form einer Tabelle. Erstellen Sie mit diesen Werten ein Diagramm.
2. Wiederholen Sie den Versuch 1 mit doppelter und dreifacher Antriebskraft. Notieren Sie die Ergebnisse in Form einer Tabelle. Erstellen Sie mit diesen Werten ein Diagramm.
3. Wiederholen Sie den Versuch 1 und lassen Sie die Antriebskraft unverändert. Verändern Sie die Masse des Gleiters durch Auflegen von Gewichtsstücken mit doppelter und dreifacher Masse. Notieren Sie die Ergebnisse in Form einer Tabelle. Erstellen Sie mit diesen Werten ein Diagramm. Werten Sie die Ergebnisse aus.

Beispiel

Motorkraft

In einem Autoprospekt findet man folgende Angaben: Der Pkw (m = 1 250 kg) beschleunigt von 0 km/h auf 100 km/h in 11,3 Sekunden. Wie groß ist die wirkende Kraft?

Um die Beschleunigung in der Einheit m/s² angeben zu können, muss die Geschwindigkeitsangabe in die Einheit m/s umgerechnet werden.
100 km/h = 27,8 m/s

Legt man eine gleichmäßige Beschleunigung zugrunde, so ergibt sich nach der Gleichung

$$a = \frac{27{,}8\ \frac{\text{m}}{\text{s}}}{11{,}3\ \text{s}} = 2{,}46\ \frac{\text{m}}{\text{s}^2}$$

Die Werte werden in die Gleichung $F = m \cdot a$ eingesetzt:

$F = 1\,250\ \text{kg} \cdot 2{,}46\ \text{m/s}^2 = 3\,075\ \text{N}$

Es wirkt die Kraft $F = 3\,075$ N.

Aufgaben

1. Beschreiben Sie zwei Beispiele aus der Umwelt, die zeigen, dass die Beschleunigung von der Antriebskraft und der Masse abhängt.
2. Wie groß ist die wirkende Kraft, wenn ein Pkw (m = 1 000 kg) durch die Motorkraft so beschleunigt, dass seine Geschwindigkeit in jeder Sekunde um 2 m/s zunimmt?
3. Eine Radfahrerin fährt mit ihrem Fahrrad (Masse insgesamt 70 kg) mit einer Geschwindigkeit von 18 km/h. Sie soll in 2 s zum Stillstand kommen. Berechnen Sie die erforderliche Bremskraft.
4. Angabe über Beschleunigungen bei Kraftfahrzeugen von 0 km/h auf 100 km/h:

   Cabrio (m = 850 kg) in 18 s; Sportwagen (m = 900 kg) in 9 s; Kombi (m = 1 200 kg) in 30 s; Kleinwagen (m = 550 kg) in 45 s.
   a) Berechnen Sie die durchschnittliche Beschleunigung a in m/s².
   b) Berechnen Sie die jeweils wirkende Kraft F.
   c) Wie groß sind die Gewichtskräfte der Fahrzeuge?
5. Welche Aussagen über die Beschleunigung können aus dem Geschwindigkeits-Zeit-Diagramm entnommen werden (4)?

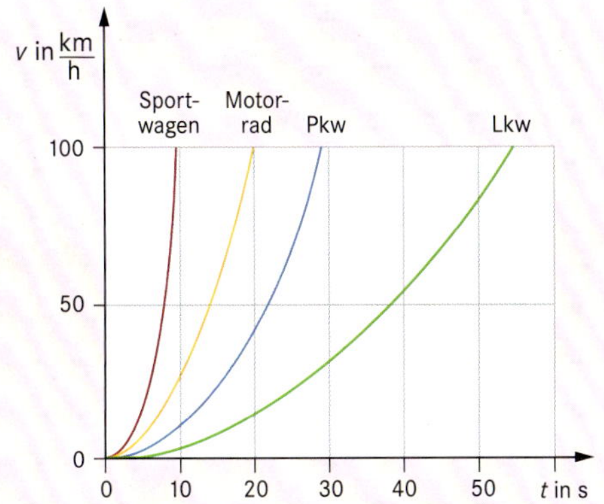

4 Geschwindigkeits-Zeit-Diagramm

2.5.2 Kraft und Gegenkraft

Werden die beiden Wagen in Bild 5a gleichzeitig losgelassen, so bewegen sich beide gleichzeitig aufeinander zu.

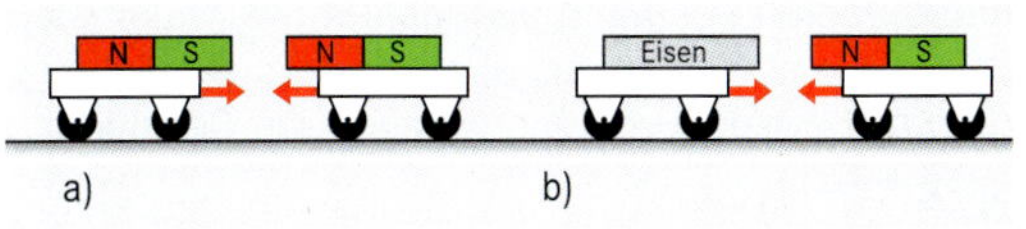

5 Wechselwirkung

Die Wagen wirken aufeinander. Die gleiche Wirkung ergibt sich, wenn ein Magnet durch ein Eisenstück ersetzt wird. Der Wagen mit dem Magneten (5b) zieht den Wagen mit dem Eisenstück an. Gleichzeitig zieht das Eisenstück mit gleicher Kraft den Wagen mit dem Magnet an. Werden die beiden Wagen mit Kraftmessern zurückgehalten, so zeigen die Kraftmesser gleich große Kräfte an. Diese **Wechselwirkung** äußert sich als eine Kraft und eine gleich große Gegenkraft. Beide Kräfte wirken gleichzeitig und sind in der Richtung entgegengesetzt. Das **Wechselwirkungsgesetz** besagt:

Kräfte treten nie allein, sondern stets paarweise auf. Kraft und Gegenkraft sind gleich groß (actio = reactio).

Im täglichen Sprachgebrauch sagen wir: „Der Apfel fällt hinunter". Damit meinen wir, dass der Apfel von der Erde angezogen wird. Aus den Erkenntnissen über die Wechselwirkung der Kräfte folgt, dass auch der Apfel die Erde anzieht, und zwar mit der gleichen Kraft. Nur merkt man aufgrund der großen Erdmasse diese Kraftwirkung nicht. Auch Erde und Mond ziehen sich gegenseitig an. Durch die Rückwirkung auf die Erde kommt es zu Ebbe und Flut.

Das **Wechselwirkungsprinzip** gilt auch bei anderen Kräften. Wenn Sie an einem Seil ziehen, das an eine feste Wand geknotet ist, zieht sie gleichzeitig über das Seil mit gleicher Kraft an Ihnen. Sie wirkt zurück.

Versuch

Halten Sie beide Wagen (5) jeweils mit einem Kraftmesser fest. Vergleichen Sie beide Kraftwerte. Formulieren Sie ein Ergebnis.

Aufgaben

1. Beschreiben Sie drei Situationen, in denen die Wechselwirkung von Kraft und Gegenkraft sichtbar wird.
2. Beschreiben Sie den Unterschied zwischen Wechselwirkung (5) und Kräftegleichgewicht (6).

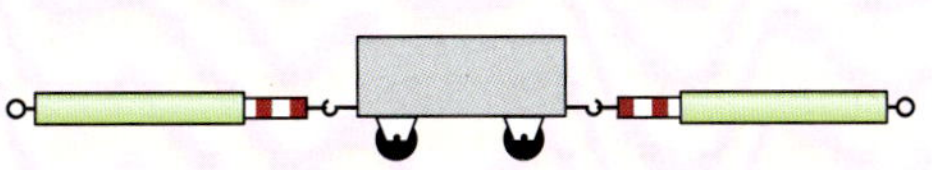

6 Kräftegleichgewicht

2.5.3 Trägheit

Newtons Gesetze

„Von allein“ ist noch nie eine Kugel auf völlig ebener Unterlage losgerollt; jedenfalls hat das bis heute noch nie jemand beobachtet. Nach der Gleichung $F = m \cdot a$ ist das auch unmöglich. Solange die Kraft F gleich null ist, ist auch die Beschleunigung a null.

Ein ruhender Körper bleibt so lange in Ruhe, wie keine Kraft von außen auf ihn einwirkt.

Dieses „Verharren-Wollen“, seinen „Zustand der Ruhe nicht aufgeben wollen“, nennt man **Trägheit**. Die Trägheit eines Körpers zeigen die folgenden Experimente (1):

1 Körper sind träge

Wird die Pappe schnell weggezogen (1a), folgt die Münze aufgrund der Trägheit nicht der schnellen Bewegung. Sie fällt in das Glas.

Bei einer geringen Beschleunigung wird die Figur mit dem Wagen mitbewegt (1b). Wird der Wagen schnell bewegt und erhält dadurch eine große Beschleunigung, dann kippt die Figur nach hinten um. Die hohe Beschleunigung bewirkt eine Kraft, die größer als die Haftreibungskraft ist.

Beim Abbremsen wird die Figur nach „vorn geschleudert“. Sie „möchte“ den Zustand der Bewegung nicht aufgeben. Biegt der Wagen zügig in eine Kurve ein, bewegt sich die Figur geradeaus weiter.

Ist ein Körper in gleichförmiger Bewegung, so bewegt er sich geradeaus weiter, solange keine Kraft auf ihn einwirkt.

Die Trägheit von Flüssigkeiten kann man gut beobachten, wenn man z. B ein gefülltes Wasserglas auf einem Tisch schnell hin und her bewegt (2). Infolge seiner Trägheit behält das Wasser immer seinen augenblicklichen Zustand bei. Beim Beschleunigen schwappt das Wasser nach hinten. Wird die Bewegung verzögert, schießt das Wasser nach vorn. Es bewegt sich zunächst mit gleich bleibender Geschwindigkeit weiter.

2 Auch Flüssigkeiten sind träge

Isaac Newton (1643–1727) hat die drei grundlegenden Gesetze im Jahre 1687 zusammengestellt:

I. Jeder Körper verharrt im Zustand der Ruhe oder der gleichförmigen Bewegung, solange keine Kraft auf ihn einwirkt (Trägheitsgesetz).

II. Kraft = Masse · Beschleunigung $F = m \cdot a$

III. Kraft = Gegenkraft (actio = reactio, Wechselwirkungsprinzip).

Trägheit im Straßenverkehr

Die Trägheit macht uns im Alltag schwer zu schaffen, insbesondere wenn Körper mit großen Massen bei hoher Geschwindigkeit in kürzester Zeit zu stoppen sind. Das gilt ganz besonders im Straßenverkehr. Muss mit einem Pkw aufgrund einer plötzlichen Gefahr, z. B. Wildwechsel, eine Notbremsung durchgeführt werden, dann unterliegen auch die Fahrzeuginsassen der Trägheit. Sie bewegen sich weiter, während das Auto zum Stillstand kommt. Nur angeschnallt haben sie Verbindung zum Auto und werden im selben Maße abgebremst. Kommt es trotz der Notbremsung zu einer Kollision öffnen sich die Airbags und schützen ebenfalls vor dem Aufprall (3). Sicherheitsgurte und Airbags können Leben retten. Das gilt auch bei geringen Geschwindigkeiten.

3 Sicherheitsgurte und Airbags können Leben retten

Beispiel

Gurtmuffel

Ein Pkw fährt mit einer Geschwindigkeit von 50 km/h, das sind etwa 14 m/s, frontal auf ein festes Hindernis. Das Fahrzeug kommt nach ungefähr 0,15 s zum Stehen. Seine Geschwindigkeitsänderung beträgt dann 14 m/s in 0,15 s. Das ist eine durchschnittliche Bremsverzögerung (negative Beschleunigung) von ca. 93 m/s^2 und somit etwa der zehnfache Betrag der Fallbeschleunigung.
Auf den Fahrer wirkt auch die Kraft $F = m \cdot a$. Nimmt man für den Oberkörper des Fahrers die Masse $m = 50$ kg an, so ergibt sich die Kraft $F = 50\ \text{kg} \cdot 93\ \text{m/s}^2 = 4\,650\ \text{N}$.
Er kann sich unmöglich abfangen.

Untersuchungen haben ergeben, dass die Verzögerungen für den Kopf und den Oberkörper bei einem Frontalzusammenstoß mit 50 km/h durchaus kurzzeitig den hundertfachen Betrag der Fallbeschleunigung erreichen können. Rückhaltesysteme mit Sicherheitsgurten und Airbags können bei einem Unfall lebensrettend sein und Unfallfolgen vermindern. Das gilt selbstverständlich auch für den Airbag am Motorrad (4).

4 Airbag für Motorräder

Bei einem Auffahrunfall mit dem Pkw werden die Körper der Insassen des vorderen Fahrzeugs mit den Sitzen nach vorn geschoben. Die Köpfe würden ohne Schutz durch Kopfstützen an der bisherigen Stelle zurückbleiben, während sich das Auto vorwärts bewegt. Ohne Kopfstützen könnten die Halsmuskulatur und die Halswirbel verletzt werden. Die Trägheit wirkt auch beim schnellen Anfahren, die Insassen werden in die Sitze gedrückt.

Trägheit und Alltagserfahrungen

Ein Auto wird durch die Motorkraft in Bewegung gebracht. Solange die Motorkraft wirkt, wird das Auto auf ebener Strecke in gleichförmiger Bewegung gehalten. Nach dem Trägheitsgesetz müsste es sich auch nach dem Abschalten des Antriebes weiterbewegen. Es wird aber langsamer und bleibt schließlich stehen. Verantwortlich dafür sind Kräfte, die die gleichförmige Bewegung beeinträchtigen. Die Kräfte wirken von außen, z. B. der Luftwiderstand sowie die Reibungskräfte zwischen Rad und Boden, aber auch von innen, z. B. die Reibung in den Lagern.

Die Trägheit kann auch sehr hilfreich sein. Wenn z. B. der Holzstiel eines Hammers befestigt werden soll, stößt man kräftig mit dem Stiel des Hammers auf den Boden. Der Stiel wird dadurch abrupt abgebremst. Gleichzeitig rutscht der Hammerkopf, bedingt durch seine Trägheit, weiter auf den Stiel.

Versuche

1. Legen Sie auf ein Glas ein Stück Pappe mit einer Münze (1a). Ziehen Sie die Pappe mit einem kräftigen Ruck unter der Münze weg. Beschreiben Sie Ihre Beobachtung.
2. Setzen Sie eine Spielzeugfigur auf einen Wagen.
   a) Ziehen Sie den Wagen zunächst langsam, danach schnell weg (1b).
   b) Bewegen Sie den Wagen mit der Figur gleichmäßig über den Tisch und bremsen Sie den Wagen schnell ab.
   c) Zeigen Sie in einem Versuch, wie sich die Figur bei einer zügigen Kurvenfahrt verhält. Erklären Sie die Versuchsergebnisse.
3. Füllen Sie eine Schüssel zur Hälfte mit Wasser und transportieren Sie die Schüssel an einen anderen Ort. Fertigen Sie eine Skizze an mit dem Stand der jeweiligen Wasseroberfläche beim Starten, beim gleichmäßigen Bewegen sowie beim Abbremsen.

Aufgaben

1. Erklären Sie, warum den Insassen eines Autos bei einem plötzlichen Auffahrunfall besondere Gefahr droht, wenn die Sitze keine Kopfstützen haben.
2. Ein Fahrgast steigt mit einem gasgefüllten Luftballon in einen Bus. Beschreiben Sie, wie sich der Ballon beim Anfahren, Abbremsen, bei der Kurvenfahrt und bei gleichmäßiger Geradeausfahrt verhält.
3. Vergleichen Sie einen unbeladenen Pkw mit einem stark beladenen Pkw in folgenden Situationen, beim
   a) Anfahren an der Ampel,
   b) Überholvorgang,
   c) Abbremsen.
4. Denken Sie sich selbst einen Versuch aus, der zeigt, dass ein schwerer Körper träger ist als ein leichterer Körper.
5. Erklären Sie, warum bei Schiffszusammenstößen auch bei geringen Geschwindigkeiten große Verformungen auftreten.
6. Berechnen Sie die Kraft, die auf den Kopf (m = 5 kg) wirkt, wenn bei einem Zusammenstoß die neunzigfache Fallbeschleunigung auftritt.
7. Es gibt in vielen Pkws aktive Kopfstützen. Sie werden bei einem Heckaufprall mithilfe einer Mechanik leicht nach vorn geklappt. Begründen Sie die Vorteile dieser sinnvollen Vorrichtung.
8. Motorräder gibt es ohne und mit Airbag, der auf dem Tank untergebracht ist. Schreiben Sie Argumente auf, warum Motorräder nur noch mit einem Airbag zugelassen werden sollten.

2.5.4 Kinetische Energie

Geschwindigkeit und kinetische Energie

Bei Auffahrunfällen wird die **kinetische Energie** des Autos in Verformungsarbeit umgewandelt. Je höher die Geschwindigkeit, umso größer ist die Wucht des Aufpralls.

Um herauszufinden, welcher Zusammenhang zwischen Energie und Geschwindigkeit besteht, lässt man ein Fahrzeug auf einer schiefen Ebene aus verschiedenen Höhen herunterfahren. Für jeden Versuch misst man die benötigte Zeit für die Absolvierung einer z. B. 0,5 m langen horizontalen Strecke, die sich an die schiefe Ebene anschließt (1).

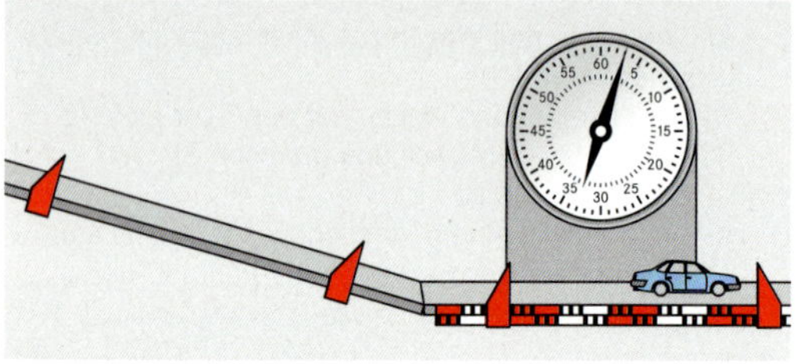

1 Geschwindigkeit und Energie

Vergleicht man die erreichten Geschwindigkeiten auf der horizontalen Strecke, so stellt man fest, dass erst bei der vierfachen Höhe, also bei der vierfachen Höhenenergie das Auto die doppelte Geschwindigkeit erreicht. Somit hat das Auto bei doppelter Geschwindigkeit die vierfache Bewegungsenergie.

Die kinetische Energie ist dem Quadrat der Geschwindigkeit proportional.

Dieser Zusammenhang ist für den Straßenverkehr von großer Bedeutung. Er beinhaltet, dass sich die kinetische Energie z. B. bei dreifacher Geschwindigkeit verneunfacht.

Berechnung der kinetischen Energie

Die jeweilige Höhenenergie E_{pot} des Fahrzeuges (1) ergibt sich aus der Hubarbeit nach der Formel $W_{pot} = m \cdot g \cdot h$.

Die Bewegungsenergie E_{kin} ergibt sich aus dem Produkt der beschleunigenden Kraft und der Beschleunigungsstrecke. $E_{kin} = F \cdot s$. Setzt man in diese Gleichung für die Kraft F den Term $m \cdot a$ ein und für die Strecke s den Term $(a/2 \cdot t^2)$, so ergibt sich für die Bewegungsenergie:

$$E_{kin} = m \cdot a \cdot \frac{a}{2} \cdot t^2 = \frac{m}{2} \cdot a^2 \cdot t^2$$

Da $a \cdot t = v$ ist, kann man auch schreiben:

$$\mathbf{E_{kin} = \frac{1}{2} m \cdot v^2}$$

Diese Formel beschreibt die Energie, die notwendig ist, einen Körper der Masse m auf die Geschwindigkeit v zu beschleunigen. Das ist seine Bewegungsenergie.

Bei der Fahrt auf der schiefen Ebene ist die Höhenenergie gleich der Bewegungsenergie.

$$E_{pot} = E_{kin} \qquad m \cdot g \cdot h = \frac{1}{2} \cdot m \cdot v^2$$

Links steht die Höhenenergie $m \cdot g \cdot h$ des Körpers; der rechte Term ist die kinetische Energie, die der Körper nach Durchfallen der Höhe h bekommt. Die Höhenenergie $E_{pot} = m \cdot g \cdot h$ ist in die kinetische Energie $E_{kin} = \frac{1}{2} m \cdot v^2$ umgewandelt worden.

Die Formel $E_{kin} = \frac{1}{2} m \cdot v^2$ gilt ganz allgemein, unabhängig davon, in welcher Weise der Körper beschleunigt wurde. Ein Radfahrer, der kräftig in die Pedale tritt, das anfahrende Auto und das Rennpferd haben nach dem Beschleunigen die kinetische Energie $\frac{1}{2} m \cdot v^2$. Auch dann, wenn ein Autofahrer auf der Autobahn seine Geschwindigkeit von v_1 = 100 km/h auf v_2 = 120 km/h erhöht, ist die kinetische Energie anschließend gegeben durch $E = \frac{1}{2} \cdot m \cdot v_2^2$.

Ein Körper mit der Masse m und der Geschwindigkeit v hat die kinetische Energie $E_{kin} = \frac{1}{2} \cdot m \cdot v^2$

Bei einem Zusammenstoß wird die Bewegungsenergie des Fahrzeuges zur plastischen Verformung von Blech oder Kunststoff verwendet und in Wärmeenergie umgewandelt. Seitenaufprallschutzzonen, Knautschzonen oder Stoßfänger aus Kunststoff sind Bereiche, in denen sich Bleche oder Kunststoffe leicht verformen lassen, um einen Stoß aufzufangen.

Versuch

Lassen Sie ein Spielzeugauto aus verschiedenen Höhen eine schiefe Ebene (Rampe) herunterfahren (1). Ermitteln und vergleichen Sie die erreichten Geschwindigkeiten auf einer sich anschließenden horizontalen Strecke.

Aufgaben

1. Beschreiben Sie die Wirkungsweise von a) Fahrradbremsen und b) Bremsen bei Kraftfahrzeugen. In welche Energieformen wird jeweils die kinetische Energie des Fahrzeugs umgewandelt?
2. Welcher Zusammenhang besteht zwischen Energie und Geschwindigkeit?
3. Beschreiben Sie die Energieumwandlung, die ein Körper erfährt, der aus 10 m Höhe auf den Boden fällt. Wie groß ist die kinetische Energie beim Auftreffen auf dem Boden?
4. Ein Auto (m = 1 000 kg) prallt bei einer Geschwindigkeit von 30 m/s (v = 108 km/h) frontal gegen eine Mauer. Wie groß ist die kinetische Energie?

Geradlinige Bewegungen

Bei geradlinigen Bewegungen ist die Bahn des Körpers eine Gerade.

$$v_D = \frac{s}{t}$$

Die Geschwindigkeit des Körpers in einem bestimmten Punkt der Bahn heißt Momentangeschwindigkeit.

Gleichförmige Bewegung

Bei einer gleichförmigen Bewegung sind Weg s und Zeit t proportional. Das Weg-Zeit-Diagramm ist eine Gerade.

Allgemein gilt: Ist zum Zeitpunkt $t = 0$ auch der Weg $s = 0$, dann ist $s \sim t$.

$$s = v \cdot t$$

Einheit der Geschwindigkeit ist 1 m/s, andere Einheiten sind 1 km/h oder 1 sm/h.

$$1\,\frac{\text{km}}{\text{h}} = \frac{1000\text{ m}}{3600\text{ s}} = \frac{1\text{ m}}{3{,}6\text{ s}} \qquad 1\,\frac{\text{m}}{\text{s}} = 3{,}6\,\frac{\text{km}}{\text{h}}$$

Gleichförmige Bewegung im Diagramm

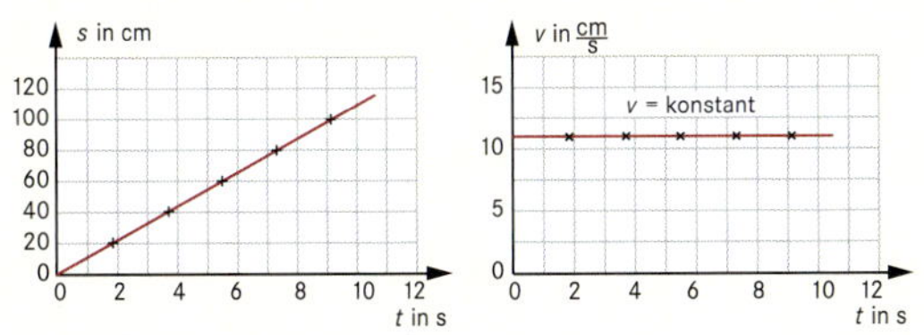

Beschleunigte Bewegung

Bei einer beschleunigten Bewegung ändert sich die Geschwindigkeit. Ein Maß für diese Änderung ist die Beschleunigung.

$$a = \frac{\Delta v}{\Delta t}$$

Einheit der Beschleunigung ist $\frac{1\,\frac{\text{m}}{\text{s}}}{\text{s}} = \frac{\text{m}}{\text{s}^2}$

Beschleunigte Bewegung im Diagramm

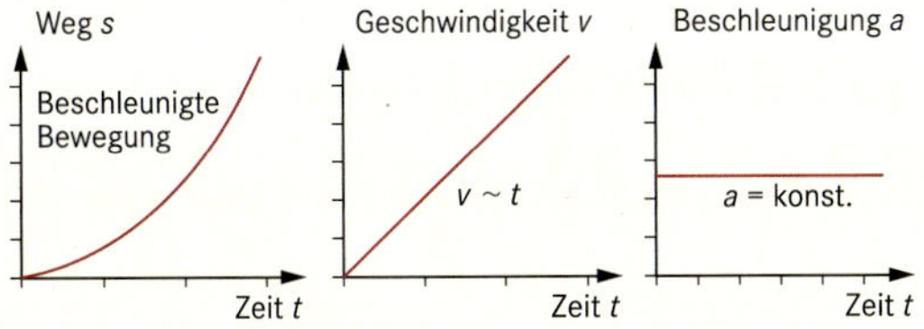

2 Beschleunigte Bewegung

Eine Bewegung mit konstanter Beschleunigung heißt gleichmäßig beschleunigte Bewegung.

Weg-Zeit-Gesetz: $s = \frac{1}{2} a \cdot t^2$

Geschwindigkeit-Zeit-Gesetz: $v = a \cdot t$

Anhalteweg

Anhalteweg = Reaktionsweg + Bremsweg

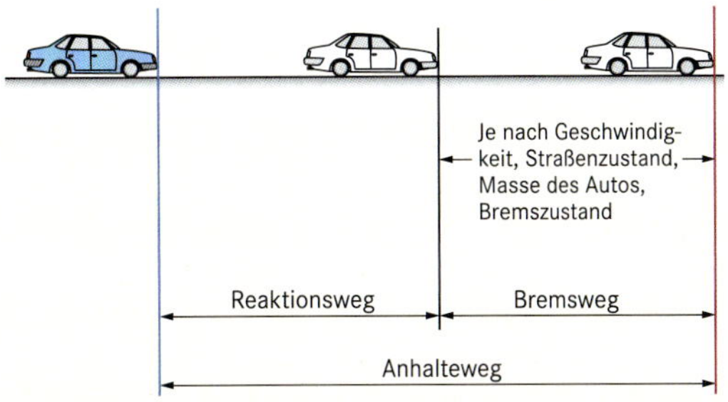

Freier Fall

Der Fall im Vakuum heißt freier Fall. Im Vakuum erfahren alle Körper, unabhängig von ihrer Masse, die gleiche Fallbeschleunigung g. Sie hängt vom Ort ab und beträgt in Europa 9,81 m/s², auf dem Mond ca. 1,6 m/s².

Weg-Zeit-Gesetz: $s = \frac{1}{2} \cdot g \cdot t^2$

Geschwindigkeit-Zeit-Gesetz: $v = g \cdot t$

Kraft, Trägheit, Energie

Ursache jeder Beschleunigung ist eine Kraft.

Die Kraft ist gleich dem Produkt aus Masse und Beschleunigung:

$$F = m \cdot a$$

Die Kraft 1 N erteilt einem Körper der Masse 1 kg eine Beschleunigung von 1 m/s².

Einheit der Kraft $1\text{ N} = 1\text{ kg} \cdot \frac{\text{m}}{\text{s}^2}$

Für die Gewichtskraft gilt: $F_G = m \cdot g$

Trägheitsgesetz

Alle Körper sind träge. Sie zeigen Beharrungsvermögen. Ein Körper bleibt so lange in Ruhe oder in gleichförmiger Bewegung, solange keine Kraft von außen auf ihn einwirkt.

Wechselwirkungsprinzip

Kräfte treten immer paarweise auf.

Kraft und Gegenkraft sind gleich groß.

actio = reactio

Kinetische Energie

Die Bewegungsenergie E_{kin} ist dem Quadrat der Geschwindigkeit proportional.

Ein Körper der Masse m und der Geschwindigkeit v hat die kinetische Energie

$$E_{kin} = \frac{1}{2} m \cdot v^2$$

3 Mechanik der Flüssigkeiten und Gase

3.1 Druck und Druckmessung

3.1.1 Unter Druck gesetzt

Das Wort „Druck“ wird im Alltag in ganz unterschiedlichen Zusammenhängen benutzt. So spricht man vom Blutdruck, vom **Druck** in der Wasser- und Gasleitung oder im Fahrradreifen. Um zu klären, was in der Physik mit dem Begriff Druck beschrieben wird, wird zunächst Luft und dann Wasser unter Druck gesetzt. Wird mit einer Fahrradluftpumpe Luft in einen Fahrradschlauch gepumpt, bläht sich der Schlauch auf, und zwar nach allen Seiten. Die unter Druck gesetzte Luft wirkt nach allen Richtungen. Schiebt man einen gut schließenden Kolben in ein mit Wasser gefülltes Glasgefäß, spritzt das Wasser aus allen Öffnungen des Rundkolbens gleich stark heraus, nicht nur in Bewegungsrichtung des Kolbens (1).

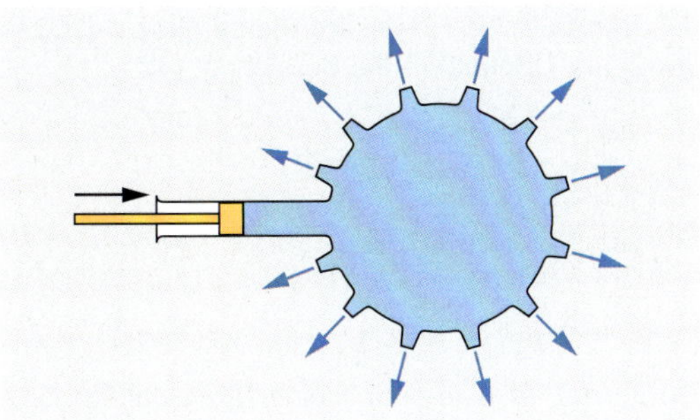

1 Das Wasser spritzt nach allen Seiten

Der Druck macht sich auch im Innern einer Flüssigkeit bemerkbar. Eine kleine luftgefüllte Gummiblase befindet sich im Innern eines Rundkolbens. Dieser wird mit Wasser gefüllt (2).

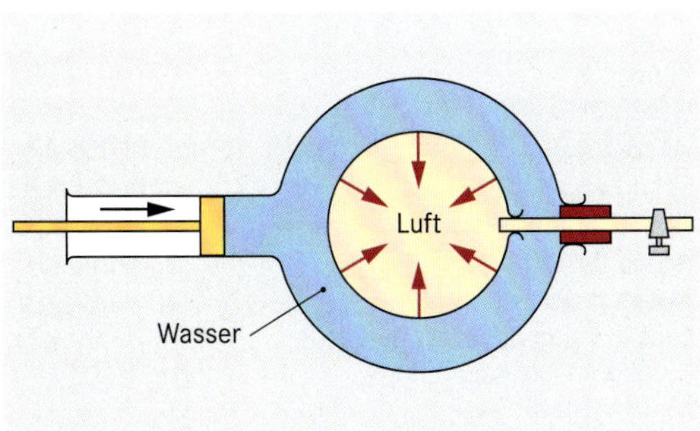

2 Die Gummiblase wird kleiner

Beim Hineindrücken des Kolbens wird die Gummiblase kleiner, bleibt aber rund. Man erkennt daraus, dass auch im Innern der Flüssigkeit Kräfte gleichmäßig in alle Richtungen wirken.

Presst man Flüssigkeiten oder Gase zusammen, so werden sie in einen Druckzustand versetzt. Der erzeugte Druck breitet sich in alle Richtungen und nach innen gleichmäßig aus.

Die bisherigen Beobachtungen können mit Hilfe des **Teilchenmodells** erklärt werden (3).

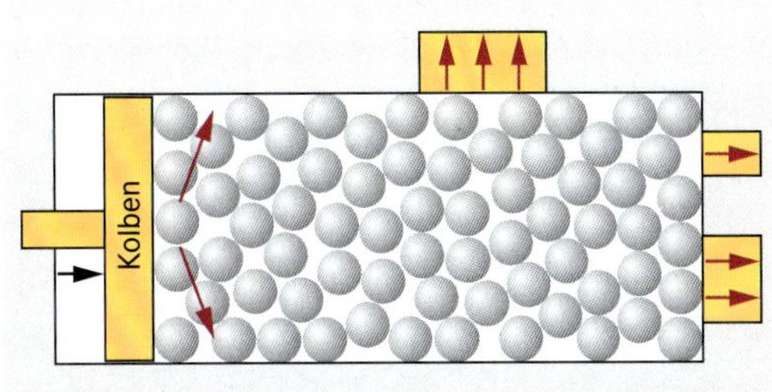

3 Modellversuch zum Wasserdruck

Die Flüssigkeitsteilchen werden durch Stahlkugeln dargestellt, die innerhalb eines Zylinders dicht aneinander liegen. Sie sind aber trotzdem gegeneinander verschiebbar.

Wird der Kolben in den Zylinder geschoben, so wirkt auf jede Kugel am Kolben ein Teil der Kolbenkraft. Dadurch rücken die Kugeln dichter zusammen und versuchen sich „wegzuschieben“. So setzt sich die Kraftwirkung in alle Richtungen fort, auch auf die Gefäßwand und auf die Kolben, die nach außen bewegt werden. Es entsteht ein größerer Druck.

Die Entstehung des Drucks bei Gasen kann man sich mit einem anderen Modellversuch verständlich machen. Die Gasteilchen sind leicht beweglich und verteilen sich gleichmäßig im Raum. Bei ihrer ständigen Bewegung in einem abgeschlossenen Behälter stoßen sie gegen alle Wände. Es gibt keine bevorzugte Richtung. Diese zahlreichen Stöße wirken sich wie eine Kraft aus. Das zeigt der Modellversuch in Bild 4.

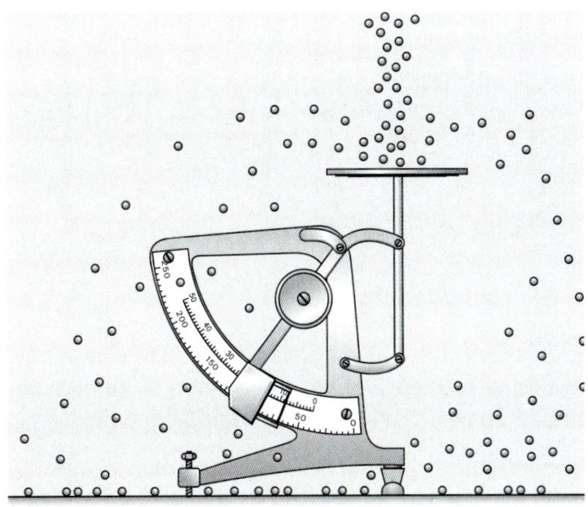

4 Modellversuch zum Gasdruck

Prallen die kleinen Stahlkugeln regellos auf die Waagschale der Briefwaage, so wird die gleiche Wirkung erreicht wie durch das Auflegen eines Gewichtsstückes.

3.1.2 Druckmessung

Schließt man eine Glasspritze an ein Steigrohr und bewegt den Kolben in Pfeilrichtung, so entsteht ein Druck im Kolben, der **Kolbendruck**. Die Flüssigkeit steigt höher (1).

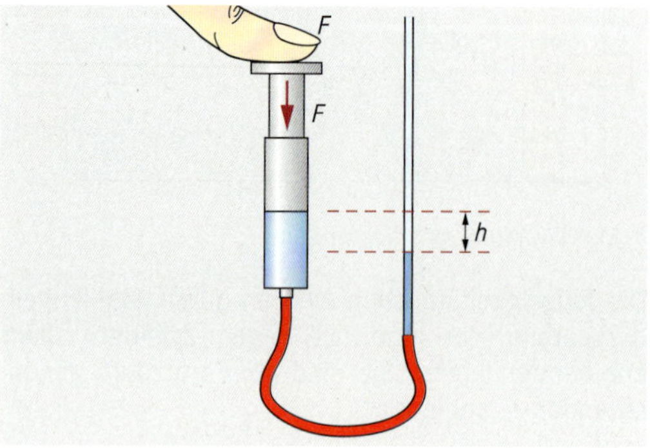

1 Eine große Kraft ergibt eine große Steighöhe

Je höher das Wasser steigen soll, desto größer muss die Kraft sein, die auf den Kolben wirkt. Um diese Aussage genauer zu untersuchen, wird die Muskelkraft in der folgenden Versuchsreihe durch leicht bestimmbare Gewichtskräfte ersetzt (2).

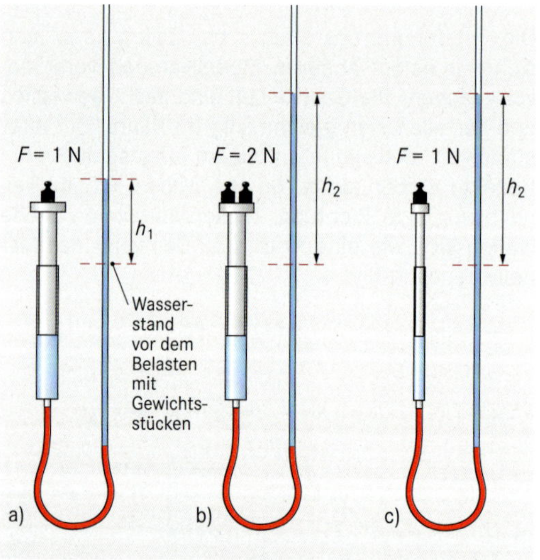

2 Eine Kraft wirkt auf eine Fläche

In Bild 2a wirkt 1 N auf die Kolbenfläche von 4 cm^2. In Bild 2b wirken 2 N auf die gleiche Kolbenfläche. In Bild 2c wirkt 1 N auf die Kolbenfläche von 2 cm^2.

In den Bildern 2b und 2c steigt das Wasser um die gleiche Strecke. Es zeigt sich, dass eine kleinere Kraft auf einer kleineren Kolbenfläche im Bild 2c die gleiche Wirkung hervorruft wie die doppelte Kraft auf einer doppelt so großen Kolbenfläche in Bild 2b. Offenbar kommt es nicht auf die Kraft allein an, sondern auf das Verhältnis von der Kraft F und der Fläche A.

Bildet man den Quotienten F/A so erhält man:

- Bild 2a: $\frac{1\ \text{N}}{4\ \text{cm}^2} = 0{,}25\ \frac{\text{N}}{\text{cm}^2}$
- Bild 2b: $\frac{2\ \text{N}}{4\ \text{cm}^2} = 0{,}50\ \frac{\text{N}}{\text{cm}^2}$
- Bild 2c: $\frac{1\ \text{N}}{2\ \text{cm}^2} = 0{,}50\ \frac{\text{N}}{\text{cm}^2}$

Bei Bild 2b und 2c erhält man die gleiche Steighöhe h und den gleichen Wert 0,50. Dieser Wert wird zur Kennzeichnung des Druckes in diesem Versuch verwendet. Bildet man den Quotienten aus der Kraft F in N und der Fläche A in m^2, so erhält man den Druck p in N/m^2.

$$p = \frac{F}{A}$$

Aus dieser Gleichung ergibt sich die Einheit für den Druck: 1 N/m^2. Diese Einheit wird zu Ehren des französischen Physikers **Blaise Pascal** (1623-1662) als 1 **Pascal** (1 Pa) bezeichnet (3).

- 1 Pa = 1 N/m^2
- 1 hPa = 100 N/m^2 = 100 Pa
- 1 kPa = 1 000 Pa
- 1 bar = 10 N/m^2
- 1 bar = 1 000 hPa = 100 kPa

3 Druckeinheiten

Ein Pascal ist eine sehr kleine Druckeinheit. Größere Einheiten sind das Hektopascal (hPa) und das Kilopascal (kPa). Gebräuchlich ist noch die Einheit **Bar** (bar). Den Druck von 1 bar erhält man, wenn man die Fläche von 1 cm^2 mit einem 1-kg-Gewichtsstück belastet. Die Wassersäule in dem Steigrohr würde dann 10 m hoch stehen.

Druckwerte können sehr verschieden sein (4).

Blutdruck	12 kPa
Gasdruck im Haus (Energieversorgung)	150 kPa
Schnellkochtopf	120-160 kPa
Fahrradreifen	200 kPa
Reifen für Pkw	200-300 kPa
Wasserdruck im Haus	400-600 kPa
Druckerzeugung im Kompressor	bis 100 000 kPa
Druck im Erdinnern	400 000 000 kPa

4 Beispiele für Druckwerte

Die Definitionsgleichung $p = F/A$ lässt sich auch dann anwenden, wenn eine Kraft auf eine Fläche wirkt. Man erhält dann den **Auflagedruck**.

Versuch

Schließen Sie drei Glasspritzen jeweils an ein Steigrohr an und kennzeichnen Sie den Wasserstand (2). Belasten Sie danach die Kolben mit Gewichtsstücken. Vergleichen Sie die Wasserstände in den Steigrohren. Formulieren Sie das Ergebnis.

3.1.3 Mit Flüssigkeiten Kräfte übertragen und verstärken

Der gleichmäßige Druck in einer Flüssigkeit ist die physikalische Grundlage für **hydraulische Geräte** (hydro, gr. Wasser, Flüssigkeit). Die hydraulischen Bremsen, Pressen, Hebebühnen gehören zu den Kraftwandlern. Sie verstärken die Kräfte und lenken sie durch Rohrleitungen oder Schläuche um. Das Prinzip zeigt ein Versuchsaufbau (5).

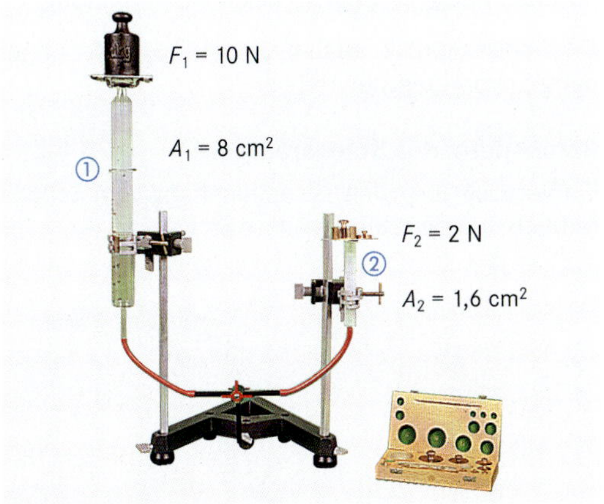

5 Gleicher Druck in der Flüssigkeit

Zwei verschiedene Kolbenprober werden mit einem Schlauch verbunden und mit Wasser gefüllt. Die beiden Kolben sind zunächst miteinander im Gleichgewicht. In beiden Kolben herrscht der gleiche Druck. Wird der Kolben des großen Zylinders ① durch ein zusätzliches Gewichtsstück belastet, so verschieben sich beide Kolben. Das Verschieben kann durch Auflegen von Gewichtsstücken auf den Kolben des kleinen Zylinders ② verhindert werden. Es zeigt sich, dass im Gleichgewichtszustand der Kolben mit der kleineren Querschnittsfläche mit dem kleineren Gewichtsstück belastet wird.

Im Versuch wird das Gleichgewicht folgendermaßen erreicht: Auf die Kolbenfläche des kleinen Zylinders ② (A_2 = 1,6 cm²) wirkt eine kleine Kraft (F_2 = 2 N). Der Druck p_2 beträgt dann:

$$p_2 = \frac{2\ \text{N}}{1{,}6\ \text{cm}^2} = 1{,}25\ \frac{\text{N}}{\text{cm}^2}$$

Auf die Kolbenfläche des großen Zylinders ① (A_1 = 8 m²) wirkt eine größere Kraft. Der Druck p_1 beträgt dann:

$$p_1 = \frac{10\ \text{N}}{8\ \text{cm}^2} = 1{,}25\ \frac{\text{N}}{\text{cm}^2}$$

p_1 und p_2 haben den gleichen Wert. Die Rechnung bestätigt, dass in beiden Kolbenprobern gleicher Druck herrscht. Ist der Druck in einer Flüssigkeit bekannt, lässt sich für jede Begrenzungsfläche die Kraft berechnen, die senkrecht auf diese Fläche wirkt.

Beispiel

Wasserschlauch

In einem Gartenschlauch herrscht der Druck p = 300 kPa. Mit welcher Kraft muss ein Loch (A = 0,5 cm²) zugehalten werden, damit kein Wasser ausströmt?

Die Gleichung $p = \frac{F}{A}$ liefert nach der Umstellung

$F = p \cdot A$

$$F = 300\ \frac{\text{N}}{\text{cm}^2} \cdot 0{,}5\ \text{cm}^2 = 150\ \text{N}$$

Die Kraft F beträgt 150 N.

Mit hydraulischen Anlagen kann eine Kraftverstärkung erreicht werden, da die beiden wirkenden Kräfte in demselben Verhältnis zueinander stehen wie die entsprechenden Flächen (5):

$$\frac{F_1}{F_2} = \frac{A_1}{A_2}$$

Daher gilt $\frac{10\ \text{N}}{5\ \text{N}} = \frac{8\ \text{cm}^2}{1{,}6\ \text{cm}^2} = 5$

Die Kraftverstärkung ist 5fach.

Aufgaben

1. In der Wasserleitung herrscht ein Druck von 400 kPa. Mit welcher Kraft muss die 2 cm² große Öffnung des Wasserhahns mit dem Daumen zugehalten werden, damit kein Wasser ausfließt?
2. Ein Sicherheitsventil (6) verschließt eine Wasserleitung mit dem Durchmesser d = 1 cm. Welche Kraft muss auf ein Sicherheitsventil wirken, damit es sich bei einem Druck von 600 kPa öffnet?

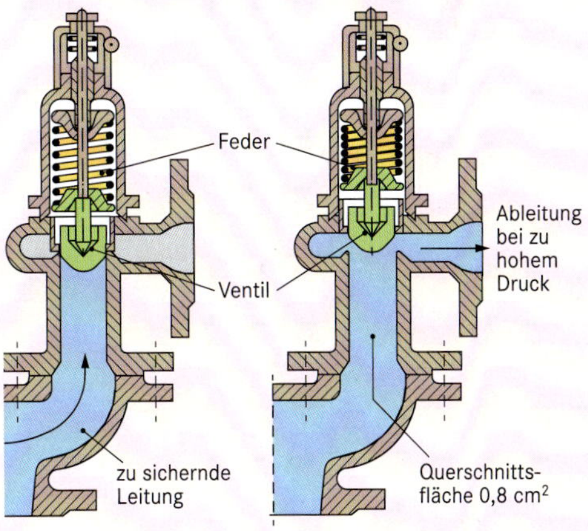

6 Sicherheitsventil einer Wasserleitung

3. Das Verhältnis der Kolbenquerschnitte einer hydraulischen Hebebühne beträgt 1 : 500.
   a) Wie groß muss die Kraft auf den kleineren Kolben sein, damit der größere Kolben eine Kraft von 160 000 N ausübt?
   b) Welche Kraft übt der größere Kolben aus, wenn auf den kleineren Kolben die Kraft F = 300 N wirkt?

3.2 Schweredruck in Flüssigkeiten

3.2.1 Schweredruck und Wassertiefe

Messung des Schweredrucks

Beim Tauchen macht sich ein Druck auf die Ohren bemerkbar, der mit der Tiefe zunimmt. Vermutlich wird dieser Druck durch die Gewichtskräfte der oberen Wasserschichten bewirkt. Diese Vermutung lässt sich in einem Versuch bestätigen (1).

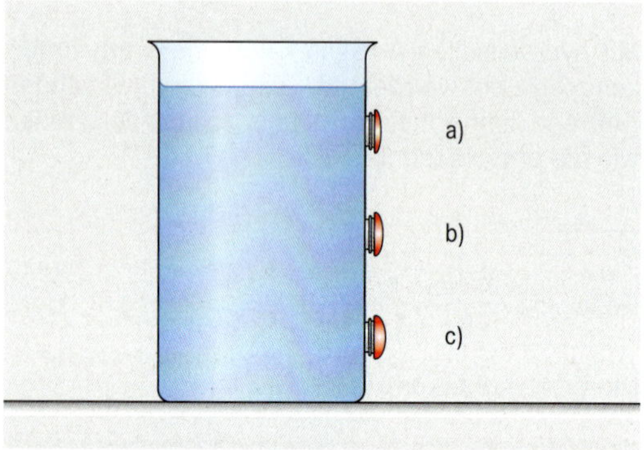

1 Der Schweredruck nimmt mit der Tiefe zu

Die seitlichen Öffnungen eines Gefäßes werden mit gleichartigen Gummimembranen verschlossen. Wird danach das Gefäß mit Wasser gefüllt, wölben sich die Membranen während des Füllens nach außen, und zwar unten stärker als oben. Um herauszufinden, ob sich der Druck in Abhängigkeit von der Richtung ändert, wird ein hohes Gefäß mit Wasser gefüllt (2).

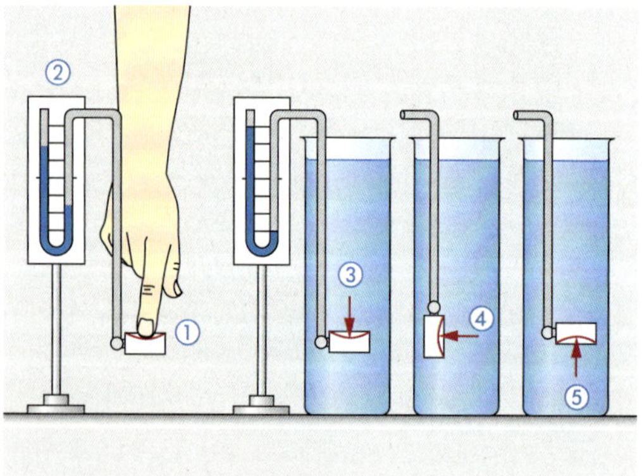

2 Der Schweredruck ist allseitig

Eine drehbare **Druckdose** ①, die an ein zum Teil mit Wasser gefülltes U-Rohr ② angeschlossen ist, wird als Druckmesser benutzt. Drückt man mit dem Finger auf die Membran der Druckdose, steigt die Wassersäule im linken Schenkel des Rohres. Dieses Ansteigen ist ein Maß für den in der Druckdose herrschenden Druck. Dieser ist dann gleich dem außen wirkenden Druck.

Taucht man die Druckdose in das Wasser ein und dreht sie anschließend bei gleicher Tiefe so, dass die Membran nach oben ③, zur Seite ④ und nach unten ⑤ zeigt, so stellt man fest: Bei gleich bleibender Tiefe ist der Druck unabhängig von der Stellung der Membranfläche.

In gleicher Tiefe herrscht überall der gleiche Schweredruck. Er ist allseitig.

Wird der Versuch bei unterschiedlichen Wassertiefen wiederholt, so bestätigt sich die Vermutung.

Der Schweredruck, auch hydrostatischer Druck genannt, nimmt mit der Tiefe zu.

Berechnung des Schweredrucks

Ein Versuch zeigt den Zusammenhang vom Schweredruck und der Flüssigkeitssäule (3).

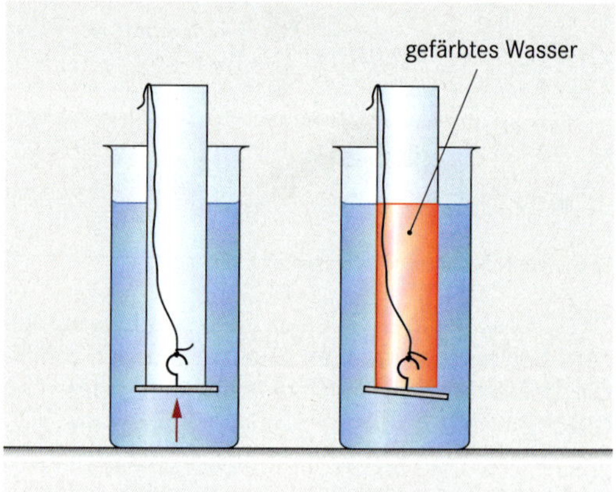

3 Der Druck hängt von der Flüssigkeitssäule ab

Taucht der Zylinder in das Gefäß mit Wasser und wird der Faden losgelassen, fällt die Glasplatte nicht ab. Der Druck verhindert, dass die Glasplatte abfällt. Sobald der Zylinder bis zur Wasseroberfläche gefüllt ist, fällt die Glasscheibe ab. Der Druck auf beiden Seiten der Glasplatte ist gleich groß.

Der **Schweredruck** der Flüssigkeitssäule wird folgendermaßen abgeleitet:

Auf der Glasplatte lastet die Flüssigkeitssäule mit dem Volumen $V = A \cdot h$ und der Masse $m = \varrho \cdot V$. Daraus ergibt sich $m = \varrho \cdot A \cdot h$. Die Gewichtskraft F_G erhält man, wenn die Masse m mit der Fallbeschleunigung g multipliziert wird. Es ergibt sich:

$F_G = g \cdot \varrho \cdot A \cdot h$

In die Gleichung für den Druck eingesetzt:

$$p = \frac{g \cdot \varrho \cdot A \cdot h}{A} \qquad p = g \cdot \varrho \cdot h$$

Der Schweredruck in Flüssigkeiten ist proportional zur Höhe h der Flüssigkeitssäule und zur Dichte ϱ der Flüssigkeit.

In Wasser nimmt der Schweredruck alle 10 m Wassertiefe um 100 kPa zu. Wenn man statt des gefärbten Wassers Spiritus in den Zylinder einfüllt, muss der Zylinder höher gefüllt werden, da die Dichte von Spiritus kleiner ist als die von Wasser.

Schweredruck und Gefäßform

Ob auch die Gefäßform für die Größe des Drucks von Bedeutung ist, lässt sich mit einem Gerät bestimmen (4), dessen Membran am Boden des Gefäßes mit einem Zeiger verbunden ist. Jedes Gefäß wird bis auf gleiche Füllhöhe mit gefärbtem Wasser gefüllt.

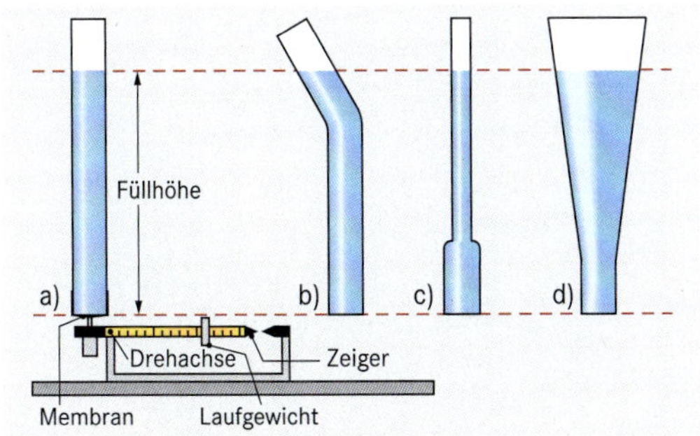

4 Der Schweredruck am Boden ist unabhängig von der Gefäßform

Bei gleicher Füllhöhe herrscht in den Gefäßen unabhängig von der Gefäßform der gleiche Druck. Dieses nicht erwartete Ergebnis wird als **hydrostatisches Paradoxon** bezeichnet.

Da das Gefäß (2d) eine größere Wassermenge als die anderen enthält, folgt aus dem Ergebnis auch, dass für den Schweredruck nur der senkrecht auf der Membran stehende Teil der Wassersäule maßgeblich ist.

Der Schweredruck ist unabhängig von der Gefäßform.

Verbundene Gefäße

Gefäße, die oben offen sind und unterhalb des Flüssigkeitsspiegels miteinander verbunden sind (5), bezeichnet man als **verbundene Gefäße** oder **kommunizierende Gefäße**.

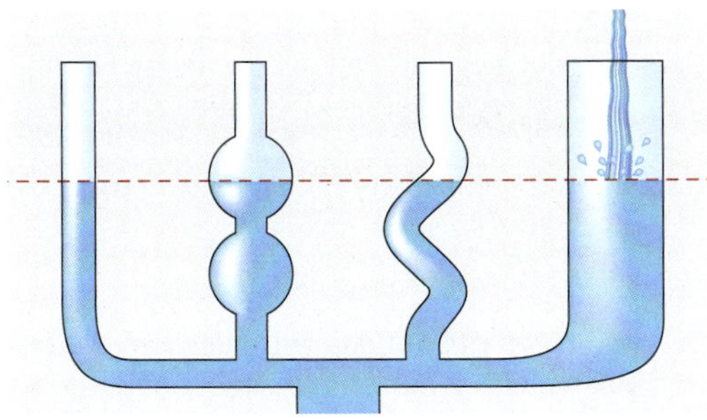

5 Verbundene Gefäße

Gießt man in eines der Gefäße (5) eine Flüssigkeit, so strömt solange Flüssigkeit in die anderen Gefäße, bis sich überall der gleiche Flüssigkeitsstand eingestellt hat. In allen Gefäßen ist anschließend der Druck gleich groß.

Beispiel

Kraft auf die Pkw-Tür

Der Pkw versank im 3 m tiefen Hafenbecken (6).

6 Schweredruck des Wassers

Frage: Kann ein Fahrer, der mit seinem Pkw in einem 3 m tiefen Wasser versank, die Tür des Pkws noch öffnen?

Zur Rechnung wird die Gleichung für den Schweredruck angewandt:

Dichte von Wasser: $\varrho = 1{,}0\ \mathrm{kg/dm^3}$

Wassertiefe: $h = 3\ \mathrm{m} = 30\ \mathrm{dm}$

Druck in 3 m Tiefe: $p = g \cdot \varrho \cdot h$

$$p = 10\ \frac{\mathrm{N}}{\mathrm{kg}} \cdot 1{,}0\ \frac{\mathrm{kg}}{\mathrm{dm^3}} \cdot 30\ \mathrm{dm} = 300\ \frac{\mathrm{N}}{\mathrm{dm^2}}$$

Kraft auf eine 1 $\mathrm{m^2}$ große Tür:

$$F = p \cdot A = 300\ \frac{\mathrm{N}}{\mathrm{dm^2}} \cdot 100\ \mathrm{dm^2} = 30\,000\ \mathrm{N}$$

Der Fahrer müsste sich mit der Kraft $F = 30\,000$ N gegen die Tür stemmen. Das ist unmöglich.

Versuche

1. Ziehen Sie mit einem Faden eine leichte Glasscheibe gegen einen an beiden Seiten offenen Glaszylinder (3). Tauchen Sie den Zylinder in das Gefäß mit Wasser und lassen Sie den Faden los. Der Druck verhindert, dass die Glasplatte abfällt. Überlegen Sie, wie hoch Wasser eingefüllt werden muss, damit die Glasscheibe abfällt. Überprüfen Sie Ihre Vermutung, indem Sie den Zylinder vorsichtig mit gefärbtem Wasser füllen.
   Fertigen Sie ein Protokoll an.
2. Wiederholen Sie Versuch 1, indem Sie statt des gefärbten Wassers Spiritus einfüllen. Erklären Sie Ihre Beobachtung.
3. Füllen Sie das Gefäß (4) bis zur Marke mit Wasser und bringen Sie den Zeiger durch Verschieben des Laufgewichtes in waagerechte Stellung. Tauschen Sie danach den Trichter gegen die anderen Gefäße mit gleicher Bodenfläche aus.
   Fertigen Sie ein Versuchsprotokoll an.

3.2.2 Auftrieb in Flüssigkeiten

Auftriebskräfte wirken

Zur Vorbereitung für die neue Segelsaison werden die Boote an kräftigen Kunststoffseilen zu Wasser gelassen (1).

1 Im Wasser Gewichtskraft gleich 0?

Genau wie Expanderseile werden die Seile durch die Gewichtskraft des Bootes (10 000 N) stark gedehnt. Je weiter das Boot eintaucht, desto weniger stark dehnen sich die Seile. Anscheinend verringert sich die Gewichtskraft. Das Boot schwimmt, ein Kraftmesser würde keine Kraft anzeigen: null Newton. Diese Beobachtung kann in einem Versuch (2) genauer untersucht werden.

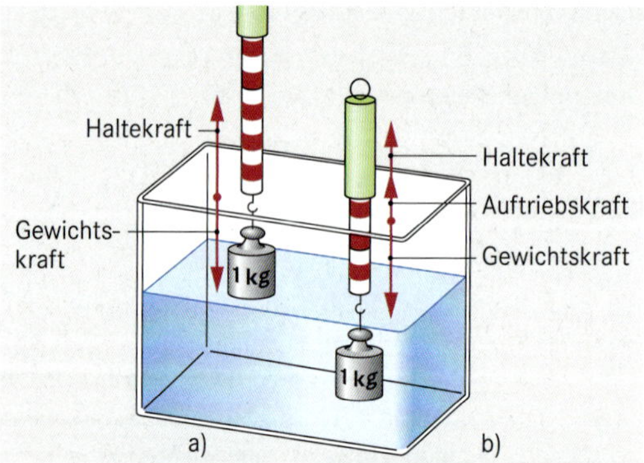

2 Die Auftriebskraft wirkt und wird gemessen

Ein Gewichtsstück von 1 kg hängt an einem Kraftmesser (2a). Die Haltekraft wird angezeigt. Taucht man das Gewichtsstück in das Wasser ein (2b), wird die Anzeige des Kraftmessers zunächst immer geringer, je weiter der Körper eintaucht. Wenn der Gegenstand aber vollständig eingetaucht ist, ändert sie sich nicht mehr, auch wenn der Körper noch tiefer eintaucht. Auf das Gewichtsstück muss eine Kraft einwirken, die der Gewichtskraft entgegengesetzt ist. Diese Kraft heißt **Auftriebskraft**.

Jeder Körper wird im Wasser scheinbar leichter. Auf ihn wirkt eine Auftriebskraft. Sie ist der Gewichtskraft entgegengesetzt. Bei einem vollständig eingetauchten Körper ist die Auftriebskraft unabhängig von der Eintauchtiefe.

Wird der Versuch mit einer anderen Flüssigkeit, z. B. Spiritus oder Pflanzenöl, wiederholt, so erfährt der Körper eine geringere Auftriebskraft als im Wasser. Bestimmt man die Auftriebskräfte unterschiedlich großer Würfel, so stellt man fest, dass die Größe der Auftriebskraft proportional zum Volumen des eingetauchten Körpers ist.

Archimedisches Gesetz

Um die Auftriebskraft zu berechnen, wählt man als einfachen Körper einen Würfel und taucht ihn vollständig ein (3).

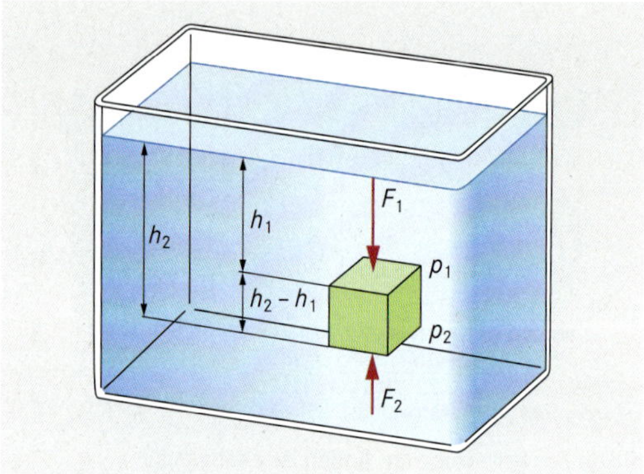

3 Die Auftriebskraft berechnen

Als Folge des Schweredrucks wirken von allen Richtungen Kräfte auf den Würfel ein. Die Kräfte auf die Seitenflächen sind gleich groß und entgegengesetzt. Der Würfel weicht zu keiner Seite aus, denn es herrscht bei gleicher Wassertiefe der gleiche Druck. An der Unterseite herrscht ein größerer Druck als an der Oberseite, da der Schweredruck mit der Tiefe zunimmt.

Aus der Gleichung für den Schweredruck wird der Druck an der oberen Fläche bestimmt:

$$p_1 = g \cdot \varrho \cdot h_1$$

Daraus ergibt sich die Kraft auf die obere Fläche:

$$F_1 = g \cdot \varrho \cdot h_1 \cdot A$$

Entsprechend wird der Druck an der unteren Fläche bestimmt:

$$p_2 = g \cdot \varrho \cdot h_2$$

Daraus ergibt sich die Kraft auf die untere Fläche:

$$F_2 = g \cdot \varrho \cdot h_2 \cdot A$$

Die Differenz der beiden Kräfte F_1 und F_2 ergibt die Auftriebskraft F_A:

$$F_A = F_2 - F_1 \text{ oder } F_A = g \cdot \varrho \cdot A \cdot (h_2 - h_1)$$

Da $h_2 - h_1$ die Höhe h des eingetauchten Würfels ist, kann man auch kürzer schreiben:

$$F_A = g \cdot \varrho \cdot A \cdot h$$

Das Produkt $A \cdot h$ ist aber das Volumen V des Würfels. Daher kann man auch schreiben:

$$F_A = g \cdot \varrho \cdot V$$

Das Produkt $g \cdot \varrho \cdot V$ gibt die Gewichtskraft der Flüssigkeitsmenge an, die das gleiche Volumen hat wie der eingetauchte Würfel.

Die Auftriebskraft eines eingetauchten Körpers ist so groß wie die Gewichtskraft der von ihm verdrängten Flüssigkeitsmenge.

Diese Erkenntnis wird nach seinem Entdecker Archimedes (um 285 v. Chr.-212 v. Chr.) als **archimedisches Gesetz** bezeichnet. Es gilt für jeden beliebig geformten Körper.

Auftriebskraft und Schwimmen

Mit dem archimedischen Gesetz kann auch das Schwimmen genauer erklärt werden. Auf jeden eingetauchten Körper wirken zwei Kräfte, die Gewichtskraft und die Auftriebskraft (4).

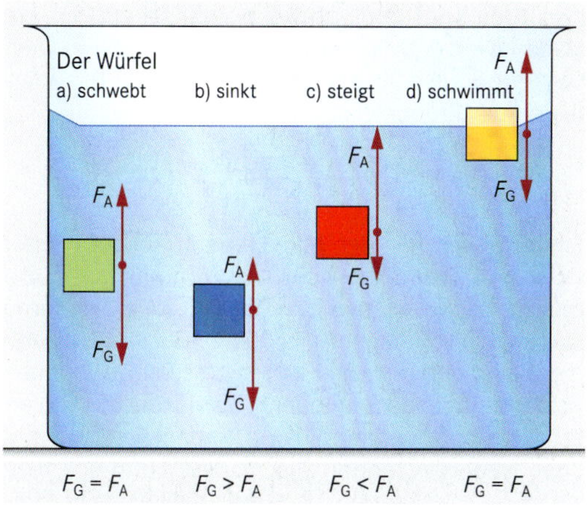

4 Schweben - sinken - steigen - schwimmen

a) Die Gewichtskraft und die Auftriebskraft sind entgegengesetzt gleich groß: Der Körper **schwebt** in jeder Tiefe.

b) Die Gewichtskraft ist größer als die Auftriebskraft: Der Körper **sinkt**.

c) Die Gewichtskraft ist kleiner als die Auftriebskraft: Der eingetauchte Körper **steigt** auf.

d) An der Oberfläche angelangt, **schwimmt** er. Dabei ragt er soweit aus dem Wasser, bis die Auftriebskraft so groß ist wie seine Gewichtskraft. Das verdrängte Wasser wiegt dann so viel wie er selbst.

Ein schwimmender Körper taucht so tief in eine Flüssigkeit ein, bis die Gewichtskraft der verdrängten Flüssigkeit gleich der Gewichtskraft des Körpers ist.

Beispiel

Auftriebskraft im Wasser

Eine Schwimmerin möchte wissen, wie groß ihre Auftriebskraft im Wasser ist. Sie weiß, dass der menschliche Körper ausgeatmet eine Dichte von 1,02 kg/dm³ hat und ihre Masse m = 55 kg beträgt.

Zunächst wird ihr Volumen mit der Gleichung $V = m/\varrho$ berechnet.

$$V = \frac{55 \text{ kg dm}^3}{1{,}02 \text{ kg}} = 54 \text{ dm}^3$$

Die Auftriebskraft wird berechnet mit Hilfe der Gleichung $F_A = \varrho \cdot g \cdot V$ (Dichte des Wassers = 1 kg/dm³):

$$F_A = 1 \frac{\text{kg}}{\text{dm}^3} \cdot 9{,}81 \frac{\text{N}}{\text{kg}} \cdot 54 \text{ dm}^3 = 530 \text{ N}$$

Ihre Auftriebskraft im Wasser beträgt also 530 N. Sie ist kleiner als ihre Gewichtskraft von 540 N. Damit geht sie ohne Schwimmbewegungen oder Schwimmhilfen unter.

Versuche

1. Bestimmen Sie die Auftriebskraft eines schwimmenden Körpers bei unterschiedlich großem Volumen (2).
2. Bestimmen Sie mit dem Kraftmesser die Gewichtskraft eines beliebig geformten Körpers (2). Tauchen Sie ihn langsam in ein Gefäß mit Wasser und beobachten Sie die Anzeige des Kraftmessers. Wiederholen Sie den Versuch mit einer anderen Flüssigkeit, z. B. Spiritus oder Pflanzenöl.

Aufgaben

1. Erklären Sie die in Bild 4 dargestellten vier Fälle.
2. Würde eine junge Frau (m = 55 kg) im Toten Meer baden, das wegen seines hohen Salzgehaltes eine Dichte ϱ = 1,20 kg/dm³ aufweist, könnte sie sich bequem auf den Rücken legen und Zeitung lesen. Bestätigen Sie diese Aussage durch eine Rechnung.
3. Die Flüssigkeiten Wasser, Speiseöl und Sirup sind auf drei Gefäße, a bis c, verteilt (5). Welche Flüssigkeiten befinden sich in den einzelnen Gefäßen? Begründen Sie Ihre Entscheidungen.
4. Im Gefäß (5c) schwimmt ein Plastikbaustein. Erklären Sie schriftlich, warum er nur auf der unteren Flüssigkeit schwimmt.

5 Flüssigkeiten mit unterschiedlicher Dichte

3.3 Schweredruck in Gasen

3.3.1 Luftdruck und Vakuum

Atmosphäre

Wir leben am Grunde eines Luftmeeres, das bis in ungefähr hundert Kilometer Höhe eine annähernd gleiche Zusammensetzung aufweist und danach allmählich in den Weltraum übergeht. Aufgrund der vorherrschenden Temperaturen wird die **Atmosphäre** in mehrere Abschnitte eingeteilt, die in der Höhe große Schwankungen aufweisen (1).

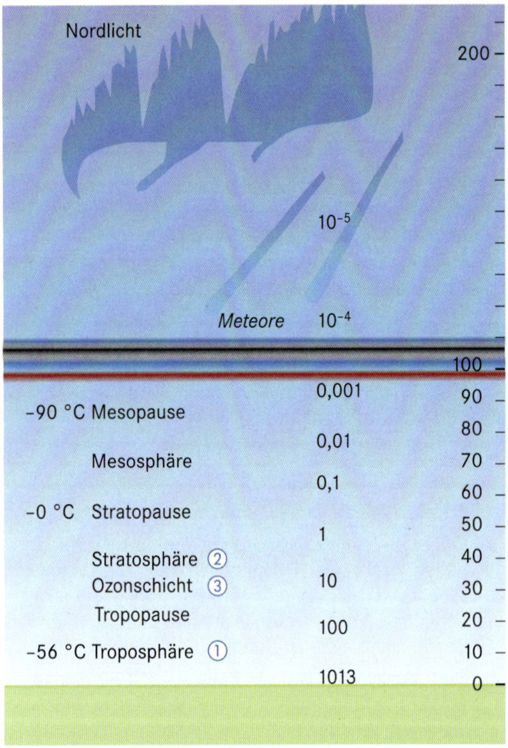

1 Die Atmosphäre der Erde - mittlere Werte für Nordeuropa

Für das Leben auf der Erde sind besonders die beiden unteren Luftschichten, die **Troposphäre** ① und die **Stratosphäre** ② wichtig. Die Vorgänge in der Troposphäre bestimmen das Wetter und das Klima an der Erdoberfläche. Die Sonnenenergie erwärmt die Erdoberfläche, die gleichzeitig Wärme an die Luft abgibt, an die unteren Luftschichten mehr als an die oberen Schichten. Deshalb nimmt die Temperatur in der Troposphäre mit der Höhe ab, durchschnittlich alle 100 m um 0,65 °C. Temperaturen zwischen -50 °C und -90 °C herrschen in der Stratosphäre.

In der **Ozonschicht** ③ steigt die Temperatur wieder an und erreicht nahezu 0 °C. In dieser Schicht werden energiereiche kurzwellige Anteile der UV-Strahlung, die schädlich für Lebewesen sind, absorbiert. Durch die zugeführte Energie spalten sich einzelne Sauerstoffmoleküle in zwei Atome Sauerstoff, die jeweils mit einem anderen Sauerstoffmolekül ein Ozonmolekül bilden. Gleichzeitig wird aber der für die Fotosynthese der Pflanzen (Bildung von Stärke und Zucker) benötigte Anteil der **UV-Strahlung** durchgelassen. Eine Verminderung der Ozonkonzentration hätte weitreichende Folgen für Lebewesen (z. B. Bildung von Hautkrebs beim Menschen) und würde auch Schäden an der Vegetation verursachen.

Luftdruck

Durch ihre Gewichtskraft verursacht die Luft den **Luftdruck**. Wir sind an das Leben unter diesen Bedingungen gewöhnt. Normalerweise spüren wir den Luftdruck nicht, weil der Druck allseitig wirkt und durch den Druck im Körperinnern ausgeglichen wird. Erst wenn sich der Druck beim Bergsteigen oder beim schnellen Höhenwechsel ändert, äußert sich der veränderte Druck in den Ohren. In höheren Berglagen fällt das Atmen schwerer, beim Flug in großer Höhe muss der normale Druck im Flugzeug künstlich erhöht werden. Mit zunehmender Höhe wird der Luftdruck geringer. In 5,5 km Höhe ist er auf die Hälfte, in 11 km Höhe auf ein Viertel und in 100 km auf ein Millionstel des Wertes an der Erdoberfläche gesunken.

Der Luftdruck entsteht durch die Gewichtskraft der Luft.

Eindrucksvoll hat der Magdeburger Bürgermeister **Otto von Guericke** 1654 die Wirkung des Luftdrucks nachgewiesen (2). Er ließ zwei kupferne Halbkugeln (Querschnitt 1 400 cm²) luftdicht zusammenfügen und mit einer von ihm selbst erfundenen Kolbenpumpe auspumpen. Obwohl sie nicht verschraubt oder verklebt waren, ließen sie sich nicht ohne weiteres trennen. Der äußere Luftdruck hielt sie so fest zusammen, dass erst zweimal acht Pferde die Halbkugeln auseinander reißen konnten. Sie mussten mit einer Kraft von etwa 14 000 N ziehen.

2 Magdeburger Halbkugeln

An der Erdoberfläche schwankt der Luftdruck um den Wert von 1013 hPa. Eine zehn Meter hohe Wassersäule erzeugt einen entsprechenden Wasserdruck. Der Luftdruck ist daher etwa gleich einem Wasserdruck in 10 m Wassertiefe.

Video

Vakuum

Was „luftleer“ bedeutet, zeigt ein Versuch mit einem Kanister (3).

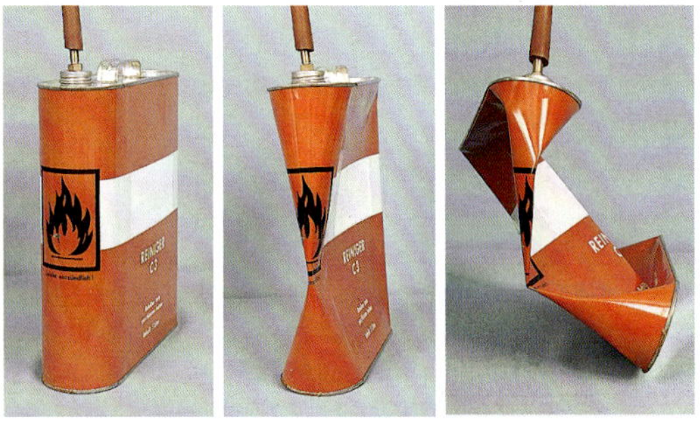

3 Der äußere Luftdruck presst den Kanister zusammen

Vor einem ähnlichen Ergebnis stand Otto von Guericke, als er durch ein Experiment nachweisen wollte, dass ein **Vakuum**, also ein leerer Raum, existiere. Jahrhunderte lang war man nämlich der Ansicht, dass es in der Natur keinen solchen Raum gäbe. Man glaubte damals, dass die Natur einen Schrecken vor dem leeren Raum („horror vacui“) habe. Dieser sei wie ein Geist, der mit aller Kraft die umgebende Materie in sich hineinziehe. So konnte einleuchtend erklärt werden, wie mit Saugpumpen Wasser hochgepumpt werden konnte. Aber es gab keine Erklärung dafür, warum das Wasser nicht höher als 10 m stieg.

Torricelli, ein italienischer Physiker (1608–1647), brachte diese Beobachtung mit dem Schweredruck der Luft in Zusammenhang. Erst die Erkenntnis, dass auch Luft eine Gewichtskraft ausübt, führte zum Abrücken von der Theorie des „horror vacui“. Torricelli war der Überzeugung, dass eine 10 m hohe Wassersäule mit dem Luftdruck im Druckgleichgewicht stehe und die Gewichtskraft der Luft die Ursache für das Hochsteigen des Wassers sei (4).

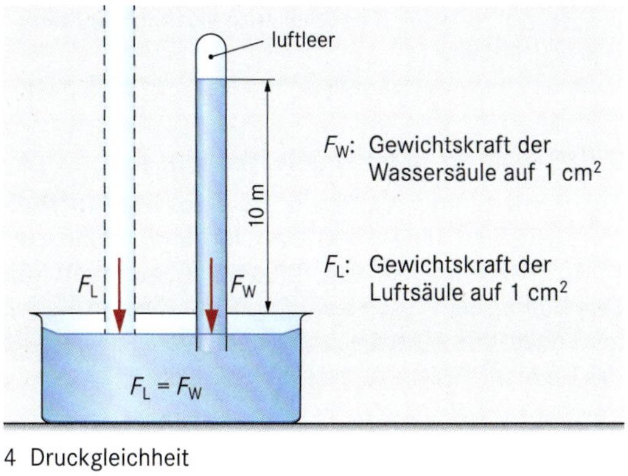

4 Druckgleichheit

Guericke schaffte durch seine Experimente Klarheit. Er wollte zunächst aus einem mit Wasser gefüllten Weinfass mit einer umgebauten Feuerspritze von unten Wasser herausziehen (5).

5 Herstellung eines Vakuums

Er war überzeugt, das Wasser würde aufgrund seiner Schwere herabsinken und über sich einen leeren Raum hinterlassen. Doch der Versuch misslang. Das Holzfass erwies sich als zu undicht. Guericke gab nicht auf und ließ eine Kugel aus Kupfer bauen (6).

6 Eine Kupferkugel luftleer pumpen

Aber noch während die beiden Männer mit dem Entleeren beschäftigt waren, wurde die Kugel mit lautem Knall zusammengedrückt, „wie man ein Tuch zwischen den Fingern zusammenrollt“.

Die Bestätigung, dass der Luftdruck mit der Höhe abnimmt, lieferte **Blaise Pascal** (1623–1662). Er ließ seinen Schwager mit einem Barometer den Berg Puy de Dôme in Südfrankreich besteigen. Mit zunehmender Höhe zeigte das Barometer einen geringeren Luftdruck an.

Ein leerer Raum, also ein Raum ohne Materie, heißt Vakuum.

Versuch

Schließen Sie einen entleerten Kanister an eine Saugpumpe an und pumpen Sie die Luft ab.
Beschreiben Sie den Versuchsablauf.

Aufgaben

1. Beschreiben Sie den Aufbau der Atmosphäre (1).
2. Warum halten Saughaken nur an glatten Wänden oder Fliesen?

3.3.2 Auftrieb im Luftmeer

Auftriebskraft und Gewichtskraft

Frei in der Luft schweben und sich vom Wind treiben lassen, dieser uralte Menschheitstraum ist wahr geworden (1).

1 Ballonfahrt - frei schweben

Doch warum schwebt der Ballon? Da der Ballon in der Luft im gleichen Abstand über der Erdoberfläche bleibt, sich also nicht in Richtung Erde bewegt, muss auf ihn eine Kraft einwirken, die entgegengesetzt zu den Gewichtskräften der Gasfüllung, der Ballonhülle, der Gondel und der Fahrgäste wirkt. Man nennt diese Kraft **Auftriebskraft**. Auftriebskraft und Gewichtskraft sind im Gleichgewicht.

Ein Gedankenexperiment soll helfen, die Vorgänge bei der Ballonfahrt zu erklären (2).

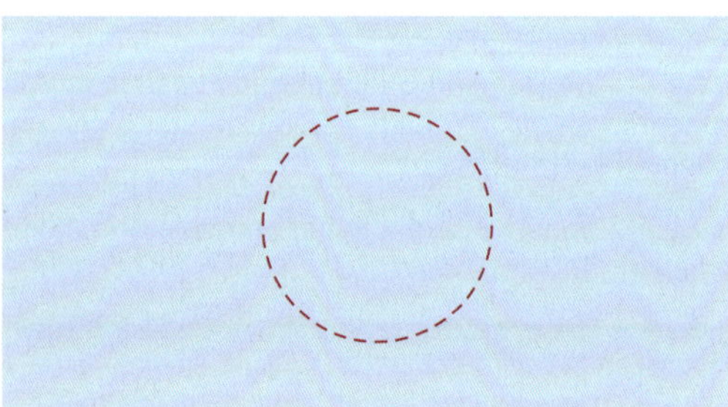

2 Schwebende Luft

Eine beliebige Luftmenge steigt nicht in der sie umgebenden Luft auf. Sie sinkt auch nicht, sondern schwebt in der sie umgebenden Luft. Also ist die Auftriebskraft genauso groß wie die Gewichtskraft dieser Luftmenge.

Es gilt:

$F_A = F_G = \varrho \cdot g \cdot V$

Dichte der Luft bei 20 °C: $\varrho \approx 1{,}3$ g/l;
g ≈ 10 N/kg.

Nach dieser Gleichung ergibt sich für 1 m³ Luft die Gewichtskraft F_G = 13 N, demnach beträgt die Auftriebskraft F_A ebenfalls 13 N.

Wird diese Luftmenge im Gedankenexperiment durch einen luftgefüllten Ballon mit gleichem Volumen ersetzt, so sinkt der Ballon ($F_A < F_G$), bedingt durch die zusätzliche Gewichtskraft der Ballonhülle. Erst wenn die Ballonluft durch ein anderes Gas mit geringerer Dichte, z. B. Helium oder Wasserstoff, ersetzt wird, steigt der Ballon auf ($F_A > F_G$).

Jeder Körper erfährt in der Luft eine Auftriebskraft, die genauso groß ist wie die Gewichtskraft der durch den Körper verdrängten Luft.

Beispiel

Gasballon

Um einen Ballon (V = 1 000 m³) wie in Bild 1 in der Luft zu halten, muss sicherlich eine große Auftriebskraft wirken. Um aufzusteigen, sind die Gewichtskräfte der Hülle, des Netzes und der Geräte (ca. 3 500 N), die Gewichtskraft der Mannschaft (ca. 2 000 N) sowie die Gewichtskraft des Ballongases zu überwinden.

Bei einem Ballonvolumen von 1 000 m³ ergibt sich nach $F_A = \varrho \cdot g \cdot V$ die Auftriebskraft F_A = 13 000 N. Davon sind die Gewichtskräfte zu subtrahieren:

Hülle, Netz, Geräte:	F_G = 3 500 N
Mannschaft:	F_G = 2 000 N
Füllgas (Wasserstoff):	F_G = 890 N

Es bleibt eine Differenz von 6 610 N.

Bis zu dieser Grenze kann Ballastsand mitgenommen werden, der abgeworfen wird, wenn der Ballon höher steigen soll. Und wenn der Ballon sinken soll, wird das Gas abgelassen.

Auftriebskraft beim Heißluftballon

Zur Vorbereitung für den Start eines **Heißluftballons** wird mit einem kräftigen Brenner heiße Luft (z. B. 20 000 m³) in die Ballonhülle geblasen (3). Der Ballon bläht sich auf. Auch bei diesem Ballon gilt, dass die Auftriebskraft genauso groß ist wie die Gewichtskraft der verdrängten Luft.

Versuch

Verschließen Sie einen großen dünnen Mülleimerbeutel bis auf eine Öffnung in der Mitte von etwa 15 cm mit dünnem Klebeband. Blasen Sie mit einem Föhn heiße Luft in diese Hülle. Beschreiben Sie den Versuchsablauf.

3 Heißluftballon: Zum Start kräftig erwärmen

Die Luft im Innern des Ballons dehnt sich beim Erwärmen aus, ein Teil quillt unter der Öffnung hervor. Die Dichte der Luft im Ballon wird geringer, der Ballon steigt. Da sich die Luft in der Ballonhülle ständig abkühlt, wäre die Ballonfahrt schon nach wenigen Minuten beendet, wenn die Fahrer nicht regelmäßig den Brenner für kurze Zeit anstellen würden.

In größeren Höhen nimmt die Dichte der Luft ab, damit wird auch die Auftriebskraft geringer. Der Ballon steigt solange, bis die Auftriebskraft genauso groß wie seine Gewichtskraft ist. Der Ballon schwebt. Die Fahrtrichtung bestimmt allein der Wind. Landen ist oft Glücksache: Dazu muss man einen freien Platz suchen, den Brenner abstellen und die warme Luft entweichen lassen.

Die Brüder **Montgolfier** bauten die ersten Heißluftballons, nachdem sie festgestellt hatten, dass mit warmer Luft gefüllte Hüllen in die Luft stiegen.

Als es ihnen gelang, am 5. Juni 1783 einen Ballon mithilfe von heißer Luft aufsteigen zu lassen, begann die Epoche der Ballonfahrer. Die ersten „Passagiere" in ihrem Heißluftballon waren 1783 ein Huhn, ein Schaf und eine Ente. Der Start erfolgte in Anwesenheit des Königs und unter großer Anteilnahme der Bevölkerung. Unter einem riesigen Ballon aus Seide und Papier wurde ein Strohfeuer entzündet. Innerhalb von zehn Minuten füllte sich der Ballon mit der warmen Luft. Durch einen Kanonenschuss wurde das Abhacken der Haltetaue angekündigt. Begleitet von Jubelrufen stieg der Ballon ungefähr 650 m in die Höhe. Ein starker Wind ließ ihn hinter einem Waldstück den Blicken der Zuschauer entschwinden. Aber nach insgesamt acht Minuten landeten die „Passagiere" wohlbehalten.

Nach diesem erfolgreichen Flug wagten noch im selben Jahr die ersten Menschen, mit einer **Montgolfiere** – so nannte man diese Ballons – aufzusteigen (4).

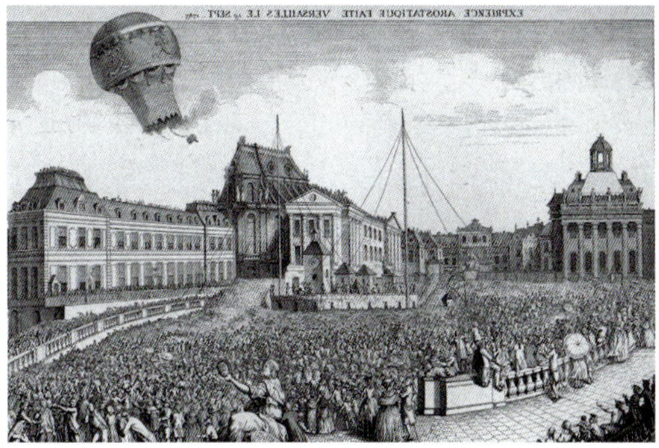

4 Aufstieg einer Montgolfiere

In 25 Minuten wurden sie etwa 8 km über Paris hinweggetragen. Zur gleichen Zeit wurden aber auch Experimente mit wasserstoffgefüllten Ballons unternommen. Doch im Wettlauf um die erste Luftfahrt verloren sie.

Der erste unbemannte mit Wasserstoff gefüllte Ballon startete nämlich erst am 27. August 1783 in der Nähe von Paris. Als die geplatzte Hülle in einem etwa 15 km entfernten Dorf niederging, glaubten die Bewohner, die Haut eines Ungeheuers vor sich zu haben. Mit Mistgabeln, Dreschflegeln und Steinen griffen sie dieses „Ungeheuer" an. Der erste bemannte, mit Wasserstoff gefüllte Ballon stieg am 1. Dezember 1783 in Paris mit seinem Erfinder Jaques Charles auf. Fast zwei Stunden blieb er in der Luft.

Freiballone

Für die Wetterbeobachtungen werden **Freiballone** und **Zeppeline** eingesetzt. Sie sind mit einem Gas gefüllt, das eine geringere Dichte hat als Luft. Diese Ballone waren zunächst kaum lenkbar, das wurde aber später durch Motoren ermöglicht. Video

Ab 1900 baute Graf **Zeppelin** lenkbare Luftschiffe (5). Das größte Luftschiff war 245 m lang und wurde mit 200 000 m³ Wasserstoff gefüllt. Bei einer Landung brannte es 1937 völlig aus. Danach wurde das Füllgas Wasserstoff durch das Edelgas Helium ersetzt.

5 Steuerbares Luftschiff: Zeppelin

3.3.3 Aus Medizin, Sport und Technik

Blutdruck

Das menschliche Herz pumpt in einem bestimmten Rhythmus, etwa 60- bis 130-mal in einer Minute, sauerstoffreiches Blut durch die Adern. Insgesamt sind es etwa fünf Liter Blut, die ständig durch die sich immer weiter verästelnden Adern strömen. Beim Zusammenziehen des Herzmuskels entsteht ein Druck von ca. 16 kPa, der **systolische Druck**. Jeder Herzschlag ist als Pulsschlag an den Hauptschlagadern feststellbar (1).

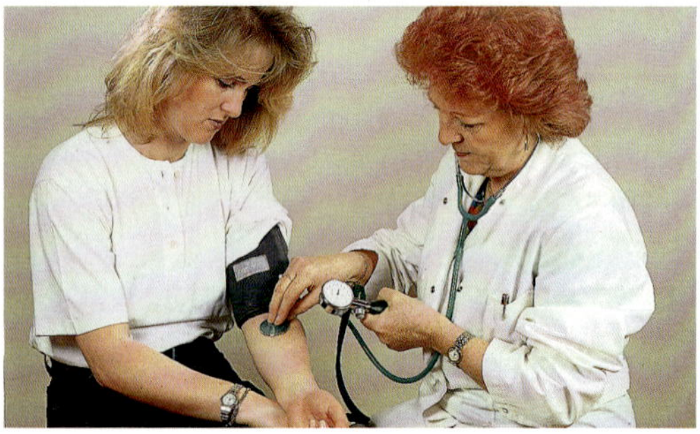

1 Blutdruckmessung

Besonders gut kann man den Pulsschlag durch Abtasten am Hals und an der Handwurzel feststellen. Wenn der Herzmuskel erschlafft und sich dabei wieder ausdehnt, strömt das Blut mit einem Druck von ca. 10,7 kPa ins Herz. Das ist der **diastolische Druck**. Diese Werte gelten nur für gesunde Menschen. Die Werte sind auch vom Alter abhängig (2).

	systolisch	diastolisch
Säugling	10,7	
bis 10 Jahre	12	8
10–30 Jahre	14,7	10
30–40 Jahre	16,7	11,3
40–60 Jahre	18,7	12
über 60	20	12

2 Beispiele für Blutdruck in kPa (mittlere Werte)

Hydraulik-Wagenheber

Ein Pkw (F_G = 10 000 N) wird mit dem **hydraulischen Wagenheber** angehoben (3).

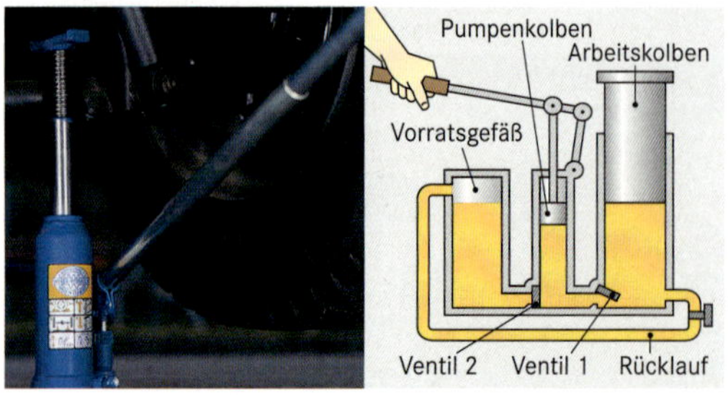

3 Hydraulik-Wagenheber

Die beiden Zylinder, der Vorratsbehälter und die Verbindungsleitung sind mit Öl gefüllt. Öl ist besser geeignet als Wasser, da kein Rosten der Metallteile stattfinden kann. Ein einmaliges Niederdrücken des Pumpenkolbens um 10 cm bewirkt in diesem Beispiel ein Heben des Arbeitskolbens um 2,5 cm. Damit dieser aber um 10 cm gehoben werden kann, müsste der Zylinder für den Pumpenkolben 40 cm lang sein. Die gleiche Wirkung wird aber auch erzielt, wenn der Kolben viermal niedergedrückt wird. Dafür braucht man einen Vorratsbehälter und zwei Ventile, die den Ölstrom steuern. Beim Niederdrücken des Pumpenkolbens wird der Druck auf den Arbeitszylinder übertragen. Ventil 2 wird dadurch geschlossen und Ventil 1 geöffnet. Beim Heben des Pumpenkolbens schließt sich Ventil 1, Ventil 2 öffnet sich, damit weiteres Öl nachströmen kann. Soll der Arbeitskolben gesenkt werden, wird die Rücklaufverbindung geöffnet. Das Öl strömt in den Vorratsbehälter zurück. Eine Motorpumpe bzw. Druckluft übernimmt den Antrieb der Hebebühne in der Kfz-Werkstatt.

Beispiel

Kraft am Pumpenkolben

Auf die Fläche des Arbeitskolbens (A_1 = 40 cm²) wirkt die Gewichtskraft des Pkw mit F_G = 10 000 N. Es entsteht ein Druck von 2 500 N/m². Der gleiche Druck herrscht im Pumpenzylinder. Hat der Pumpenkolben eine Fläche von A_2 = 5 cm², so ergibt sich, dass auf den Pumpenkolben eine Kraft von 1 250 N wirken muss, um ein Gleichgewicht herzustellen. Durch den langen Hebelarm lässt sich die erforderliche Muskelkraft weiter auf 250 N verringern.

Arbeit bei hydraulischen Geräten

Beim Niederdrücken des kleineren Kolbens (Pumpenkolben) wird Arbeit verrichtet (4).

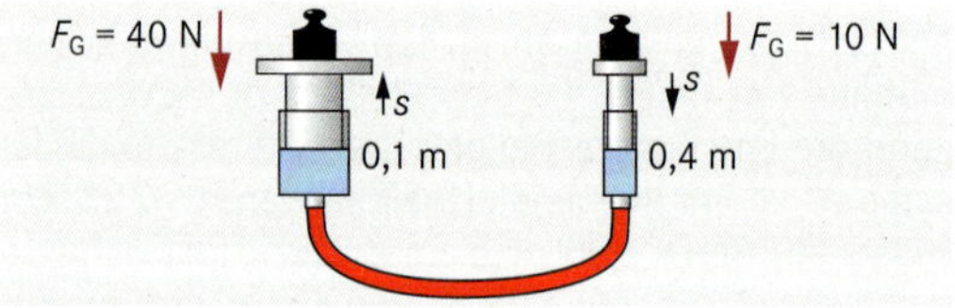

4 Arbeit an hydraulischen Geräten

Dadurch steigt der größere Kolben (Arbeitskolben) aber um ein kürzeres Wegstück. Auch hier wird Arbeit verrichtet. Die Arbeit ist in beiden Zylindern gleich groß.

Beispiel

Berechnung der Arbeit

Mit den Werten aus Bild 4 werden die Arbeiten nach der Gleichung $W = F \cdot s$ bestimmt.

Arbeit am Pumpenkolben: W = 10 N · 0,40 m = 4 Nm

Arbeit am Arbeitskolben: W = 40 N · 0,10 m = 4 Nm

Die Arbeit ist in beiden Fällen gleich. Auch hier gilt der Satz von der Erhaltung der Arbeit.

Tauchen

Tauchen macht Spaß, doch bereits in drei bis fünf Meter Tiefe ist der Druck auf die Ohren unangenehm. Manche Sporttaucher erreichen ohne Tauchgeräte durchaus 5 bis 20 m Tiefe, Perlen- oder Muscheltaucher in der Südsee kommen noch tiefer (ca. 25 m). Länger als zwei oder drei Minuten kann kaum ein Mensch ohne ein- und auszuatmen unter Wasser bleiben.

Auch mit einem **Schnorchel** kann man nicht beliebig tief tauchen. Bereits bei einer Schnorchellänge von etwa 30 cm wird die Atmungsmuskulatur durch die zusätzlich benötigte Kraft so stark belastet, dass sie schnell überfordert wird. Ab einer Wassertiefe von 1 m kann ohne Druckgeräte überhaupt nicht eingeatmet werden. Die Muskelkraft kann den Wasserdruck nicht überwinden. Wer also tiefer tauchen will, muss sich seine Atemluft in Behältern mitnehmen und sich gegen den Druck schützen (5).

5 Verschiedene Tauchgeräte

In 10 m Tiefe beträgt der Druck p bereits 10 N/m^2 = 1 000 hPa. Da der Schweredruck proportional zur Wassertiefe ansteigt, nimmt er jeweils mit 10 m Tiefe um 1 000 hPa zu.

Der schweizerische Meeresforscher Auguste Piccard konstruierte für seine Tiefseefahrten starkwandige Stahlkugeln mit dicken Glasfenstern. Sein Sohn erreichte damit 1960 eine Tiefe von 10 893 m im Pazifischen Ozean.

Druckdosen regeln den Wasserstand

Auf Druck reagiert auch der Wasserstandsfühler in Waschmaschinen und Geschirrspülern (6).

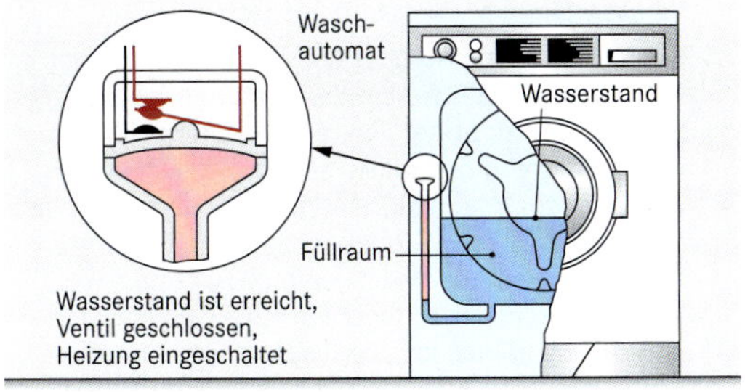

6 Eine Druckdose als Schalter

Es ist eine mit einer Membran verschlossene **Druckdose**, die über einen Schlauch mit dem Füllraum verbunden ist. Beim Einschalten der Maschine fließt zunächst Wasser ein. Steigt das Wasser an, so steigt auch der Druck in der Dose. Die Membran wölbt sich, bis der Schalter bei einem vorgesehenen Wasserstand geschlossen ist. Dadurch wird mit dem Schalter (Membranschalter) ein Magnetventil betätigt, das die Wasserzufuhr sperrt.

Verbundene Gefäße

Auf Baustellen oder im freien Gelände wird die gleiche Höhe mit einem wassergefüllten Schlauch, einer **Schlauchwaage**, festgelegt (7).

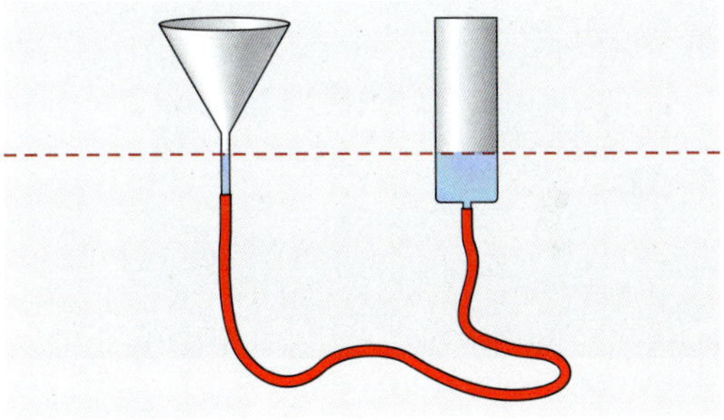

7 Schlauchwaage

Das Wasser steht in beiden Schlauchenden gleich hoch. Wird in den Trichter zusätzlich Wasser eingefüllt, steigt es auch am anderen Schlauchende.

Es gibt weitere Anwendungen der **verbundenen Gefäße** (8).

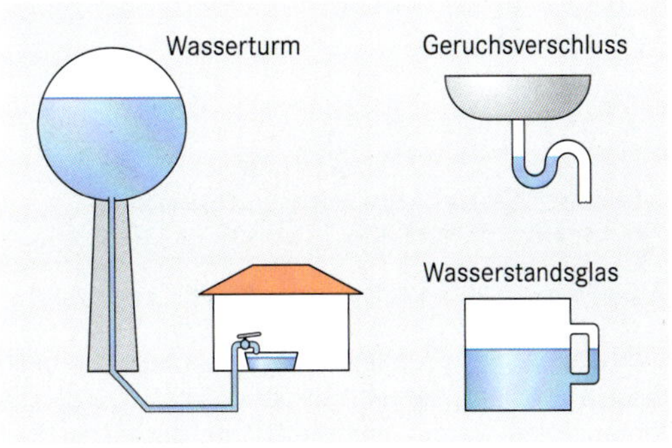

8 Beispiele für verbundene Gefäße

Aufgaben

1. Berechnen Sie den Schweredruck auf einen Helmtaucher in 30 m Tiefe und auf eine Taucherglocke in 11 000 m Tiefe.
2. Wie groß ist die Kraft, die auf 1 cm^2 der Fensteröffnung einer Taucherkugel wirkt?
3. Wie ändert sich der Schweredruck beim Tauchen?
4. Tiefseefische zerplatzen, wenn sie an die Wasseroberfläche gelangen. Begründen Sie diese Aussage.
5. Beschreiben Sie die Beispiele in Bild 8.

Salzwasser trägt besser als Süßwasser

Genauer müsste es heißen: Die Auftriebskraft in Salzwasser ist größer als die in Süßwasser. Das hat auch Auswirkungen auf einen Tanker, der voll beladen vom Atlantik kommend den Hamburger Hafen anläuft.

Aus der Gleichung $F_A = \varrho \cdot g \cdot V$ entnimmt man, dass die Auftriebskraft proportional zur Dichte ϱ der Flüssigkeit ist. Demnach taucht das Schiff im Elbwasser tiefer ein als im Salzwasser des Atlantiks. Lademarken geben an, wie weit das Schiff in Salzwasser oder Süßwasser bei voller Beladung höchstens eintauchen darf (1).

1 Lademarken zur Sicherheit

Das Prinzip, dass die Auftriebskraft proportional zur Dichte ϱ der Flüssigkeit ist, kann beim Messen der Dichte ausgenutzt werden (2).

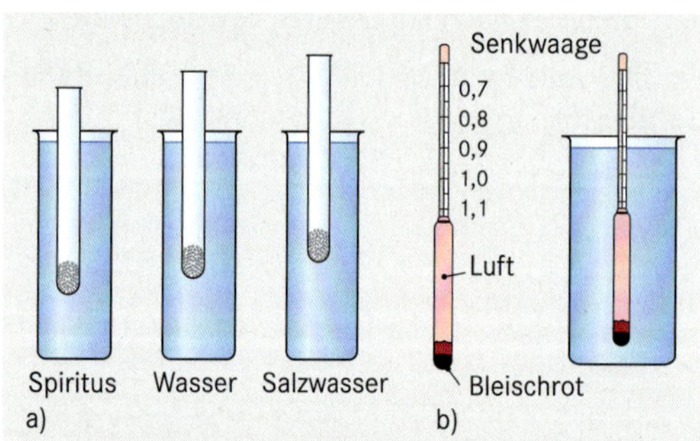

2 Geringere Dichte - größere Eintauchtiefe

Ein Reagenzglas (2a) sinkt in Spiritus tiefer, in Salzwasser weniger tief ein als in Wasser. Durch die Eintauchtiefe kann somit die Dichte der Flüssigkeit bestimmt werden.

Mit den **Senkwaagen** (2b), auch **Aräometer** genannt, bestimmt man beispielsweise den Fettgehalt von Milch, den Zuckergehalt des Saftes, den Säuregehalt der Autobatterie oder den Anteil an Frostschutzmitteln bei Kühlanlagen.

Versuch

Füllen Sie ein Reagenzglas mit etwas Bleischrot oder Sand so, dass es in Wasser aufrecht schwimmt. Tauchen Sie es anschließend in Salzwasser und in Spiritus ein (2). Beschreiben Sie Ihre Beobachtungen.

Aufgaben

1. U-Boote haben Seitentanks, die geflutet oder mit Druckluft wieder leer gepumpt werden. Beschreiben Sie, wie die U-Boote auftauchen, untertauchen oder im Wasser schweben können.
2. Mit **Schwimmdocks** werden Schiffe aus dem Wasser gehoben (3).

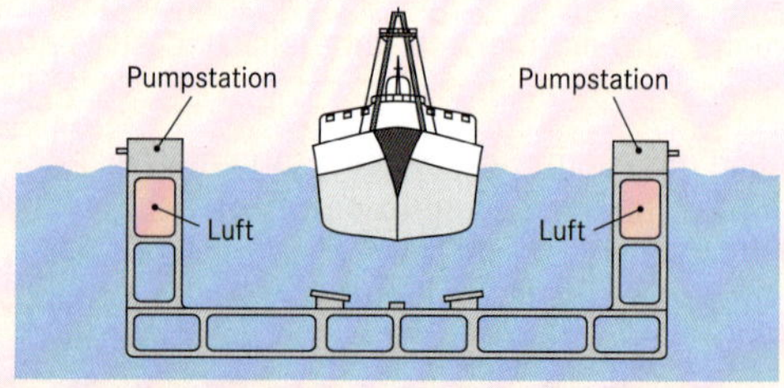

3 Schwimmdock

Dazu wird mit Druckluft das Wasser aus den Tanks herausgepresst Erklären Sie, warum sich das Dock hebt. Wie kann das Dock wieder abgesenkt werden?

3. Viele Fische haben eine gasgefüllte Schwimmblase. Sie können die Füllung dieser Blase verändern. Welche Folge hat das für die Auftriebskraft?
4. Die Dichte eines Menschen beträgt ausgeatmet 1,02 kg/dm^3 und eingeatmet 0,98 kg/dm^3. Ein Rettungsschwimmer soll beim Training „toter Mann" spielen. Was muss er tun? Soll er die Arme über oder unter Wasser halten?
5. Der **cartesische Taucher** (4) hat unten eine kleine Öffnung. Warum sinkt er beim Druck auf den Korken?

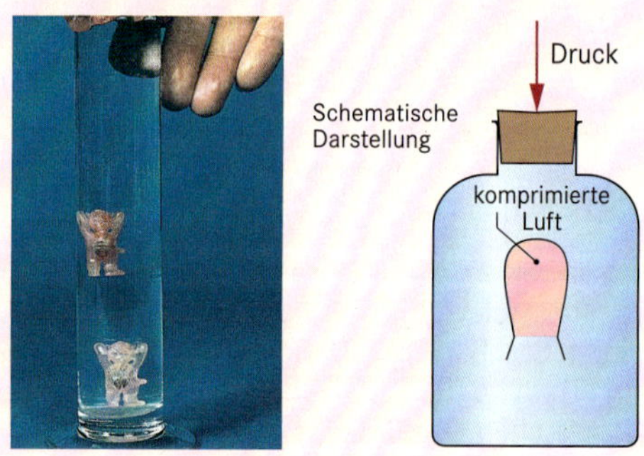

4 Cartesischer Taucher

6. Auf einer Balkenwaage ist ein Stück Knete mit einem Wägestück aus 100 g Eisen im Gleichgewicht. Die Waagschalen werden gleichzeitig in Wasser getaucht. Was wird geschehen?
7. König Hieron von Syrakus soll einmal Archimedes beauftragt haben, die Echtheit einer Krone aus reinem Gold zu prüfen, ohne die Krone zu beschädigen. Während des Bades soll er plötzlich ausgerufen haben: „Heureka."(Ich hab's gefunden.) Er ließ sich vom König die Krone und ein gleich schweres Stück Gold geben. Beides legte er auf eine Balkenwaage. Anschließend tauchte er die Waagschalen gleichzeitig in Wasser. Die Waagschale mit der Krone hob sich. Erklären Sie diese Beobachtung.

Druck
Presst man Flüssigkeiten oder Gase zusammen, so werden sie in einen Druckzustand versetzt. Der erzeugte Druck breitet sich nach allen Richtungen, auch nach innen, gleichmäßig aus.

Druck ist der Quotient aus Kraft und Fläche.

$$p = \frac{F}{A}$$

Druckeinheit
Pascal (Pa)

1 Pa = 1 N/m²
1 hPa = 100 Pa   1 kPa = 1 000 Pa
1 bar = 100 kPa = 1 000 hPa = 10 N/cm²

Kraftverstärkung
Mit hydraulischen Geräten kann man große Kräfte erzeugen. Die beiden wirkenden Kräfte stehen in demselben Verhältnis zueinander wie die entsprechenden Flächen.

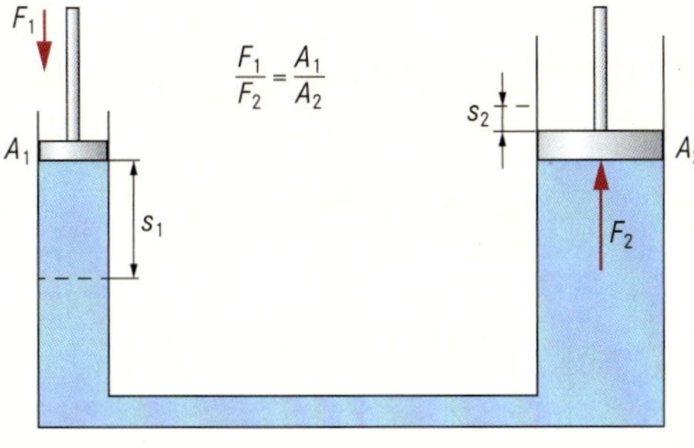

Arbeit bei hydraulischen Geräten
Mit hydraulischen Geräten spart man keine Arbeit. Die Arbeit am Pumpenkolben ist gleich der Arbeit am Arbeitskolben.

$$W_1 = F_1 \cdot s_1 \qquad W_2 = F_2 \cdot s_2$$

Schweredruck in Flüssigkeiten
Der Schweredruck (hydrostatischer Druck) hängt von der Gewichtskraft der Flüssigkeit ab. Er nimmt mit der Tiefe zu. In gleicher Tiefe herrscht überall der gleiche Schweredruck.

Der Schweredruck in Flüssigkeiten ist proportional zur Höhe h der Flüssigkeitssäule und zur Dichte ϱ der Flüssigkeit:

$$p = g \cdot \varrho \cdot h$$

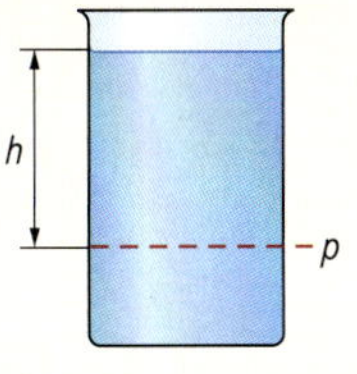

Der Schweredruck ist unabhängig von der Gefäßform.

Auftrieb in Flüssigkeiten
Jeder Körper wird im Wasser scheinbar leichter. Auf ihn wirkt eine Auftriebskraft. Sie ist der Gewichtskraft entgegengesetzt.

Bei einem vollständig eingetauchten Körper ist die Auftriebskraft unabhängig von der Eintauchtiefe.

Die Differenz der Kräfte F_1 und F_2 ergibt die Auftriebskraft F_A:

$$F_A = F_2 - F_1$$

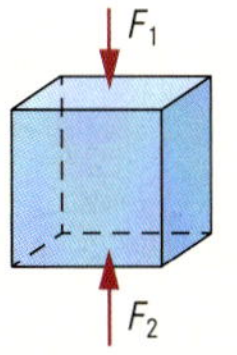

Archimedisches Gesetz
Die Auftriebskraft eines eingetauchten Körpers ist so groß wie die Gewichtskraft der von ihm verdrängten Flüssigkeitsmenge:

$$F_A = g \cdot \varrho \cdot h$$

Ein schwimmender Körper taucht so tief in eine Flüssigkeit ein, bis die Gewichtskraft der verdrängten Flüssigkeit gleich der Gewichtskraft des Körpers ist.

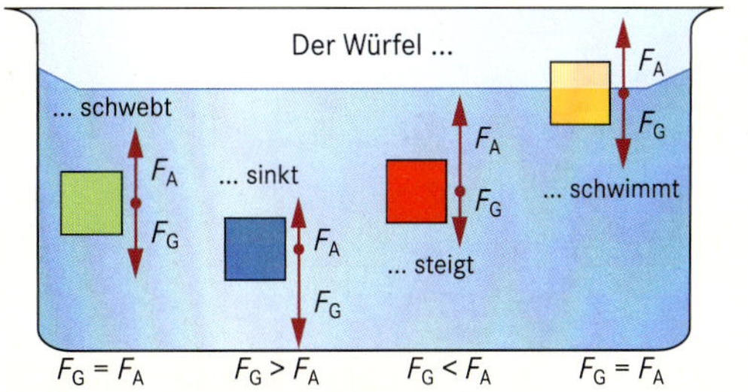

Luftdruck
Der Luftdruck entsteht durch die Gewichtskraft der Luft. An der Erdoberfläche schwankt er um den Wert 1 013 hPa. Mit zunehmender Höhe wird der Luftdruck geringer.

Vakuum
Ein leerer Raum (ohne Materie) heißt Vakuum. In der Technik gilt ein Raum mit geringem Unterdruck bereits als Vakuum:

Grobvakuum: bis etwa 100 hPa
Feinvakuum: bis etwa 1 hPa
Hochvakuum: bis etwa 1/1 000 000 hPa

Auftrieb in Luft
Jeder Körper erfährt in der Luft eine Auftriebskraft, die genauso groß ist wie die Gewichtskraft der durch den Körper verdrängten Luft:

$$F_A = g \cdot \varrho_{Luft} \cdot V$$

4 Wärmelehre

4.1 Temperatur und Körpereigenschaften

4.1.1 Temperaturmessung

Warm oder kalt?

Mit Wörtern wie „kalt", „lau", „warm" oder „heiß" werden verschieden warme Körper gekennzeichnet. Dabei hilft der Temperatursinn des Menschen. Dieser ist aber nicht zuverlässig. Das kann man in einem Versuch feststellen. Drei Gefäße werden mit kaltem, lauwarmem und heißem Wasser gefüllt. Taucht man die linke Hand in das kalte, die rechte Hand in das heiße Wasser und nach einer gewissen Zeit beide Hände gleichzeitig in das lauwarme Wasser, so sind die Temperaturempfindungen beider Hände unterschiedlich. Die rechte Hand empfindet das lauwarme Wasser als „kalt", die linke Hand als „warm". Die **Temperatur** des lauwarmen Wassers wird also einmal zu hoch, einmal zu niedrig eingeschätzt.

Festlegung einer Temperaturskala

Für den Vergleich von Temperaturen braucht man eine zuverlässige Methode. Dazu wird die Ausdehnung der Körper beim Erwärmen benutzt (1).

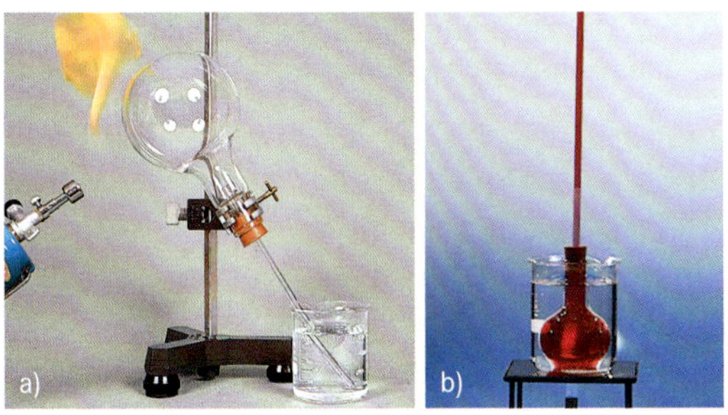

1 Ausdehnung von a) Luft und b) Wasser

Aufsteigende Luftbläschen im Wasser (1a) zeigen, dass sich die Luft ausdehnt. Das Wasser (1b) dehnt sich beim Erwärmen aus und steigt im Steigrohr nach oben. In beiden Fällen kann die Ausdehnung als Maß für die Temperatur verwendet werden.

Gasthermometer (Luftthermometer) sind nach einem bestimmten Prinzip aufgebaut (2a).

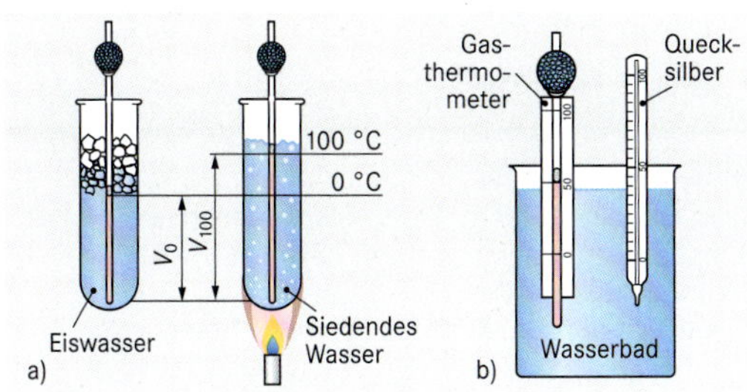

2 Prinzip Gasthermometer (a) und Kalibrieren eines Flüssigkeitsthermometers (b)

In einer engen Glasröhre, einer Kapillare, wird ein Luftvolumen durch einen Quecksilbertropfen abgeschlossen. Da der Tropfen beweglich ist, kann sich das Volumen ändern. Man bringt ein Gasthermometer in schmelzendes Eis (Eiswasser) und erwärmt es, bis das Eis geschmolzen ist.

Anschließend wird es bis zum Sieden erhitzt. Dabei beobachtet man jeweils den Stand des Tropfens. Der Quecksilbertropfen sinkt zunächst und bleibt an einer bestimmten Stelle stehen. Dieser Stand ändert sich nicht, solange noch Eisstückchen vorhanden sind. Erst nachdem das Eis geschmolzen ist, dehnt sich die eingeschlossene Luft wieder aus. Die Ausdehnung kommt zum Stillstand, wenn das Wasser siedet.

Sieden und Schmelzen von Wasser sind demnach durch bestimmte Temperaturwerte, die **Fixpunkte**, gekennzeichnet, mit deren Hilfe eine **Temperaturskala** wie folgt festgelegt werden kann:

- Die Temperatur des schmelzenden Eises erhält den Wert null **Grad Celsius** (0 °C), die Temperatur des siedenden Wassers den Wert 100 °C.
- Der Abstand zwischen der 0 °C Marke und der 100 °C Marke, der so genannte Fundamentalabstand, wird in 100 gleiche Teile eingeteilt.
- Die Skala wird mit gleicher Schrittweite nach oben und unten fortgesetzt. Temperaturen unter 0 °C kennzeichnet man mit negativen Zahlen. Für die Celsiustemperatur verwendet man das Formelzeichen ϑ (gr. Buchstabe „Theta").

Alle **Flüssigkeitsthermometer** haben den gleichen Aufbau. Die beidseitig geschlossene Kapillare (enge Glasröhre) hat ein Vorratsgefäß, das mit Quecksilber oder blau bzw. rot gefärbtem Alkohol gefüllt ist.

Um ein solches Thermometer mit einer Skala zu versehen, vergleicht man in einem Wasserbad seine Anzeige mit der eines Gasthermometers (2b). An die Skala schreibt man den Wert an, den man am Gasthermometer abliest. Diesen Vorgang nennt man **kalibrieren**. Je dünner das Steigrohr im Innern ist, desto genauer kann die Änderung beim Ausdehnen und Zusammenziehen beobachtet werden.

Aufgaben

1. Nennen Sie Beispiele, bei denen uns der Temperatursinn täuscht.
2. Bei allen Flüssigkeitsthermometern dehnt sich das Vorratsgefäß auch aus. Zeigt es deshalb falsch an?
3. Beschreiben Sie die Skalen eines Zimmer- und eines Fieberthermometers.
4. An kalten Wintertagen herrscht draußen $\vartheta_1 = -16$ °C, im Zimmer dagegen eine Temperatur $\vartheta_2 = 22$ °C.
   Berechnen Sie die Temperaturdifferenz $\vartheta_2 - \vartheta_1$.

4.1.2 Ausdehnung beim Erwärmen

Ausdehnung fester Körper

Erhitzt man eine Eisenkugel (1a), die zuvor gerade so durch ein Loch passte, so passt sie nach dem Erhitzen nicht mehr durch das Loch (1b).

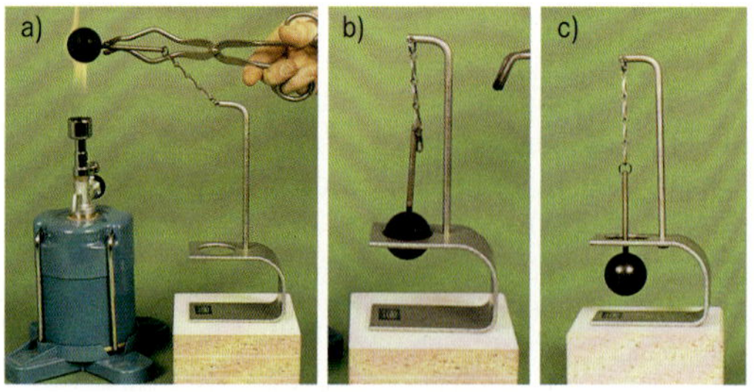

1 Eine Eisenkugel dehnt sich nach allen Seiten aus

Die Eisenkugel hat sich nach allen Seiten ausgedehnt. Beim Abkühlen zieht sich die Kugel wieder zusammen und passt wieder durch das Loch (1c).

Die **Ausdehnung fester Körper** ist in der Technik sehr wichtig, z. B. ermöglichen **Dehnungsschleifen** das Ausdehnen von langen Rohrleitungen (2).

2 Dehnungsschleife in einem Fernwärmeleitungssystem

Wird die Ausdehnung nicht beachtet, kann das schlimme Folgen haben, wie ein Versuch zeigt (3).

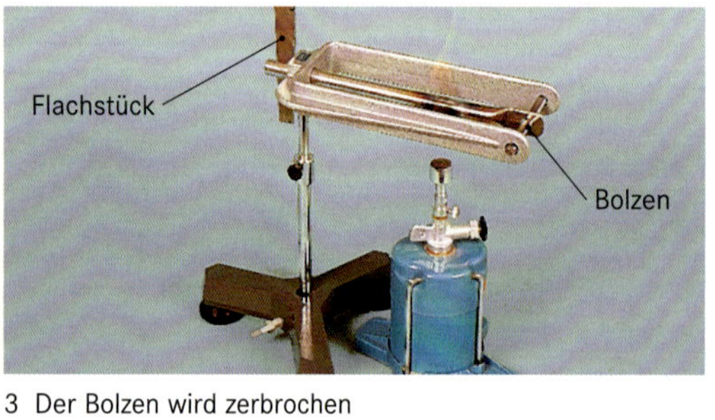

3 Der Bolzen wird zerbrochen

Ein Metallrohr wird zwischen einem gusseisernen Bolzen und einem Flachstück eingespannt und erwärmt. Das Rohr dehnt sich aus und das Flachstück rutscht tiefer in den Schlitz. Erkaltet das Rohr, zieht es sich zusammen und zerbricht den Bolzen.

Um technische Geräte und Anlagen genau planen zu können, muss man die Ausdehnung der verschiedenen Materialien zahlenmäßig erfassen.

Die Längenänderungen kann man mit einem Gerät ermitteln (4).

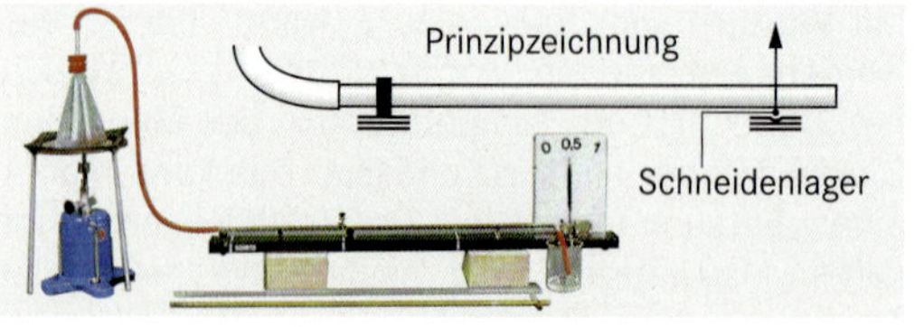

4 Messung der Längenänderung

Das Rohr ist an einem Ende fest eingespannt. Das andere Ende liegt jeweils auf einem Schneidenlager, das mit einem Zeiger verbunden ist. Die Zeigerausschläge sind der Längenänderung proportional, und die Längenänderung des Stabes ist der Temperaturänderung proportional. Aluminium dehnt sich von den untersuchten Materialien am stärksten aus, Eisen am wenigsten. Längere Metallrohre dehnen sich mehr aus. So wäre z. B. bei 1 m Länge bei gleicher Temperatursteigerung die doppelte Verlängerung gemessen worden, bei 1,5 m Länge die dreifache, da die Verlängerungen der einzelnen Teilstücke sich addiert hätten. Daher ist: $\Delta l \sim l$. Der Zusammenhang zwischen allen Größen ist demnach gegeben durch:

$$\Delta l = \alpha \cdot l_0 \cdot \Delta\vartheta$$

Die Verlängerung eines Stabes hängt ab vom Ausdehnungskoeffizienten, von der Anfangslänge und von der Temperaturänderung.

Die Ausgangslänge wird mit l_0 bezeichnet; der Faktor α heißt **Ausdehnungskoeffizient**. Er ist eine Materialkonstante und kann durch Messung bestimmt werden (5). Als Ausgangslänge dient die Länge bei 0 °C.

Material	**α-Werte in 1/K**
Eisen (Fe)	0,000012
Beton	0,000012
Kupfer (Cu)	0,000017
Messing	0,000018
Aluminium (Al)	0,000024

5 Beispiele für α-Werte

Beispiel

Längenausdehnung

Beim Bau einer 100 m langen Stahlbetonbrücke müssen Temperaturschwankungen von −30 °C bis +70 °C berücksichtigt werden.
Welche maximalen Längenänderungen treten auf?

$\alpha_{Fe} = 0{,}000012 \cdot \frac{1}{K}$

$\Delta l = 0{,}000012 \frac{1}{K} \cdot 100\ K \cdot 100\ m = 0{,}12\ m$

Bimetallstreifen

Werden zwei Metallstreifen mit unterschiedlicher Längenausdehnung aneinander geschweißt, genietet oder gewalzt, entsteht ein **Bimetallstreifen** (6).

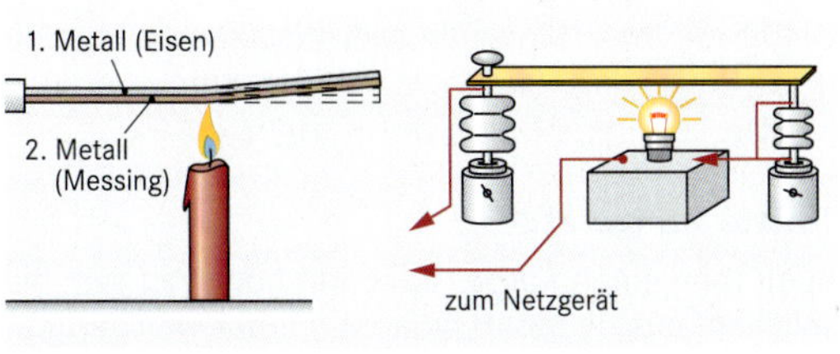

6 Bimetall - Aufbau und Verwendung als Schalter

Der Bimetallstreifen krümmt sich beim Erwärmen und nimmt seine alte Lage beim Abkühlen wieder ein. Bimetallstreifen findet man z. B. in Bügeleisen, Kaffeeautomaten oder in Heißwasserbereitern. Die Bimetallstreifen krümmen sich je nach der erreichten Temperatur und betätigen elektrische Schalter (6). Diese schalten den elektrischen Strom aus, wenn die gewünschte Temperatur erreicht ist. Sie schalten ihn ein, wenn eine bestimmte Temperatur unterschritten wird. Mit Hilfe eines solchen Gerätes wird daher die Temperatur in Grenzen konstant gehalten. Es heißt deshalb **Thermostat**.

Beim **Metallthermometer** ist das freie Ende eines Bimetallstreifens mit einem Zeiger verbunden, der sich über eine Skala bewegen kann. Thermografen (Temperaturschreiber) enthalten einen Bimetallstreifen mit Schreibstift.

Ausdehnung flüssiger Körper

Bekannt ist, dass sich Alkohol, Quecksilber und Wasser beim Erwärmen ausdehnen und beim Abkühlen ihr Volumen verringern. Diese Eigenschaft ist auch bei anderen Flüssigkeiten nachweisbar (7).

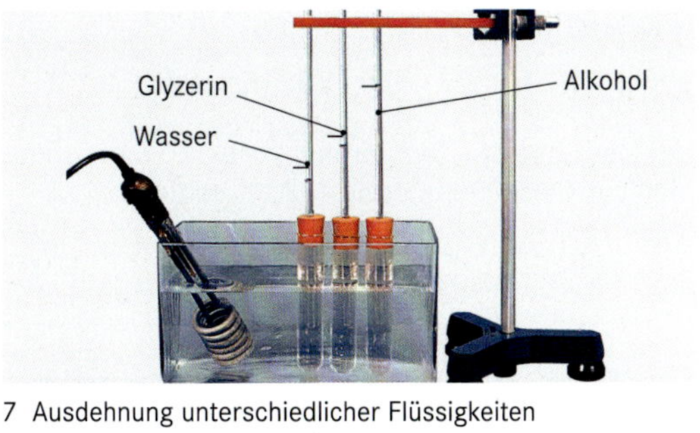

7 Ausdehnung unterschiedlicher Flüssigkeiten

Vergleicht man die Flüssigkeitsstände am Anfang des Versuches mit dem Endstand, so stellt man fest, dass sich verschiedene Flüssigkeiten bei gleicher Erwärmung unterschiedlich stark ausdehnen.

Verschiedene Flüssigkeiten mit gleichem Volumen dehnen sich bei gleicher Temperaturzunahme verschieden stark aus.

Anomalie des Wassers

Ein Quarzglaskolben wird mit Wasser gefüllt, das durch Erhitzen luftfrei gemacht worden ist und in Eiswasser steht. Nun erwärmt man das Wasserbad vorsichtig und misst den Wasserstand bei verschiedenen Temperaturen (8).

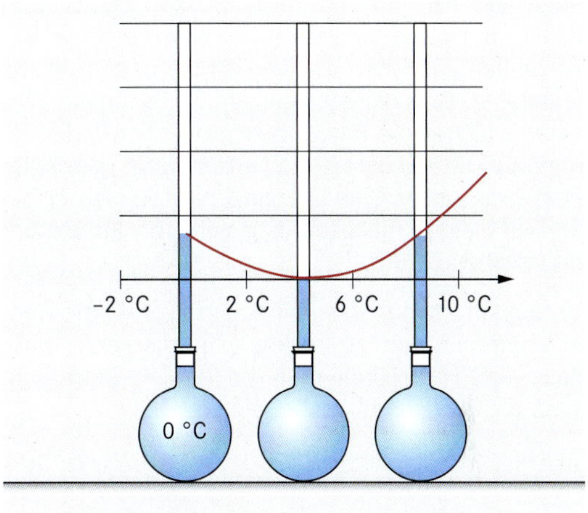

8 Anomalie des Wassers

Im Bereich zwischen 0 °C und 4 °C zieht sich das Wasser bei Temperatursteigerung zusammen. Bei 4 °C stellt sich das kleinste Volumen ein. Wasser verhält sich somit anders als die anderen uns bekannten Flüssigkeiten. Man bezeichnet deshalb dieses Verhalten als die **Anomalie des Wassers**.

Wasser hat bei einer Temperatur von 4 °C seine größte Dichte.

Bedeutung der Anomalie in der Natur

In einem stehenden Gewässer, in dem außer Wasser von 4 °C auch noch wärmeres und kälteres Wasser vorhanden sind, befindet sich das Wasser von 4 °C immer unten. Diese Gewässer frieren deshalb im Winter stets von oben zu. Das Wasser mit der größten Dichte sammelt sich am Boden. Tiefere Seen behalten deshalb genügend Wasser von 4 °C für darin lebende Tiere.

Versuch

Leiten Sie durch Rohre (4) der Länge 0,5 m aus Eisen, Messing und Aluminium nacheinander Wasser von 25 °C, 50 °C und 75 °C und messen Sie jeweils die Ausschläge.

Aufgaben

1. Warum werden die Enden von Brücken beweglich gelagert?
2. Wie groß ist die Längenänderung einer Kupferleitung bei 40 °C, wenn sie bei 0 °C 50 m lang war?
3. Warum haben Warmwasserheizungen Ausdehnungsgefäße?

4.1.3 Warm und kalt im Teilchenmodell – absolute Temperatur

Zittern bei jeder Temperatur

Im Jahre 1827 machte der englische Botaniker Robert Brown (1773–1858) eine eigenartige Entdeckung. Er beobachtete beim Untersuchen von Pollenkörnern unter dem Mikroskop, dass sich diese im Wasser bewegten. Er deutete diese Bewegungen zunächst als Lebensäußerungen, bis er feststellte, dass die Bewegungen weiter bestanden, einerlei, ob er die Pflanzen erhitzte oder verkohlte oder ob sie gar zu versteinertem Holz, gemahlenem Granit oder Glas übergingen. Stets sah er bei ähnlich kleinen Teilchen das gleiche, für ihn ein unerklärliches Zittern.

Untersucht man frische mit Wasser verdünnte Kuhmilch unter einem Mikroskop (1), so erkennt man, dass die Fetttröpfchen in dauernder Bewegung sind, die kleinen stärker als die großen.

1 Fetttröpfchen unter dem Mikroskop

Die Bewegung der Fetttröpfchen heißt nach ihrem Entdecker **brownsche Bewegung**. Erst etwa 80 Jahre nach Browns Entdeckung wurde die Bewegung der Pollenkörner als eine Folge der **Molekularbewegung** erkannt, nämlich 1904 von dem polnischen Physiker Marian von Smoluchowski (1872–1917) und 1905 von dem Deutschen Albert Einstein (1879–1955). Danach sind die Atome bzw. Moleküle aller Körper in ständiger Bewegung. Die mikroskopisch kleinen Fettteilchen der Milch werden daher unregelmäßig von den noch kleineren Molekülen angestoßen.

Durch den im Folgenden beschriebenen Modellversuch kann man sich die Vorgänge verdeutlichen:

Es werden etwa 20 Holzkugeln mit einem Durchmesser von ca. 1,5 cm in einen ca. 0,5 m^2 großen Kasten gelegt. Der Kasten wird in eine horizontale, kreisende Bewegung versetzt. Als „Staubteilchen“ wird eine größere Styroporkugel hinzugegeben. Die regellose Bewegung der Holzkugeln entspricht der Bewegung der Gasteilchen. Die größere Styroporkugel wird als „Staubteilchen“ von den kleineren Kugeln ständig hin und her geschubst. Die Teilchenbewegung hängt von der Temperatur ab.

Die Atome bzw. Moleküle aller Körper sind in ständiger Bewegung. Sie bewegen sich umso heftiger, je höher die Temperatur des Körpers ist.

Tiefste Temperatur

Kühlt man einen Körper ab, dann bewegen sich die Teilchen, aus denen er besteht, immer weniger heftig. Heute weiß man, dass ein Zustand geringster Teilchenbewegung und damit minimaler Energie existiert. Dieser Punkt heißt **absoluter Nullpunkt**. Er liegt bei −273 °C (genauer Wert: −273,15 °C).

Am absoluten Nullpunkt ist die Bewegung der Atome und der Moleküle am geringsten. Die Teilchen kommen fast zur Ruhe.

Nach einem Vorschlag des Engländers Lord Kelvin (1824–1907) wählte man diese Temperatur zum Nullpunkt einer neuen Skala, der **absoluten Temperaturskala**. Für die absolute Temperatur verwendet man das Formelzeichen *T*. Sie wird in **Kelvin** (Einheitenzeichen: K) gemessen.

Bekanntlich wird bei der **Celsiusskala** der Abstand zwischen der Temperatur des schmelzenden Eises (0 °C) und der des siedenden Wassers (100 °C) in 100 gleiche Teile eingeteilt und über diese Temperaturen nach oben und unten fortgesetzt. Für die Celsiustemperatur wird das Formelzeichen ϑ (griechisch Theta) benutzt.

Bei der Kelvinskala verwendet man die gleiche Einteilung, so dass ein Celsiusgrad die gleiche Temperaturdifferenz beschreibt wie ein Kelvin. Daher werden Temperaturdifferenzen in Kelvin oder in Grad Celsius angegeben. Es gilt:

273 K = 0 °C   373 K = 100 °C

Um die absolute Temperatur zu berechnen, muss man zur Celsiustemperatur 273 K addieren.

$$T = \vartheta + 273\ \text{K}$$

Aufgaben

1. Worin unterscheidet sich die brownsche Bewegung von der Molekularbewegung?
2. Welcher Zusammenhang besteht zwischen Temperatur und Teilchenbewegung?
3. In der Zeitung liest man folgende Temperaturangaben: 784 K; 478 K; 63,5 K; 10 K.
   Rechnen Sie diese in Grad Celsius um.
4. Rechnen Sie in Kelvin um: 5 °C, −13 °C, −55 °C.

4.1.4 Änderung der Aggregatzustände

Zustandsarten und Übergänge

Fast alle Stoffe können in jeden der drei **Aggregatzustände** fest, flüssig oder gasförmig versetzt werden.

In Hochöfen wird Eisen aus den Eisenerzen gewonnen. Das flüssige Roheisen sammelt sich im unteren Teil des Hochofens, wird in Formen gegossen und weiterverarbeitet. Eisen kann bei genügend hohen Temperaturen aber auch in den gasförmigen Zustand übergeführt werden.

Zu den wenigen Stoffen, die bei den Temperaturen unserer Umgebung in allen drei Aggregatzuständen existieren können, gehört das Wasser. Wasserdampf ist stets in der Luft enthalten; er ist unsichtbar. Wolken und Nebel bestehen dagegen aus feinsten Wassertröpfchen. Mithilfe des Teilchenmodells kann man sich die Vorgänge beim Übergang von einem Aggregatzustand in den anderen am Beispiel Wasser verständlich machen (2).

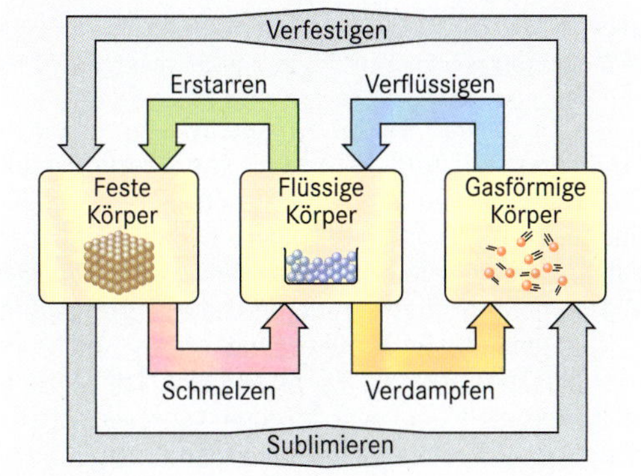

2 Aggregatzustände und Änderungen

In einem Eiswürfel nehmen alle Wassermoleküle eine feste Lage ein. Jedes Molekül hat einen bestimmten Platz, um den es hin- und herschwingt. Je höher die Temperatur ist, umso heftiger werden die Schwingungen. Schon bei Temperaturen unter 0 °C gelingt es einigen Molekülen, sich von den übrigen zu lösen. Man nennt diesen Vorgang **Sublimation** (Verflüchtigung). Es ist der Übergang direkt vom festen in den gasförmigen Zustand. So verschwinden z. B. Schneereste auch bei Temperaturen unter 0 °C allmählich.

Beim Schmelzen wird der feste Zusammenhalt zerstört; die Moleküle sind jetzt gegeneinander leicht verschiebbar. Doch auch in einer Flüssigkeit sind einige Teilchen bereits so schnell, dass sie die Flüssigkeit verlassen können. Dieser Vorgang heißt **Verdunstung**. Mit steigender Temperatur erhalten immer mehr Teilchen eine so große Geschwindigkeit, dass sie die Flüssigkeit verlassen können. Sie bewegen sich anschließend frei und ungebunden.

Beim Abkühlen verlaufen die Vorgänge in umgekehrter Richtung. Die Teilchen werden so langsam, dass sie sich gegenseitig wieder einfangen und zu einem flüssigen oder festen Körper zusammenfügen können. Der direkte Übergang vom gasförmigen Zustand in den festen heißt **Verfestigung**. Reif bildet sich durch Verfestigung des in der Luft enthaltenen Wasserdampfs unter 0 °C.

Schmelzen und Erstarren

Andere Stoffe verhalten sich beim **Schmelzen** und **Erstarren** wie Wasser. Die Auswertung der Messwerte beim Schmelzen und Erstarren von Naphthalin zeigt, dass die Temperatur während des Schmelzens konstant bleibt (3).

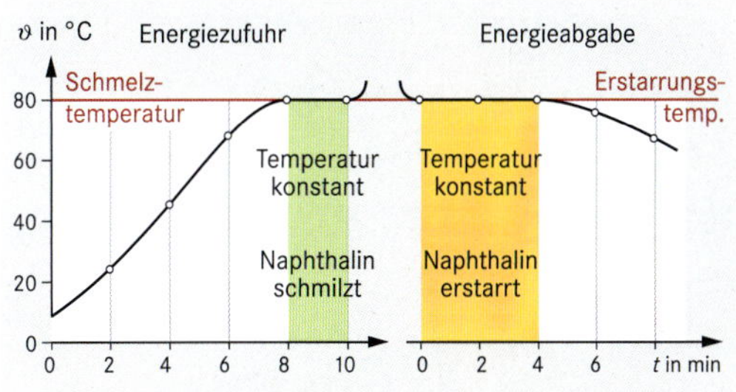

3 Schmelzen und Erstarren von Naphthalin

Diese Temperatur heißt **Schmelztemperatur**. Die Temperatur steigt erst dann weiter an, wenn kein festes Naphthalin mehr vorhanden ist. Beim Abkühlen verläuft der Vorgang in umgekehrter Richtung. Auch während des Erstarrens bleibt die Erstarrungstemperatur konstant. Sie ist gleich der Schmelztemperatur. Alle Stoffe mit Kristallstruktur schmelzen bzw. erstarren bei einer bestimmten Temperatur (4).

Stoff	Schmelztemperatur	Siedetemperatur
Quecksilber	−39 °C	357 °C
Wasser	0 °C	100 °C
Blei	327 °C	1750 °C
Aluminium	660 °C	2400 °C
Kupfer	1083 °C	2582 °C
Eisen	1535 °C	2800 °C

4 Beispiele für Schmelz- und Siedetemperaturen

Glas z. B. besteht nicht aus Kristallen und hat deshalb keine feste Schmelztemperatur. Es wird beim Erhitzen zunehmend weicher und dann flüssig.

Versuch

Erwärmen Sie in einem Wasserbad ein mit Naphthalin gefülltes Reagenzglas. Lesen Sie die Temperatur in Abständen von einer Minute ab und tragen Sie die Messwerte in ein Diagramm ein (3). Entfernen Sie das Wasserbad, nachdem das gesamte Naphthalin verflüssigt ist, und lassen Sie die Schmelze in der Luft abkühlen.

Volumenänderung beim Schmelzen und Erstarren

Nahezu alle Stoffe verkleinern ihr Volumen, wenn sie erstarren. Wasser dagegen dehnt sich beim Erstarren aus.

Nahezu alle Stoffe dehnen sich beim Schmelzen aus und ziehen sich beim Erstarren zusammen. Anomales Verhalten zeigen Wasser, Quecksilber und Wismut.

Wegen der Volumenvergrößerung beim Erstarren schwimmt Eis auf Wasser (1).

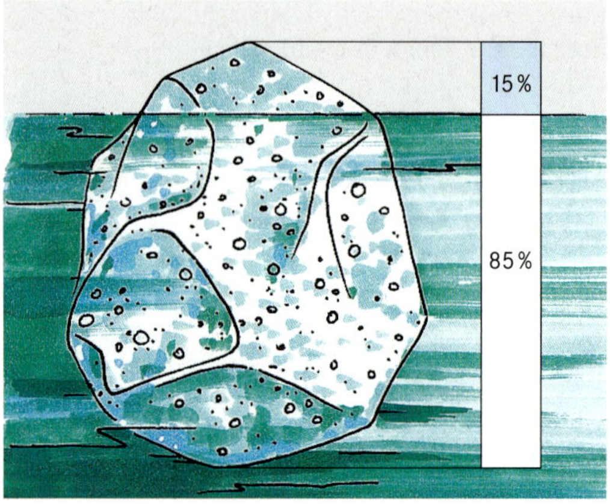

1 Der größte Teil des Eisblocks liegt unter Wasser

Das anomale Verhalten des Wassers hat in der Natur eine große Bedeutung. Gefrierendes Wasser kann große Kräfte entwickeln. Diese Kräfte können Felsen sprengen, wenn Risse sich vorher mit Wasser gefüllt haben (Verwitterung). Nasser Boden friert im Winter hoch. Straßendecken brechen auf. Die großen Kräfte verdeutlicht ein Versuch (2):

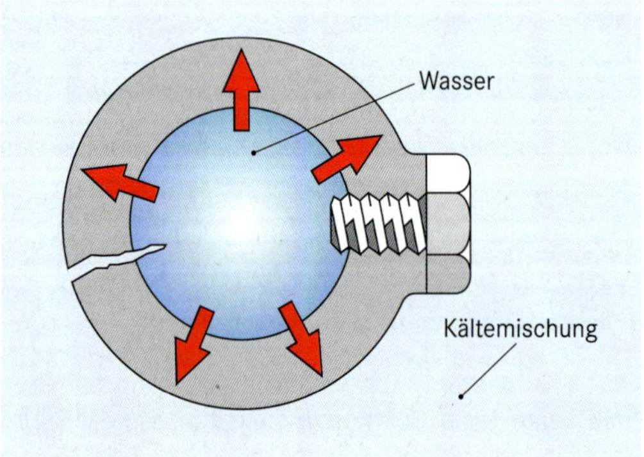

2 Eis sprengt Eisen

Eine gusseiserne Kugel, vollständig mit Wasser gefüllt und mit einer Schraube fest verschlossen, wird in eine Kältemischung gebracht. Als Gefäß dient ein Eimer, der aus Sicherheitsgründen abzudecken ist. Nach einiger Zeit platzt die Kugel laut vernehmbar auseinander.

Verdampfen und Kondensieren

Der Übergang in den gasförmigen Zustand erfolgt am Siedepunkt und durch Verdunsten auch bei allen Temperaturen unterhalb des Siedepunktes.

Beim Erhitzen von Wasser steigt zunächst die Temperatur im Glaskolben bis etwa 100 °C gleichmäßig an. Es bilden sich im Innern Blasen (3).

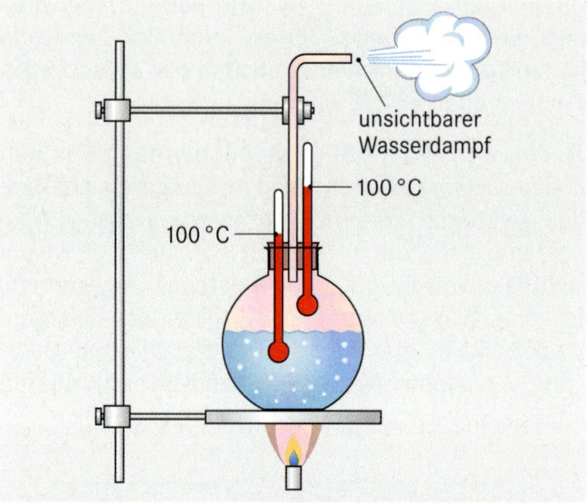

3 Wasser verdampft bei 100 °C zu Wasserdampf von 100 °C

Diese Gasblasen versetzen das Wasser in einen brodelnden Zustand. Man sagt: Das Wasser siedet. Die Wassertemperatur ändert sich trotz ständiger Energiezufuhr nicht weiter. Auch der Wasserdampf hat dieselbe Temperatur. Wasserdampf entweicht aus dem Glasröhrchen und wird durch die kältere Luft abgekühlt. Er **kondensiert** daher, und zwar ebenfalls bei 100 °C. Es bilden sich feine Tröpfchen, die als Nebel erst in einer gewissen Entfernung vom Röhrchen sichtbar werden. Das gilt auch bei anderen Flüssigkeiten.

Verdunsten

Die an der Oberfläche einer Flüssigkeit bereits unterhalb der Verdampfungstemperatur stattfindende Umwandlung in den gasförmigen Zustand heißt **Verdunstung**. Eine Flüssigkeit siedet, wenn sich auch im Innern der Flüssigkeit Dampfblasen bilden. Jede Flüssigkeit hat eine für sie charakteristische **Siedetemperatur**. Beim Kondensieren werden gasförmige Körper flüssig. Kondensations- und Siedetemperatur sind gleich.

Versuche

1. Füllen Sie zwei gleiche Reagenzgläser mit Wasser bzw. mit flüssigem Paraffin. Markieren Sie die Flüssigkeitsspiegel mit einem Gummiring und lassen Sie die Flüssigkeiten erstarren. Was beobachten Sie?
2. Erhitzen Sie Wasser in einem Glaskolben. Messen Sie die Temperatur des Wassers und des entstehenden Wasserdampfes und beschreiben Sie Ihre Beobachtungen (3).

Druckabhängigkeit der Siedetemperaturen

Auf dem Montblanc siedet Wasser bereits bei 83 °C. Auf dem Mt. Everest liegt die Siedetemperatur sogar schon bei 70 °C (4).

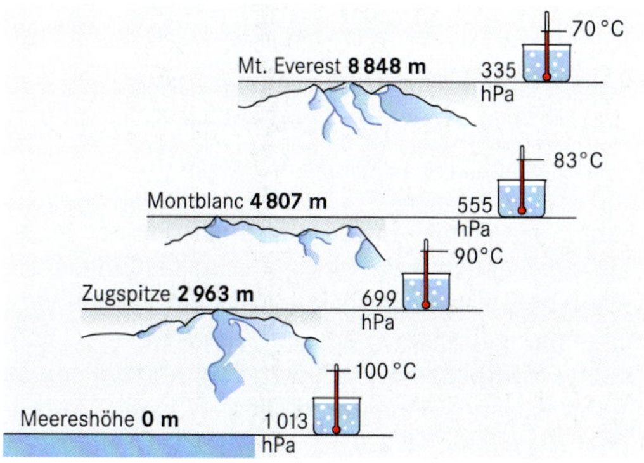

4 Der Siedepunkt hängt von der Höhe ab

Es ist zu vermuten, dass dies mit dem niedrigeren Luftdruck in diesen großen Höhen zu tun hat.

Einen niedrigeren Luftdruck kann man künstlich erzeugen. Wasser wird in einem Rundkolben auf etwa 80 °C erwärmt. Schließt man dann eine Wasserstrahlpumpe an, werden aus dem teilweise mit Wasser gefüllten Rundkolben die Luft und der entstehende Wasserdampf abgepumpt. Nach kurzer Zeit beginnt das Wasser zu sieden (5).

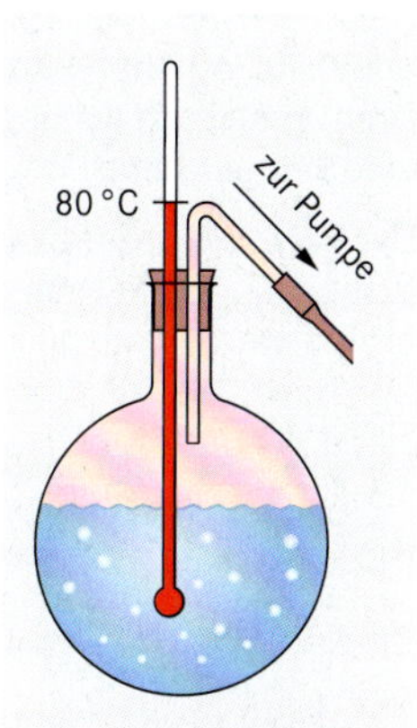

5 Sieden unter vermindertem Druck

Ob man das **Sieden durch erhöhten Druck** verhindern kann, zeigt ein Versuch mit einem papinschen Dampftopf (6).

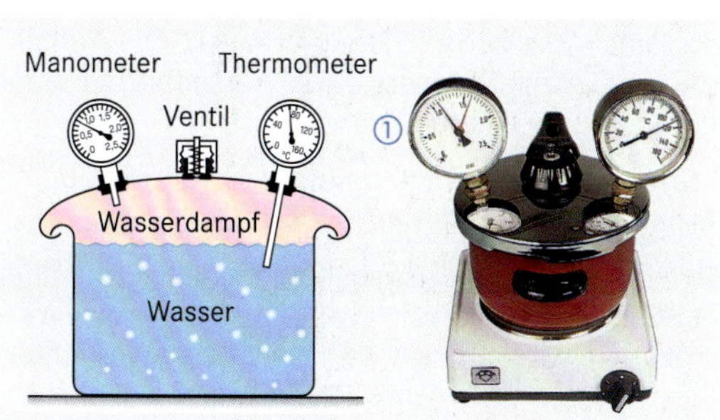

6 Sieden unter erhöhtem Druck - Dampftopf

Dabei handelt es sich um ein starkwandiges Metallgefäß, das nach dem französischen Physiker Denis Papin (1647–1714) benannt wurde. Der Topf ist mit einem Deckel dicht verschließbar und mit einem Sicherheitsventil ① versehen. Bringt man in diesem verschlossenen Topf Wasser zum Sieden, so steigt der Siedepunkt des Wassers mit wachsendem Druck. Bei etwa 200 kPa liegt er bei 120 °C. Dies nutzt man beim **Schnellkochtopf** aus. Man erreicht auf diese Weise höhere Temperaturen und die Speisen werden schneller gar.

Andere Flüssigkeiten verhalten sich ähnlich wie Wasser. Bei erhöhtem Druck ist für den Siedevorgang eine höhere Temperatur nötig als bei Normaldruck, bei vermindertem Druck eine niedrigere Temperatur. Wenn eine Flüssigkeit siedet, bilden sich im Innern Dampfblasen gegen den von der Umgebung ausgeübten Druck. Der Druck im Innern der Dampfblasen, der Dampfdruck, muss dann genauso groß sein wie der äußere Druck.

Eine Flüssigkeit siedet, wenn ihr Dampfdruck gleich dem Außendruck ist. Der Dampfdruck einer Flüssigkeit wächst mit steigender Temperatur, er sinkt bei fallender Temperatur.

Versuch

Nehmen Sie aus dem Gefrierschrank einige Eiswürfel und geben Sie etwas Kochsalz hinzu.
Stellen Sie in einem kleinen Trinkglas Wasser in diese Kältemischung. Beschreiben Sie Ihre Beobachtungen.

Aufgaben

1. Vergleichen Sie das Ausdehnungsverhalten von festen, flüssigen und gasförmigen Körpern. Was stellen Sie fest?
2. Beschreiben Sie die Funktionsweise eines Membranreglers (7), wie er z. B. in Kühlgeräten eingebaut ist.

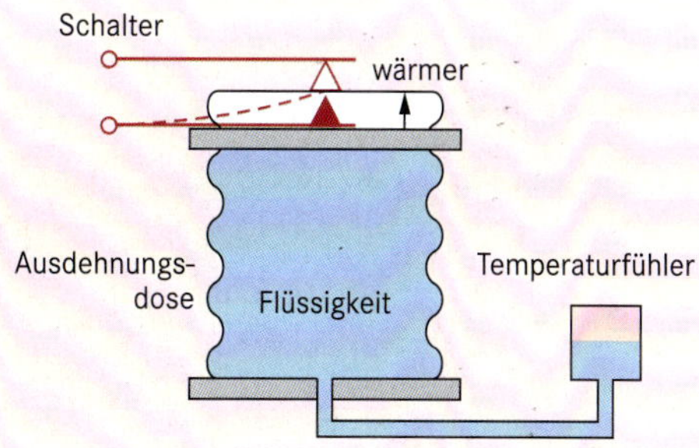

7 Membranregler

3. Warum verwendet man Eisen und nicht Messing zur Festigung von Beton?
4. Das Verdunsten hat in der Natur eine große Bedeutung. Erläutern Sie dies anhand einiger Beispiele.
5. Die verschiedenen Siedetemperaturen der Stoffe werden in der Technik zum Trennen von Stoffgemischen benutzt, z. B. zum Trennen von Alkohol und Wasser. Beschreiben Sie, wie man dabei vorgehen muss.

4.2 Energieform Wärme

4.2.1 Innere Energie und Wärme

Innere Energie

Wenn Wasser in einem Heizkessel durch Verbrennen von Heizöl, Erdgas oder Kohle Energie aufnimmt, dann steigt seine Temperatur. Die übertragene Energie bezeichnet man mit dem Begriff **Wärme**. Die Energie, die dann im Wasser gespeichert ist, nennt man **innere Energie**. Chemische Energie wird in innere Energie umgewandelt.

Ein heißer Körper hat mehr innere Energie als ein kalter Körper gleicher Masse. Je höher die Temperatur eines Körpers ist, desto größer ist auch seine innere Energie. Wenn die gleiche Wassermenge doppelt so lange erhitzt wird, erhält sie doppelt so viel Energie. Dadurch erhöht sich die innere Energie um das Doppelte.

Die innere Energie eines Körpers kann durch Zufuhr von Wärme erhöht werden.

Gibt ein Körper Wärme ab, dann verringert sich seine innere Energie. Diese Energie wird immer vom Körper mit der höheren Temperatur auf einen Körper mit niedriger Temperatur übertragen.

Die innere Energie kann auch z. B. durch kräftiges Reiben erhöht werden. Das kann man beobachten, wenn ein Holzblock kräftig mit Schleifpapier bearbeitet wird. Schon die Steinzeitmenschen nutzten das Erhitzen durch Reiben beim „**Feuerbohren**“. Die Energie wird durch Reibungsarbeit übertragen. Bremsscheiben an Autorädern können heiß laufen, ja sogar zum Glühen gebracht werden (1).

1 Bremsscheiben können heiß werden

Durch die Bewegungsenergie des fahrenden Autos wird beim Bremsen Reibungsarbeit verrichtet. Der Temperaturanstieg zeigt an, dass die innere Energie der Bremsen erhöht wird. Die heißen Bremsscheiben geben Wärme an die Luft ab und kühlen sich dabei ab. Diese Energie kann nicht weiter genutzt werden. Ein Energieflussdiagramm zeigt diese Umwandlungskette (2).

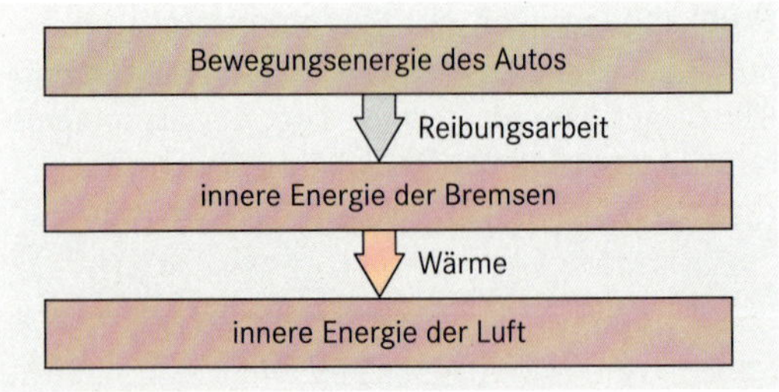

2 Energieflussdiagramm für innere Energie

Pumpt man mit einer Fahrradluftpumpe einen Fahrradschlauch auf, so stellt man fest, dass die Luftpumpe warm wird. Die Luft in der Pumpe wird zusammengepresst, dadurch erwärmt sie sich. Durch **Kompression** (Zusammenpressen) eines Gases lassen sich beträchtliche Temperaturerhöhungen erzielen. So wird z. B. beim Dieselmotor die Luft im Zylinder so stark komprimiert, dass sich der eingespritzte Treibstoff selbsttätig entzündet. Mit Kompressionsarbeit wird also die innere Energie erhöht.

Durch Verformungsarbeit kann die innere Energie ebenfalls erhöht werden. Wird z. B. ein kräftiger Draht mehrfach schnell hin und her gebogen, kann eine Temperaturerhöhung nachgewiesen werden.

Die Beispiele zeigen, dass die innere Energie durch Reibungs-, Verformungs- und Kompressionsarbeit erhöht werden kann (3).

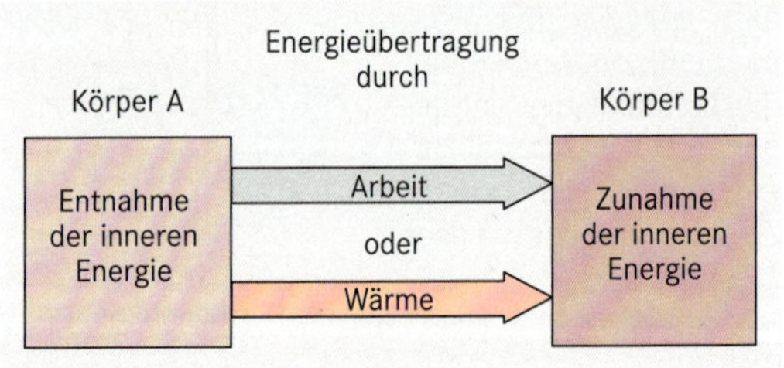

3 Abgabe und Aufnahme von Energie

Eine Erhöhung der inneren Energie kann auch, wie bei einem Wasserkocher oder bei einem Tauchsieder, mit elektrischer Energie erfolgen. Die Aufnahme von Strahlungsenergie führt ebenfalls zu einer Erhöhung der inneren Energie.

Die innere Energie eines Körpers kann man durch Arbeit oder durch Wärme ändern.

Die innere Energie eines Körpers kann mit dem **Teilchenmodell** erklärt werden. Durch die Wärmezufuhr wird an den Teilchen Arbeit verrichtet. Sie bewegen sich schneller. Sie haben mehr Bewegungsenergie als vor dem Erwärmen. Die innere Energie ist gegeben durch die Summe der Energien aller seiner Teilchen.

Unter der inneren Energie eines Körpers versteht man die Summe der Teilchenenergien.

Wärme

Mit Wärme bezeichnet man eine Energieform, die durch Leitung oder Strahlung übertragen wird (4).

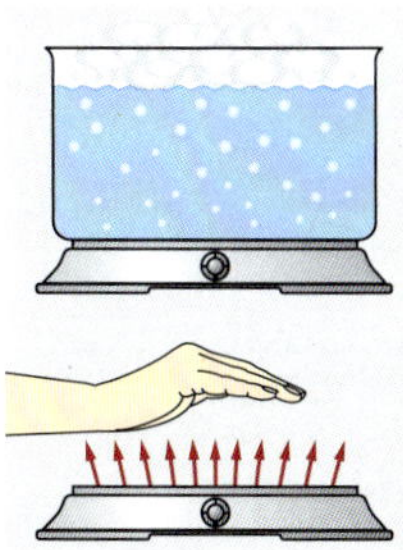

Beobachtung	Deutung
Stufe 3 Die Temperatur des Wassers steigt	Die Platte gibt Wärme ab durch Leitung
Stufe 3 Die Hand wird warm	Wärme-abgabe durch Strahlung

4 Bedeutung des Begriffs Wärme

Die Energieform Wärme wird wie die mechanische Arbeit und die innere Energie in der Einheit **Joule** gemessen. Für „Wärme" ist umgangssprachlich auch das Wort „Wärmemenge" gebräuchlich. Während mit „Temperatur" und „innere Energie" ein bestehender Zustand, das Warmsein, beschrieben wird, dienen die Begriffe Wärme und Arbeit zur Kennzeichnung einer Energieübertragung.

Vorgang und Zustand

Ein Beispiel aus der Mechanik verdeutlicht den Unterschied zwischen Energiezuständen und der Änderung des Zustandes durch Arbeit (5).

5 Änderung der Lageenergie durch Arbeit

Hebt man einen Körper hoch, dann verrichtet man Hubarbeit und vergrößert die Lageenergie (potentielle Energie) des Körpers. Beschleunigt man ihn, wird seine kinetische Energie erhöht. In der Wärmelehre wird die innere Energie (Zustand) durch Wärmezufuhr oder durch Wärmeabgabe (Vorgang) verändert (6).

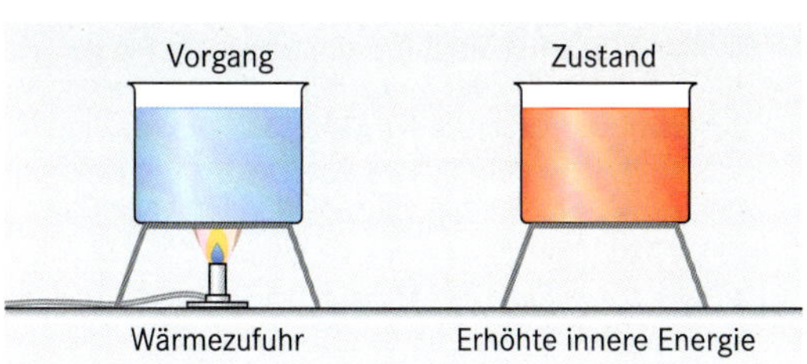

6 Änderung der inneren Energie durch Wärme

Wärmequellen

Körper, die Wärme abgeben, bezeichnet man als Wärmequellen. Jeder Körper kann aufgrund seiner inneren Energie zur **Wärmequelle** werden. Eine **natürliche Wärmequelle** ist die **Sonne**. Sie strahlt von ihrer etwa 6 000 °C heißen Oberfläche Energie in alle Richtungen ab (7).

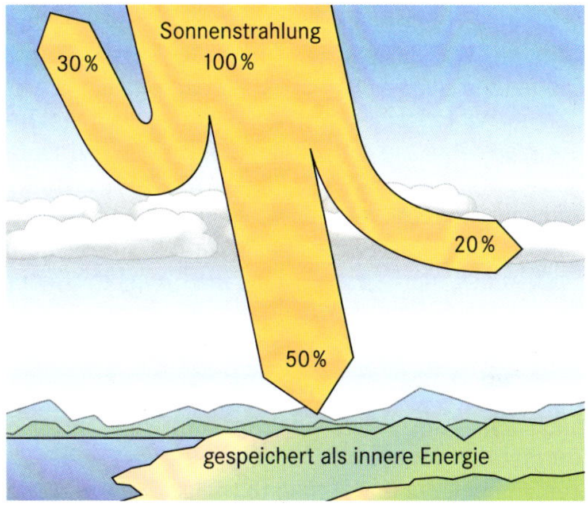

7 Sonnenenergie wird gespeichert

Von der gesamten Energie, die zur Erde gelangt, werden etwa 30 % an der Atmosphäre reflektiert und 20 % absorbiert. Mit etwa 50 % der auftreffenden Sonnenenergie werden das Festland und die Ozeane erwärmt und dort als innere Energie gespeichert. Nachts wird diese Energie als Wärme wieder in den Weltraum abgegeben.

Künstliche Wärmequellen sind z. B. für die Heizung, für die Metallgewinnung und in der chemischen Industrie von großer Wichtigkeit.

Auch Lebewesen sind Wärmequellen. Ein Mensch gibt bei ruhigem Sitzen in einer Sekunde durchschnittlich so viel Wärme ab wie eine Glühlampe von 100 W. 20 Personen entwickeln nahezu so viel Wärme, wie ein elektrischer Heizofen abgibt.

Aufgaben

1. Warum erwärmt sich das Mahlgut in einer Mühle? Nennen Sie weitere Beispiele.
2. Beim Umrühren von Suppe muss man mechanische Arbeit aufwenden. Was geschieht mit dieser Energie?
3. Für das Warmsein kennen wir bereits den Begriff „Temperatur". In der Alltagssprache benutzt man hierfür auch das Wort „Wärme".
   Begründen Sie, weshalb dieser Wortgebrauch falsch ist.
4. Erklären Sie den Unterschied zwischen
   a) Temperatur und Wärme,
   b) innerer Energie und Wärme.
5. Eine Herdplatte gibt in einer Stunde eine Wärme von 1 000 kJ ab. Welche Wärme liefert sie in 10 Minuten, 20 Minuten?

4.2.2 Wärme messen

Wärmekapazität

Ohne Wärme können wir nicht leben. Mit Wärme kochen wir unsere Speisen, heizen unsere Zimmer und Häuser. Wärme gibt es nicht kostenlos. Das Betreiben eines Elektroherdes, eines Tauchsieders, eines Föhns oder eines Heizofens mit Kohle, Öl oder elektrischer Energie kostet Geld. Außerdem geht die Wärme letztlich an die Umgebung über. Die heiße Suppe kühlt unter Wärmeabgabe ab und das im Winter angenehm beheizte Haus gibt ständig Wärme an die Umgebung ab. Diese Wärmeabgabe von Millionen von Haushalten, von Tausenden von Industriebetrieben belastet auch die Umwelt. Es lohnt sich, sparsam mit der Wärme umzugehen. Dazu muss man aber wissen, was man mit einer bestimmten Wärmemenge bewirken kann.

Zum Aufheizen von 5 kg Wasser auf 40 °C braucht man mehr Wärme als für 1 kg. Mehr Wärme ist auch nötig, um die gleiche Wassermenge auf eine Temperatur von 100 °C zu bringen. Den genauen Zusammenhang findet man mit folgendem Versuch heraus:

In einem Becherglas werden der Reihe nach 0,4 kg; 0,8 kg Wasser abgefüllt und die Temperatur ϑ_1 bestimmt. Anschließend wird mit einem Tauchsieder mit 500 Watt das Wasser erwärmt und nach jeweils einer Minute die Temperatur ϑ_2 gemessen.

Der heiße Tauchsieder gibt in jeder Minute an das kühlere Wasser die Energie als Wärme ab, die er in der gleichen Zeit aufnimmt. Es sind dies:

$W = P \cdot t = 500\ \text{W} \cdot 60\ \text{s} = 30\,000\ \text{J} = 30\ \text{kJ}$

Dem Wasser werden daher in 1, 2, 3, 4 Minuten die Wärmemengen 30, 60, 90, 120 kJ zugeführt. Für die Wärmemenge wird das Formelzeichen Q benutzt (1).

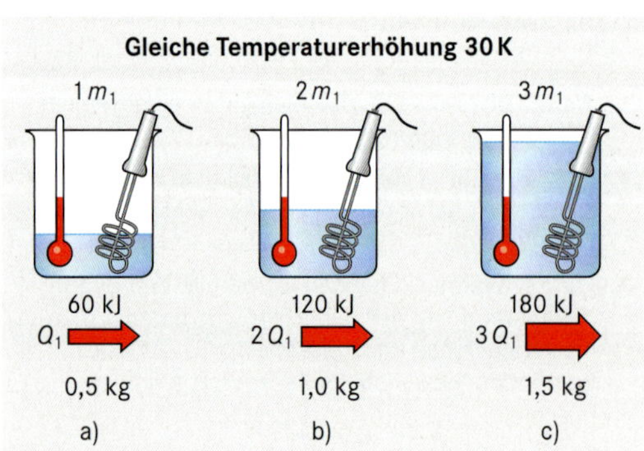

1 Mehr Masse, mehr Energie zum Erwärmen

Nach jeweils einer Minute wird die Temperatur abgelesen. Anschließend trägt man die Temperaturerhöhungen $\Delta\vartheta = \vartheta_2 - \vartheta_1$ in Abhängigkeit von der zugeführten **Wärmemenge** Q in ein Diagramm ein (2).

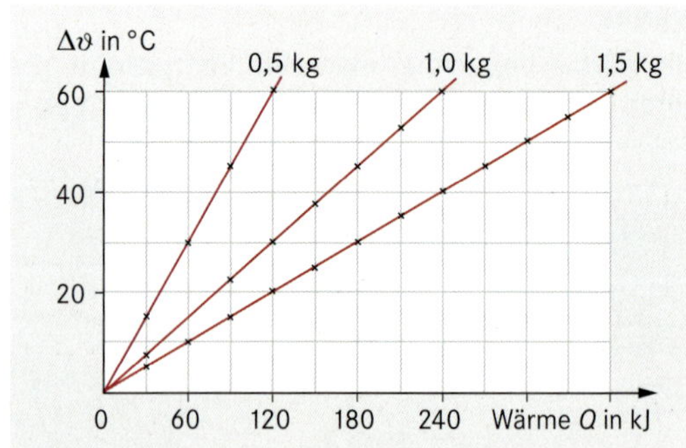

2 Die Temperaturerhöhung ist der Wärmemenge proportional

Im Diagramm (2) sind die entsprechenden Messungen für 0,5 kg, 1,0 kg und 1,5 kg Wasser eingetragen. Bei 0,5 kg ist für eine Temperaturerhöhung von 60 °C die doppelte Wärmemenge erforderlich wie für eine Temperaturerhöhung von 30 °C.

Alle Messpunkte liegen auf Ursprungsgeraden. Das bedeutet: Die Temperaturerhöhung ist bei konstanter Masse der Wärmemenge proportional:

$\Delta\vartheta \sim Q$

Aus der Proportionalität folgt, dass der Quotient aus der Wärmemenge Q und der Temperaturerhöhung $\vartheta_2 - \vartheta_1$ konstant ist. Dieser Quotient C beträgt für:

a) 0,5 kg Wasser: $C_1 = \dfrac{120\ \text{kJ}}{60\ \text{K}} = 2\ \dfrac{\text{kJ}}{\text{K}}$

b) 1,0 kg Wasser: $C_2 = \dfrac{120\ \text{kJ}}{30\ \text{K}} = 4\ \dfrac{\text{kJ}}{\text{K}}$

c) 1,5 kg Wasser: $C_2 = \dfrac{120\ \text{kJ}}{20\ \text{K}} = 6\ \dfrac{\text{kJ}}{\text{K}}$

Die Werte kennzeichnen den Wärmebedarf des jeweiligen Körpers und geben an, wie viel Energie für eine Temperaturerhöhung um 1 K nötig ist. Die Konstante C heißt **Wärmekapazität** des Körpers.

$$C = \frac{Q}{\vartheta_2 - \vartheta_1}$$

Versuche

1. Füllen Sie in ein Becherglas der Reihe nach 0,4 kg und 0,8 kg Wasser. Bestimmen Sie die Temperatur ϑ_1 und erwärmen Sie mit einem Tauchsieder (500 Watt). Unterbrechen Sie nach jeweils einer Minute kurzzeitig die Stromzufuhr, rühren Sie gut um und lesen Sie die Temperatur ϑ_2 ab. Schalten Sie dann den Tauchsieder wieder ein. Tragen Sie die Temperaturerhöhungen $\Delta\vartheta = \vartheta_2 - \vartheta_1$ in Abhängigkeit von der zugeführten Wärmemenge Q in ein Diagramm ein.
2. Prüfen Sie anhand der Messungen und der Messwerte in Bild 2 nach, ob das Gleiche auch für die anderen Wassermengen gilt.

Wenn man wissen will, wie viel Wärme pro 1 Kilogramm Wasser nötig ist, muss man jeweils durch die Masse dividieren, also durch 0,5 kg, 1,0 kg und 1,5 kg. Man erhält stets denselben Wert:

$$\frac{C_1}{0{,}5\ \text{kg}} = \frac{C_2}{1{,}0\ \text{kg}} = \frac{C_3}{1{,}5\ \text{kg}} = 4 \cdot \frac{\text{kJ}}{\text{kg} \cdot \text{K}}$$

Der Quotient $c = C/m$ ist konstant. Er gibt an, wie viel Energie für die Temperaturerhöhung um 1 K bei einem Körper der Masse 1 kg nötig ist. Er heißt **spezifische Wärmekapazität**:

$$c = \frac{Q}{m \cdot (\vartheta_2 - \vartheta_1)}$$

Die spezifische Wärmekapazität hängt von der Stoffart ab. Genauere Messungen ergeben für Wasser den folgenden Wert:

$$c = 4{,}2 \cdot \frac{\text{kJ}}{\text{kg} \cdot \text{K}}$$

Kennt man die spezifische Wärmekapazität eines Stoffes, so kann man die Energie für beliebige Temperaturerhöhungen und Massen errechnen. Durch Umstellung der obigen Gleichung erhält man die Formel zur Berechnung der Wärmemenge, das **Erwärmungsgesetz**:

$$Q = c \cdot m \cdot (\vartheta_2 - \vartheta_1)$$

Heizwerte

Unter dem Heizwert eines Brennstoffes versteht man die Wärmemenge, die beim Verbrennen von 1 kg des betreffenden Stoffes abgegeben wird. Bei Gasen bezieht man den Heizwert auf 1 m^3 bei 0 °C und 1 013 hPa (1,013 bar).

Mit der Definition kann man auch **Heizwerte** von Brennstoffen ermitteln. Zur genauen Messung benutzt man ein **Kalorimeter** (3).

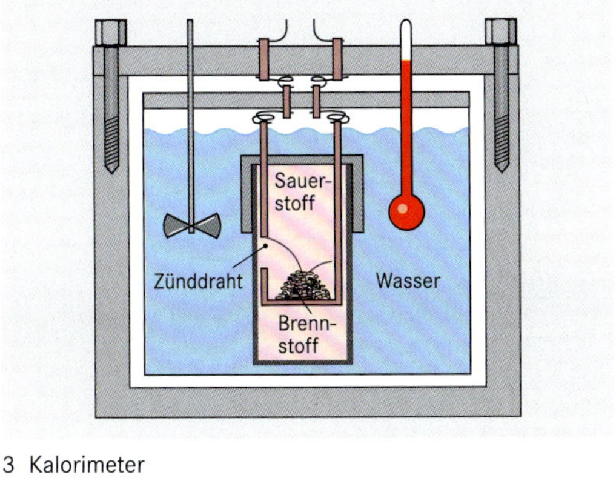

3 Kalorimeter

Es besteht aus einer Brennkammer, in der eine bestimmte Menge des Brennstoffes mit reinem Sauerstoff verbrannt wird. Die Zündung erfolgt elektrisch. Die Brennkammer ist ganz in ein Wasserbad eingebettet. Durch die Verbrennung wandelt sich die chemische Energie des Brennstoffes in innere Energie der Verbrennungsprodukte um. Diese wiederum geben Energie als Wärme an das Wasserbad ab, die aus der Temperaturerhöhung des Wasserbades errechnet wird.

Beim Vergleich einiger Brennstoffe zeigt sich, dass Heizöl gegenüber den Braunkohlebriketts einen mehr als doppelt so hohen Heizwert hat (4).

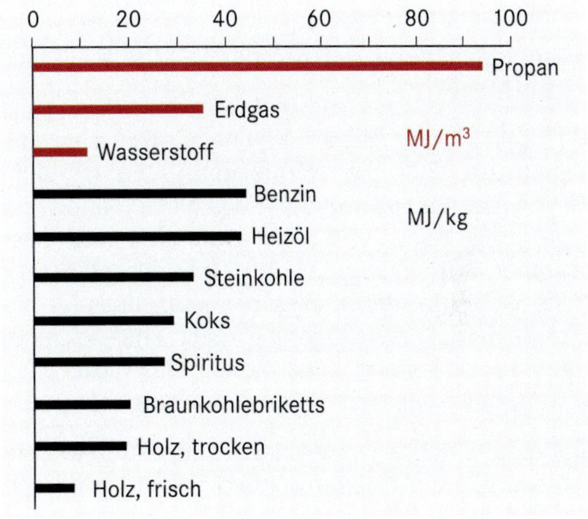

4 Beispiele für Heizwerte von Brennstoffen

Beispiel

Energievergleich

Welche Energie braucht man, um 1/2 Liter (0,50 kg) Rasierwasser von 60 °C herzustellen? Die Ausgangstemperatur sei 15 °C.

$$Q = 4{,}2\ \frac{\text{kJ}}{\text{kg} \cdot \text{K}} \cdot 0{,}50\ \text{kg} \cdot 45\ \text{K}$$

$Q = 94{,}5\ \text{kJ} = 94\,500\ \text{Ws}$

Damit könnte man sich mit einem Elektrorasierer (10 W) rund 2,6 Stunden lang rasieren. Daraus folgt, dass es unsinnig ist, auf eine Nassrasur überzugehen, um Energie zu sparen.

Versuche

1. Bestimmen Sie, wie viel Energie beim Verbrennen von 2 g Trockenbrennstoff (Grillanzünder) in ein Becherglas mit 200 g Wasser übergeht.
2. Wiederholen Sie Versuch 1 mit 2 g Spiritus. Vergleichen Sie die beiden Werte.

Aufgaben

1. Welche Wärme ist nötig, um 1 Liter Wasser um 80 °C zu erwärmen?
2. Welche Wärme benötigt man, um 150 Liter Wasser von 15 °C auf 40 °C zu erhitzen?
3. Zeichnen Sie die Temperaturerhöhung in Abhängigkeit von der Zeit für 250 g Wasser. Die Wärmequelle hat eine Leistung von 500 Watt.

4.2.3 Wärmekapazität

Energiespeicher

Der unterschiedliche Wärmebedarf der verschiedenen Körper spielt in Natur und Technik eine große Rolle. Einige Beispiele mögen das verdeutlichen:

- In einem Holzgartenhaus kann es bei direkter Sonneneinstrahlung unerträglich heiß werden. Dagegen erwärmt sich ein Haus mit dicken Mauern weit weniger stark.
- Steine am Seeufer werden wesentlich schneller heiß als das Wasser.
- Im Sommer erwärmt sich das Land schneller als das Meer.

Bei der Klärung dieser Erscheinungen sind die Kenntnisse über die Wärmekapazitäten hilfreich. Gegenüber der Holzwand hat das dicke Mauerwerk eine große Masse und daher trotz geringerer spezifischer Wärmekapazität des Materials eine sehr hohe Wärmekapazität. Dies bedeutet, dass für die gleiche Temperatursteigerung mehr Energie benötigt wird. Umgekehrt erwärmt sich das dicke Mauerwerk bei gleicher Energiezufuhr weniger schnell.

Der feste Erdboden verwertet die zugestrahlte Sonnenenergie nur in einer dünnen Schicht, während im Wasser die Strahlung sehr tief eindringen kann. Wegen der verschieden großen Massen sind auch die zugehörigen Wärmekapazitäten verschieden. Darüber hinaus ist die spezifische Wärmekapazität des Wassers rund 5-mal so groß wie die von Steinen. Infolgedessen erwärmt sich bei gleicher Einstrahlung (Energiezufuhr) durch die Sonne tagsüber das Land rascher als das Meer (1).

1 Seewind und Landwind

Die Luftschichten über der Landfläche werden daher stärker erwärmt als die Luftschichten über dem Meer. Die warme Luft steigt auf und wird durch kühlere Meeresluft ersetzt. Es entsteht ein **Seewind**. In der Nacht kühlt sich das Land schneller ab. Es entsteht ein **Landwind**.

Stoffe mit hoher spezifischer Wärmekapazität werden zur Speicherung von innerer Energie verwendet. Kachelöfen nehmen Energie in Form von Wärme auf, speichern sie als innere Energie und geben sie bei Bedarf in Form von Wärme wieder ab. Durch die bei der Verbrennung freiwerdende Energie erhöht sich die innere Energie der Kacheln.

Bei hoher spezifischer Wärmekapazität ist der Wärmebedarf groß und dementsprechend auch die gespeicherte zusätzliche Energie. Durch Wärmeabgabe an die Luft verringert sich wiederum die innere Energie der Kacheln.

Eine mit heißem Wasser gefüllte Wärmflasche enthält fünfmal so viel innere Energie wie ein gleich schwerer und gleich warmer Ziegelstein. Bei gleicher Temperatursenkung gibt das Wasser fünfmal so viel Wärme ab als der Ziegelstein.

Messung spezifischer Wärmekapazitäten

Ausgangspunkt für die Messung des spezifischen Wärmewiderstandes ist die Gleichung $Q = c \cdot m \cdot (\vartheta_2 - \vartheta_1)$. Man erwärmt mit einem Tauchsieder (500 W) 0,5 kg Glyzerin um 40 °C und misst mit einer Stoppuhr die dafür nötige Zeit. Ein Versuch ergibt, dass diese Temperatur nach 96 Sekunden erreicht ist. Also ist eine Wärme von 500 W · 96 s = 48 000 J (48 kJ) zugeführt worden (2).

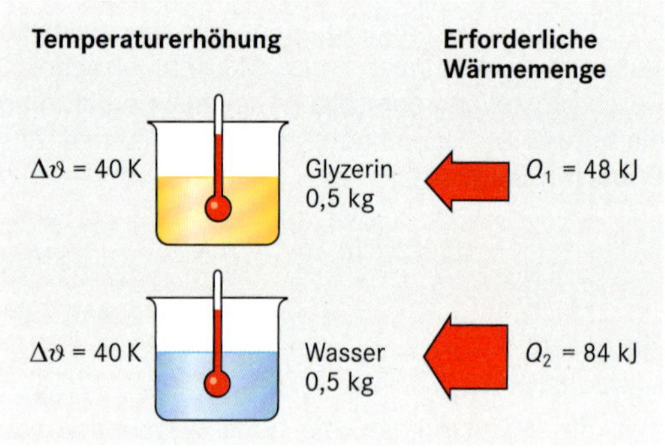

2 Spiritus benötigt weniger Energie als Wasser

Daraus erhält man:

$$c = \frac{48 \text{ kJ}}{0{,}5 \text{ kg} \cdot 40 \text{ K}} = 2{,}4 \frac{\text{kJ}}{\text{kg} \cdot \text{K}}$$

Die spezifischen Wärmekapazitäten der Stoffe sind unterschiedlich (3).

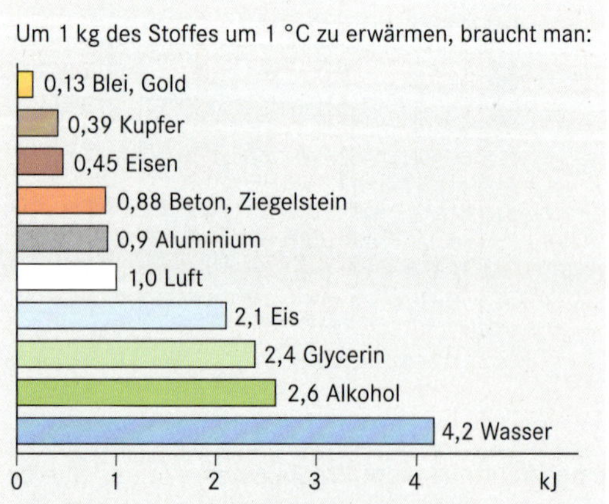

3 Beispiele für spezifische Wärmekapazitäten

Mischung

Bei festen Stoffen ist dieses Verfahren zur Bestimmung der spezifischen Wärmekapazitäten nicht möglich. Hier kann man die **Mischungsmethode** anwenden (4).

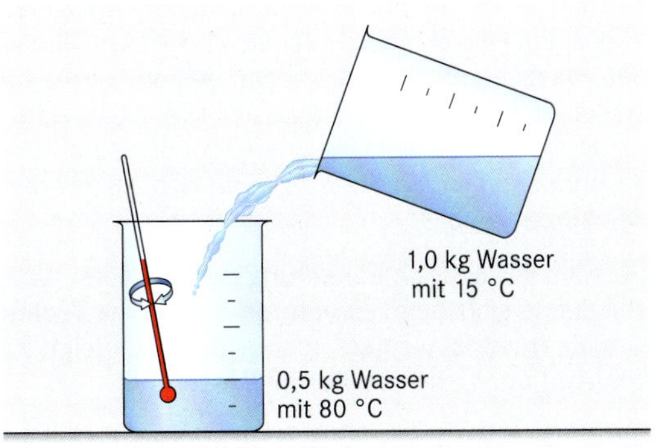

4 Mischung von heißem und kaltem Wasser

Es werden 0,5 kg Wasser in einem Becherglas auf 80 °C erhitzt und anschließend mit 1 kg Wasser von 15 °C vermischt.

Mit einer Energiebilanz kann die **Mischungstemperatur** ϑ_m berechnet werden. Es gilt:

Verminderung der inneren Energie des warmen Wassers	=	Erhöhung der inneren Energie des kalten Wassers

Die Änderung der inneren Energien erfolgt durch Wärmeabgabe bzw. Wärmeaufnahme. Auch hierfür gilt:

Wärmeabgabe Q_{ab} = Wärmeaufnahme Q_{zu}

$c_w \cdot 0{,}5\ \text{kg}\ (80\,°\text{C} - \vartheta_m) = c_w \cdot 1\ \text{kg}\ (\vartheta_m - 15\ °\text{C})$

$40\ °\text{C} - 0{,}5\,\vartheta_m = \vartheta_m - 15\ °\text{C}$

$55\ °\text{C} = 1{,}5\ \vartheta_m$

$\vartheta_m = 55\ °\text{C}/1{,}5$

$\vartheta_m = 37\ °\text{C}$

Die Bechergläser wurden in der Energiebilanz nicht berücksichtigt.

Versuche

1. Erhitzen Sie 0,5 kg Wasser in einem Becherglas auf 80 °C und vermischen Sie das Wasser anschließend mit 1 kg Wasser von 15 °C. Bestimmen Sie die Mischungstemperatur ϑ_m. Vergleichen Sie das Versuchsergebnis mit der Rechnung.
2. Erhitzen Sie 400 g Kupferspäne in einem Wasserbad auf 100 °C und schütten Sie die Späne dann in 600 g Wasser von 15 °C. Bestimmen Sie die Mischungstemperatur. Überprüfen Sie das Ergebnis durch eine Berechnung.

Beispiel

Wärmekapazität von Kupfer

Mit einem Mischungsversuch kann die spezifische Wärmekapazität von Kupfer bestimmt werden (5).

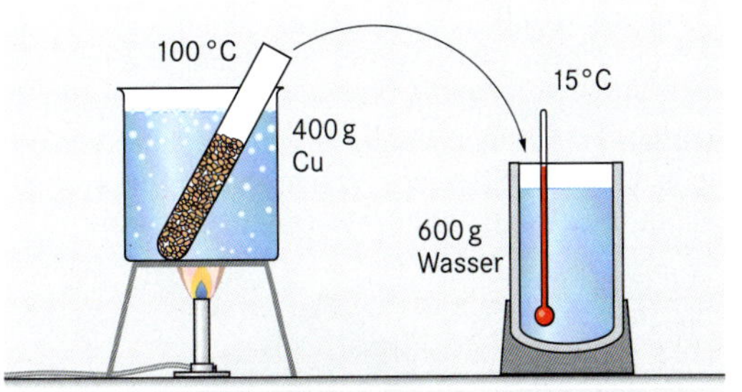

5 Bestimmung der spezifischen Wärmekapazität von Kupfer

400 g Kupferspäne werden in einem Wasserbad auf 100 °C erhitzt. Danach werden Späne in 600 g Wasser von 15 °C geschüttet. Es stellt sich eine Mischungstemperatur von 20 °C ein. Beim Aufstellen der Energiebilanz muss beachtet werden, dass auch das Gefäß, in dem sich die 600 g Wasser befinden, erwärmt wird. Seine Wärmekapazität beträgt $C = 0{,}084$ kJ/K.

Wärmeabgabe Q_{ab} = Wärmeaufnahme Q_{zu}

$$Q_{zu} = \frac{4{,}2\ \text{kJ}}{\text{kg} \cdot \text{K}} \cdot 0{,}6\ \text{kg} \cdot 5\ \text{K} + \frac{0{,}084\ \text{kJ}}{\text{K}} \cdot 5\ \text{K}$$

$$Q_{zu} = 13\ \text{kJ}$$

$$Q_{ab} = c_k \cdot 0{,}4\ \text{kg} \cdot 80\ \text{K} = c_k \cdot 32\ \text{kg} \cdot \text{K}$$

$Q_{zu} = Q_{ab}$ d. h. $13\ \text{kJ} = c_k \cdot 32\ \text{kg} \cdot \text{K}$

$$c_k = \frac{0{,}4\ \text{kJ}}{\text{kg} \cdot \text{K}}$$

Aufgaben

1. Beschreiben Sie, wie man die Wärmemenge messen kann, die ein Tauchsieder in 1 s abgibt.
2. Ein Zimmer fasst 60 m³ Luft und soll um 15 °C erwärmt werden. Welche Energie ist dazu nötig?
3. Worin unterscheiden sich „Wärmekapazität" und „spezifische Wärmekapazität"?
4. Welche Fehler treten bei Versuch 1 und 2 auf?
5. Wieso wirken Innenwände in einem Haus als Energiespeicher?
6. Wie kann man in einem Mischungsversuch die Temperatur einer Gasflamme bestimmen?
7. Der Hahn eines Warmwasserbereiters tropft. Stündlich fließen so 200 cm³ Wasser, das von 15 °C auf 50 °C erhitzt wurde, in den Abfluss. Wie groß ist der Energieverlust im Laufe eines Monats (30 Tage)? Welche Kosten entstehen? (elektrische Energie 0,21 EUR/kWh)
8. Welche Wärme muss der menschliche Organismus aufbringen, um bei einer fiebrigen Erkrankung die Temperatur von 37 °C auf 39,5 °C zu erhöhen? (Körpermasse 70 kg, mittlere spezifische Wärmekapazität $c = 3{,}5 \cdot$ kJ/kg · K)

4.3 Wärmetransport

4.3.1 Arten des Wärmetransports

Kühlen und heizen

Computer und Notebooks entwickeln mit ihren Prozessoren oder Grafikkarten bei hoher Rechenleistung auf engem Raum viel Wärme, die weggeführt werden muss. Zur Kühlung werden unterschiedliche Möglichkeiten des **Wärmetransports** angewandt, z. B. mit einem Grafikkartenkühlkörper (1).

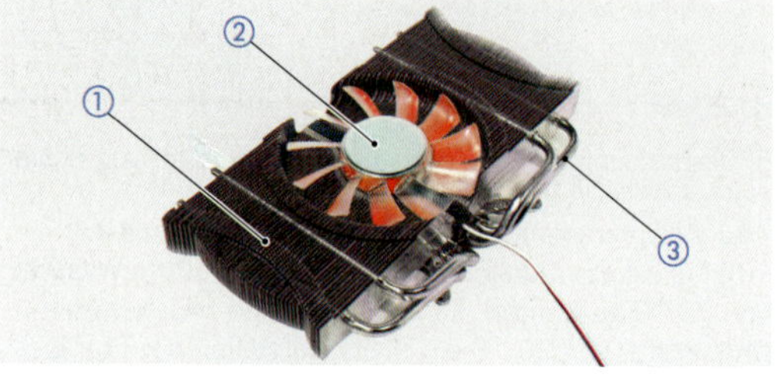

1 Grafikkartenkühlkörper

Die Prozessoren und Chips befinden sich auf Metallteilen des Kühlkörpers ①. Diese sind aus Aluminium oder Kupfer hergestellt. Durch den direkten Kontakt wird ständig Wärme zur Außenseite transportiert und an die Luft abgegeben. Diesen Vorgang bezeichnet man als **Wärmeleitung**. Die matte, dunkle Oberfläche der Kühlkörper strahlt die Wärme sehr gut ab. Man spricht von **Wärmestrahlung**.

Wenn diese Kühlung nicht ausreicht, schaltet sich zusätzlich ein Lüfter ② ein. Er transportiert Luft an den heißen Teilen vorbei. Die kalte Luft nimmt die Wärme an den heißen Teilen auf, speichert sie als innere Energie und gibt sie außerhalb des Gerätes an die Umgebung ab. Man spricht hier von **Konvektion** (convehere, lat. = mitbringen), da die Energie mit der Materie transportiert wird.

Die Wärmerohre ③, auch Heatpipes genannt, transportieren in ihrem Innern bei geringen Temperaturunterschieden zwischen Aufnahme- und Abgabestelle sehr wirkungsvoll Wärme ab. Das Transportmittel ist beispielsweise Wasser.

Wärme wird dabei immer vom wärmeren zum kälteren Körper übertragen.

Wärme kann durch Strahlung, durch Konvektion und durch Leitung transportiert werden. Alle Transportarten haben stets Temperaturdifferenzen zur Voraussetzung.

Auch beim Heizen erfolgt der Wärmetransport auf drei Arten. Die innere Energie des Heizungswassers wird durch Wärmeleitung über den Heizkörper an die Luft übertragen. Die Luft nimmt die Energie auf und überträgt die Wärme durch Strömung. Außerdem strahlt der Heizköper Wärme ab.

Konvektion

Die Konvektion ist stets mit der Bewegung eines Transportmittels verbunden. Die nachfolgende Schilderung der Beobachtungen bei einem einfachen und nachvollziehbaren Versuch beweist das.

Werden in einem mit Wasser gefüllten Glasgefäß Sägespäne gleichmäßig verteilt und anschließend das Wasser unten erhitzt, dann zeigen die Sägespäne eine Wasserströmung an. Die Wasserströmung steigt über dem Tauchsieder auf und an der gegenüberliegenden Seite bzw. an den Außenwänden sinkt sie ab.

Ursache ist die Dichteänderung des Wassers. Wasser dehnt sich beim Erwärmen aus, seine Dichte nimmt ab. Das weniger dichte Wasser steigt im kühleren und daher dichteren Wasser auf.

Die Konvektion kann künstlich z. B. mit Ventilatoren, Pumpen, Rührern herbeigeführt werden. Ein Beispiel ist die **Warmwasserheizung** mit einer Umwälzpumpe in einem mehrstöckigen Haus (2).

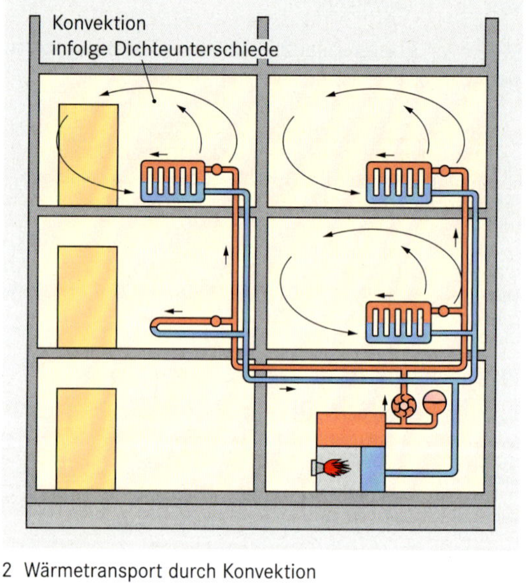

2 Wärmetransport durch Konvektion

In großem Ausmaße sind Luft und Wasser in der Natur die Transportmittel für Energie. Der Golfstrom transportiert die Energie aus dem Golf von Mexiko an die Küste Nord- und Westeuropas.

Bei der Konvektion wird die Energie von der Materie in Form von Wärme bei höherer Temperatur aufgenommen, als innere Energie von der sich bewegenden Materie mitgeführt und an anderer Stelle wieder in Form von Wärme bei niedrigerer Temperatur abgegeben.

Aufgabe

Weisen Sie mit einer brennenden Kerze die Luftströmungen in einem beheizten Zimmer nach.

4.3.2 Wärmeleitung

Wärmeleitung in Festkörpern

Ein Kupferstab leitet die Wärme vom oberen, heißen Ende an das kalte Wasser weiter (3).

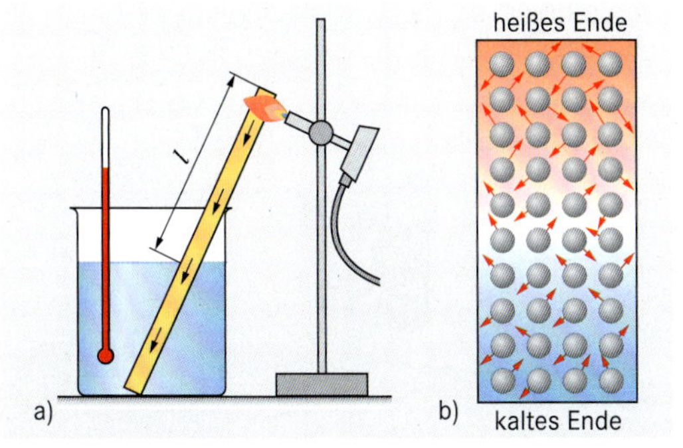

3 Wärmeleitung im Kupferstab (a) Versuch, (b) Teilchenmodell

Der Versuch (3a) zeigt, dass sich die Temperatur des Wassers erhöht. Sie ist umso größer, je größer die Querschnittsfläche A und der Temperaturunterschied $\Delta\vartheta$ zwischen den beiden Enden des Stabes sind. Sie ist umso kleiner, je größer die Länge l ist.

Die **Wärmeleitfähigkeit** λ eines Stoffes gibt an, welche Wärme in Joule in 1 Sekunde bei einem Temperaturunterschied von 1 K durch einen Würfel der Kantenlänge 1 m hindurchfließt.

Die Einheit ist $1 \frac{W}{m \cdot K}$

Die **Wärmeleitung** kann man sich mit dem Teilchenmodell verständlich machen (3b). Die Teilchen eines heißen Körpers bewegen sich schneller als die Teilchen eines kalten Körpers. Die im Mittel schnelleren Teilchen am heißen Ende des Stabes geben Energie durch Stöße an langsamere, benachbarte Teilchen weiter. Diese werden schneller und können ihrerseits Energie an andere Teilchen des Stabes übertragen, sodass im Laufe der Zeit alle Teilchen erfasst werden.

Bei der Wärmeleitung wird die Energie von der Materie weitergegeben, ohne dass diese selbst mitbewegt wird. Die Wärme „fließt" stets in Richtung des Temperaturgefälles.

Nicht alle Stoffe leiten die Wärme gleich gut. Metalle sind bessere **Wärmeleiter** als Nichtmetalle. Wasser ist kein guter Wärmeleiter (4).

Stoff	Wärmeleitfähigkeit λ
Kupfer	384
Beton	2,1
Wasser	0,6
Mineralwolle	0,04

4 Beispiele für Wärmeleitfähigkeiten λ

Wärmeleitung von Gasen

Fällt ein Wassertropfen auf eine heiße Herdplatte, so verdampft er nicht sofort, sondern „tanzt" hin und her. Dieses Phänomen wurde erstmals von dem deutschen Arzt und Duisburger Professor Leidenfrost beschrieben und erklärt. Es heißt daher **leidenfrostsches Phänomen**.

Auf der Unterseite des Tropfens bildet sich eine Schicht Wasserdampf. Aus diesem Grund berührt das Wasser nicht direkt die heiße Platte. Wegen der schlechten Wärmeleitfähigkeit des Dampfes wird der Wärmeübergang von der Platte zum Wasser behindert. Der Wasserdampf entweicht seitlich. Deshalb tanzt der Tropfen auf der heißen Platte.

Metalle sind gute, Flüssigkeiten und Gase schlechte Wärmeleiter.

Versuche

1. Finden Sie mithilfe des Versuchsaufbaus (5) heraus, welcher Stoff die Wärme am besten leitet.

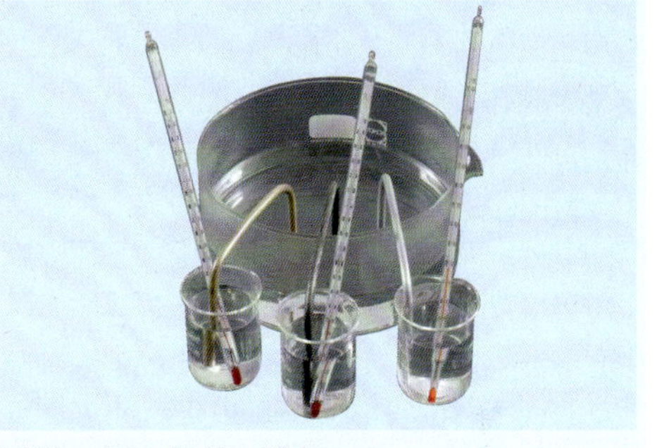

5 Wärmeleiter im Vergleich

Fertigen Sie ein Versuchsprotokoll an.

2. Befestigen Sie in einem Reagenzglas unten etwas Eis, füllen Sie es dann mit Wasser auf und bringen Sie dieses oben zum Sieden (6).

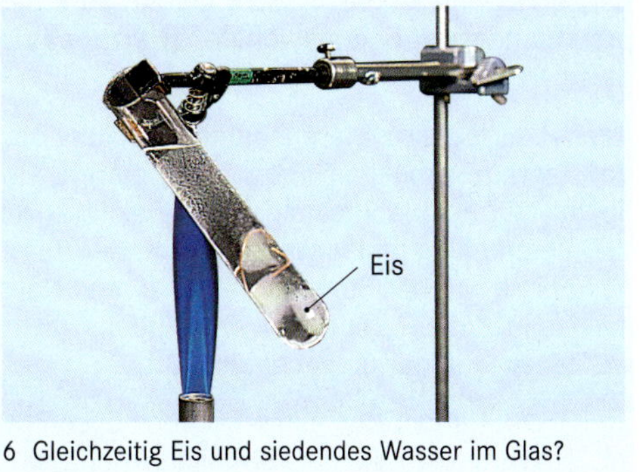

6 Gleichzeitig Eis und siedendes Wasser im Glas?

Notieren und erklären Sie Ihre Beobachtungen.

Aufgabe

Beschreiben Sie jeweils ein Beispiel für die Anwendung eines guten und eines schlechten Wärmeleiters im Haushalt.

4.3.3 Wärmestrahlung

Die Sonne überträgt auf die Erde Energie durch Strahlung. Wärmeleitung und Konvektion scheiden als Übertragungsform mit Sicherheit aus, da der Raum zwischen den Himmelskörpern praktisch frei von Materie ist.

Wärmestrahlung ist Energietransport ohne Materie.

Jeder Körper strahlt Wärme ab, auch der menschliche Körper. Zum Nachweis der **Wärmestrahlung** wird eine Thermosäule verwendet, die mehrere zusammenwirkende Thermoelemente enthält und daher sehr empfindlich reagiert. Ein Thermoelement besteht aus einem geschlossenen Leiterkreis mit zwei verschiedenen Metalldrähten (z. B. Kupfer, Konstantan). Erwärmt man eine Kontaktstelle, so fließt elektrischer Strom und die Strahlung der Hand wird deutlich angezeigt (1).

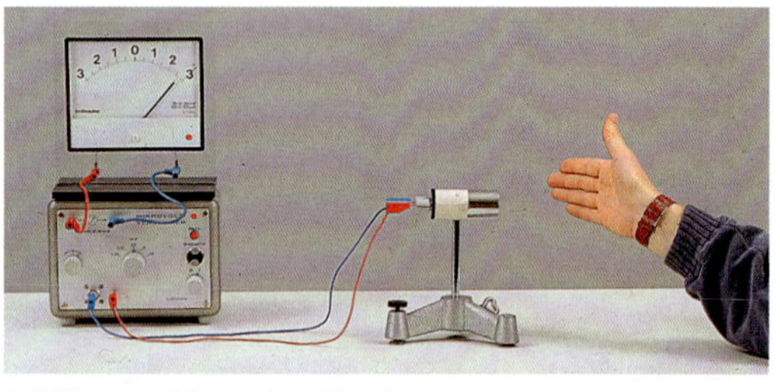

1 Wärmestrahlung einer Hand

Hält man ein Glas mit warmem Wasser vor das Thermoelement, wird ebenso die Strahlung des warmen Wassers angezeigt. Bei kaltem Wasser schlägt der Zeiger zur anderen Seite aus.

Jeder Körper strahlt unabhängig von dem anderen; der wärmere Körper stärker als der kältere. So strahlt das warme Wasser mehr Energie pro Minute an die Thermosäule ab als umgekehrt. Ist das Becherglas mit kaltem Wasser gefüllt, so erhält es pro Minute mehr Energie von der **Thermosäule** als diese vom Wasser.

Auch die Erde gibt Energie durch Strahlung ab. Auf der Tagseite erhält die Erde mehr Wärme als sie abgibt. Auf der Nachtseite kühlt sie sich ab, da sie Wärmestrahlung in das Weltall aussendet, aber keine Energie von der Sonne erhält. In klaren Nächten kann daher die Temperatur des Bodens niedriger werden als die der umgebenden Luft.

Steigt die Temperatur eines Körpers über 700 °C an, so wird ein Teil der Strahlung sichtbar. Das Licht wird umso weißer, je heißer der Körper ist. Es ähnelt immer mehr dem Sonnenlicht. Schließt man z. B. einen ca. 30 cm langen, straff gespannten Eisendraht an ein Netzgerät an und erhöht allmählich die Stromstärke, so beginnt der Draht zu glühen. Die Farbe verändert sich von einem dunklen Rot bis zum hellen Weiß.

Die Wärmestrahlung verhält sich ähnlich wie die Lichtstrahlung. An Spiegelflächen z. B. in Wärmestrahlern wird die Strahlung reflektiert und beim Durchgang durch Linsen und Prismen wird sie gebrochen.

Im Sommer ist helle Kleidung angenehmer als schwarze. Ein Versuch zeigt den Grund dafür (2).

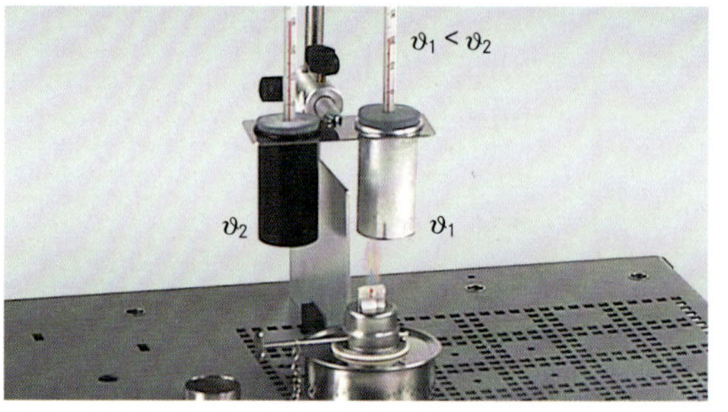

2 Versuchsaufbau zur Wärmestrahlung

Die Temperatur steigt in der schwarzen Hülse sehr viel schneller an als in der blanken. Entfernt man die Flamme, so kühlt sich das Thermometer in der schwarzen Hülse sehr viel schneller ab als das Thermometer in der blanken. Die Versuche bestätigen die folgenden Erkenntnisse:

Körper mit dunkler Oberfläche absorbieren die Wärmestrahlung stärker als helle und metallisch glänzende. Sie strahlen aber auch stärker ab. Die Strahlung wird von den Körpern teils reflektiert, teils absorbiert. Die Körper erwärmen sich dabei umso mehr, je stärker sie Strahlung absorbieren.

Versuche

1. Halten Sie eine Hand vor die Thermosäule. Stellen Sie anschließend ein Becherglas vor das Gerät, das mit warmem Wasser gefüllt ist. Ersetzen Sie das warme Wasser durch kaltes.
   Was beobachten Sie?
2. Stellen Sie zwei gleiche Thermometer im gleichen Abstand vor einer Flamme auf, von denen das eine Thermometer am unteren Ende von einer blanken Aluminiumhülse umgeben ist, das andere in einer schwarz lackierten Hülse steckt (2).

   Messen Sie die Temperaturen in Abhängigkeit von der Zeit. Entfernen Sie anschließend die Flamme und messen Sie während der Abkühlung die Temperaturen in Minutenabständen.

   Stellen Sie die Werte grafisch dar und formulieren Sie ein Ergebnis.

Aufgaber

1. Beschreiben Sie, wie die Energieübertragung durch Wärmestrahlung erfolgt.
2. Wie wirkt sich die weiße Farbe des Schnees bei Tag und bei Nacht aus?
3. Wie wirkt sich eine Wolkendecke auf den Verlauf der Lufttemperaturen bei Tag und bei Nacht aus?

4.3.4 Wärme pumpen

Es wurde bisher niemals beobachtet, dass ein Eisblock auf den sich z. B. ein Mensch setzen würde, Wärme abgibt und sich dabei abkühlt.

Nach dem **Energieerhaltungssatz**, den man in der Wärmelehre als **Ersten Hauptsatz der Wärmelehre** bezeichnet, wäre dies aber durchaus denkbar: Der Mensch erhielte einen Energiebetrag, der genauso groß wäre wie der vom Eisblock abgegebene. Die Summe würde sich nicht ändern.

Es widerspricht aber jeder Erfahrung, dass die Wärme von selbst von einem kalten Körper auf einen warmen Körper übergeht. Die Unmöglichkeit eines solchen Übergangs drückt man durch den **Zweiten Hauptsatz der Wärmelehre** aus:

Wärme kann nie von selbst von einem Körper niederer Temperatur auf einen Körper höherer Temperatur übergehen.

Der Zusatz „von selbst" ist wichtig, denn es gibt Vorgänge, bei denen ein Wärmeübergang von einem kalten Körper auf einen warmen Körper möglich ist. Jeder Haushaltskühlschrank leistet dieses, aber nur durch zusätzliche Arbeit.

Die Energie wird als Wärme bei niedriger Temperatur T_1 aufgenommen, als innere Energie gespeichert und als Wärme bei hoher Temperatur T_2 abgegeben (3b).

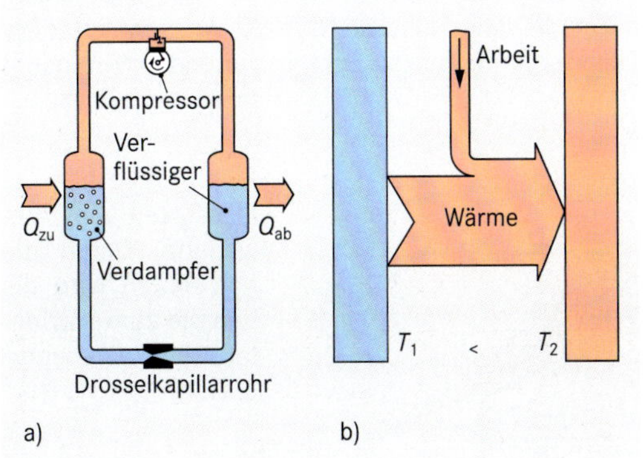

3 Wärmepumpe schematisch

Man spricht bei diesem Vorgang von einer **Wärmepumpe**. **Wärme** wird vom kalten zum warmen Körper gepumpt. Ohne zusätzlichen Energieaufwand ist dies nicht möglich. Die Energie wird in Form von mechanischer Arbeit zugeführt. Das Energieflussdiagramm (3b) zeigt den Zusammenhang.

Eine Wärmepumpe nimmt Wärme bei niedriger Temperatur auf und gibt sie bei hoher Temperatur wieder ab.

Folgende Beobachtungen können die Wirkungsweise einer Wärmepumpe veranschaulichen:

Taucht man einen Finger in zimmerwarmes Wasser und bewegt den nassen Finger nach dem Herausnehmen in der Luft, so stellt sich ein leichtes Kältegefühl ein. Zum Verdampfen des Wassers ist Wärme nötig, die der Umgebung, hier dem Finger, entzogen wird.

Hält man eine kalte Glasplatte in Wasserdampf, so bildet sich durch Abkühlen (Energieentzug) wieder Wasser. Bei diesem Kondensieren wird Energie an die Umgebung (hier an die Glasplatte) abgegeben.

In einem **Kühlschrank** wird eine Flüssigkeit mit niedrigem Siedepunkt abwechselnd verdampft und verflüssigt (4).

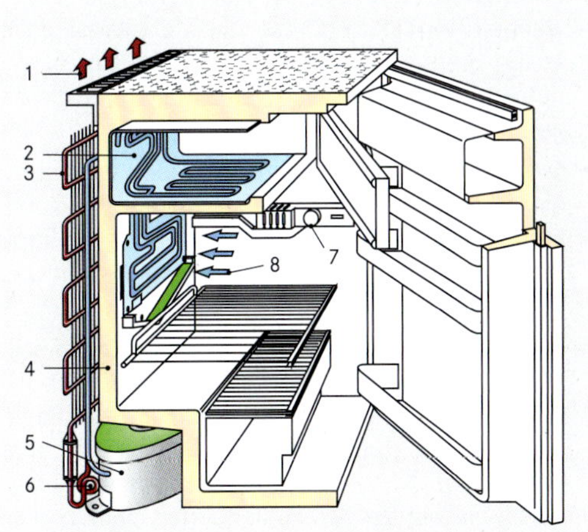

1 Wärmeabgabe
2 Verdampfer im Verdampferfach
3 Verflüssiger
4 Wärmedämmung
5 Kompressor
6 Drosselkapillarrohr
7 Thermostat
8 Wärmeaufnahme

4 Aufbau eines Kühlschranks

Im Verdampfer siedet die Flüssigkeit bei niedrigem Druck und entzieht Kühlraum und Inhalt die zum Verdampfen nötige Energie. Deren Temperatur sinkt. Das Verdampfen wird durch den Verdichter aufrechterhalten, der den entstehenden Dampf abpumpt und verdichtet. Dabei erwärmt er sich.

Im Verflüssiger, der sich meist an der Rückseite des Kühlschrankes befindet und aus einem langen, mehrfach gebogenen Rohr mit Kühlringen besteht, wird der Dampf abgekühlt und verflüssigt. Die dem Dampf beim Kondensieren entzogene Energie wird über die Kühlrippen an die Außenluft abgegeben. Über die Verbindungsleitung schließt sich der Kreis. Die Flüssigkeit gelangt über ein Drosselkapillarrohr wieder in den Verdampfer. Der Kreislauf beginnt von neuem. Der Vorgang läuft aber nicht von selbst ab. Wird der Kompressor abgeschaltet, gleichen sich die Temperaturen wieder aus.

4.4 Energieversorgung eines Hauses

4.4.1 Energieumsatz in einem Haus

Energie zum Erwärmen

Ein Haus gibt bei niedrigen Außentemperaturen ständig **Energie** in Form von Wärme durch Wärmestrahlung, Wärmeleitung und Konvektion an die Umgebung ab. Um die Temperatur im Innern des Hauses konstant zu halten, muss ständig Energie zugeführt werden. Das kann auf unterschiedliche Weise geschehen (1):

- Beim Verbrennen von Brennstoffen ① wird die **chemische Energie** in Wärmeenergie umgewandelt. Multipliziert man die Menge der gelieferten Brennstoffe, z. B. Holz, Kohle, Heizöl, mit dem jeweiligen Heizwert, so erhält man die zugeführte Energie.
- Die Menge von gelieferten Heizgasen wird durch einen Gaszähler ermittelt. Die Anzahl der Kubikmeter Heizgas wird mit dem Heizwert multipliziert. Dieser schwankt je nach gelieferter Gasmischung.
- In Wärmekraftwerken, Müllverbrennungsanlagen oder **Blockheizkraftwerken** wird mit der Abwärme Wasser erhitzt, das durch Rohrleitungen in die Häuser transportiert wird. Das nennt man Fernwärme ②. Die übertragene Energie Q wird durch die Menge des zufließenden heißen Wassers mithilfe einer Wasseruhr ermittelt und mit der Temperaturdifferenz zwischen Zulauf und Rücklauf des Wassers multipliziert.

Beispiel

Energie aus dem Fernwärmenetz

Es werden 4 m³ Wasser mit einer Zuflusstemperatur von 75 °C und einer Rücklauftemperatur von 60 °C gemessen. Wie groß ist die zugeführte Energie?

$$Q = 4000\ \text{kg} \cdot 4{,}2\ \frac{\text{kJ}}{\text{kg} \cdot \text{K}}\ (75\ °\text{C} - 60\ °\text{C}) = 252\,000\ \text{kJ}$$

Bei Sonnenschein erwärmen sich die Räume durch Sonneneinstrahlung, z. B. durch die Fenster. Ein Teil der **Sonnenenergie** wird an den Scheiben reflektiert, ein anderer Teil wird absorbiert und führt zur Erwärmung der Scheiben. Der durchgelassene Teil erwärmt den Raum.

Durch Isolierglasscheiben, die die Wärmeabgabe von innen nach außen verhindern sollen, wird auch der durchgelassene Anteil von außen nach innen verringert. Die Summe dieser drei Strahlungsanteile bleibt aber gleich 100 % der einfallenden Strahlung.

Bei wolkenlosem, klarem Himmel trifft in jeder Sekunde die Energie von 1 000 J auf eine Fläche von einem Quadratmeter, die senkrecht zur Sonneneinstrahlung steht.

In **Sonnenkollektoren** ③ wird die Sonnenenergie zur Warmwasserbereitung genutzt. Unter Glasscheiben befinden sich schwarze Metallplatten, die sich durch die Strahlung erwärmen. Die Glasscheiben sollen die Wärmeabgabe der schwarzen Platten an die Luft verhindern. Unter den Platten befinden sich Rohrleitungen in Schlangenlinien, durch die eine Flüssigkeit, meist Wasser, fließt. Die Flüssigkeit nimmt die Energie auf und erhöht damit ihre innere Energie.

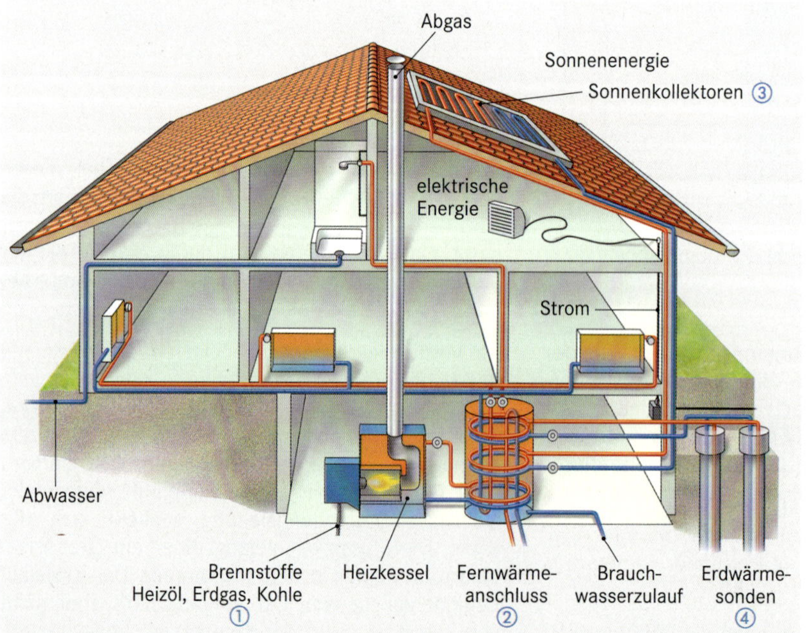

1 Verschiedene Beispiele für Energie zum Erwärmen eines Hauses

Eine Pumpe hält die Flüssigkeit in Bewegung. Durch die Konvektion wird die Energie zum Wärmetauscher transportiert.

Doch leider steht diese **Solarenergie** nicht immer ausreichend zur Verfügung. Deshalb muss bei tieferen Temperaturen eine Zusatzheizung eingeschaltet werden.

Auch die Energieabgabe der Bewohner führt zu einer Erwärmung im Haus.

Das Prinzip der **Wärmepumpe** kann nicht nur zum Kühlen, sondern auch zum Heizen genutzt werden. Beim Kühlschrank wird bei niedriger Temperatur dem Kühlraum Wärme entzogen und bei hoher Temperatur der Zimmerluft zugeführt. Soll die Wärmepumpe als Heizung wirken, dann muss der „Kühlraum" in den Außenbereich des Hauses gelegt werden ④.

Gekühlt wird dann z. B. die Außenluft, das Erdreich oder das Grundwasser durch Verdampfen einer Flüssigkeit. Bei niedriger Temperatur wird Wärme aufgenommen. Die dem Arbeitsmittel übertragene Energie wird in einem Wärmetauscher an das Brauch- oder Heizungswasser abgegeben.

Kraft-Wärme-Kopplungsanlagen

In **Kraft-Wärme-Kopplungsanlagen** wird die in Brennstoffen gespeicherte chemische Energie in Wärme und elektrische Energie umgewandelt (2).

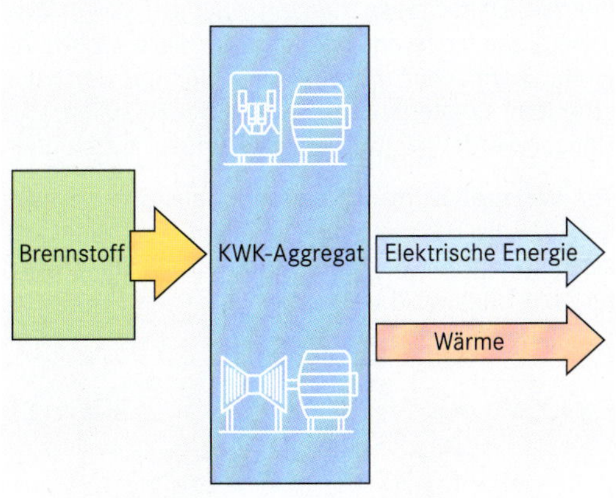

2 Prinzip einer Kraft-Wärme-Kopplung (KWK)

Ein Generator, der elektrische Energie liefert, wird entweder durch einen Verbrennungsmotor, eine Gasturbine oder eine Dampfturbine angetrieben. Die beim Verbrennen entstehende Wärmeenergie wird über Wärmtauscher fast vollständig zum Heizen oder für die Warmwasserversorgung genutzt. Als Brennstoffe können sowohl fossile Stoffe wie Heizöl, Erdgas, und Kohle als auch Biostoffe wie Pflanzenöl, Bioalkohol, Biogas, Holz und Stroh genutzt werden. Auch Haushaltsmüll kann in diesen Anlagen als Brennstoff eingesetzt werden.

Mit der Elektrizität dieser Anlagen kann auch geheizt werden. Elektrische Heizgeräte wandeln die elektrische Energie in Wärmeenergie um. Am „Elektrizitätszähler" wird die genutzte **elektrische Energie** in kWh gemessen. Die umgewandelte elektrische Energie eines Heizgerätes ergibt sich aus der Formel $W_{el} = U \cdot I \cdot t$. Elektrische Energie ist eine besonders hochwertige Energieform, die nicht zum Heizen verwandt werden sollte.

Energiebedarf

Vom gesamten Energiebedarf für die Haushalte in Deutschland werden rund 60 % zum Heizen und zur Warmwasserversorgung verwendet (3).

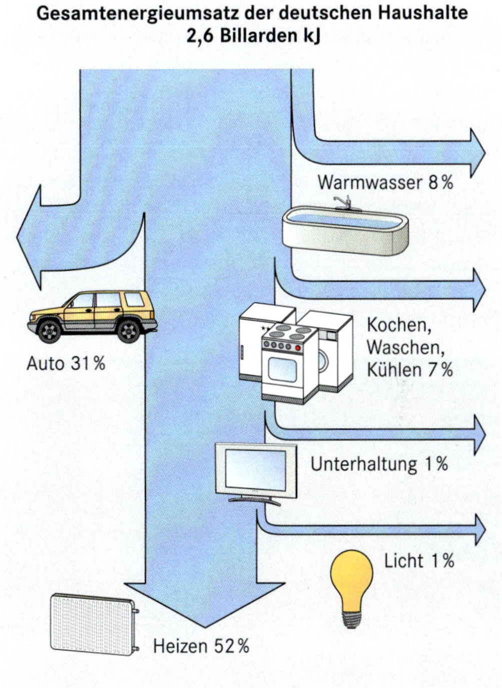

3 Energienutzung in einem Haushalt

Aufgaben

1. Warum ist bei einem Haus eine ständige Energiezufuhr nötig?
2. Begründen Sie die Aussage: Das Haus ist ein Energiewandler.
3. Geben Sie an, in welchen Bereichen Energie gespart werden kann.
4. Schätzen Sie den Energiebedarf für Beleuchtung in einer 4-Zimmer-Wohnung.
5. Berechnen Sie den Anteil der „Wärmequelle Mensch" bei einem Vierpersonenhaushalt in einem Haus mit einem Wärmebedarf von insgesamt 10 kW in den Wintermonaten. Nehmen Sie eine Leistung von 200 W pro Person an (leichte Arbeit).
6. Schätzen Sie ab, welche Wärmemenge zum Aufheizen eines Einfamilienhauses von 0 °C auf 20 °C notwendig ist. Das Haus soll etwa 500 m^3 umbauten Raum und 100 m^3 Mauerwerk haben.

   Luft: $c = 1 \frac{kJ}{kg \cdot K}$

   Ziegelstein, Beton: $c = 0{,}88 \frac{kJ}{kg \cdot K}$

   Berechnen Sie die zum Aufheizen erforderliche Wärme mithilfe der Gleichung

   $Q = c \cdot m \cdot (\vartheta_2 - \vartheta_1)$.

4.4.2 Wärmedurchgangszahl

Energiewandler Haus

Ein bewohntes Haus ist ein **Energiewandler**. Die gesamte Energie, die in das Haus hineingesteckt wird, fließt wieder in die Umgebung, unabhängig davon, ob das Haus gut oder schlecht isoliert ist.

Bei abgeschalteter Heizung würde das Haus solange Energie abgeben, bis sich Außen- und Innentemperatur ausgeglichen haben. Fließt in einem Haus infolge schlechter Wärmedämmung zu viel Energie ab, dann muss auch viel Energie mithilfe von Öl, Gas, Kohle oder auf andere Weise nachgeliefert werden. Das ist teuer und belastet die Umwelt. Durch die Außenwände und durch die Fenster entweicht der größte Teil der Energie. Mit einem **Thermobild** kann man die verschiedenen Temperaturen der Außenhülle sichtbar machen (1).

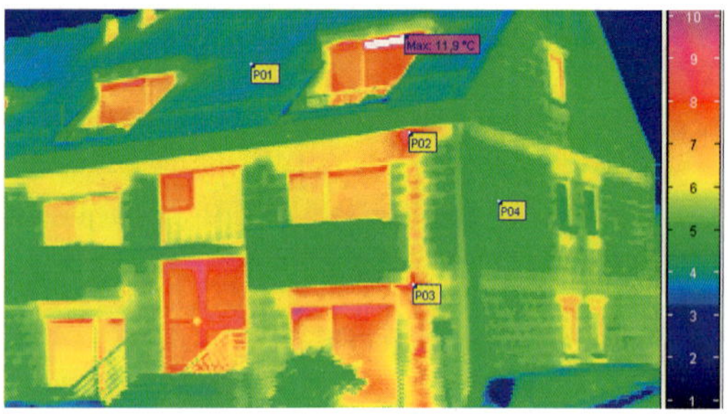

1 Thermobild eines Hauses

Jeder Temperaturbereich ist durch eine Farbe gekennzeichnet. Die rote und gelbe Farbe kennzeichnen die wärmeren Bereiche der Haushülle. Von dort geht mehr Energie in die Umgebung als von den grünen und blauen Bereichen.

U-Wert bei Baumaterialien

Das Übertragen der Wärme von der Innenluft z. B. an die Wand und von dieser auf die Außenluft erfolgt nicht nur durch Wärmeleitung. An den Grenzen, den Wandflächen erfolgt die Übertragung auch durch Konvektion. Der Wärmedurchgang hängt ab von der Wärmeleitfähigkeit und Dicke des Baumaterials. Er setzt sich aus Wärmeleitung und Konvektion zusammen und wird durch die **Wärmedurchgangszahl**, den ***U*-Wert**, erfasst (2).

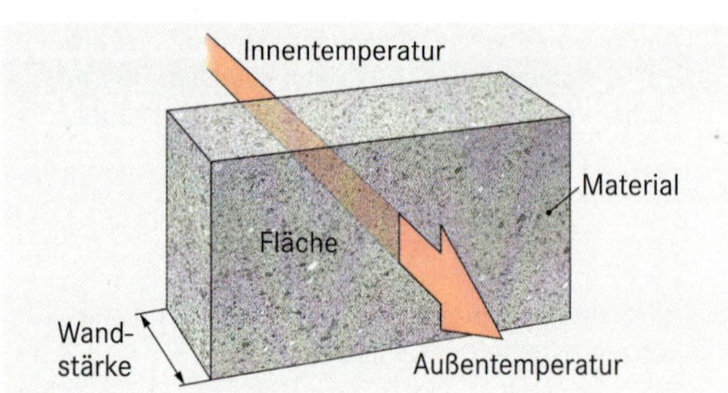

2 Einflüsse auf den Wärmetransport

Der *U*-Wert gibt an, wie viel Energie in einer Sekunde pro Grad Temperaturdifferenz durch eine Fläche von einem Quadratmeter fließt. Je geringer der Wert ist, desto besser ist die Dämmeigenschaft des Materials.

Einheit des *U*-Werts: $1\,\frac{\text{W}}{\text{m}^2 \cdot \text{K}} = 1\,\frac{\text{J}}{\text{m}^2 \cdot \text{s} \cdot \text{K}}$

Der *U*-Wert gibt an, welche Wärme in einer Sekunde pro Grad Temperaturdifferenz durch eine Wandfläche von 1 m² fließt.

Niedrig-Energie-Haus

Der Wärmefluss kann nicht null sein, er kann nur verringert werden. Um Energie einzusparen, ist es besonders wichtig, diesen Energiefluss so gering wie möglich zu halten. Häuser, die mit besonders wenigen Brennstoffen auskommen, bezeichnet man als **Niedrig-Energie-Häuser**. Auch bei diesen Häusern ist bei konstanter Innentemperatur die hineinfließende Energie gleich der abfließenden Energie. Daher muss man ein Haus gut gegen Wärmeverluste isolieren. Das ist besonders wichtig für Einfamilienhäuser, die praktisch nur mit der zugestrahlten Sonnenenergie auskommen sollen. Die Häuser werden als Null-Energie-Häuser bezeichnet.

Zur **Wärmedämmung** werden Baustoffe verwendet, die die Wärme schlecht leiten. Bei Mineralfasermatten oder Styroporplatten liegt der *U*-Wert für eine Hauswand bei weniger als $0{,}4\,\frac{\text{W}}{\text{m}^2 \cdot \text{K}}$ (3).

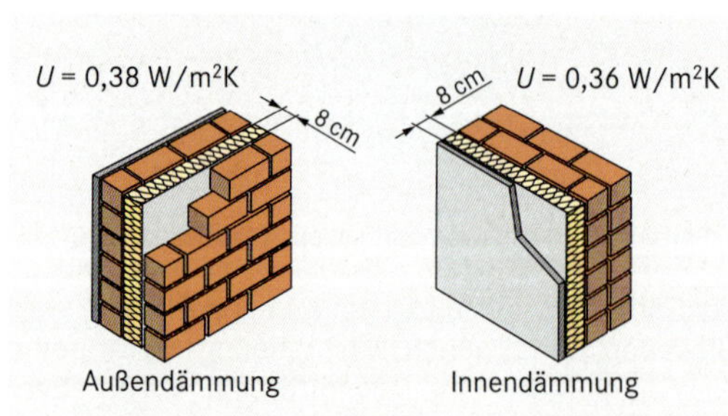

3 Wärmedämmung von Hauswänden verringern den *U*-Wert

Breite Ziegel mit Luftkammern verringern die Wärmeleitung und Wärmeübertragung durch Strömung.

Aufgaben

1. Erstellen Sie eine Tabelle mit den Namen der Gebäudeteile (1), die besonders viel Wärmeenergie abgeben. Ergänzen Sie Vorschläge zur Verbesserung.
2. Der *U*-Wert einer Wand betrage 0,4 W/m² K. Wie viel Wärme fließt in 1 s durch eine Fläche von 1 m² bei einer Temperaturdifferenz von 1 K, 5 K, 10 K?
3. Durch eine Wandfläche von 20 m² fließt bei einem Temperaturunterschied von 10 K eine Energie von 200 J/s. Wie groß ist der *U*-Wert der Wand?

4.4.3 Energiesparendes Wohnen

Isolieren

Um möglichst wenige Brennstoffe zu verbrauchen, muss man besondere Maßnahmen ergreifen. Bei einem nicht wärmegedämmten Haus entweicht die Energie durch das Dach (25–30 %), die Mauern (20–30 %), die Belüftung (20 %), die Fenster (20 %) und den Boden (10–20 %). Mit einer guten **Wärmedämmung** der Hauswände und einer besseren Verglasung können die Verluste wesentlich verringert werden. In doppelt und dreifach verglasten Fensterscheiben befindet sich Luft oder ein Edelgas als Isolator. So beträgt der *U*-Wert bei einfachen Verbundglasfenstern bis zu 4 $W/m^2 \cdot K$. Für **Isolierglasscheiben** (Doppelscheiben) liegt er bei etwa 3 $W/m^2 \cdot K$ und kann durch Dreifachscheiben und beschichtetes Wärmeschutzglas noch weiter auf unter 2 $W/m^2 \cdot K$ herabgesetzt werden.

In Neubauten darf nur noch Isolierglas für die Wohnräume verwendet werden. Die Hauswände müssen bezüglich des Wärmeschutzes bestimmten Mindestanforderungen genügen, die durch die Wärmeschutzverordnung vorgeschrieben sind. Auch beim Verändern bestehender Gebäude, z. B. beim Ausbau eines beheizbaren Dachgeschosses oder beim Ersatz von Fenstern, muss gleichzeitig für eine bessere Isolierung gesorgt werden.

Heizungsregelung

Bei der Heizungsregelungsanlage beeinflusst das Zentralsteuergerät über Außenluftfühler (Sensoren) die Kesseltemperatur. Diese wird so gewählt, dass die Heizkörper immer die benötigte Wärmemenge für die Heizkörper liefert. Durch das Absenken der Raumtemperatur kann viel Energie eingespart werden. Die Verringerung der Temperatur um 1 °C verringert die Heizenergie um etwa 6 %. Auch bei der Warmwasserversorgung lässt sich der Energiebedarf durch Absenken der Wassertemperatur, Durchflussbegrenzer oder kürzere Duschzeiten senken.

Mit den heißen Abgasen der Heizung entweicht auch ein Teil der Wärmeenergie. Die Abgastemperatur sollte möglichst gering sein. Der bei der Prüfung einer Heizungsanlage bestimmte Abgasverlust gibt an, wie groß der Anteil der umgewandelten Energie nutzlos mit den Abgasen verloren geht.

Wärmerückgewinnung

Eine erhebliche Einsparung von Brennstoffen lässt sich durch eine Lüftungsanlage mit **Wärmerückgewinnung** verwirklichen (4).

Die direkte Sonneneinstrahlung durch die Fenster und die Wärmeabgabe von Personen und Haushaltsgeräten tragen zur Erwärmung bei. Für ein angenehmes Wohnklima ist es wichtig, die Wohnung zu lüften. Beim Dauerlüften kann aber viel Wärmeenergie an die Außenluft abgegeben werden. Daher soll man nur für einige Minuten alle Fenster ganz öffnen, so dass ein vollständiger Luftaustausch stattfindet, aber das Haus nicht auskühlt. Durch eine Lüftungsanlage mit Wärmerückgewinnung werden die Räume auch bei geschlossenen Fenstern und Türen mit Frischluft versorgt. Die Abluft wird über Rohrleitungen durch einen Wärmetauscher ① geleitet. Dort gibt sie ihre Wärmeenergie ab und gelangt anschließend nach außen. Gleichzeitig gelangt kalte Außenluft ② durch andere Rohrleitungen zum Wärmetauscher. Sie wird dort vorgewärmt, und anschließend in die Zimmer transportiert.

Passivhäuser sind sehr gut isoliert, sowie mit einer Lüftungsanlage, Sonnenkollektoren ③ und einer Solaranlage ausgestattet. Deshalb benötigen sie keine herkömmliche Heizungsanlage. Sparsame Elektrogeräte wie Kühlschrank, Herd, Gefrierschrank, Lampen und Waschmaschine reduzieren den Bedarf an elektrischer Energie.

Video

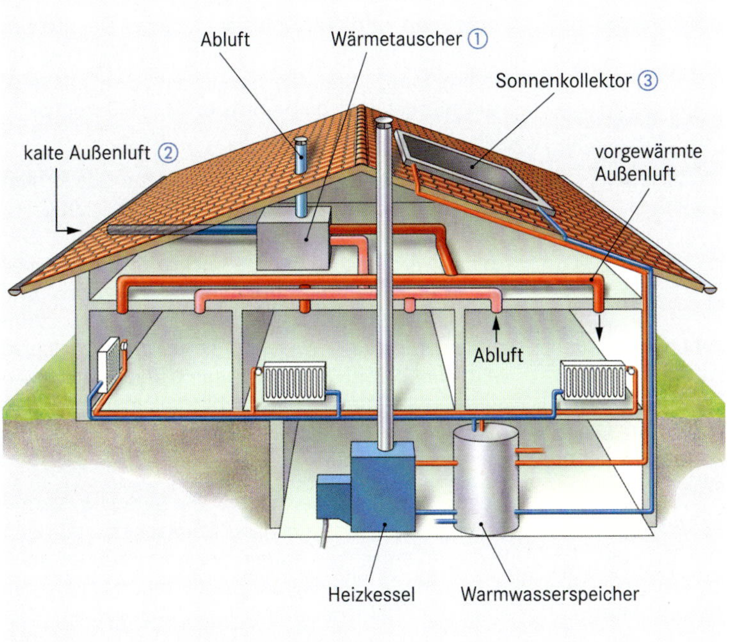

4 Lüftungsanlage mit Wärmerückgewinnung

4.5 Verbrennungsmotoren

Viertakt-Ottomotor

Bei seinen Versuchen zur Verbesserung des Verbrennungsmotors erkannte Nicolaus August Otto (1832–1892) recht bald, dass das Gas-Luft-Gemisch vor dem Zünden verdichtet werden muss und alle Teilschritte vom Ansaugen über das Verdichten und Verbrennen bis hin zum Ausschieben der Verbrennungsgase in einem einzigen Zylinder ablaufen können. Dies ist auch das Prinzip der heutigen **Viertakt-Ottomotoren**. Ein Kolben bewegt sich in einem Zylinder hin und her. Dabei kann man vier verschiedene Takte unterscheiden (1).

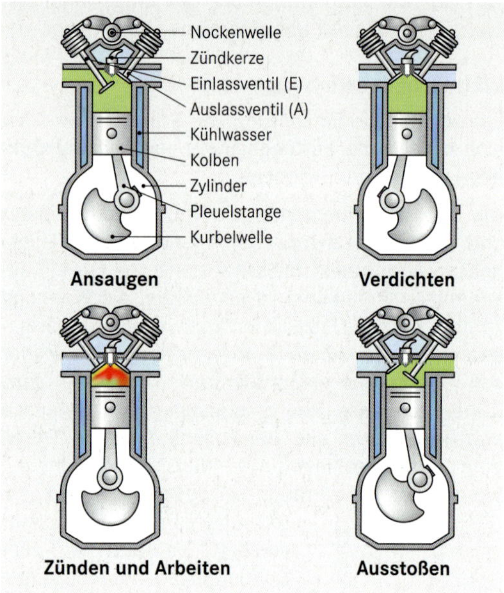

1 Arbeitsweise des Viertakt-Ottomotors

Ansaugen (1. Takt): Das Einlassventil öffnet sich und der Kolben saugt ein Kraftstoff-Luft-Gemisch, das von einem **Vergaser** erzeugt wird, in den Zylinder.

Verdichten (2. Takt): Das Einlassventil wird geschlossen. Der Kolben verdichtet das Gemisch und die Temperatur des Gases steigt auf ca. 500 °C an.

Zünden und Arbeiten (3. Takt): Noch bevor der Kolben die höchste Stellung erreicht hat, wird das Gemisch gezündet. Durch die Verbrennung steigt die Temperatur kurzzeitig bis über 2000 °C an, verbunden mit einem Druckanstieg. Das Gas dehnt sich aus, schiebt den Kolben vor sich her und verrichtet dabei Nutzarbeit.

Ausstoßen (4. Takt): Vor Erreichen der tiefsten Stellung des Kolbens öffnet sich das Auslassventil, damit genügend Zeit zum Ausstoßen der Verbrennungsgase besteht. Nach dem Schließen des Auslassventils beginnt der Ablauf wieder von vorn.

Die Hin- und Herbewegung des Kolbens wird durch die Pleuelstange auf die Kurbelwelle übertragen. Im Vergaser wird das Benzin in feine Tröpfchen zerstäubt, die leichter verdampfen.

Der **Ottomotor** wurde „als die größte Erfindung seit Watt“ bezeichnet. Von ihm nahm eine riesige Entwicklung der modernen Verbrennungskraftmaschinen ihren Ausgang. Karl Benz (1844–1929) konstruierte als erster 1886 einen brauchbaren Motorwagen.

Otto-Zweitaktmotor

Otto entwarf auch den **Zweitaktmotor**. Den Nachteil, dass auf vier Takte nur ein einziger Arbeitstakt erfolgt, vermeidet man beim Zweitakter (2).

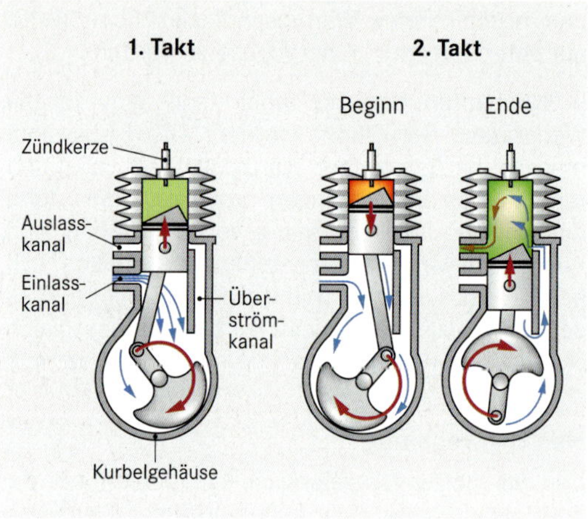

2 Zweitaktmotor

Ansaugen und Verdichten (1. Takt): Der Kolben bewegt sich nach oben, verdichtet das Gemisch im Verbrennungsraum. Gleichzeitig wird der Einlasskanal geöffnet und das **Kraftstoff-Luft-Gemisch** in das Kurbelgehäuse gesaugt.

Zünden und Arbeiten (2. Takt): Das Gas erhitzt sich durch die Verbrennung auf etwa 1000 °C, dabei dehnt es sich aus und verrichtet Arbeit. Der Kolben wird nach unten gedrückt. Im unteren Teil gibt er den Weg frei für die Verbrennungsgase und für das Kraftstoff-Luft-Gemisch. Infolge des geringen Überdrucks entweichen die Verbrennungsgase weitgehend. Der Rest wird durch das frische Gemisch, das durch den Überströmkanal aus dem Kurbelgehäuse in den Zylinder einströmt, aus dem Zylinder ausgespült.

Wegen der nicht vermeidbaren, geringen Vermischung des Kraftstoff-Luft-Gemisches mit den Verbrennungsgasen haben Zweitaktmotoren einen geringeren Wirkungsgrad als Viertaktmotoren. Sie sind aber einfacher und billiger herzustellen. Man findet sie meist bei Mofas, Motorrädern, Rasenmähern und Motorbooten.

Dieselmotor

Die Energieabnahme der Verbrennungsgase ist ein Maß für die Nutzarbeit und dann besonders groß, wenn die Verbrennungstemperaturen hoch, die Abgastemperaturen aber niedrig sind. Der Temperaturunterschied nimmt zu bei größer werdender Verdichtung. Ein hoher Wirkungsgrad kann demnach durch ein hohes **Verdichtungsverhältnis** (Gesamtvolumen: komprimiertes Volumen) erreicht werden.

Die Verdichtung kann jedoch beim Ottomotor nicht unbegrenzt erhöht werden, da sich das Gemisch wegen der hohen Temperatur selbst entzündet. Es entsteht ein klopfendes Geräusch. Die Verdichtung liegt in der Praxis um 8:1. Eine hohe Verdichtung erreicht der von Rudolf Diesel (1858–1913) erfundene Motor.

Der **Dieselmotor** verdichtet zunächst nur Luft (Verdichtungsverhältnis etwa 22:1). Der Druck steigt auf über 40 bar (40 000 hPa) an, die Temperatur auf 750 °C bis 900 °C (3).

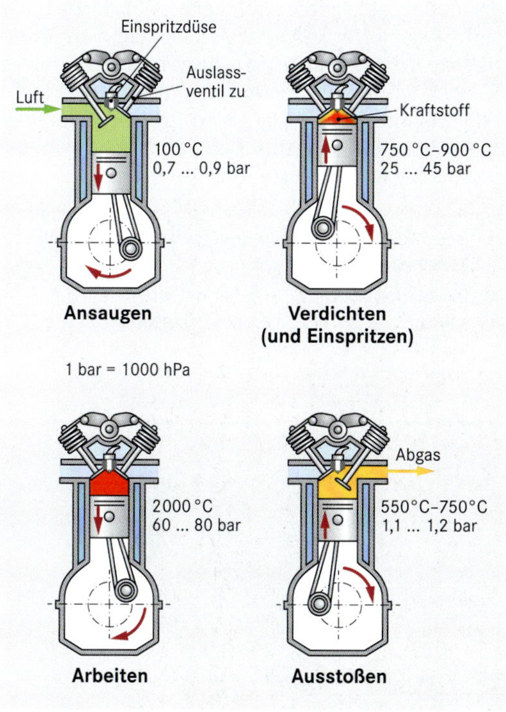

3 Arbeitsweise eines Dieselmotors

Wegen der hohen Temperatur kann der Kraftstoff (Dieselöl) der Luft nicht vorher beigemischt werden, sondern kurz vor dem oberen Totpunkt wird der Treibstoff eingespritzt. Er entzündet sich wegen der hohen Temperatur selbst. Der Brennstoff wird meist in eine Kammer gespritzt. Dadurch erreicht man eine bessere Verbrennung. Dieselmotoren werden als Zwei- und Viertakter gebaut.

Kraftstoffe

Die zum Betreiben der Motoren notwendige Energie stammt aus der bei der Verbrennung freiwerdenden **chemischen Energie** der Kraftstoffe. Diese werden überwiegend aus Erdöl hergestellt, das chemisch gesehen aus unterschiedlich aufgebauten Kohlenwasserstoffverbindungen besteht.

Für Ottomotoren sind Kraftstoffe nötig, die eine relativ hohe Selbstentzündungstemperatur haben, um eine möglichst große Verdichtung zu erreichen. Ottokraftstoffe haben einen Siedebereich von 30 °C bis 215 °C. Dieselkraftstoffe haben einen Siedebereich zwischen 230 °C und 300 °C, sie müssen sich aber besonders leicht entzünden lassen.

Eine weitere wichtige Kenngröße, von der Drehzahl, Leistung, Wirkungsgrad des Motors und die Zusammensetzung der Auspuffgase entscheidend abhängen, ist das Luft-Kraftstoffverhältnis, mit der das Gemisch in den Zylinder gelangt.

Um 1 kg Kraftstoff zu verbrennen, sind theoretisch rund 15 kg Luft nötig. Ist mehr Luft vorhanden, als zur Verbrennung nötig ist, so spricht man von einem **mageren Gemisch**, im umgekehrten Fall von einem **fetten Gemisch**. Um die Gemischbildung optimal an die jeweiligen Fahrzustände anzupassen, werden hohe Anforderungen an die modernen Vergaser gestellt.

Benzin verbrennt vor allem zu Wasser und zu Kohlenstoffdioxid. Dieses Gas verursacht Schäden in der Umwelt, indem es den Treibhauseffekt verstärkt. Ist nicht genügend Sauerstoff im Luft-Benzin-Gemisch vorhanden, bildet sich giftiges Kohlenstoffmonoxid. Die angesaugte Luft enthält auch Stickstoff, der normalerweise nicht mit Sauerstoff reagiert. Bei den hohen Temperaturen im Zylinder bilden sich Stickstoffoxide, die mit Regenwasser eine Säure bilden, die als saurer Regen die Umwelt gefährdet. Auch unverbrannte Kohlenwasserstoffe gelangen bei den schnell ablaufenden Verbrennungsvorgängen in die Umwelt.

Wird in einem Verbrennungsmotor Wasserstoff verbrannt, entsteht Wasser. Damit ist der Wasserstoffmotor schadstofffrei. Auch die Gewinnung des Wasserstoffs mithilfe elektrischer Energie aus Wasser-, Wind- und Solarenergieanlagen ist schadstofffrei.

Versuch

Tauchen Sie ein dünnes Glasröhrchen teilweise in ein mit Wasser gefülltes Reagenzglas. Blasen Sie mit einem zweiten Röhrchen, das vorne verengt ist, kräftig über das obere Ende des ersten Röhrchens. Beschreiben Sie den Versuchsablauf.

Aufgabe

Warum würden die Zweitaktmotoren ohne Schwungrad nicht funktionieren?

4.6 Dampfkraftwerk

Aufbau eines Kohlekraftwerks

In **Dampfkraftwerken** werden die Elektrogeneratoren durch **Dampfturbinen** angetrieben. Der zum Betrieb der Turbinen nötige Wasserdampf wird durch Kohle-, Erdgas- und Ölfeuerung oder mit Kernreaktoren erzeugt.

In einem **Kohlekraftwerk** (1) gelangt der in der Kohlenstaubmühle zerkleinerte Brennstoff durch ein Gebläse in den Brenner ①. Dort wird er unter Beimischung vorgewärmter Luft verbrannt. Die heißen Rauchgase übertragen Wärme an das Wasser, das verdampft. Der Wasserdampf wird im Überhitzer auf hohe Temperaturen gebracht. Die Abgase erwärmen das Speisewasser und die Luft. Beim Durchströmen der Turbine ② entspannt sich der Dampf und treibt den Läufer an. Die zunehmende Ausdehnung des Dampfes erklärt das Größerwerden der Schaufelräder vom Anfang zum Ende der Turbine. Der Dampf kühlt sich im Kondensator ③ weiter ab und wird wieder zu Wasser. Die an das Kühlwasser übertragene Energie wird an die Umgebung abgeführt. Das Kühlwasser wird entweder einem Fluss entnommen und diesem wieder mit höherer Temperatur zugeführt oder es gibt in einem Kühlturm Wärme an die Luft ab ④.

Reduzierung der Schadstoffemissionen

Beim Verbrennen von Kohle, Öl oder Gas in Kraftwerken, Motoren oder Heizungen entstehen u.a. Oxide des Schwefels und des Stickstoffs, die in die Umwelt gelangen. Die Rauchgase durchlaufen deshalb zunächst einen **Elektrofilter** ⑤. Hier werden die Stäube auf elektrostatischem Wege entfernt. Bei der nachgeschalteten **Entschwefelung** wird beim Kalkverfahren mit Kalkhydrat das Schwefeldioxid zu Gips chemisch gebunden und ausgeschieden. Die **Entstickung** erfordert einen größeren Aufwand. Besondere Brennerkonstruktionen verringern bereits die Stickstoffoxidproduktion. Der verbleibende Rest muss in den Rauchgasen ⑥ reduziert werden. Durch Zusatz von Ammoniak entsteht aus den Stickstoffoxiden das Gas Stickstoff und Wasser. Mit Katalysatoren wird die Reaktionstemperatur von 1000 °C herabgesetzt. Heute werden Entstickungsgrade von 90% erzielt. Die **Schadstoffemissionen** konnten in den letzten Jahren deutlich verringert werden. Trotz dieses hohen technischen Aufwandes können Emissionen nicht vollständig reduziert werden.

Energieausnutzung

Der Energieausnutzung bei diesem gesamten Vorgang sind bestimmte Grenzen gesetzt. Die zugeführte Wärme dient dazu, den Dampf zu erzeugen und ihn auf eine möglichst hohe Temperatur und einen möglichst hohen Druck zu bringen. Moderne Dampfkraftwerke wandeln ungefähr 42 Prozent der eingesetzten Energie in elektrische Energie um. Der restliche Teil wird als **Abwärme** an die Umgebung abgegeben. Sie kann dann nicht mehr sinnvoll genutzt werden. Man spricht von **Energieentwertung**. In Heizkraftwerken wird diese Wärmeenergie zum Heizen von Wohnungen oder Industrieanlagen genutzt. Man spricht von einer **Kraft-Wärme-Kopplung**. Dadurch erhöht sich insgesamt die **Nutzenergie**.

Aufgabe

1. Beschreiben Sie die Energieumwandlungen beim Wärmekraftwerk.
2. Ein Wärmekraftwerk arbeitet mit einer Gesamtwirkung von 40% und erzeugt eine Nutzleistung von 1300 MW.
   Welche Abwärme wird an die Umgebung pro Sekunde, im Laufe eines Tages abgegeben?

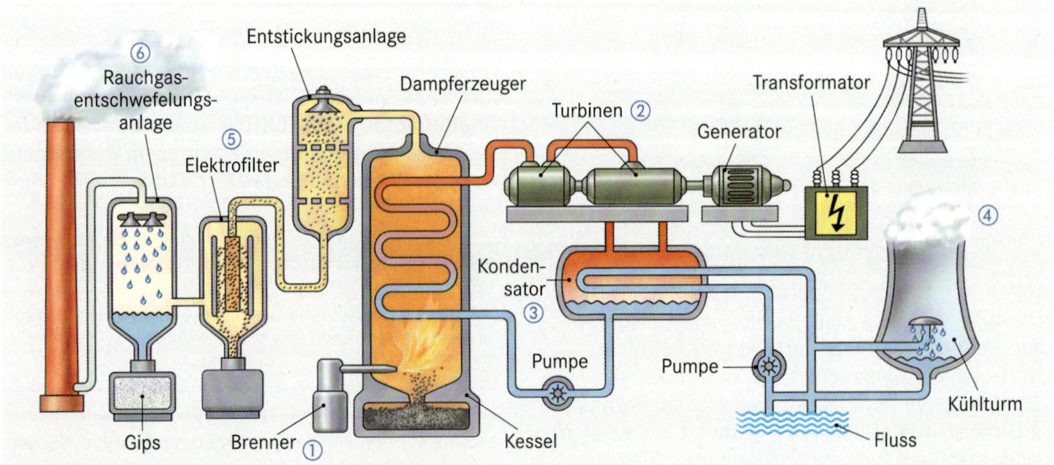

1 Schema eines Wärmekraftwerkes

4.7 Energieumwandlungen

Energieerhaltung

Geräte und Maschinen haben die Aufgabe, eine bestimmte Energieform zu liefern. Eine Glühlampe z. B. nimmt elektrische Energie auf und gibt außer der Lichtenergie auch Wärme ab. Dabei ist die hineingesteckte Energie gleich der Summe aus Lichtenergie und Wärme. Eine solche **Energiebilanz** gilt für jeden Energiewandler (2).

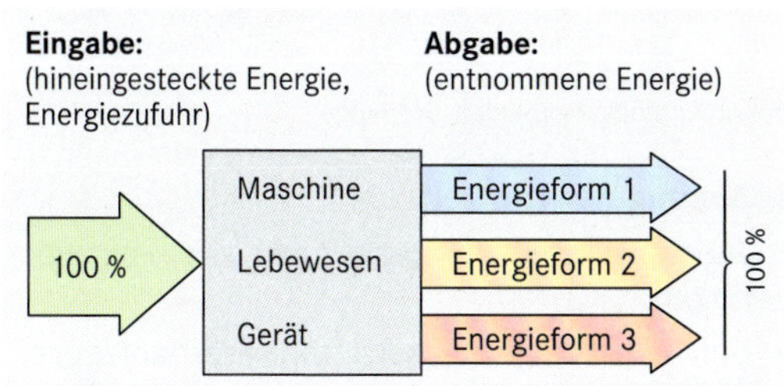

2 Energiebilanz bei Energiewandlern

Dabei können mehrere Energieformen auftreten. Auch bei einem Haus ist die hineinfließende Energie aus chemischer Energie, elektrischer Energie und Wärme gleich der aus dem Haus meist in Form von Wärme austretenden Energie (Energieerhaltungssatz). Allerdings darf hierbei im Haus keine Energie gespeichert werden. Das ist z. B. der Fall, wenn ein Akku geladen wird oder ein Mensch Fett ansetzt. Das ist jeweils gespeicherte Energie in Form von chemischer Energie.

Wird in einem Energiewandler keine Energie gespeichert, so ist die Summe der zugeführten Energien gleich der Summe der abgeführten Energien.

Wirkungsgrad

Beim Auto interessiert man sich für die Bewegungsenergie, bei einem Wärmekraftwerk für die elektrische Energie. Bei fast jeder Energieumwandlung wird die eingesetzte Energie nicht vollständig in die gewünschte Energieform umgewandelt. Je größer der Anteil der gewünschten Energieform ist, desto größer ist der **Wirkungsgrad** η (griech. Buchstabe Eta). Der Wirkungsgrad ist der Quotient aus ausgenutzter Energie zu zugeführter Energie.

$$\eta = \frac{E_{ab}}{E_{zu}}$$

Der Wirkungsgrad ist stets kleiner als 1. Oft gibt man ihn auch in Prozent an. Wenn ein Pkw einen Wirkungsgrad von 0,20 hat, bedeutet es, dass 20 % der chemischen Energie des Treibstoffes in Bewegungsenergie umgewandelt werden. Wenn es gelingt, durch sparsamere Motoren, durch eine verbesserte Fahrzeugtechnik und durch umweltbewusste Fahrweise die Energie der Kraftstoffe besser zur Fortbewegung zu nutzen, erhöht sich der Wirkungsgrad. Er verringert sich z. B. beim Auto durch zusätzliche Nutzung von Radio, Klimaanlage oder Dachgepäckträger.

In Heizkraftwerken ist der Wirkungsgrad bei der Umwandlung in elektrische Energie kleiner als in Wärmekraftwerken, die ausschließlich der Versorgung mit elektrischer Energie dienen (3).

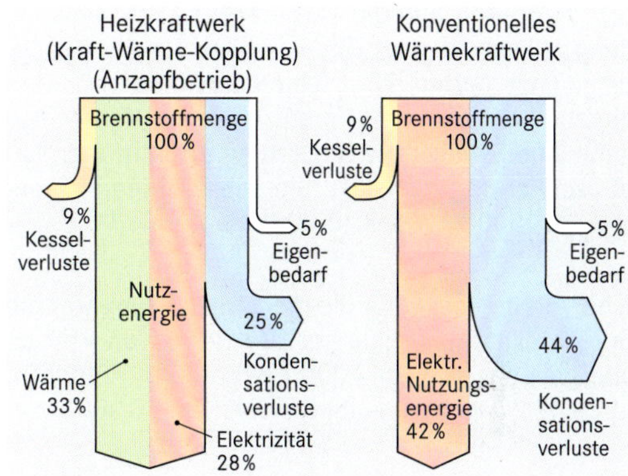

3 Beispiel für Energieflussdiagramme

Trotzdem haben Heizkraftwerke einen besseren Wirkungsgrad (> 61 %), da neben der elektrischen Energie auch die Wärmeenergie genutzt wird. Wirkungsgrade bis 90 % sind möglich. Energiewandler haben unterschiedliche Wirkungsgrade (4).

Energiewandler	η in %	Energiewandler	η in %
Pflanzen	2	Heizkraftwerk	61
Glühlampe	5	Wasserkraftwerk	87
Leuchtdiode	13	Dampfkessel	88
Solarzelle	20	Trockenbatterie	90
Leuchtstofflampe	20	Kaplanturbine	92
Windenergieanlage	30	Elektromotor	93
Dampfkraftwerk	40	Elektrogenerator	99
Kohlekraftwerk	42	Wasserkocher	100
Dampfturbine	46	Scheibenbremse	100

4 Beispiele für Wirkungsgrade

Besonders hoch ist der Wirkungsgrad bei der Umwandlung von mechanischer in elektrische Energie und umgekehrt. Bei der Umwandlung von chemischer Energie über innere Energie zur mechanischen Energie sind die Wirkungsgrade relativ gering, da ein nicht zu nutzender Anteil der inneren Energie an die Umgebung abgegeben wird.

Aufgaben

1. Beschreiben Sie die verschiedenen Energieumwandlungen (3).
2. Geben Sie weitere Beispiele für Energiewandler und nennen Sie jeweils die zugeführte und die gewünschte Energieform.

4.8 Energienutzung und Umwelt

Auswirkungen der Energienutzung

Durch die Ende des 18. Jahrhunderts in Europa beginnende Industrialisierung hat sich das Leben des Einzelnen und der Gesamtheit der Menschen tiefgreifend verändert. Diese Entwicklung ist durch die Beseitigung der Bedrohung durch Hungersnöte, die Verbesserung der Wohnverhältnisse, die zunehmende Freizeit und die Verbesserung der Schulbildung gekennzeichnet. Die verbesserten Lebensbedingungen hatten im Zusammenwirken mit dem ungeheuren Zuwachs medizinischer Kenntnisse auch eine bedeutende Steigerung der mittleren Lebenserwartung zur Folge. Sie stieg von ca. 40 Jahren um 1800 auf über 70 Jahre heute.

Eine Voraussetzung für die Industrialisierung war die Bereitstellung von Energie. Der Bedarf an Primärenergie stieg von ca. 1 000 kWh pro Einwohner im Jahre 1800 auf den heutigen Wert von 50 000 kWh.

Die Nutzung hochwertiger Energie – dazu gehören die in den fossilen Brennstoffen (Öl, Kohle oder Erdgas) gespeicherte chemische Energie und die elektrische Energie – sind Voraussetzung für ein großes Angebot an Gütern und Dienstleistungen und damit für einen hohen Lebensstandard.

Das Bereitstellen dieser Energie ist mit Umweltbelastungen verbunden. Zwei Faktoren, die Erwärmung der Erde und die Freisetzung von Schadstoffen, spielen eine wichtige Rolle.

Bei allen **Wärmekraftmaschinen** wird aus physikalischen Gründen nur ein Teil der Wärme in nutzbare mechanische Arbeit umgesetzt. Der Rest wird in die Umgebung abgeführt. Aber auch die Nutzarbeit wird in innere Energie umgewandelt und als Wärme letztlich an die Umgebung abgegeben, z. B. beim Abbremsen eines Autos. Gemessen an der Energie, die täglich von der Sonne der Erde zugestrahlt wird, ist diese Abwärme äußerst gering. Darüber hinaus kann das biologische Gleichgewicht, z. B. in Flüssen, die Kühlwasser aufnehmen müssen, erheblich gestört werden.

Beim Verbrennen von Kohle, Öl oder Gas in Kraftwerken, Motoren oder Heizungen entstehen **Schadstoffe**, u. a. Oxide des Schwefels (SO_2) und des Stickstoffs (NO, NO_x), die in die Umwelt gelangen. Mit NO_x bezeichnet man ein Gemisch aus NO und NO_2. Bei der Verbrennung werden außerdem große Mengen Kohlenstoffdioxid (CO_2) erzeugt, das in die Atmosphäre gelangt (1). Dieses freigesetzte Kohlenstoffdioxid trägt zur Erwärmung der Erdatmosphäre durch den **Treibhauseffekt** bei.

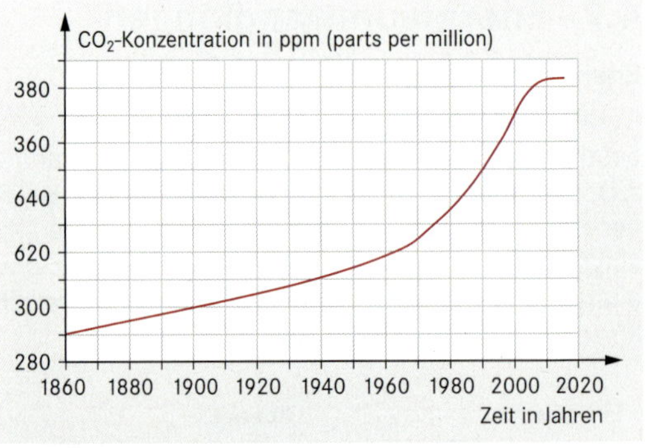

1 Kohlenstoffdioxidgehalt der Luft

Schonung der Umwelt

Energiebewusstes Verhalten kann z. B. Folgendes bewirken:

- Der vernünftige Einsatz von Kraftfahrzeugen, Elektrogeräten und Heizungen sowie verbesserte Wärmedämmung sparen Rohstoffe und verringern die Abwärme.
- Mehr Nutzenergie bei gleichem Energieeinsatz bedeutet eine Erhöhung des Wirkungsgrades.
- Die Schadstoffemissionen werden bei Kraftfahrzeugen z. B. durch Einbau von Katalysatoren und bei mit fossilen Brennstoffen befeuerten Kraftwerken z. B. durch Verbesserung der Filteranlagen vermindert.
- Die CO_2-reichen **Energieträger** Kohle und Öl werden durch CO_2-armes Erdgas oder durch CO_2-freie **erneuerbare Energieträger** ersetzt.

2011 lag der Anteil der erneuerbaren Energien am **Primärenergiebedarf** bei 457,6 Millionen t SKE, also bei 10,8 % (2). 1 t SKE (Tonne Steinkohleeinheit) ist die Energiemenge, die beim Verbrennen von 1 t Steinkohle frei wird. Durch konsequentes Steigern dieses Anteils haben wir die Chance, unsere Energieprobleme umweltschonend zu lösen.

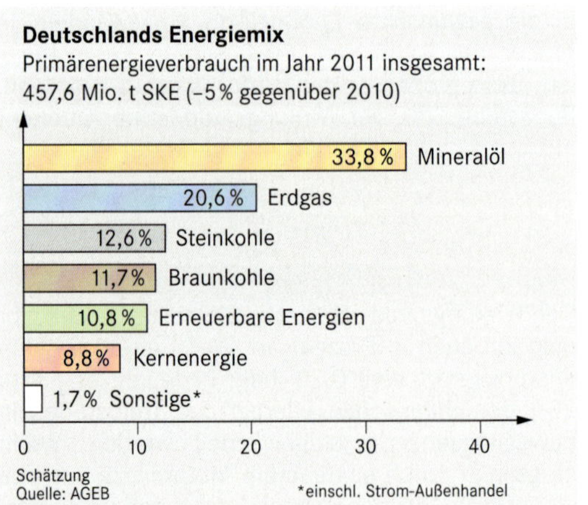

2 Primärenergieverbrauch 2011

Celsiusskala
Fixpunkte: 1. Temperatur des schmelzenden Eises: 0 °C; 2. Temperatur des siedenden Wassers: 100 °C. Der Abstand zwischen diesen beiden Marken wird in 100 gleiche Teile eingeteilt.

Die Temperatur eines Körpers ist bestimmt durch die Bewegung der Teilchen, aus denen er besteht. Je heftiger sich diese Teilchen bewegen, umso höher ist seine Temperatur.

Absolute Temperaturskala (Kelvinskala):
Zusammenhang zwischen der Celsius-Temperatur ϑ und der absoluten Temperatur T:

$$T = \vartheta + 273\ \text{K}$$

Der absolute Nullpunkt liegt bei -273 °C (Wert genau: -273,15 °C). Es gibt keine tiefere Temperatur.

Ausdehnung der Körper
Nahezu alle Körper dehnen sich beim Erwärmen aus und ziehen sich beim Abkühlen zusammen. Die Ausdehnung ist umso stärker, je stärker man die Körper erwärmt. Bei 4 °C hat Wasser seine größte Dichte (Anomalie des Wassers).

Aggregatzustandsänderungen
Beim Sieden bzw. beim Kondensieren bleibt die Temperatur konstant. Siede- und Kondensationstemperatur sind gleich. Entsprechendes gilt für das Schmelzen bzw. das Erstarren.

Nahezu alle Stoffe dehnen sich beim Schmelzen aus und ziehen sich beim Erstarren zusammen.

Mechanische Arbeit, innere Energie, Wärme
Die innere Energie eines Körpers ist gleich der Summe der Energien der einzelnen Teilchen. Als Wärme bezeichnet man die Energieform, die durch Leitung oder Strahlung übertragen wird. Die innere Energie eines Körpers kann durch Wärme oder Arbeit geändert werden.

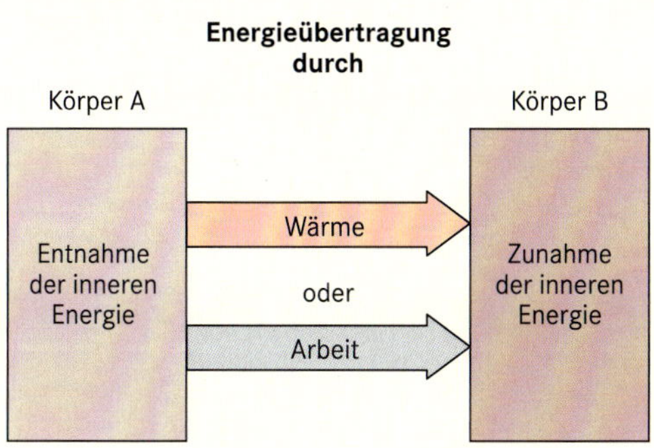

Die Wärmekapazität C eines Körpers gibt an, wie viel Energie nötig ist, um ihn um 1 K zu erwärmen:

$$C = \frac{Q}{\vartheta_2 - \vartheta_1} \qquad \text{Einheit: } \frac{\text{kJ}}{\text{K}}$$

Die spezifische Wärmekapazität c eines Stoffs gibt an, wie viel Energie nötig ist, um 1 kg des betreffenden Stoffes um 1 K zu erwärmen:

$$c = \frac{Q}{m \cdot (\vartheta_2 - \vartheta_1)} \qquad \text{Einheit: } \frac{\text{kJ}}{\text{K}}$$

Erwärmungsgesetz: $Q = c \cdot m \cdot (\vartheta_2 - \vartheta_1)$

Arten des Wärmetransports
Bei der Konvektion wird innere Energie transportiert. Das Transportmittel (z. B. Wasser) nimmt hierbei Energie in Form von Wärme auf und gibt Energie als Wärme ab. Wärmeleitung und Wärmestrahlung ist Wärmetransport ohne Materialtransport.

Emission und Absorption der Wärmestrahlung
Körper mit dunkler Oberfläche absorbieren (verschlucken) die Wärmestrahlung stärker als helle und glänzende, strahlen aber auch stärker ab. Die Strahlung wird teils reflektiert, teils absorbiert.

Richtung des Wärmeübergangs
Wärme kann nie von selbst von einem Körper niederer Temperatur auf einen Körper höherer Temperatur übergehen. Die Wärmepumpe nimmt Wärme bei niedriger Temperatur auf und gibt sie bei hoher Temperatur ab. Dazu ist mechanische Arbeit nötig.

Energiewandler
Energiewandler können verschiedene Energieformen ineinander überführen. Wird in einem Energiewandler keine Energie gespeichert, dann ist die Summe der zugeführten Energien gleich der Summe der abgeführten Energien.

Energieflussdiagramm

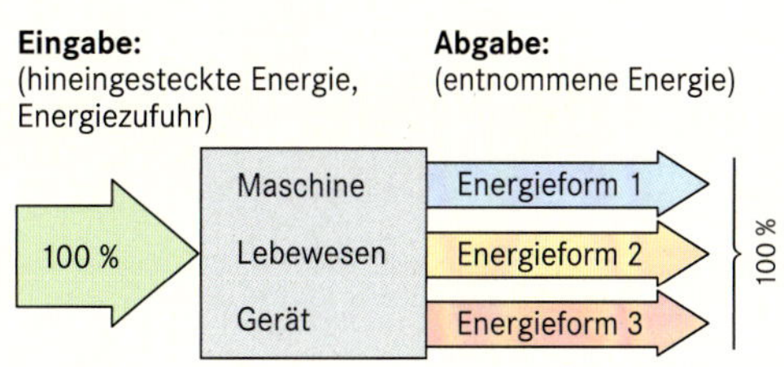

Wirkungsgrad
Der Wirkungsgrad η gibt an, welcher Anteil der zugeführten Energie in die gewünschte Energieform (Nutzenergie) überführt werden kann.

$$\eta = \frac{E_{ab}}{E_{zu}}$$

Energieträger
Heizöl, Benzin, elektrischer Strom u. a. müssen mit Hilfe von Energie aus den Energieträgern Steinkohle, Rohbraunkohle, Rohöl, Erdgas usw. hergestellt werden. Dies belastet unsere Umwelt, z. B. durch Abwärme oder Schadstoffemissionen.

5 Optik

5.1 Ausbreitung des Lichts

5.1.1 Lichtquellen

Licht

Licht macht die Umgebung sichtbar. In einem völlig verdunkelten Raum kann man keine Gegenstände erkennen. Auch wenn man sich lange an die Dunkelheit gewöhnt hat, ist nichts von der Umgebung sichtbar. Schaltet man eine Lampe an, nimmt man das Licht wahr, das direkt ins Auge gelangt (1).

1 Sichtbar im Scheinwerferlicht

Alle Körper, die Licht aussenden, nennt man **Lichtquellen**. Sendet ein Körper selbst erzeugtes Licht aus, spricht man von **selbstleuchtenden Körpern**. Licht kann auf unterschiedliche Weise entstehen:

- Verbrennungsvorgänge liefern Licht. Bei dieser Art der Lichtentstehung finden chemische Reaktionen mit Sauerstoff statt, bei denen neue Stoffe entstehen und gleichzeitig Energie in Form von Licht und Wärme frei wird.
- Eine Reihe von festen Stoffen glühen, wenn sie stark erhitzt werden. Sie senden dann Licht aus. Mit steigender Temperatur ändert sich die Lichtfarbe von Rot über Gelb zu Weiß. Diese Stoffe werden als Temperaturstrahler bezeichnet.
- Bei Ladungs- und Entladungsvorgängen in Gasen kann Licht ausgesandt werden. Wenn sich wie bei einem Gewitter unterschiedliche elektrische Ladungen ausgleichen, entstehen Blitze. Auch in Entladungslampen (Leuchtstofflampen) entsteht Licht durch elektrische Entladungen.
- Licht kann durch Lumineszenz z. B. bei Leuchtbakterien, nachleuchtenden Schaltern, Leuchtstäben oder LEDs beobachtet werden.

Die Helligkeit einer Lichtquelle wird mit dem Begriff **Lichtstärke** beschrieben. Das Formelzeichen ist I, die Einheit ist **Candela** (cd). Eine normale Stearinkerze hat bei einer 4 cm hohen Flamme ungefähr die Lichtstärke 1 cd.

Licht breitet sich geradlinig aus. Die Lichtgeschwindigkeit im Vakuum beträgt 299 792 458 m/s.

Der **Lichtstrom** Φ beschreibt die in alle Richtungen des Raumes von einer Lichtquelle ausgehende sichtbare Strahlung. Die Einheit ist 1 **Lumen** (lm).

Körper, die kein Licht erzeugen, werden sichtbar, wenn sie beleuchtet werden und das Licht in unser Auge reflektieren. Es sind **beleuchtete Körper**. Die Helligkeit beleuchteter Flächen wird durch die Beleuchtungsstärke angegeben. Das Formelzeichen ist E, die Einheit 1 **Lux** (lx). Die Beleuchtungsstärke hängt von der Lichtstärke I der Lichtquelle, deren Abstand r von der beleuchteten Fläche und dem Auftreffwinkel der Lichtstrahlen ab. Die Flamme einer 4 cm hohen Stearinkerze erzeugt in 1 m Entfernung bei senkrechtem Auftreffen die Beleuchtungsstärke 1 lx.

Jeder Arbeitsplatz muss der Tätigkeit entsprechend eine bestimmte Beleuchtungsstärke aufweisen (2).

Flure	50–100 lx
Laborräume	500 lx
Bildschirmarbeitsplätze	300–500 lx
Arbeitsplatz für feine Arbeiten	300–1 000 lx

2 Beispiele für Beleuchtungsstärken

Lichtstrahlen

Alle Lichtstrahlen, die von einer Lichtquelle ausgehen und nicht in unser Auge gelangen, sind unsichtbar. Die breiten Lichtkegel (1) verjüngen sich zur Lichtquelle hin. Dieses Licht ist sichtbar, da das Licht auf feine Staubteilchen oder Nebeltröpfchen trifft, die es in das Auge des Betrachters lenken. Ein Laser erzeugt ein ganz schmales **Lichtbündel** (3).

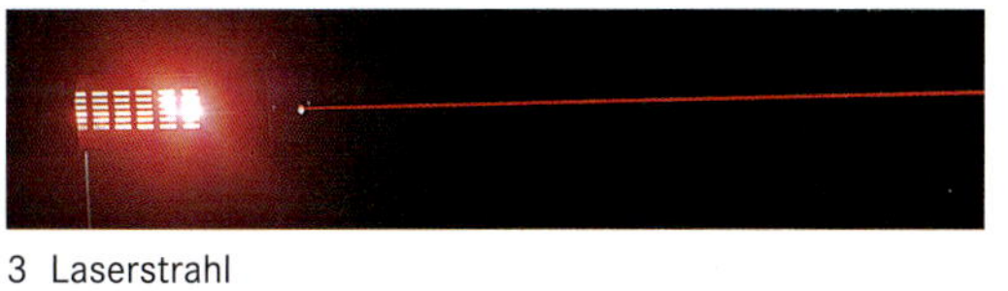

3 Laserstrahl

Aus dem Lichtraum einer Punktlichtquelle kann man durch Blenden einen Teil des Lichts abgrenzen (4) und erhält dabei immer schmalere Lichtbündel.

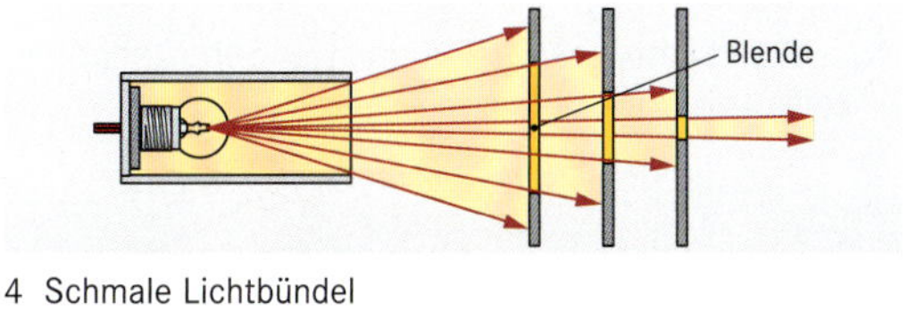

4 Schmale Lichtbündel

Einen Lichtkegel kann man sich aus vielen dieser schmalen Lichtbündel zusammengesetzt vorstellen. Im Versuch kann man diese Lichtbündel nicht beliebig schmal machen. In Gedanken kann das Lichtbündel immer schmaler bis zu einem **Lichtstrahl** gemacht werden. Lichtstrahlen werden durch geometrische Strahlen dargestellt.

5.1.2 Licht und Schatten

Schattenbildung

Die wichtigste **natürliche Lichtquelle** ist die Sonne. Sie sendet Licht in alle Richtungen des Weltraumes. Trifft das Sonnenlicht auf die Erde, erwärmt und beleuchtet das Licht die Tagseite. Auf der anderen Seite der Erde ist es dunkel. Dort entsteht ein Schattenraum (1).

1 Schattenraum der Erde

Die Schattenbildung zeigt ein Modellversuch (2).

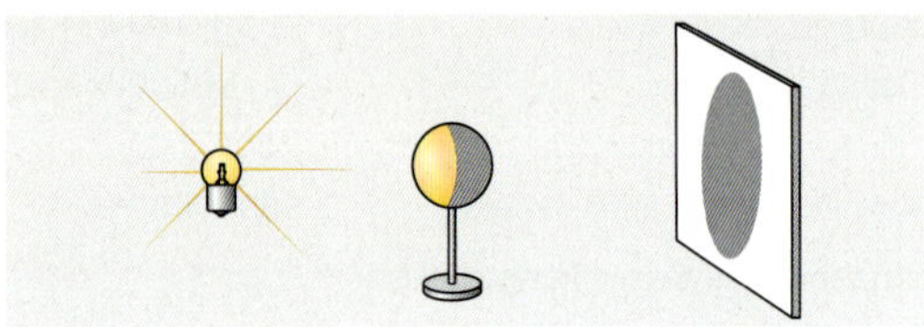

2 Schattenbildung einer punktförmigen Lichtquelle

Treffen die Lichtstrahlen auf einen Körper, den sie nicht durchdringen können, entsteht hinter dem Körper ein Schattenraum. Mit dem Strahlenmodell des Lichts lässt sich die Lichtausbreitung verstehen und zeichnerisch darstellen (3).

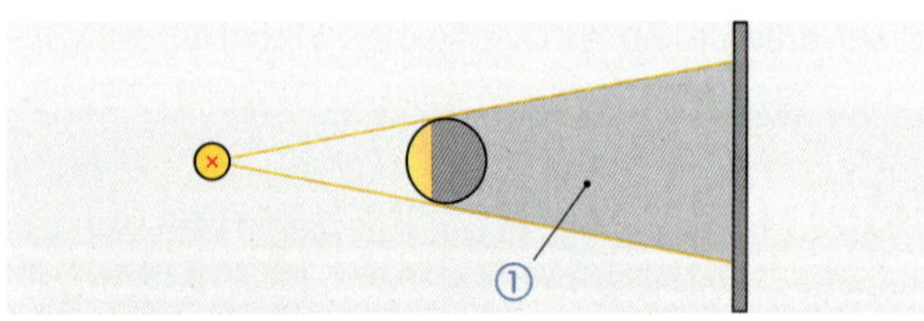

3 Scharf begrenzter Schatten

Die Schatten werden durch die Strahlen begrenzt, die gerade noch an dem Körper vorbeigehen. Bei einer Punktlichtquelle entsteht auf dem Schirm ein scharf begrenzter Schattenraum ①.

Zwei Punktlichtquellen können zwei Schattengebiete erzeugen (4).

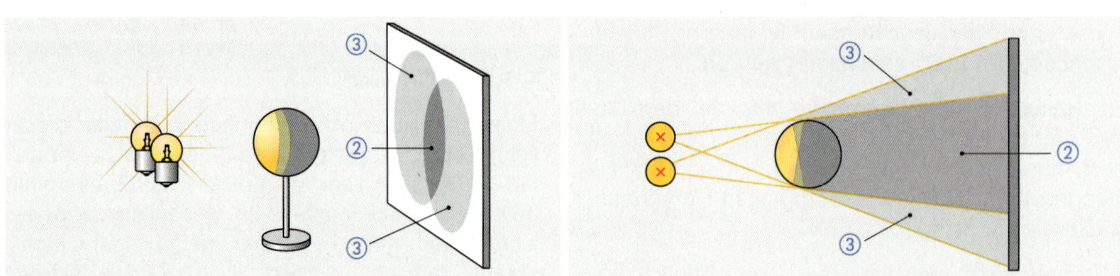

4 Schattengebiete bei zwei punktförmigen Lichtquellen

In den **Kernschattenraum** ② gelangt von beiden Lichtquellen kein Licht. Das **Halbschattengebiet** ③ wird jeweils nur von einer Lichtquelle erreicht.

Bei einer flächenhaften Lichtquelle verschwinden die scharfen Schattengrenzen (5).

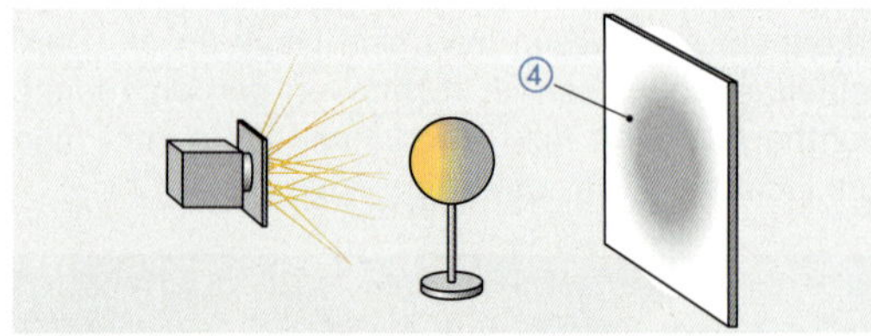

5 Übergangsschatten

Der Übergang vom Kernschattengebiet zum schattenfreien Raum erfolgt allmählich. Es entsteht ein **Übergangsschattengebiet** ④.

Versuche

1. Eine Experimentierleuchte wird so mit einem schwarzen Tuch bedeckt, dass kein Licht seitlich herausdringen kann und nicht erkennbar ist, ob die Leuchte eingeschaltet ist. Lassen Sie das Licht in eine mit schwarzem Stoff ausgeschlagene Dose fallen und betrachten Sie die Versuchsanordnung von der Seite. Bringen Sie in den Lichtweg Gegenstände oder etwas Kreidestaub. Beschreiben Sie die Beobachtungen.
2. Stülpen Sie im abgedunkelten Raum einen schwarzen Karton mit unterschiedlich großen Löchern über eine leuchtende Glühlampe. Machen Sie den Verlauf der Lichtkegel sichtbar.

Aufgaben

1. Wie kann man von einem Gegenstand ein möglichst großes Schattenbild erzeugen?
2. Bereits im alten China gab es Schattentheater mit kunstvoll gefertigten Spielfiguren. Wie muss ein solches Schattentheater aufgebaut sein? Warum werden dabei punktförmige Lichtquellen verwendet?
3. Eine quadratische Pappscheibe von 20 cm Seitenlänge befindet sich zwischen einer Kerze und einer hellen Wand. Bestimmen Sie zeichnerisch die Größe des Schattenbildes an einer Wand, wenn der Abstand zwischen Kerze und Wand 1 m beträgt und die Scheibe a) 60 cm, b) 30 cm weit von der Wand steht. Wählen Sie den Maßstab 100 cm : 20 cm.

6 Phasen des Mondes

Mondphasen

Der Mond ändert nicht nur seine Stellung am Himmel, sondern auch seine sichtbare Gestalt (6). Die wechselnden Lichtgestalten nennt man Phasen des Mondes. Sie ändern sich periodisch. Nach ungefähr 29 Tagen, also fast einem Monat, nimmt der Mond wieder seine ursprüngliche Gestalt an.

Die verschiedenen **Mondphasen** beginnen links mit dem zunehmenden Mond bis zum **Vollmond** und wieder zurück als abnehmender Mond. Die schmale Sichel zu Beginn ist abends kurz nach Sonnenuntergang zu sehen. Einige Tage später steht der Mond weiter weg von der Sonne, und die Sichel ist deutlich größer geworden ①. Der Abstand zwischen Sonne und Mond am Abendhimmel vergrößert sich von Tag zu Tag.

In knapp zwei Wochen hat sich der Mond so weit von der Sonne entfernt, dass er bei Sonnenuntergang im Osten aufgeht. Es ist nahezu die volle Mondscheibe zu sehen ②. Der **Mondaufgang** verzögert sich immer weiter bis in die späten Abendstunden hinein. Schließlich muss bis zum Morgen gewartet werden, um den Mondaufgang beobachten zu können. Dann ist der Mond wieder als schmale Sichel zu sehen ③, nun aber im Osten, in der Nähe der Sonne, kurz vor ihrem Aufgang.

Bei der Erklärung der Mondphasen mithilfe des Strahlenmodells des Lichts muss man berücksichtigen, dass der Mond die Erde umkreist (7).

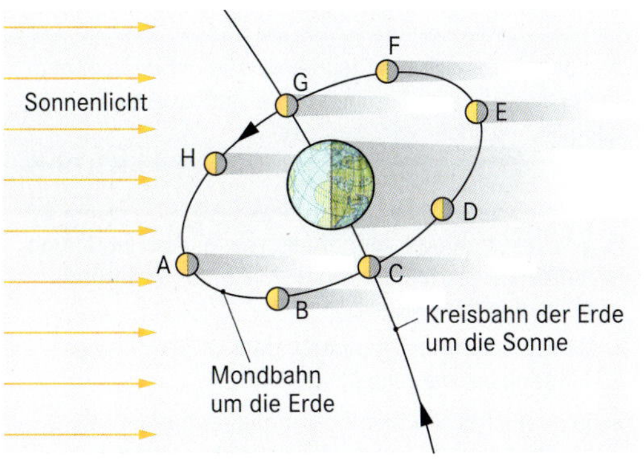

7 Mondphasen im Modell

Daher steht er von der Erde aus gesehen immer an einer anderen Stelle zur Sonne. In Stellung A ist **Neumond**. Der Betrachter sieht von der Erde aus die unbeleuchtete Seite. Etwa 5 Tage später befindet sich der Mond in Stellung B. Der Beobachter auf der Erde sieht den Mond bei Sonnenuntergang als Sichel. Nach einer Woche ist Stellung C erreicht. Der Mond steht bei Sonnenuntergang im Süden. Von der beleuchteten Fläche ist nur die Hälfte zu sehen. Nach einer weiteren Woche erscheint dann der Vollmond in der Stellung E. Er geht dann bei Sonnenuntergang im Osten auf, um Mitternacht steht er im Süden, der Sonne genau gegenüber. In den nächsten sieben Tagen sieht der Beobachter jeden Tag etwas weniger vom beleuchteten Mond. Der Mond nimmt ab und erreicht nach einer weiteren Woche wieder die Stellung A.

Stellt man sich die **Mondsichel** als einen gespannten Bogen vor, so zielt der Pfeil stets zur Sonne. Die Mondsichel ist abnehmend, wenn sich aus ihr ein a bilden lässt.

Die Mondphasen kommen durch die wechselnde Stellung von Erde, Mond und Sonne zueinander zustande. Bei Vollmond steht die Erde zwischen Mond und Sonne. Bei Neumond kehrt der Mond der Erde die unbeleuchtete Seite zu.

Versuch

Zeigen Sie in einem Modellversuch, wie die Mondphasen entstehen (8).

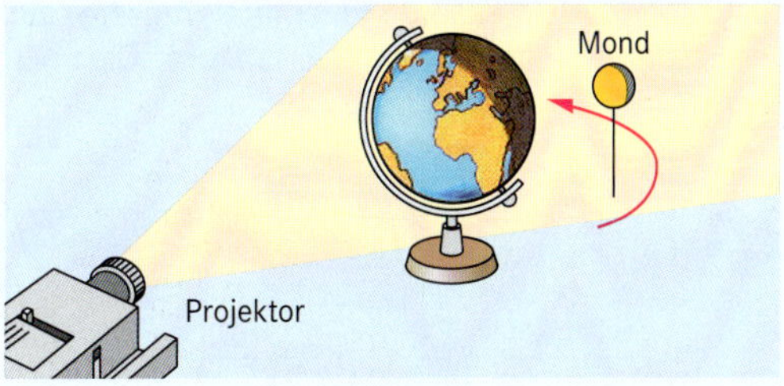

8 Modellversuch zur Darstellung der Mondphasen

Aufgabe

Beschreiben Sie, wie die Mondphasen zustande kommen.

5.1.3 Licht und Schatten im Weltraum

Mondfinsternisse

Im Laufe eines Jahres gibt es stets mehrere Sonnen- oder Mondfinsternisse. Wenn sich am Tage die Sonne verfinstert, spricht man von einer **Sonnenfinsternis**. Schiebt sich über den Vollmond ein dunkler Schatten, dann liegt eine **Mondfinsternis** vor (1).

1 Der Mond verlässt den Kernschatten der Erde

Mit dem Strahlenmodell des Lichts kann man ihr Zustandekommen erklären. Bei einer Sonnenfinsternis wirft der Mond seinen Schatten auf die Erde.

Tritt der Mond in den Kernschatten der Erde, dann beobachtet man eine Mondfinsternis (2).

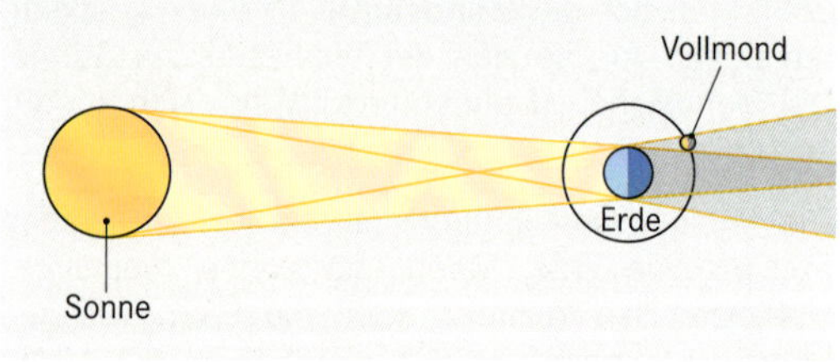

2 Erklärung der Finsternisse

Der Kernschatten der Erde reicht etwa bis zur vierfachen Mondentfernung. Sein Durchmesser beträgt in Mondentfernung noch etwa das 2,5fache des Monddurchmessers. Eigentlich müsste sich der Mond bei jedem Umlauf verfinstern. Dies wird aber nicht beobachtet (3).

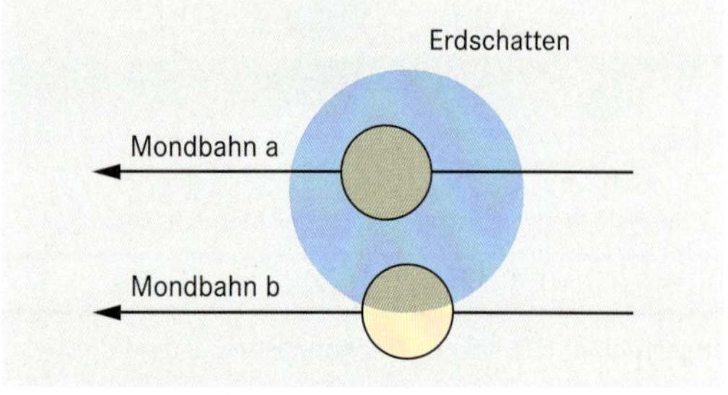

3 Totale und partielle Mondfinsternis

Bei der schematischen Darstellung (2) wurde außer Acht gelassen, dass die Mondbahnebene geneigt ist. Die Mondbahnebene liegt etwas schräg zur Erdbahnebene und verändert zusätzlich ihre Lage zur Sonne. Befindet sich der Mond gerade in Vollmondstellung über dem Kernschatten der Erde (4), gibt es keine Finsternis.

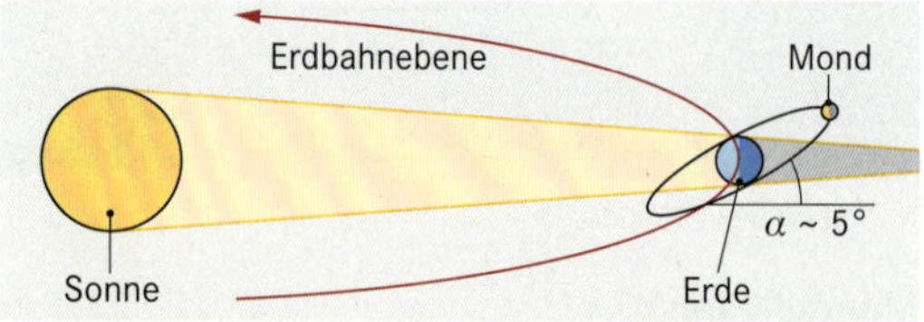

4 Der Mond überquert den Erdschatten

Die Mondbahn kann aber auch so liegen, dass sie unterhalb des Kernschattens verläuft. Erst dann, wenn die Mondbahn den Kernschatten durchkreuzt, kann der Mond durch den Erdschatten wandern. Allerdings muss er sich zu dieser Zeit auch dort aufhalten.

Nur wenn Mond, Sonne und Erde in einer geraden Linie stehen, treten Finsternisse auf. Der sehr geringe Neigungswinkel ist in Bild 4 nicht maßstabgerecht wiedergegeben. Gerät der Mond ganz in den Kernschatten, dann spricht man von einer totalen Mondfinsternis. Wird er nur zum Teil verfinstert, dann heißt dieses Naturereignis partielle Mondfinsternis (3). Von 2013 bis 2019 sind in Deutschland neun dieser Ereignisse zu beobachten (5).

2013	25. April	partiell
	19. Oktober	Halbschatten
2015	28. September	total
2016	16. September	Halbschatten
2017	11. Februar	Halbschatten
	07. August	partiell
2018	27. Juli	total
2019	21. Januar	partiell
	16. Juli	partiell

5 Termine für Mondfinsternisse in Deutschland

Versuch

Demonstrieren Sie die Erscheinungen bei einer Mondfinsternis mit einer Taschenlampe und zwei unterschiedlich großen Styroporkugeln.

Aufgaben

1. Warum kann eine Mondfinsternis nur bei Vollmond eintreten? Warum verfinstert sich der Vollmond nicht in jedem Monat?
2. Woran kann man erkennen, dass in Bild 1 keine Mondphase dargestellt ist?
3. Von welcher Stelle auf der Erde kann eine Mondfinsternis grundsätzlich beobachtet werden?

Sonnenfinsternis

Fällt bei Neumond ① der Kernschatten des Mondes auf die Erde, kann man dort bei wolkenfreiem Himmel eine totale Sonnenfinsternis beobachten. Wenn der Halbschatten die Erde trifft, erlebt man eine partielle Sonnenfinsternis. Die Sonne wird nur zum Teil verdeckt (6).

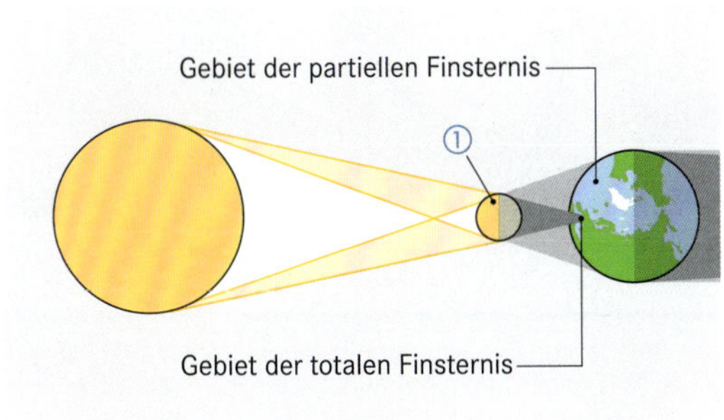

6 Schatten auf der Erde

Bild 7 zeigt in zeitlicher Folge die verschiedenen Sonnenbilder von links nach rechts. Zunächst ist die Sonne vollständig zu sehen ②. In der gleichen Zeit bewegt sich aber auch der Mond auf seiner Bahn fort und schiebt sich immer weiter vor die Sonne. Dann ist die Sonne schon teilweise vom Mond bedeckt ③. Die Bilder der Sonne werden immer mehr abgedeckt. Im Augenblick der totalen Bedeckung durch den Mond ④ hebt sich der Strahlenkranz der Sonne, die Korona, deutlich vor dem dunklen Hintergrund ab. Die Sonne wird fast völlig durch den Mond verdeckt. Im weiteren Verlauf erscheint zunächst der rechte Sonnenrand ⑤, schließlich gibt der Mond wieder die gesamte Sonne frei.

Die Mondbahn ist keine exakte Kreisbahn. So kann es vorkommen, dass die Entfernung Erde–Mond bei einer Sonnenfinsternis gerade so groß ist, dass der Mond die Sonne nicht vollständig abzudecken vermag. Dann gibt es eine ringförmige Sonnenfinsternis. Da die Mondbahnebene gegenüber der Erdbahnebene geneigt ist, gibt es nicht bei jedem Neumond eine Sonnenfinsternis.

Der äußerste Teil der Sonnenatmosphäre ist die Korona (8). Sie besteht aus heißen, leuchtenden Gasen. Dieses Licht kann man nur bei einer Sonnenfinsternis sehen. In dieser kurzen Zeit wird das helle Licht der Sonne, das sonst das Licht der Korona überstrahlt, durch den Mond abgedeckt.

8 Die Korona wird sichtbar

Schon früh beschäftigten sich die Menschen mit Finsternissen. Einige griechische Philosophen im 5. Jh. v. Chr. gaben sogar bereits die richtige Erklärung. Von den Chinesen und Babyloniern weiß man, dass sie die Finsternisse vorhersagen konnten. Heute ist es leichter. Die Bewegungsgesetze sind gut bekannt und mit Hilfe von Computerprogrammen werden die Finsternisse auf Jahrzehnte vorausberechnet (9).

2015	20. März	partiell
2021	10. Juni	partiell
2022	25. Oktober	partiell
2025	29. März	partiell
2026	12. August	partiell

9 Termine für Sonnenfinsternisse in Deutschland

Aufgaben

1. Von welcher Stelle der Erde kann eine Sonnenfinsternis grundsätzlich beobachtet werden?
2. Welche Mondphase muss herrschen, damit eine Sonnenfinsternis eintreten kann?
3. Zeigen Sie anhand von Bild 6, dass Sonnenfinsternisse nicht überall auf der Erde zu beobachten sind.

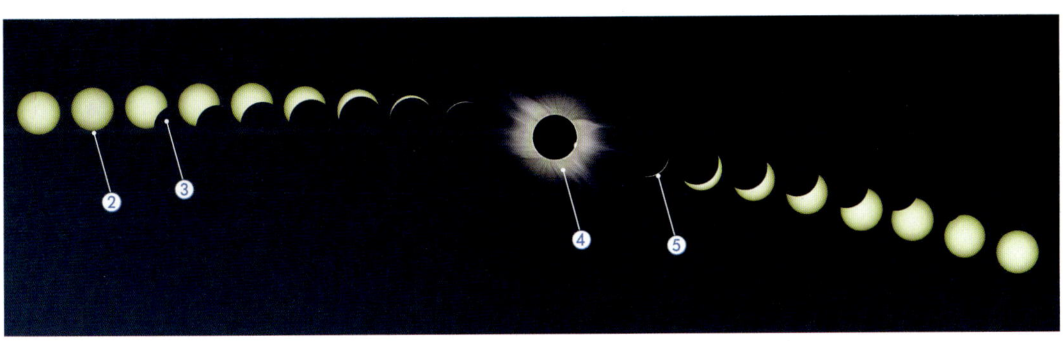

7 Verlauf einer Sonnenfinsternis

5.2 Reflexion

5.2.1 Reflexion am ebenen Spiegel

Gesehen werden

Fußgänger und Radfahrer sind im Straßenverkehr bei Dunkelheit, Regen oder Nebel nur schlecht zu erkennen. Das ist oft eine Ursache für schwere Verkehrsunfälle. Als Beweis dienen die Personen in Bild 1. Sie sind unterschiedlich gut zu erkennen.

1 Sichtbar durch Reflexion

Besonders gut sind die Reflektoren und Leuchtstreifen auf Taschen oder an den Fahrrädern zu sehen. Da die Kleidung nicht selbst leuchtet, hängt die Sichtbarkeit davon ab, wie viel von dem Licht einer Lampe, z. B. eines Autoscheinwerfers, wieder zurückgestrahlt wird und in das Auge des Autofahrers gelangt.

Gerichtete und diffuse Reflexion

Mit glatten Oberflächen, wie sie z. B. Spiegel oder Glasplatten aufweisen, kann man das Sonnenlicht auf eine nicht direkt beleuchtete Wand lenken. Die **Reflexion** erfolgt nur in eine bestimmte Richtung (2). Es ist eine **gerichtete Reflexion**.

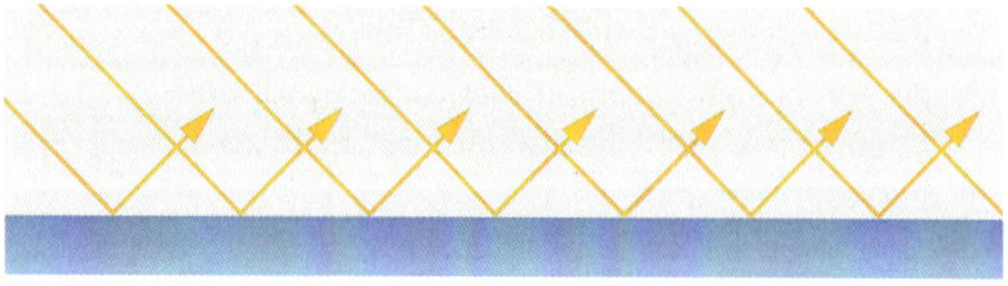

2 Reflexion an glatter Oberfläche

Treffen Lichtstrahlen auf raue Oberflächen, werden sie in viele Richtungen reflektiert (3). Man spricht von einer **diffusen Reflexion** oder auch von **Streulicht**. Durch diese Art der Reflexion werden auch Flächen erhellt, auf die kein direktes Licht trifft.

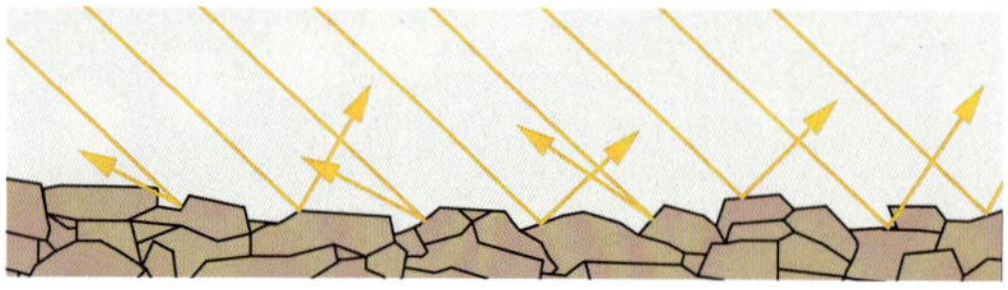

3 Reflexion an rauer Oberfläche

Fotografen nutzen Streulicht, um scharfe Schatten zu vermeiden. Dazu stellen sie Schirme auf, an denen das Blitzlicht durch Reflexion gestreut wird (4).

4 Lichtstreuung am Schirm

Versuche

1. Beleuchten Sie mit einer Taschenlampe zunächst eine glatte Aluminiumfolie. Zerknittern Sie die Folie, streichen Sie sie danach so glatt wie möglich und halten Sie diese erneut in das Lichtbündel. Beschreiben Sie und erklären Sie die Beobachtungen.
2. Peilen Sie nach Bild 5 durch ein Papprohr das Spiegelbild der Spitze einer Kerzenflamme an und fixieren Sie das Papprohr mit einer Befestigungsklammer in seiner Lage. Markieren Sie mit einem Trinkhalm, den Sie durch das Papprohr stecken, die Stelle auf dem Spiegel, von der aus das Licht durch das Rohr ins Auge reflektiert wird. Skizzieren Sie den Versuch und beschreiben Sie das Ergebnis.

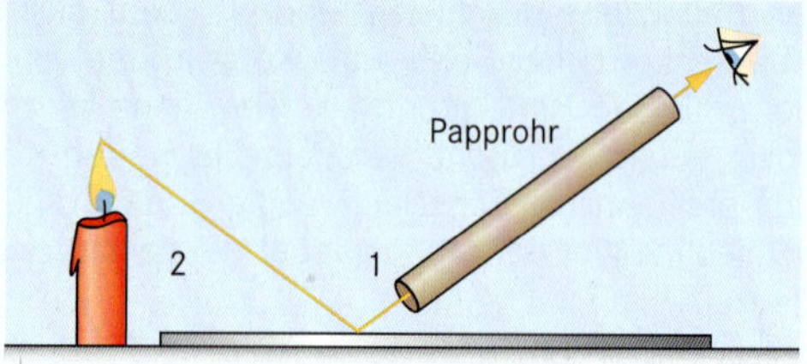

5 Anpeilen eines Flammenbildes

3. Richten Sie nach Bild 6 einen Lichtstrahl auf einen Spiegel unter verschiedenen Winkeln α. Messen Sie jeweils die zugehörigen Reflexionswinkel α'. Der Spiegel muss um eine Achse drehbar gelagert sein, die durch den Auftreffpunkt geht.

6 Untersuchung der Reflexion am ebenen Spiegel

4. Fotografieren Sie im abgedunkeltem Raum einige Personen mit Blitzlicht. Werten Sie die Bilder in Hinblick auf Sichtbarkeit aus. Fassen Sie die Ergebnisse schriftlich zusammen.

Reflexionsgesetz

Der von der Flammenspitze in Bild 5 auf den Spiegel auftreffende und der durch das Rohr ins Auge reflektierte Lichtstrahl bilden mit der Spiegelebene gleich große Winkel. Die Symmetrie dieser Reflexion kann durch eine Symmetrieachse beschrieben werden, die im Auftreffpunkt des Lichtstrahls senkrecht auf dem Spiegel steht. Man nennt diese Symmetrieachse **Einfallslot**.

Eine genauere Untersuchung der Reflexion ist mithilfe einer Versuchsanordnung möglich (7).

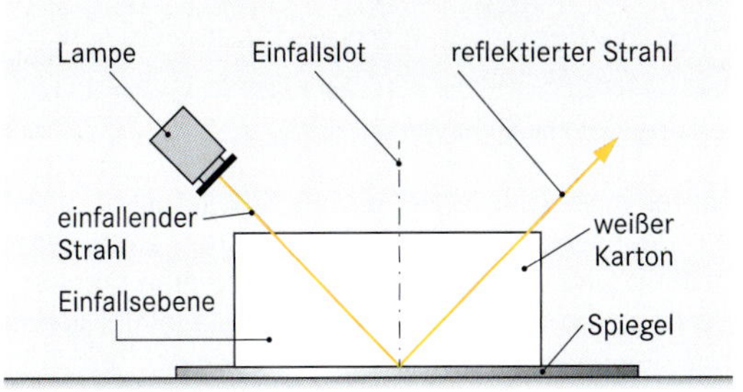

7 Versuch zum Reflexionsgesetz

Mit einer Experimentierleuchte wird ein schmales Lichtbündel erzeugt und schräg auf einen horizontal liegenden Spiegel gerichtet. Hält man einen weißen Karton so in den Lichtweg, dass neben dem einfallenden Strahl auch der reflektierte Lichtstrahl sichtbar wird, sieht man, dass der einfallende und der reflektierte Lichtstrahl in einer Ebene liegen, die senkrecht auf der reflektierenden Fläche steht. Man nennt sie **Einfallsebene**.

Bei steilerem Einfall des Lichtstrahls verläuft auch der reflektierte Lichtstrahl steiler. Trifft der Lichtstrahl senkrecht auf den Spiegel, so wird er in sich selbst reflektiert. Der Winkel, den der einfallende Strahl mit dem Einfallslot bildet, heißt Einfallswinkel α. Der reflektierte Strahl bildet mit dem Lot den Reflexionswinkel α'. Das **Reflexionsgesetz** lautet:

Einfallender Lichtstrahl, reflektierter Lichtstrahl und Einfallslot liegen in einer Ebene.

$$\alpha = \alpha'$$

Lässt man den Lichtstrahl aus der Richtung des reflektierten Lichtstrahls auf den Spiegel fallen, verlässt der Lichtstrahl den Spiegel in Richtung Einfallsstrahl. Der Lichtweg ist also umkehrbar.

Auch die scheinbar willkürlichen Reflexionen an rauen Flächen verlaufen nach dem Reflexionsgesetz. In einem ganz kleinen Teilbereich kann die Oberfläche durch ebene Flächen ersetzt werden. Da die einzelnen Teilflächen unterschiedlich zum einfallenden Licht geneigt sind, wird das Licht in ganz verschiedene Richtungen reflektiert.

Solarturmkraftwerk

In einem **Solarturmkraftwerk** (8) wird diese Reflexion genutzt. Das Sonnenlicht wird mit vielen flachen Spiegeln auf die Spitze eines Turms gelenkt.

8 Solarturmkraftwerk

Dadurch wird dort z. B. Luft auf hohe Temperaturen erhitzt. Mit ihr kann eine Gasturbine betrieben werden, an die ein Elektro-Generator angeschlossen ist. Die vielen Spiegel werden durch ein elektronisches System dem jeweiligen Stand der Sonne nachgeführt.

Reflexionsmaterial zur Sicherheit

Reflexionsmaterial erhöht die Sichtbarkeit im Straßenverkehr. Wird es durch Scheinwerferlicht beleuchtet, sendet es besonders viel Licht wieder in die Richtung der Lichtquelle zurück. Es enthält eine Vielzahl von durchsichtigen Kugeln, die sich in einer reflektierenden Schicht befinden (9).

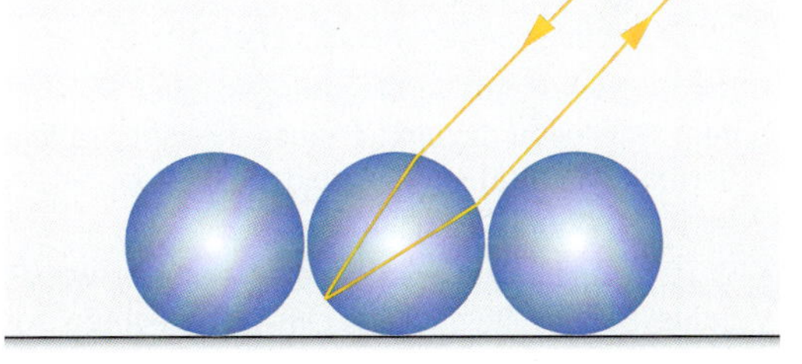

9 Reflexion im Reflexionsmaterial

Trifft ein Lichtstrahl auf die Kugeloberfläche, so wird er gebrochen. An der Rückseite der Kugel wird er reflektiert, gelangt wieder an die Kugeloberfläche und wird erneut gebrochen, so dass er etwa in die gleiche Richtung zurückläuft.

Aufgaben

1. Erklären Sie, warum eine trockene Straße im Scheinwerferlicht eines Autos besser zu erkennen ist als eine nasse Straße.
2. Projektionswände sollen möglichst viel vom auftreffenden Licht zurückwerfen. Welche Oberflächen eignen sich dazu besonders gut? Warum sind spiegelnde Oberflächen für Projektionsleinwände ungeeignet?

5.2.2 Spiegelbilder

Konstruktion am ebenen Spiegel

Blickt man in einen **ebenen Spiegel**, entdeckt man ein gleich großes **Spiegelbild**. Das Spiegelbild hat den gleichen Abstand hinter dem Spiegel wie der Beobachter selbst vor dem Spiegel. Wie ein Spiegelbild entsteht, kann anhand Bild 1 untersucht werden.

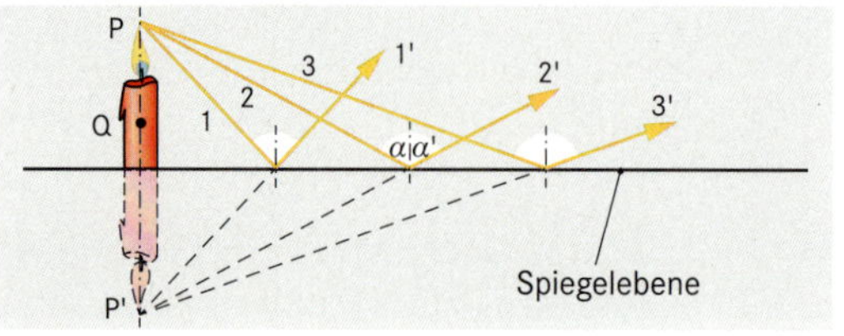

1 Die Strahlen scheinen von P' zu kommen

Von jedem Punkt der Kerze gehen Lichtstrahlen in alle Richtungen aus. Ein Teil davon (1, 2, 3) trifft auf den Spiegel. Die ausgewählten Lichtstrahlen werden reflektiert und treffen in das Auge. Nach dem Reflexionsgesetz können diese Strahlen 1', 2' und 3' konstruiert werden. Alle von einem Gegenstandspunkt P ausgehenden Lichtstrahlen scheinen von einem Punkt P' herzukommen. Das Gehirn nimmt diese **Reflexion am Spiegel** nicht wahr. Es stellt sich den Strahlenverlauf so vor, als käme das Licht von einer Kerze, die dort steht, wo sich die rückwärts verlängerten Strahlen schneiden. Dieser Schnittpunkt ist der Spiegelpunkt P'. Man spricht deshalb von einem **virtuellen Bild** (Scheinbild). Scheinbilder sind **optische Täuschungen**.

Für Spiegelbilder am ebenen Spiegel gilt:

- Die rückwärtigen Verlängerungen aller von einem Gegenstandspunkt P ausgehenden, reflektierten Lichtstrahlen schneiden sich in einem Punkt P', dem Spiegelpunkt zu P.
- P' ist ebenso weit vom Spiegel entfernt wie P. Beide Punkte liegen auf einer Senkrechten zur Spiegelebene.
- Die Spiegelbilder sind genauso groß wie die zugehörigen Gegenstände.

Am ebenen Spiegel liegen Bild und Gegenstand spiegelsymmetrisch zum Spiegel.

Optische Täuschung

Mit Spiegeln kann man Menschen täuschen, was oftmals Zauberer ausnutzen. Eine Kerze brennt scheinbar unter Wasser (2).

2 Kerzenflamme unter Wasser

Hinter einer Glasplatte, die als Spiegel dient, steht ein Becherglas, in das eine nicht brennende Kerze gestellt wird. Vor der Glasplatte wird eine brennende Kerze so aufgestellt, dass ihr Spiegelbild genau mit der nicht angezündeten Kerze zusammenfällt. Wird Wasser in das Becherglas gefüllt, sieht es so aus, als ob die Kerze unter Wasser brennt. Besonders eindrucksvoll wird der Versuch, wenn es gelingt, die wirklich brennende Kerze durch einen Schirm geschickt zu verbergen.

Ist ein Gegenstand rechts oder links, oben oder unten, vorn oder hinten? Die richtige Antwort auf die Frage, was beim Spiegelbild vertauscht ist, hängt davon ab, wie der Gegenstand vor dem Spiegel steht und wie ein Betrachter in den Spiegel schaut.

Schaut man wie in Bild 3a auf den Gegenstand P und auf den Spiegel, sind vorne und hinten vertauscht. Steht der Gegenstand auf der Spiegelfläche, so sind oben und unten vertauscht (3b). Schaut man wie in Bild 3c in den Spiegel, so sind rechts und links vertauscht.

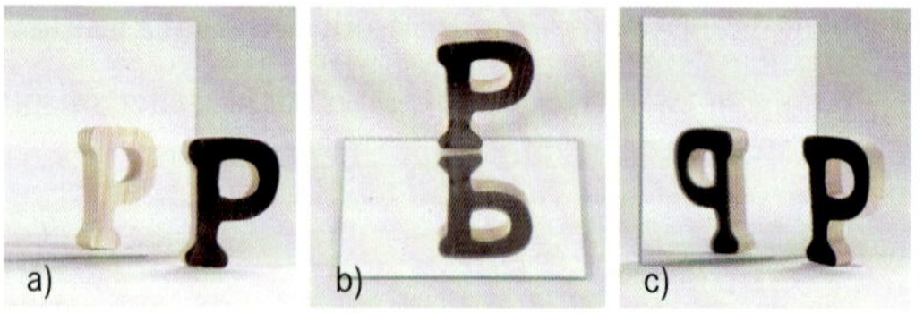

3 Was ist vertauscht?

Versuche

1. Bauen Sie nach Bild 4 mit zwei Taschenspiegeln und einer Pappröhre ein Periskop, mit dem man über andere hinwegsehen kann.
Beschreiben Sie das Spiegelbild.

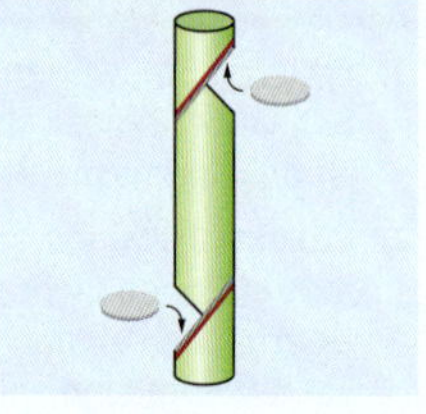
4 Periskop

2. Bauen Sie nach Bild 5 mit drei Spiegeln einen Tripelspiegel. Richten Sie einen Lichtstrahl auf die Spiegelecke.
Beschreiben Sie den Strahlenverlauf.

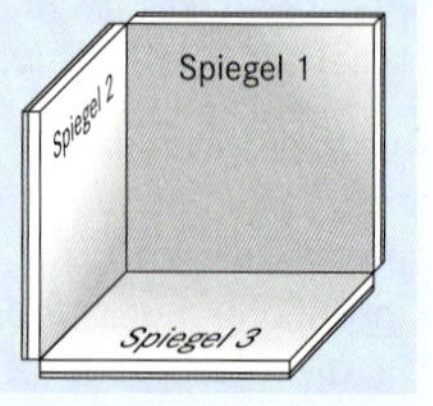

5 Tripelspiegel

Mit Spiegeln um die Ecke sehen

Mit Spiegeln kann man auch um die Ecke sehen. Ganz besonders wichtig ist das für Autofahrer, die über Außen- und Innenspiegel den Verkehr neben und hinter sich beobachten müssen. In den Autospiegeln sieht man die Spiegelbilder der Straße und der anderen Verkehrsteilnehmer, die sich hinter dem Auto befinden. Für das Auge scheinen die Lichtstrahlen von diesen Spiegelbildern zu kommen.

Benutzt man z. B. den linken Außenspiegel und den Innenspiegel, gibt es sichtbare und nicht sichtbare Bereiche (6).

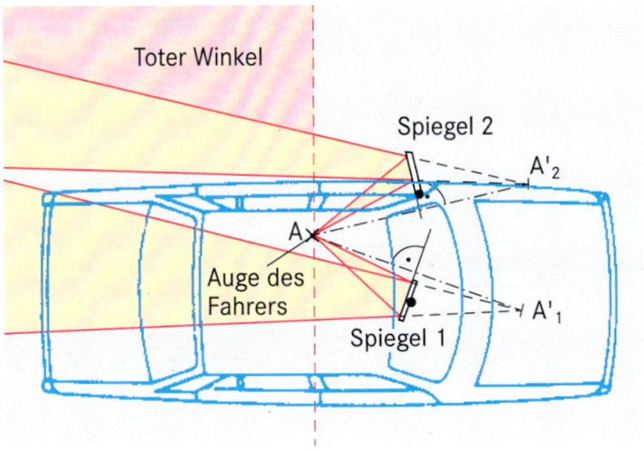

6 Toter Winkel am Auto

Um herauszufinden, welche Bereiche der Autofahrer A mit Hilfe der Spiegel überblicken kann, geht man von der Umkehrbarkeit des Lichtweges aus. Man stellt sich vor, A wäre eine Punktlichtquelle, die die Spiegel beleuchtet. Die „reflektierten Strahlen" findet man mithilfe der Spiegelbilder A1' und A2'. Die Konstruktion zeigt, dass ein Bereich existiert, der nicht erfasst wird. Dieser Bereich wird als **toter Winkel** bezeichnet.

Befindet sich in diesem Gebiet ein herannahendes Auto, dann kann es der Fahrer nicht sehen. Auch wenn zur Vergrößerung des überblickbaren Winkelbereichs die Spiegel leicht gewölbt sind, muss jeder Autofahrer stets daran denken, dass er über die Spiegel nicht alles einsehen kann. Daher muss er sich bei jeder Änderung der Fahrtrichtung durch einen kurzen Blick über die linke oder rechte Schulter vergewissern, ob die Straße wirklich frei ist.

Zurückstrahlende Spiegel

Zwei Taschenspiegel stehen im rechten Winkel zueinander (7). Sie bilden einen **Winkelspiegel**. Richtet man einen Lichtstrahl auf einen dieser Spiegel, verläuft der am Spiegel 2 reflektierte Lichtstrahl parallel versetzt zum einfallenden Lichtstrahl. Das ändert sich auch nicht, wenn die Richtung des einfallenden Lichtstrahls verändert wird.

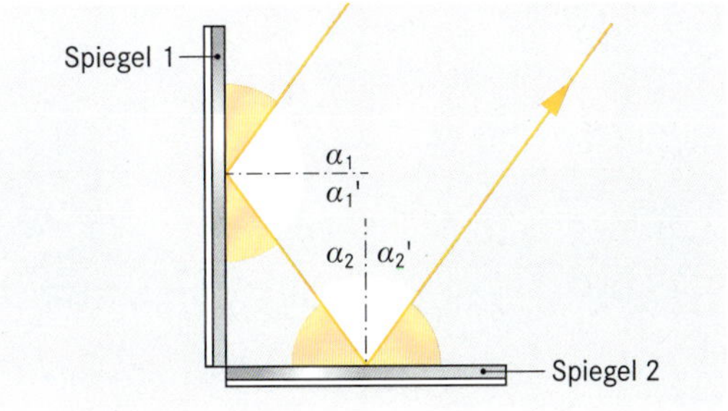

7 Winkelspiegel

Wird der Winkel auf 60° verkleinert, erkennt man fünf Spiegelbilder (8).

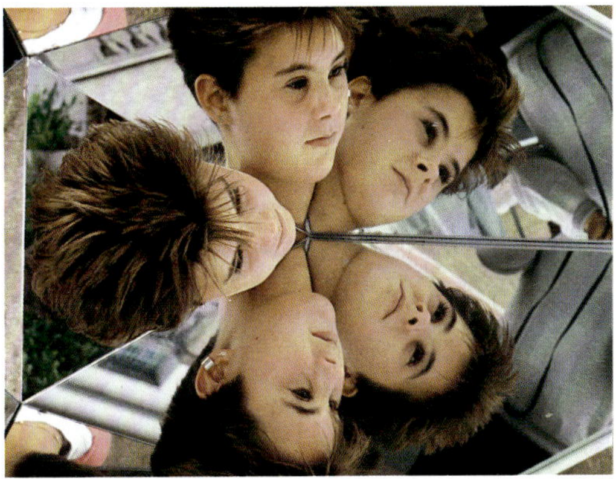

8 Mit Spiegeln Bilder vervielfachen

Stellt man eine Kerze zwischen zwei parallel aufgestellte Spiegel, so entstehen unendlich viele Bilder, denn jedes Spiegelbild ist für den anderen Spiegel selbst wieder ein Objekt.

Für Rückstrahler benutzt man **Tripelspiegel**, die aus drei aufeinander senkrecht stehenden spiegelnden Flächen bestehen.

Aufgaben

1. Konstruieren Sie nach Bild 1 das Spiegelbild einer Kerze. Zeichnen Sie dazu von der Kerzenspitze P aus drei Strahlen, die auf den Spiegel treffen. Konstruieren Sie nach dem Reflexionsgesetz die reflektierten Strahlen und verlängern Sie diese nach rückwärts über die Spiegelfläche hinaus.

Wiederholen Sie die Konstruktion für einen zweiten Gegenstandspunkt Q.

2. Stellt man zwei Taschenspiegel unter einem 90°-Winkel aneinander und hält eine Kerze zwischen die beiden Spiegel, so sieht man drei Spiegelbilder. Fertigen Sie eine Zeichnung an, an der Sie zeigen können, wie die drei Bilder entstehen.

3. Konstruieren Sie für einen Winkelspiegel zu einem einfallenden Lichtstrahl den vom zweiten Spiegel reflektierten Lichtstrahl.

5.2.3 Wölb- und Hohlspiegel

Gekrümmte Spiegelflächen

Spiegelbilder entstehen auch durch Reflexion des Lichts an gekrümmten Flächen. Z. B. kann man in einer blanken Halbkugel ein verkleinertes Bild der Umgebung erkennen (1).

1 Blick in einen Halbkugelspiegel

Auch in Verkehrsspiegeln, die an unübersichtlichen Straßenecken oder Einfahrten angebracht sind, oder in gewölbten Autorückspiegeln sieht man die Gegenstände verkleinert. Dies hat den Vorteil, dass man einen größeren Bereich überblicken kann als mit einem ebenen Spiegel. Spiegelnde Flächen, die nach außen gewölbt sind, heißen **Wölbspiegel**. Man nennt sie auch **Konvexspiegel** (lat. convexus = gewölbt).

Nach innen gewölbte spiegelnde Flächen findet man z. B. in Auto- und Fahrradscheinwerfern, in Taschenlampen oder bei Kosmetik- und Rasierspiegeln. Es sind **Hohlspiegel**. Man nennt sie auch **Konkavspiegel** (lat. concavus = hohl).

Reflexion am Wölbspiegel

Zur Untersuchung der Reflexion und der Bildentstehung wird als ein besonders einfacher Wölbspiegel die spiegelnde Fläche eines Teils einer Kugelfläche gewählt. Um das Reflexionsgesetz auch hier anwenden zu können, wird in Gedanken die Kugelfläche an der Auftreffstelle des Lichtstrahls durch einen kleinen ebenen Spiegel ersetzt (2). Dieser Spiegel berührt die Kugelfläche.

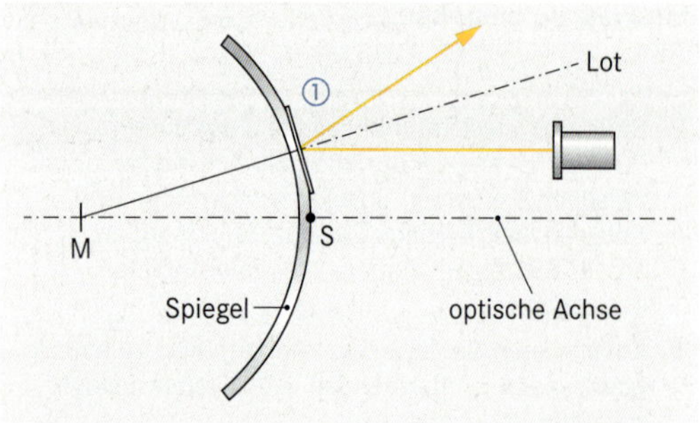

2 Reflexion am Wölbspiegel

In der Schnittzeichnung erscheint die Kugelfläche als Teil eines Kreises und der kleine Spiegel ① als Strecke. Die Gerade durch M und S hat den Namen **optische Achse**. Auf sie beziehen sich alle Angaben. Beim Kugelspiegel geht das Einfallslot durch den Mittelpunkt M. Zu jedem Lichtstrahl kann man nun das zugehörige Einfallslot und den reflektierten Lichtstrahl mit dem Reflexionsgesetz leicht finden. Dabei ist es zweckmäßig, zunächst Spezialfälle zu untersuchen (3).

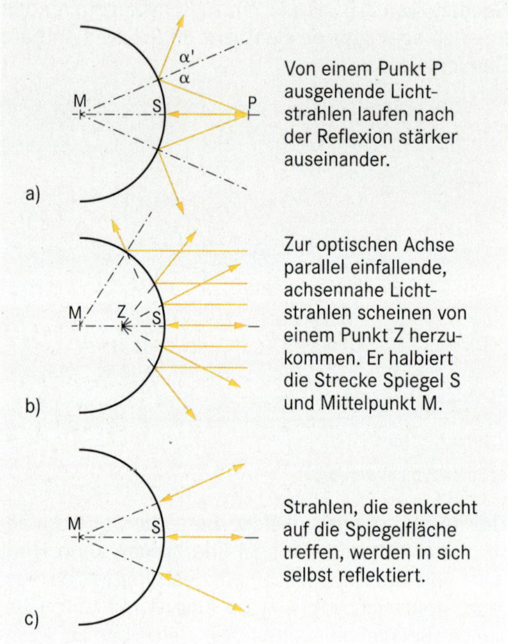

3 Strahlengang beim Wölbspiegel

Bilder am Wölbspiegel

Beim gewölbten Spiegel schneiden sich die rückwärtigen Verlängerungen der reflektierten Lichtstrahlen, die von einem Gegenstandspunkt P stammen, im Bildpunkt P' genauso wie beim ebenen Spiegel. Zur Konstruktion des Bildpunktes wird der bekannte Verlauf bestimmter Strahlen benutzt. Wie man dabei vorgehen muss, wird in Bild 4 gezeigt. Das Bild des Gegenstandes ist stets aufrecht und kleiner als der Gegenstand selbst.

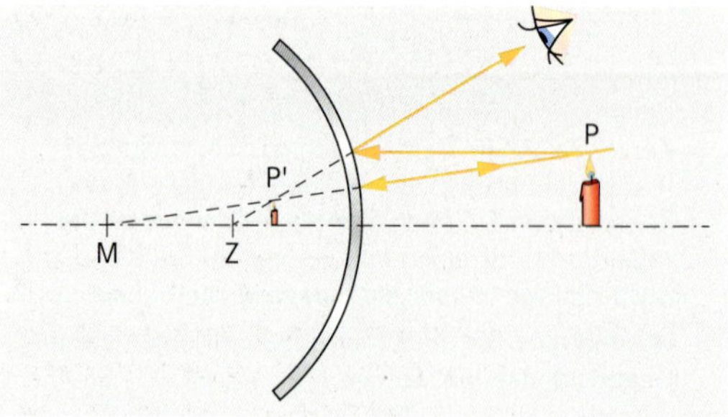

4 Bildkonstruktion am Wölbspiegel

Reflexion am Hohlspiegel

Fallen parallele Lichtstrahlen auf einen Hohlspiegel, so gehen die achsenparallel einfallenden, achsennahen Strahlen nach der Reflexion durch einen Punkt auf der optischen Achse (5). Das ist der **Brennpunkt** F des Hohlspiegels.

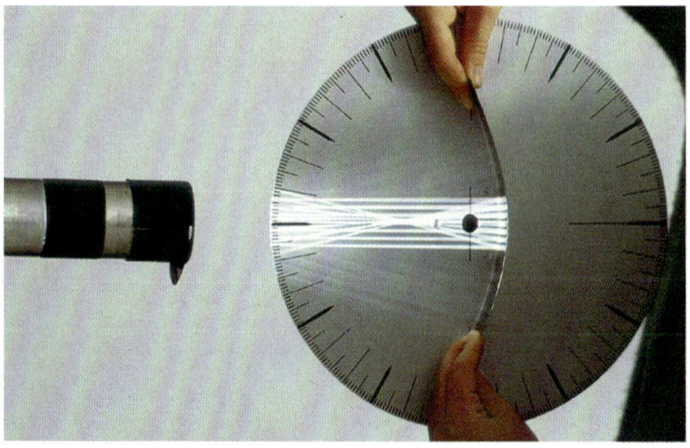

5 Parallelstrahlen werden zu Brennstrahlen

Der Abstand des Brennpunktes vom Spiegel heißt **Brennweite** *f*. Der Brennpunkt F halbiert die Strecke vom Mittelpunkt M zum Punkt S auf dem Spiegel. Es gilt $f = r/2$. Aus der Umkehrbarkeit des Lichtwegs folgt, dass Brennstrahlen den Hohlspiegel nach der Reflexion achsenparallel verlassen.

Diese Eigenschaften von Hohlspiegeln wendet man in **Scheinwerfern** (6) an.

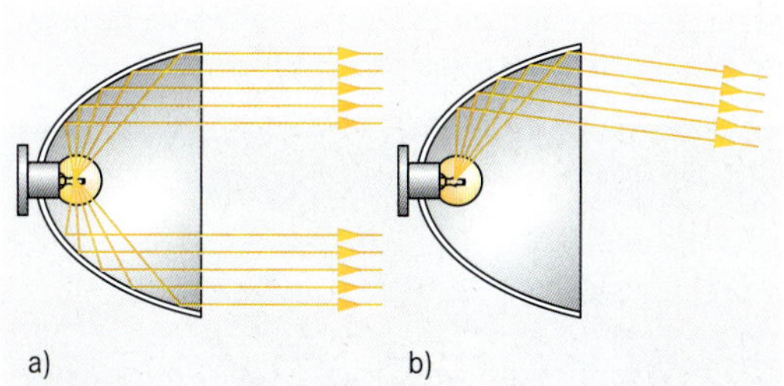

6 Scheinwerfer mit Parabolspiegel

Ein Glühfaden der Bilux-Lampe befindet sich im Brennpunkt des Spiegels und erzeugt bei Fernlicht parallele Lichtbündel (6a). Bei Fahrlicht leuchtet der zweite, nach unten abgedunkelte Glühfaden (6b).

Versuche

1. Blicken Sie in die Rückseite eines blanken Löffels. Nähern Sie nun dem Löffel den ausgestreckten Finger. Blicken Sie anschließend in die hohle Seite des Löffels und wiederholen Sie die Versuche.
   Beschreiben Sie Ihre Beobachtungen.
2. Zeigen Sie wie in Bild 5 mithilfe einer Experimentierleuchte mit Dreispaltblende und eines biegbaren, spiegelnden Metallstreifens die unterschiedlichen Reflexionen an einem Wölb- und Hohlspiegel.
   Skizzieren Sie die einzelnen Möglichkeiten.

Im Brennpunkt eines Hohlspiegels kann man mit dem Sonnenlicht ein Streichholz entzünden (7).

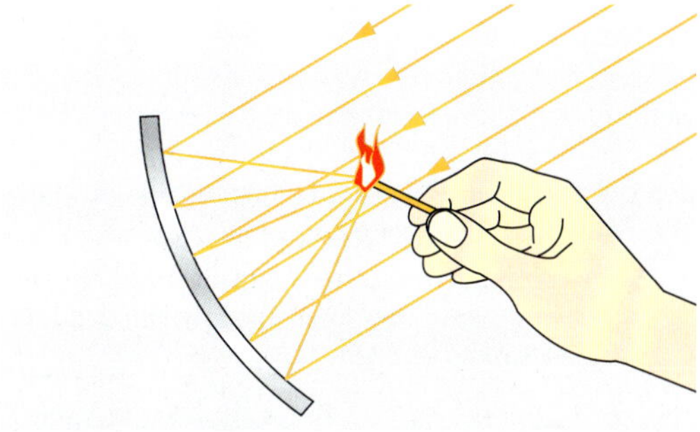

7 Streichholz im Brennpunkt

Im größeren Maße wird beim **Sonnenofen** (8) das auf einen Hohlspiegel fallende Sonnenlicht im Brennpunkt konzentriert. Mit der gewonnenen Energie wird ein dort angebrachter Motor mit angekoppeltem Generator angetrieben.

8 Sonnenöfen in der Wüste

Aufgaben

1. Vergleichen Sie den Strahlenverlauf beim Wölbspiegel und beim Hohlspiegel. Nennen Sie Gemeinsamkeiten und Unterschiede.
2. Auf einen Wölbspiegel mit dem Radius $r = 5$ cm fällt von einem Punkt P der optischen Achse aus ein Lichtkegel. Wählen Sie aus diesem Lichtbündel geeignete Strahlen aus, zeichnen Sie zu jedem das Einfallslot, messen Sie die Einfallswinkel und zeichnen Sie durch Winkelübertragung $\alpha = \alpha'$ die reflektierten Strahlen.
3. Konstruieren Sie für einen Wölbspiegel mit $r = 8$ cm die Spiegelbilder einer 2 cm hohen Minikerze die a) 2 cm, b) 5 cm und c) 10 cm vom Spiegel entfernt ist.
4. Vor einem kugelförmigen Hohlspiegel mit der Brennweite $f = 5$ cm steht ein 2 cm langes Streichholz senkrecht zur optischen Achse. Konstruieren Sie das Spiegelbild, wenn sein Abstand a) 10 cm, b) 20 cm, c) 3 cm beträgt. Beschreiben Sie jeweils die Eigenschaften des Bildes.
5. Beschreiben Sie die Wirkungsweise eines Scheinwerfers (6).

Bilder am Hohlspiegel

Schaut man aus einem gewissen Abstand in einen Hohlspiegel, steht das Bild auf dem Kopf. Beim Annähern wird das Spiegelbild immer größer, bis es bei einem bestimmten Abstand verschwimmt. Bei weiterer Annäherung ist ein vergrößertes, aufrechtes Bild zu sehen. Mit ausgewählten Strahlen können die Lage der Bilder am Hohlspiegel konstruiert und diese drei Möglichkeiten erklärt werden:

- Eine Kerze steht zwischen dem Brennpunkt und dem Mittelpunkt des Hohlspiegels, also außerhalb der Brennweite (1).

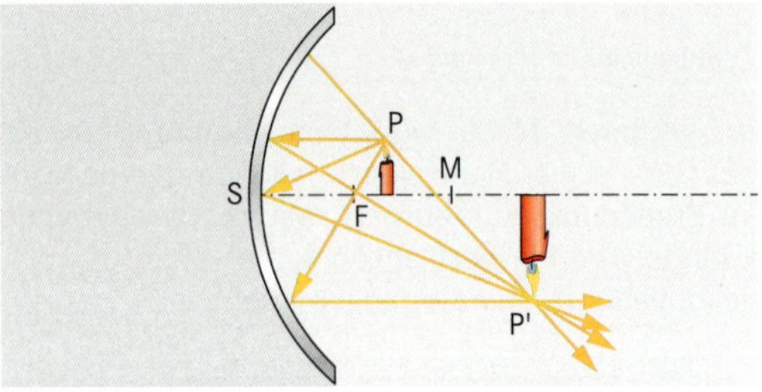

1 Das Bild steht Kopf

Die reflektierten Strahlen treffen sich vor dem Hohlspiegel. Dort muss also der Bildpunkt P' der Kerzenspitze liegen. Da P' im Vergleich zu P auf der anderen Seite der optischen Achse liegt, ist das Bild umgekehrt und vergrößert.

- Wenn der Gegenstand genau im Brennpunkt steht, existiert kein Bild (2).

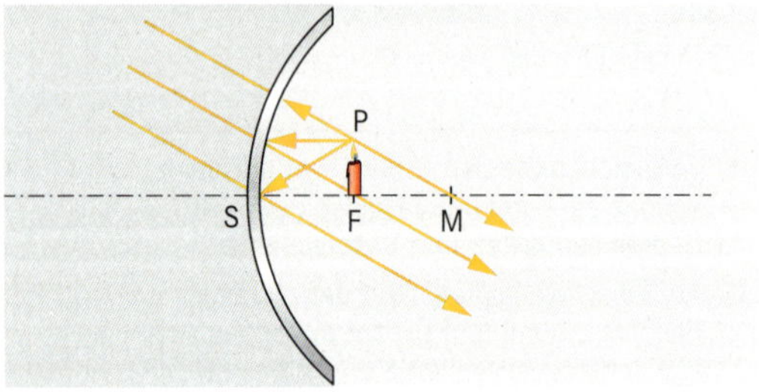

2 Die Kerze steht im Brennpunkt

- Befindet sich die Kerze zwischen dem Spiegel und dem Brennpunkt, also innerhalb der Brennweite, so laufen die reflektierten Strahlen auseinander (3).

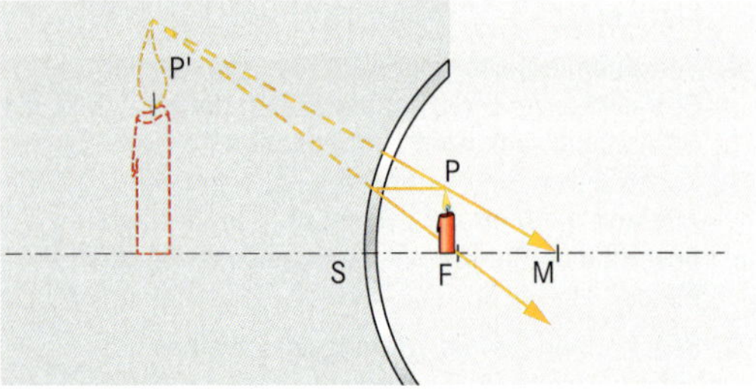

3 Die Kerze steht innerhalb der Brennweite

Für das Auge scheinen die Strahlen von P' herzukommen. Das Auge sieht das Bild aufrecht und vergrößert hinter dem Spiegel. Es ist ein virtuelles Bild, da es nicht auf einem Schirm auffangbar ist. Das Spiegelbild in Bild 1 nennt man reell. Es ist auf einem Schirm auffangbar.

Hohlspiegel als Teleskop

Bei einem einfachen **Teleskop** gelangt das Licht vom Hauptspiegel und über einen kleinen Wölbspiegel durch ein Loch im Hauptspiegel zum Empfänger (4).

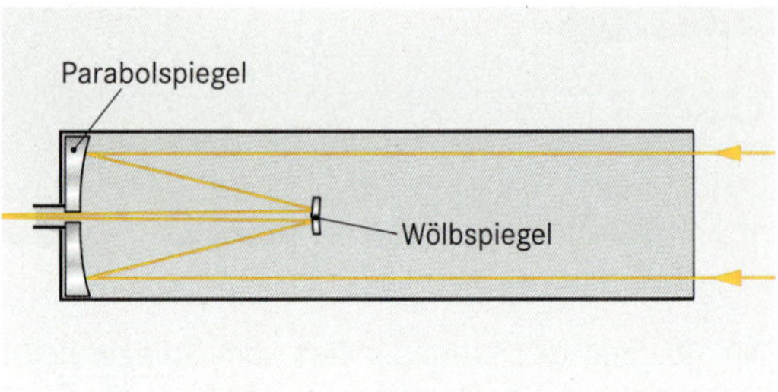

4 Spiegelteleskop

Ähnlich aufgebaut ist das **Hubble-Weltraum-Teleskop** (5), benannt nach dem nordamerikanischen Astronomen Edwin Powell Hubble (1889–1953). Seit 1990 bewegt es sich in einer 610 km hohen Umlaufbahn um die Erde. Da es nicht durch Lichtquellen der Erde sowie Wolken und andere Bestandteile der Erdatmosphäre gestört wird, liefert es genaueste Bilder des Universums.

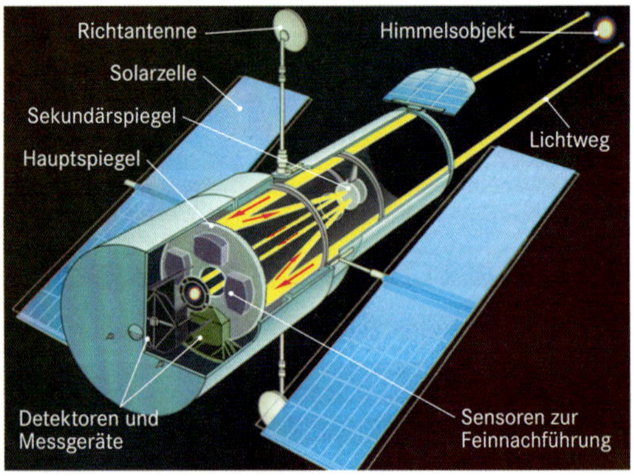

5 Hubble-Weltraum-Teleskop

Aufgaben

1. Zeichnen Sie einen Hohlspiegel mit der Brennweite $f = 4$ cm, markieren Sie den Brennpunkt und den Mittelpunkt des Kugelspiegels. Nehmen Sie eine Kerze in verschiedenen Entfernungen vom Spiegel an: a) 2,5 cm; b) 7 cm und c) 12 cm. Konstruieren Sie jeweils mit Brennstrahl und Parallelstrahl den Bildpunkt P' der Kerzenspitze P.
2. Beschreiben Sie die Wirkungsweise eines Spiegelteleskops.

Sehen durch Licht

Licht wird in Lichtquellen erzeugt und gelangt von dort direkt oder nach Reflexion an beleuchteten Körpern in unser Auge. Der Lichtreiz wird an das Gehirn weitergeleitet.

Licht breitet sich geradlinig aus. Das Licht selbst ist unsichtbar. Licht legt in einer Sekunde im Vakuum etwa 300 000 km zurück.

Strahlenmodell des Lichts

Lichtstrahlen stellt man durch geometrische Strahlen dar. Ein breites Lichtbündel ist aus vielen Lichtstrahlen zusammengesetzt.

Schatten

a) Bei einer punktförmigen Lichtquelle entsteht ein scharf begrenzter Schatten.

b) Zwei Punktlichtquellen erzeugen zwei Schattengebiete: den Kernschatten und die Halbschattengebiete.

c) Bei flächenhaften Lichtquellen verschwinden die scharfen Schattengrenzen.

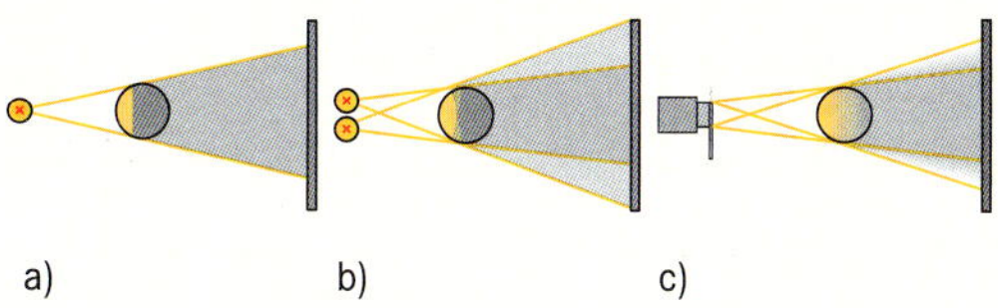

Mondphasen und Finsternisse

Die veränderliche Gestalt des Mondes wird durch seine wechselnde Stellung zur Erde und zur Sonne verursacht.

Bei Mondfinsternissen taucht der Mond in den Erdschatten ein. Dies ist nur bei Vollmond möglich.

Bei Sonnenfinsternissen tritt der Mond zwischen Sonne und Erde. Dies ist nur bei Neumond der Fall.

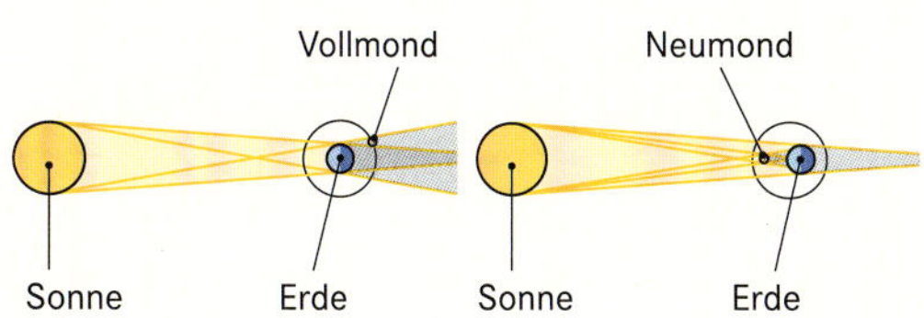

Reflexionsgesetz

Einfallender und reflektierter Strahl liegen mit dem Einfallslot in einer Ebene. Einfallswinkel und Reflexionswinkel sind gleich groß. Der Lichtweg ist umkehrbar.

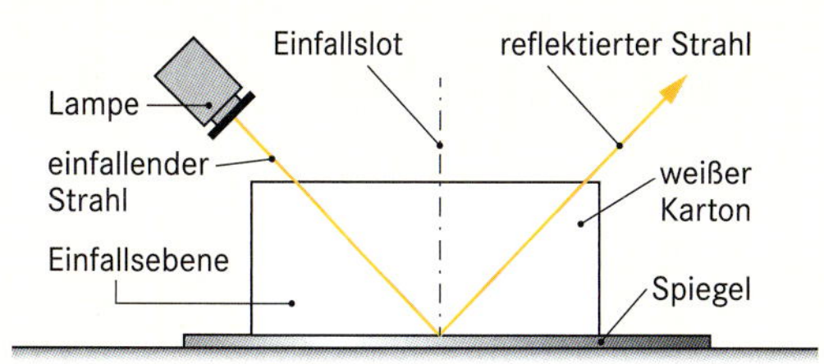

Bild am ebenen Spiegel

Die rückwärtigen Verlängerungen aller Lichtstrahlen, die von einem Gegenstandspunkt P ausgehen, schneiden sich im Bildpunkt P'. Die Strecke $\overline{PP'}$ steht senkrecht auf der Spiegelfläche und wird durch sie halbiert. Für das Auge scheinen die Lichtstrahlen von P' herzukommen. Es ist ein virtuelles Bild von P.

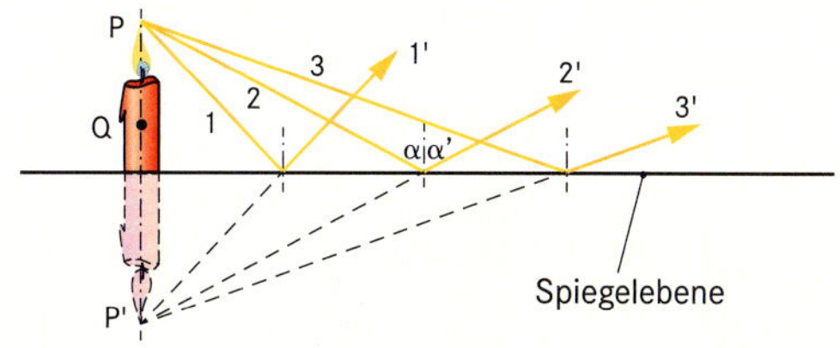

Hohlspiegel

a) Beim kugelförmigen Hohlspiegel verlaufen achsenparallel einfallende Strahlen nach der Reflexion durch einen Punkt, den Brennpunkt F.

b) Strahlen durch den Brennpunkt verlassen den Hohlspiegel achsenparallel. Die Brennweite *f* ist halb so groß wie der Radius des Kugelspiegels:

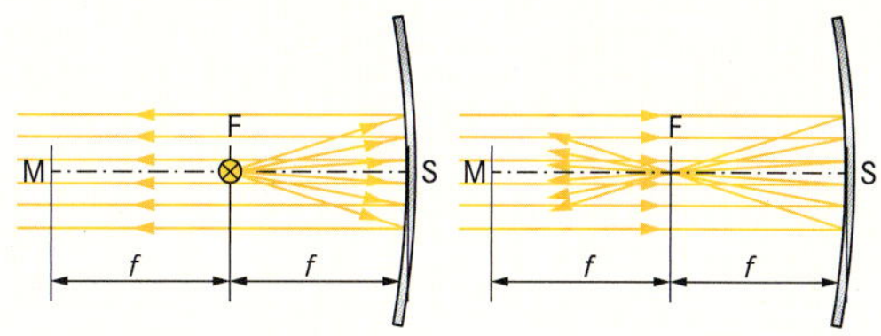

Bilder beim Hohlspiegel

Es entstehen vergrößerte, aufrechte und seitenrichtige virtuelle Bilder, wenn sich der Gegenstand innerhalb der Brennweite befindet. Steht er außerhalb der Brennweite, so entsteht ein umgekehrtes, seitenverkehrtes reelles Bild.

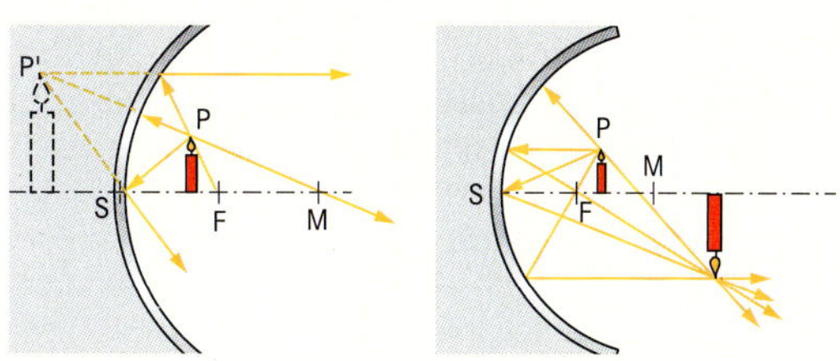

Wölbspiegel

Wölbspiegel tragen die spiegelnde Fläche außen. Wölbspiegelbilder sind immer virtuell, verkleinert, aufrecht und seitenrichtig.

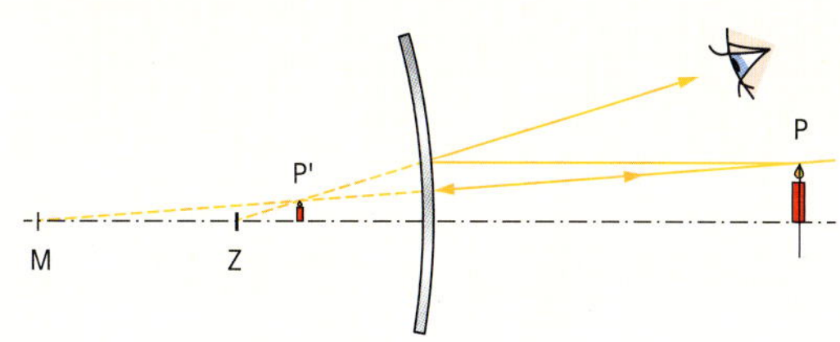

5.3 Brechung

5.3.1 Geknickte Lichtstrahlen

Ein Löffel steht schräg in einem Glas Wasser. Schräg von oben betrachtet hat man den Eindruck, als sei er an der Wasseroberfläche abgeknickt (1).

1 Scheinbar geknickt

Diese Erscheinung hängt mit dem Verlauf der Lichtstrahlen beim Übergang von einem durchscheinenden Stoff, z. B. Luft, in den anderen, z. B. Wasser zusammen (2).

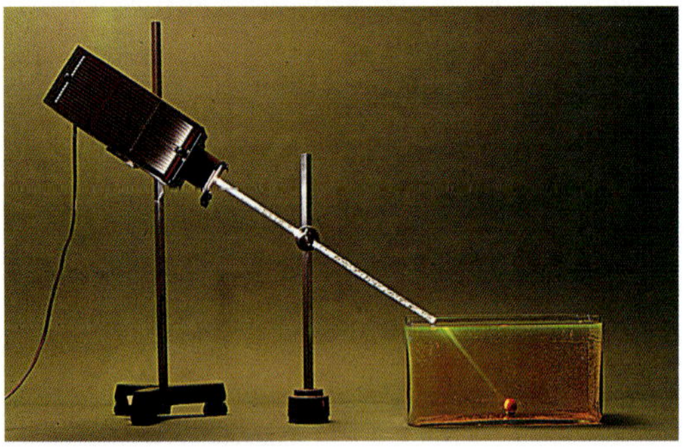

2 Gebrochener Lichtstrahl

Ein Lichtstrahl trifft schräg auf eine Wasseroberfläche (3). Der Lichtverlauf im Wasser wird durch Fluoreszin, in der Luft mit Kreidestaub sichtbar gemacht. Beim Übergang von Luft in Wasser wird der Lichtstrahl geknickt. Diese Erscheinung heißt **Lichtbrechung**. Richtet man ein schmales Lichtbündel gegen die Wasseroberfläche und verändert dabei die Neigung des einfallenden Lichtbündels, so beobachtet man an der Grenzfläche, dass der Lichtstrahl teils reflektiert, teils gebrochen wird.

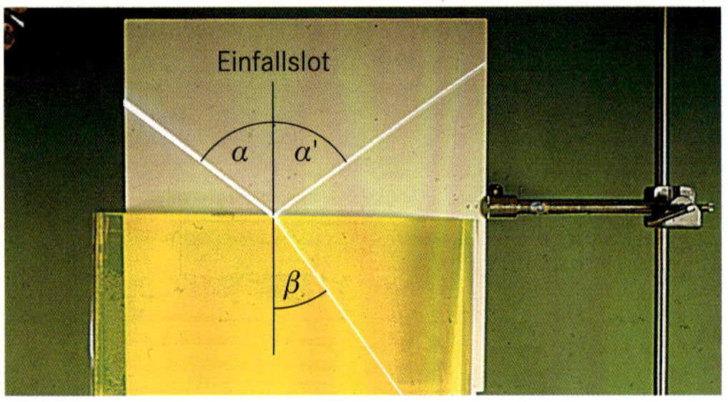

3 Reflexion und Brechung

Beispiel

Optische Täuschung

Auf dem Boden eines weiten Becherglases liegt eine Münze (4). Man blickt so über den Rand des Becherglases, dass man die Münze gerade nicht mehr sieht (P). Ohne die Blickstellung zu verändern, wird vorsichtig Wasser eingefüllt. Dabei wird die Münze scheinbar angehoben und sichtbar (P').

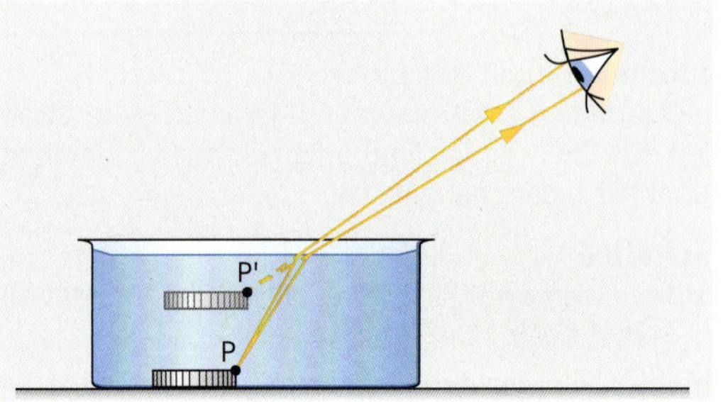

4 Scheinbar angehoben durch Lichtbrechung

Das Licht, das von der Münze ausgeht, wird an der Grenzschicht Wasser/Luft gebrochen. Das Gehirn stellt sich den Strahlenverlauf so vor, als käme es von dort, wo sich die rückwärts verlängerten Strahlen schneiden. Wenn man das Wasser bei konstanter Blickrichtung entfernt, würde die Münze wieder verschwinden.

Der **Brechungswinkel** β im Wasser ist stets kleiner als der Winkel α in der Luft. Je flacher das Licht auf die Wasseroberfläche auftrifft, desto größer ist der Unterschied zwischen α und β. Bei senkrechtem Lichteinfall gibt es keine Brechung. Einfallender Lichtstrahl, Einfallslot und gebrochener Lichtstrahl liegen in einer Ebene.

Wenn der Lichtstrahl aus dem Wasser wieder in die Luft übertritt, erfolgt ebenfalls eine Brechung und zwar vom Lot weg (5).

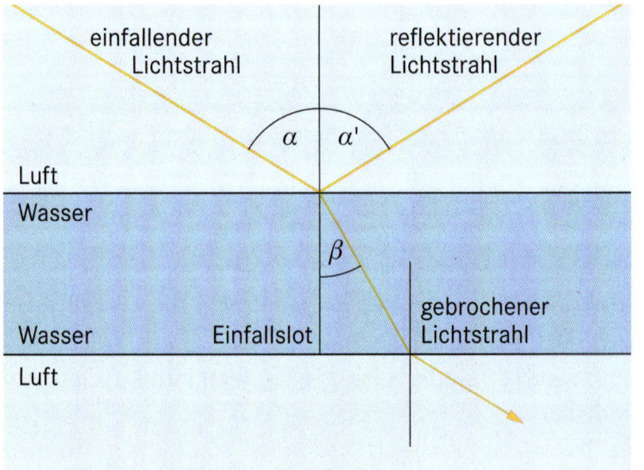

5 Unterschiedliche Brechungswinkel

Man bezeichnet beim Übergang zweier unterschiedlicher Stoffe den Stoff als **optisch dichter**, bei dem der Brechungswinkel β kleiner als der Einfallswinkel α ist. Im Vergleich dazu ist der andere Stoff **optisch dünner**.

Ein Lichtstrahl wird beim Übergang von einem optisch dünneren Stoff in einen optisch dichteren Stoff zum Lot hin gebrochen.

Ein Halbzylinder aus durchsichtigem Kunststoff befindet sich so auf einer mit Winkelteilung versehenen Kreisscheibe, dass sein Mittelpunkt mit dem der Kreisscheibe zusammenfällt (6).

6 Brechungswinkel bestimmen

Durch Drehen der Scheibe kann der Einfallswinkel α leicht verändert werden. Mit dieser Anordnung kann man den Zusammenhang zwischen α und β zahlenmäßig untersuchen. Der Lichtstrahl trifft auf die halbzylindrische Grenzfläche stets senkrecht auf und wird daher nicht gebrochen. Der Brechungswinkel β kann so in Abhängigkeit vom Einfallswinkel α gemessen werden.

Weitere Messergebnisse zeigt ein Diagramm (7).

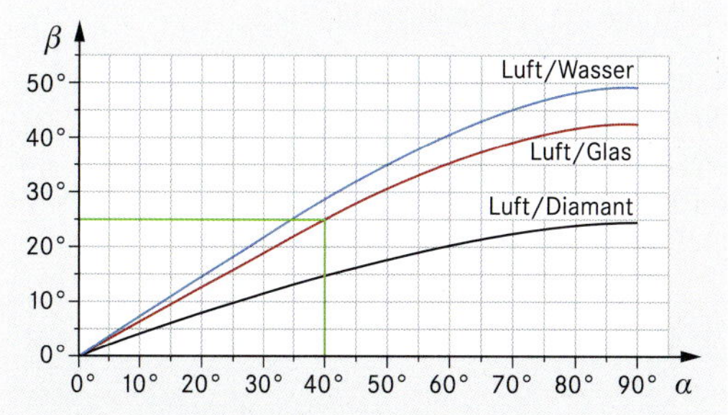

7 Zusammenhang zwischen α und β

Lässt man einen Lichtstrahl aus der Luft unter gleichem Einfallswinkel auf die ebene Grenzfläche von Wasser, Glas, Diamant oder anderer durchsichtiger Stoffe fallen, so ergeben sich unterschiedliche Brechungswinkel. Diamant bricht das Licht stärker als Glas und Glas bricht es stärker als Wasser. Ein Maß für die Stärke der Brechung an einer solchen Grenzfläche ist die **Brechzahl** n. Für kleine Winkel gilt näherungsweise:

$$n = \frac{\alpha}{\beta}$$

Diesen Zusammenhang bezeichnet man als **Brechungsgesetz**.

Für den Übergang Luft/Glas erhält man den Wert $n = 30°/20° = 1{,}5$ und für den Übergang Luft/Wasser $n = 20°/15° = 1{,}33$.

Weitere Werte zeigt eine Tabelle (8).

Übergang von Luft zu	Brechzahl n
Eis	1,31
Acrylglas	1,49
Kronglas	1,49–1,54
Benzol	1,51
Flintglas	1,59–1,65
Schwefelkohlenstoff	1,63
Kalkspat	1,66
Diamant	2,42

8 Beispiele für Brechzahlen

Beim Übergang von einem Stoff geringerer Brechzahl in einen Stoff mit größerer Brechzahl wird ein Lichtstrahl zum Einfallslot hin gebrochen. Umgekehrt wird der Lichtstrahl vom Einfallslot weg gebrochen, wenn er aus einem Stoff mit größerer Brechzahl kommt.

Beispiel

Brillengläser aus Glas oder Kunststoff

Brillengläser aus Glas gibt es mit einer Brechzahl n zwischen 1,5 und 1,9 Brillengläser aus Kunststoff zwischen 1,5 und 1,74. Bei gleicher Korrektur der Sehschwäche sind Gläser mit höherer Brechzahl dünner als Gläser mit niedrigerer Brechzahl. Brillengläser aus Glas sind bei gleicher Brechzahl schwerer als Kunststoffgläser.

Versuche

1. Bauen Sie die Versuchsanordnung nach Bild 6 auf. Messen Sie den Brechungswinkel β in Abhängigkeit vom Einfallswinkel α. Tragen Sie die Werte in ein Diagramm ein (Maßstab: 1 cm = 10°).
2. Lassen Sie in der Versuchsanordnung nach Bild 6 einen Lichtstrahl durch den Glaskörper von der halbzylindrischen Seite auf die Mitte seiner geraden Fläche fallen. Messen Sie den Brechungswinkel β in Abhängigkeit vom Einfallswinkel α. Tragen Sie die Werte in ein Diagramm ein.
   Formulieren Sie ein Ergebnis.

Aufgaben

1. Aus dem Diagramm (7) kann man auch Werte ablesen, die nicht gemessen wurden. So gehört zu einem Einfallswinkel von 35° beim Übergang Luft/Glas der Brechungswinkel von ca. 24°. Bestimmen Sie für den gleichen Stoff die Brechungswinkel zu 15°, 45°, 70° und 54°.
2. Ein Lichtstrahl trifft auf die obere Fläche einer quaderförmigen Glasplatte (α = 40°). Der Brechungswinkel β beträgt 25°. Unter diesem Winkel trifft er auf die untere Glasfläche. Der Brechungswinkel β beträgt 40°.
   Zeichnen Sie den Strahlenverlauf.

5.3.2 Totalreflexion

Die Ausflussöffnung eines Glastrichters wurde beim Eintauchen des Trichters mit einem Finger fest verschlossen. Nach dem Eintauchen befindet sich im oberen Teil des Trichters Luft, nur im unteren Teil ist etwas Wasser eingedrungen (1).

1 Ein Glastrichter unter Wasser glänzt silbrig

Blickt man von oben auf die Trichterwand, glänzt dieser obere Teil silbrig und erscheint wie ein Spiegel. Diese spiegelnde Fläche kommt dadurch zustande, dass das Licht an der Grenzfläche Glas/Luft im Innern des Trichters reflektiert wird.

Wie aus der durchsichtigen Glaswand diese helle, spiegelnde Fläche entsteht, verdeutlicht ein Versuch (2).

2 Licht beim Übergang Wasser/Luft

Das strahlenförmig von der Unterwasserlichtquelle ausgehende Licht trifft unter unterschiedlichen Winkeln auf die Grenzfläche Wasser/Luft. Das Licht wird an Grenzflächen teils reflektiert, teils gebrochen. Das Licht fällt von außen auf den Trichter. Die meisten Strahlen werden am Übergang in die Luft gebrochen. Beim Übergang des Lichts von Glas in Luft ist der Brechungswinkel stets größer als der Einfallswinkel. Er nimmt mit wachsendem Einfallswinkel zu.

Von einem bestimmten Einfallswinkel ab gelangt das Licht nicht durch die Wasseroberfläche. Es wird vollständig reflektiert. Man nennt diesen Vorgang **Totalreflexion**. Die Winkel, bei denen Totalreflexion erreicht wird, heißen **Grenzwinkel der Totalreflexion**. Für den Übergang Glas/Luft beträgt der Grenzwinkel etwa 42°. Eine Tabelle (3) zeigt weitere Beispiele.

Von ... in Luft	Grenzwinkel
Eis	49,8°
Wasser	48,6°
Ethylalkohol	47,3°
Flussspat	44,2°
Quarzglas	43,2°
Plexiglas	42,2°
Kronglas	42,2°
Benzol	41,8°
Steinsalz	40,3°
Flintglas	39,5°
Kalkspat	37,1°
Diamant	24,4°

3 Beispiele für Grenzwinkel der Totalreflexion

Treffen Lichtstrahlen in einem Stoff mit größerer Brechzahl auf die Grenzfläche gegen einen Stoff geringerer Brechzahl, so werden sie bei Einfallswinkeln, die größer sind als der Grenzwinkel der Totalreflexion α_g, vollständig reflektiert.

Beim Trichter in Bild 1 wird das Licht an der Grenzfläche des luftgefüllten Teils totalreflektiert. Im wassergefüllten Teil tritt keine Totalreflexion auf. Diese verschwindet auch im oberen Bereich, wenn man den Finger an der Ausflussöffnung entfernt.

Versuche

1. Befestigen Sie eine kleine Kartoffel an einem Draht und berußen Sie sie kräftig über einer Kerzenflamme. Tauchen Sie danach die Kartoffel in ein mit Wasser gefülltes Glas. Die schwarze Kartoffel erscheint unter Wasser silbrig glänzend. Erklären Sie diese Beobachtung.
2. Füllen Sie ein U-Rohr mit Wasser. Richten Sie ein schmales Lichtbündel leicht schräg in eine der beiden Schenkelöffnungen. Halten Sie einen weißen Schirm oder weißes Papier schräg über die andere Schenkelöffnung. Skizzieren Sie den Versuch. Erklären Sie das Ergebnis.

Aufgaben

1. Ein Taucher befindet sich am Boden eines Schwimmbeckens. Die Wasseroberfläche ist völlig glatt. Was sieht der Taucher, wenn er zur Wasseroberfläche schaut?
2. Warum kann man Luftblasen unter Wasser sehen, obwohl Luft doch unsichtbar ist?

5.3.3 Dispersion

Bei manchen Brechungsversuchen mit weißem Licht kann man farbige Ränder am gebrochenen Lichtstrahl erkennen. Besonders deutlich ist das bei einem großen Einfallswinkel (4).

4 Auffächerung in farbiges Licht

Das gebrochene Lichtbündel zeigt eine deutliche Auffächerung in die Farben des Regenbogens. Diese Hauptfarben sind Rot - Orange - Gelb - Grün - Blau - Violett.

Von dem englischen Physiker Isaac Newton (1643–1727) stammt die auch heute noch gültige Erklärung. Danach besteht weißes Licht aus Farben, die verschieden brechbar sind. Bei der Brechung wird das Lichtbündel in seine farbigen Anteile zerlegt. Blaues Licht wird am stärksten, rotes Licht am schwächsten abgelenkt. Diese Erscheinung heißt **Farbzerstreuung** oder **Dispersion** des Lichts.

Weißes Licht wird durch Brechung in die einzelnen Farben zerlegt. Rotes Licht wird weniger stark abgelenkt als das blaue oder violette Licht.

Auch bei der Brechung an der Grenzfläche Wasser/Luft tritt Dispersion auf. Die Dispersion liefert auch eine Erklärung für die Entstehung des **Regenbogens** (5).

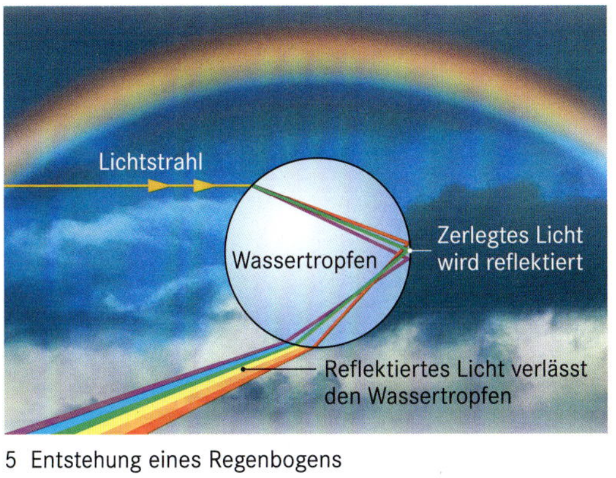

5 Entstehung eines Regenbogens

Das weiße Sonnenlicht trifft auf viele Regentropfen. Jeder einzelne Regentropfen bricht und reflektiert das Licht. Das rote Licht wird im Regentropfen so abgelenkt, dass es den Tropfen unter einem Winkel von 42° gegenüber dem einfallenden weißen Sonnenlicht verlässt. Das blaue Licht tritt unter einem Winkel von 40° wieder aus. Ein Beobachter des Regenbogens erhält gleichzeitig das farbige Licht von unterschiedlich hohen Regentropfen. Das rote Regenbogenlicht kommt von höheren Wassertropfen als das blaue Licht.

Als Modell für einen Regentropfen kann man ein mit Wasser gefülltes Becherglas verwenden. Um den Lichtweg sichtbar zu machen, wird etwas Fluoreszin zugegeben (6).

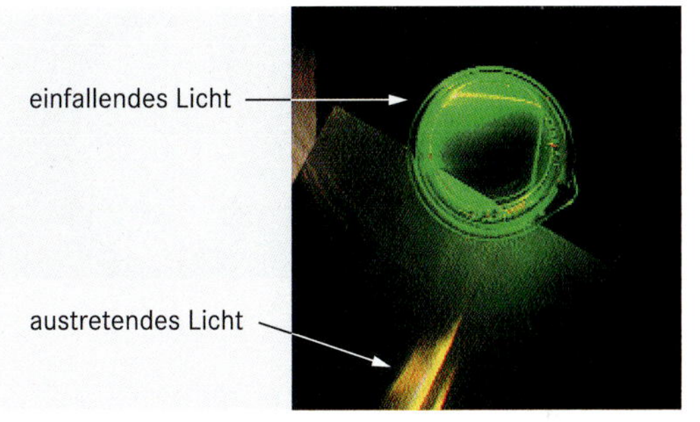

6 Versuch zum Regenbogen

Beleuchtet man das Becherglas von der Seite, findet man zwei Stellen, an denen besonders viel Licht austritt. An diesen Stellen sieht man auch die Regenbogenfarben. Die Reihenfolge der Farben ist bei der zweiten Austrittsstelle gegenüber der ersten gerade vertauscht.

Die erste Austrittstelle entsteht nach einmaliger Reflexion des Lichts im Tropfen (5), die zweite, wesentlich schwächere Austrittstelle nach zweimaliger Reflexion (7).

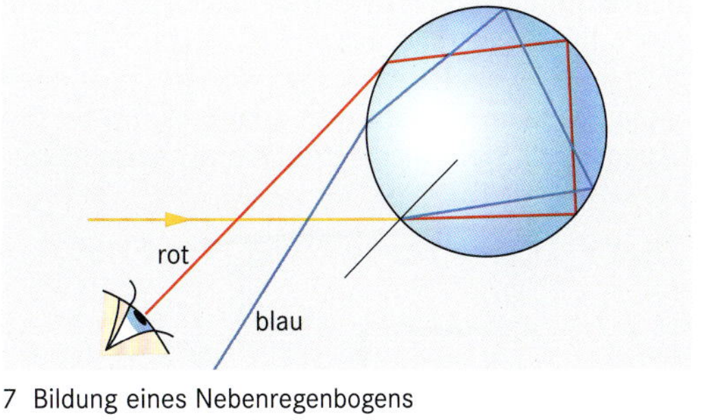

7 Bildung eines Nebenregenbogens

In der Natur können zwei Regenbögen auftreten, ein kräftiger **Hauptregenbogen** und ein schwächerer **Nebenregenbogen** mit umgekehrter Farbfolge.

Aufgaben

1. Unter welchen Bedingungen kann man eine Dispersion beobachten?
2. Tautropfen funkeln im Sonnenlicht in wechselnden Farben. Warum?
3. Warum ist Schnee weiß?

5.3.4 Anwendungen der Lichtbrechung

Lichteffekte

Diamanten haben eine hohe Brechzahl und zeichnen sich deshalb durch eine sehr starke Lichtbrechung aus. Die wertvollsten Diamanten sind völlig farblose, durchsichtige Kristalle. Durch einen äußerst komplizierten Schliff, einen Brillantschliff, werden die Oberflächen so gestaltet, dass durch Reflexion und Brechung des Lichts besondere Effekte für das Auge erzeugt werden (1).

1 Rohe und geschliffene Diamanten

Umlenken mit Prismen

Prismen sind keilförmige Glaskörper. Das 90°-Prisma strahlt das Licht parallel versetzt zurück und vertauscht die Reihenfolge der Lichtstrahlen (2). Solche Prismen nennt man **Umkehrprismen**.

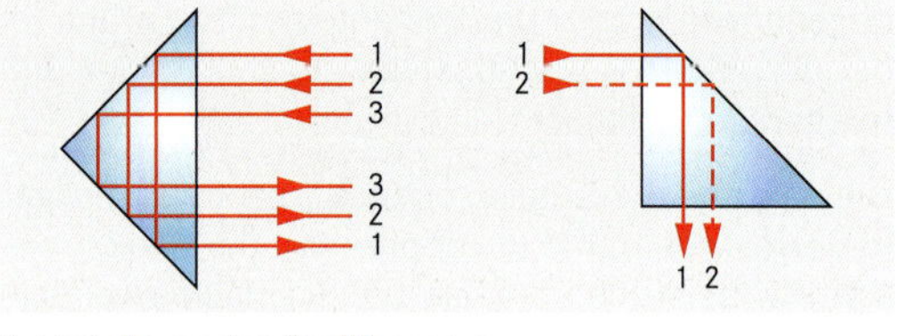

2 Umkehrung des Strahlengangs

In **Prismenferngläsern** (3) wird das Licht durch zwei Umkehrprismen umgelenkt. Das eine vertauscht links und rechts, das andere oben und unten. Dadurch erreicht man eine Bildumkehr. Die Gegenstände sieht man aufrecht und seitenrichtig.

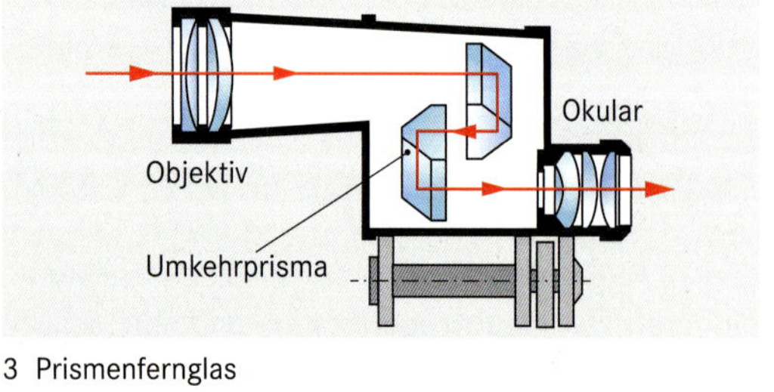

3 Prismenfernglas

Gekrümmte Lichtstrahlen

Alle bisherigen Erfahrungen bestätigen die geradlinige Lichtausbreitung. Und doch gibt es gebogene Lichtstrahlen bei der **Luftspiegelung** an heißen Tagen. Dann erscheint die Straße in der Ferne oft wie mit Wasser bedeckt. Man sieht auch ein Spiegelbild des Himmels (4).

4 Luftspiegelung auf heißer Straße

Unmittelbar über der Straße ist die Luft sehr heiß. Die darüber liegenden Luftschichten sind kühler (5).

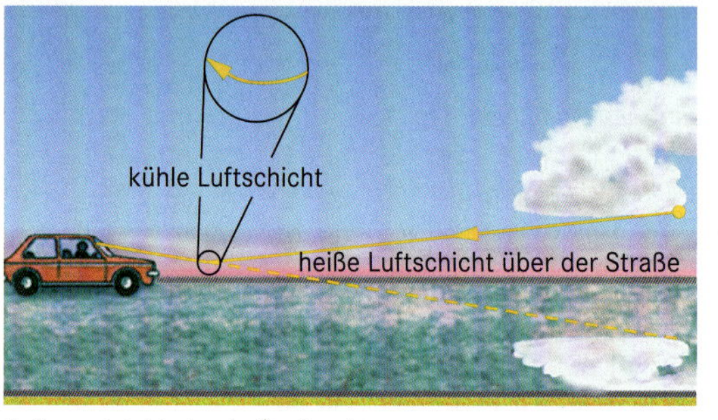

5 So entsteht eine Luftspiegelung

Bei großem Einfallswinkel tritt an den Grenzschichten Totalreflexion ein. Da der Übergang allmählich erfolgt, ändert der Lichtstrahl mehrfach seine Richtung. Durch den gleichen Effekt entsteht in der Wüste eine **Fatamorgana** (**Luftspiegelung**).

Video

Verformte Abendsonne

Wenn die von der Sonne ausgehenden Lichtstrahlen durch unterschiedlich dichte Luftschichten laufen, erscheint die Abendsonne plattgedrückt (6).

6 Verformte Abendsonne

Ein vom oberen Sonnenrand kommender Lichtstrahl trifft flacher auf die Lufthülle der Erde und wird weniger stark gekrümmt als ein Lichtstrahl vom unteren Rand. Der untere Rand wird daher auch scheinbar stärker angehoben. Die vom linken und rechten Rand ausgehenden Lichtstrahlen werden gleich stark gebrochen. Daher erscheint der waagerechte Sonnendurchmesser unverkürzt.

Lichtleitertechnik

Das Prinzip der **Lichtleiterkabel** ist einfach. Sie bestehen aus mehreren hundert oder tausend haarfeinen Glas- oder Kunststofffasern. Jede einzelne Faser, Durchmesser bis herab zu 0,01 mm, ist von einem wenige tausendstel Millimeter dicken Mantel einer Sorte mit niedrigerer Brechzahl umgeben (7).

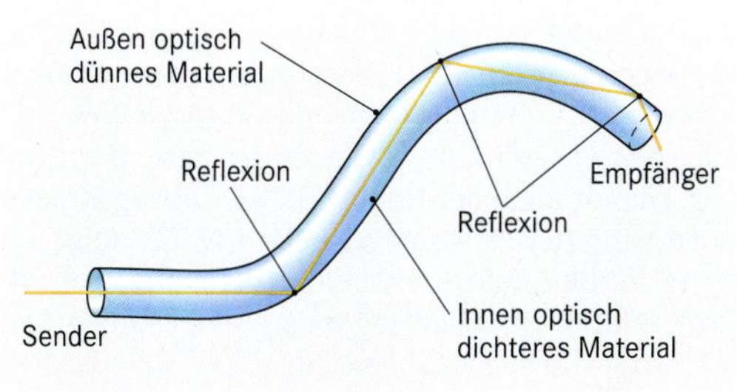

7 Totalreflexion in einer Lichtleiterfaser

Trifft ein feiner Lichtstrahl, z. B. ein Laserstrahl, auf die Stirnfläche des Lichtleiters, wird das Licht innerhalb der Faser an der Grenzschicht beider Glas- oder Kunststoffsorten weiter geleitet und tritt am anderen Ende nahezu ungeschwächt aus. Da es immer schräg auf die Grenzfläche beider Glassorten auftrifft, wird es total reflektiert. Beim **Laserlicht** kann man den Verlauf des Lichtstrahls im Innern eines gekrümmten Glasstabes gut verfolgen (8).

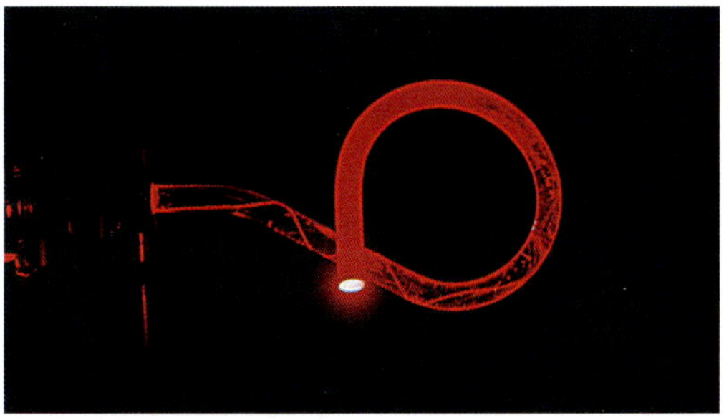

8 Ein Glasstab als Lichtleiter

Telefonieren über Lichtleiter

Lichtleiter können z. B. zur Beleuchtung, zur Signalübertragung und zur Bildübertragung genutzt werden. Die Bild- und Tonsignale werden durch Mikrofon und Kamera in elektrische Signale umgewandelt. In einem elektro-optischen Wandler werden die elektrischen Signale dann in eine Abfolge von Lichtsignalen umgewandelt und in dem Lichtleiterkabel übertragen. Beim Empfänger werden die optischen Signale durch einen opto-elektrischen Wandler wieder in elektrische Signale umgewandelt.

Mit Lichtsignalen durch Quarzglasfasern können in gleicher Zeit weit mehr Informationen übertragen werden als mit elektrischen Strömen durch Kupferkabel. Sie sind störungsfrei und abhörsicher.

Endoskop

Mithilfe der **Lichtfaseroptik** lassen sich Harnleitersteine, Nieren- oder Gallensteine in einem äußerst schonenden Verfahren mit Laserstrahlen zertrümmern. Der Laserstrahl wird durch einen nur 0,4 mm dicken Lichtleiter geschickt. An der Austrittsstelle wird durch die hohe Energie des Strahls ein Gas erzeugt, dessen Druckwelle den Stein zerstört.

Dünne flexible Glasfaserbündel verschaffen dem Arzt direkten Einblick in vormals unzugängliche Bereiche, z. B. mit einem Endoskop (9).

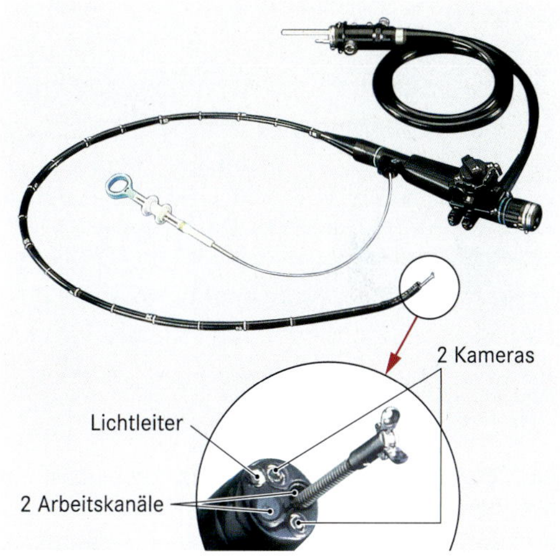

9 Endoskop

Ein flexibles Kabel enthält mehrere Führungskanäle, in denen sich Lichtleiter zur Beleuchtung, Verbindungskabel für eine Videokamera und chirurgisches Werkzeug befinden. Dieses wird mit Seilzügen bewegt. Ein **Fibroskop**, das ähnlich aufgebaut ist, kann durch die Arterie des Arms bis in die Herzkranzgefäße geleitet werden. Mit dem Laserlicht können dort die den Blutfluss blockierenden Ablagerungen verdampft werden.

Versuch

Wickeln Sie eine Taschenlampe in eine wasserdichte Folie und stecken Sie sie so in das Rohr einer Gießkanne, dass noch Wasser ausströmt. Wenn es dann draußen dunkel ist, schalten Sie die Taschenlampe ein und gießen Sie das Wasser aus. Das Licht folgt den gebogenen Wasserstrahlen. Erklären Sie, wie das möglich ist.

Aufgaben

1. Beschreiben Sie, wie eine Luftspiegelung zustande kommt.
2. Das Glasfaserbündel eines Lichtleiters hat eine Querschnittsfläche von $2 \cdot 2\ mm^2$. Wie viele Fasern mit einem Durchmesser von je 0,01 mm finden darin Platz? In wie viele Bildpunkte kann ein Objekt mit einer solchen Bildleitung zerlegt werden?

5.4 Optische Geräte

5.4.1 Optische Linsen

Linsen in optischen Geräten

Linsen sind die technischen Hauptbestandteile vieler optischer Geräte wie Brillen, Lupen, Kameras, Projektoren, Ferngläser. Sogar manche Lampen haben im Glaskolben eine Verdickung, die als Linse wirkt und das Licht bündelt. Auch die Lichtleiter in einem Fibroskop tragen an beiden Enden kleine Linsen. In optischen Geräten, z. B. in einer Kamera, ist das Objektiv aus mehreren Linsen zusammengesetzt (1).

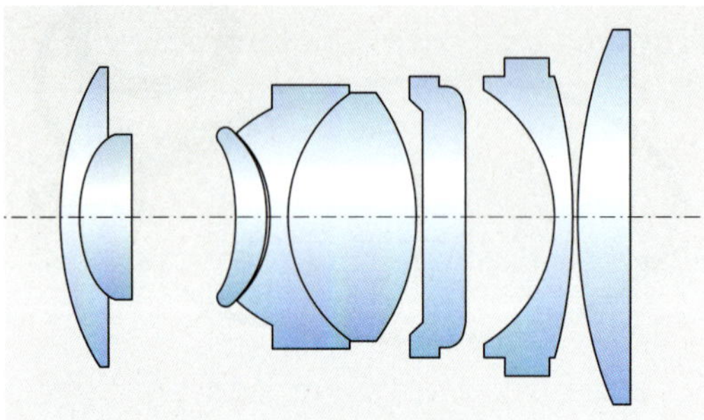

1 Mehrere Linsen in einem Kameraobjektiv

Die verschiedenen **Linsenformen** kann man auf zwei Typen zurückführen (2):

- Linsen, die in der Mitte dicker sind als am Rand, heißen **Konvexlinsen** (convexus, lat. = gewölbt).
- Linsen, die in der Mitte dünner sind als am Rand, nennt man **Konkavlinsen** (concavus, lat. = hohl).

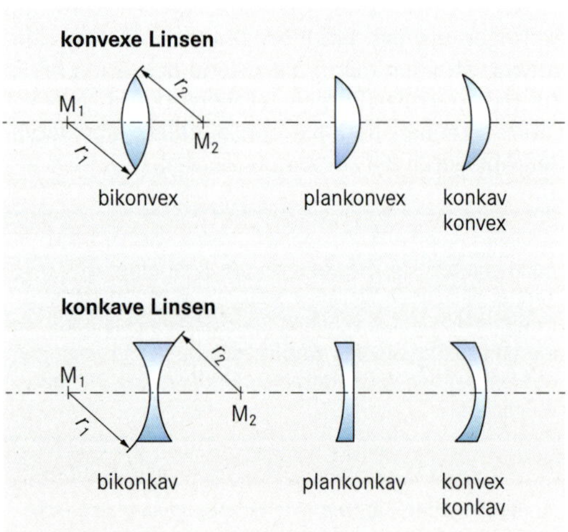

2 Linsenformen

Die Oberflächen der meisten Linsen sind Teile von Kugelflächen. In Bild 2 sind M_1 und M_2 die Mittelpunkte der Kugelflächen, r_1 und r_2 die zugehörigen Radien. Die Strecke $\overline{M_1 M_2}$ heißt **optische Achse**.

Etwa die Hälfte aller Deutschen benötigt eine **Brille**. Ohne Sehhilfen hätten sie wegen der eingeschränkten Sehfähigkeit viele Nachteile im Beruf, im Straßenverkehr oder in der Freizeit.

Vor der Erfindung der Brille war das Problem nicht so offenkundig, da die meisten Menschen Tätigkeiten ausübten, die keine großen Anforderungen an die Augen stellten. Viele konnten auch gar nicht lesen. Die besten Kunden der im 14. Jahrhundert überall entstehenden Brillenmacherzünfte waren die Mönche. Um 1300 wurden aus dem Mineral „Beryll" vergrößernde Augengläser geschaffen, die man beim Lesen auf die Textstelle legte. Von „Beryll" kommt auch der Name „Brille". Die eigentliche Brille wird zum ersten Mal Ende des 13. Jahrhunderts in Oberitalien erwähnt. Das vermutlich älteste Bild eines Brillenträgers ist in der Kirche San Niccolo in Treviso zu sehen (3).

3 Mönch mit Brille

Eigenschaften von Linsen

Fällt ein Bündel paralleler Lichtstrahlen parallel zur optischen Achse auf eine Konvexlinse, so werden die Lichtstrahlen so gebrochen, dass sie durch einen gemeinsamen Punkt auf der optischen Achse gehen (4).

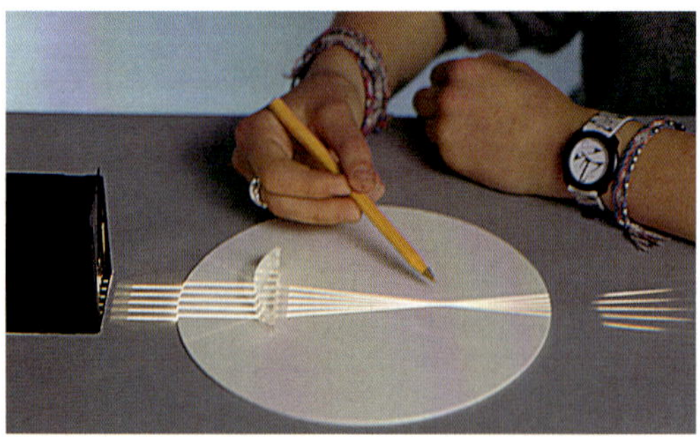

4 Parallelstrahlen gehen durch den Brennpunkt

Auch bei einem Parallellichtbündel aus der Gegenrichtung schneiden sich die Strahlen wieder in einem einzigen Punkt.

Eine Konvexlinse hat zwei Brennpunkte F_1 und F_2. Die Entfernung der Brennpunkte von der Linse nennt man Brennweite *f*.

Die **Brennweite** ist umso kleiner, je stärker die Linse gekrümmt ist. Konzentriert man die Sonnenstrahlen im Brennpunkt einer Konvexlinse, steigt die Temperatur dort so stark an, dass ein Zündholz entzündet werden kann (5).

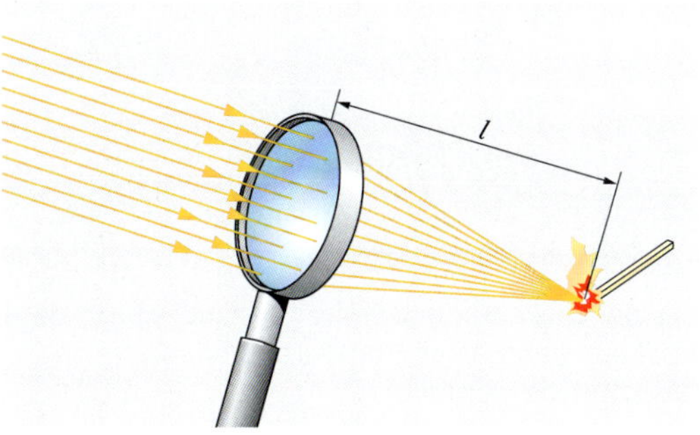

5 Entzünden eines Zündholzes

Konkavlinsen fächern das parallele Licht so auf, als ob die Lichtstrahlen von einem Punkt vor der Linse kommen (6).

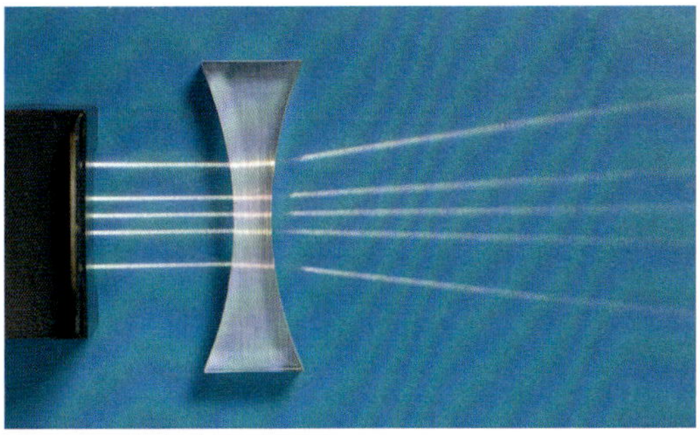

6 Konkavlinsen fächern das Lichtbündel auf

Linsen erzeugen Bilder

Stellt man dicht hinter eine Konvexlinse, z. B. mit der Brennweite f = 10 cm, eine brennende Kerze auf und schaut durch die Linse hindurch, so erblickt man ein aufrechtes und seitenrichtiges Bild (7).

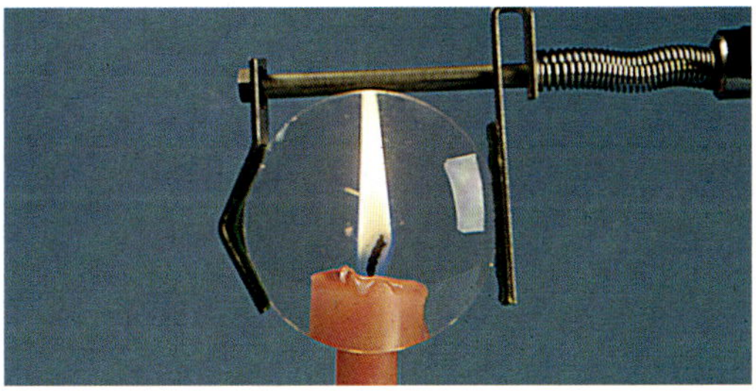

7 Virtuelles Kerzenbild

Diese Bild kann man nicht mit einem Schirm auffangen. Es ist virtuell.

Das Bild wird größer, wenn die Kerze von der Linse entfernt wird. Schließlich verschwindet das Bild. Bei weiterem Vergrößern des Abstandes erscheint wieder ein scharfes Bild, jetzt aber umgekehrt und seitenvertauscht. Das Bild scheint zwischen Linse und Auge zu schweben. Bringt man an den vermuteten Bildort einen durchscheinenden Schirm, so kann man auf ihm ein scharfes **reelles Bild** der Kerze sehen (8).

8 Reelles Kerzenbild

Blickt man durch eine Konkavlinse, so erscheinen alle Gegenstände, in welcher Entfernung sie sich auch befinden mögen, aufrecht und verkleinert. Es ist nicht möglich, die Bilder mit einem Schirm aufzufangen. Es sind **virtuelle Bilder**.

Mit Konvexlinsen lassen sich reelle und virtuelle Bilder erzeugen. Mit Konkavlinsen erhält man nur aufrechte, verkleinerte virtuelle Bilder.

Versuche

1. Lassen Sie das Licht einer Experimentierleuchte im abgedunkelten Raum auf unterschiedliche Linsenformen fallen (9).

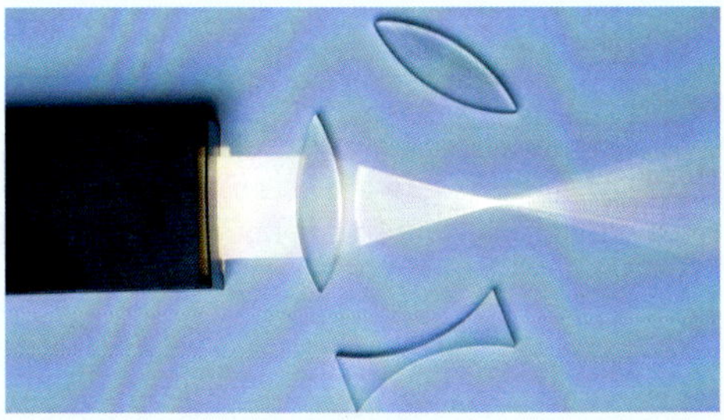

9 Linseneigenschaften untersuchen

Fertigen Sie jeweils eine Skizze an.

2. Stellen Sie dicht hinter einer Konvexlinse (f = 10 cm) eine brennende Kerze auf und blicken Sie durch die Linse hindurch. Vergrößern Sie den Abstand zwischen Kerze und Linse. Beschreiben Sie Ihre Beobachtungen.

Aufgabe

Stellen Sie sich vor, allen heutigen Brillenträgern würde ihre Brille entzogen. Welche Auswirkung hätte dies für den Einzelnen und für die Gesellschaft?

5.4.2 Bildkonstruktion bei Linsen

Strahlengang bei dünnen Konvexlinsen

Ein Lichtstrahl trifft auf die Mitte einer dünnen sowie einer dicken Konvexlinse (1).

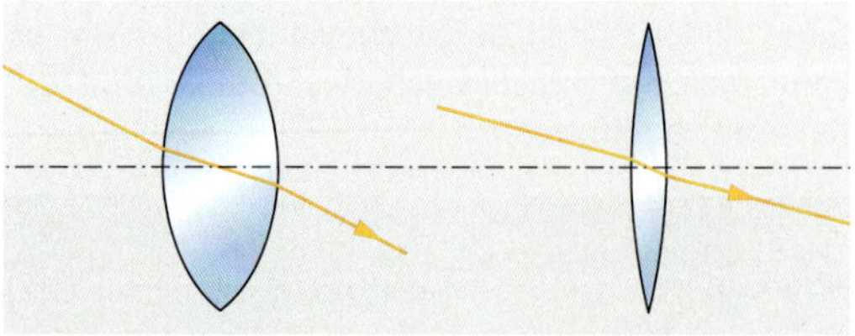

1 Die Verschiebung ist vernachlässigbar

Vergleicht man die Richtung des einfallenden und des ausfallenden Lichtstrahls, so erfährt er keine Richtungsänderung. Bei beiden Linsen wird er parallel versetzt. Bei dünnen Linsen ist die seitliche Verschiebung vernachlässigbar. Für dünne Linsen kann man den Strahlengang sehr vereinfachen. Die zweimalige Brechung kann durch eine einmalige Brechung an der Hauptebene ① ersetzt werden (2).

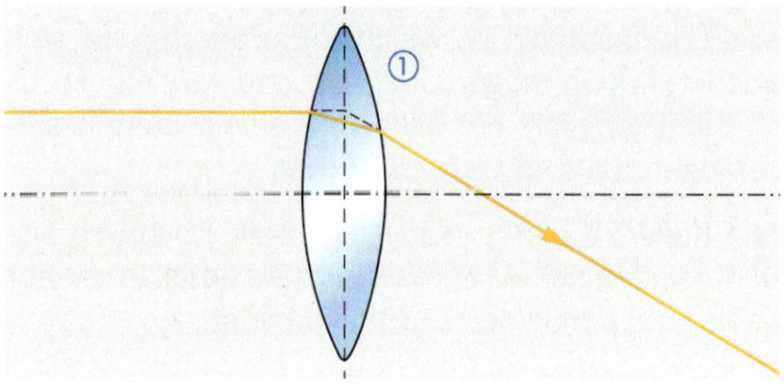

2 Vereinfachung des Strahlenganges

Lichtstrahlen, die auf eine Konvexlinse treffen, verlaufen wie folgt (3):

- Die **Mittelpunktstrahlen** erfahren keine Richtungsänderung.
- Die Lichtstrahlen, die parallel zur optischen Achse auftreffen, werden so gebrochen, dass sie durch einen Punkt der optischen Achse, den Brennpunkt, gehen.

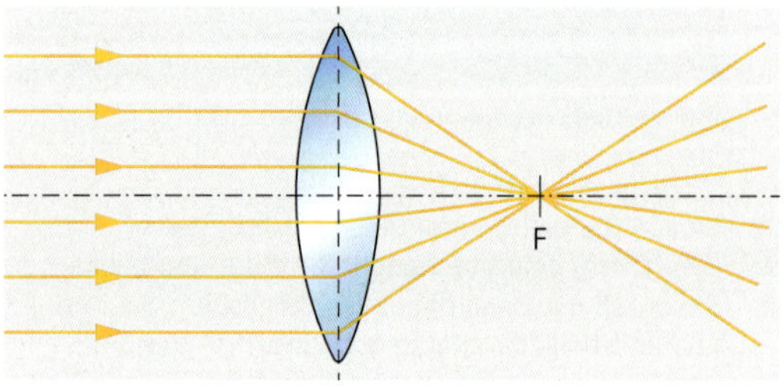

3 Strahlengänge bei dünnen Konvexlinsen

Da jede Linse zwei Brennpunkte hat, gilt auch für die Umkehrung des Strahlenverlaufs Folgendes (4):

- Strahlen, die durch den Brennpunkt verlaufen, werden zu Parallelstrahlen.
- Parallele Lichtstrahlen, die nicht parallel zur optischen Achse auf die Konvexlinse auftreffen, schneiden sich nach der Brechung in einem Punkt. Er liegt aber nicht in der Brennebene.

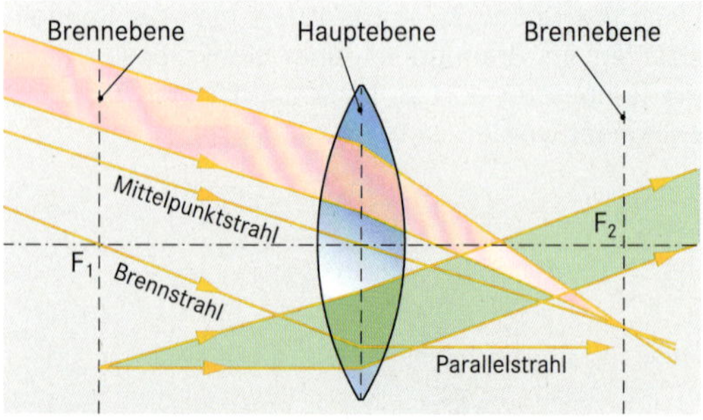

4 Nichtachsenparallele Lichtstrahlen

Aus der Umkehrung des Strahlenganges folgt, dass Strahlen durch einen Punkt der Brennebene zu Parallelstrahlen werden.

Strahlengang bei dünnen Konkavlinsen

Auch bei dünnen Konkavlinsen kann man die zweimalige Brechung durch eine einmalige Brechung an der Hauptebene ersetzen (5) und es gilt:

- Die Mittelpunktstrahlen erfahren keine Richtungsänderung.
- Bei dünnen Konkavlinsen werden die Parallelstrahlen so gebrochen, dass sie von einem Punkt herzukommen scheinen. Dieser Punkt heißt scheinbarer Brennpunkt.

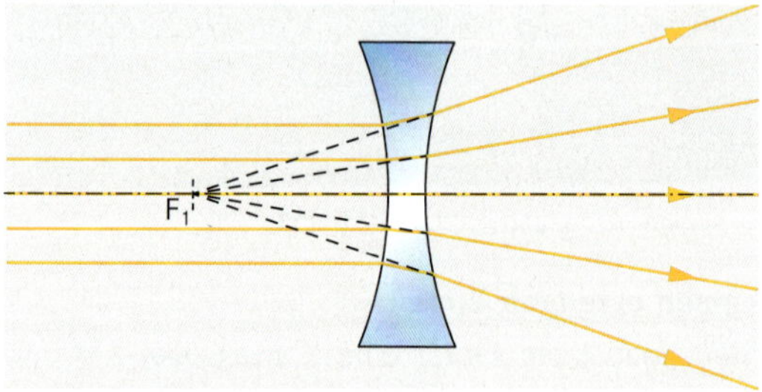

5 Strahlengang bei Konkavlinsen

- Die Lichtstrahlen, die auf den scheinbaren Brennpunkt hinzielen, verlassen die Zerstreuungslinse parallel (6).

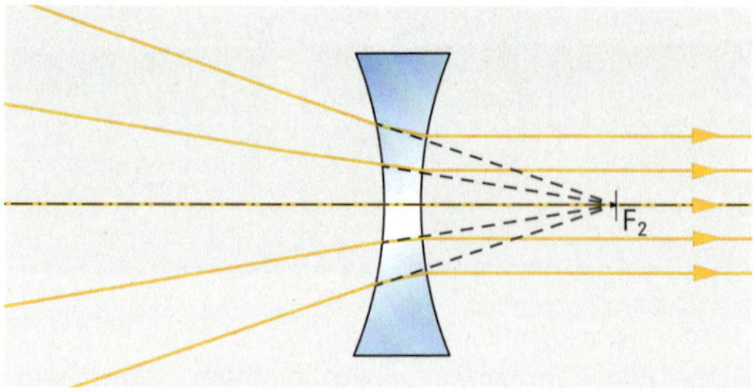

6 Umkehrung des Lichtweges

Bildkonstruktion bei Konvexlinsen

Man muss mindestens den Verlauf zweier Lichtstrahlen kennen, um die Lage eines virtuellen oder reellen Bildes zu konstruieren (7).

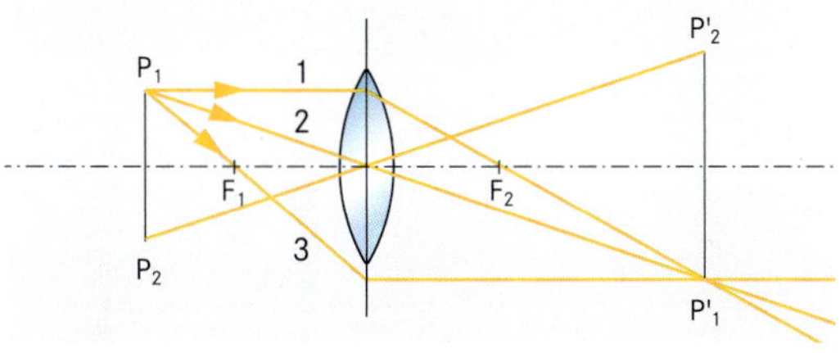

7 Strahlen zur Bildkonstruktion

Die vom Gegenstandspunkt P_1 ausgehenden Strahlen 1, 2 und 3 treffen sich im Bildpunkt P_1'. Für die Konstruktion sind nur zwei erforderlich, entweder 1, 2 oder 1, 3 oder 2, 3. Es ist für die Konstruktion unerheblich, ob die verwendeten Lichtstrahlen die Linse wirklich treffen oder nicht.

Vor einer Konvexlinse mit der Brennweite f = 5 cm befindet sich ein Gegenstand, eine Kerze, in einer Entfernung von g = 8 cm. Es entsteht ein vergrößertes, umgekehrtes reelles Bild (8).

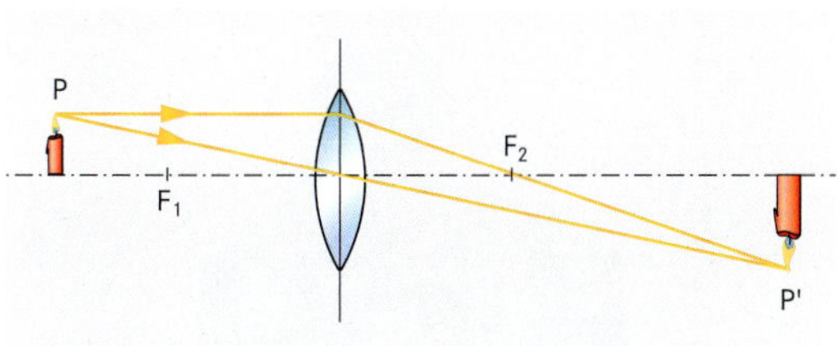

8 Der Gegenstand steht außerhalb der Brennweite

Bei einer Gegenstandsweite von 5 cm liegt der Gegenstand im Abstand f von der Linse.

Vom Brennpunkt ausgehende Lichtstrahlen verlassen die Linse parallel. Dies gilt auch für alle anderen Gegenstandspunkte im Abstand f von der Linse, so dass sich die Lichtstrahlen nach dem Verlassen der Linse nicht mehr in reellen Bildpunkten schneiden. Also entsteht kein Bild (9).

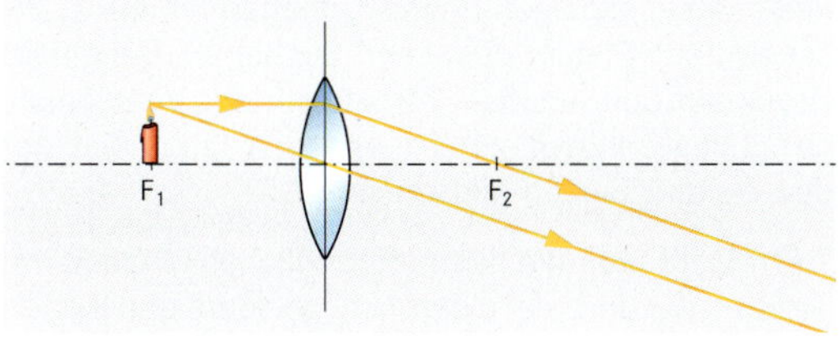

9 Der Gegenstand steht im Brennpunkt

In noch geringerer Entfernung von der Linse laufen die Strahlen hinter der Linse auseinander, sie divergieren. Es gibt auch kein reelles Bild. Doch die rückwärtigen Verlängerungen der Lichtstrahlen schneiden sich in virtuellen Bildpunkten. Man beobachtet ein virtuelles, aufrechtes und vergrößertes Bild des Gegenstandes (10).

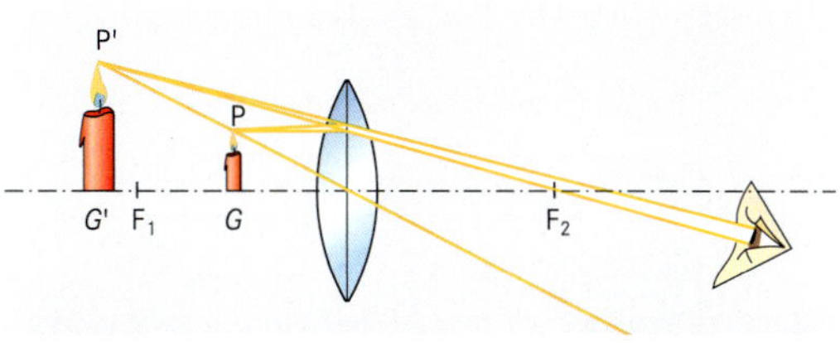

10 Der Gegenstand steht innerhalb der Brennweite

Abbildungsmaßstab

Für Bildgröße B, Gegenstandsgröße G, Bildweite b und Gegenstandsweite g gilt das folgende Abbildungsgesetz:

$$\frac{B}{G} = \frac{b}{g}$$

Der Quotient B/G heißt **Abbildungsmaßstab**.

Ist das Bild doppelt so groß wie der Gegenstand, so ist auch die Bildweite doppelt so groß wie die Gegenstandsweite. Der Abbildungsmaßstab beträgt in diesem Fall 2:1.

Bildkonstruktion bei Konkavlinsen

Bei Konkavlinsen können keine reellen Bilder entstehen, da die von einem Gegenstandspunkt ausgehenden Strahlen durch die Linse noch divergenter gemacht werden. Die Konstruktion der virtuellen Bilder erfolgt in ähnlicher Weise wie bei der Konvexlinse (11).

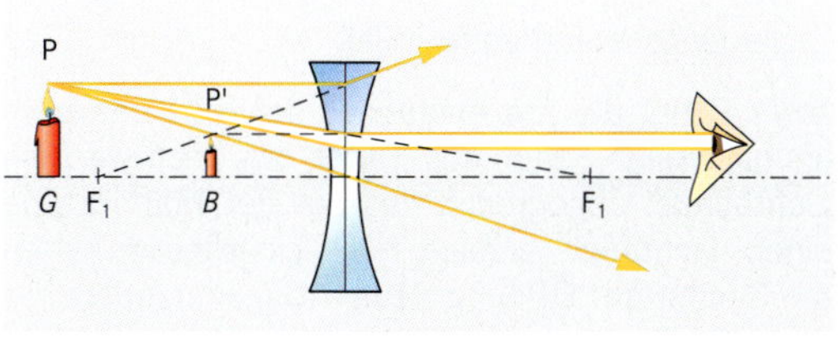

11 Ein virtuelles Bild bei der Konkavlinse

Bei der Konkavlinse gibt es nur virtuelle, aufrechte, verkleinerte Bilder. Sie befinden sich auf der gleichen Seite wie der Gegenstand.

Aufgaben

1. Wo muss sich der Gegenstand vor einer Sammellinse befinden, wenn a) ein virtuelles, b) ein reelles, verkleinertes Bild entstehen soll?
2. Wie ändert sich das reelle Bild einer Sammellinse, wenn man einen Teil der Linse abdeckt?
3. Konstruieren Sie die Bilder von Gegenständen, die sich in 100 cm, 30 cm und 10 cm vor einer Konvexlinse (f = 20 cm) befinden.

5.4.3 Kamera

Lochkamera

Ein einfaches Kameramodell mit einem kleinen Loch statt einer Linse ist die **Lochkamera** (1).

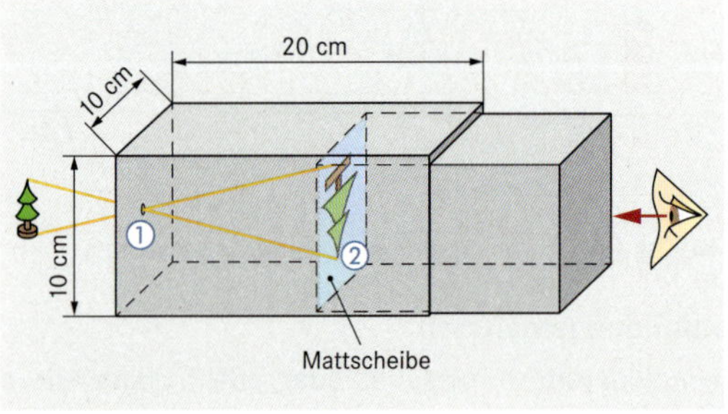

1 Lochkamera

Man nennt sie auch camera obscura. Das bedeutet „geheimnisvoller Raum". In dem Lochkameramodell lassen sich die beiden Schachteln gegeneinander verschieben. Durch das kleine Loch ① der einen Schachtel gelangen Lichtstrahlen auf das durchscheinende Papier, die Mattscheibe ②, der zweiten Schachtel. Betrachtet man mit dieser Kamera verschiedene Gegenstände der Umgebung, kommt man zu folgenden Ergebnissen:

- Auf der Mattscheibe sieht man ein Bild der Gegenstände außerhalb der Kamera. Sie stehen auf dem Kopf. Das Kamerabild zeigt die Farben des Gegenstandes.
- Das Lochkamerabild ist umso größer, je weiter die Mattscheibe vom Loch entfernt ist.
- Das Lochkamerabild ist umso schärfer, je kleiner das Loch ist.
- Das Lochkamerabild ist umso kleiner, je weiter der Gegenstand entfernt ist.

Jeder Punkt des Gegenstandes sendet Lichtstrahlen nach allen Seiten aus. Durch das Loch wird ein Lichtbündel abgegrenzt, das auf der Mattscheibe einen Lichtfleck erzeugt. Die Lichtflecke haben die Gestalt der Öffnung. Jedem Gegenstandspunkt kann ein Fleck zugeordnet werden. Das gesamte Bild setzt sich aus lauter einzelnen Lichtflecken zusammen. Je kleiner diese Lichtflecke sind, umso schärfer erscheint uns das Bild. Die Lichtstrahlen kreuzen sich im Loch (2). Das Bild ist umgekehrt.

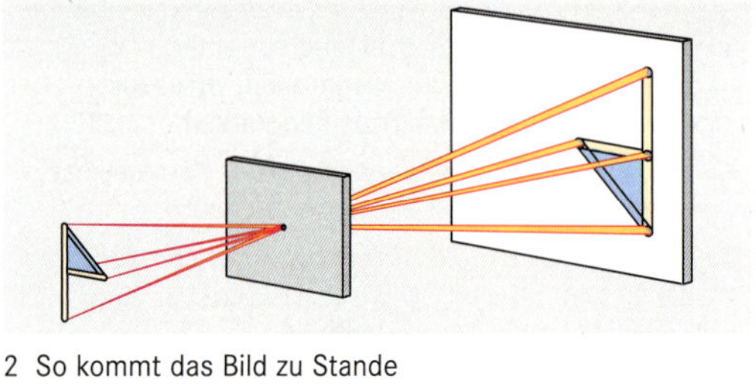

2 So kommt das Bild zu Stande

Für den Zusammenhang zwischen Bildgröße *B*, Gegenstandsgröße *G*, Bildweite *b* und Gegenstandsweite *g* gilt das gleiche **Abbildungsgesetz** wie bei dünnen Linsen (3).

$$\frac{B}{G} = \frac{b}{g}$$

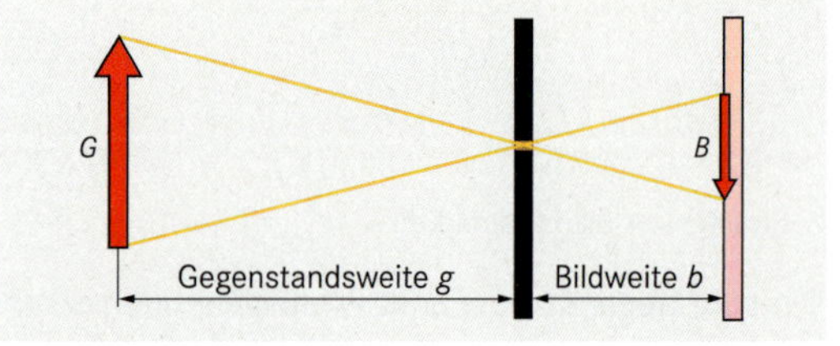

3 Zum Abbildungsgesetz

Fotoapparat

Bei modernen Kameras braucht man nur ein Motiv zu suchen und den Auslöser zu betätigen. Vollautomatisch werden mehrere Funktionen ausgeführt, um die verkleinerten Bilder über einen elektronischen **Bildsensor** auf einem Chip zu speichern, z. B. bei einer digitalen **Spiegelreflexkamera** (4).

4 Digitale Spiegelreflexkamera

Das Objektiv ③ besteht aus mehreren Linsen und bildet das Motiv ab. Eine elektrische Regeleinheit stellt das Bild automatisch scharf ein (**Autofokus**; fokussieren = optische Linsen ausrichten). Über einen Ablenkspiegel ④ und Umlenkprismen ⑤ erscheint das Bild im optischen Sucher ⑥. Bei einem Druck auf den Auslöser öffnet sich der Verschluss, der Spiegel klappt zurück und das Licht fällt auf den elektronischen Bildsensor ⑦.

Trifft Licht auf die lichtempfindlichen Dioden im Sensor, werden sie elektrisch geladen und bauen eine Spannung auf. Je größer die Lichtintensität ist, desto größer ist die Spannung. Ein Analog-Digitalwandler liefert die elektrischen Signale an den Bildprozessor, der das Bild verarbeitet und optimiert. Auf dem Display erscheint das aktuelle Bild, das auf einer Speicherkarte gesichert wird.

Bei Compactkameras wird das Bild nur im Display, dem elektronischen Sucher, angezeigt.

Ein Bildsensor besteht aus einem rechteckigen Feld mit mikroskopisch kleinen Lichtsensoren (5).

5 Elektronischer Bildsensor

Bei einem Bildformat 4 : 3 kann ein Sensor horizontal 4000 Bildpunkte und vertikal 3000 Bildpunkte aufnehmen. Dieses Bild besteht aus insgesamt 12 Megapixel (4000 · 3000 Pixel). Es ist viel schärfer als z. B. ein Bild mit dem Format 640 · 480 Pixel.

Blende und Verschlusszeit

Die Lichtmenge wird durch die **Blende** und durch die Belichtungszeit reguliert. Die Blende ist in der Regel eine Irisblende, deren Öffnung durch Metallzungen verändert werden kann. Verdoppelt man den Blendendurchmesser d, dann wächst die Fläche der Öffnung auf das Vierfache. Die Blende kann daher die vierfache Lichtmenge durchlassen und die erforderliche Belichtungszeit verringert sich auf den vierten Teil. Bei dreifachem Blendendurchmesser verringert sie sich auf den neunten Teil der Belichtungszeit.

Die **Belichtungszeit** hängt auch noch von der Bildweite ab. Je größer die Bildweite, umso kleiner ist das Bild. Die Helligkeit auf dem Bildsensor sinkt, weil sich das Licht auf eine größere Fläche verteilen muss. Die Bildweite bei Compactkameras ist etwa gleich der Brennweite f. Bei doppelter Brennweite sinkt daher die Helligkeit auf dem digitalen Bildsensor bei gleichem Blendendurchmesser auf den vierten Teil ab. Deshalb muss bei doppelter Brennweite die vierfache Lichtmenge einfallen. Also belichtet man viermal länger.

Unter der Blendenzahl versteht man den Quotienten aus Brennweite und Durchmesser.

Schärfentiefe

Bei der fotografischen Aufnahme haben die Objekte unterschiedliche Entfernungen zur Linse und können dennoch auf dem Bildsensor scharf abgebildet werden. Woran das liegt, zeigt ein Experiment (6). Mit einem Kameramodell aus einer Sammellinse (f = 10 cm) und einer verschiebbaren Mattscheibe werden zwei hintereinander angeordnete Glühlämpchen abgebildet (6a).

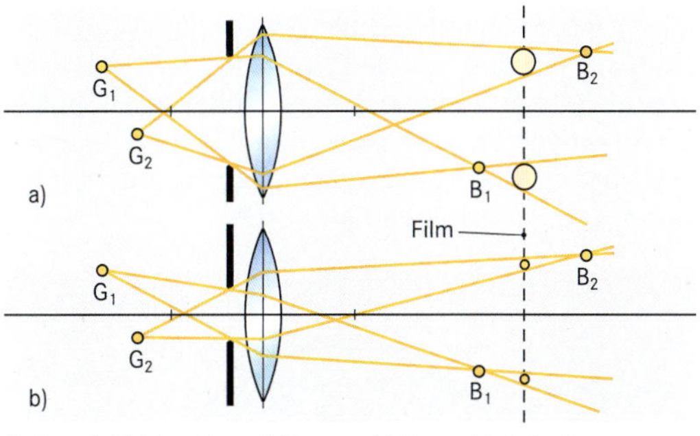

6 Durch Abblenden erhält man kleinere Lichtflecke

Die Lampen lassen sich nicht gleichzeitig scharf abbilden. Stellt man vor die Linse eine Irisblende und verkleinert allmählich die Blendenöffnung, werden die Bilder dunkler, aber schärfer (6b).

B_1 und B_2 sind die scharfen Bilder der Lämpchen G_1 und G_2. Auf dem Schirm (6a) sieht man aber die größeren Lichtflecke. Durch das Abblenden werden die Lichtbündel schlanker und die entstehenden Lichtflecke kleiner. Unser Auge sieht diese jetzt als scharf an.

Beim Fotografieren verzichtet man auf eine genaue Abbildung. Man muss nur durch Abblenden dafür sorgen, dass die Lichtflecke klein genug werden. Dann erscheinen auch noch Gegenstände als scharf, die sich in einem bestimmten Tiefenbereich vor und hinter der eingestellten Entfernung befinden. Dieser Bereich heißt **Schärfentiefe**.

Je kleiner die Blendenöffnung, umso größer ist die Schärfentiefe.

Lichtstärke des Objektivs

Auf einem Objektiv ist im Allgemeinen die Lichtstärke für die volle Öffnung angegeben. Die Lichtstärke 1 : 1,4 eines Objektivs mit f = 5 cm bedeutet, dass der maximale Durchmesser der Blendenöffnung $d = f : 1{,}4$ = 50 mm : 1,4 = 36 mm beträgt.

Objektive großer Lichtstärke erlauben Aufnahmen bei geringer Helligkeit oder kurzer Belichtungszeit.

Aufgaben

1. Beschreiben Sie die Wirkungsweise einer Lochkamera.
2. Ein 30 m hoher Kirchturm (g = 100 m) soll auf der Mattscheibe einer Lochkamera (12 cm · 12 cm) formatfüllend abgebildet werden.
   Wie groß muss b sein?
3. Bei heller Sonne sollen Blende 8 und eine Zeit von 1/125 s die richtige Belichtung liefern.
   Welche Zeit wäre bei Blende 16 erforderlich?

5.4.4 Das menschliche Auge

Aufbau

Das menschliche **Auge** hat viele Bestandteile (1). In der Regenbogenhaut, der Iris, die dem Auge die charakteristische Färbung verleiht, befindet sich eine Öffnung veränderlicher Größe, die Pupille. Die Iris regelt als Lochblende die ins Auge fallende Lichtmenge. Die Helligkeitsanpassung nennt man **Adaption**. Sie erfolgt automatisch.

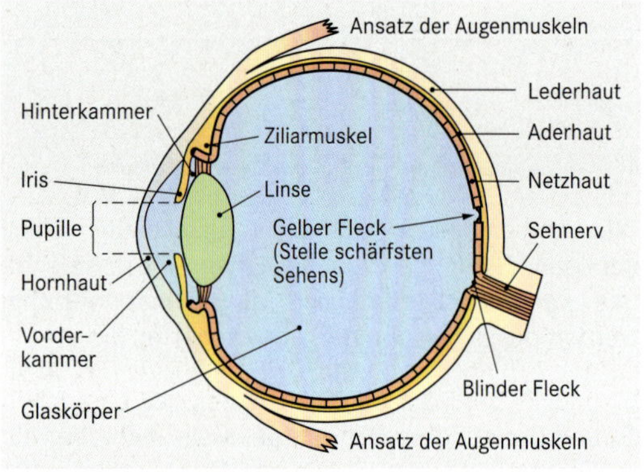

1 Menschliches Auge

Das Licht wird durch die durchsichtige Hornhaut und durch die Linse gebrochen. Danach gelangt es durch den gallertartigen Glaskörper auf den lichtempfindlichen Teil der Netzhaut, der Retina. Dort entsteht das umgekehrte, reelle Bild. Das auf der Netzhaut entstehende Bild besteht aus vielen einzelnen Bildpunkten.

Die Netzhaut enthält lichtempfindliche Zellen, die Stäbchen und die Zapfen. Die etwa 75 bis 125 Millionen Stäbchen sind nur helligkeitsempfindlich, während die 3 bis 6 Millionen Zapfen das Farbensehen ermöglichen. Diese Lichtempfänger absorbieren das Licht und erzeugen elektrische Signale, die von den vor ihnen liegenden Nervenzellen verarbeitet, zum Sehnerv weitergeleitet werden und danach ins Gehirn gelangen.

Nach ähnlichen Prinzipien arbeitet das elektronische Auge einer Fernseh- oder Videokamera. Auch die lichtempfindliche Schicht einer Fernsehkamera ist aus vielen einzelnen Punkten zusammengesetzt.

Während beim Auge die Signale gleichzeitig zum Gehirn gelangen, werden die elektrischen Signale der Kamera zeitlich nacheinander erzeugt und übertragen.

Bildentstehung

Das Auge stellt ein Objekt durch Verändern der Brechkraft scharf ein. Die Brechung des Lichts kann durch die Augenlinse, die aus einem elastischen Stoff mit hoher Brechzahl besteht, verstärkt werden. Ihre linsenförmige, flache Gestalt erhält die Augenlinse durch den ringförmigen Ziliarmuskel. Wenn er entspannt ist, wird die Augenlinse durch die Bänder gedehnt (2). Die Brennweite ist dann so groß, wie es zum Sehen weit entfernter Objekte nötig ist.

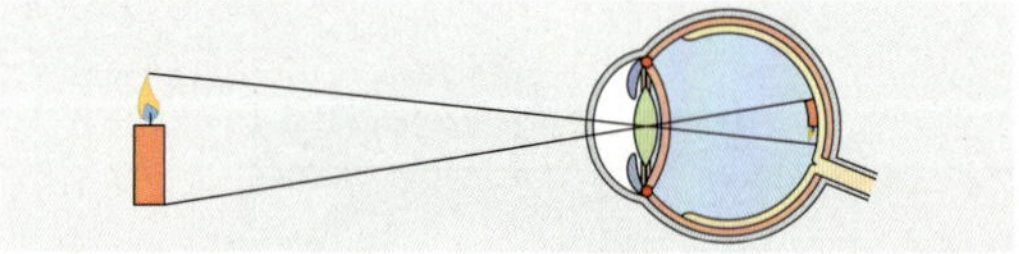

2 Entspannter Muskel bei fernen Objekten

Zieht sich der Ziliarmuskel zusammen, bildet er einen kleineren Ring, die Spannung der Bänder lässt nach. Die Augenlinse kann sich stärker in die Form krümmen, die sie ohne äußere Einwirkung einnehmen würde (3).

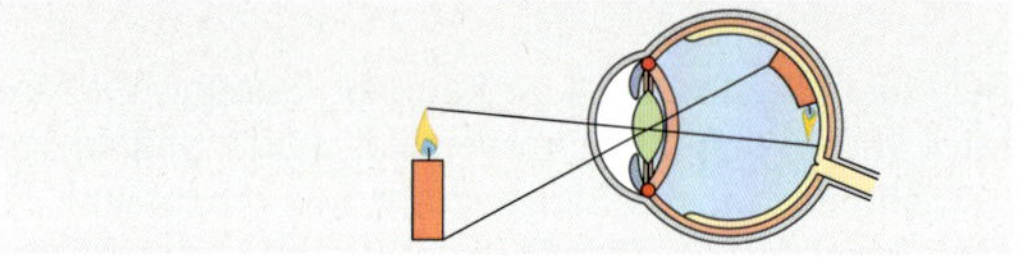

3 Gespannter Muskel bei nahen Objekten

Nahe Gegenstände können daher mit kürzerer Brennweite scharf gesehen werden. Auf diese Weise kann die Brennweite des Auges zwischen 2,3 cm und 1,7 cm verändert werden. Die Anpassung des Auges an die jeweilige Gegenstandsweite heißt **Akkommodation**. Sie erfolgt automatisch.

Im **gelben Fleck** (d = 2 mm) sind fast nur Zapfen vorhanden. Sie sind dort besonders dicht gelagert. Deshalb ist das die Stelle des schärfsten Sehens.

Die Austrittsstelle der Nervenfasern aus dem Augapfel bezeichnet man als **blinden Fleck**, weil dort die Lichtempfänger fehlen. Fällt das Bild auf diesen Fleck, dann wird es nicht registriert. Man kann den blinden Fleck leicht nachweisen. Dazu visiert man mit einem Auge über einen mit ausgestrecktem Arm gehaltenen Bleistift einen fernen Punkt an. Bewegt man dann den Arm allmählich zur Seite, verschwindet die Bleistiftspitze an einer bestimmten Stelle und taucht beim Weiterbewegen wieder auf.

Ein normalsichtiges Auge kann im „entspannten Zustand" weit entfernte Gegenstände scharf sehen. Der **Fernpunkt** ist der am weitesten entfernte Punkt, auf den das Auge sich noch scharf einstellen kann. Der Fernpunkt liegt im Unendlichen, der Brennpunkt des Auges liegt dann auf der Netzhaut.

Ohne viel Mühe akkommodiert das Auge bis auf eine bequeme Leseentfernung von 25 cm. Beim Unterschreiten einer bestimmten Entfernung akkommodiert das Auge nicht mehr. Dieser Punkt heißt **Nahpunkt**. Er liegt bei 10 cm bis 15 cm. Mit zunehmendem Alter rückt er immer weiter weg vom Auge, weil die Elastizität der Linse abnimmt.

Video

Brillen korrigieren Sehschwächen

Bei **Weitsichtigkeit** werden nur weit entfernte Gegenstände scharf gesehen. Im Gegensatz zum normalsichtigen Auge muss bereits das auf die Ferne eingestellte Auge akkommodieren. Für näher liegende Gegenstände ist die Akkommodationsfähigkeit nicht mehr gegeben. Bei Weitsichtigkeit ist der Augapfel zu kurz oder die Linse kann sich nicht genug krümmen (4a). Im Alter vermindert sich die Akkommodationsfähigkeit. Sie wirkt sich als Weitsichtigkeit aus. Man spricht von **Altersweitsichtigkeit**. Diese **Sehschwäche** gleicht man durch eine Sammellinse aus, welche die Brechkraft des Auges verstärkt (4b).

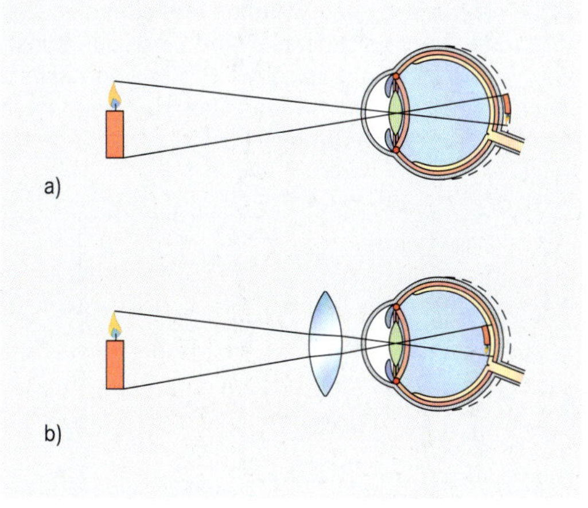

4 a) Weitsichtiges Auge, b) Weitsichtiges Auge mit Korrektur

Bei **Kurzsichtigkeit** werden nur Gegenstände in der Nähe scharf gesehen. Der Fernpunkt liegt nicht mehr im Unendlichen. Die Brechkraft der Augenlinse kann nicht genügend herabgesetzt werden, um auch von Gegenständen jenseits des Fernpunkts scharfe Bilder zu erzeugen. Die Ursache liegt meist in einem zu langen Augapfel (5a). Kurzsichtigkeit wird mit einer Zerstreuungslinse ausgeglichen (5b).

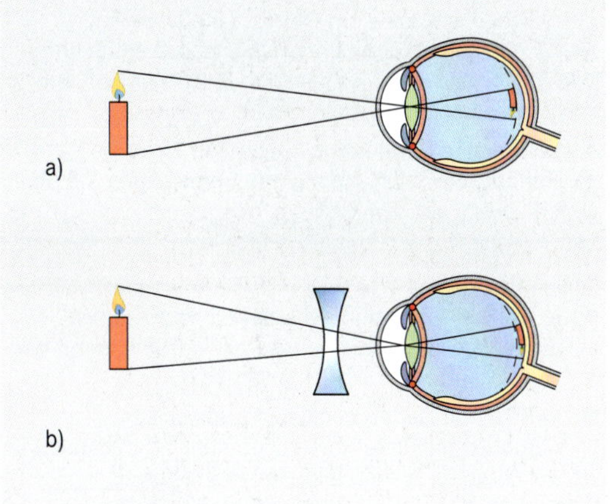

5 a) Kurzsichtiges Auge, b) Kurzsichtiges Auge mit Korrektur

Kontaktlinsen korrigieren Sehfehler im Wesentlichen wie Brillen. Sie werden allerdings im direkten Kontakt mit der Hornhaut getragen. Sie schwimmen auf der Tränenflüssigkeit.

Dioptrie

Die **Brechkraft** einer Linse ist umso höher, je kleiner die Brennweite ist, je stärker also die Linse gekrümmt ist. Hat eine Linse die Brennweite f = 10 cm = 0,1 m, dann ist die Brechkraft D = 1/0,1 m. Die Einheit 1/m nennt man **Dioptrie** (dpt).

Unter der Brechkraft versteht man den Kehrwert der Brennweite.

$$D = \frac{1}{f}$$

Bei Zerstreuungslinsen gibt man der Brechkraft einen negativen Wert. Augenoptiker geben die Brechkraft von Brillengläsern an, nicht die Brennweite. Die Brechkraft des Auges kann zwischen etwa 71 dpt für die Nähe und 58 dpt für die Ferne geändert werden. Der Anteil der Hornhaut liegt bei etwa 43 dpt und ist nahezu konstant.

Versuche

1. Betrachten Sie zunächst einen sehr weit entfernten Gegenstand. Ein normales Auge sieht dann diesen Gegenstand scharf. Wo liegt in diesem Fall der Brennpunkt des Auges?
   Gehen Sie dann mit dem Auge immer näher an eine Buchseite heran. Bestimmen Sie die Entfernung, bei der Buchstaben zu verschwimmen beginnen. Erklären Sie die Zusammenhänge.
2. Stellen Sie für Ihre beiden Augen getrennt die Nahpunkte fest.

Aufgaben

1. Das Auge ist eigentlich ein Linsensystem. Benennen Sie anhand des Schnittbildes (1) die einzelnen Teile dieses Systems.
   Geben Sie an, an welchen Grenzflächen das Licht auf seinem Weg zur Netzhaut gebrochen wird.
2. Beschreiben Sie die Ähnlichkeiten und Unterschiede zwischen dem Auge und einer Kamera.
3. Beschreiben Sie den Aufbau des menschlichen Auges.
4. Ein Arzt verschreibt Brillengläser mit a) +0,5 dpt, b) −0,75 dpt. Welche Brennweiten haben die Linsen? Um welche Fehlsichtigkeit handelt es sich jeweils?
5. Bei hellem Licht blendet die Iris ab. Warum vergrößert sich die Schärfentiefe? Erklären Sie, wieso die Iris auch abblendet, wenn wir eine diffizile Arbeit machen, z. B. einen Faden einfädeln.
6. Wie kann man mit einer Taschenlampe und einem Spiegel selbst die Veränderung der Pupille nachweisen?

5.4.5 Projektoren

Bildprokjektion

Mithilfe von **Projektoren** werden auf einer Leinwand vergrößerte, aufrechte, reelle Bilder erzeugt. Eine Versuchsanordnung zeigt den prinzipiellen Aufbau eines Projektors (1).

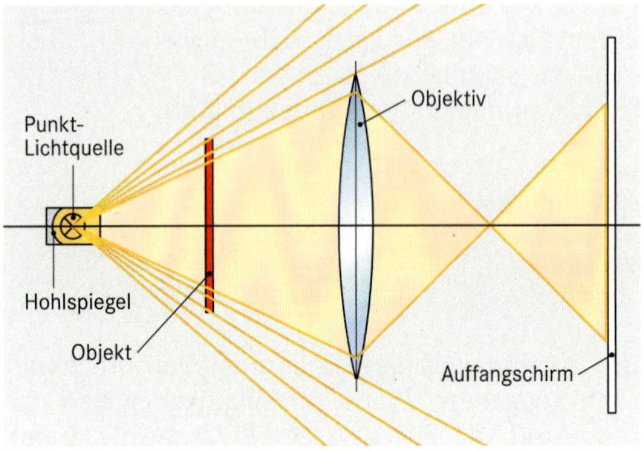

1 Aufbau eines Projektors

Eine helle Lampe beleuchtet ein durchscheinendes Objekt, z. B. Dia, Film, Folie oder Display. Mithilfe einer Linse oder eines Linsensystems kann das Objekt vergrößert abgebildet werden.

Um ein möglichst helles Bild zu bekommen, bringt man hinter der Lichtquelle einen Hohlspiegel an, der das nach hinten abgestrahlte Licht reflektiert.

Mit einer weiteren Linse kurzer Brennweite, dem **Kondensor**, kann man das Licht so umlenken, dass das von der Lampe kommende Licht durch das Objekt und durch die Linse fällt. Der Kondensor muss zwischen dem Objekt und der Linse angeordnet werden (2).

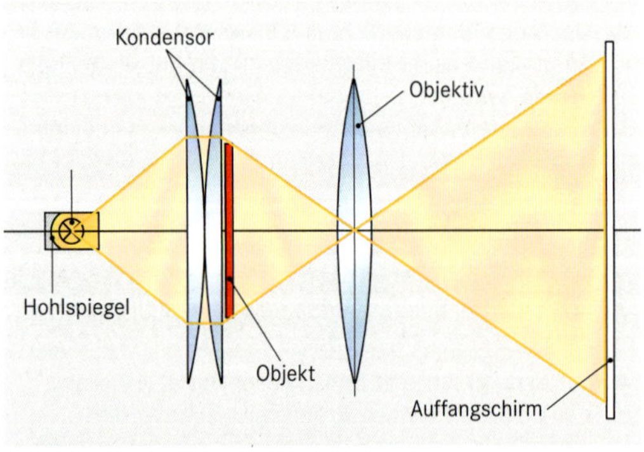

2 Wirkungsweise eines Kondensors

Durch den Kondensor wird das Licht der Punktlichtquelle so gebündelt, dass es sowohl durch das Objekt als auch durch die Öffnung des Objektivs gelangt. Der Abstand des Objektivs vom Objekt ist variabel einstellbar, damit das Bild entsprechend dem Abstand zur Leinwand scharf abgebildet werden kann.

Ein **Datenprojektor**, auch Beamer genannt, erhält z. B. von einem PC die zu projizierenden Bilder als elektrische Signale (Daten). Auf einem durchscheinenden Display im Projektor wird daraus elektronisch ein Bild erzeugt. Dieses Bild wird durch eine helle Lichtquelle durchleuchtet und durch das Objektiv auf der Leinwand abgebildet.

Tageslichtprojektor

Beim **Tageslichtprojektor** (3) müssen z. B. eine größere Schreibfolie oder ein ebenso großes Arbeitstransparent gut ausgeleuchtet werden. Das verlangt sehr helle Lichtquellen, wie sie als Halogenlampen zur Verfügung stehen, und eine große Kondensorlinse. Eine Glaslinse in der notwendigen Größe hätte ein großes Volumen und ein hohes Gewicht. Man verwendet daher eine Linse aus Kunststoff, in die abschnittweise die Profile von Konvexlinsen eingepresst sind. Diese Linsenart heißt nach ihrem Erfinder **Frenellinse**.

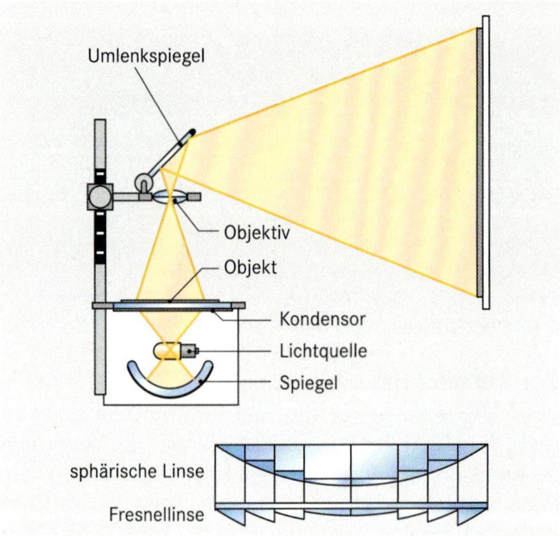

3 Tageslichtprojektor

Versuch

Führen Sie den Versuch entsprechend Bild 1 durch. Zur Verfügung stehen ein Objekt, eine Linse mit $f = 10$ cm, eine Experimentierleuchte und ein Schirm. Wie muss das Objekt aufgestellt werden, um ein aufrechtes und seitenrichtiges Bild zu erhalten?

Fügen Sie eine Sammellinse nach Bild 2 mit $f = 5$ cm als Kondensor in den Aufbau ein. Beschreiben Sie die Unterschiede auf dem Schirm.

Aufgabe

1. In welcher Entfernung von der Linse muss das durchscheinende Bild aufgestellt werden, damit ein reelles, vergrößertes Bild entsteht?
2. In Bild 1 ist der Versuch zum prinzipiellen Aufbau eines Projektors schematisch dargestellt. Beschreiben Sie die Bildentstehung auf einer Leinwand.

5.4.6 Mikroskop und Fernrohr

Sehwinkel

Führt man ein Zündholz mit der Hand am ausgestreckten Arm an das Auge heran, sieht man immer mehr Einzelheiten. Auf der Netzhaut entsteht ein größeres Bild als vorher (4).

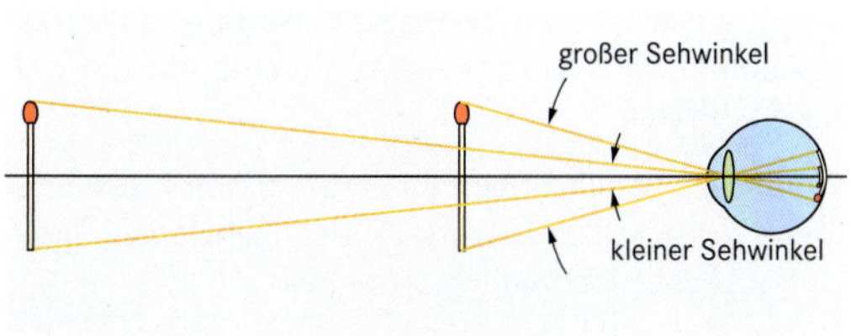

4 Sehwinkelvergrößerung durch Annähern

Größer wird auch der Winkel, den die beiden Mittelpunktstrahlen von den äußersten Punkten des Gegenstandes einschließen. Dieser Winkel heißt **Sehwinkel**. Ohne Anstrengung kann der Abstand zwischen Streichholz und Auge nur bis auf 25 cm verkleinert werden. Dann muss man eine **Lupe** zu Hilfe nehmen. Die Brechkraft der Lupe vergrößert die Brechkraft des Auges. Daher kann es sich auf näher gelegene Gegenstände scharf einstellen. Netzhautbild und Sehwinkel werden im Vergleich zum Auge ohne Lupe vergrößert (5).

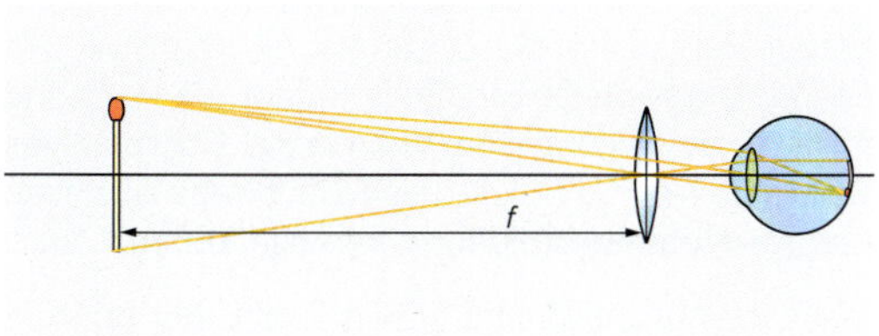

5 Sehwinkelvergrößerung mit einer Lupe

Fernrohr

Ein einfaches Fernrohr ist ein Rohr an dessen Enden jeweils eine Konvexlinse sitzt. Die Linse, die auf ein Objekt gerichtet ist, heißt **Objektiv**. Die dem Auge zugewandte Linse ist das **Okular** und wirkt als Lupe.

Beim Fernrohr wird von einem sehr entfernten Gegenstand mithilfe einer Konvexlinse ein reelles Bild entworfen. Dieses Bild ist zwar wesentlich kleiner als der Gegenstand, man kann aber nahe herangehen und es mit einer Lupe betrachten (6).

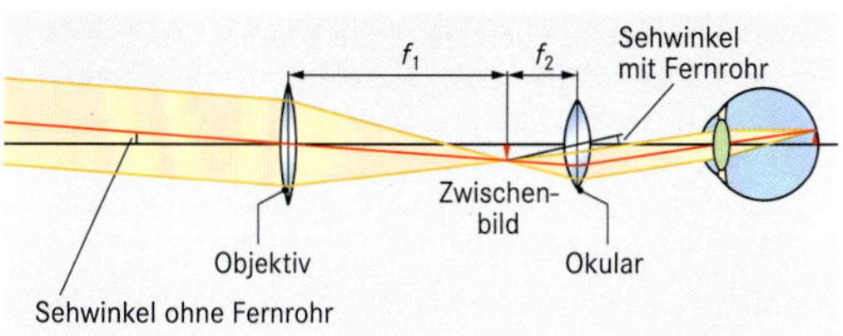

6 Keplersches Fernrohr

Durch die Lupe sieht man von dem reellen, umgekehrten Zwischenbild ein virtuelles vergrößertes Bild. Dadurch wird der Sehwinkel vergrößert.

Die beschriebene Anordnung stellt ein **keplersches Fernrohr** dar (Johannes Kepler 1571–1630). Beobachtet man damit auf der Erde, so stört das umgekehrte Bild. In Prismenferngläsern sind deshalb zur Bildumkehr zwei Prismen eingebaut. Das eine vertauscht links und rechts, das andere oben und unten.

Mikroskop

Der Aufbau eines **Mikroskops** (7) gleicht dem eines Fernrohrs.

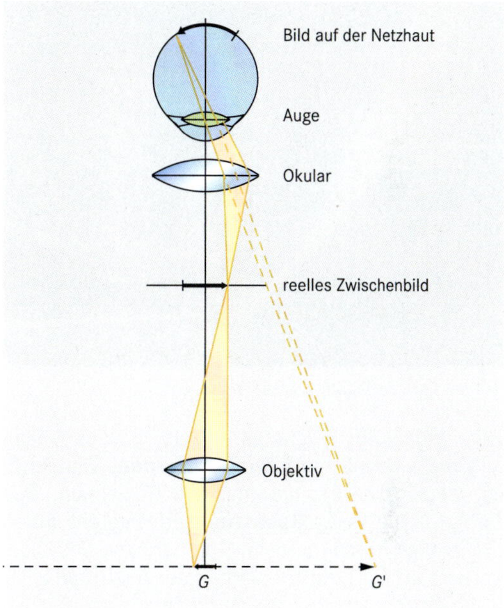

7 Strahlengang bei einem Mikroskop

Im Gegensatz zum Fernrohr entwirft das Objektiv ein vergrößertes, reelles Zwischenbild, das mit der Lupe betrachtet wird. Die Objekte, z. B. kleine Insekten, Gewebezellen, Bakterien, befinden sich außerhalb der einfachen Brennweite, aber in der Nähe des Objektivbrennpunktes.

Versuche

1. Bauen Sie mit zwei Konvexlinsen (f_1 = 30 cm, f_2 = 5 cm) ein Fernrohr auf. Richten Sie dabei das Fernrohr auf entfernte Gegenstände oder auch auf eine weit entfernte Glühlampe. Bilden Sie zunächst den Gegenstand auf einem Schirm ab. Der Schirm ist für die Beobachtung nicht erforderlich. Schauen Sie mit einem Auge durch das Fernrohr und betrachten Sie gleichzeitig mit dem anderen Auge den Gegenstand. Vergleichen Sie die Bilder.
2. Bauen Sie mit zwei Konvexlinsen (f_1 = 5 cm, f_2 = 15 cm) ein Mikroskop auf. Verwenden Sie als Gegenstand die Wendel einer Experimentierglühlampe.

5.5 Farben

5.5.1 Spektren

Kontinuierliche Spektren

Geschliffene Glaskörper werden oft als Schmuck verwendet. Wenn sie so geschliffen sind, dass ihre Oberflächen viele kleine Prismen bilden, funkeln sie in verschiedenen Farben. Wird ein Prisma in das weiße Licht gehalten, kann man deutlich sehen, dass ein Farbband wie bei einem Regenbogen entsteht (1).

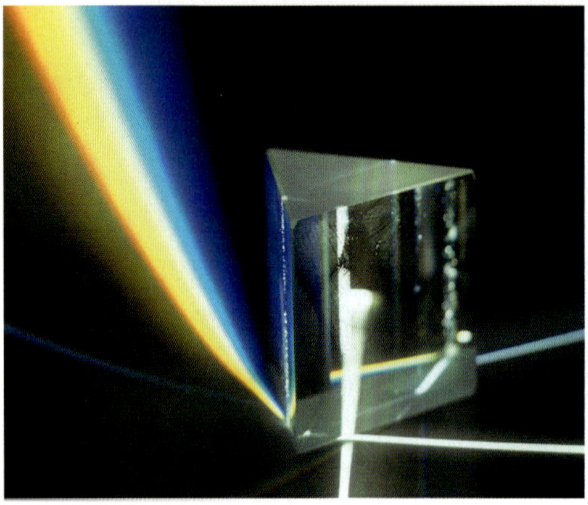

1 Spektrale Zerlegung von weißem Licht

Die Farben Rot - Orange - Gelb - Grün - Blau - Violett nennt man **Spektralfarben**. Die Farbzerstreuung bezeichnet man als Dispersion. Das farbige Band heißt **Spektrum**. Es entsteht durch zweimalige Brechung beim Durchdringen des Glaskörpers an der Eintritts- und an der Austrittsfläche. In einer Versuchsanordnung (2) lässt sich die Dispersion genauer untersuchen.

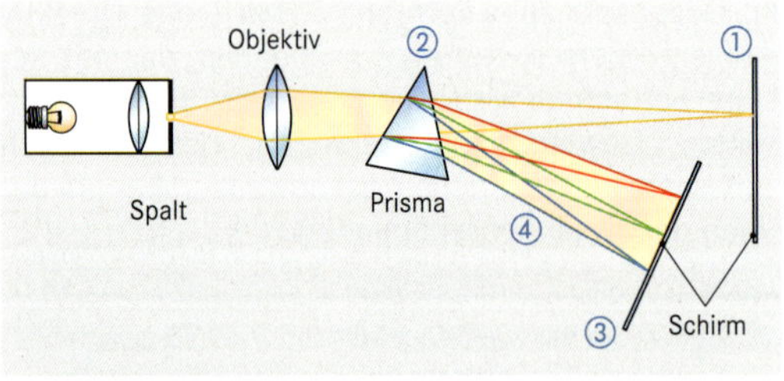

2 Spektralapparat

Zunächst trifft weißes Licht einer Glühlampe durch einen Spalt auf einen Schirm ① und erzeugt einen weißen Spaltstreifen. Ein Prisma im Strahlengang ② liefert eine ununterbrochene Folge farbiger Spaltbilder auf einem Schirm ③, ein **kontinuierliches Spektrum**.

Das Licht von heißen, glühenden Körpern, von Bogenlampen und das Sonnenlicht liefern kontinuierliche Spektren.

Die unterschiedlichen Anteile des weißen Lichts werden unterschiedlich stark gebrochen. Das blaue Licht wird stärker gebrochen als das gelbe oder rote Licht. Lenkt man das Licht einer Spektralfarbe durch ein weiteres Prisma, so wird es nicht weiter zerlegt. Spektralfarben sind reine Farben.

Mit einer Sammellinse, die in das farbige Lichtbündel ④ gehalten wird, gelingt es, alle Spektralfarben auf einem Schirm zu bündeln. Es entsteht ein weißer Lichtfleck.

Weißes Licht wird beim Durchgang durch ein Prisma in Spektralfarben zerlegt. Das Licht einer Spektralfarbe ist nicht weiter zerlegbar.

Neben den sichtbaren Farben enthält das Sonnenlicht auch noch ultraviolettes Licht, das UV-Licht. Hält man einen Schirm, der mit Zinksulfid, einem besonderen Leuchtstoff, bestrichen ist, neben das Violett, so leuchtet er auf. Das Aufleuchten zeigt, dass auf den Schirm Strahlung gelangt sein muss, die normalerweise für das Auge unsichtbar ist. Das ist die **ultraviolette Strahlung**.

Jede Glühlichtquelle sendet **UV-Strahlung** aus. Je heißer der Körper ist, umso höher ist der Anteil an UV-Licht. Die Lufthülle der Erde absorbiert den größten Teil der UV-Strahlung der Sonne. Dabei spielt das Ozon eine große Rolle. Bei klarem Wetter ist mehr ultraviolettes Licht vorhanden. Auch auf hohen Bergen ist die UV-Strahlung intensiver als im Tal. Ultraviolette Strahlung bräunt die Haut und fördert die Bildung von Vitamin D. Übermäßiges Bestrahlen mit UV-Licht kann Hautkrebs auslösen und zur **Netzhautablösung** im Auge führen.

Die Versuchsanordnung in Bild 2 gibt den prinzipiellen Aufbau eines jeden Spektralapparates wieder. In Kompaktbauweise findet man den Spektralapparat beim Taschenspektroskop (3).

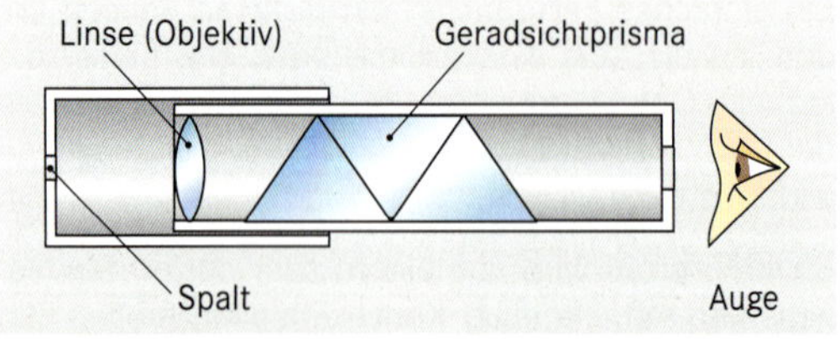

3 Taschenspektroskop

Versuche

1. Bauen Sie eine Versuchsanordnung nach Bild 2 zunächst ohne Prisma auf. Bringen Sie anschließend das Prisma in den Strahlengang. Beschreiben Sie den Versuchsablauf. Halten Sie anschließend eine Sammellinse an unterschiedliche Stellen zwischen Prisma und Schirm und beobachten Sie das Bild auf dem Schirm.
2. Halten Sie einen Zinksulfidschirm neben das Violett des Spektrums. Beschreiben Sie Ihre Beobachtung.

Ob sich das Spektrum auch am roten, sichtbaren Ende fortsetzt, kann mit einer Thermosäule untersucht werden, die mehrere zusammenwirkende Thermoelemente enthält und daher sehr empfindlich reagiert (4).

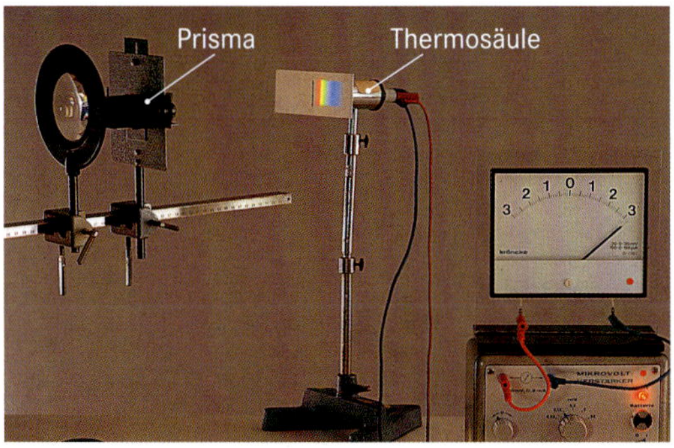

4 Nachweis der Infrarotstrahlung

Vor eine Thermosäule mit angeschlossenem Messinstrument wird eine Spaltblende gesetzt und durch das Spektrum einer Glühlichtquelle geschoben. Die Thermosäule zeigt eine deutliche Erwärmung an, die gegen das rote Ende des Spektrums zunimmt und außerhalb des sichtbaren Bereichs einen Höchstwert hat.

Der unsichtbare Teil des Spektrums jenseits des roten Lichtes heißt **Infrarotstrahlung**, abgekürzt **IR-Strahlung**. Sie kann als Wärmestrahlung wahrgenommen werden.

Jeder Körper sendet Infrarotstrahlung aus. Er muss dabei nicht glühen. Infrarotstrahlen werden reflektiert und gebrochen wie die Strahlen des sichtbaren Lichts. Mit infrarotem Licht lassen sich Thermogramme herstellen, die die Temperaturen von Körpern sichtbar machen.

Ultraviolettes Licht wird vom Prisma stärker abgelenkt als violettes Licht. Infrarotes Licht wird schwächer abgelenkt als rotes Licht.

Nichtkontinuierliche Spektren

Nicht alle Lichtquellen senden weißes Licht aus. Beispiele sind das rote Licht des Helium-Neon-Lasers, ferner das zur Straßenbeleuchtung verwendete bläulich-weiße Licht einer Quecksilberdampflampe oder das gelbe Licht einer Natriumdampflampe.

Wird das Licht einer Quecksilberdampflampe mit einem Spektralapparat zerlegt, erhält man mit dieser Lampe kein kontinuierliches Spektrum (5a), sondern nur einzelne, farbige Spaltbilder. Diese Art von Spektren nennt man **Linienspektren** (5c). Das Spektrum der Quecksilberdampflampe enthält zahlreiche Spektrallinien im UV-Bereich. Wegen dieser intensiven UV-Strahlung werden Quecksilberdampflampen als künstliche Höhensonnen verwandt. Der Helium-Neon-Laser liefert ein Linienspektrum mit einer roten Linie, glühendes Natrium mit einer gelben Linie (5b).

Leuchtende Gase oder Dämpfe haben charakteristische Linienspektren. Hierauf beruht eine von Robert Wilhelm Bunsen (1811–1899) und Gustav Robert Kirchhoff (1824–1887) entwickelte Methode zur Untersuchung von Stoffen, die **Spektralanalyse**. Geringste Spuren eines Stoffes, z. B. des Giftes Arsen, lassen sich damit eindeutig nachweisen.

Versuch

Bringen Sie etwas Kochsalz in eine Gasflamme. Zerlegen Sie das Licht mithilfe eines Taschenspektroskops. Beschreiben Sie das Bild.

Aufgaben

1. Erklären Sie den Begriff Dispersion.
2. Beschreiben Sie den Strahlengang in einem Spektralapparat.
3. Wodurch unterscheiden sich die Spektren glühender Körper von den Spektren leuchtender Gase?
4. Warum können UV-Strahlen bei Nahrungsmitteln auch zum Keimfreimachen benutzt werden?

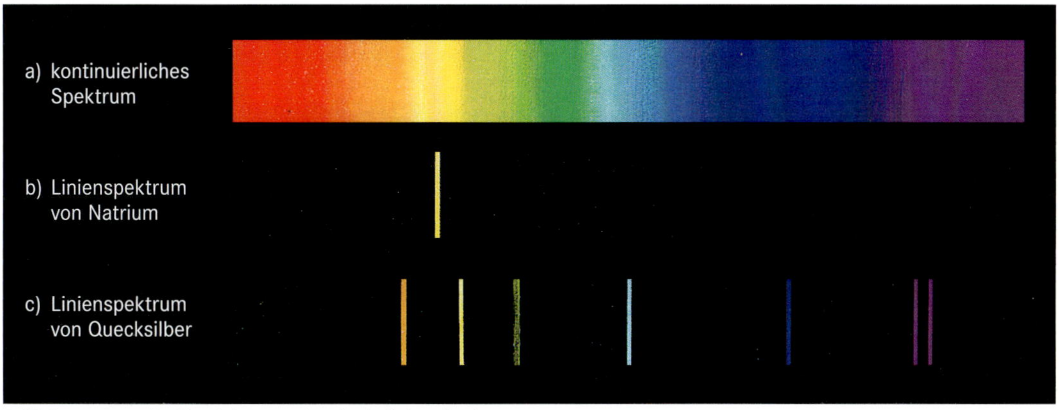

5 Linienspektren im Vergleich zum kontinuierlichen Spektrum

5.5.2 Körperfarben

Die Beleuchtung macht die Farbe

Ein grünes Kleidungsstück erscheint im Sonnenlicht grün, da es nur das grüne Licht reflektiert und den Rest des Sonnenlichtes absorbiert (1).

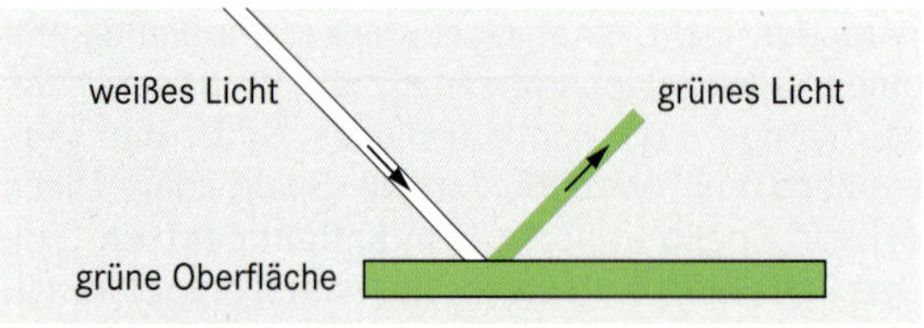

1 Ein grüner Körper im Sonnenlicht

Der grün gefärbte Stoff enthält Farbpigmente, die nur grünes Licht reflektieren. Die Farbe von Kleiderstoffen erscheint im Licht einer Glühlampe anders als im Sonnenlicht und hier wieder anders als im Licht einer Leuchtstofflampe. Das Licht einer Leuchtstofflampe enthält mehr blauviolettes Licht als das Sonnenlicht. Deshalb erscheinen die blauvioletten Farben der Kleidung in diesem Licht intensiver. Da die Zusammensetzung des Lichts einer Glühlampe mehr rote Lichtanteile als das Sonnenlicht aufweist, erscheinen in diesem Licht die roten Farben kräftiger. Bei gelbem Natriumlicht betrachtet (2) erscheint ein blauer Stoff schwarz, da er das gelbe Licht absorbiert und kein andersfarbiges Licht vorhanden ist.

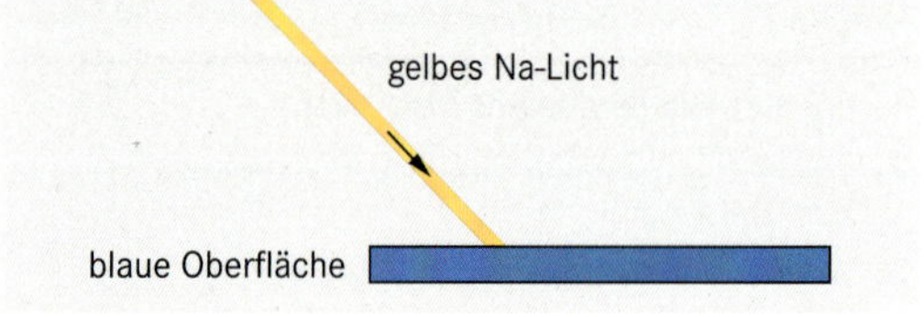

2 Blaue Körper im gelben Licht sind schwarz

Entsprechend erscheinen durchsichtige Körper, z. B. farbige Gläser, in der Farbe, die sie durchlassen. Alle anderen Farben absorbieren sie.

Farbige Körper reflektieren nur das Licht ihrer Farbe, den Rest absorbieren sie.

Komplementärfarben

Das kontinuierliche Spektrum des Sonnenlichts enthält unendlich viele Farben. Trotzdem kann man in der Umgebung viele Farben beobachten, die im Spektrum fehlen. Es gibt im Spektrum keine braunen Farben, kein Rosa, kein Grau. Auch die Farbe Purpur, die Farbe des Rotweins, ist nicht zu finden. Wie diese Farben durch Mischung von Spektralfarben entstehen, zeigt eine Versuchsreihe. Hinter dem Prisma eines Spektralapparats ist eine Konvexlinse angebracht, mit der die einzelnen Farben des kontinuierlichen Spektrums zu Weiß vereinigt werden (3).

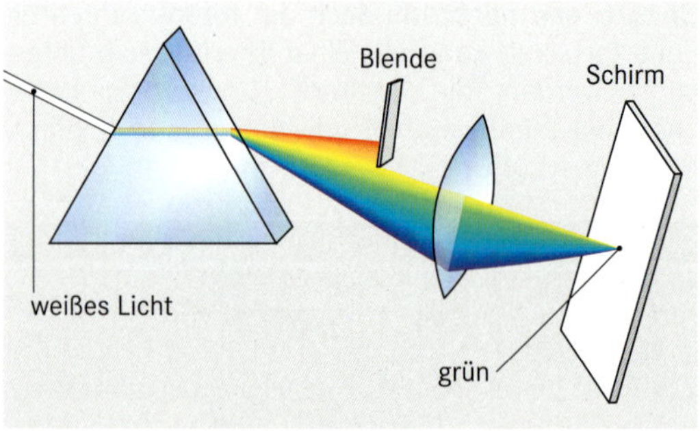

3 Ausgeblendete Spektralfarben

Wird mit einer schmalen Blende z. B. die rote Spektralfarbe abgelenkt, erscheint das vereinigte Spektrum nicht mehr Weiß, sondern in der Farbe Grün. Wird die Spektralfarbe Violett ausgeblendet, erhält man als Mischfarbe des restlichen Spektrums Gelb. Eine Spektralfarbe und die zugehörige Mischfarbe ergänzen sich zu Weiß. Farben zweier Lichtarten, die sich zu Weiß ergänzen, heißen **Komplementärfarben**. Eine Tabelle zeigt die zusammengehörenden Farbpaare des Sonnenspektrums (4).

Ausgeblendete Spektralfarbe	Restliche Mischfarbe
Rot	Grün
Orange	Blau
Gelb	Violett
Grün	Rot
Blau	Orange
Violett	Gelb

4 Komplementärfarben

Der Versuch (3) zeigt außerdem, dass man durch Mischung von Spektralfarben ebenfalls Farben erhalten kann, wie sie im Spektrum zu finden sind. Das Auge kann die reine Spektralfarbe nicht von der Mischfarbe unterscheiden. Um festzustellen, ob eine Farbe eine Mischfarbe ist, muss man sie mit einem Spektralapparat untersuchen.

Versuche

1. Blenden Sie mit einem schmalen Prisma eine Spektralfarbe aus und lenken Sie diese auf einen weiteren, weißen Schirm (3). Vergleichen Sie die Farbe der abgelenkten Spektralfarbe mit der Mischfarbe des restlichen Spektrums.
2. Stellen Sie zu jeder ausgeblendeten Farbe die entsprechende Mischfarbe des Restspektrums fest. Schreiben Sie die zusammengehörigen Farbpaare auf. Vergleichen Sie die Beobachtungen mit den Angaben in Bild 4.
3. Erzeugen Sie ein kontinuierliches Spektrum und halten Sie einen roten Gegenstand zunächst in den blauen, dann in den roten Teil des Spektrums. Beschreiben Sie die Beobachtungen. Wiederholen Sie den Versuch mit einem blauen Gegenstand.

5.5.3 Farbmischung

Additive Farbmischung

Spektralfarben kann man mischen. Wird eine weiße Fläche gleichzeitig mit verschiedenfarbigem Licht beleuchtet, entstehen Mischfarben. Rotes, grünes und blaues Licht reichen aus, um z. B. auf Bühnen viele unterschiedliche Farbeindrücke hervorzurufen. Dazu werden Strahler, deren Helligkeit einstellbar ist, mit je einem Farbfilter in den Grundfarben Rot, Grün und Blau versehen. Werden sie so aufgestellt, dass sie Flächen bestrahlen, die sich teilweise überdecken, entstehen Mischfarben (5).

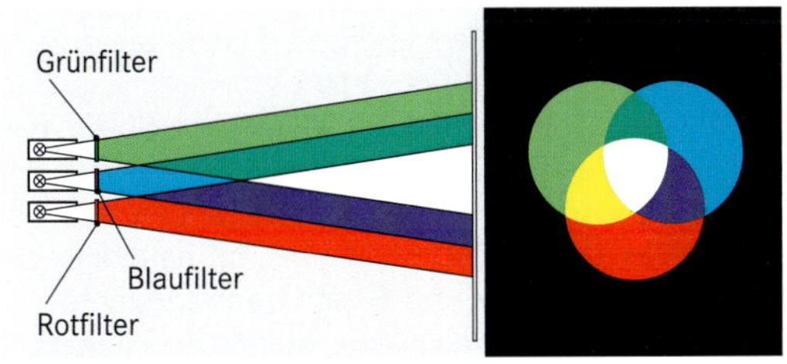

5 Additive Farbmischung

Rot und Grün haben als Mischfarbe Gelb, Grün und Blau, die Farbe **Cyan** (Blaugrün). Rot und Blau ergeben **Magenta** (Purpur). Man spricht von **additiver Farbmischung**. Wirken alle drei Farben zusammen, wird die beleuchtete Fläche weiß. Weitere Farben und Farbabstufungen erhält man durch unterschiedlich intensiv leuchtendes Licht.

Alle Farben können in einem Kreis (6) so angeordnet werden, dass jede Farbe die **Mischfarbe** ihrer Nachbarfarben ist. Gegenüberliegende Farben sind Komplementärfarben.

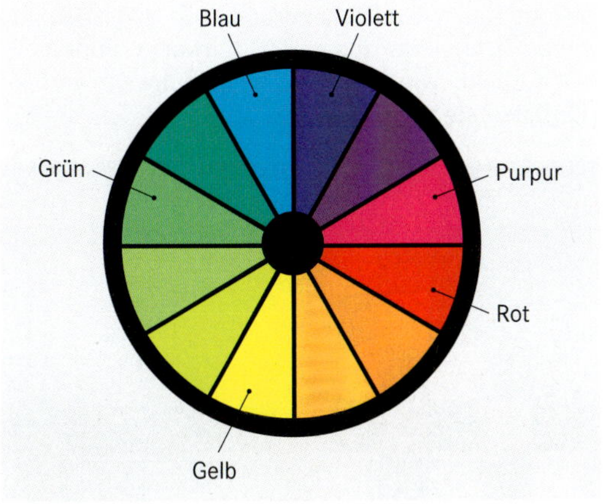

6 Farbenkreis

In einem LED Scheinwerfer befinden sich etwa gleich viele, in Gruppen angeordnete, rote, grüne und blaue Leuchtdioden. Über Computerprogramme lassen sie sich stufenlos von 0 bis 100 % dimmen und ermöglichen somit vielseitige Farbeffekte.

Bei Farbbildschirmen von Fernsehgeräten und Monitoren wirken immer drei farbige Leuchtpunkte (**R**ot, **G**rün, **B**lau) zusammen. Je nach gewünschtem Farbeindruck leuchten einer, zwei oder drei gleichzeitig mit entsprechender Helligkeit. Wenn keiner der Leuchtpunkte leuchtet, ist der Bildschirm an dieser Stelle schwarz.

Subtraktive Farbmischung

Farbgläser enthalten unterschiedliche Farbstoffe, die bestimmte Anteile des weißen Lichtes absorbieren. Wenn weißes Licht nacheinander durch verschiedene Filter fällt, werden immer mehr Anteile absorbiert. Die Mischfarbe setzt sich aus den Farben zusammen, die alle Filter passieren. Man nennt diese Art, neue Farbtöne herzustellen, **subtraktive Farbmischung**, da einzelne Farbanteile (Spektralbereiche) herausgefiltert werden. Diese Farben fehlen in der jeweiligen Mischfarbe.

Beispiele für die subtraktive Farbmischung zeigt ein Versuch (7).

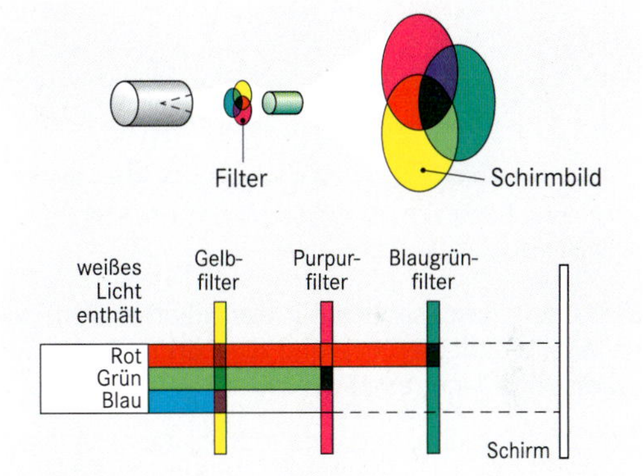

7 Subtraktive Farbmischung

Mit einer Experimentierleuchte wird ein weißer Schirm beleuchtet. Der Reihe nach werden ein Gelbfilter, dann zusätzlich ein Purpurfilter und ein Blaugrünfilter in den Strahlengang gebracht. Werden die drei Farbgläser hintereinander gestellt, dringt kein Licht durch. Die Fläche erscheint schwarz.

Beim Farbdruck werden die drei Druckfarben Cyan, Magenta und Gelb verwendet. Die Bilder sind aus winzigen Rasterpunkten zusammengesetzt. Liegen die Farbpunkte nebeneinander, handelt es sich um eine additive Farbmischung. Liegen die Punkte übereinander, ist es eine subtraktive Farbmischung.

Aufgaben

1. Warum darf man eigentlich nicht sagen, ein Körper habe die Farbe Grün?
2. Wie erscheint ein Körper, wenn man ihn mit der Lichtart beleuchtet, die er absorbiert?

5.5.4 Farbeindrücke

Der Farbeindruck entsteht im Gehirn

Wenn wir sehen, werden auf der Netzhaut Lichtsinneszellen, Stäbchen und Zapfen, gereizt. Diese senden dann Signale an das Gehirn. Dort werden die eintreffenden Signale ausgewertet. Es entstehen Bilder und Farbeindrücke. Von den Zapfen gibt es drei unterschiedliche Arten, die das Farbensehen ermöglichen. Jede Art reagiert nur auf einen bestimmten Anteil des weißen Lichtes (1).

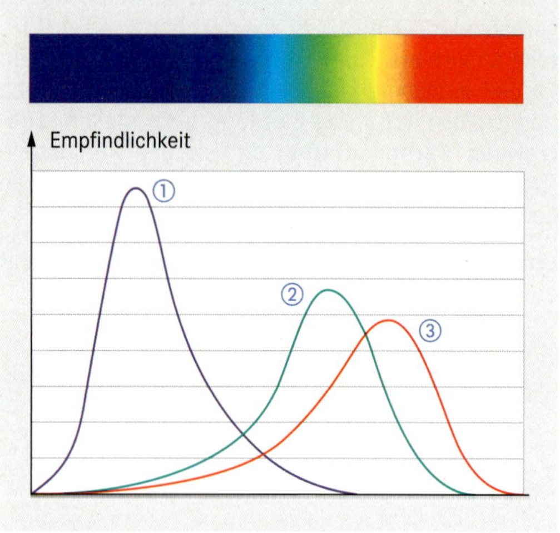

1 Empfindlichkeit der Zapfenarten

Eine Art ① ist besonders für blauviolettes Licht, eine zweite ② für grünes und eine dritte Art ③ für orangerotes Licht empfindlich.

Treffen gleichzeitig rotes und grünes, aber kein blaues Licht ins Auge, erzeugen die Reize im Gehirn den Farbeindruck gelb. Treffen blaues und grünes, aber kein gelbes Licht gleichzeitig ins Auge, erzeugen die Signale im Gehirn den Farbeindruck blaugrün. Wenn alle drei Gruppen von Lichtsinneszellen gleich stark gereizt werden und die Signale auch zum Gehirn gelangen, entsteht der Farbeindruck weiß.

Die von den Zapfen ausgehenden Reize rufen im Gehirn Farbempfindungen hervor.

Farbverhüllung – aus Rot wird Weiß

Da die Farbe Braun nicht durch Farbmischung erzeugt werden kann, muss beim Entstehen von Farbeindrücken noch ein weiterer Effekt beteiligt sein. Die folgende Versuchsbeschreibung soll erläutern, worauf es ankommt.

Auf ein beleuchtetes, weißes Blatt Papier wird eine rote Kreisscheibe von ca. 5 cm Durchmesser gelegt. Anschließend blickt man z. B. mit dem rechten Auge durch eine Papprröhre, deren Durchmesser etwas kleiner als 5 cm ist, so auf die rote Kreisscheibe, dass mit dem Auge nur die rote Scheibe zu sehen ist. Mit dem anderen Auge schaut man direkt auf die Scheibe und das Papier. Obwohl die Beleuchtung der Farbfläche für beide Augen die gleiche ist, erblickt das rechte Auge ein helleres Rot.

Den Einfluss der Umgebung auf die Farbwahrnehmung zeigt folgender Versuch der unterschiedlichen Bestrahlung einer Fläche mit drei Leuchten:

Zunächst wird eine kreisförmige Fläche eines weißen Schirms mit rotem Licht bestrahlt. Das beleuchtete Feld sieht man in der Farbe Rot. Wird mit einer zweiten Experimentierleuchte dieselbe Fläche zusätzlich mit weißem Licht bestrahlt, steigt die Helligkeit. Die beleuchtete Fläche wird rosa, schließlich weiß, obwohl von der Fläche auch noch das rote Licht ins Auge reflektiert wird. Das rote Licht wird schließlich völlig überdeckt durch das zusätzliche weiße Licht. Man sagt, die Farbe Rot sei **weiß verhüllt**. Wird die zweite Leuchte abgeschaltet und das Umfeld der rot beleuchteten Fläche mit einer dritten Experimentierleuchte bestrahlt, ergibt sich hier eine steigende Helligkeit. Im Innenfeld erhält man satte, tiefrote Farben bis zu völligem Schwarz, obwohl von dort tatsächlich nur rotes Licht in unser Auge gelangt. Hier spricht man von einer **Schwarzverhüllung**.

Werden sowohl das Innenfeld als auch das Umfeld mit weißem Licht beleuchtet, entsteht eine **Grauverhüllung**.

Zu jedem Farbton kann als zusätzliches Bestimmungsstück eine Verhüllung kommen. Ein Farbton kann weiß oder schwarz verhüllt sein. Wirken beide Einflüsse zusammen, so entsteht eine Grauverhüllung. Braune Farbtöne entstehen durch Schwarzverhüllung.

Werden beim Dreifarbendruck z. B. zwischen die roten Farbpunkte zusätzlich schwarze Punkte ④ eingedruckt, wird die Farbe Rot schwarz verhüllt (2). Es entstehen Brauntöne.

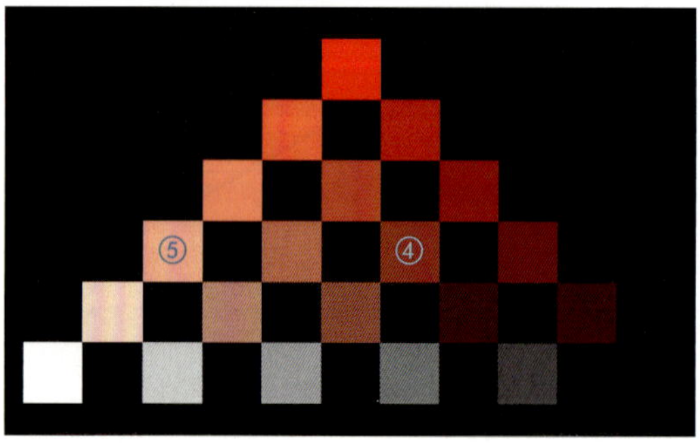

2 Verhüllung von Rot durch Weiß und Schwarz

Lässt man zwischen den roten Farbpunkten weiße Zwischenräume ⑤, wird die Farbe Rot weiß verhüllt. Es entstehen Rosatöne. Durch zusätzliche schwarze Punkte auf weißer Fläche entstehen Grautöne.

Brechung

Beim Übergang eines Lichtstrahls von Luft in einen anderen durchsichtigen Stoff wird der Lichtstrahl teils reflektiert, teils gebrochen. Der Lichtweg ist umkehrbar.

Einfallender und gebrochener Lichtstrahl liegen mit dem Einfallslot in einer Ebene. Ein Maß für die Stärke der Brechung ist die **Brechzahl** n.

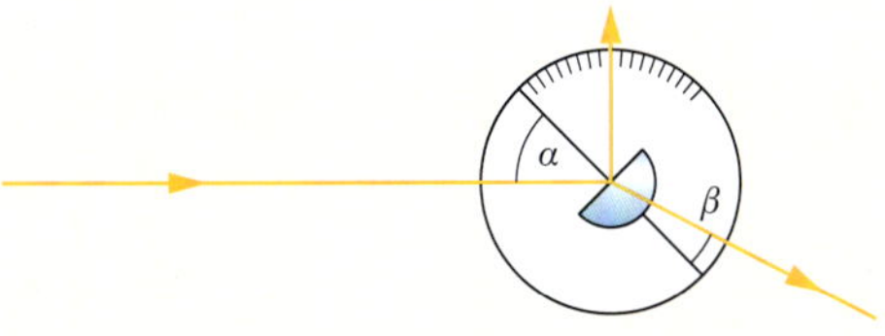

Totalreflexion und Dispersion

Treffen Lichtstrahlen in einem Stoff mit größerer Brechzahl gegen einen Stoff geringerer Brechzahl, so werden sie bei Einfallswinkeln, die größer sind als der Grenzwinkel der Totalreflexion α_g, vollständig reflektiert. Der Grenzwinkel ist stoffabhängig.

Bei der Brechung weißen Lichts tritt Dispersion (Farbzerstreuung) auf. Rotes Licht wird weniger stark abgelenkt als blaues Licht.

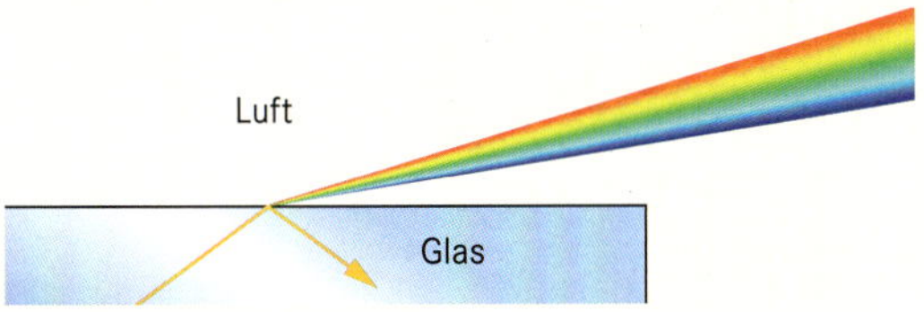

Optische Linsen

Achsennahe, parallel einfallende Lichtstrahlen werden nach Durchgang durch eine Konvexlinse auf einen Punkt der optischen Achse, den **Brennpunkt**, konzentriert.

Lichtstrahlen durch den Brennpunkt werden zu Parallelstrahlen.

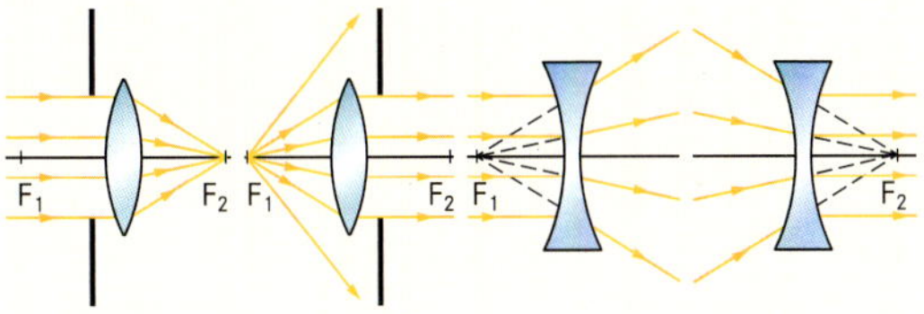

Strahlengang bei dünnen Linsen

Mittelpunktstrahlen durchdringen die Linse ohne Richtungsänderung.

Parallelstrahlen werden zu Brennstrahlen.

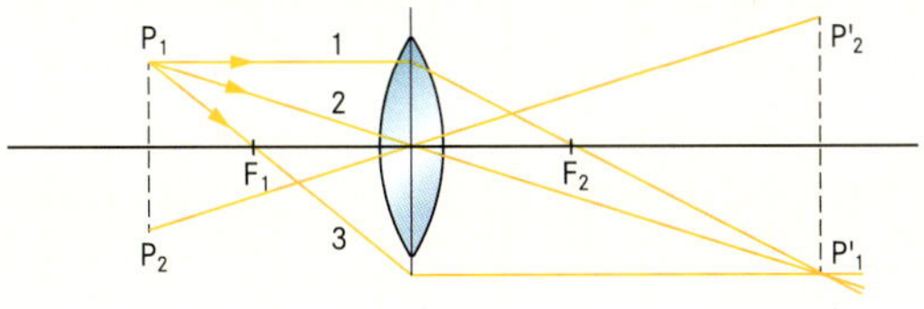

Strahlen durch einen Punkt der Brennebene werden zu Parallelstrahlen.

Für die Bildkonstruktion sind nur zwei Strahlen erforderlich: 1,2; 1,3 oder 2,3.

Virtuelle Bilder gibt es bei Konvex- und Konkavlinsen.

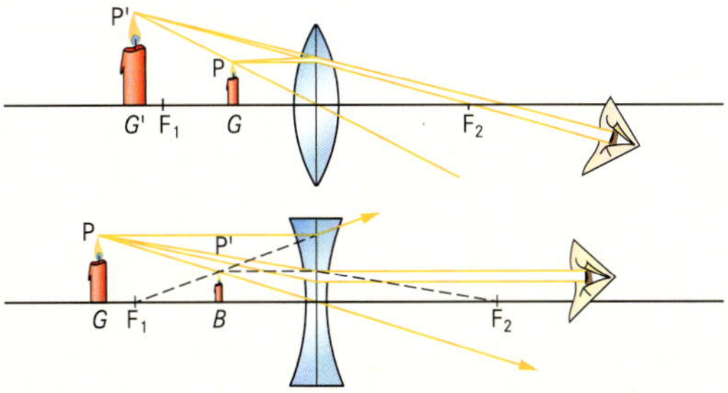

Optische Geräte

Im **Projektor** wird mit einer Lampe über einen Kondensor ein durchsichtiges Bild beleuchtet, das mit einem Objektiv auf einem Schirm abgebildet wird.

Im **Fotoapparat** erzeugt eine Sammellinse (meist ein Linsensystem) ein reelles Bild des Gegenstandes auf dem Bildspeicher. Die Scharfeinstellung erfolgt durch Verschieben der Linse. Die Lichtmenge wird durch die Blende und die Belichtungszeit reguliert.

Beim **Fernrohr** wird von einem entfernten Gegenstand mit einer Konvexlinse ein verkleinertes, reelles Zwischenbild entworfen, das mit einer Lupe betrachtet wird.

Beim **Mikroskop** entwirft das Objektiv von einem nahen **Objekt** ein vergrößertes, reelles Zwischenbild, das mit einer Lupe betrachtet wird.

Das menschliche **Auge** ist ein optisches System. Es besteht aus Hornhaut, Augenlinse und Glaskörper sowie der Netzhaut als Empfänger.

Farben

Beim Durchgang weißen Lichts durch ein Prisma entsteht ein **kontinuierliches Spektrum** mit den Hauptfarben Rot, Orange, Gelb, Grün, Blau und Violett. Glühende Körper und die Sonne liefern kontinuierliche Spektren. Leuchtende Gase und Dämpfe haben **Linienspektren**.

Am sichtbaren Teil des Spektrums schließen sich die ultraviolette Strahlung, **UV-Strahlung**, und die Infrarotstrahlung, **IR-Strahlung**, an.

Farbige Körper reflektieren nur das Licht ihrer Farbe, den Rest absorbieren sie. Entsprechend lassen durchsichtige Körper nur Licht ihrer Farbe durch, die übrigen Farben absorbieren sie. Farben zweier Lichtarten, die sich zu Weiß ergänzen, heißen **Komplementärfarben** (Ergänzungsfarben). Es gibt additive und subtraktive Farbmischungen.

6 Elektrizitätslehre

6.1 Elektrischer Strom

6.1.1 Elektrische Energieverteilung

Hausinstallation

Unsere Wohnhäuser werden auf vielfältige Weise mit elektrischer Energie versorgt. Eine Schnittdarstellung eines Einfamilienhauses zeigt wichtige **Leitungen**, einige elektrische Geräte und die dazugehörigen Anschlüsse (1).

1 Elektroinstallation in einem Wohnhaus

Die elektrische Energie gelangt über ein Leitungsnetz in das Wohnhaus. Die Einspeisung kann über einen Freileitungsanschluss oder einen unterirdischen Kabelanschluss erfolgen.

Die Leitungen für die Versorgung mit elektrischer Energie werden in einem **Stromverteilerkasten** (kurz: **Verteilerkasten**) zusammengeführt ①. Er befindet sich oft in einem zentralen Bereich, z. B. Keller oder Flur. In Mehrfamilienhäusern gibt es dort für jede Wohnung einen Verteilerkasten.

Vom Verteilerkasten werden einige Geräte wie Waschmaschine und Elektroherd direkt über einen eigenen Stromkreis mit Energie versorgt. Für diese Geräte ist deshalb auch im Verteilerkasten jeweils eine eigene Sicherung vorhanden. Oft werden verschiedene Stromkreise für Licht und für Steckdosen ausgelegt.

Elektrische Leitungen und Steckvorrichtungen

Für die elektrische Energieversorgung von Geräten sind Leitungen mit mindestens zwei metallenen Leitern (meistens Kupfer) erforderlich. Der elektrische Strom fließt durch den Metalldraht, der von einer Isolierung umhüllt ist. In ihr fließt kein Strom. Die Isolierung kann gefahrlos berührt werden.

Obwohl für die Energieversorgung zwei Leiter ausreichen, wird bei den im Haus verlegten Leitungen ein dritter Leiter mitgeführt. Er hat eine Schutzfunktion und wird deshalb als **Schutzleiter** bezeichnet. Er besitzt immer die auffällige grün-gelbe Färbung. **Stecker**, an die ein Schutzleiter angeschlossen ist, nennt man **Schutzkontaktstecker** (kurz: Schukostecker). Die dazu passende **Steckdose** heißt Schukosteckdose. Zwei federnde Bügel stellen den Kontakt zu den Metallstiften her (2).

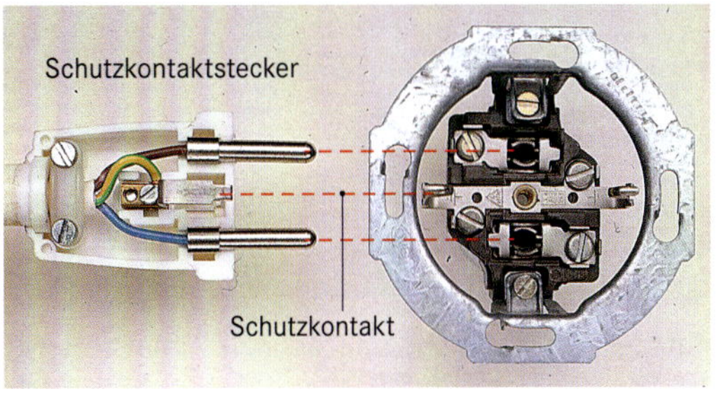

2 Schukostecker und Schukosteckdose

Für die Funktion elektrischer Geräte genügen Stecker mit zwei Stiften (Eurostecker). Der dritte metallene Anschluss bei Schukosteckern hat eine Schutzfunktion.

Elektrische Spannung

Da die elektrischen Geräte im Haus ihre Energie über Steckdosen beziehen, können diese vereinfacht als Energiequellen aufgefasst werden. Die Stärke dieser Quelle lässt sich durch eine physikalische Größe angeben. Sie wird als **elektrische Spannung** U bezeichnet und in Volt (V) gemessen.

Von den Energieversorgungsunternehmen wird für die Wohnungen zwischen den beiden Polen einer Steckdose eine elektrische Spannung von 230 V aufrechterhalten. Die Spannung ist auch dann vorhanden, wenn kein Gerät angeschlossen ist. Sie ist lebensgefährlich. Es dürfen deshalb z. B. niemals die beiden Pole einer Steckdose berührt werden, denn der elektrische Strom fließt auch durch den menschlichen Körper.

Vorsicht beim Umgang mit den im Haus angeschlossenen elektrischen Geräten und Leitungen! Unsachgemäße Behandlung oder Bedienungsfehler bedeuten Lebensgefahr!
Arbeiten an elektrischen Anlagen und Geräten dürfen nur von Fachleuten durchgeführt werden!

Sicherheit durch Sicherungen

Wenn von einem Elektrofachmann Arbeiten an den elektrischen Leitungen eines Raumes oder an den fest angeschlossenen Geräten durchgeführt werden müssen, ist es aus Sicherheitsgründen erforderlich, die elektrische Spannung von 230 V abzuschalten. Dazu kann die **Sicherung** (1) im Verteilerkasten herausgeschraubt oder der eventuell vorhandene Sicherungsautomat betätigt werden.

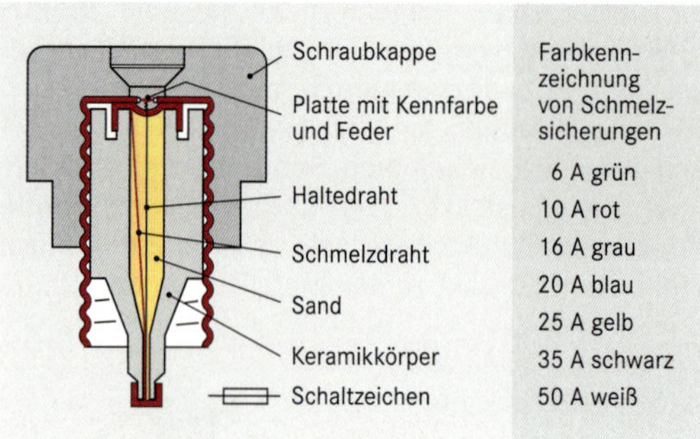

1 Schmelzsicherung

Beide Geräte dienen in diesem Fall als Unterbrecher für die Spannungszuführung. Im Fehlerfall oder bei Überlastung schützen sie vor Folgefehlern.

Bei der Schmelzsicherung schmilzt im Fehlerfall ein dünner Draht durch, der den Stromfluss unterbricht. Beim **Sicherungsautomaten** öffnet ein Elektromagnet wie ein Schalter den Stromkreis, z. B. beim Leitungsschutzschalter. Sicherungsautomaten können nach der Fehlerbeseitigung wieder verwendet werden.

Bei einer Schmelzsicherung schmilzt bei Überlastung ein dünner Schmelzdraht. Bei einem Sicherungsautomaten werden bei Überlastung durch einen Elektromagneten Kontakte wie bei einem Schalter geöffnet.

Elektrische Energie wird gemessen

Der Name „**Elektrizitätszähler**“ ist ungenau bzw. irreführend. Es wird mit diesem Gerät nicht „Elektrizität“ gezählt, sondern die genutzte elektrische Arbeit gemessen, die in den Geräten in andere Energieformen umgewandelt wird (z. B. in Wärme). Dieses Messgerät misst deshalb neben elektrischen Größen auch die Zeit, in der die Geräte eingeschaltet sind.

Das mechanische Zählwerk eines „Elektrizitätszählers“ (kurz: Zähler) wird durch eine rotierende Scheibe und diese wiederum durch ein Magnetfeld angetrieben (2). Angezeigt wird die jeweils genutzte elektrische Arbeit in Form eines Zahlenwertes. Er ist die Grundlage für die Berechnung der Kosten.

Heute werden auch elektronische Zähler eingesetzt, die ohne mechanische Teile arbeiten.

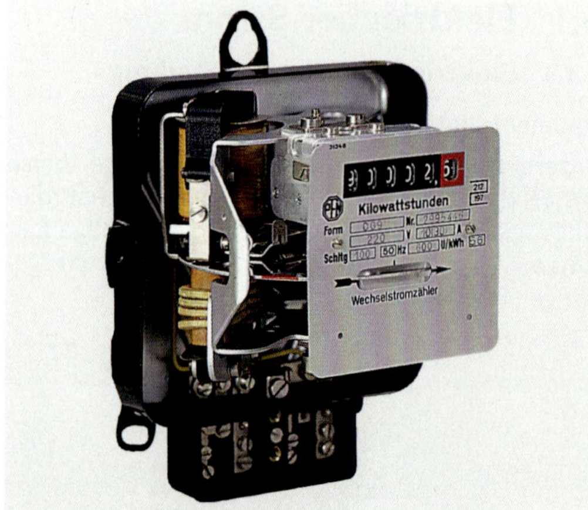

2 „Elektrizitätszähler“

Zusätzliche Sicherheit

Die bisher angesprochenen Sicherungen bzw. Sicherungsautomaten schalten die Energiezufuhr ab, wenn eine Überlastung im Stromkreis auftritt. Der elektrische Strom hat in diesem Fall einen zulässigen Höchstwert überschritten.

Für besonders gefährdete Bereiche eines Hauses (z. B. Badezimmer) reichen diese **Schutzmaßnahmen** nicht aus. Schon kleine fehlerhafte Ströme z. B. über einen nassen Fußboden können zu Unfällen führen. Deshalb sind in neuen Hausinstallationen **Fehlerstrom-Schutzschalter** (kurz: **FI-Schutzschalter**) (3) eingebaut. Für sie wird auch die Bezeichnung **RCD** (Residual-Current protective Device) verwendet. Die Geräte messen den in das Gerät hinein- und herausfließenden Strom. Wenn das Ergebnis ungleich ist, liegt ein Fehler vor und der Schutzschalter schaltet ab. Er reagiert bereits bei geringen Abweichungen.

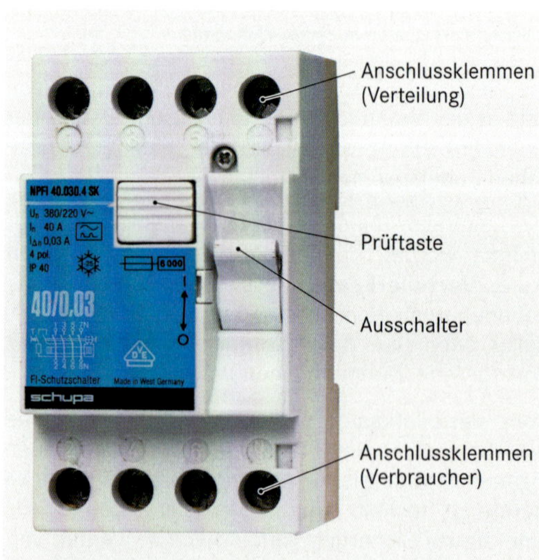

3 Fehlerstrom-Schutzschalter

Video

Elektrochemische Spannungsquellen

Für die Energieversorgung ortsveränderlicher Geräte werden verschiedene **Batterien** eingesetzt (4).

4 Elektrochemische Spannungsquellen

Durch chemische Prozesse entsteht zwischen den zwei Elektroden (Plus- und Minuspol) eine Gleichspannung. Wenn nur eine Zelle (z. B. Monozelle 1,5 V) vorhanden ist, darf man eigentlich nicht von einer „Batterie" sprechen. Mit dem Begriff „Batterie" kennzeichnet man immer mehrere zusammengeschaltete Zellen.

In elektrochemischen Spannungsquellen ist elektrische Energie chemisch gespeichert worden.

Erste elektrochemische Spannungsquellen wurden um 1800 durch den italienischen Physiker Alessandro **Volta** entwickelt (Voltasche Säulen). Ihm zu Ehren wird die Einheit der elektrischen Spannung mit **Volt** bezeichnet.

Alessandro Volta knüpfte an die 1787 durch Luigi **Galvani** (italienischer Professor für Anatomie und Medizin) entdeckte „Froschschenkelelektrizität" an. Er hatte durch Berühren mit zwei unterschiedlichen Metallen Froschschenkel zum Zucken gebracht.

Bei **elektrochemischen Spannungsquellen** muss man zwischen **Sekundärelementen** (wieder aufladbar, Akkumulatoren) und **Primärelementen** (nicht wieder aufladbar) unterscheiden (5).

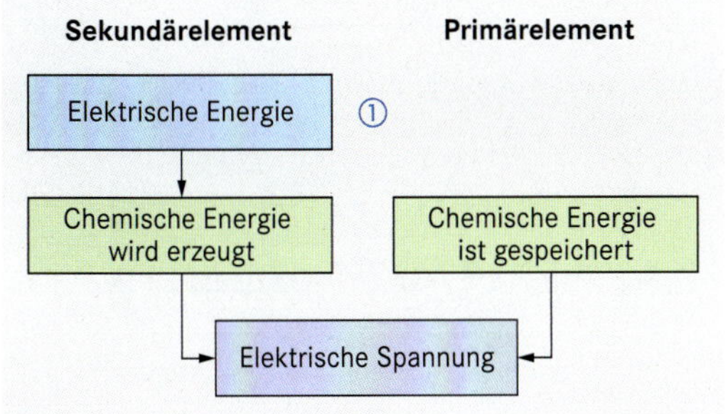

5 Primär- und Sekundärelemente

Sekundärelementen muss elektrische Energie zugeführt werden ①, sie werden geladen. Dabei wird die elektrische Energie benutzt, um die Elektroden chemisch zu verändern.

Elektrochemische Spannungsquellen unterscheiden sich in Aufbau und Form. Kenngrößen sind u. a. die Spannung und das Fassungsvermögen an elektrischer Energie (Kapazität) (6).

Batteriegrößen				
Internationale Bezeichnung	**Handelsübliche Bezeichnung**	**Technologische Bezeichnungen**		**Spannung**
		für Alkaline	**für Zink-Kohle**	
AA	Mignon	LR 6	R 6	1,5 V
AAA	Micro	LR 03	R 03	1,5 V
C	Baby	LR 14	R 14	1,5 V
D	Mono	LR 20	R 20	1,5 V
9 V	E-Block	6 LR 61	6 F 22	6 x 1,5 V = 9,0 V
4,5 V	Normal/ Flach	3 LR 12	3 R 12	3 x 1,5 V = 4,5 V

6 Batteriegrößen

Aufgaben

1. Finden Sie heraus, welche Geräte in der Wohnung mit einem Schukostecker und welche mit einem Flachstecker (Eurostecker) versehen sind.
2. Zählen Sie auf, welche elektrischen Bestandteile zu einer Hausinstallation gehören. Welche Aufgaben haben sie?
3. Erklären Sie den Unterschied zwischen einer Schmelzsicherung und einem Sicherungsautomaten.
4. Weshalb werden bestimmte Steckdosen als Schutzkontaktsteckdosen bezeichnet?
5. Welche Aufgabe hat der „Elektrizitätszähler"?
6. Überlegen Sie und schreiben Sie auf, welche Probleme in Ihrer Wohnung auftreten können, wenn die elektrische Energieversorgung im Winter für zwei Tage ausfällt.
7. Untersuchen Sie verschiedene Typenschilder von elektrischen Geräten, die an Steckdosen betrieben werden. Stellen Sie Gemeinsamkeiten und Unterschiede fest.
8. Weshalb kann eine Lampe für eine Spannung von 230 V nicht mit einer Taschenlampenbatterie betrieben werden?
9. Worin unterscheiden sich grün bzw. grau gekennzeichnete Sicherungen?
10. Beschreiben Sie den wesentlichen Unterschied zwischen Primär- und Sekundärelementen.

6.1.2 Elektrischer Stromkreis

Aufbau und Wirkungsweise

Die Zusammenhänge sollen an einem aufgebauten **Stromkreis** erläutert werden. Damit es zu keinen Gefährdungen kommt, wird nicht mit der vom Energieversorgungsunternehmen gelieferten Spannung von 230 V experimentiert (Lebensgefahr). Aus Sicherheitsgründen sind für Schülerübungen Spannungen bis höchstens 42 V zugelassen.

Zum Aufbau eines ungefährlichen Stromkreises für eine Glühlampe wird eine Batterie mit einer Spannung von 4,5 V verwendet. Sie besitzt wie jede **Spannungsquelle** zwei **Pole** (Anschlüsse), an die die metallenen Leiter durch einen Stecker, eine Steckverbindung oder eine Klemme angeschlossen werden können.

Die Glühlampe ist über einen Schalter mit einer Leitung an einen Pol der Batterie angeschlossen (1). Der zweite Anschluss der Lampe wird direkt mit einer Leitung mit dem anderen Pol der Batterie verbunden.

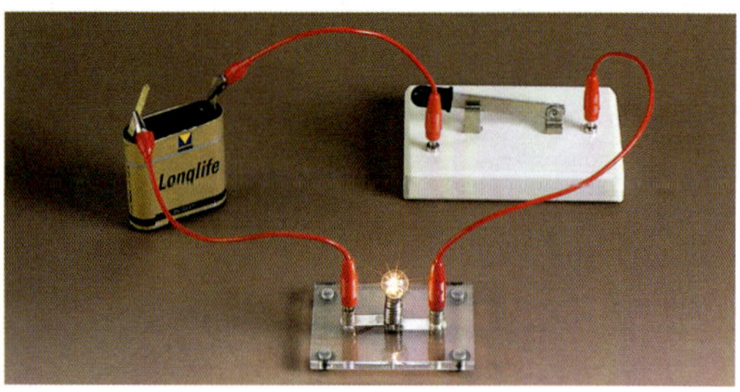

1 Elektrischer Stromkreis

Das Experiment führt zu folgendem Ergebnis:
Die Lampe leuchtet nur dann, wenn der Schalter geschlossen ist.

Es fließt nur dann ein Strom, wenn der Stromkreis geschlossen ist.

Elektrische Stromkreise können recht kompliziert sein. Man benutzt für die Darstellung in Plänen **Schaltzeichen** (2). Sie sagen nichts über das genaue Aussehen des Gerätes aus, sondern geben lediglich die Funktion wieder.

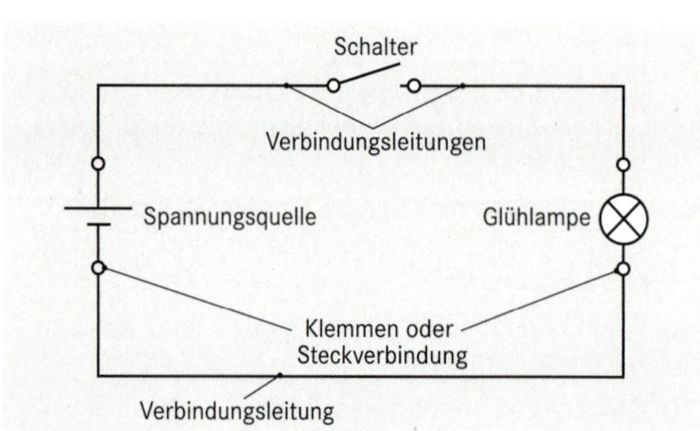

2 Schaltbild zum Stromkreis

Glühlampen und Glimmlampen

Das Glas der **Glühlampe** ist ein Isolator. Es kann deshalb ohne Gefährdung durch die Spannung von 230 V berührt werden. Auf keinen Fall darf man aber bei herausgeschraubter Lampe in die Fassung greifen. Der Sockel der Glühlampe enthält die beiden voneinander isolierten Kontaktflächen.

Der Strom kann bei eingeschraubter Lampe und bei geschlossenem Schalter durch den Glühdraht aus Wolfram fließen (3). Die Temperatur des Glühdrahtes beträgt etwa 2 500 °C.

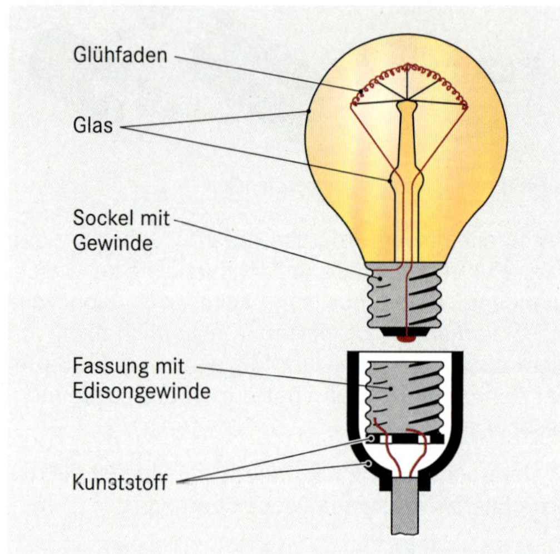

3 Glühlampe

Neben Glühlampen werden für Signalzwecke auch **Glimmlampen** (4) eingesetzt. Schaut man sich die Elektroden (Metallteile) im Innern des Glaskolbens genauer an, dann sieht man, dass keine Verbindung zwischen ihnen besteht.

Zur Untersuchung wird eine Glimmlampe über einen Schutzwiderstand an eine Spannungsquelle angeschlossen (4). Zum Nachweis des Stromes ist in den Stromkreis ein Messgerät eingebaut worden.

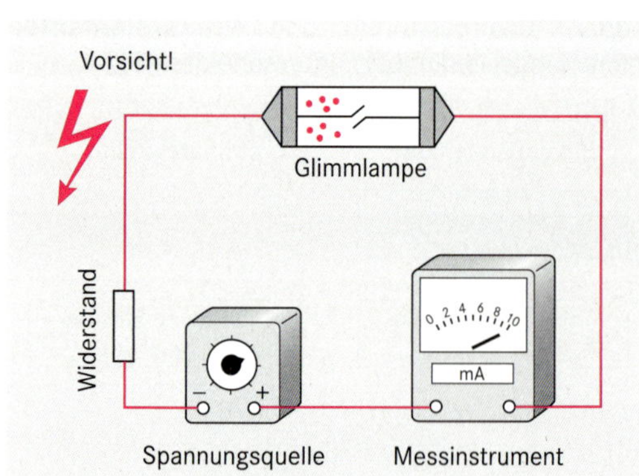

4 Gase (Glimmlampe) im Stromkreis

Ergebnis: Obwohl in der Lampe keine metallisch leitende Verbindung besteht, zeigt bei einer Spannung von 70 V bis 80 V das Messgerät einen Strom an. Das Gas um die **Elektrode** leuchtet, die am Minuspol der Quelle angeschlossen ist. Der Stromkreis ist also auch in diesem Fall geschlossen.

Gase leiten unter bestimmten Bedingungen (z. B. hohe Spannung) den elektrischen Strom.

Stromleitung in Flüssigkeiten

Strom kann unter bestimmten Bedingungen nicht nur durch Gase fließen, sondern auch durch Flüssigkeiten. Ein Stromkreis mit einer Spannungsquelle von U = 4,5 V, einer Glühlampe mit 6 V/0,1 A und zwei voneinander getrennten Elektroden (Metallplatten) sollen das beweisen. Die Elektroden hängen in dem Glasbehälter und dürfen sich nicht berühren (5).

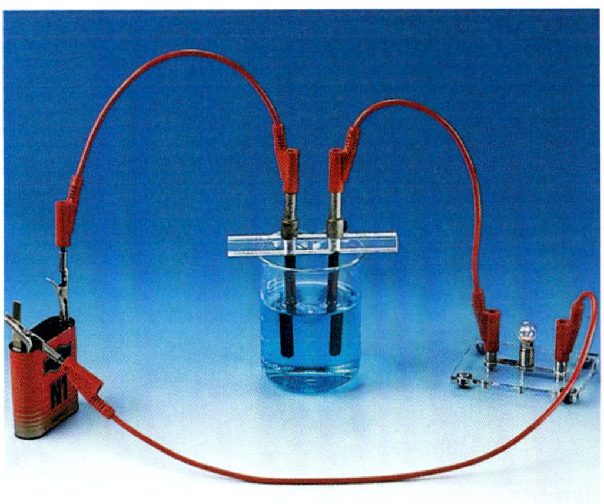

5 Flüssigkeiten im Stromkreis

Das Experiment wird in zwei Schritten durchgeführt:

- Die Spannung wird eingeschaltet und die Lampe beobachtet.
- Kochsalz wird im Wasser des Behälters aufgelöst und die Lampe beobachtet.

Folgendes Ergebnis tritt ein:

- Bei reinem Leitungswasser leuchtet die Lampe nicht.
- Bei Salzwasser leuchtet die Lampe und Gasblasen steigen an den Elektroden auf. Die Leitfähigkeit hat sich erhöht.

Bestimmte Flüssigkeiten (z. B. Salzlösungen, Säuren) leiten den elektrischen Strom.

Angaben auf elektrischen Geräten

Elektrische Geräte sind in der Regel mit einem kleinen Schild versehen, auf dem wichtige technische Daten aufgeführt sind (6).

6 Typenschild eines elektrischen Gerätes

Die Angaben auf dem Typenschild enthalten wichtige Informationen zur notwendigen Betriebsspannung, Spannungsart, Änderung der Polarität der Spannung und Leistung des Gerätes (7).

Angabe	Bedeutung
230 V	Das Gerät muss mit einer Spannung von 230 V betrieben werden.
~	Die Spannung ist eine Wechselspannung.
50–60 Hz	Die Spannung ändert ihre Polarität (in einer Sekunde 50- bis 60-mal in Plus und in Minus).
500 W	Die Leistung des Gerätes beträgt 500 W.

7 Bedeutung der Angaben an Beispielen

Aus den Geräteangaben kann man entnehmen, dass alle Geräte, die über eine Steckdose betrieben werden, eine Spannung von 230 V benötigen. Je nach Gerätetyp sind ihre Wirkungen jedoch unterschiedlich.

Zur Kennzeichnung der Wirkung dient die Leistungsangabe. Die **Leistung** wird in **Watt** (W) gemessen. Ein Gerät mit 100 W leistet mehr als eines mit 40 W.

Mithilfe der elektrischen Energie werden in den einzelnen Geräten verschiedenartige Wirkungen erzielt. So lassen sich z. B. im Elektroherd und im Lötkolben Wärme, in der Glühlampe Licht und Wärme und mit Motoren mechanische Bewegungen erzeugen.

Elektrische Energie lässt sich in andere Energiearten umwandeln.

Aufgaben

1. Untersuchen Sie die Glühlampen, die sich in der Wohnung befinden. Beschreiben Sie deren Form und ermitteln Sie über die Beschriftung, für welche Spannung sie geeignet sind.
2. Zeichnen Sie das Schaltbild eines Stromkreises mit folgenden Bestandteilen: Spannungsquelle, Schalter und Glühlampe.
3. Untersuchen und beschreiben Sie den Weg des Stromes bei einer Taschenlampe.
4. Beschreiben Sie den Stromweg für die Rückleuchte des Fahrrades vom Dynamo.
5. Worin unterscheiden sich elektrische Leiter von Isolatoren?
6. Beschreiben Sie den Aufbau einer Glühlampe.

6.1.3 Gefahren durch den elektrischen Strom

Wirkungen des Stromes auf den menschlichen Körper

Weil der menschliche Körper kein Isolator ist, kann der elektrische Strom durch ihn fließen. Man spürt seine Wirkung z. B. bereits, wenn man mit der Zunge die beiden Anschlüsse einer 4,5 V Batterie berührt. Das leichte Kribbeln ist unangenehm, aber noch ungefährlich. Den Nachweis, dass der menschliche Körper den Strom leitet, zeigt ein Versuch (1).

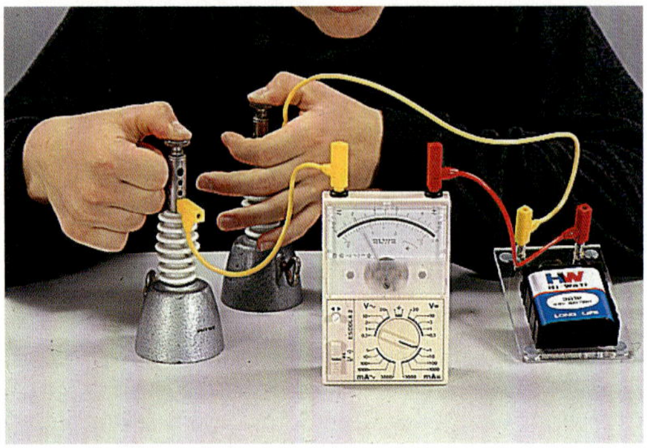

1 Stromfluss durch den Menschen

Mit zwei angefeuchteten Fingern wird der Stromkreis mit einer 4,5 V-Batterie und einem empfindlichen Strommessgerät geschlossen.

Ergebnis: Der Zeiger des Messgerätes zeigt einen Ausschlag.

Die Auswirkungen des Stromes auf den Menschen hängen von folgenden Faktoren ab:
- Stromstärke,
- Einwirkungsart,
- Einwirkungsdauer,
- Stromweg,
- Stromart,
- Hautbeschaffenheit,
- Gesundheitszustand.

Folgende Gefahren können eintreten:
- Verbrennungen,
- Gerinnung von Eiweiß,
- Zersetzung der Zellflüssigkeit,
- Muskelkrämpfe,
- Herzkammerflimmern.

Die Wärmewirkung kann zu Verbrennungen an der Hautoberfläche und zur Gerinnung von Eiweiß im Körper führen. Da in den Zellen Flüssigkeiten enthalten sind, können diese durch den Stromfluss zersetzt werden.

Die Informationsübermittlung im Körper erfolgt über die Nervenzellen auf elektrischem Wege. Deshalb kommt es zu Störungen, wenn zusätzliche Ströme fließen. Diese Störungen können zu Muskelverkrampfungen und zum Herzkammerflimmern führen (sehr rascher, unkontrollierter Herzschlag).

Die Wirkungen des elektrischen Stromes auf den menschlichen Körper können leichte Schäden, aber auch schwere Verletzungen hervorrufen. Sie können auch zum Tode führen.

Strom auf gefährlichen Wegen

Neben dieser direkten Gefährdung des menschlichen Körpers durch den elektrischen Strom bestehen auch Gefahren durch überlastete Geräte und Anlagen. Bei einem zu großen Strom in einer zu dünnen Leitung besteht außerdem Brandgefahr. Berühren sich dann noch die beiden Leiter, nimmt der Strom den Weg über die Berührungsstelle. Es entsteht ein **Kurzschluss**. Der Strom kann dabei sehr groß werden.

Spannungsquellen besitzen zwei Anschlüsse. Ein Leiter in der Elektroinstallation ist in der Regel mit dem Erdreich verbunden (Erdung). Das Erdreich leitet den Strom. Wie kann man dieses nachweisen?

Man könnte z. B. die metallene Wasserleitung als zweiten Leiter benutzen, da sie in gutem elektrischen Kontakt mit dem Erdreich steht. Eine Lampe würde leuchten.

Viele Elektrogeräte besitzen Metallteile (z. B. Elektroherd, Waschmaschine). Wenn durch einen Fehler im Innern der stromführende Leiter das Gehäuse berührt, liegt die gefährliche Spannung von 230 V am Gehäuse.

Berührt jetzt ein Mensch dieses Gehäuse (2), dann fließt der Strom über den Menschen, da eine Verbindung über den Fußboden mit dem Erdreich besteht.

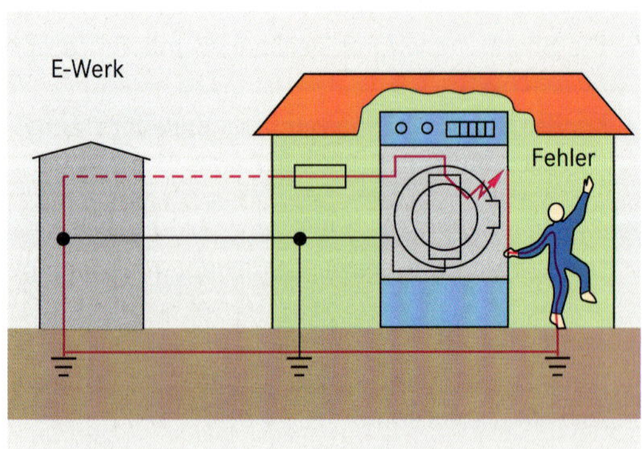

2 Stromkreis mit Fehler und gleichzeitiger Berührung

Noch gefährlicher für den Menschen ist das gleichzeitige Berühren von fehlerhaften Geräten und von Wasserleitungen oder Heizungsrohren. Denn diese sind meistens besonders gut mit dem Erdreich verbunden.

Welche Schutzmaßnahmen gibt es?

Um Gefährdungen auszuschließen, sind berührbare Metallteile mit einem **Schutzleiter** verbunden. Liegt jetzt ein Fehlerfall vor, dann fließt der Strom durch den Schutzleiter, ohne den Menschen zu gefährden (3). Der Schutzleiter hat immer eine grün-gelbe Färbung.

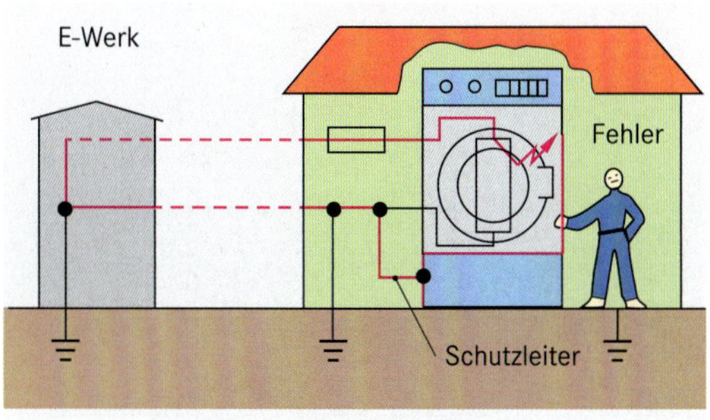

3 Fehlerstromkreis mit Berührung und Schutzleiter

Der Schutzkontakt beim Schukostecker ist mit dem Schutzleiter verbunden. Der Anschluss ist durch das Erdungszeichen gekennzeichnet.

Der grün-gelbe Schutzleiter ist an alle von außen berührbaren Metallteile angeschlossen.

Als Beispiel für den Stromweg bei einem geschützten Stromkreis dient die vereinfachte Leitungsführung bei einer über eine Steckdose angeschlossenen Kochplatte (4).

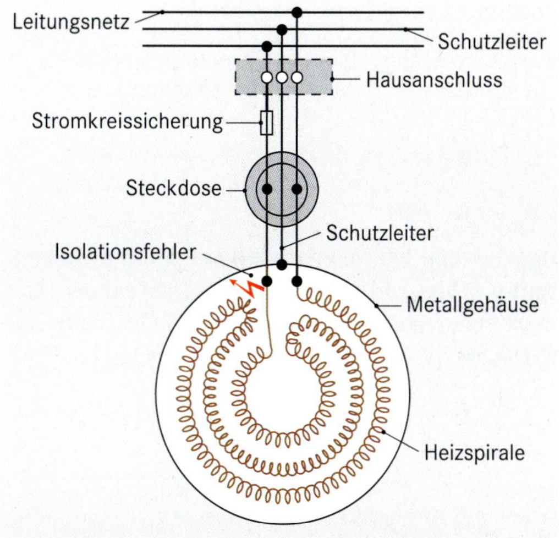

4 Isolationsfehler bei einer Kochplatte

Der Strom fließt durch die Sicherung über die Steckdose zum Anschluss des Heizdrahtes. Dort befindet sich der Isolationsfehler, sodass der Strom über das Gehäuse und dann über den dort angeschlossenen Schutzleiter weiterfließt. Bei diesem Fehler kommt es nicht zu einer Gefährdung des Menschen.

Der Eurostecker (Flachstecker) besitzt keinen Schutzleiter. Er darf deshalb nur für Geräte verwendet werden, deren elektrische Teile durch eine umfassende Isolierung (z. B. Kunststoff) vor einer Berührung gesichert sind (**Schutzisolierung**). Geräte mit dieser Schutzmaßnahme sind durch zwei ineinander gezeichnete Quadrate gekennzeichnet (5).

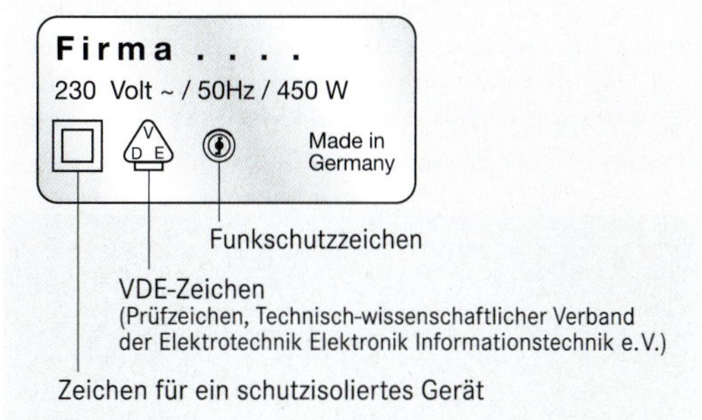

5 Typenschild

Bohrmaschinen haben eine Schutzisolierung. Die farbigen Kunststoffteile trennen die elektrisch leitenden Teile von den berührbaren Metallteilen (6).

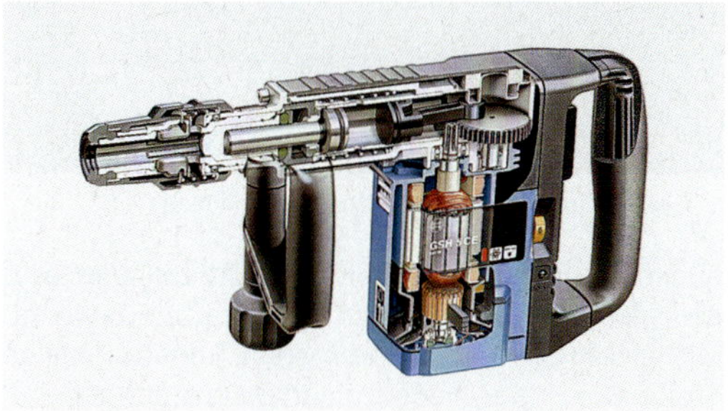

6 Schutzisolierung bei einer Bohrmaschine

Viele Geräte des täglichen Gebrauchs besitzen eine solche Schutzisolierung, z. B. Föhn, Elektrorasierer, Radio.

Schutzisolierte Geräte besitzen eine umfassende Kunststoffisolierung.

Aufgaben

1. Finden Sie heraus, welche Geräte in der Wohnung mit einem Schutzleiter versehen und welche durch eine Schutzisolierung gesichert sind (am Stecker erkennbar).
2. Begründen Sie, weshalb eine Stromleitung über den menschlichen Körper gefährlich ist.
3. Was versteht man unter einem Kurzschluss?
4. Beschreiben Sie die Funktion des Schutzleiters in einem Fehlerfall.
5. Wodurch wird bei einer Schutzisolierung der menschliche Körper vor gefährlichen Spannungen geschützt?
6. Welche Schutzfunktion hat der Fehlerstrom-Schutzschalter?

6.2 Elektrische Ladungen

6.2.1 Untersuchung von Ladungen

Natürliche und künstliche Entladungen

Gewitter mit Blitzen (1) sind für Menschen immer ein besonderes Ereignis, denn bei einem **Blitz** fließen Ströme, die hunderttausendmal größer sein können als der elektrische Strom durch eine Glühlampe für die Zimmerbeleuchtung. Diese gewaltigen Naturerscheinungen finden auf der Erde ständig statt, im Mittel 1600 gleichzeitig. Sie werden als elektrische **Entladungen** bezeichnet.

1 Gewitter als natürliche elektrische Entladung

Künstliche elektrische Auf- und Entladungen sind den Menschen bereits seit dem Altertum bekannt. Mit einem geriebenen Bernstein konnten kleine Stoffe wie Haare, Federn oder Fasern auf geheimnisvolle Weise angezogen oder abgestoßen werden.

Erste Elektrisiermaschinen baute 1663 der Magdeburger Bürgermeister Otto von Guericke. Durch Reibung wurde Elektrizität erzeugt (**Reibungselektrizität**). Die mit diesen oder ähnlichen Elektrisiermaschinen verbundenen Erscheinungen wurden bis ins 18. Jahrhundert zur allgemeinen Belustigung von Schaustellern in Salons der vornehmen Gesellschaft (2) dargeboten.

Eine Verbindung zwischen den künstlich erzeugten knisternden elektrischen Funken und dem Blitz als einer gewaltigen Naturerscheinung konnte erst durch den Bau des ersten Blitzableiters (1752) durch Benjamin Franklin (amerikanischer Erfinder) hergestellt werden. Durch diese wichtige physikalische Erkenntnis wurde die bis dahin in der Bevölkerung noch vorhandene abergläubische Deutung vom Gewitter allmählich verdrängt.

Mit kleinen Blitzen kommt man z. B. dann in Berührung, wenn man frisch gewaschene und trockene Haare kämmt oder einen Pullover auszieht. Es sind dabei kleine Funkenüberschläge zu erkennen und zu spüren. Durch den Reibungsvorgang kam es zu einer Aufladung, und die kleinen „Blitze“ sind dann die entsprechenden Entladungen.

Elektrische Erscheinungen lassen sich mit den Begriffen Aufladung und Entladung beschreiben.

2 „Elektrisierung“ im 18. Jahrhundert

Genauere Untersuchungen über die Form elektrischer Überschläge führte der deutsche Physiker Georg Christoph Lichtenberg (1742–1799) durch. Er stellte fest, dass die Figuren der Funken von dem einen Pol der Elektrizitätsquelle wie „strahlende Sonnen“ und vom anderen mehr einem ringförmigen Muster glichen.

Diese unterschiedlichen Formen verwendete er zur Kennzeichnung und Unterscheidung der Elektrizität. Er führte die Kurzbezeichnungen **Plus** (+) und **Minus** (–) ein, die heute für die Kennzeichnung der Pole elektrochemischer Spannungsquellen verwendet werden.

Die von ihm entdeckten Figuren werden als **Lichtenberg-Figuren** bezeichnet (3). Lichtenbergs Entdeckungen waren grundlegend für die heute verwendeten Kopiergeräte.

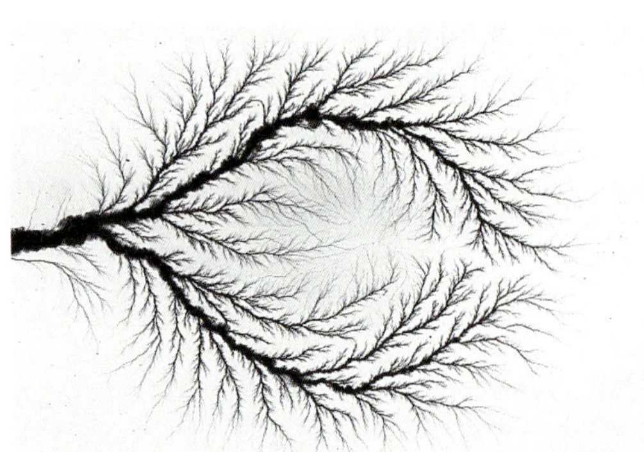

3 Lichtenberg-Figur

Spannungsquellen als Ladungsquellen

Mithilfe einer technischen Spannungsquelle und von zwei Glimmlampen soll der Begriff **„elektrische Ladung“** geklärt werden.

Zunächst sind die Pole (Plus und Minus) der **Spannungsquelle** mit zwei elektrischen Leitern herausgeführt und an zwei Glimmlampen angeschlossen (4). Die Spannungsquelle wird jetzt eingeschaltet.

Die Glimmlampen leuchten nicht, da der Stromkreis noch unterbrochen ist.

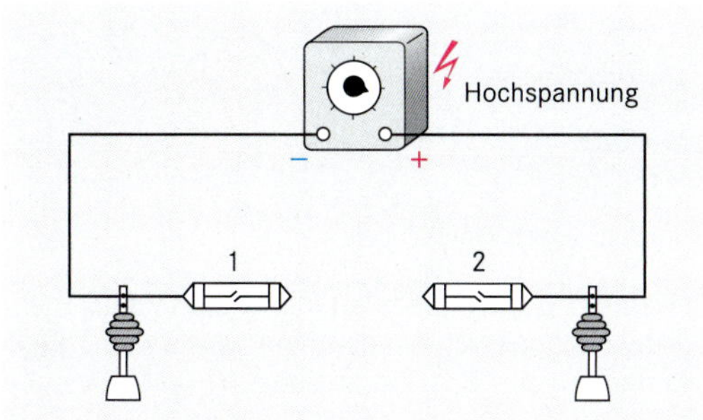

4 Stromkreis ist unterbrochen

Berührt man jetzt allerdings mit einer isolierten Metallkugel die Glimmlampe 1, so blitzt diese am linken Draht kurzzeitig auf (5).

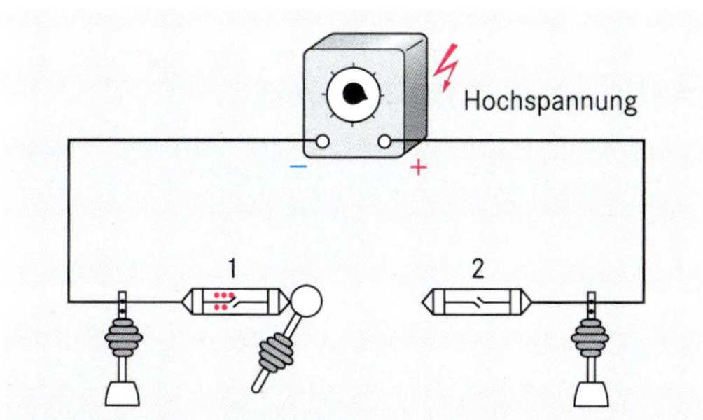

5 Entladung bei Glimmlampe 1

Wenn man jetzt die Kugel an die Glimmlampe 2 führt, leuchtet diese ebenfalls kurzzeitig am linken Draht auf (6). Wie lässt sich dieses Ergebnis erklären?

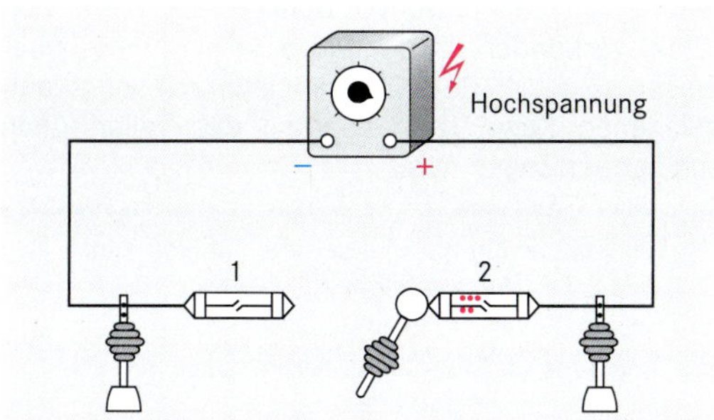

6 Entladung bei Glimmlampe 2

Als Anzeigegerät für den elektrischen Strom wurde eine Glimmlampe verwendet. Da in Bild 5 nur die Glimmlampe 1 aufleuchtete, muss kurzzeitig ein Strom geflossen sein. Er hat die Kugel bei Berührung aufgeladen. Beim Berühren der Glimmlampe 2 mit der Kugel sind diese Ladungen wieder von der Kugel zur Quelle zurückgeflossen. Es floss wieder ein geringer Strom, denn die Lampe leuchtete.

Ladungen können in kleinen Portionen transportiert werden. Der elektrische Strom ist eine Bewegung von elektrischen Ladungen.

Würde man jetzt die Metallkugel in rascher Folge zwischen den Glimmlampen hin und her bewegen, dann würden die Lampen nacheinander aufleuchten. Es fließt Strom mit einem ständigen Ladungstransport.

Plus und Minus an Spannungsquellen

Eine Metallkugel wurde kurzzeitig über eine Leitung mit dem Pluspol einer Spannungsquelle verbunden, sie wurde also aufgeladen. Danach berührt man mit einer Glimmlampe die Kugel (7).

7 Entladung einer Kugel

Ergebnis: Das Gas um eine Elektrode leuchtet auf. Es ist also Strom geflossen (Entladung).

Wenn man danach die Kugel kurzzeitig mit dem Minuspol der Spannungsquelle auflädt und mit der Glimmlampe wieder entlädt, leuchtet die andere Elektrode der Glimmlampe kurzzeitig auf. Die unterschiedliche Kennzeichnung der Pole ist also sinnvoll.

Es lassen sich zwei verschiedene Ladungsarten unterscheiden. Sie werden als positive und negative Ladungen bezeichnet.

Wirkungen zwischen aufgeladenen Körpern

Um die Wirkung zwischen aufgeladenen Körpern zu demonstrieren, werden zwei Kugeln an Fäden aufgehängt und einander genähert. Bei unterschiedlicher Aufladung kommt es zu einer Anziehung, bei gleichartiger Aufladung zu einer Abstoßung. Es treten also Kräfte auf (1).

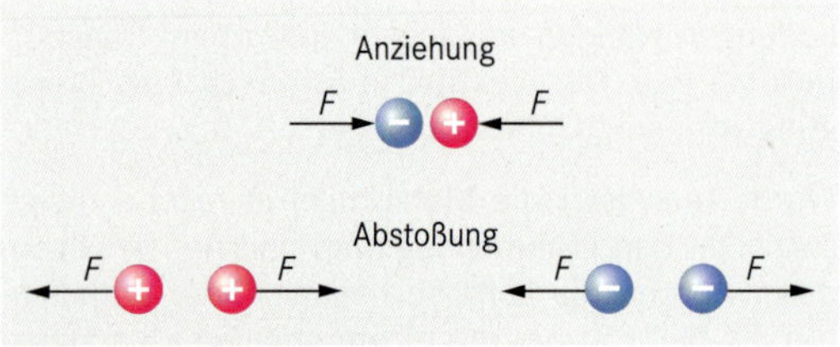

1 Kräfte zwischen Ladungen

Ungleichartig geladene Körper ziehen sich an. Gleichartige Ladungen stoßen sich ab.

Alle Stoffe bestehen aus **Atomen**, die wiederum aus einem **Kern** und einer **Hülle** aufgebaut sind. Im Kern sind positive Kernteilchen vorhanden, die **Protonen**, außerdem neutrale Teilchen, die **Neutronen**. In der Hülle befinden sich negative Teilchen, die **Elektronen**. Sie haben im Vergleich zu den Protonen eine geringere Masse und bewegen sich um den Kern (2). Sie lassen sich bei einigen Stoffen durch geringen Kraftaufwand aus der Hülle entfernen.

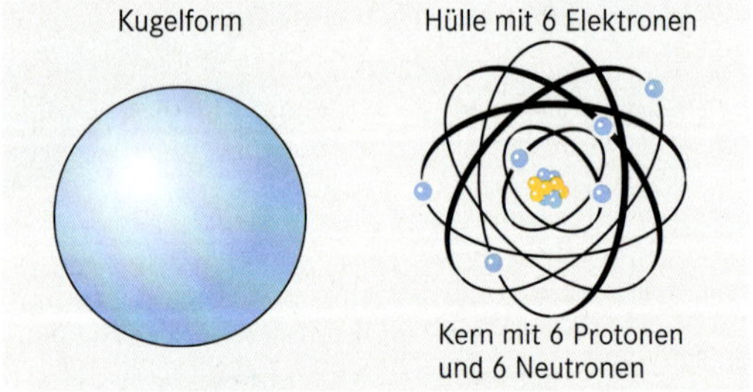

2 Modell des Atomaufbaus (Kohlenstoff)

Wenn ein Stoff nicht geladen ist, dann sind gleich viele positive und negative Ladungen vorhanden. Der Stoff ist neutral. Bei einem aufgeladenen Stoff ist das Gleichgewicht gestört. Der Stoff wirkt nach außen positiv, wenn die positiven Ladungen überwiegen. Es herrscht **Elektronenmangel**. Er ist negativ, wenn die negativen Ladungen überwiegen. Dort herrscht **Elektronenüberschuss**.

Ladungstrennung

Das Gleichgewicht von Ladungen in Stoffen lässt sich bereits durch einen einfachen Versuch stören (3). Reibt man z. B. einen Kunststoffstab mit einem Wolltuch (mechanische Einwirkung), dann treten vom Wolltuch ① Elektronen (sie sind beweglich) auf den Kunststoffstab ② über. Die ursprüngliche Neutralität des Stoffes ist somit nicht mehr vorhanden. Diese Ladungstrennung lässt sich auch bereits durch starkes Aneinanderdrücken erreichen. Daher bezeichnet man diese Art der Ladungstrennung auch als **Berührungs- oder Reibungselektrizität**.

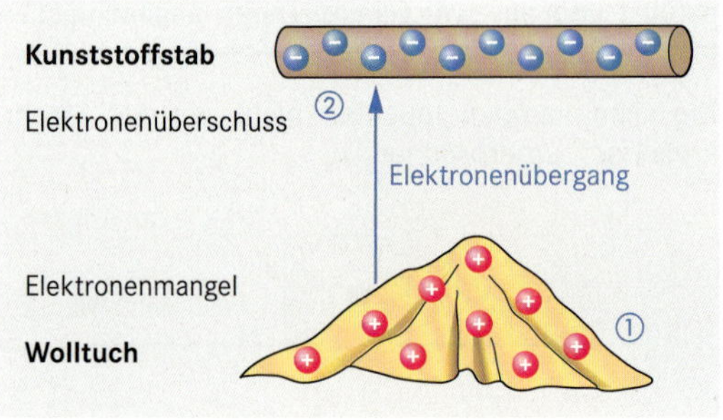

3 Reibungselektrizität

Bei einem positiv aufgeladenen Körper sind mehr positive als negative Ladungen vorhanden (Elektronenmangel). Bei einem negativ aufgeladenen Körper sind mehr negative als positive Ladungen vorhanden (Elektronenüberschuss). Ein neutraler Körper hat gleich viele positive und negative Ladungen.

Ladungsnachweis

Ladungen lassen sich nachweisen, indem man die Anziehungs- bzw. Abstoßungskräfte ausnutzt. Ein Nachweisgerät ist das **Elektroskop** (4).

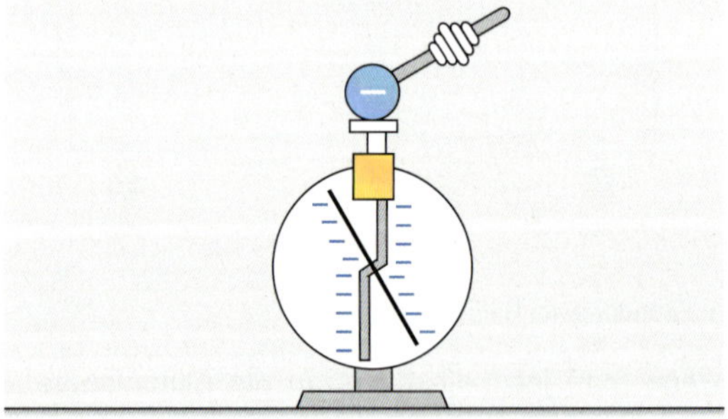

4 Nachweis von negativen Ladungen mit dem Elektroskop

Der oben angebrachte Teller ist aus Metall und leitend mit dem darunter befindlichen Metallstab (Steg) verbunden. In der Mitte ist ein beweglicher Zeiger gelagert. Berührt man jetzt mit einer aufgeladenen Kugel (z. B. negativ) den Teller, dann schlägt der Zeiger aus.

Versuche

1. Drücken Sie ein Blatt Papier fest auf eine Kunststoff-Folie. Trennen Sie beide wieder.
   Was kann man feststellen?
2. Tasten Sie die Oberfläche der Folie aus Versuch 1 mit einer Glimmlampe ab.
   Was kann man beobachten?

Am Elektroskop (4) sind gleichartige Ladungen von der Kugel auf den beweglichen Zeiger und den festen Steg übergetreten. Da sich gleichartige Ladungen abstoßen, wirken auch zwischen Zeiger und festem Steg Abstoßungskräfte.

Mit dem Elektroskop kann man Ladungen messen. Dazu ist aber eine Einheit notwendig. Sie wurde zu Ehren des franz. Physikers Charles Augustin Coulomb (1736–1806) mit 1 **Coulomb** festgelegt.

Die elektrische Ladung ist eine physikalische Größe und hat das Formelzeichen Q. Die Einheit ist 1 Coulomb (1 C).

Für die elektrische Ladung von 1 Coulomb werden 6 250 000 000 000 000 000 = $6{,}25 \cdot 10^{18}$ Elektronen benötigt. Diese Zahl ist unvorstellbar groß.

Ladungen lassen sich speichern

Die Speicherfähigkeit von Ladungen lässt sich bereits feststellen, wenn man das Elektroskop beim Entfernen der aufgeladenen Kugel beobachtet (4). Der Zeigerausschlag bleibt noch eine gewisse Zeit lang erhalten. Daraus lässt sich folgern, dass sich noch Ladungen auf Steg und Zeiger befinden, sie also gespeichert worden sind.

Elektrische **Ladungsspeicher** nennt man **Kondensatoren**. Sie bestehen im Prinzip immer aus zwei Leitern, z. B. Metallplatten bzw. Metallfolien, die durch einen Isolator (Dielektrikum) voneinander getrennt sind. Das Schaltzeichen verdeutlicht diesen grundsätzlichen Aufbau (5).

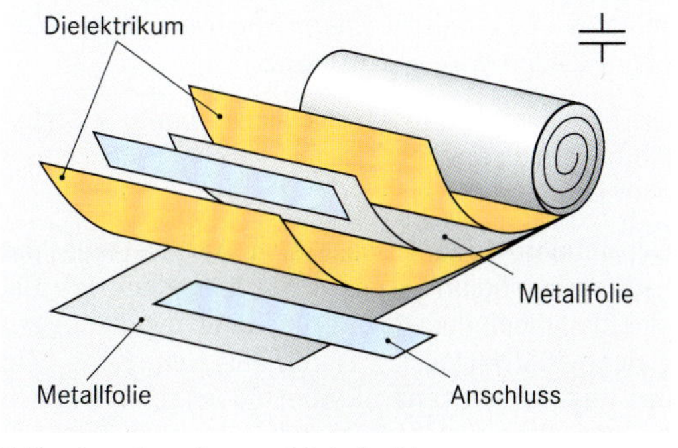

5 Kondensatoraufbau und Schaltzeichen

Die Speichereigenschaft eines technischen Kondensators kann genauer untersucht werden.

Als Nachweis für den Ladungstransport wird eine kleine Glühlampe (ca. 6 V) verwendet. Die Schaltung ist so aufgebaut, dass Glühlampe und Kondensator hintereinander liegen und über einen Schalter (Umschalter) an eine Gleichspannungsquelle eingeschaltet werden können (6). Man beobachtet nach der Betätigung des Schalters ein kurzes Aufleuchten der Glühlampe. Ladungen sind also geflossen.

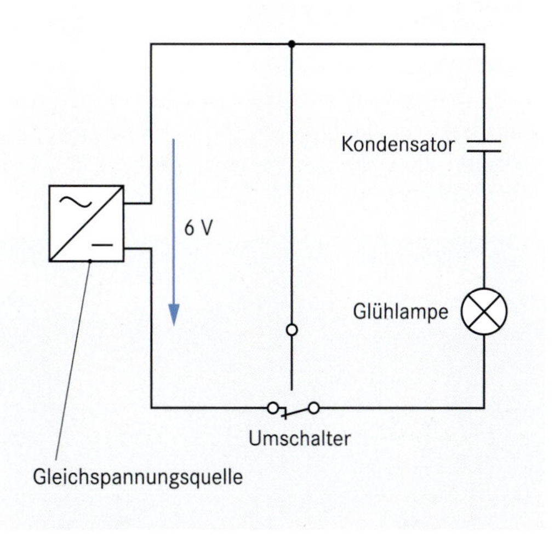

6 Kondensator als Ladungsspeicher

Betätigt man den Schalter erneut, werden Lampe und Kondensator kurzgeschlossen. Die Lampe leuchtet ebenfalls kurz auf.

In beiden Fällen ist ein Strom geflossen, obwohl die beiden Platten des Kondensators durch einen Isolator voneinander getrennt waren.

Von der Spannungsquelle sind auf die Platten also Ladungen gewandert, diese wurden gespeichert und konnten sich nach dem Kurzschließen wieder ausgleichen.

Kondensatoren bestehen im Prinzip aus zwei voneinander isolierten Metallplatten bzw. -folien, auf denen sich Ladungen speichern lassen.

Versuche

1. Nehmen Sie ein Kunststofflineal und reiben Sie es mit einem Wolltuch. Nähern Sie das aufgeladene Lineal kleinen Styroporstücken.
   Beschreiben und deuten Sie die Beobachtung.
2. Nähern Sie einen aufgeladenen Kunststoffstab einem dünnen Wasserstrahl. Was beobachten Sie? Erklären Sie das Ergebnis.

Aufgaben

1. Beschreiben Sie zwei Vorgänge im alltäglichen Leben, bei denen Sie mit Aufladungen in Berührung gekommen sind.
   Erklären Sie diese Vorgänge mit physikalischen Begriffen.
2. Wie verhalten sich zwei gleichartig aufgeladene Körper bei Annäherung?
3. Wie verhalten sich zwei ungleichartig aufgeladene Körper bei Annäherung?
4. Beschreiben Sie das Prinzip der Ladungsspeicherung beim Kondensator.
5. Was könnte man beobachten, wenn der Schalter im Versuchsaufbau entsprechend Bild 6 rasch hin und her bewegt wird?

Video

6.2.2 Elektrische Felder

Ursachen und Wirkungen

Bei einem Gewitter treten zwischen den unterschiedlich geladenen Bereichen der Atmosphäre (zwischen den Wolken, zwischen Wolken und Erdboden) abstoßende und anziehende Kräfte auf (1).

1 Ladungen und Entladungen bei Gewitter

Der Raum hat seine Eigenschaft verändert.

Der Raum um elektrische Ladungen wird elektrisches Feld genannt. Im elektrischen Feld werden auf Ladungen Kräfte ausgeübt.

Mit einem einfachen und selbstgebauten Gerät lässt sich ein **elektrisches Feld** nachweisen. Dazu wird durch die Mitte eines Kunststofftrinkhalms eine Stecknadel gestochen und diese Nadel dann in eine leere Streichholzschachtel gesteckt (2).

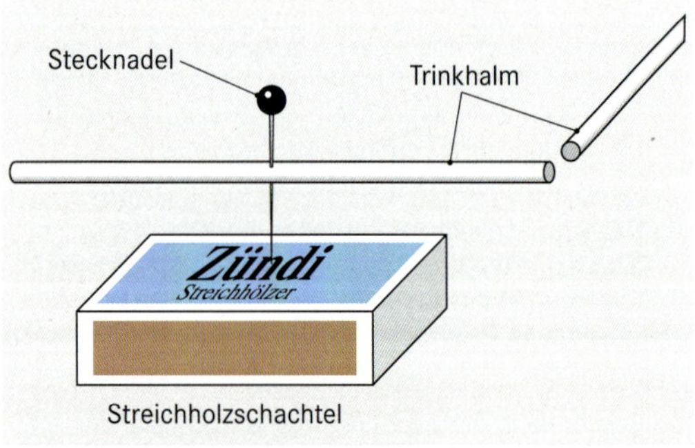

2 Kraft auf einen ungeladenen Körper

Die Nadel dient dem Halm als Lager und muss sich leicht bewegen können. Nähert man diesem Trinkhalm einen vorher aufgeladenen Kunststoffstab, dann dreht sich der Trinkhalm.

Obwohl der Trinkhalm auf der Streichholzschachtel ein Isolator ist, besitzt er gleichviele fest sitzende positive und negative Ladungen. Durch die Annäherung eines geladenen Körpers werden sie geringfügig auseinander gezogen, sodass der Trinkhalm nach außen nicht mehr neutral erscheint. Er besitzt zwei Pole, die man als **Dipole** (3) bezeichnet.

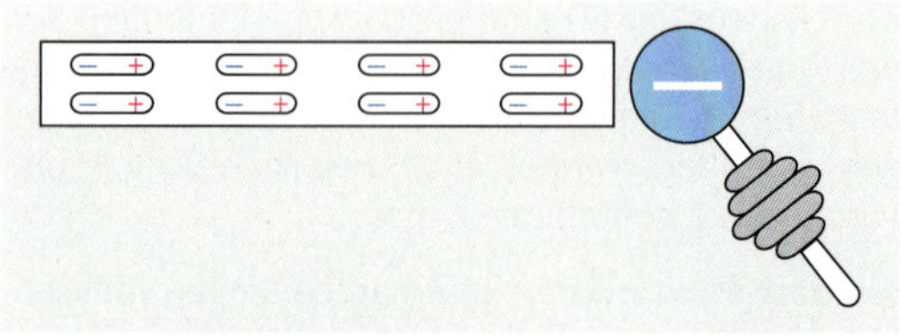

3 Ladungsverschiebung (Dipol)

Diese Erscheinung lässt sich auch bei Metallen beobachten. Nähert man z. B. einen negativ aufgeladenen Kunststoffstab dem tellerartigen Metallanschluss des Elektroskops (4), dann schlägt der Zeiger bereits vor dem Berühren aus.

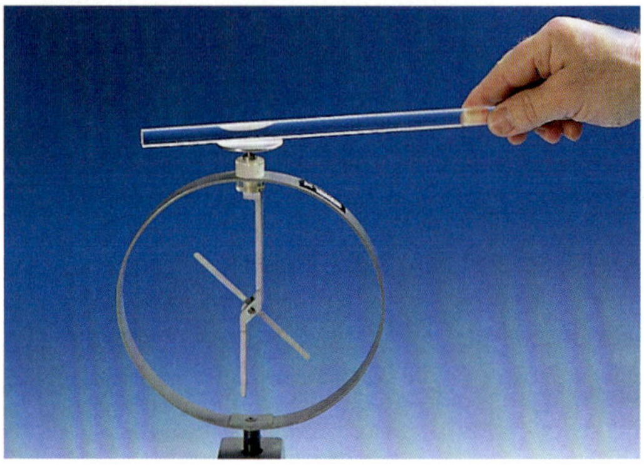

4 Influenz beim Elektroskop

Wenn man den Stab wieder entfernt, geht der Ausschlag zurück. Durch den negativen Kunststoffstab werden die Elektronen im Metall abgestoßen. Es kommt zu einer Anhäufung von Elektronen im Anzeigeteil und damit zu einem Zeigerausschlag. Man nennt diesen Vorgang **Influenz**.

Die Ladungsbeeinflussung (Verschiebung) in Metallen oder Isolatoren durch elektrische Felder nennt man Influenz.

Der Influenzvorgang lässt sich bei Metallen mit Ladungssymbolen (+ und -) verdeutlichen (5). Bei einem unbeeinflussten Körper sind die Ladungen gleichmäßig verteilt ①. Durch das elektrische Feld des negativ geladenen Stabes ② verschieben sich die negativen und beweglichen Ladungen (Elektronen).

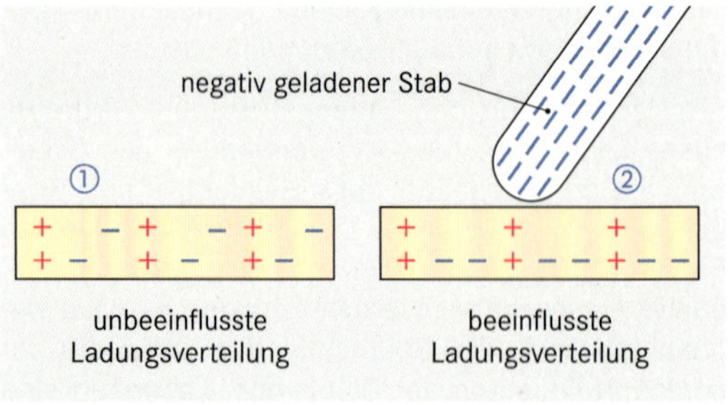

5 Influenz bei Metallen

Abschirmung elektrischer Felder

Starke elektrische Felder entstehen beim Gewitter. Die Blitze entstehen durch Ausgleich von getrennten Ladungen. Für besonders gefährdete Gebäude werden deshalb Blitzschutzmaßnahmen ergriffen. Man befestigt dazu auf den Dächern elektrische Leiter, die mit dem Erdreich (Grundwasser) verbunden sind. Sie sind ein Schutz bei Gewittern, da sie, ohne Schaden zu verursachen, Blitze in das Erdreich ableiten können (**Blitzableiter**) (6).

6 Blitzschutzmaßnahmen

Was soll man aber tun, wenn man sich in einem Auto auf der Landstraße befindet und in ein Gewitter gerät? Soll man das Auto möglichst schnell verlassen, da es ja aus Metall besteht und ein guter elektrischer Leiter ist?

Ein Großversuch zu diesem Problem ist in Bild 7 dargestellt. Der Mensch kann sich innerhalb eines von Metall umgebenen Raumes gefahrlos aufhalten. Das Metall wirkt also wie eine Abschirmung. Vor Gewittern bietet demnach ein von Metall umgebener Raum den größten Schutz. Man bezeichnet einen derartigen Raum als **Faraday-Käfig** (Michael Faraday, engl. Physiker, 1791–1867).

7 Faraday-Käfig

Das den Menschen umgebende Metall des Fahrzeugs kann durch einen Metallkreis vereinfacht nachgebildet werden. Zwischen den Stäben liegt eine Spannung. Zum Nachweis des Feldes befinden sich zunächst Grießkörner ungeordnet in der Schale. Wenn die Spannung eingeschaltet wird, ordnen sich die Grießkörnchen außerhalb des Kreisringes gemäß dem Feld an, innerhalb bleiben sie dagegen ungeordnet. Das Feld ist also dort nicht wirksam geworden. Der metallisch abgeschirmte Raum ist feldfrei (8).

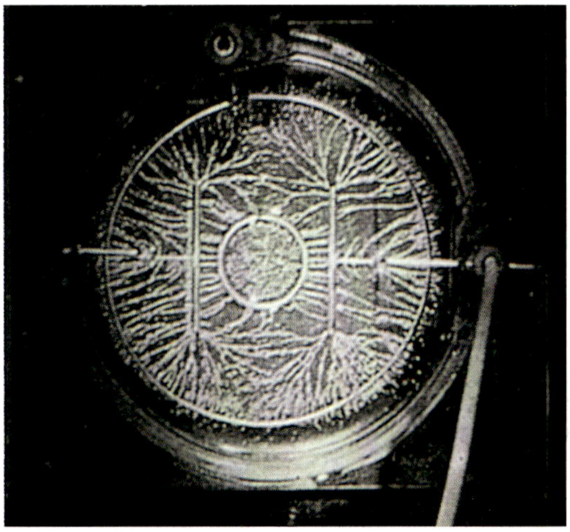

8 Feldfreier Raum durch Abschirmung

Elektrische Felder lassen sich durch Metalle abschirmen.

Die Abschirmung vor elektrischen Feldern ist in vielen elektrischen Geräten und für viele elektrische Leitungen erforderlich. So sind z. B. die Leitungen für Mikrofone und Antennen mit einem Drahtgeflecht oder einer Metallfolie umgeben (9).

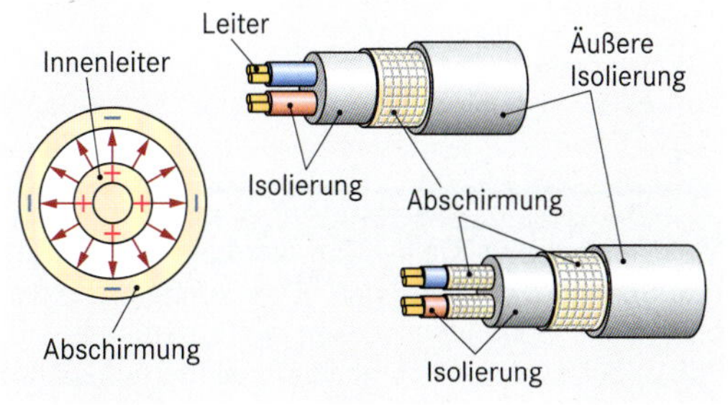

9 Abgeschirmte elektrische Leitungen

Auch Leitungen zur Datenübertragung sind durch Folien und/oder Drahtgeflechte abgeschirmt. Elektrische Felder können so vom Stromleiter in der Mitte fern gehalten werden.

Aufgaben

1. Wodurch werden elektrische Felder hervorgerufen?
2. Was versteht man unter einem elektrischen Feld?
3. Erklären Sie an einem selbst gewählten Beispiel den Begriff Influenz.
4. Womit lassen sich elektrische Felder abschirmen?

6.3 Elektrische Spannung und Stromstärke

6.3.1 Elektrische Spannung

Spannungsangaben

Der Begriff „**Spannung**" wird umgangssprachlich in verschiedenen Situationen verwendet. So kann z. B. eine Feder gespannt sein. Ebenso kann man selbst gespannt sein, wie das Ende eines spannenden Krimis ausgeht.

Den physikalischen Begriff „Spannung" verknüpft man mit der Vorstellung, dass auch elektrische Aufladungen mit ihren Erscheinungen auf einen „Spannungszustand" hin deuten, der sich mitunter in heftigen Reaktionen ausgleicht.

Viele elektrische Geräte und Glühlampen benötigen für ihre Funktion eine Spannung von 230 V. Sie wird über Steckdosen bezogen, die eine **elektrische Spannung** in gleicher Größenordnung liefern. Über die Steckdose wird also das Gerät mit einer für die einwandfreie Funktion notwendigen Spannung versorgt. Die Steckdose kann deshalb vereinfacht als **Spannungsquelle** aufgefasst werden.

Damit elektrische Geräte einwandfrei funktionieren, muss die Spannungsangabe der Quelle mit der Spannungsangabe auf dem Gerät übereinstimmen.

Beispiele

Beispiele für Spannungen

Gehirn- und Nervenleitungen	0,000001 V
Antennen	0,0001 V
Solarzelle	0,5 V
Akkumulator	12 V
Elektroinstallation im Haus	230 V
Hochspannungsleitung	110 000 V
Blitz	1 000 000 V

Viele elektrische Kleingeräte werden mit geringeren Spannungen betrieben. Das können elektrochemische Spannungsquellen (Batterien) mit z. B. 1,5 V/Zelle oder entsprechende wiederaufladbare Akkumulatoren sein.

Elektrochemische Spannungsquellen sind durch die Symbole Plus und Minus gekennzeichnet. Im Innern wird also am Pluspol ein Elektronenmangel und am Minuspol ein Elektronenüberschuss erzeugt, der sich an den Anschlüssen als Spannung auswirkt.

Bandgenerator als Spannungsquelle

Das Prinzip der Spannungserzeugung kann mit Hilfe der Reibungselektrizität genauer untersucht werden. Dazu benutzt man am besten einen **Bandgenerator** (1).

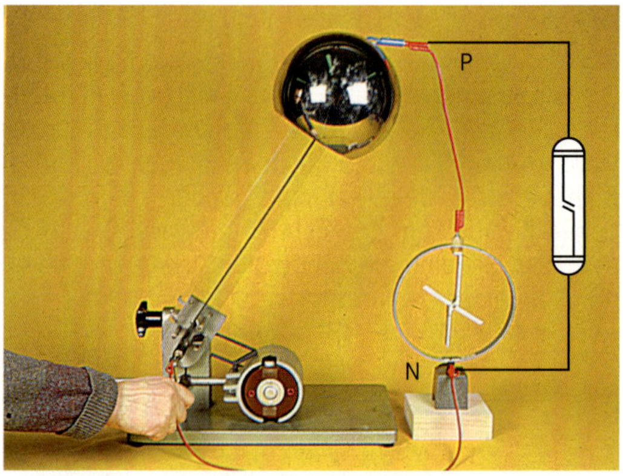

1 Bandgenerator als Spannungsquelle

An die Anschlüsse P und N sind ein Elektroskop und eine Glimmlampe angeschlossen. Wird die Kurbel betätigt, zeigt das Elektroskop Ladungen an.

Das Ergebnis lässt sich mithilfe einer vereinfachten Zeichnung erklären (2).

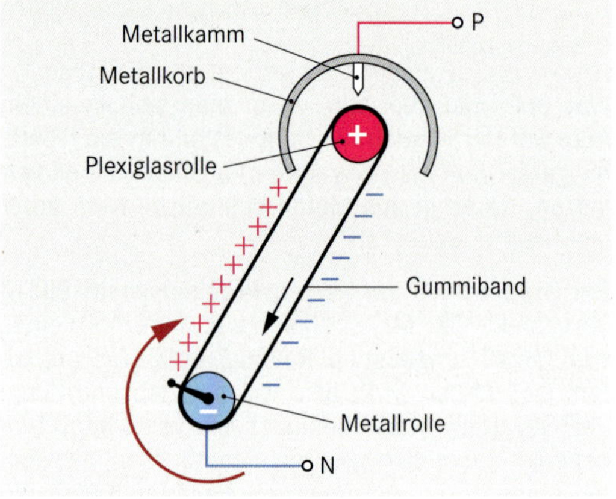

2 Ladungstrennung beim Bandgenerator

Die Drehbewegung der unteren Metallrolle wird durch das breite Gummiband auf die obere Plexiglasrolle übertragen. Dabei werden aus der Plexiglasrolle Elektronen herausgelöst und zur Metallrolle befördert. Dadurch wird über dem Metallkamm der Metallkorb positiv geladen. Die Metallrolle ist dann negativ geladen.

Eine **Ladungstrennung** (Trennung ungleichnamiger Ladungen) hat hierbei stattgefunden. Für die Ladungstrennung war Arbeit erforderlich (Trennungsarbeit).

Die Trennung der Ladungen kann auf verschiedene Weise erfolgen. In Batterien sind dafür z. B. chemische Prozesse verantwortlich.

In Spannungsquellen werden ungleichnamige Ladungen voneinander getrennt. Dazu ist in der Quelle eine Trennungsarbeit zu verrichten und es entsteht eine elektrische Spannung.

Modell der Spannungsquelle

An einem einfachen Modell, an dem die Ladungen bereits getrennt sind (3), lässt sich zeigen, dass auch zwischen der Trennungsarbeit und der bewegten Ladung ein Zusammenhang besteht.

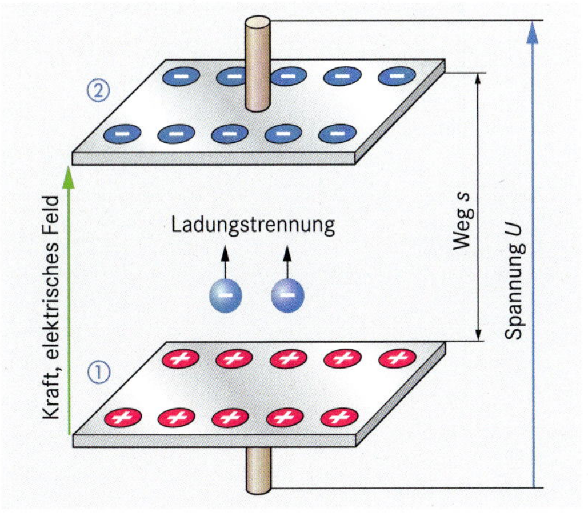

3 Modell zur Ladungstrennung

Wenn in dem Modell zwei negative Ladungen von der positiven Platte ① zur negativen Platte ②, transportiert werden, ist dazu eine bestimmte Arbeit erforderlich.

Wie verändert sich die Trennungsarbeit, wenn die doppelte Ladung transportiert wird?

Bei einer Verdopplung der Ladung Q wird auch eine doppelt so große Trennungsarbeit erforderlich sein. Trennungsarbeit und Ladung Q sind proportional, $W \sim Q$.

Bildet man aus W und Q das Verhältnis W/Q, dann ergibt sich eine Konstante. Diese nennt man elektrische Spannung. Es ergibt sich die folgende Gleichung:

$$\boldsymbol{U = \frac{W}{Q}}$$

Die Einheit für die Spannung ist das **Volt** (Alessandro Volta, italien. Physiker, 1745–1827).

Wird für die Arbeit die Einheit 1 Newtonmeter eingesetzt, erhält man:

$$1\ \text{V} = \frac{1\ \text{Nm}}{1\ \text{C}} \qquad 1\ \text{V} = \frac{1\ \text{J}}{1\ \text{C}}$$

Da die Zahlenwerte von Spannungen groß aber auch klein sein können, benutzt man die folgenden Vorsatzzeichen:

1 MV	= 1 Megavolt	= 1 000 000 V
1 kV	= 1 Kilovolt	= 1 000 V
1 mV	= 1 Millivolt	= 0,001 V
1 µV	= 1 Mikrovolt	= 0,000001 V

Spannungsmessung

Spannungen lassen sich durch Messgeräte nachweisen. Da eine Spannung zwischen zwei Polen besteht, muss das Messgerät parallel mit den Polen der Spannungsquelle verbunden werden. **Plus-** und **Minuspol** des Messgerätes sind mit den gleichnamigen Polen der Quelle verbunden (4).

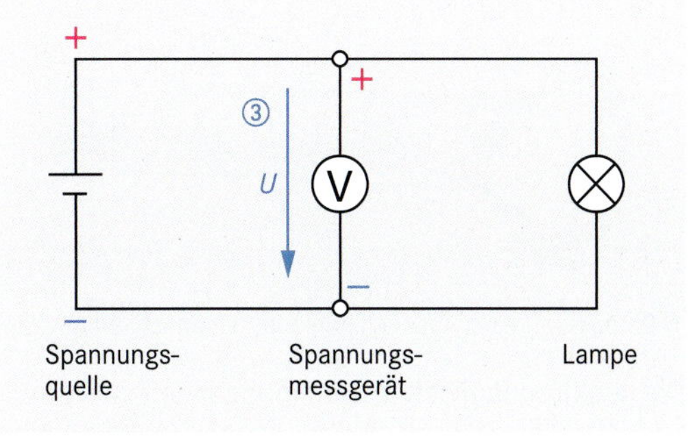

4 Spannungsmessung

Spannungsmessgeräte werden parallel an die zu messende Spannung angeschlossen.

Für die Kennzeichnung von Spannungen in Schaltbildern verwendet man Pfeile ③. Sie sollen verdeutlichen, zwischen welchen Punkten der Schaltung die Spannung besteht.

Spannungspfeile gehen vom Pluspol zum Minuspol. Ihre Länge ist kein Maß für die Größe der Spannung.

Ladungsausgleich

Mit dem Modell der Ladungstrennung lässt sich auch der **Ladungsausgleich** erklären (5).

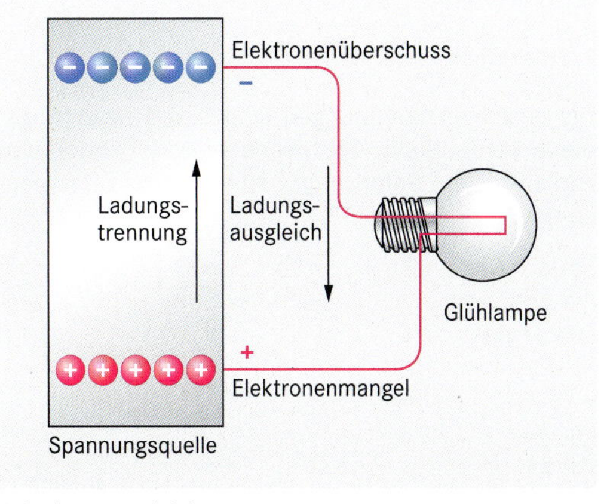

5 Ladungsausgleich

Wenn man an die Pole einer Spannungsquelle eine Lampe anschließt, fließt ein elektrischer Strom. Die in der Quelle getrennten Ladungen gleichen sich aus. Da in der Quelle jedoch ununterbrochen Ladungen getrennt werden, fließt ständig elektrischer Strom.

Reihenschaltung von Spannungsquellen

In tragbaren elektrischen Geräten sind oft mehrere Spannungsquellen vorhanden. In manchen Taschenlampen können z. B. vier Spannungsquellen mit jeweils 1,5 V eingesetzt sein. Wichtig ist dabei, dass jeweils der Pluspol der einen Zelle mit dem Minuspol der anderen Zelle verbunden und somit zusammengeschaltet wird (1).

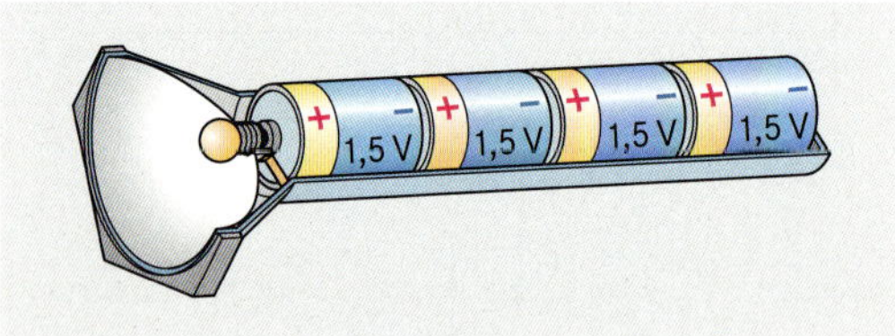

1 Batterien in einer Taschenlampe in Reihenschaltung

Die elektrochemischen Spannungsquellen sind also hintereinander geschaltet. Diese Schaltung wird deshalb als **Reihenschaltung** oder **Serienschaltung** bezeichnet. Sie kann in einem Schaltbild dargestellt werden (2).

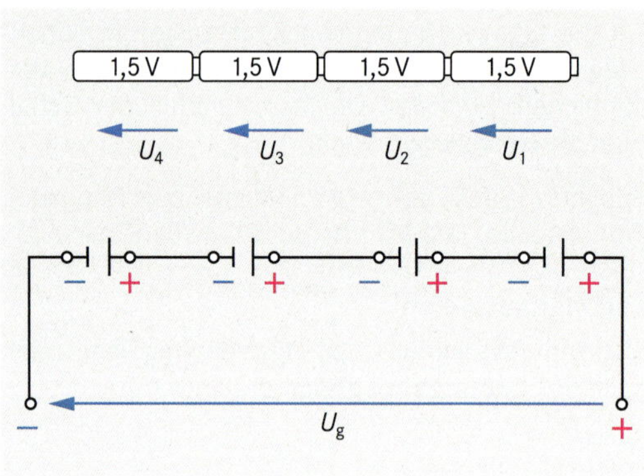

2 Schaltbild Reihenschaltung

Die einzelnen Spannungen sind durch Spannungspfeile verdeutlicht. Sie liegen hintereinander und addieren sich. Somit ergibt sich eine Gesamtspannung von $U_g = 6$ V.

Bei der Reihenschaltung von Spannungsquellen ist die Gesamtspannung gleich der Summe der Einzelspannungen.

$$U_g = U_1 + U_2 + U_3 + ... + U_n$$

Wie groß wäre die Gesamtspannung, wenn in der Taschenlampe (1) eine der Batterien anders herum eingesetzt wird?

Da jetzt ein Spannungspfeil in eine andere Richtung zeigt, wird eine andere Spannungsquelle mit ebenfalls 1,5 V in ihrer Wirksamkeit aufgehoben. Die Gesamtspannung beträgt dann nur noch $U_g = 3$ V.

Parallelschaltung von Spannungsquellen

Spannungsquellen können auch parallel geschaltet werden, z. B. zwei Spannungsquellen mit 1,5 V (3).

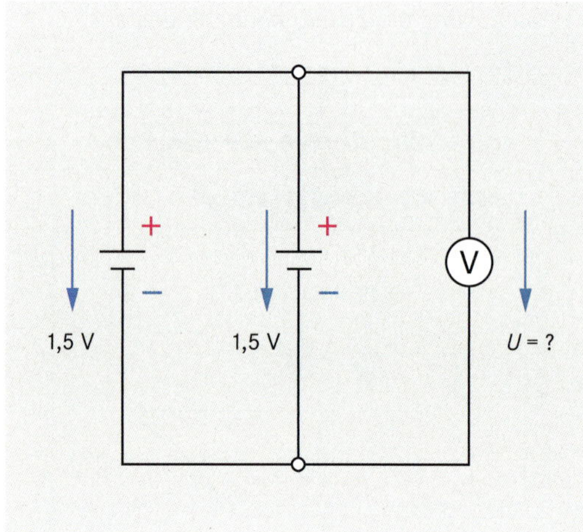

3 Parallelschaltung

Die gleichnamigen Pole sind miteinander verbunden. Die Spannungspfeile zeigen alle in die gleiche Richtung. Es kommt also zu keiner Erhöhung der Gesamtspannung. Sie beträgt weiterhin 1,5 V.

Schaltet man Spannungsquellen mit gleichen Spannungen parallel, dann bleibt die Gesamtspannung unverändert.

Kennzeichnung von Spannungen

Elektrochemische Spannungsquellen haben an ihren Anschlüssen die Kennzeichnung Plus und Minus. Am Pluspol herrscht ständig ein Elektronenmangel und am Minuspol ständig ein Elektronenüberschuss.

Wenn man diese Spannung in Abhängigkeit von der Zeit auf dem Bildschirm eines Oszilloskops abbildet (3), entsteht je nach Anschluss eine Linie oberhalb oder unterhalb der Nulllinie. Diese Spannungen werden deshalb als **Gleichspannungen** bezeichnet.

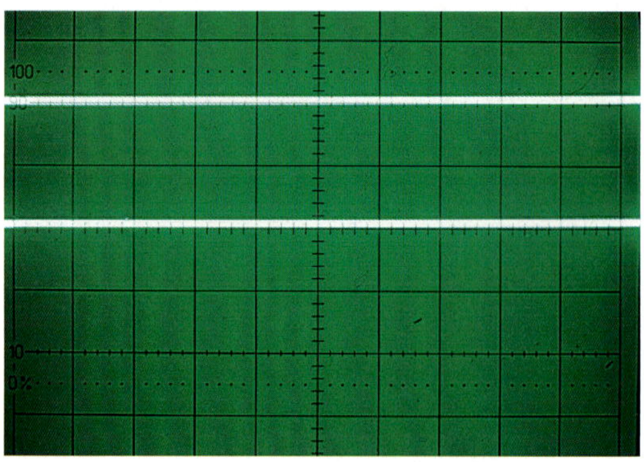

3 Oszillogramm einer Gleichspannung

Stellt man dagegen die von den Energieversorgungsunternehmen bis an unsere Steckdosen gelieferte Spannung auf dem Schirm dar, dann sind ständig wechselnde positive und negative Anteile in Form von Schwingungen zu sehen (4). Spannungen dieser Art werden deshalb als **Wechselspannungen** bezeichnet.

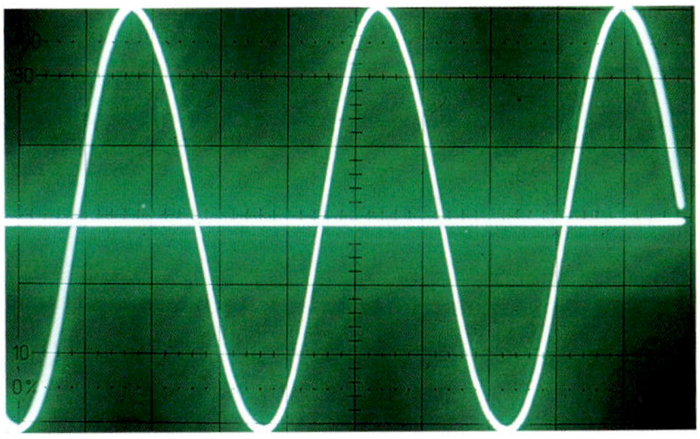

4 Oszillogramm einer Wechselspannung

Eine Kennzeichnung dieser Quelle mit Plus und Minus ist deshalb nicht sinnvoll. Sinnvoller ist es dagegen, die Anzahl der Schwingungen in einer Sekunde anzugeben. Sie beträgt 50 Hz (50 **Hertz**, Heinrich Hertz, deutscher Physiker, 1857–1894), d. h. innerhalb einer Sekunde durchläuft die Spannung 50 vollständige Schwingungen (50 Hz).

Bei einer Gleichspannungsquelle bleibt die Polarität an den Klemmen konstant, bei einer Wechselspannungsquelle ändert sich die Polarität ständig.

Spannungserzeugung

Die für Haushalte und Industrie gelieferte Spannung ist eine Wechselspannung von 230 V. Sie wird in Generatoren (5) erzeugt.

5 Ein Generator wird zusammengebaut

Leiterschleifen (Spulen) werden in einem Magnetfeld gedreht. Hierbei wird Trennungsarbeit an den Ladungen in den Leiterschleifen verrichtet. Ähnlich arbeitet auch der **Dynamo** am Fahrrad. Bei ihm dreht sich ein Dauermagnet in einer Spule.

Eine elektrische Spannung lässt sich aber noch einfacher erzeugen. Wenn man z. B. ein Stahlmesser und eine Silbergabel in eine Zitrone steckt, ohne dass sie sich berühren, ist eine kleine Spannung messbar (6). Diese Spannungsquelle besteht aus zwei unterschiedlichen Stoffen, die durch einen **Elektrolyten** (elektrisch leitende Flüssigkeit) getrennt sind.

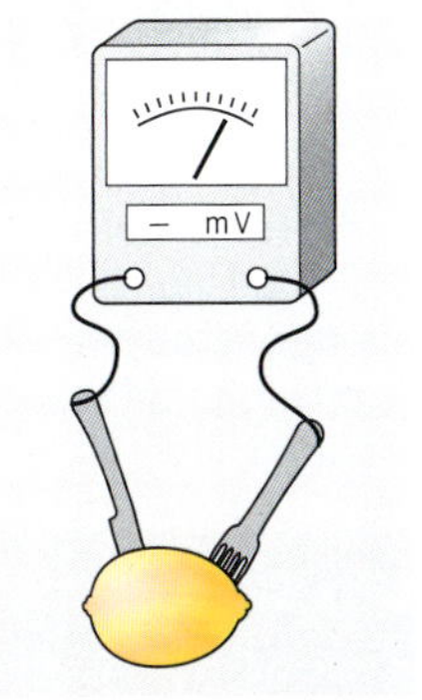

6 „Zitronenelement“

Auch aus der Lichtenergie der Sonne lässt sich elektrische Spannung erzeugen. Dazu werden zunehmend **Solarzellen** z. B. auf Dächern oder großen Freiflächen montiert (7). Für höhere Spannungen müssen die Zellen in Reihe geschaltet werden.

7 Solarzellen

Auch zur Zündung von Feuerzeugen oder Gasheizungen werden Spannungen erzeugt. Dabei werden Kristalle verwendet (**Piezoelektrizität**). Durch den Druck auf einen Kristall entsteht eine hohe Spannung, die zu einem Überschlagsfunken führt, der das ausströmende Gas entzündet.

Aufgaben

1. Wie entsteht grundsätzlich eine elektrische Spannung?
2. Die Ladung und die bei der Ladungstrennung an ihr verrichtete Arbeit stehen in einem Zusammenhang. Erklären Sie diesen.
3. Nennen Sie zwei mögliche Einheiten für die elektrische Spannung.
4. Was geschieht mit den Ladungen bei einem Ladungsausgleich?
5. Drei Spannungsquellen mit 1,5 V werden hintereinander geschaltet. Zeichnen Sie das Schaltbild und geben Sie die Polarität der Quellen durch Plus- und Minuszeichen an.

6.3.2 Elektrische Stromstärke

Strom

Der Begriff „**Strom**“ wird in der Umgangssprache für verschiedene Vorgänge bzw. Abläufe verwendet. Man spricht z. B. von einem Fahrzeugstrom auf der Autobahn, einem Flüssigkeitsstrom in einer Rohrleitung oder von einem Menschenstrom beim Marathonlauf (1).

1 Menschenstrom

Den aufgeführten Beispielen ist gemeinsam, dass die Bewegung immer in eine bestimmte Richtung erfolgt. Man spricht dagegen nicht von einem Strom, wenn sich z. B. Schülerinnen und Schüler auf dem Schulhof einer Berufsfachschule in beliebige Richtungen bewegen.

Strom ist eine Bewegung von z. B. Körpern, Flüssigkeiten oder Teilchen in eine bestimmte Richtung.

Stromstärke

Ströme können unterschiedlich groß sein. Dies lässt sich z. B. beobachten, wenn man den Menschenstrom in ein Fußballstadion vor und nach dem Spiel betrachtet. Vor dem Anpfiff treffen die Zuschauer, über einen größeren Zeitraum verteilt, allmählich ein und begeben sich langsam durch die Eingänge zu ihren Plätzen. Nach dem Abpfiff dagegen wird das Stadion sehr schnell leer. Weil sich am Ende des Fussballspiels die Menschen in einer kürzeren Zeit durch die Ausgänge bewegen, ist die Stärke des Stromes nach dem Spiel größer als vor dem Spiel.

Die Stärke eines Stromes wird bestimmt durch die Anzahl der in eine Richtung bewegten Massen, z. B. Teilchen, und der Zeit, in der dieser Vorgang abläuft.

Im Gegensatz zu dem hier angesprochenen spontanen und sich rasch ändernden Menschenstrom ist der elektrische Strom immer an einen bestimmten Weg gebunden, an den **Stromkreis**. Außerdem ist für den elektrischen Strom immer ein Antrieb bzw. eine Ursache erforderlich. Es ist dies die elektrische Spannung, die in bestimmten Quellen erzeugt wird.

Modell des elektrischen Stromkreises

Der **elektrische Stromkreis** (2) lässt sich in begrenztem Umfang mit einem Wasserkreislauf vergleichen (3).

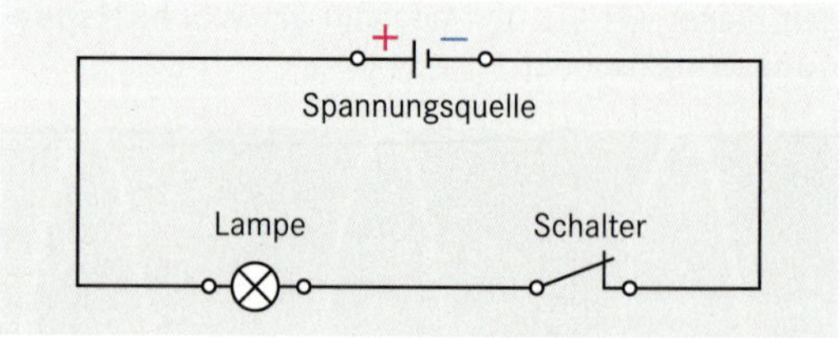

2 Elektrischer Stromkreis

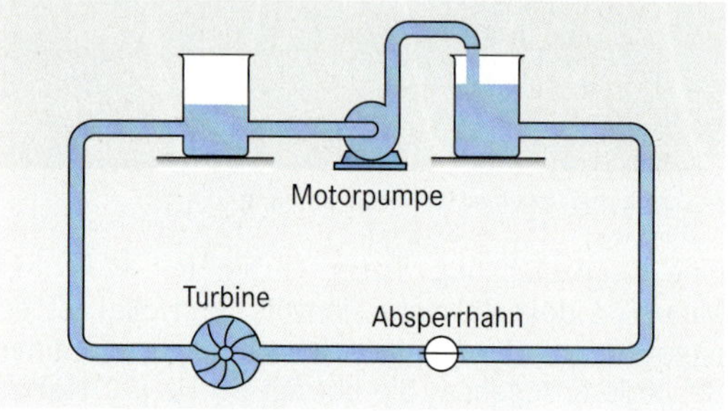

3 Wasserkreislauf-Modell

Beide Kreisläufe besitzen Antriebsquellen (Motor, Spannungsquelle). Diese sorgen dafür, dass Wasser bzw. Ladungen in einem ständigen Kreislauf transportiert werden. Mit dem Schalter bzw. Absperrhahn kann der jeweilige Stromfluss unterbrochen werden.

Das **Wasserkreislauf-Modell** veranschaulicht gut den Ladungstransport in einem elektrischen Stromkreis. Mit ihm können dagegen nicht die verschiedenen Wirkungen des elektrischen Stromes erklärt werden, wie z. B. magnetische und chemische Wirkungen sowie Lichtwirkung.

Mithilfe eines modellhaften Aufbaus eines metallenen Leiters (4) kann veranschaulicht werden, was sich beim Fließen eines elektrischen Stroms in einem Leiter tatsächlich bewegt.

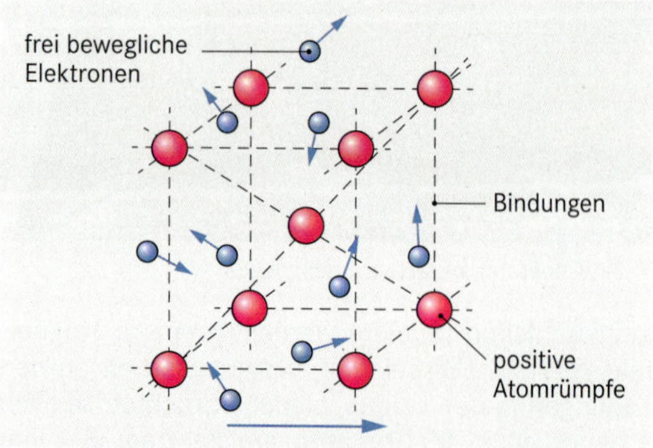

4 Kristallgitter-Modell eines Metalls mit freien Elektronen

Beim festen Körper in Bild 4 befinden sich die Atome an bestimmten Stellen des Raumes (**Kristallgitter**). Da bei Metallatomen die äußeren Elektronen nicht besonders fest an den Kern gebunden sind, können sie sich im Kristallgitter frei bewegen. Diese Bewegung ist ungeordnet. Erst wenn eine Spannung angelegt wird, findet eine gerichtete Bewegung statt. Es fließt Strom (5).

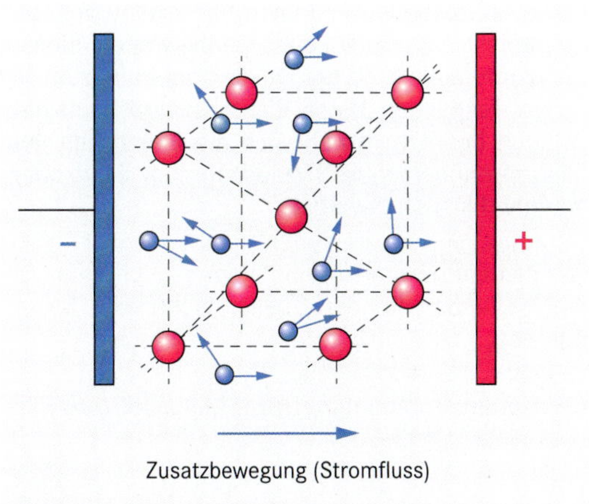

5 Modell der gerichteten Elektronenbewegung im Kristallgitter

Den elektrischen Strom in metallenen Leitern stellt man sich wie eine gerichtete Elektronenbewegung vor.

Elektrische Stromstärke

Ein elektrischer Strom kann unterschiedlich stark sein. Man erkennt dies an seinen Wirkungen. Als Beispiel hierfür dient ein Metalldraht von etwa 30 cm Länge. Er wird an eine Spannungsquelle angeschlossen. Die Spannung wird von 0 V langsam bis 12 V erhöht. Dabei erhöht sich auch die Stromstärke. Man beobachtet, dass der Draht zunächst warm wird, sich etwas durchbiegt, zu glühen anfängt und dann schmilzt. Zum Durchschmelzen des Drahtes ist offensichtlich eine größere Stromstärke erforderlich als für die Erwärmung.

Die elektrische Stromstärke hängt von der bewegten **Ladung** Q (Elektronen) und der Zeit t ab, in der sich diese Ladungen durch den Leiterquerschnitt hindurch bewegen. Sie wird umso größer, je geringer die Zeit ist, in der sich die Elektronen durch den Leiterquerschnitt bewegen.

Die elektrische Stromstärke gibt an, wie groß die bewegte Ladung innerhalb einer bestimmten Zeit ist.

Daraus ergibt sich folgende Formel:

$$I = \frac{Q}{t}$$

Die elektrische Stromstärke wird in **Ampere** gemessen (Einheitenzeichen A, André Marie Ampère, französischer Physiker, 1775–1836). Mit der Einheit für die Ladung Coulomb ergibt sich folgende Einheitengleichung:

$$1\ \text{A} = 1\ \frac{\text{C}}{\text{s}}$$

Messung der Stromstärke

Wenn man die Stromstärke in einem Stromkreis messen will, z. B. bei einer Lampe, muss dazu der Stromkreis unterbrochen werden. In diese Unterbrechungsstelle wird ein Strommessgerät eingeschaltet (6). Die Anschlüsse des Messgerätes sind mit einem Plus- und einem Minuszeichen versehen. Deshalb muss der Pluspol des Messgerätes mit dem Pluspol der Spannungsquelle verbunden werden. Die Anzeige kann durch einen Zeigerausschlag oder direkt als Zahlenwert erfolgen.

Stromstärkenmessgeräte werden direkt in den Stromweg geschaltet.

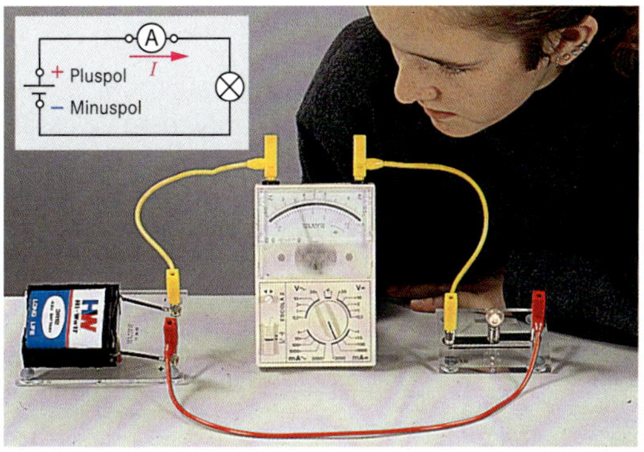

6 Messung der elektrischen Stromstärke

Beispiel

Berechnung einer Stromstärke

Durch einen elektrischen Leiter fließen 2 Sekunden lang 0,5 Coulomb.
Wie groß ist die Stromstärke?

$I = \frac{Q}{t}$ $\quad I = \frac{0{,}5\ \text{As}}{2\ \text{s}}$ $\quad I = 0{,}25\ \text{A}$

Elektrische Stromstärken können klein, aber auch sehr groß werden (7).

Gerät/Erscheinung	Stromstärke in A
Antenne	0,000001
MP3-Player	0,1
Glühlampe	0,45
Elektroherd	10
E-Lok beim Anfahren	200
Hochspannungsleitung	1 000
Blitz	1 000 000

7 Beispiele für Stromstärken

Einfügen eines Messgerätes

Ein Strommessgerät kann in einen Stromkreis an unterschiedlichen Stellen eingebaut werden.

Ein Versuchsaufbau (1) zeigt eindeutig, dass die Stromstärke überall gleich ist. Die Anzahl der vom Minuspol abfließenden Elektronen ist gleich der Anzahl der dem Pluspol zufließenden Elektronen.

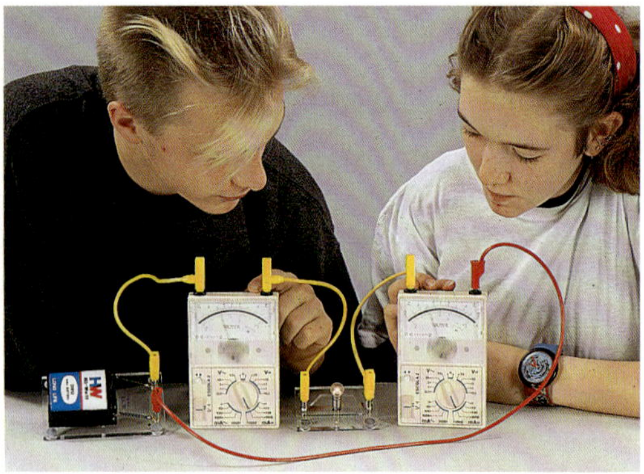

1 Messung der elektrischen Stromstärke im Stromkreis

Zu dieser Erkenntnis gelangt man auch, wenn man den elektrischen Stromkreis mit dem Wasserstromkreis-Modell vergleicht. In beiden Stromkreisen geht nichts „verloren". Das Wasser bzw. die Elektronen werden in einem geschlossenen Kreislauf bewegt.

In einem elektrischen Stromkreis ist die Stromstärke überall gleich. Deshalb kann zur Messung der Stromstärke ein Messgerät an beliebiger Stelle eingefügt werden.

Die physikalische Größe Ampere

Könnte man in einen elektrischen Leiter „hineinsehen", so würde man erkennen, dass sich Elektronen mit der sehr kleinen Ladung von $1{,}6 \cdot 10^{-19}$ Amperesekunden (As) vorbei bewegen. Das lässt sich an einem stark vergrößerten Model veranschaulichen (2).

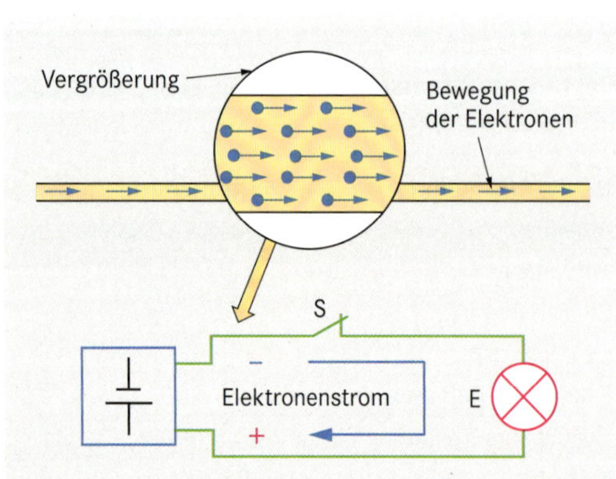

2 Elektrische Stromstärke

Die Zahl $1{,}6 \cdot 10^{-19}$ ist unvorstellbar klein. Damit ein Strom von 1 Ampere fließen kann, müssen sich sehr viele Elektronen durch den Leiter bewegen. Es müssen etwa 6 250 000 000 000 000 000 Elektronen in einer Sekunde sein.

Stromrichtung

Die Richtung des elektrischen Stromes wurde zu einer Zeit festgelegt, als man noch keine genauen Kenntnisse über die Elektronenbewegung besaß. Sie wurde außerhalb der Quelle vom Plus- zum Minuspol festgelegt. Diese Richtung wird auch heute noch benutzt, obwohl sich die Elektronen vom Elektronenüberschuss (Minuspol) zum Elektronenmangel (Pluspol) bewegen.

Festgelegte Stromrichtung: Vom Pluspol zum Minuspol (außerhalb der Quelle, technische Stromrichtung).

Elektronenstromrichtung: Vom Minuspol zum Pluspol (außerhalb der Quelle).

Gleich- und Wechselstrom

Beim **Gleichstrom** ändert sich die Polarität der Quelle nicht. Der Strom fließt immer in die gleiche Richtung. Elektrochemische Spannungsquellen liefern Gleichströme.

Die im Haushalt verwendete Spannung von 230 V ist eine Wechselspannung. Der Generator im Elektrizitätswerk ändert ständig seine Polarität, so dass der Strom ebenfalls ständig seine Richtung ändert. Die Elektronen bewegen sich im Leiter hin und her.

Aufgaben

1. Was versteht man unter der elektrischen Stromstärke?
2. In welcher Einheit wird die elektrische Stromstärke gemessen?
3. Was ist der Unterschied zwischen Strom und Stromstärke?
4. Die Stromstärke soll in einem Stromkreis gemessen werden. Wie muss das Strommessgerät im Vergleich zu einem Spannungsmessgerät in die Schaltung eingefügt werden?
5. Beschreiben Sie an einem Modell den Stromfluss in einem metallenen Leiter.
6. In welche Richtung bewegen sich die Elektronen außerhalb der Spannungsquelle in einem metallenen Leiter?
7. Erklären Sie den Unterschied zwischen der festgelegten Stromrichtung und der Elektronenstromrichtung.
8. Worin unterscheiden sich Gleich- und Wechselstrom?

6.3.3 Elektrischer Widerstand

Zusammenhang zwischen Spannung und Stromstärke

Bisher wurden die **elektrische Spannung** U und die **elektrische Stromstärke** I getrennt betrachtet. Die **Spannung** ist dabei eine Eigenschaft der Quelle. Sie ist auch dann vorhanden und an den Anschlüssen messbar, wenn der **Stromkreis** noch nicht geschlossen ist. Der Strom einer bestimmten Stärke (Stromstärke) dagegen fließt nur dann, wenn mit elektrischen Leitern, Geräten usw. der Stromkreis geschlossen wird.

Wie diese beiden Größen zusammenhängen, zeigen genauere Untersuchungen am Beispiel einer Glühlampe mit 6 V, die an eine Spannungsquelle angeschlossen wird. Die Ausgangsspannung ist durch ein Netzteil einstellbar (3). Gemessen werden Spannung und Stromstärke im Stromkreis, wenn nacheinander Lampen mit der Kennzeichnung 6 V/0,3 A und 6 V/0,1 A (Bemessungsdaten) eingeschraubt werden.

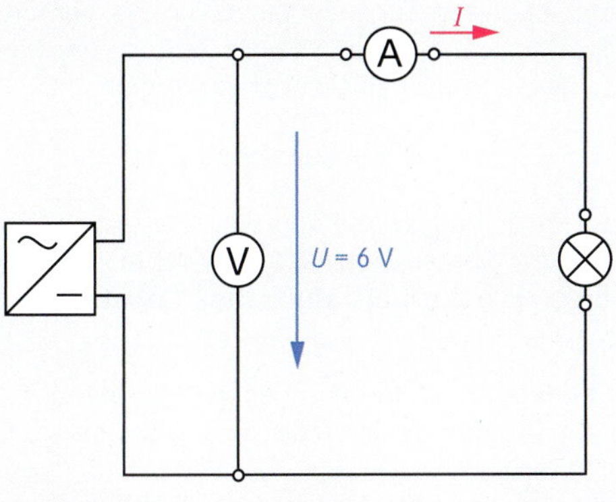

3 Stromkreis mit einer Lampe

Die Lampe mit der Kennzeichnung 6 V/0,3 A leuchtet heller, denn sie verursacht einen dreimal so großen Strom wie die Lampe 2 mit der Kennzeichnung 6 V/0,1 A. Die Lampen verursachen also gemäß ihrer Kennzeichnung unterschiedlich große Ströme. Sie wirken wie unterschiedlich große „Hindernisse":

- Lampe 1 ist im Vergleich zu Lampe 2 ein geringeres Hindernis (0,3 A).
- Lampe 2 ist im Vergleich zu Lampe 1 ein größeres Hindernis (0,1 A).

Die Eigenschaft der Strombehinderung ist ein wichtiges Merkmal elektrischer Leiter. Sie wird durch die physikalische Größe **Widerstand** ausgedrückt.

Elektrische Leiter im Stromkreis können aber nicht nur als Hindernisse aufgefasst werden. So ruft z. B. die Lampe 2 bei gleicher Spannung einen größeren Strom hervor als die Lampe 1. Die Lampe 2 leitet also besser. Diese Aussage ist dem Sinn nach das Gegenteil von Hindernis.

Es lässt sich auch hierfür eine Größe definieren. Sie wird als elektrischer **Leitwert** bezeichnet. Verwendet man diesen neuen Begriff auf die Lampen, dann ergeben sich folgende Aussagen:

- Der Widerstand der Lampe 1 (0,3 A) ist kleiner als der Widerstand der Lampe 2 (0,1 A) oder anders ausgedrückt:
- Der Leitwert von Lampe 1 ist größer als der Leitwert von Lampe 2.

Widerstand und Leitwert stehen in einem umgekehrten Verhältnis zueinander (umgekehrt proportional).

Reihenschaltung

Die ursprüngliche Schaltung (3) wird jetzt so geändert, dass zwei Lampen in Reihe liegen (4).

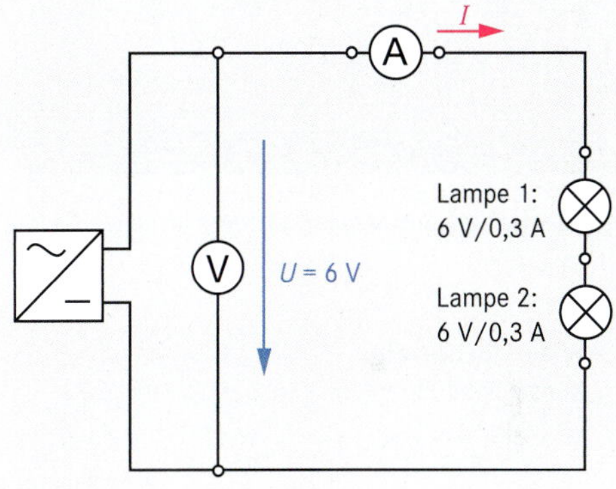

4 Stromkreis mit zwei Lampen

Lässt man die Spannung unverändert auf 6 V eingestellt und schraubt zwei Lampen mit den Kennzeichnungen 6 V/0,3 A in die Fassungen, beobachtet man, dass beide Lampen mit geringerer Helligkeit leuchten. Das Strommessgerät zeigt auch einen Wert kleiner als 0,3 A an. Die Behinderung im Stromkreis (Widerstand) ist also größer geworden. Jede Lampe hat mit ihrem Widerstand zu der verringerten Stromstärke beigetragen.

Da die Widerstandseigenschaft der Lampen immer vorhanden ist, kann nur durch eine Erhöhung der Quellenspannung ein größerer Strom fließen. Wenn man die Quellenspannung auf die doppelte Spannung von 12 V vergrößert, fließt wieder ein Strom von 0,3 A im Stromkreis und jede Lampe leuchtet mit ihrer ursprünglichen Helligkeit.

Die Stromstärke in einem Stromkreis hängt ab von der Spannung der Quelle und dem Widerstand im Stromkreis. Der Widerstand ist eine Eigenschaft des Leiters.

Metallene Leiter im Stromkreis

Glühlampen sind für die bisherigen Untersuchungen brauchbare Bauelemente gewesen. Da sie sich jedoch aufgrund des Stromflusses erwärmen, müsste man bei Auswertungen auch die Temperatur berücksichtigen. Deshalb wird jetzt für die folgende genauere Untersuchung des Zusammenhangs zwischen Spannung und Stromstärke ein Metalldraht aus Konstantan (Legierung aus 54 % Cu, 45 % Ni, 1 % Mn) verwendet. Seine Erwärmung durch den Stromfluss ist vernachlässigbar.

Der Konstantandraht (1) wird an eine Spannungsquelle mit veränderbarer Spannung angeschlossen. Sie wird in Stufen geändert und die Stromstärke gemessen.

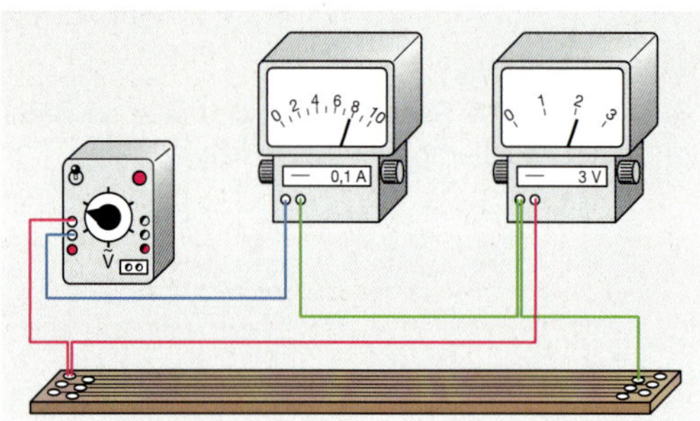

1 Versuchsaufbau und Messwerte zum ohmschen Gesetz

Widerstandsdraht:
Konstantandraht mit l = 1 m; d = 0,5 mm

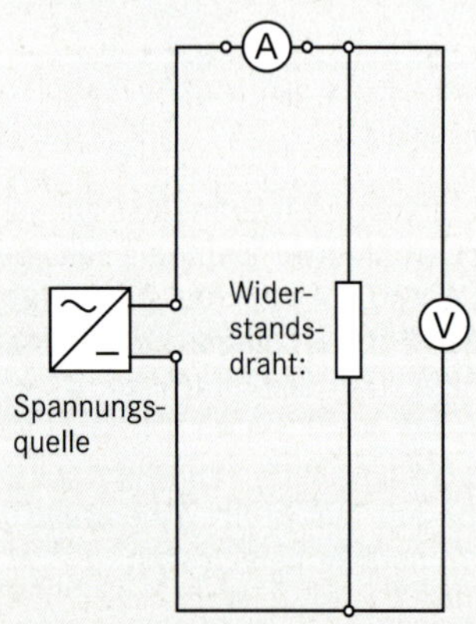

Messwerte	
U in V	**I in mA**
0,4	15
0,8	31
1,2	47
1,6	64
2,0	80
2,4	96
2,8	112

2 Schaltbild für den Versuchsaufbau zum ohmschen Gesetz

Im Bild 2 sind das dazugehörige Schaltbild und die ermittelten Messwerte in einer Tabelle dargestellt.

Anschließend werden die Mess- und Einstellwerte in ein Diagramm eingezeichnet (3). Die Messpunkte liegen auf einer Geraden. Stromstärke und Spannung sind also proportional. Die Stromstärke steigt im gleichen Verhältnis wie die Spannung.

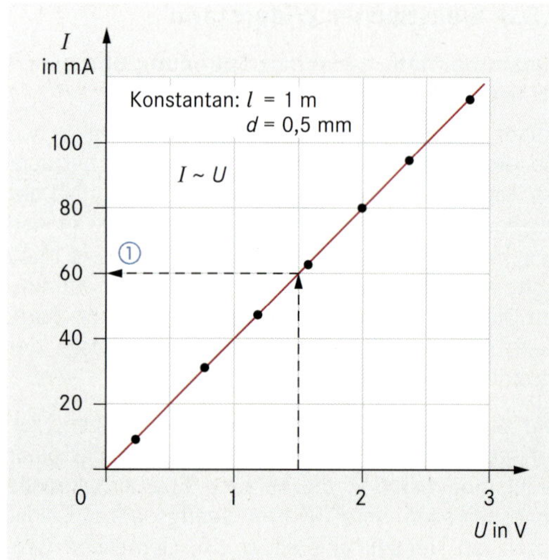

3 Diagramm zum ohmschen Gesetz

Eine Spannungsverdopplung bringt eine Verdopplung der Stromstärke mit sich. Spannung und Stromstärke sind also proportional ($U \sim I$).

Bildet man jetzt für jede Messung das Verhältnis U/I, erkennt man, dass sich im Rahmen der Messgenauigkeit immer eine Konstante ergibt.

$$\frac{U}{I} = \text{konstant}$$

Diese Beziehung wurde von dem deutschen Physiker Georg Simon Ohm (1787–1854) ermittelt und wird deshalb auch als **ohmsches Gesetz** bezeichnet.

Die Konstante ist der elektrische Widerstand R. Als Einheit für den Widerstand wird **Ohm** verwendet (Einheitenzeichen Omega, Ω). Für die Messwerte ergibt sich ein mittlerer Wert von 25,3 Ω.

Setzt man jetzt das Formelzeichen für den Widerstand ein, erhält man folgende Gleichung:

$$\boldsymbol{R = \frac{U}{I}}$$

Der elektrische Widerstand lässt sich berechnen, indem man die Spannung durch die Stromstärke dividiert.

Aufgaben

1. An einem gleich bleibenden Konstantandraht wird die Spannung verdreifacht. Wie verändert sich die Stromstärke?
2. Erklären Sie den Unterschied zwischen Leitwert und Widerstand.
3. In einer Schaltung wird ein elektrischer Widerstand durch einen kleineren ersetzt. Wie verändert sich die Stromstärke, wenn die Spannung konstant bleibt?

Widerstandskennlinien

Diagramme sind für Physik und Technik wichtige Darstellungsformen. Mit ihrer Hilfe können z. B. das Verhalten der Größen oder auch Werte abgelesen werden, die nicht gemessen wurden. Als Beispiel dient die Kennlinie im Diagramm von Bild 3. Wie groß ist dort die Stromstärke bei 1,5 V?

Das Ergebnis findet man, wenn man von der Spannungsachse bei 1,5 V senkrecht bis zum Schnittpunkt eine Gerade zeichnet. Auf der Achse für die Stromstärke kann jetzt ein Wert von I = 60 mA ablesen werden ①.

Beispiel

Widerstandsberechnung

Berechnen Sie den Widerstand eines Konstantandrahtes, der bei einer Spannung von U = 3 V eine Stromstärke von 60 mA verursacht.

$R = \frac{U}{I}$ $\quad R = \frac{3\ \text{V}}{60\ \text{mA}}$ $\quad R = \frac{3\ \text{V}}{0{,}06\ \text{A}}$ $\quad R = 50\ \Omega$

In ein Diagramm können aber auch mehrere Kennlinien eingezeichnet sein (4).

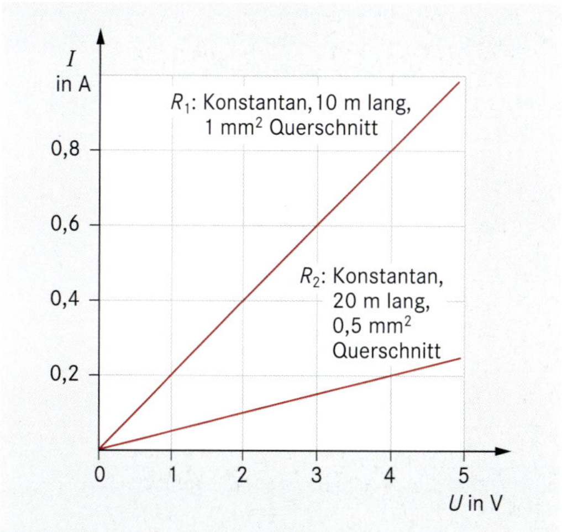

4 Widerstandskennlinien, Konstantandraht

Dargestellt sind die Stromstärken durch zwei **Konstantandrähte** in Abhängigkeit von der Spannung. Welcher der beiden Drähte den größeren Widerstand hat, kann ermittelt werden, wenn angenommen wird, dass beide Drähte an einer gleich großen Spannung liegen, z. B. U = 3 V. Durch R_1 fließt ein größerer Strom (0,6 A) und durch R_2 ein kleinerer Strom (0,15 A). Deshalb stellt R_2 ein größeres Hindernis als R_1 dar. Sein Widerstand ist also größer. Bei dieser Betrachtung wurde die Formel zur Widerstandsberechnung nach I umgestellt:

$$I = \frac{U}{R}$$

Salzwasser als Widerstand

Neben den metallenen Leitern wie Glühlampe und Konstantandraht, besitzen auch Flüssigkeiten oder andere Stoffe ein Widerstandsverhalten.

Ein Becherglas wird dazu mit Salzwasser gefüllt (5).

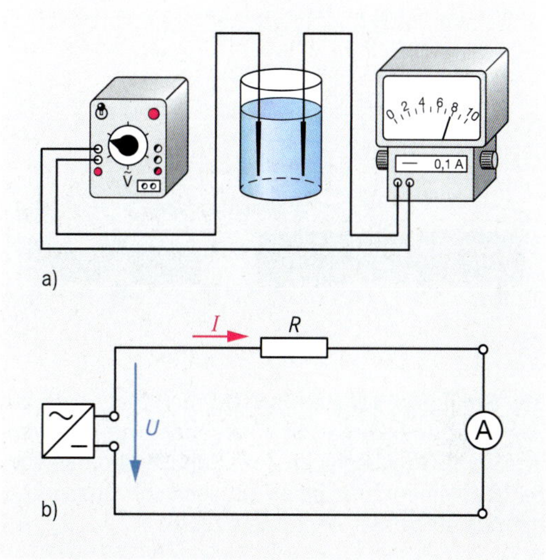

5 Salzwasser als Widerstand

Die beiden Elektroden berühren sich nicht und tauchen in die Flüssigkeit ein. Die Spannungsquelle, die Salzwasser-Strecke zwischen den Elektroden und das Strommessgerät bilden einen Stromkreis. Die Spannung ist auf 6 V eingestellt. Wie erwartet, fließt ein elektrischer Strom durch die Flüssigkeit.

Da die Stromstärke von der jeweiligen Salzkonzentration abhängt, wird auch die Behinderung für den Stromfluss (sein Widerstand) unterschiedlich sein. Dieser Widerstand lässt sich ebenfalls mit der Formel $R = U/I$ berechnen.

Verallgemeinert man das Ergebnis und bezieht auch elektrische Geräte mit ein, in denen ein elektrischer Strom fließt, dann ergibt sich:

Aus Stromstärke und zugehöriger Spannung kann für jedes beliebige Gerät ein Widerstand berechnet werden.

Aufgaben

1. Bei einer Spannung von 12 V fließt durch eine Lampe ein Strom von 0,3 A. Wie groß ist der Widerstand der Lampe?
2. Ein Heizgerät mit einem Widerstand von 50 Ω wird an eine Spannung von 6 V gelegt. Wie groß ist die Stromstärke?
3. Durch den Kupferleiter eines Motors mit 4,3 Ω fließt ein Strom von 2,5 A. Wie groß ist die Spannung?
4. Berechnen Sie die Widerstände R_1 und R_2 von Bild 4 bei 2 V, 4 V und 5 V.

6.3.4 Spezifischer Widerstand

Widerstandsarten

Widerstände in unterschiedlichsten **Bauformen** sind wichtige Bestandteile elektrotechnischer Schaltungen. **Drahtwiderstände** (1) bestehen aus einem Metalldraht, der schraubenförmig auf einem zylinderförmigen Isolator aus Keramik aufgewickelt ist.

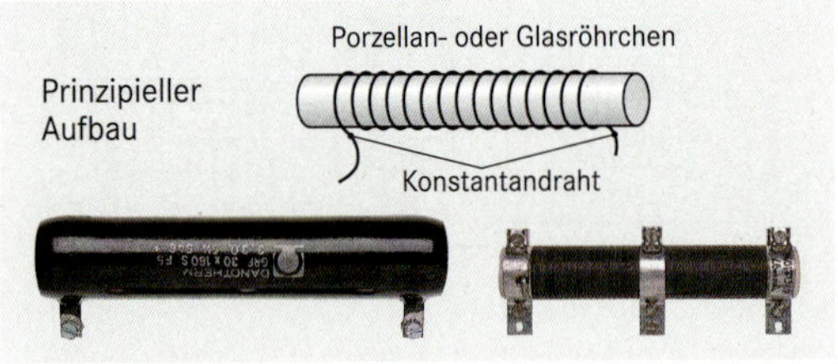

1 Drahtwiderstände

Bei **Schichtwiderständen** (2) befindet sich auf einem Keramikkörper eine aufgedampfte und wendelförmige Kohleschicht. Zum Schutz wird das ganze Bauelement mit einer Lackschicht überzogen, mit Ausnahme der Anschlussdrähte.

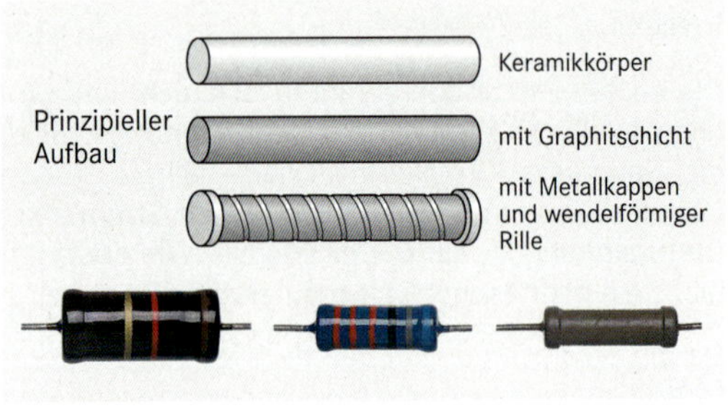

2 Kohleschichtwiderstände

Unabhängig von der Bauform kann eine Einteilung in **Festwiderstände** und **Einstellwiderstände** (Potenziometer) vorgenommen werden (3). Mit **Potenziometern** kann auch nach dem Einbau in eine Schaltung der wirksame **elektrische Widerstand** angepasst werden, um so die gewünschte Funktionsweise zu erhalten.

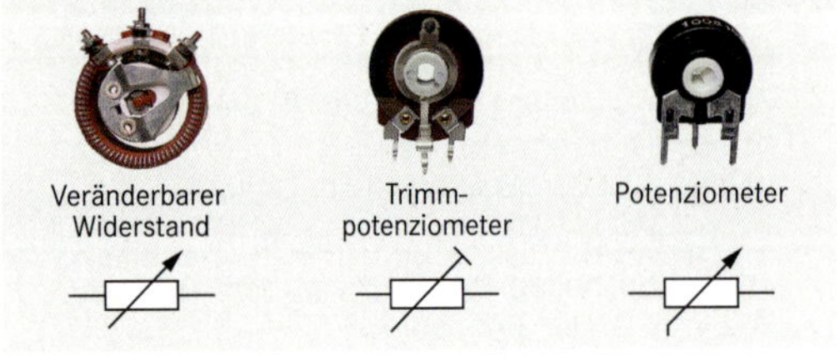

3 Einstellwiderstände

Die abgebildeten Widerstände haben unterschiedliche Werte, die durch die **Leiterlänge**, den **Leiterquerschnitt** und durch das verwendete **Material** bestimmt werden.

Einflussgrößen

Bei größer werdenden Längen nimmt die Behinderung des Stromes und somit der Widerstand zu. Bei einer Verdoppelung der Länge (4) verdoppelt sich auch der Widerstand. Es ergibt sich ein proportionaler Zusammenhang. Die Werte steigen im gleichen Verhältnis.

Es gilt: $R \sim l$

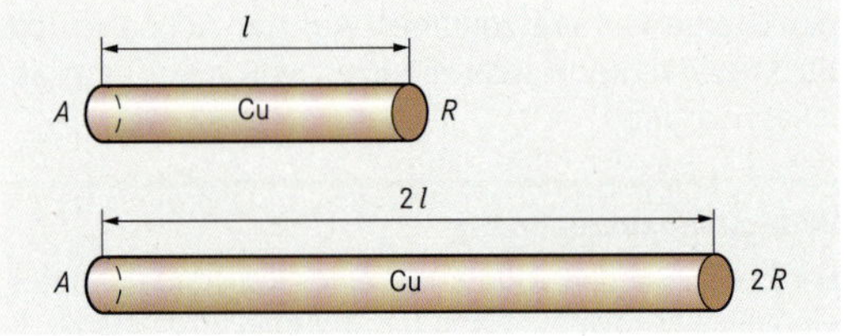

4 Widerstand in Abhängigkeit von der Leiterlänge

Der elektrische Widerstand nimmt mit der Länge des Leiters zu.

In Bild 5 ist der Querschnitt beim zweiten Leiter gegenüber dem ersten verdoppelt worden. Material und Leiterlänge sind gleich geblieben. Es stehen somit für den Stromfluss bei dieser Querschnittsvergrößerung mehr Ladungsträger zur Verfügung und der Widerstand wird geringer. Zwischen den beiden Größen besteht eine umgekehrte Proportionalität.

Es gilt: $R \sim 1/A$

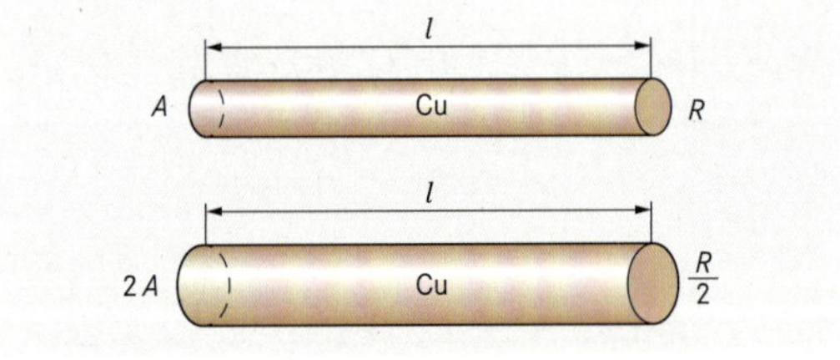

5 Widerstand in Abhängigkeit vom Leiterquerschnitt

Der elektrische Widerstand R nimmt ab, wenn der Leiterquerschnitt vergrößert wird.

Wenn man z. B. einen Silberdraht mit einem Eisendraht gleicher Länge und gleichem Querschnitt vergleicht, dann besitzt der Silberdraht einen geringeren Widerstand. Die Materialeigenschaft wird durch den **spezifischen elektrischen Widerstand** ϱ (Rho) ausgedrückt. Zwischen dieser Größe und dem Widerstand besteht ebenfalls ein proportionaler Zusammenhang.

Es gilt: $R \sim \varrho$

Der elektrische Widerstand eines Drahtes hängt vom Material ab.

Der spezifische Widerstand verschiedener Materialien kann sich erheblich unterscheiden (6).

Material	ϱ in $\frac{\Omega \cdot mm^2}{m}$
Silber	0,016
Kupfer	0,017
Eisen	0,1
Konstantan	0,50
Kohle	67
Porzellan	10^9
Glimmer	10^{14}
PVC	10^{15}

6 Beispiele für spezifische Widerstände

Fasst man die Einflussgrößen l, A und ϱ zusammen, erhält man für den Widerstand eines Drahtes folgende Formel:

$$R = \frac{\varrho \cdot l}{A}$$

ϱ: Spezifischer Widerstand
l: Leiterlänge
A: Querschnittsfläche

Beispiel

Widerstandsberechnung

Wie groß ist der Widerstand eines Silberdrahtes mit der Länge von 1 m und einer Querschnittsfläche von 1 mm²?

Grundformel: $R = \frac{\varrho \cdot l}{A}$

$$R = \frac{0{,}016\ \Omega \cdot mm^2 \cdot 1\ m}{m \cdot 1\ mm^2} \qquad R = 0{,}016\ \Omega$$

Messung des spezifischen Widerstandes

Der spezifische Widerstand kann gemessen werden (7).

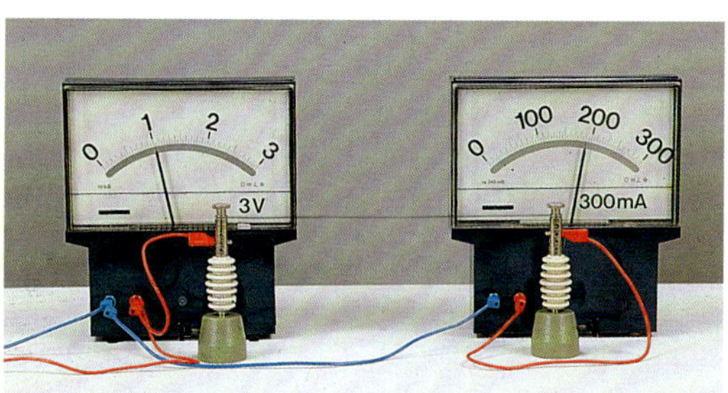

7 Messung des spezifischen Widerstandes

Ein Draht, dessen Länge, Querschnittsfläche und Material bekannt sind, wird an eine Spannungsquelle angeschlossen. Die Spannung U und die Stromstärke I werden gemessen. Mit der Formel $R = U/I$ wird dann der Widerstand berechnet.

Den spezifischen Widerstand erhält man, indem man die Formel $R = \varrho \cdot l/A$ nach ϱ umstellt.

$$\varrho = \frac{R \cdot A}{l}$$

Normwiderstände

Technische Widerstände werden entsprechend einer **Normenreihe** hergestellt. Als Beispiel dient die Normzahlreihe E6 (8). Sie weist von 1 bis 10 folgende sechs Werte in Ohm auf:
1,0/1,5/2,2/3,3/4,7/6,8
Diese Staffelung wiederholt sich. Die Fertigungsabweichungen (Toleranzen) betragen bei der E6-Reihe ± 20%. Das bedeutet, dass z. B. ein mit 10 Ω ausgewiesener Widerstand in Wirklichkeit einen Wert zwischen 8 Ω und 12 Ω besitzen kann.

Widerstandsreihe E6				
in Ω			in kΩ	
1,0	10	100	1,0	10
1,5	15	150	1,5	15
2,2	22	220	2,2	22
3,3	33	330	3,3	33
4,7	47	470	4,7	47
6,8	68	680	6,8	68
1 kΩ = 1000 Ω (kΩ: Kiloohm)				

8 Widerstandsreihe E6

Der Widerstandswert ist bei Drahtwiderständen meistens direkt aufgedruckt. Bei Kohleschichtwiderständen benutzt man einen **Farbcode** in Form von Ringen. Mit der Tabelle (9) wird die Bedeutung der vier Farbringe erläutert. Ein Widerstand von 27 Ω mit der Toleranz von ±10 % dient als Beispiel.

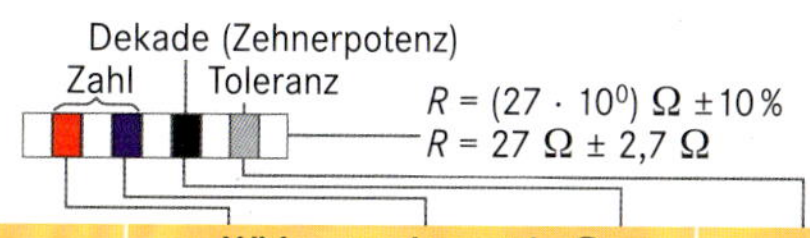

Kennfarbe		Widerstandswert in Ω: 1. Kennziffer	2. Kennziffer	3. Kennziffer	Toleranz
keine		–	–		±20 %
silber		–	–	10^{-2}	±10 %
gold		–	–	10^{-1}	±5 %
schwarz		–	0	$10^0 = 1$	–
braun		1	1	10^1	±1 %
rot		2	2	10^2	±2 %
orange		3	3	10^3	–
gelb		4	4	10^4	–
grün		5	5	10^5	±0,5 %
blau		6	6	10^6	–
violett		7	7	10^7	–
grau		8	8	10^8	–
weiß		9	9	10^9	–

9 Farbcode von Widerständen

Aufgaben

1. Sie sollen einen Drahtwiderstand mit dem Wert 1 Ω herstellen und besitzen einen Eisendraht mit der Querschnittsfläche von 0,3 mm².
Wie lang ist der Draht?
2. Welche Farbringe trägt ein Kohleschichtwiderstand mit dem Wert 68 Ω und einer Toleranz von ±1 %?

6.3.5 Reihenschaltung von Widerständen

Experimentelle Untersuchung

In Modelleisenbahnen werden häufig kleine Glühlampen zu Signalzwecken eingesetzt. Angenommen, eine Lampe mit der Beschriftung 12 V/0,1 A ist ausgefallen. Was würde passieren, wenn eine andere Glühlampe mit den Werten 6 V/0,1 A in die Fassung hineinschraubt wird und anschließend die Spannung eingeschaltet wird?

Die Lebensdauer der Glühlampe 6 V/0,1 A würde nur sehr kurz sein. Was ist aber die Ursache dieser Zerstörung?

Glühlampen sind so aufgebaut, dass sie bei Betrieb nur mit den vorgeschriebenen Werten (Bemessungsgrößen) ihre optimale Helligkeit abgeben und dabei eine bestimmte Lebensdauer erreichen. Sie wirken im Stromkreis wie Widerstände, deren Werte vom Aufbau und von dem verwendeten Material abhängig sind.

Für die beiden betrachteten Lampen erhält man die folgenden Widerstandswerte:

Lampe 1: $R_1 = \frac{12\ \text{V}}{0{,}1\ \text{A}}$ $R_1 = 120\ \Omega$

Lampe 2: $R_2 = \frac{6\ \text{V}}{0{,}1\ \text{A}}$ $R_2 = 60\ \Omega$

Wie groß würde der Strom kurzzeitig werden, wenn die Lampe 2 verwendet und für ihren Widerstand ein Wert von 60 Ω zu Grunde gelegt wird?

Mit der Formel $I = U/R$ erhält man eine Stromstärke von 0,2 A. Diese ist jetzt doppelt so groß. Ein Durchschmelzen des Glühfadens wäre unausweichlich. Wenn man die Lampe trotzdem verwenden will, muss der Strom wieder auf 0,1 A verringert werden.

Welche Möglichkeit besteht, eine Glühlampe für 6 V an einer Spannung mit 12 V zu betreiben?

An der vorgesehenen Lampe darf nur eine Spannung von 6 V liegen. Die doppelt so große Versorgungsspannung muss deshalb auf die Hälfte verringert werden. Erreichen lässt sich dies, wenn man zwei gleichartige Lampen mit den Bemessungsgrößen 6 V/0,1 A hintereinander schaltet (Reihenschaltung).

In Bild 1 ist der Versuchsaufbau dargestellt. Darunter befindet sich der dazugehörige Schaltplan (2).

Jede Lampe besitzt einen Widerstand von 60 Ω und beide zusammen erhöhen den Widerstand im Stromkreis, so dass trotz der höheren Spannung von 12 V der Strom den vorgeschriebenen Wert von 0,1 A durch jede Lampe nicht überschreitet.

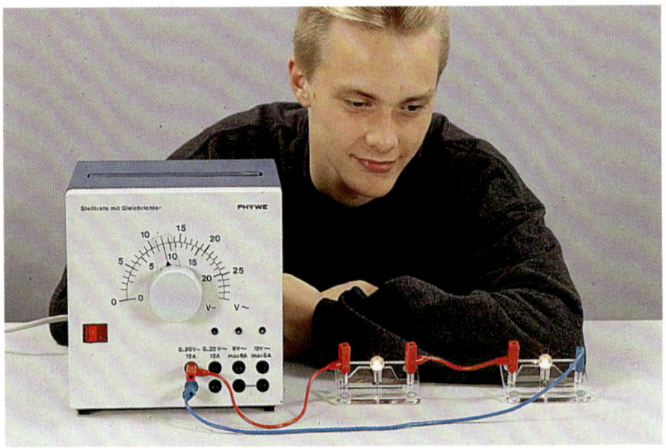

1 Versuchsaufbau zur Reihenschaltung von Glühlampen

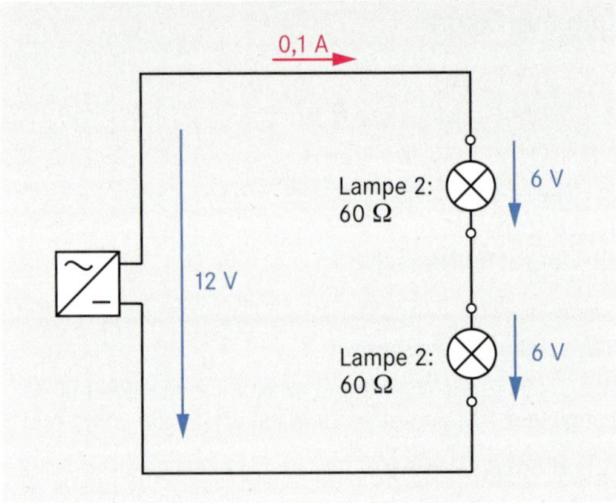

2 Schaltbild zur Reihenschaltung von Glühlampen

In Schaltungen ist es nicht immer sinnvoll, zur Verringerung des Stromes, Glühlampen in Reihe zu schalten. Es gibt eine andere Möglichkeit.

An Stelle einer zweiten Lampe müsste man ein Bauteil einfügen, das wie die Lampe einen Widerstand von 60 Ω besitzt. Man könnte dazu z. B. Konstantandraht von 0,5 mm² Querschnitt nehmen (3) und ihn auf einen Isolierkörper (z. B. Bleistift) aufwickeln, bis ein Widerstand von 60 Ω entsteht. Dies Verfahren ist sehr umständlich. Einfacher ist es, einen Widerstand zu kaufen und ihn als Ersatz für die Lampe in die Schaltung einzusetzen. Es entsteht so eine Reihenschaltung mit einem Widerstand und einer Glühlampe.

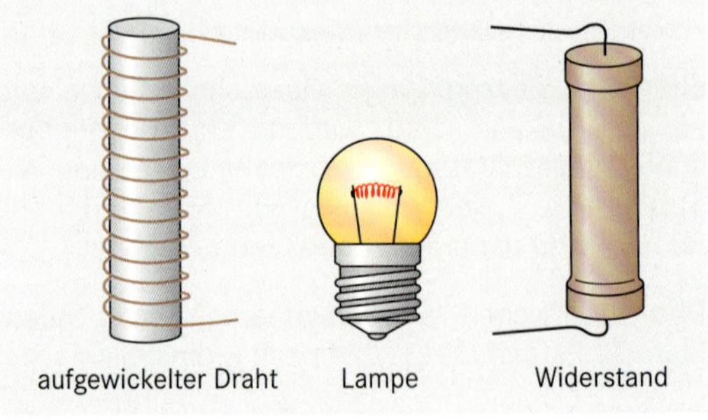

3 Widerstände mit 60 Ω

Stromstärke in der Reihenschaltung

Die Gesetzmäßigkeiten der Reihenschaltung können schrittweise untersucht werden. Zwei Widerstände von 20 Ω und 50 Ω werden in Reihe geschaltet. Die Spannung wird von 0 bis 10 V verändert und die Stromstärke an verschiedenen Stellen des Stromkreises gemessen.

Die gemessenen Werte zeigen, dass sich die Stromstärke genauso wie bei der Reihenschaltung von Glühlampen verhält.

Bei der Reihenschaltung von Widerständen ist die Stromstärke im gesamten Stromkreis überall gleich.

Spannungen in der Reihenschaltung

Wie sich die Spannungen bei der Reihenschaltung verhalten, zeigt eine entsprechende Messschaltung (4). Das Netzteil liefert eine Spannung von 14 V.

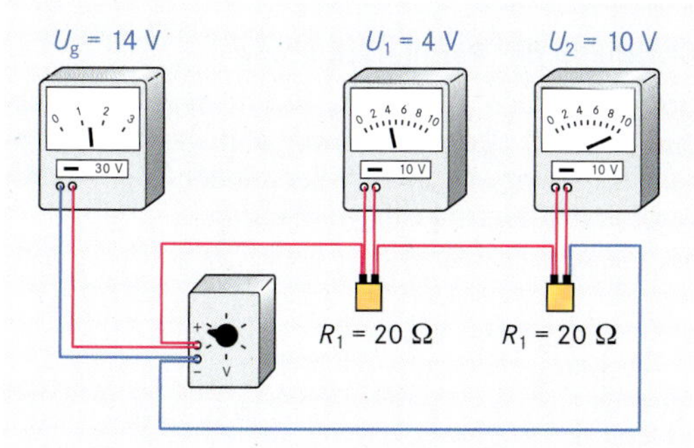

4 Spannungen bei der Reihenschaltung

Als Messergebnis erhält man:

U_g = 14 V	U_1 = 4 V	U_2 = 10 V
14 V =	4 V +	10 V

Bei der Reihenschaltung teilt sich die Gesamtspannung auf. Die Gesamtspannung ist die Summe der Einzelspannungen.

$$U_g = U_1 + U_2$$

Aus den Messwerten lassen sich noch weitere Erkenntnisse gewinnen. Die einzelnen Teilspannungen sind von den Widerständen abhängig. Am größten Widerstand liegt auch die größte Teilspannung.

Beispiel:
R_1 = 20 Ω; U_1 = 4 V; R_2 = 50 Ω; U_2 = 10 V

Bei der Reihenschaltung verhalten sich die Teilspannungen wie die Widerstände.

Die Spannungsaufteilung bei der Reihenschaltung kann anhand des Schaltplanes anschaulich verdeutlicht werden (5).

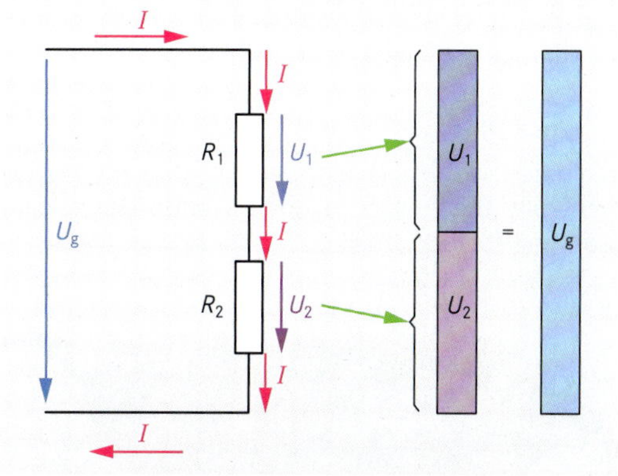

5 Spannungsaufteilung bei der Reihenschaltung

Gesamtwiderstand

Lässt sich eine Reihenschaltung durch einen einzelnen Widerstand ersetzen? Dieses Problem soll mit den erarbeiteten Formeln gelöst werden. Ausgegangen wird von der Spannungsaufteilung:
$U_g = U_1 + U_2$

Für die Spannungen lässt sich $U = I \cdot R$ einsetzen:

$U_g = I \cdot R_g$ $\quad U_1 = I \cdot R_1$ $\quad U_2 = I \cdot R_2$

$I \cdot R_g = I \cdot R_1 + I \cdot R_2$

Die letzte Gleichung zeigt, dass die Stromstärke als gemeinsamer Faktor gekürzt werden kann. Man erhält dann folgende Formel für den **Gesamtwiderstand**:

$$R_g = R_1 + R_2$$

R_g = 70 Ω $\quad R_1$ = 20 Ω $\quad R_2$ = 50 Ω

Bei der Reihenschaltung ist der Gesamtwiderstand gleich der Summe der Einzelwiderstände.

Aufgaben

1. In einem Stromkreis sind drei Widerstände in Reihe geschaltet. An verschiedenen Stellen sind Strommessgeräte eingefügt. Welche Aussage lässt sich über die angezeigten Werte machen?
2. Bei der Reihenschaltung von zwei Widerständen werden die Teilspannungen gemessen. Wie lässt sich daraus die Gesamtspannung ermitteln?
3. Die Heizwiderstände einer Kochplatte haben folgende Werte:
   R_1 = 107 Ω, R_2 = 80 Ω, R_3 = 55 Ω
   Wie viele unterschiedliche Reihenschaltungen lassen sich damit herstellen?
   Wie groß sind die jeweiligen Gesamtwiderstände?
4. Widerstände von 100 Ω und 470 Ω sind in Reihe geschaltet. Wie groß ist der Gesamtwiderstand?
5. Eine Glimmlampe für 100 V und 1 mA soll an der Netzspannung von 230 V betrieben werden. Wie groß muss der Vorwiderstand sein?

6.3.6 Parallelschaltung von Widerständen

Prinzip der Parallelschaltung

Die Energieversorgung in den Haushalten erfolgt über Steckdosen. Wenn mehrere Geräte angeschlossen werden sollen, benutzt man oft zur Erweiterung der Anschlussmöglichkeiten bewegliche Mehrfachsteckdosen (1).

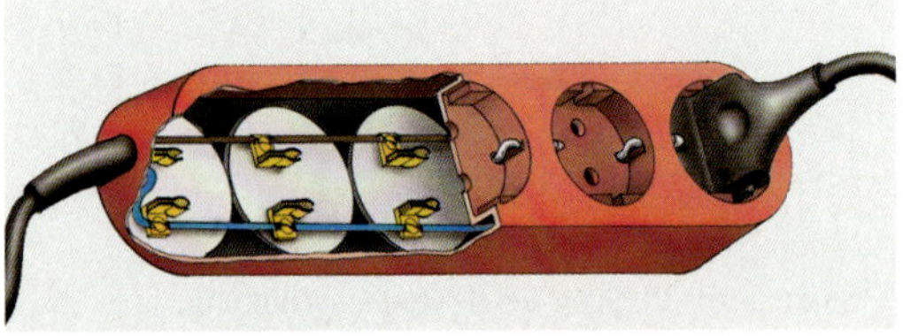

1 Mehrfachsteckdose

Wenn die Stecker eingesteckt werden, liegen die Elektrogeräte elektrisch gesehen nebeneinander, denn sie werden alle mit der erforderlichen Spannung von 230 V versorgt. Es handelt sich um eine **Parallelschaltung**.

Wenn ein Gerät entfernt wird, hat das keinen Einfluss auf die anderen Geräte, da diese immer noch mit ihrer notwendigen Spannung versorgt werden. Auch weitere Geräte beeinflussen die angeschlossenen Geräte nicht. Das zusätzliche Gerät erhält ebenfalls die Spannung von 230 V.

Zur Untersuchung der Gesetzmäßigkeiten einer Parallelschaltung werden die Elektrogeräte durch Widerstände ersetzt.

Spannung in der Parallelschaltung

Eine Schaltung zur Spannungsmessung bei einer Parallelschaltung verdeutlicht, dass beide Messgeräte eine Spannung von 23 V anzeigen (2).

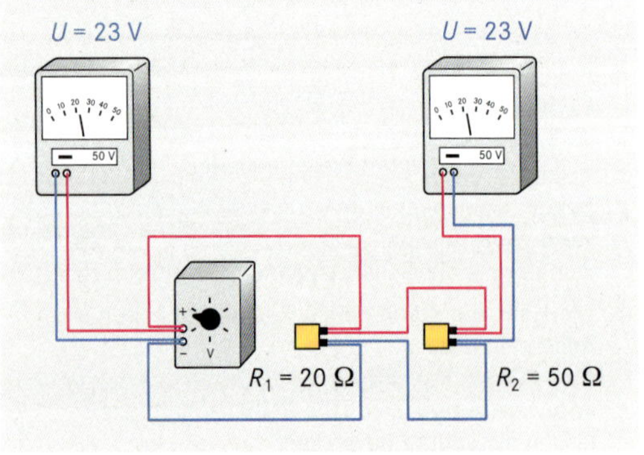

2 Spannungsmessung bei einer Parallelschaltung

Die Zeichnung des Versuchsaufbaus (2) kann auch mit elektrotechnischen Schaltzeichen dargestellt werden (3). Mit dem daraus entstandenen Schaltplan können die einzelnen Ströme besser verfolgt werden.

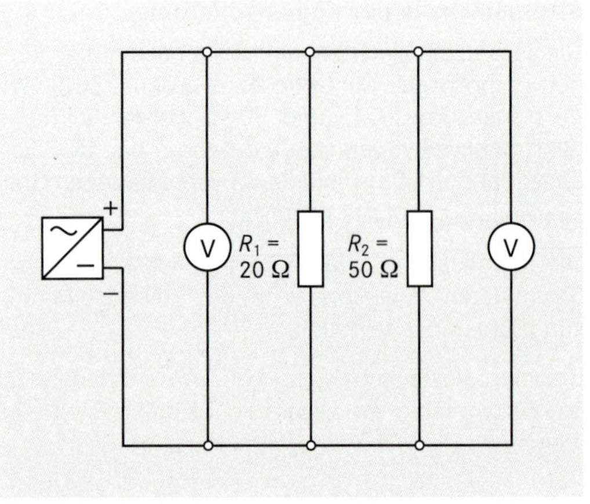

3 Schaltung zur Spannungsmessung bei der Parallelschaltung

Parallel geschaltete Widerstände oder elektrische Geräte liegen an derselben Spannung.

Ströme in der Parallelschaltung

Ströme werden gemessen, indem man die Messgeräte direkt in den Stromweg einfügt. Bei der Parallelschaltung von zwei Widerständen können drei Stromstärken gemessen werden (4).

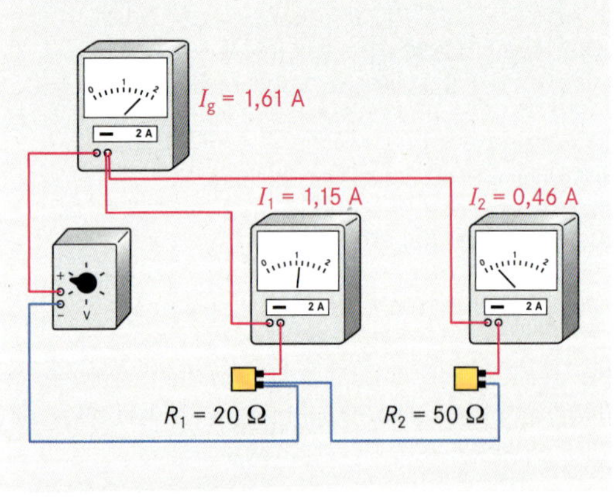

4 Stromstärkenmessung bei der Parallelschaltung

Aus den abgelesenen Werten erkennt man den mathematischen Zusammenhang der einzelnen gemessenen Stromstärken:

1,61 A = 1,15 A + 0,46 A

Bei einer Parallelschaltung verzweigt sich der Gesamtstrom. Die Gesamtstromstärke ist die Summe der Einzelstromstärken.

$$I_g = I_1 + I_2$$

Die Stromverzweigung bei der Parallelschaltung kann anhand des Schaltplanes anschaulich verdeutlicht werden (5).

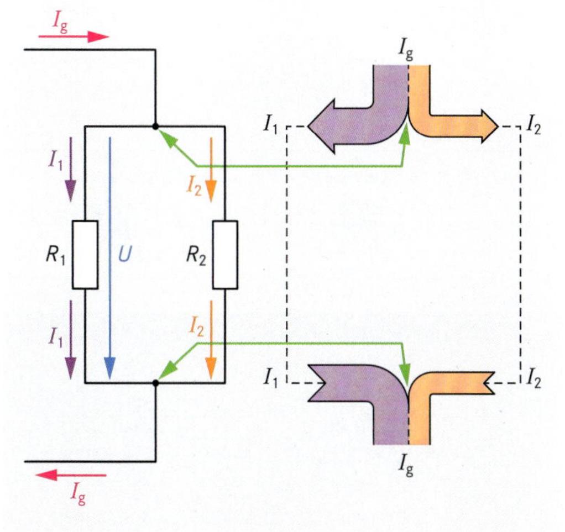

5 Stromverzweigung bei der Parallelschaltung

Gesamtwiderstand

Wie bei der Reihenschaltung können auch bei der Parallelschaltung die beiden Einzelwiderstände durch einen **Gesamtwiderstand** ersetzt werden.

Die Messwerte im Bild 4 zeigen, dass durch den kleineren Widerstand von 20 Ω der größere Strom und durch den größeren Widerstand von 50 Ω der kleinere Strom fließt. Da der Gesamtstrom mit 1,61 A der größte Strom in der Schaltung ist, müsste der Gesamtwiderstand, der beide Einzelwiderstände ersetzen kann, kleiner sein als der kleinste Einzelwiderstand.

Es soll nun auf mathematischem Wege eine Formel für den Gesamtwiderstand gefunden werden. Benutzt wird dazu ein Schaltbild (6). Die Strommessgeräte sind weggelassen und alle bekannten Größen eingetragen worden.

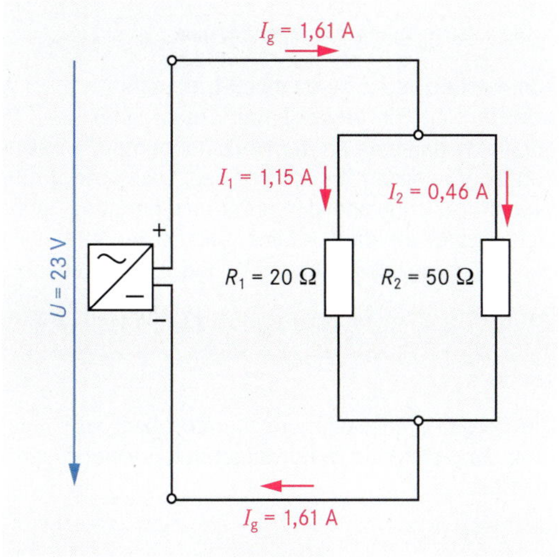

6 Größen der Stromverzweigung

Ausgegangen wird von der Stromverzweigungsformel: $I_g = I_1 + I_2$

Stromstärken lassen sich durch das Verhältnis von Spannung und Widerstand ausdrücken.

$$I = \frac{U}{R} \qquad I_g = \frac{U}{R_g} \qquad I_1 = \frac{U}{R_1} \qquad I_2 = \frac{U}{R_2}$$

$$\frac{U}{R_g} = \frac{U}{R_1} + \frac{U}{R_2}$$

Wenn man jetzt durch die gemeinsame Größe U dividiert, erhält man:

$$\mathbf{\frac{1}{R_g} = \frac{1}{R_1} + \frac{1}{R_2}}$$

Der Kehrwert des Widerstandes wird als Leitwert bezeichnet. Danach ist der Gesamtleitwert gleich der Summe der Einzelleitwerte (7).

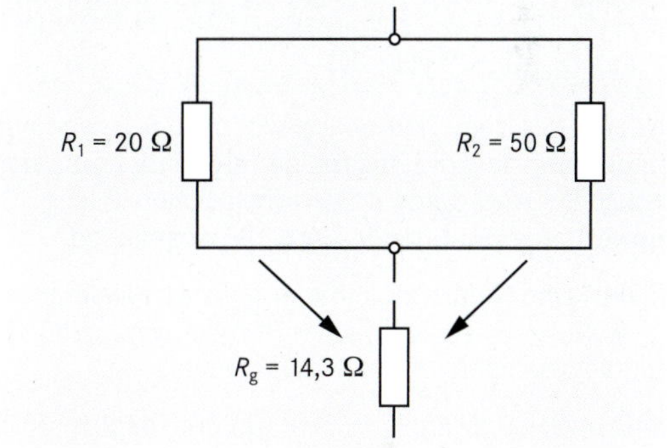

7 Einzelleitwerte addieren sich zum Gesamtleitwert

Der Kehrwert des Gesamtwiderstandes (Gesamtleitwert) ist gleich der Summe der Kehrwerte aus den Einzelwiderständen (Einzelleitwerten).

Aufgaben

1. Zwei Widerstände liegen parallel an einer Spannungsquelle mit konstanter Spannung. Es wird jetzt ein dritter Widerstand parallel geschaltet.
   Wie verändern sich die Ströme in der Schaltung?
2. In welchem Verhältnis stehen die Stromstärken und Widerstände bei der Parallelschaltung von Widerständen?
3. Zwei Widerstände von 100 Ω und 50 Ω sind parallel geschaltet.
   Berechnen Sie den Gesamtwiderstand der Parallelschaltung.
4. Der Strommessbereich eines Messgerätes soll erweitert werden.
   Beschreiben Sie die Maßnahme zur Messbereichserweiterung.
5. Zwei Widerstände liegen parallel an einer Spannung von 3 V. Es fließt ein Gesamtstrom von 0,45 A. Ein Widerstand ist 20 Ω groß.
   Wie groß sind der Gesamtwiderstand und die Teilströme?

6.4 Elektrische Leistung und Arbeit

6.4.1 Elektrische Leistung

Leistungsangabe

Elektrische Geräte sind durch Typenschilder gekennzeichnet (1).

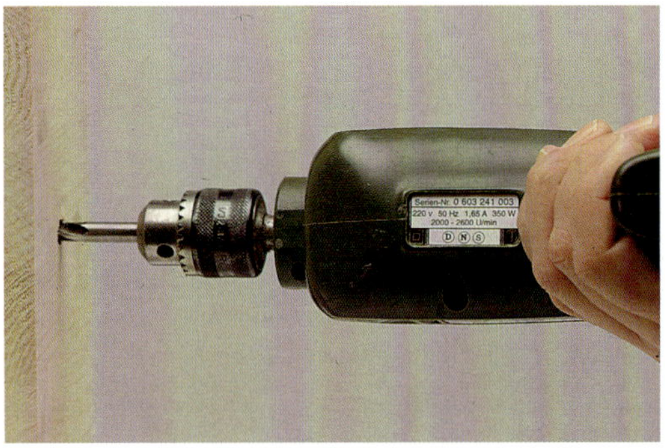

1 Elektrogerät mit Typenschild

Neben der zum Betrieb erforderlichen Spannung findet man dort die Angabe der **elektrischen Leistung**. Sie wird durch das Formelzeichen P (engl. = power) abgekürzt und in **Watt** (W) angegeben.

Elektrische Geräte sind in den meisten Fällen Energiewandler. Die elektrische Energie wird genutzt, um andere Energieformen zu erzeugen.

Die Energieumwandlung kann unterschiedlich ausfallen. Eine Energiesparlampe mit der Leistung von 11 W leuchtet heller als eine mit 7 W, sie ist also leistungsfähiger.

Je größer die Leistungsangabe in Watt auf einem Gerät, desto mehr elektrische Energie kann in derselben Zeit im Gerät umgewandelt werden.

Größen der elektrischen Leistung

Die elektrische Spannung, die Stromstärke und der Widerstand lassen sich verwenden, um die Leistungen bei einer **Kochplatte** mit den Schaltstufen 2 und 3 zu untersuchen (2).

Die Umwandlung der elektrischen Energie in Wärme erfolgt dort durch Widerstände. Mit Hilfe eines Schalters können unterschiedliche Widerstände an die Versorgungsspannung von 230 V geschaltet werden. In Schaltstufe 2 liegt nur der Widerstand R_3 an 230 V. Es fließt ein Strom, der zu der Leistung von 800 W führt.

In Schalterstellung 3 dagegen liegen drei Widerstände (R_1, R_2 und R_3) parallel und gemeinsam an der Spannung von 230 V. Es wird also nicht durch R_3, sondern auch durch R_1 und R_2 ein Strom fließen. Zusätzliche Wärme wird erzeugt. Die Leistung in dieser Stellung ist also insgesamt größer.

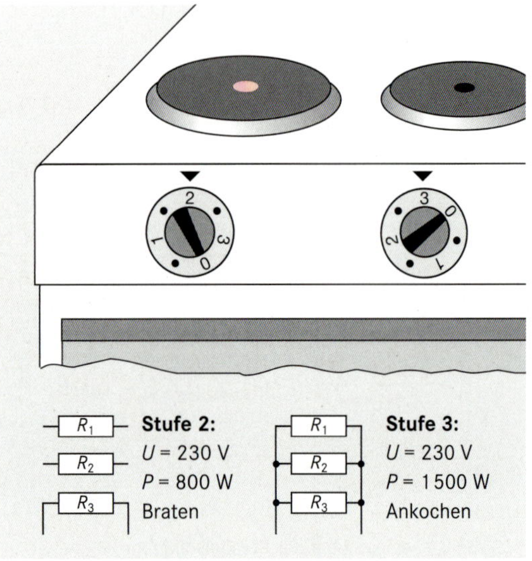

2 Leistungsänderung bei der Kochplatte

In bestimmten Haushaltsgeräten können durch Widerstandsänderungen die Stromstärken und damit die Leistungen verändert werden. Die Leistung hängt bei gleich bleibender Spannung nur von der Stromstärke ab.

Die elektrische Leistung hängt auch von der Spannung ab. Als Beispiel dienen zwei Glühlampen (3).

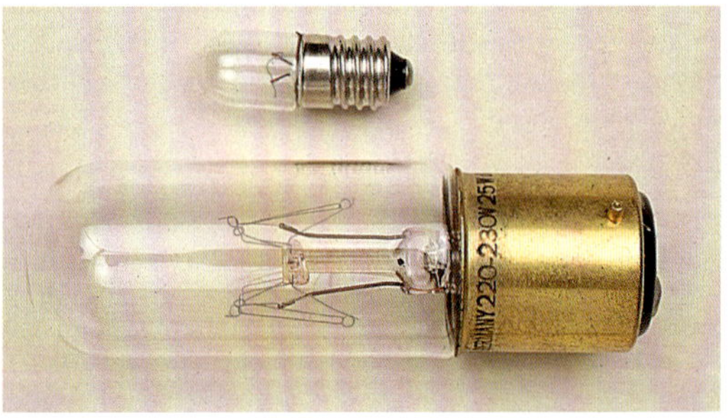

3 Glühlampen unterschiedlicher Leistung

Zum Betrieb ist für beide eine Stromstärke von 0,1 A erforderlich. Die kleine Lampe muss aber an 7 V, die große dagegen an der Netzspannung von 230 V betrieben werden. Es leuchtet ein, dass die große Glühlampe aufgrund der höheren Spannung mehr Licht abgibt als die kleinere. Dieses drückt sich in den **Leistungsangaben** 25 W und 0,7 W aus.

Die elektrische Leistung ist das Produkt aus Spannung und Stromstärke und wird in Watt (W) angegeben.

Die Strom- und Spannungsabhängigkeit der Leistung lässt sich nun in der folgenden Formel zusammenfassen:

$$P = U \cdot I$$

6.4.2 Elektrische Arbeit

Mithilfe der elektrischen Energie und mit entsprechenden Geräten erleichtern wir uns unser tägliches Leben, z. B.:

- Motoren helfen Lasten zu heben,
- Heizgeräte erwärmen Wasser,
- Glühlampen beleuchten unsere Wohnung.

Diese „Dienstleistungen" erhalten wir nicht umsonst. Ein **„Elektrizitätszähler"** (4) misst für die Kostenabrechnung die gesamte im Haus genutzte **elektrische Arbeit**.

4 Elektrizitätszähler als Arbeitsmessgerät

Der „Elektrizitätszähler" wird oft auch als „Stromzähler" bezeichnet, obwohl er im physikalischen Sinne keinen Strom zählt. Das Messgerät macht keinen Unterschied, ob die Bohrmaschine läuft oder das Licht eingeschaltet ist. Immer wird elektrische Arbeit gemessen. Wenn z. B. der Elektroherd mit seiner hohen Leistung eingeschaltet wird, dreht sich die Scheibe des Elektrizitätszählers schneller.

Die elektrische Arbeit wird in **Kilowattstunden** (kWh) gemessen. „Kilo" ist eine Vorsilbe und bedeutet 1 000. Die elektrische Leistung wird in Watt gemessen.

Die elektrische Arbeit ist das Produkt aus Leistung und Zeit.

Es ergeben sich somit die folgenden Formeln:

$$W = P \cdot t \qquad W = U \cdot I \cdot t$$

Die in elektrischen Haushaltsgeräten genutzte elektrische Arbeit wird von den Elektrizitätswerken geliefert. Unter Arbeitsaufwand werden dort Ladungen getrennt (Trennarbeit) und die elektrische Spannung erzeugt, die sich mit der Formel $U = W/Q$ berechnen lässt. Setzt man für die Ladung $Q = I \cdot t$ ein, dann ergibt sich für die Spannung:

$$U = \frac{W}{I \cdot t}$$

Durch Umstellen erhält man die bereits behandelte Formel für die elektrische Arbeit $W = U \cdot I \cdot t$ oder $W = P \cdot t$, mit der die „Dienstleistungen" des elektrischen Stroms berechnet werden können.

Zwischen der im Elektrizitätswerk aufzuwendenden Trennarbeit und der im Gerät umgesetzten elektrischen Arbeit besteht also ein direkter Zusammenhang.

Auch für die elektrische Leistung gilt die gleiche Formel wie in der Mechanik: Leistung ist Arbeit durch Zeit, $P = W/t$.

Aufgrund dieser Formeln ist die Einheit für die elektrische Arbeit die **Wattsekunde** (Ws):

1 Ws = 1 V · A · s oder 1 VAs = 1 J (Joule)

Da diese Einheit sehr klein ist, verwendet man im Bereich der elektrischen Energieversorgung die größere Einheit Kilowattstunde (kWh):

$1 \text{ kWh} = 1\,000 \text{ W} \cdot 3\,600 \text{ s}$
$1 \text{ kWh} = 3{,}6 \cdot 10^6 \text{ Ws}$

Die elektrische Arbeit wird in Kilowattstunden oder Wattsekunden angegeben.

Aufgaben

1. Von welchen Größen ist die elektrische Arbeit abhängig?
2. Geben Sie an, welche Leistungen etwa die folgenden Geräte besitzen: Radiogerät, Taschenrechner, Tauchsieder.
3. Nennen Sie Einheiten, in denen man die elektrische Arbeit misst.
4. In welche Energieformen lässt sich die elektrische Energie umwandeln?
5. In welcher Einheit wird die elektrische Leistung gemessen?
6. Von welchen Größen ist die elektrische Leistung abhängig?
7. Mit welchen Messgeräten und anschließender Berechnung lässt sich die Leistung eines Gerätes bestimmen?
8. Auf dem Tauchsieder steht die Angabe 750 W. Er wird an 230 V betrieben. Wie groß ist die Betriebsstromstärke?
9. Bei einem elektronischen Gerät wird bei einer Spannung von 9 V eine Stromstärke von 0,18 A gemessen. Wie groß ist die Leistung des Gerätes?

6.4.3 Kosten für elektrische Energie

Neben der Primärenergie Gas und der Sekundärenergie „Strom“ wird auch der Wasserverbrauch ermittelt und kostenpflichtig in Rechnung gestellt. Die Energieversorgungsunternehmen verschicken in der Regel jährlich Rechnungen, aus denen der Verbrauch und die Kosten für die **elektrische Energie** der Haushalte entnommen werden können (1).

Mit der durch die Elektrizitätswerke gelieferten Energie wird Arbeit verrichtet. Diese wird in den „Elektrizitätszählern“ gemessen und als Kilowattstundenzahl angegeben. Aus der Differenz der Zählerstände (alt/neu) lässt sich der Verbrauch ermitteln.

An elektrischer Energie wurden im angegebenen Beispiel (1) für einen Vierpersonen-Haushalt 5.755 kWh genutzt ①. Für jede Kilowattstunde werden 20,70 Cent berechnet ②. Es handelt sich hierbei um den **Arbeitspreis**. Insgesamt ergibt sich ein Betrag von 1.191,29 € ③. Zu diesem Preis wird ein Festbetrag von 45,51 € addiert ④. Er wird als **Grundpreis** bezeichnet und pro Haushalt und Jahr berechnet. Als Summe ergeben sich Kosten von 1.236,80 € ⑤. In diesem Preis ist die Mehrwertsteuer noch nicht enthalten. Sie muss noch addiert werden, sodass sich ein Bruttobetrag von 1.471,80 € ergibt ⑥.

Die Kosten für die elektrische Energieversorgung setzen sich aus dem Arbeits- und Grundpreis zusammen.

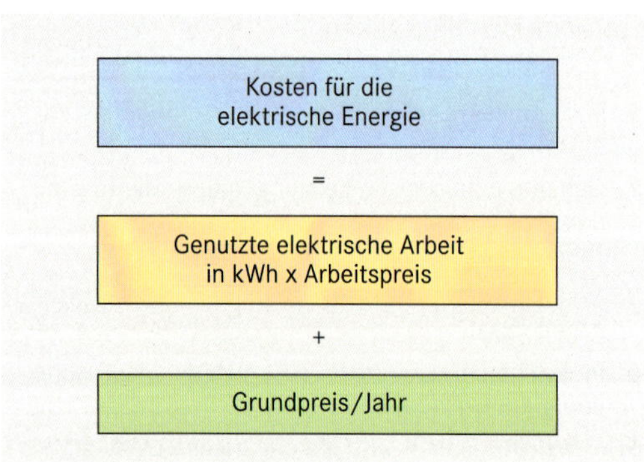

Der Arbeitspreis für die Energiekosten eines Gerätes lässt sich errechnen, indem man die Leistung des Gerätes mit der Einschaltdauer und dem Arbeitspreis für eine Kilowattstunde multipliziert.

Beispiel

Kostenberechnung

Berechnen Sie, wie groß der Arbeitspreis für eine Schreibtischlampe mit einer Energiesparlampe mit der Leistung von 11 W im Monat (30 Tage) ist, wenn sie täglich zwei Stunden genutzt wird und der Arbeitspreis 0,207 € pro kWh beträgt.

Arbeit = Leistung · Zeit

$W = P \cdot t$

$W = 11\ \text{W} \cdot 2\ \text{h} \cdot 30$

$W = 660\ \text{Wh}$

$W = 0{,}66\ \text{kWh}$

Kosten:

$$\frac{0{,}66\ \text{kWh} \cdot 0{,}207\ €}{\text{kWh}} = 0{,}137\ €$$

In den Kosten für die elektrische Energie sind nicht nur Erzeugungskosten, sondern vielfältige Abgaben enthalten. Etwa 45 % des Preises für den Haushaltskunden entstehen durch Steuern, Abgaben und Umlagen (2).

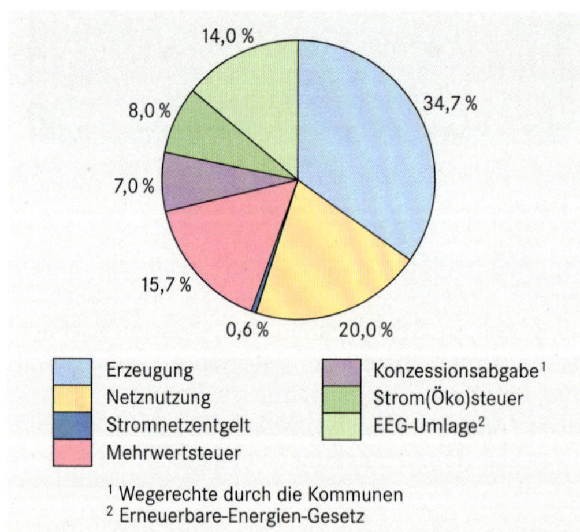

2 Aufteilung der Stromkosten

Verbrauchszeitraum von	bis	Tage	Zählerstand neu	alt	Differenz	Verbrauch in kWh	Preis pro kWh in ct/kWh	EUR netto
01.01...	31.12...	365	39 564	33 809	5 755	5 755 ①	20,70 ②	1.191,29 ③
Arbeitspreisberechnung						5 755		
Grundpreisberechnung			für 365 Tage (45,510 EUR/Jahr)					45,51 ④
Summe aller Beträge								
Summe aller Nettobeträge								**1.236,80** ⑤
Zzgl. 19 % MwSt.								235,00
Bruttobetrag								**1.471,80** ⑥

1 Kostenaufstellung

6.4.4 Energieumwandlung und Einsparmöglichkeiten

Energieumwandlung

Die in der Natur vorkommenden **Primärenergien** werden in Anlagen der Energieversorgungsunternehmen in Endenergien (spezielle Kraftstoffe, elektrische Energie) umgewandelt und den Verbrauchern zugeführt. Dort werden sie in Geräten und Anlagen erneut umgewandelt, um z. B.:

- Wasser zu erwärmen,
- Räume zu beleuchten und zu heizen,
- Speisen zu kochen,
- Produkte herzustellen,
- Gegenstände zu bewegen.

Primärenergien werden in einer Umwandlungskette am Ende in eine für den Menschen nützliche Energieform (Nutzenergie) wie Licht, Wärme, Bewegung umgewandelt.

Das **Energieflussbild** (3) macht deutlich, dass im Jahre 2010 noch 3.461 Petajoule (1 PJ = 10^{15}J) der Primärenergie für die Nutzenergie „verloren" gehen. Das entspricht einer Energie von ca. 118,1 Millionen Tonnen Steinkohle. Dieses ist ein noch recht hoher Wert, obwohl in den letzten Jahren große Anstrengungen unternommen wurden, den **Wirkungsgrad** bei der Energieumwandlung zu verbessern.

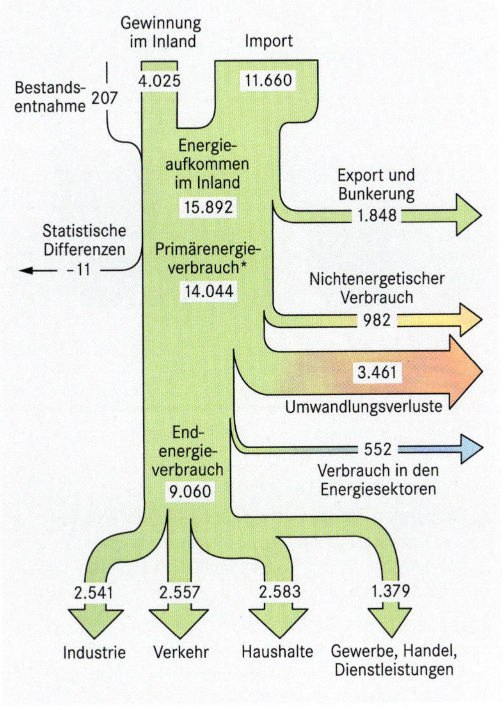

3 Energieflussbild Bundesrepublik Deutschland in Petajoule für das Jahr 2010

So wurden z. B. 1950 noch 682 g Steinkohle, im Jahre 2004 dagegen nur noch 315 g benötigt, um eine Kilowattstunde **elektrischer Energie** zu erzeugen. Aber auch im Bereich des Endenergieverbrauchs sind die Verluste noch erheblich. Da Primärenergie nur in begrenztem Umfang zur Verfügung steht, ist es erforderlich, unseren Umgang mit Energie zu überdenken.

Einsparmöglichkeiten

Jeder Einzelne kann einen Beitrag zur Energieeinsparung leisten. Auch im privaten Bereich gibt es zahlreiche Möglichkeiten sinnvoller mit Energie umzugehen.

Es gibt zunächst die Möglichkeit, bestimmte Energien nicht in Anspruch zu nehmen, z. B. die Wäsche nicht mit einem Wäschetrockner zu trocknen, sondern zum Trocknen auf eine Wäscheleine oder Wäschespinnen zu hängen.

Da man jedoch auf bestimmte wichtige Dinge des Lebens wie Licht, Raumheizung und Kochen nicht verzichten möchte, sollten diese Wirkungen mit einem möglichst geringen Energieeinsatz erreicht werden. So sollte z. B. die Raumbeleuchtung nur bei Bedarf eingeschaltet werden und die Raumtemperatur nicht zu hoch eingestellt sein.

Energie sollte so effektiv wie möglich eingesetzt werden. Energiesparen beginnt bei der Energienutzung.

Im häuslichen Bereich gibt es eine Vielzahl von Geräten, die elektrische Energie nutzen. Insgesamt sind in Deutschland heute etwa 170 Millionen Haushalts-Großgeräte (z. B. Waschmaschinen, Geschirrspüler, Wäschetrockner) im Einsatz. Gerade in diesem Bereich kann jeder von uns zum Energiesparen beitragen, indem er z. B. die Geräte bei vorhandenen Sparprogrammen betreibt oder den Energiebedarf durch kurze Einschaltzeiten möglichst gering hält.

In vielen Geräten wird elektrische Energie in Wärme umgewandelt, z. B. beim Heizofen, beim Elektroherd und beim Warmwasserbereiter. Der elektrische Strom fließt bei diesen Geräten durch Widerstandsdrähte. Sie erwärmen sich und geben ihre Wärme an die Umgebung ab.

Bei einer Raumheizung kann durch einen Lüfter für eine gleichmäßige Erwärmung des Raumes gesorgt werden.

Bei der Speicherheizung werden nachts durch den elektrischen Strom Speichersteine erhitzt, die am Tage die Wärme allmählich abgeben.

Bei dem Einsatz von Elektrogeräten sollten stets die Nutzungsdauer und mögliche Sparprogramme beachtet werden.

Energiesparmöglichkeiten im Haus

Die Möglichkeiten des sinnvollen Umgangs mit der Raumheizung sind vielfältig. Hier zwei Beispiele:

- Eine Verringerung der Raumtemperatur um 1 °C bringt eine Energieeinsparung von etwa 6 %.
- Anpassung der Raumtemperatur an den Bedarf (Nachtabsenkung).

Im Bereich der Raumheizung ist es wichtig, dass durch Einstellgeräte und Regelungen die Raumtemperatur den Erfordernissen angepasst wird.

Bei der **Kochplatte** (1) wird durch Widerstandsdrähte elektrische Energie in Wärme umgewandelt.

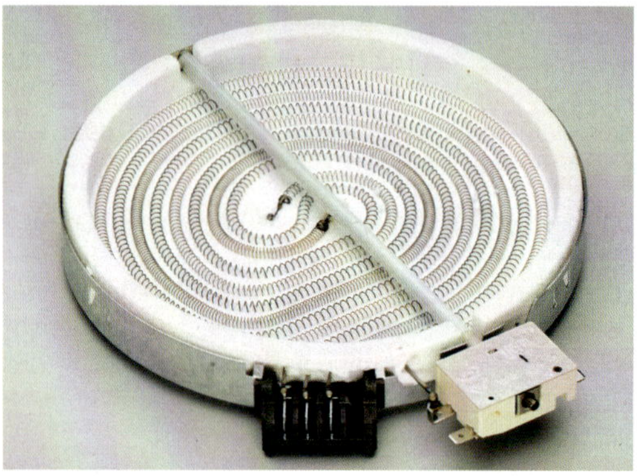

1 Kochplatte (aufgeschnitten) als Wärmegerät

Damit möglichst viel Wärme von der Platte zum Topf gelangen kann, müssen beide eben und sauber sein. Auch empfiehlt es sich, die Verluste durch verdampfendes Wasser möglichst gering zu halten (Dampfdrucktopf). Da die Kochplatte aufgrund ihrer Masse ein Wärmespeicher ist, kann bei abgeschaltetem Strom eine gewisse Zeit lang die Mahlzeit noch warm gehalten werden.

Vermeiden Sie beim Zubereiten von Mahlzeiten Verluste durch verdunstendes Wasser, sorgen Sie für eine gute Wärmeleitung und nutzen Sie die Wärme nach dem Abschalten.

Elektrische Haushaltsgeräte sind in den letzten Jahren erheblich sparsamer geworden (2).

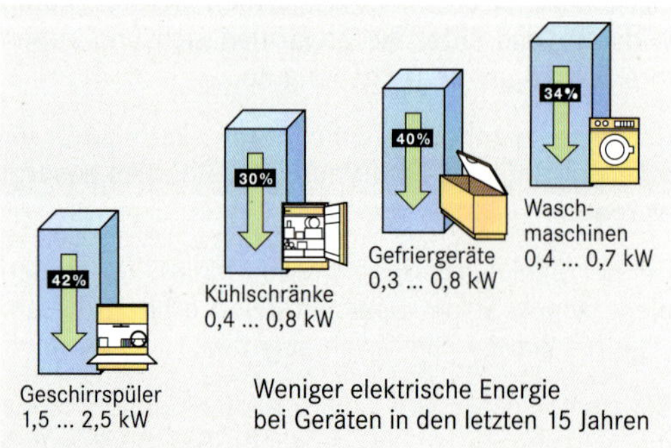

2 Elektrogeräte werden sparsamer

Trotzdem ist es sinnvoll, beim Kauf neuer Geräte Vergleiche anzustellen. Genaue Produktinformationen und Testvergleiche erleichtern die Auswahl.

Video

Elektrische Energie wird vielfältig in Lichtenergie umgewandelt. Bei der Glühlampe wird durch den Stromfluss im Metallfaden Licht erzeugt. Zur Verbesserung der Lichtstärke ist der Faden doppelt gewendelt. Trotzdem werden nur etwa 5 % der elektrischen Energie als Licht abgegeben. Der Rest ist Wärme für die Umgebung der Lampe.

Einen besseren Wirkungsgrad besitzen Leuchtstofflampen. Er liegt bei 20 %. Leuchtstofflampen bestehen aus einem mit einer Leuchtschicht versehenen gasgefüllten Rohr und einem Vorschaltgerät, mit dem eine hohe Zündspannung erzeugt wird. Leuchtstofflampen werden in großen Räumen (Büros, Kaufhäuser) eingesetzt.

Für den häuslichen Bereich gibt es **Kompaktleuchtstofflampen**, die in Fassungen für Glühlampen geschraubt werden können. Das Vorschaltgerät befindet sich im Sockel. Noch günstiger sind Energiesparlampen, die im Prinzip wie Leuchtstofflampen arbeiten (3a). Einen noch höheren Wirkungsgrad haben LED-Lampen, bei denen Licht durch Halbleiterdioden erzeugt wird (3b).

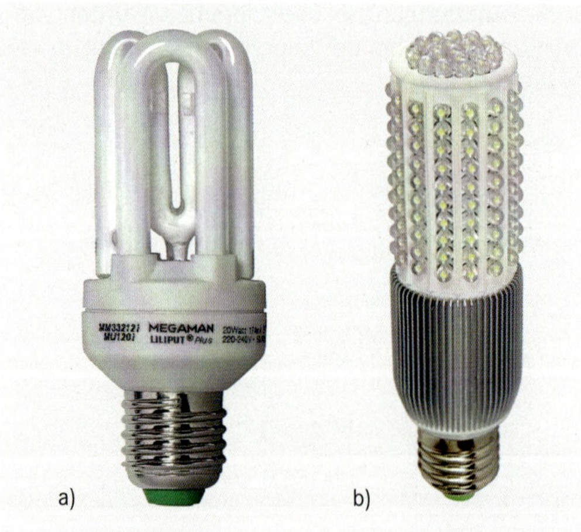

3 Energiesparlampen

Aufgaben

1. Nennen Sie Beispiele in Ihrem privaten Bereich, in denen elektrische Energie sinnvoll genutzt oder sogar eingespart werden kann.
2. Berechnen Sie den Arbeitspreis für ein Wannenbad von 80 l, wenn für die Erwärmung von 100 l Wasser um 7 °C die elektrische Energie von 1 kWh benötigt wird.
3. Erstellen Sie ein Protokoll der genutzten elektrischen Energie für einen beliebigen Zeitbereich eines Tages, indem Sie die Kilowattstunden auf dem Zähler ablesen (z. B. in Abständen von einer Stunde).

Hausinstallation
Bestandteile: Hausanschlusskasten, Verteilerkasten (Sicherungen, Sicherungsautomaten, Fehlerstromschutz-Schalter, Elektrizitätszähler), Leitungen, Steckdosen, Schalter, Lampenfassungen.

Elektrischer Stromkreis
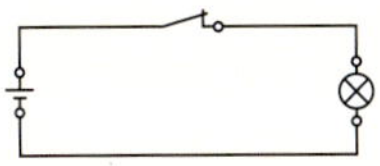
In einem Stromkreis fließt nur dann ein Strom, wenn der Stromkreis geschlossen ist.

Gefahren des elektrischen Stromes
Vorsicht beim Umgang mit elektrischen Geräten. Der elektrische Strom fließt auch durch den Menschen. Gefahren sind dabei Verbrennungen, Gerinnung von Eiweiß, Zersetzung von Zellflüssigkeit, Muskelkrämpfe, Herzkammerflimmern.

Schutzmaßnahmen
- Schutzleiter mit grün-gelber Färbung (Leiter ist mit Metallteilen verbunden)
- Schutzisolierung (umfassende Kunststoffisolierung)
- Kleinspannung (bis 42 V, z. B. für Klingeltransformator, Kinderspielzeug)

Elektrische Ladungen
Es gibt positive und negative Ladungen. Elektronen sind negativ und Protonen sind positiv geladen. Zwischen gleichartig geladenen Körpern gibt es Abstoßung, zwischen ungleichartig geladenen Körpern gibt es Anziehung. Das Formelzeichen für die Ladung ist Q, die Einheit ist das Coulomb (C) oder die Amperesekunde (As). Um elektrische Ladungen bilden sich elektrische Felder. Zum Schutz vor elektrischen Feldern benutzt man Metallabschirmungen.

Elektrische Spannung U
Einheit der Spannung: 1 Volt (V)
Durch Trennungsarbeit werden in Spannungsquellen Ladungen voneinander getrennt.

Elektrische Stromstärke I
Einheit der Stromstärke: 1 Ampere (A)
Elektrischer Strom: In Metallen bewegen sich Elektronen vom Minuspol zum Pluspol.

$$I = \frac{Q}{t}$$

Spannungsmessung
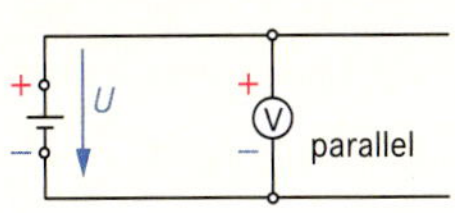

Messgerät liegt parallel

Stromstärkemessung
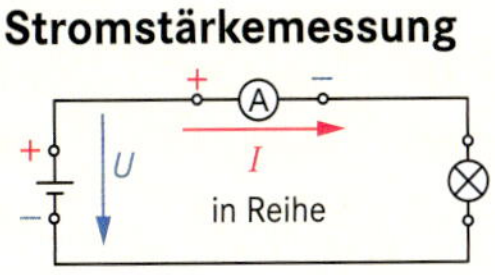

Messgerät wird in den Stromkreis geschaltet

Schaltung von Spannungsquellen
- Reihenschaltung: Spannungen addieren sich
- Parallelschaltung: Spannung ändert sich nicht

Spannungsarten
- Gleichspannung: Polarität bleibt gleich
- Wechselspannung: Polarität ändert sich ständig

Elektrischer Widerstand
Einheit des elektrischen Widerstandes: 1 Ohm (Ω)
Die Bezeichnung Widerstand wird für die Eigenschaft von Leitern und für das Bauteil selbst verwendet.

$$R = \frac{U}{I}$$

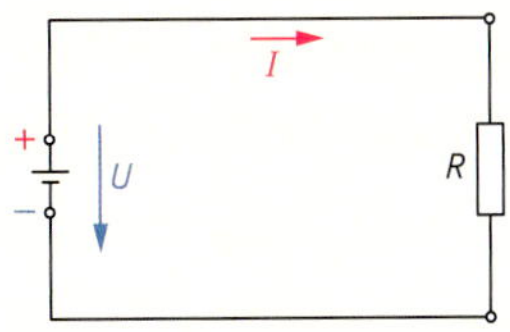

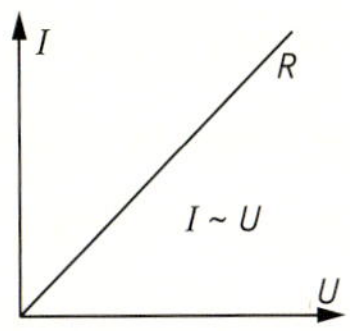

Reihenschaltung von Widerständen
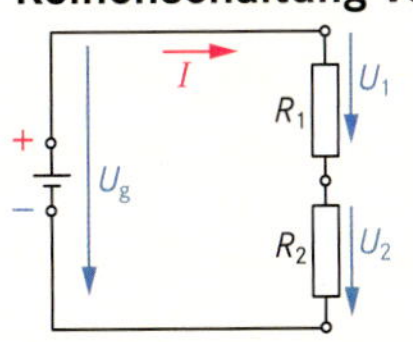

- Die Gesamtspannung teilt sich auf.
- Widerstände addieren sich zum Gesamtwiderstand.
- Es fließt nur ein Strom im gesamten Stromkreis.

$$U_g = U_1 + U_2 \qquad R_g = R_1 + R_2$$

Parallelschaltung von Widerständen
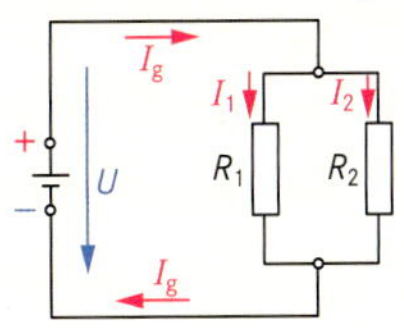

- Der Gesamtstrom teilt sich auf.
- Die Kehrwerte der Widerstände addieren sich.
- Es gibt nur eine Spannung im gesamten Stromkreis.

$$I_g = I_1 + I_2 \qquad \frac{1}{R_g} = \frac{1}{R_1} + \frac{1}{R_2}$$

Elektrische Leistung und Arbeit

$$P = U \cdot I \qquad W = P \cdot t$$

- Einheit der Leistung: Watt (W), Kilowatt (kW)
- Einheit der Arbeit: Wattsekunde (Ws), Kilowattstunde (kWh)
- Arbeitsmessung: Leistung mit Zeit multiplizieren

Energiekosten:
Genutzte elektrische Arbeit in kWh x Arbeitspreis in Euro/kWh + Grundpreis in Euro

Energiesparen durch:
Verzicht auf Energieeinsatz, optimale Anpassung der Geräte an die Bedürfnisse, kurze Einschaltdauer der Geräte, Geräte mit gutem Wirkungsgrad einsetzen.

6.5 Elektromagnetismus

6.5.1 Stromdurchflossener Leiter im Magnetfeld

Magnetische Felder

Magnetische Felder entstehen immer dann, wenn ein elektrischer Strom fließt. Nachweisen lassen sich diese Magnetfelder, wenn man einen Leiter durch eine Glasplatte führt und dann darauf Eisenfeilspäne streut (1a). Die Eisenfeilspäne ordnen sich bei Stromfluss kreisförmig um den Leiter an. Die Stärke der Ausrichtung verringert sich mit zunehmendem Abstand vom Leiter.

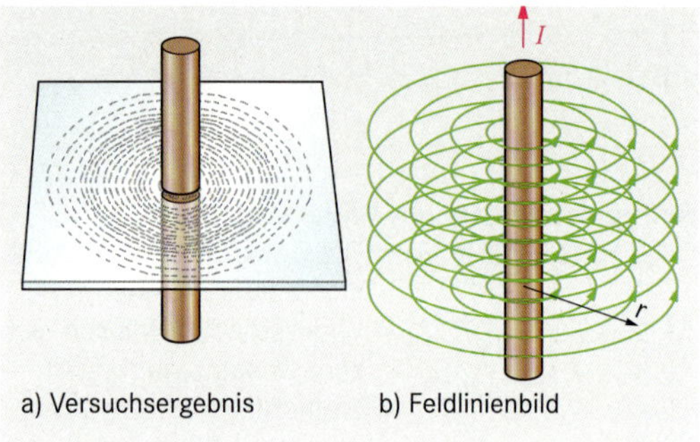

1 Magnetfeld eines geraden Leiters

Stellt man das Feld durch **Feldlinien** dar, ergeben sich kreisförmige und in sich geschlossene Linien (1b). Die Richtung kann man festlegen, indem man anstatt der Eisenfeilspäne **Magnetnadeln** verwendet (2). Die Richtung des Stromes im Leiter wird durch einen Pfeil gekennzeichnet. Er geht vom Pluspol zum Minuspol der Spannungsquelle.

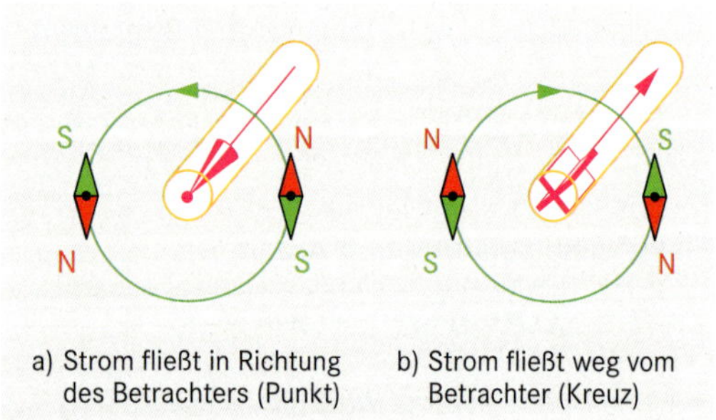

2 Festgelegte Feldlinienrichtungen

Um stromdurchflossene Leiter herum entsteht ein magnetisches Feld. Das Feld eines geraden stromdurchflossenen Leiters lässt sich durch kreisförmige Feldlinien darstellen.

Für die Bestimmung der Feldlinienrichtung sind Merkregeln sinnvoll (3a). Umfasst man einen Leiter mit der rechten Hand und zeigt der abgespreizte Daumen in Stromrichtung, dann zeigen die gekrümmten Finger in Richtung der Magnetfeldlinien. Diese Regel wird als **Rechte-Hand-Regel** bezeichnet.

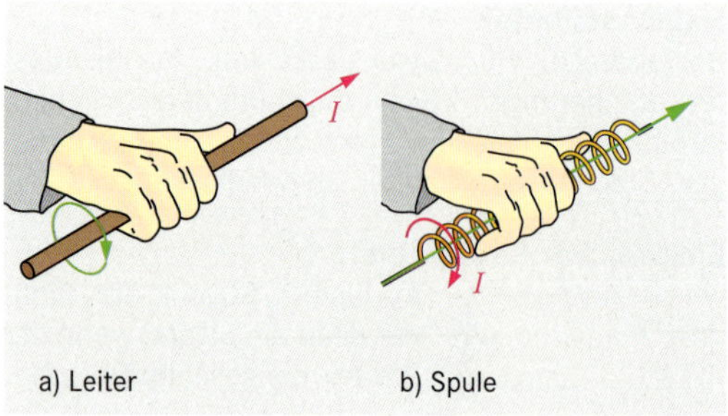

3 Rechte-Hand-Regel

Zeigt bei einem Leiter der Daumen der rechten Hand in die Stromrichtung vom Plus- zum Minuspol, dann geben die gekrümmten Finger die Richtung der Feldlinien an.

Spule im Magnetfeld

In vielen elektrischen Geräten sind die elektrischen Leiter in Form einer **Spule** ringförmig angeordnet. Das Feld einer **Leiterschleife** (einzelner ringförmiger Leiter) ist in Bild 4 dargestellt.

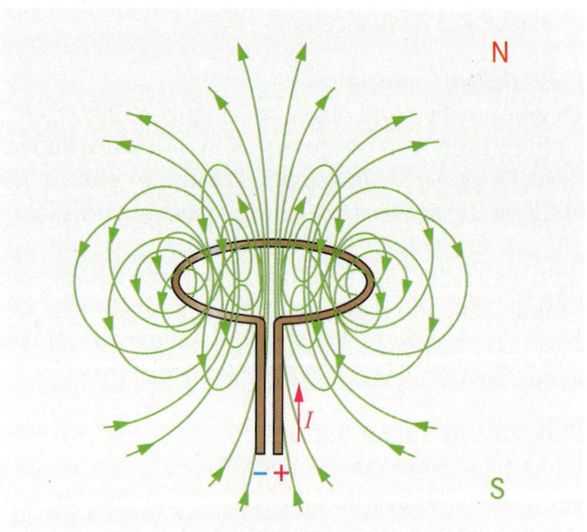

4 Feldlinienbild einer Leiterschleife

Die Feldlinien treten an der einen Seite der durch die Leiterschleife gebildeten Kreisfläche ein und an der anderen Seite wieder aus. Es entstehen ein Nord- und ein Südpol. Die kreisförmigen Feldlinien liegen im Innern der Schleife dichter beieinander. Es kommt dort zu einer Feldverstärkung.

Bei einer Spule liegen viele Leiterschleifen dicht nebeneinander (5), so dass es zu einer weiteren Verstärkung des Feldes im Innern der Spule kommt. Es entsteht wie bei einem Dauermagneten ein ausgeprägter Nord- und Südpol. Für die Bestimmung dieser Pole ist folgende Merkregel (3b) geeignet:

Legt man die rechte Hand so um eine Spule, dass die Finger in Stromrichtung zeigen, dann zeigt der abgespreizte Daumen die Feldlinienrichtung vom Nordpol aus an.

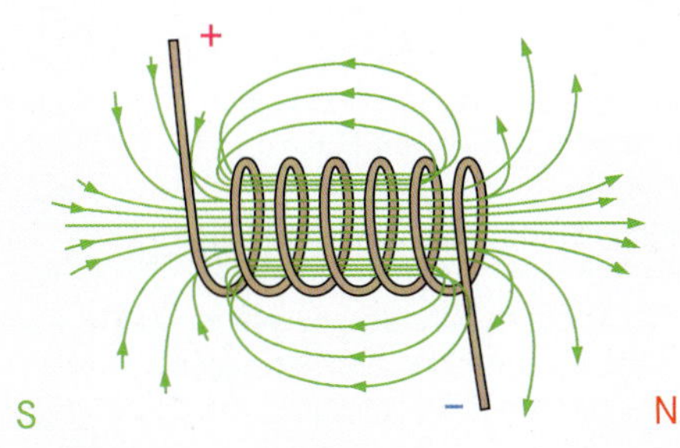

5 Feldlinienbild einer Spule

Bei der stromdurchflossenen Spule sind die Feldlinien geschlossen. Sie treten an einem Ende der Spule aus und an dem anderen Ende wieder ein. Im Innern der Spule verlaufen die Feldlinien annähernd parallel (homogenes Feld).

Spule mit Eisenkern

Die magnetische Wirkung (Kraftwirkung auf Eisen) lässt sich vergrößern, wenn im Innern der Spule ein Eisenkern eingefügt wird (6).

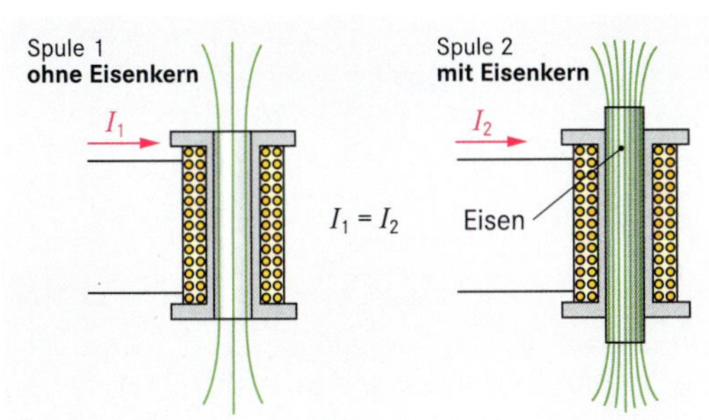

6 Eisen im Magnetfeld

Erklären lässt sich dies, wenn man die im Eisen bereits vorhandenen magnetischen Bereiche betrachtet. Sie werden als **Elementarmagnete** bezeichnet. Diese sind zunächst ungeordnet (7a). Erst durch das Magnetfeld der stromdurchflossenen Spule findet eine Ausrichtung statt (7b), wodurch das Magnetfeld der Spule verstärkt wird. Wenn der Strom abgeschaltet wird, fallen mit geringen Ausnahmen die Elementarmagnete wieder in einen ungeordneten Zustand zurück.

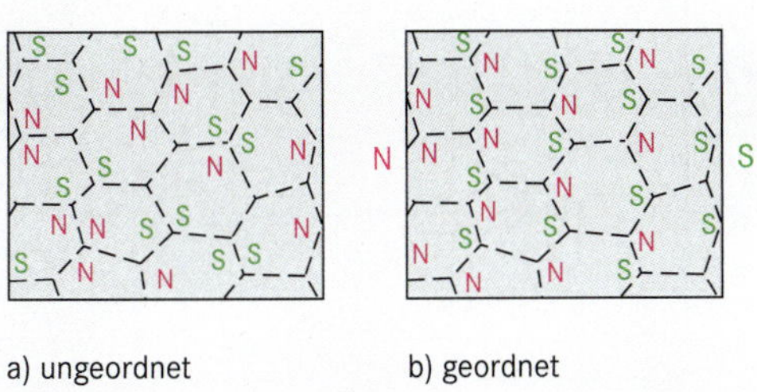

a) ungeordnet b) geordnet

7 Elementarmagnete im Eisen

Einfluss der Windungszahl

Auch mit der Windungszahl kann die magnetische Wirkung von Spulen verändert werden. Da sich in Spulen die Felder der einzelnen Windungen überlagern, vergrößert sich die Wirkung, wenn die Windungszahl vergrößert wird. Das Produkt aus Windungszahl und Stromstärke ist dabei die Ursache für die magnetische Wirkung.

Die magnetische Wirkung einer Spule kann durch eine höhere Stromstärke, eine größere Windungszahl und einen Eisenkern vergrößert werden.

Versuche

1. Führen Sie einen geraden Leiter senkrecht durch das Loch einer Kunststoffplatte und streuen Sie Eisenfeilspäne darauf. Dann schalten Sie einen Strom mit großer Stärke ein.
   Beschreiben Sie das Ergebnis.
2. Schneiden Sie in die Mitte eines Blattes aus Zeichenkarton ein rechteckiges Loch, in das eine Spule passt. Streuen Sie Eisenfeilspäne auf das Blatt und schließen Sie an die Spule eine Spannungsquelle an. Erhöhen Sie allmählich die Stromstärke in der Spule.
   Fertigen Sie eine Skizze des Feldverlaufs an.
3. Ersetzen Sie eine Spule entsprechend Bild 6 durch eine Spule mit der doppelten Windungszahl. Untersuchen Sie die Kraftwirkung beider Spulen bei gleicher Stromstärke und formulieren Sie ein Ergebnis.
4. Schließen Sie zwei Spulen (8) mit gleichen Windungszahlen in Reihe an eine Spannungsquelle. Hängen Sie über jede Spule gleiche Eisenstücke an gleichartige Kraftmesser. Stecken Sie in eine Spule einen Eisenkern und schalten Sie die Spannung ein. Erhöhen Sie die Stromstärke.
   Was ist zu beobachten?

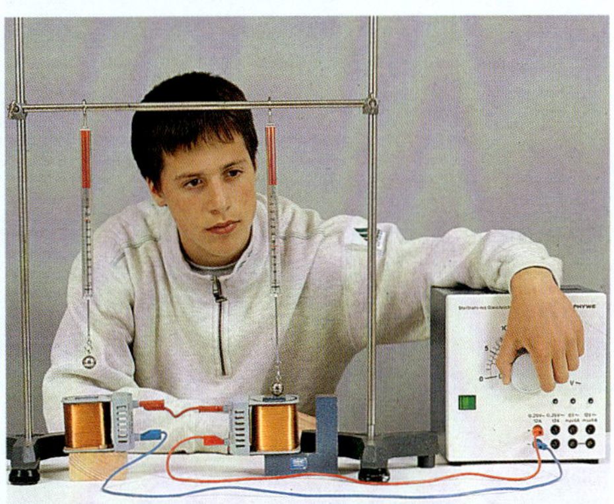
8 Magnetische Wirkung wird verstärkt

Aufgaben

1. Zeichnen Sie einen stromdurchflossenen Leiter und legen Sie die Stromrichtung fest. Zeichnen Sie dann um diesen Leiter Feldlinien ein und kennzeichnen Sie die Richtung durch Pfeile.
2. Was verändert sich, wenn in Bild 5 die Stromrichtung umgekehrt wird?

6.5.2 Anwendungen von Elektromagneten

Dauermagnete

Elektromagnete können **Dauermagnete** ersetzen. Die Magnetfelder von einer Spule und einem Dauermagnet sind ähnlich (1). In beiden Fällen sind die Feldlinien geschlossen. Sie treten an den Polenden ein bzw. aus und verlaufen außerhalb vom Nord- zum Südpol und innerhalb vom Süd- zum Nordpol.

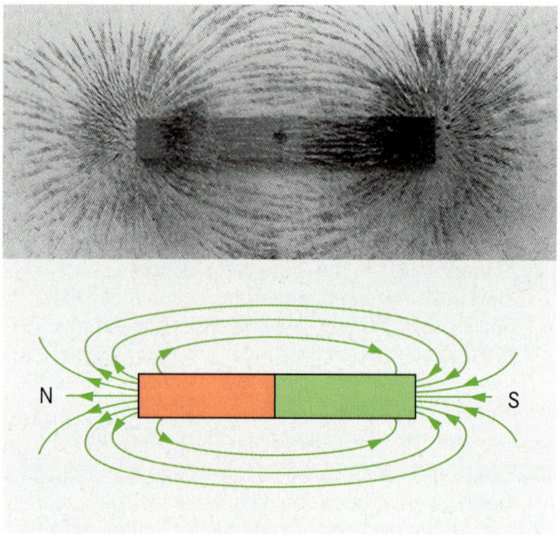

1 Dauermagnet und Feldlinien

Eine stromdurchflossene Spule verhält sich wie ein Dauermagnet.

Anwendungsgebiete

Elektromagnete werden in der Technik vielfältig verwendet. Ein wichtiger Bereich ist z.B. die elektrische Energieversorgung und ihre Verteilung über elektrische Leitungsnetze. Die Verteilung erfolgt mithilfe von Schaltzentralen. Aus Sicherheitsgründen befinden sich die Schaltzentralen nicht in der Nähe der Umschaltstationen.

Von dort werden die Energieströme z.B. mit Schaltern gesteuert, in denen sich Elektromagnete befinden. Durch einen geringen Stromfluss in einer Spule können auf diese Weise großflächige Kontakte aus großer Entfernung betätigt werden.

Neben dem Schalten von Energieströmen ist innerhalb unserer durch Technik geprägten Welt die Weitergabe von Informationen über große Entfernungen wichtig. Auch hier werden **elektromagnetische Schalter** verwendet. Sie werden als **Relais** bezeichnet. Mit ihnen kann z.B. eine Störung in einem Kraftwerk über eine mit einem Relais geschaltete Signallampe an die Überwachungszentrale weitergegeben werden.

Mit elektromagnetischen Schaltern lassen sich mit kleinem Aufwand große Spannungen bzw. Ströme schalten und Informationen weitergeben.

Relais

In Bild 2 ist der Aufbau eines Relais dargestellt. Wenn ein elektrischer Strom durch die Spule ① fließt, dann entsteht im Eisenkern ② der Spule ein Magnetfeld. Der magnetische Kreis wird durch das Joch ③ geschlossen. Der bewegliche Anker ⑦ wird angezogen und der Hebel überträgt die Bewegung auf die Kontakte ④. Über diese Kontakte können Stromkreise unterbrochen bzw. geschlossen werden ⑤. Wenn der Strom durch die Spule unterbrochen wird, werden durch die Rückstellfeder ⑥ die Kontakte wieder in die Ausgangsstellung bewegt.

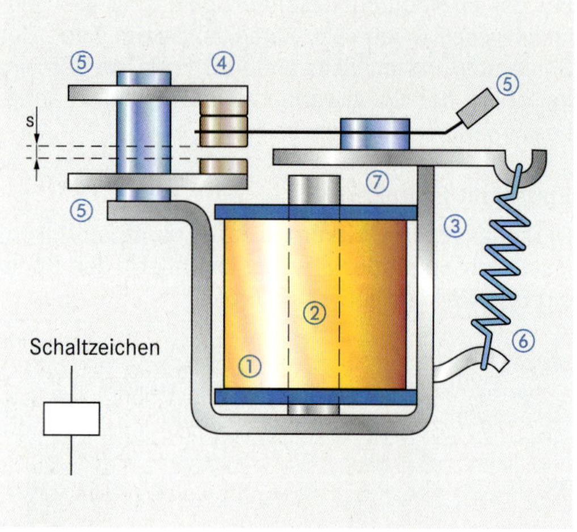

2 Relais

Ein Beispiel für die Anwendung eines Relais zeigt die vereinfachte Ampelanlage in Bild 3. Wenn der Schalter noch nicht betätigt ist, leuchtet bereits die rote Lampe, weil über den Relaiskontakt der Lampenstromkreis geschlossen ist. Wenn jetzt der Schalter betätigt wird, entsteht in der Spule ein Magnetfeld. Durch die Kraftwirkung schaltet der Relaiskontakt um und die grüne Lampe leuchtet. Der Strom fließt jetzt durch den anderen Stromkreis.

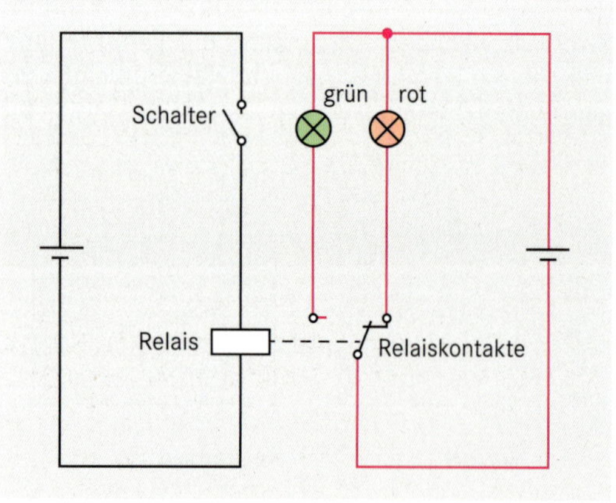

3 Ampelanlage mit einem Relais

Die bisher beschriebenen Relais gibt es in vielen elektrischen Geräten und Anlagen. Auf Grund einer zunehmenden Verkleinerung der Geräte und erhöhter Anforderungen an die Zuverlässigkeit sind Relais entwickelt worden, deren Schaltkontakte sich im Innern der Spule in einem mit Schutzgas gefüllten Glasröhrchen befinden (4). Dadurch wird eine Oxidation der ferromagnetischen Kontakte (engl. = reed) verhindert. Diese Relais werden als **Reed-Relais** bezeichnet.

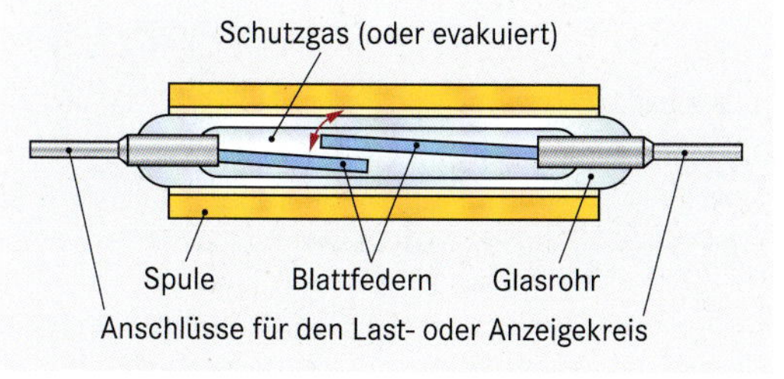

4 Reed-Relais

Sicherungsautomat

Die Unterbrechung des Stromkreises erfolgt bei einer Überlastung durch Erwärmung verzögert mit einem Bimetallkontakt ①. Bei einem Kurzschluss dagegen schaltet der Sicherungsautomat mit einem Elektromagneten ② sofort ab. Der Schaltknopf ③ dient der mechanischen Unterbrechung des Stromkreises. Da bei der Unterbrechung ein Lichtbogen entsteht, wird dieser in einer Kammer ④ gelöscht.

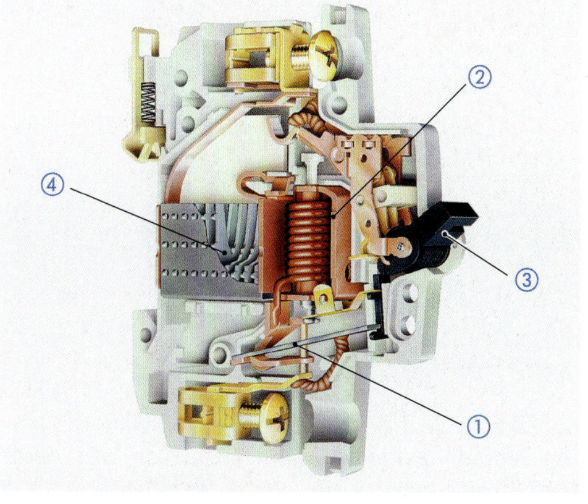

5 Sicherungsautomat

Klingel

Ein weiteres Anwendungsgebiet für den Elektromagnetismus sind Meldegeräte wie die **Klingel** (6) oder der Gong.

Bei geöffnetem Schalter (Taster) berührt der federnde Klöppel einen einstellbaren Kontakt (Pfeilspitze in Bild 6).

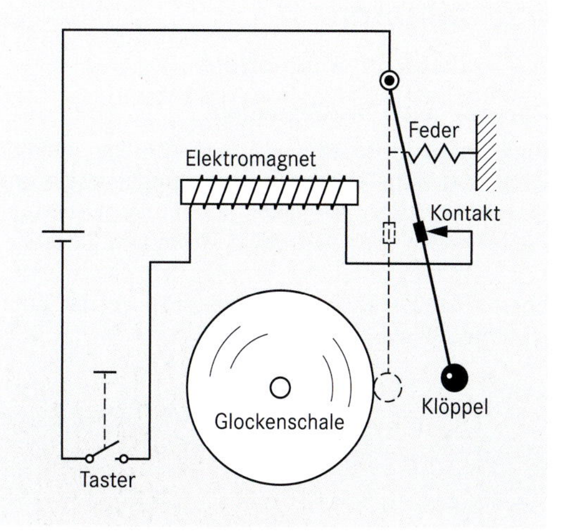

6 Aufbau einer elektrischen Klingel

Schließt man jetzt den Schalter, dann fließt Strom durch die Spule des Elektromagneten. Der Klöppel wird angezogen und schlägt gegen die Glockenschale. Dabei wird der Strom im Elektromagneten unterbrochen und der Klöppel kehrt durch eine Feder wieder in die Ausgangslage zurück. Bleibt der Schalter geschlossen, wiederholt sich der Vorgang.

Versuch

Legen Sie über einen Dauermagneten ein Blatt Papier und streuen Sie auf das Blatt Eisenfeilspäne. Vergleichen Sie das Magnetfeld des Dauermagneten mit dem Magnetfeld des Elektromagneten.

Aufgaben

1. Beschreiben Sie den Aufbau und die grundsätzliche Arbeitsweise eines Relais.
2. Überlegen Sie sich die Arbeitsweise eines elektrischen Gongs.
   Skizzieren Sie hierzu einen Versuchsaufbau und versuchen Sie mit den zur Verfügung stehenden Geräten einen Gong zu bauen.
3. Bei einem Lautsprecher (7) befindet sich um einen Dauermagneten eine Spule, an der die Membran befestigt ist. Was geschieht, wenn durch die Spule ein Wechselstrom fließt?

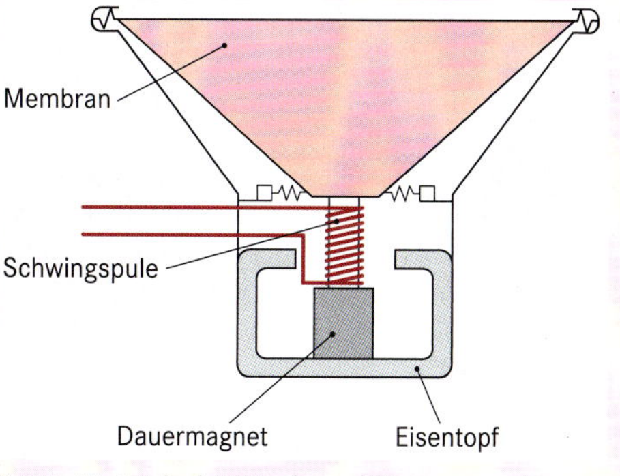

7 Schnitt durch einen Lautsprecher

6.6 Motoren

6.6.1 Leiter im Magnetfeld

Gerader Leiter im Magnetfeld

Elektrische Motoren sind Energiewandler. In ihnen wird elektrische Energie in Bewegungsenergie umgewandelt. Diese Bewegung und die damit verbundenen Kräfte werden mithilfe stromdurchflossener Leiter in Magnetfeldern erzeugt. An einem einfachen Modellversuch (1) soll das Prinzip der Energieumwandlung erklärt werden.

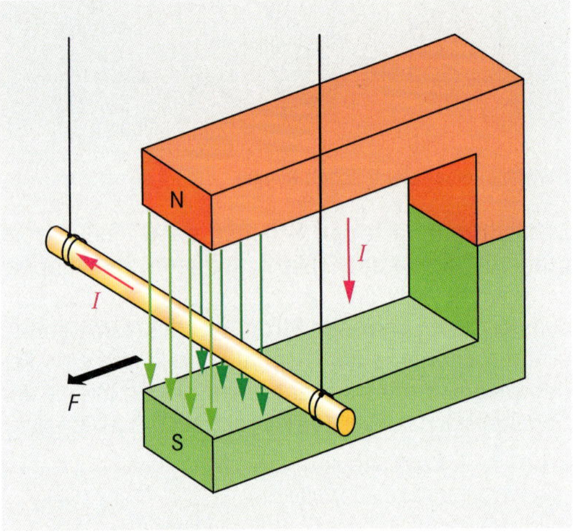

1 Leiter im Magnetfeld

Der gerade Leiter hängt im Magnetfeld eines U-Magneten. Die Spannungsquelle wird eingeschaltet und die Stromstärke langsam bis etwa 10 A erhöht. Man kann beobachten, dass der Leiter aus dem Magnetfeld herausgedrängt wird. Es wirkt also eine Kraft *F* auf den stromdurchflossenen Leiter, wenn er sich in einem Magnetfeld befindet. Die Größe der Auslenkung, also die Kraft, hängt von der Stromstärke und von der Stärke des Magnetfeldes ab.

Auf einen stromdurchflossenen Leiter wirkt im Magnetfeld eine Kraft. Sie ist umso größer, je größer die Stromstärke und die Stärke des Magnetfeldes sind.

Die Richtung der Kraft kehrt sich um, wenn man die Richtung des Stromes oder die Feldrichtung des Dauermagneten umkehrt.

Den Zusammenhang zwischen den Richtungen der Stromstärke, des Magnetfeldes und der Kraft verdeutlicht Bild 2. Die Richtung der Kraft *F* steht senkrecht auf der von der Richtung der Stromstärke und der Feldrichtung gebildeten Ebene. Die Stromstärke ist die **U**rsache dieses Vorgangs, die **V**ermittlung dieses Vorgangs erfolgt durch das Magnetfeld und die Kraft ist die **W**irkung. Diese Regel wird deshalb auch als die **UVW-Regel** bezeichnet.

Die Richtungen dieser drei Größen kann man leicht herausfinden, wenn man den drei Größen drei Finger der rechten Hand zuordnet. Die Regel wird als **Dreifingerregel der rechten Hand** bezeichnet (2).

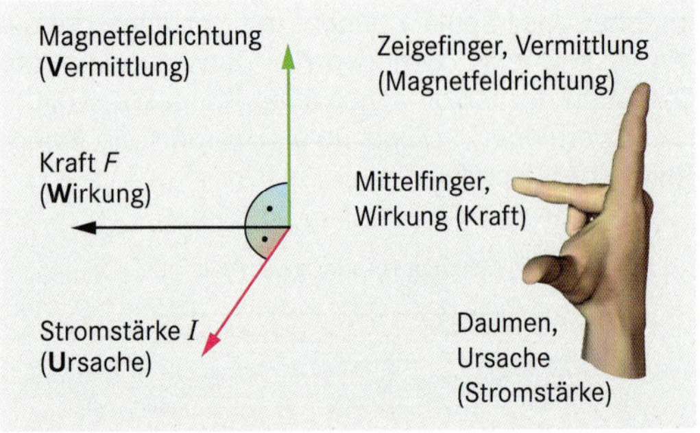

2 Dreifingerregel der rechten Hand

Wenn der Daumen in die Stromrichtung (vom Pluspol zum Minuspol) und der Zeigefinger in die Richtung des Magnetfeldes zeigen (vom Nord- zum Südpol), dann gibt der senkrecht abgespreizte Mittelfinger die Bewegungsrichtung des Leiters an (Ursache-Vermittlung-Wirkung, UVW-Regel).

Das Ergebnis der Auslenkung kann mit Feldlinien erklärt werden (3). Der Leiter ist im Querschnitt dargestellt. Das Kreuz im Leiterquerschnitt gibt die Stromrichtung vom Plus- zum Minuspol an. Da das „hintere Ende" eines Pfeiles zu sehen ist, fließt der Strom in die Blattebene hinein.

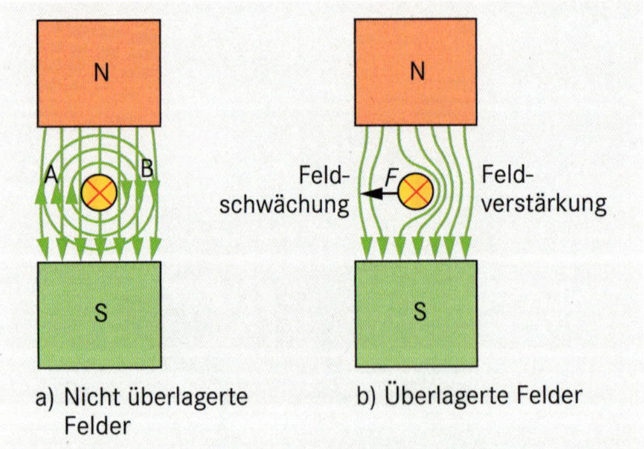

3 Kraftentstehung durch Feldüberlagerung

Im Bild 3a sind das Magnetfeld des Dauermagneten (gerade Feldlinien) und zusätzlich das durch den Stromfluss um den Leiter entstandene Magnetfeld in Form kreisförmiger Feldlinien eingezeichnet. Beide Felder überlagern sich, sodass Bereiche der Feldschwächung (A) und Feldverstärkung (B) entstehen. Der stromdurchflossene Leiter wird durch die Kraftwirkung in den Bereich der Feldschwächung gedrängt.

Wenn Feldlinien gegeneinander laufen, wird das Feld geschwächt. Laufen die Feldlinien in die gleiche Richtung, kommt es zu einer Feldverstärkung.

Leiterschleife im Magnetfeld

Damit eine Drehbewegung wie beim Motor entsteht, wird der einzelne Leiter zu einer Leiterschleife gebogen, auf eine Welle montiert und mit einem Lager versehen (4). Die Anschlüsse werden über Kohlebürsten und Ringe (Schleifringe ①) nach außen geführt. Die Leiterschleife kann sich frei drehen. Sie wird an eine Spannung angeschlossen, so dass Strom durch die Schleife fließt. Die Leiterschleife bildet eine Fläche, die vom Magnetfeld des Dauermagneten durchdrungen wird. Wenn Strom durch die Leiterschleife fließt, wirkt auf jedes Leiterstück eine entsprechende Kraft.

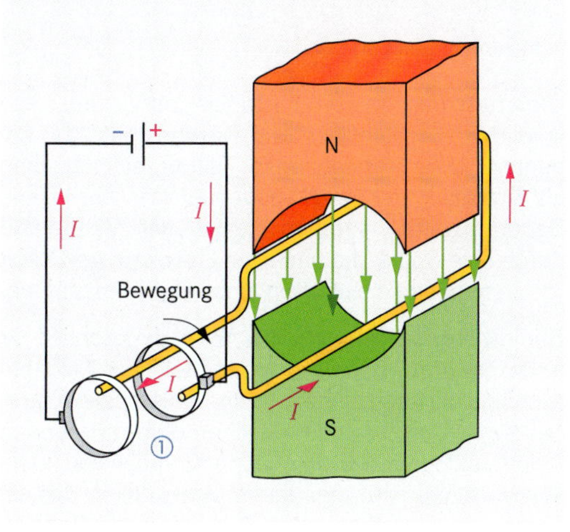

4 Leiterschleife im Magnetfeld

Um die Entstehung der Drehbewegung (Motorprinzip) zu erklären, werden die Stellungen der Leiterschleife bei 90°, 135° und 180° genauer untersucht (5). Da die Leiterschleife in der Achsenmitte gelagert ist, wirken die beiden Kräfte F_1 und F_2 in einem bestimmten Abstand vom Drehpunkt. Es sind also zwei Hebelarme vorhanden.

Die angreifenden Kräfte verursachen eine Drehbewegung.

Folgende Ergebnisse erhält man für die drei Stellungen:

- **90°-Stellung:**
  - Die Stromrichtung in der Leiterschleife ist durch einen Punkt und ein Kreuz im Leiterquerschnitt gekennzeichnet.
  - Die Leiterschleife ist in der Achsenmitte gelagert.
  - Die Kräfte F_1 und F_2 sind entgegengesetzt gerichtet.
  - Es entsteht ein Drehmoment.
- **135°-Stellung:**
  - Die Kräfte F_1 und F_2 sind weiterhin entgegengesetzt gerichtet. Sie wirken in Richtung der Feldschwächung.
  - Ein Drehmoment ist noch vorhanden, allerdings sind im Vergleich zur 90°-Stellung die Hebelarme kleiner geworden.
- **180°-Stellung:**
  - Die Kräfte F_1 und F_2 sind weiterhin entgegengesetzt gerichtet. Sie wirken in Richtung der Feldschwächung.
  - Ein Drehmoment ist nicht mehr vorhanden, da die Hebelarme zu Null geworden sind.

Auf eine stromdurchflossene und drehbar gelagerte Leiterschleife wirken in einem Magnetfeld Kräfte. Ihre Abstände vom Drehpunkt (Hebelarme) ändern sich mit der Stellung der Leiterschleife.

Aufgaben

1. Wie verändert sich die Drehbewegung in Bild 5, wenn die Stromrichtung in der Leiterschleife geändert wird?
2. Was passiert, wenn in Bild 5 der Dauermagnet so gedreht wird, dass Nord- und Südpol vertauscht sind?

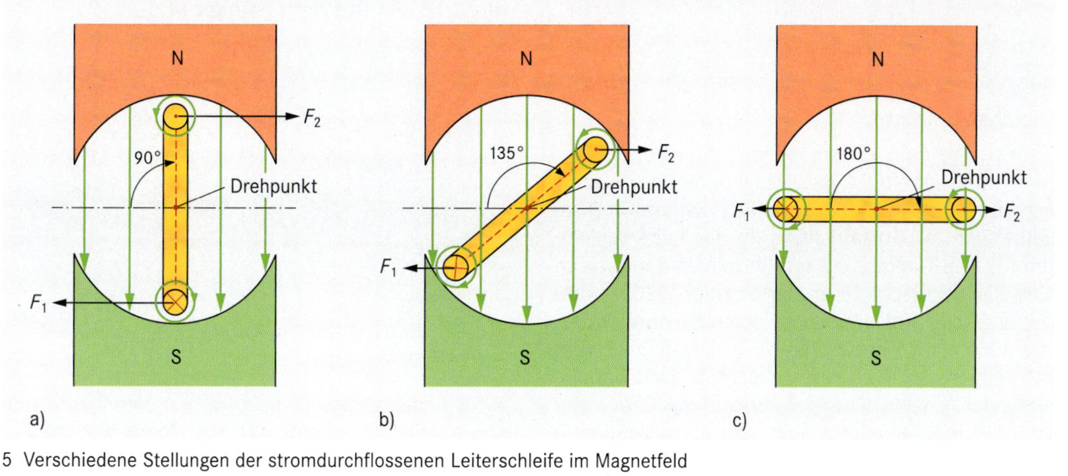

5 Verschiedene Stellungen der stromdurchflossenen Leiterschleife im Magnetfeld

6.6.2 Elektromotor

Einsatz und Aufbau

Elektromotoren entlasten Menschen von schwerer körperlicher Arbeit. Sie können aber auch an schwer zugänglichen Stellen angebracht sein und dort für den gewünschten Bewegungsablauf sorgen (z. B. beim Autoscheibenwischer). Je nach Aufgabengebiet gibt es Motoren mit unterschiedlichen Leistungen (1).

Motor	Leistung
Spielzeugmotor	100 mW
CD-Player	600 mW
Staubsauger	800 W
Motor im Kran	40 kW
Walzwerkmotor	3 MW

1 Beispiele für Motorleistungen

Aus welchen Teilen ein Motor besteht, kann man an einem „durchsichtigen Motor" erkennen (2). Wesentliche Teile bestehen aus Kupfer (z. B. Wicklungen) und Eisen. Die Kupferwicklungen sind viele Leiterschleifen, die zur Erhöhung der Wirksamkeit zusammengeschaltet sind. Das Eisen dient dazu, die magnetische Wirkung zu vergrößern.

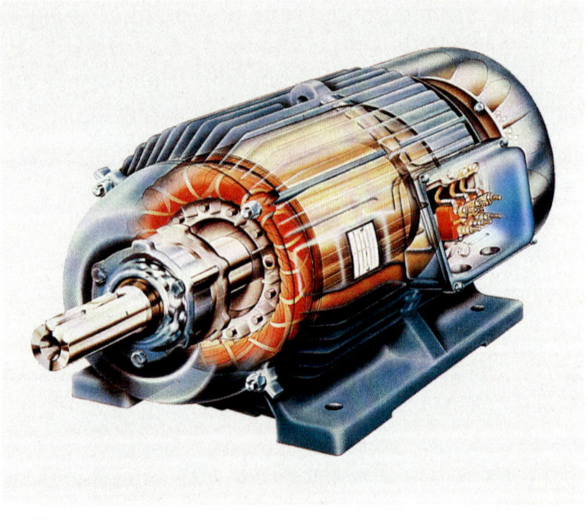

2 Elektromotor

Gleichstrommotor

Damit Kräfte die Leiterschleife weiterdrehen können, muss ab 180° das Magnetfeld der Leiterschleife umgepolt (kommutiert) werden. Dazu kehrt man die Stromrichtung in der Leiterschleife um (3). Die Umkehrung erfolgt immer dann, wenn sich die Leiterschleife in der Position 180° befindet. Erreicht wird dies durch einen **Stromwender**, der auch als **Kommutator** ① (3) bezeichnet wird. Im einfachsten Fall besteht er aus zwei voneinander isolierten Halbringen, an die die Enden der Leiterschleife angelötet sind. Die Stromzuführung erfolgt über Schleifkontakte.

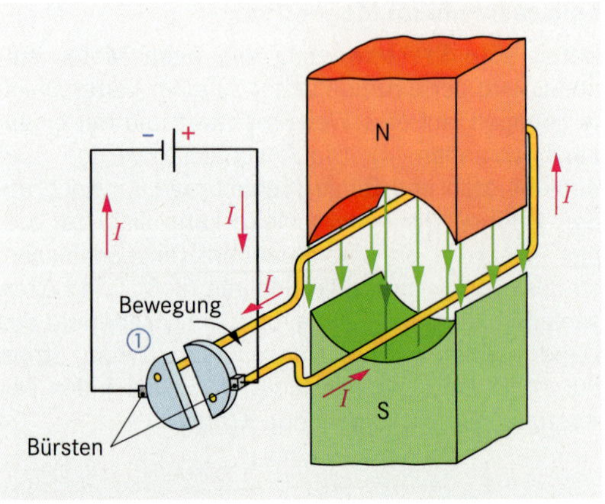

3 Motorprinzip mit Stromwender

Gleichstrommotoren bestehen immer aus den in Bild 3 dargestellten zwei wesentlichen Komponenten. Den feststehenden Teil bezeichnet man als **Stator**. In der Regel verwendet man aber keine Dauermagneten, sondern erzeugt das Magnetfeld durch eine Spule, die um einen Eisenkern gewickelt ist. Es handelt sich also um einen Elektromagneten.

Der rotierende Teil wird als **Anker** bezeichnet. Er ist so geformt, dass das Magnetfeld der Feldspule möglichst ungehindert in die Ankerspule eintreten kann. Der Luftspalt zwischen dem rotierenden Anker und dem Stator muss also möglichst klein sein. Erreicht wird dies durch einen Anker, der ein T-förmiges Aussehen hat, z. B. durch einen **Doppel-T-Anker** (4a).

Der Doppel-T-Anker hat aber einen Nachteil, wenn sich die Pole des Ankers und die des Feldmagneten genau gegenüberstehen. Bei dieser Stellung kann der Motor nicht anlaufen. Die Hebelarme für die Drehbewegung sind Null. Die Kräfte wirken gegeneinander.

Das Problem wird vermieden, wenn ein Anker mit einer ungeraden Zahl von T-Stücken verwendet wird, z. B. ein **Dreifach-T-Anker** (4b).

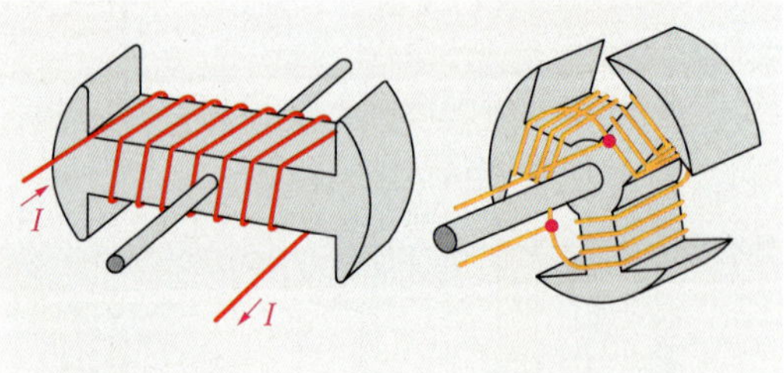

a) Doppel-T-Anker b) Dreifach-T-Anker

4 Ankerformen

Ein Gleichstrommotor besteht aus einem rotierenden Anker mit Kommutator und einem fest stehenden Stator für die Felderzeugung.

Industrielle Motoren

Industrielle Motoren sind nicht so einfach aufgebaut wie das Modell in Bild 3, denn diese Maschinen sollen einen hohen Wirkungsgrad (5) und eine lange Lebensdauer besitzen.

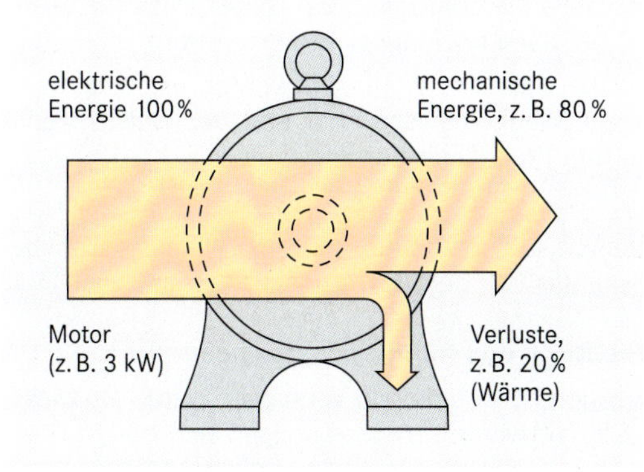

5 Energieumwandlung beim Motor

Erreicht wird dies u.a. durch einen kompakt aufgebauten Anker, bei dem zahlreiche Leiterschleifen (Ankerwicklungen) in Nuten eingelegt sind (6). Die magnetische Wirkung wird auch erhöht, indem man Eisen in Form von Ankerblechen verwendet.

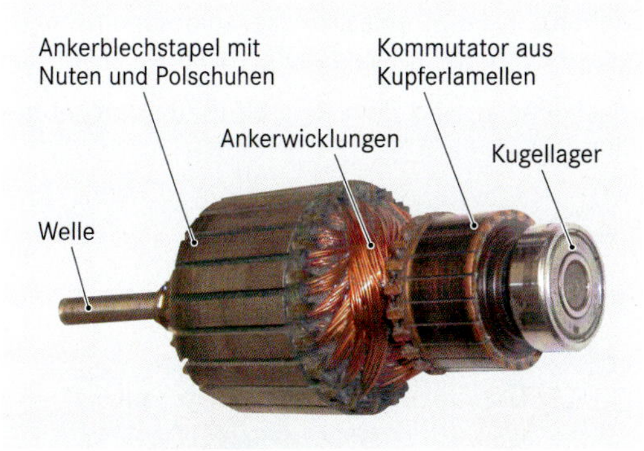

6 Anker eines industriellen Motors

Da in einem industriellen Motor viele Leiterschleifen vorhanden sind, besteht der Kommutator aus zahlreichen Kupferlamellen, an die die Leiterschleifen angelötet sind. Die Stromübertragung erfolgt dann über **Kohlebürsten**, die sich in einer federnd gelagerten Hülse befinden (7).

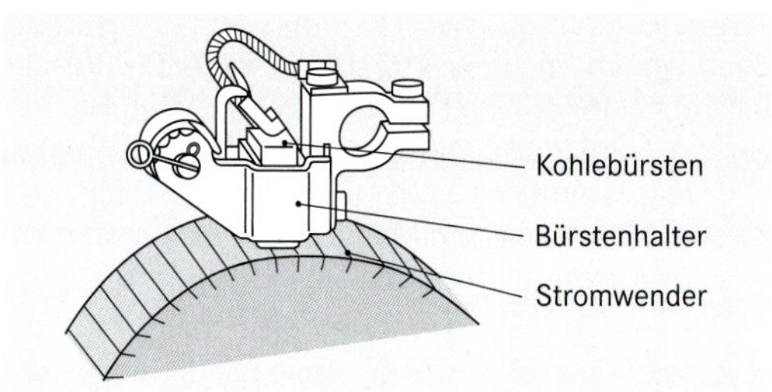

7 Kohlebürsten-Haltevorrichtung

In industriellen Motoren werden auch keine Dauermagnete verwendet. Die erforderlichen Magnetfelder für die Ankerwicklungen und das Statorfeld werden mit Spulen erzeugt, durch die ein Gleichstrom fließt. Diese beiden Spulen können in Reihe oder auch parallel geschaltet sein. Man unterscheidet deshalb **Reihen-** und **Nebenschlussmotoren**.

Das Schnittmodell eines industriellen Gleichstrommotors zeigt seinen Aufbau (8).

8 Aufbau eines Gleichstrommotors

Der beschriebene Gleichstrommotor kann auch mit Wechselstrom betrieben werden. Da sich beim Wechselstrom die Stromrichtung ständig ändert, wechselt auch die Feldrichtung im Stator ständig und es entsteht eine fortlaufende Drehbewegung. Auf Grund seiner vielfältigen Anwendungsmöglichkeiten nennt man diesen Motor auch **Universalmotor**.

Der Universalmotor ist in vielen Haushaltsgeräten und Werkzeugmaschinen zu finden. Vorteilhaft ist auch, dass er durch elektronische Schaltungen geregelt werden kann. Auf diese Weise lässt sich z.B. die Drehzahl bei einer Bohrmaschine konstant halten.

Aufgaben

1. Beschreiben und erklären Sie Maßnahmen, mit denen man beim Gleichstrommotor in Bild 3 die Drehrichtung ändern kann.
2. Der Dauermagnet des Gleichstrommotors in Bild 3 soll durch einen Elektromagneten ersetzt werden. Skizzieren Sie den Aufbau.
3. Wodurch wird beim Gleichstrommotor die Stromrichtung in der Ankerspule ständig geändert?
4. Beschreiben Sie Aufbau und Wirkungsweise eines Kommutators (Stromwenders).
5. Zählen Sie die wichtigsten Teile eines Gleichstrommotors auf und beschreiben Sie ihr Zusammenwirken.
6. Ein Gleichstrommotor soll zwei Feldspulen besitzen. Der Anker befindet sich dazu in Reihe zwischen den Feldspulen. Zeichnen Sie das Schaltbild.

6.7 Generatoren

6.7.1 Spannungserzeugung durch Induktion

Experimentelle Untersuchung

Beim Motorprinzip wurde durch einen stromdurchflossenen Leiter im Magnetfeld eine Bewegung erzeugt. Dieses Prinzip lässt sich umkehren. Bewegt man wie in Bild 1 einen Leiter in einem Magnetfeld, ändert sich das Magnetfeld und es werden auf die im Leiter frei beweglichen Elektronen Kräfte ausgeübt. An einem Ende des Leiters entsteht Elektronenmangel und am anderen ein Elektronenüberschuss. Dabei handelt es sich um das **Generatorprinzip**. Es entsteht eine Spannung. Man nennt diesen Vorgang **Induktion** (inducere, lateinisch: hineinführen).

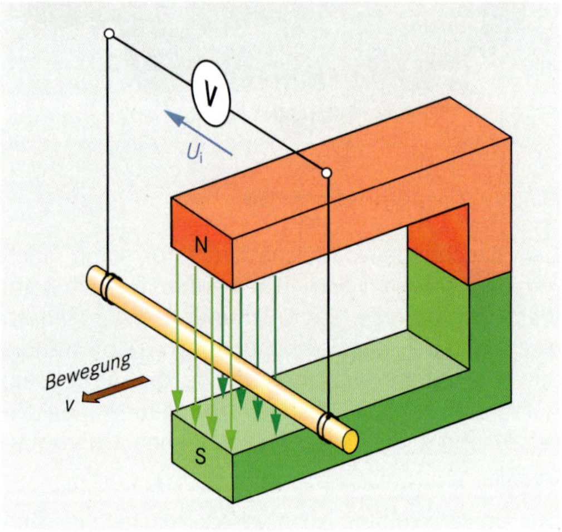

1 Spannungserzeugung durch Induktion

Die angezeigte Spannung ist sehr klein. Sie lässt sich vergrößern, wenn man einen abgewandelten Versuch durchführt. Dazu wird ein Dauermagnet unterschiedlich schnell in eine Spule geschoben und die Spannung an der Spule gemessen (2).

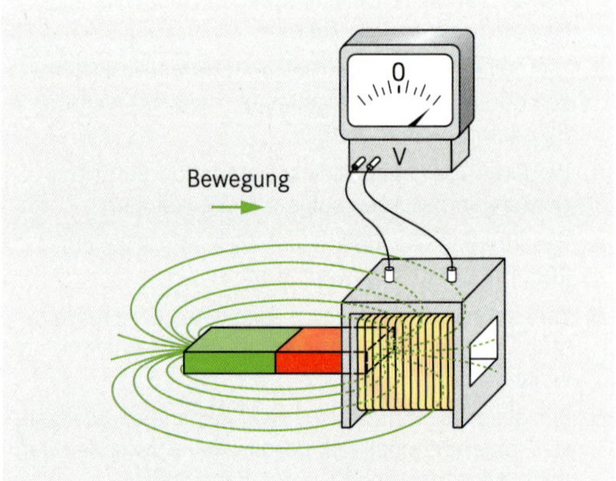

2 Induktionsspannung bei einer Spule

Als Ergebnisse erhält man:

- Je schneller der Magnet bewegt wird, desto größer ist die **Induktionsspannung**.
- Je größer die Windungszahl, desto größer ist die Induktionsspannung.
- Die Induktionsspannung ist auch größer, wenn ein stärkerer Magnet verwendet wird.
- Die gleichen Wirkungen werden erreicht, wenn die Spule bewegt wird und der Dauermagnet ruht (Relativität der Bewegung).

Die Induktionsspannung hängt ab von der Windungszahl, der Schnelligkeit der Magnetfeldänderung und von der Stärke des Magneten.

Richtung des Induktionsstromes

Bei den beschriebenen Versuchen wurde ein Messgerät verwendet, dessen Zeiger sich bei Nullstellung in der Mitte der Skala befindet. Dies war erforderlich, weil beim Eintauchen des Magneten in die Spule der Zeiger in die eine Richtung und beim Herausziehen in die andere Richtung ausschlug. Es entstanden also eine Spannung und ein Strom mit wechselnder Polarität (Wechselstrom).

Um herauszufinden, wovon die Richtung des Stromes abhängig ist, wird die Spule zu einer einzelnen Windung in Form eines kurzgeschlossenen Ringes vereinfacht und an Fäden aufgehängt.

Anschließend wird dem Ring ein Dauermagnet genähert (3a).

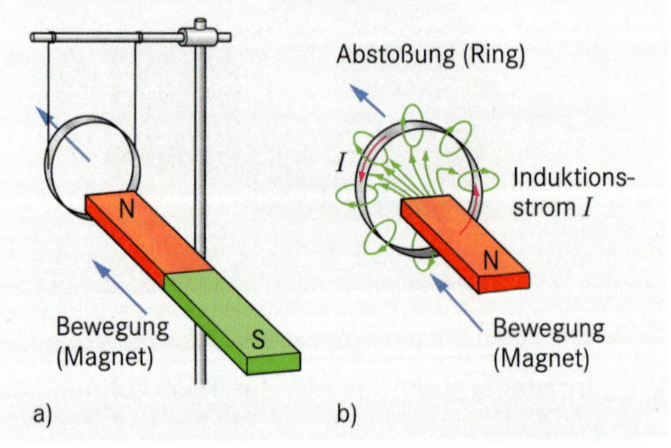

3 Induktionsversuch mit kurzgeschlossenem Ring beim Annähern des Dauermagneten

Man erhält folgendes Ergebnis:

Beim Annähern (bewegter Dauermagnet) wird der Ring abgestoßen. Es tritt also eine Kraft auf. Hervorgerufen wird diese durch die Induktionsspannung und den Stromfluss (kurzgeschlossener Ring). Der Stromfluss erzeugt ein Magnetfeld, das dem erzeugenden Magnetfeld entgegenwirkt, und es kommt zu der Abstoßung.

Im nächsten Schritt wird der Dauermagnet aus dem Ring entfernt (4).

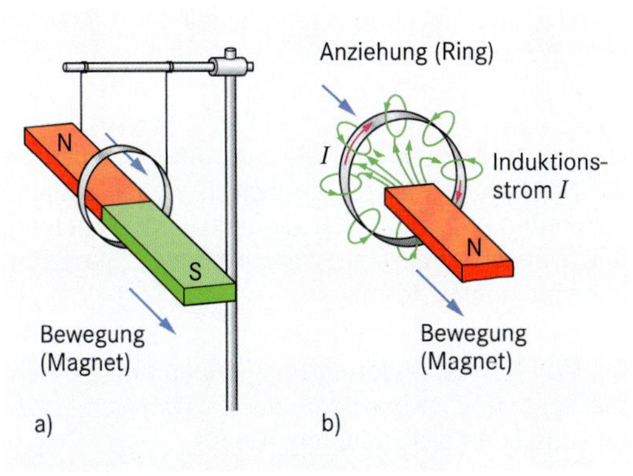

4 Induktionsversuch mit kurzgeschlossenem Ring beim Entfernen des Dauermagneten

Man erhält folgendes Ergebnis:

Der Ring wird angezogen und bewegt sich in Richtung des Dauermagneten. Durch die Änderung des Magnetfeldes (bewegter Dauermagnet) wird in den Ring wieder eine Spannung induziert. Das Magnetfeld des Ringes ist jetzt so gerichtet, dass Anziehung stattfindet. Die Stromrichtung ist also im Vergleich zu der Annäherung umgekehrt.

Der Induktionsstrom im Ring (Kurzschluss) erzeugt Magnetfelder, die Anziehungs- und Abstoßungskräfte verursachen. Der Strom und die damit verbundenen Magnetfelder sind stets so gerichtet, dass die Bewegung des Dauermagneten behindert wird.

Anwendungen der Induktion

Die Spannung für unsere Elektrizitätsversorgung wird durch Induktion in Generatoren erzeugt. Induktionsspannungen treten aber auch in vielen kleinen Geräten auf.

Im dynamischen **Mikrofon** befindet sich im Feld eines Dauermagneten eine Spule (5). An ihr ist eine Membran befestigt, auf die der Schall trifft. Er sorgt für eine Bewegung der Spule und damit für eine Induktionsspannung, die der Schwingungsform des Schalls entspricht. Akustische Signale werden auf diese Weise in elektrische Signale umgewandelt.

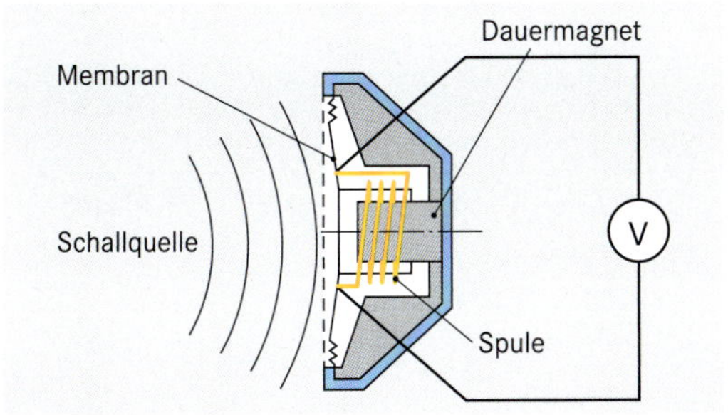

5 Mikrofonaufbau

Bei der **Festplatte** des Computers wird die Induktion zur Speicherung von Daten verwendet. Festplatten bestehen aus runden, übereinander gelagerten Aluminiumplatten, auf die Eisenoxid aufgedampft ist. Zum Lesen und Schreiben der Daten werden pro Platte seitlich zwei Schreib-Lese-Köpfe eingeführt. Diese bestehen im Prinzip aus Elektromagneten (6), die über die einzelnen Platten schweben. Beim Schreiben fließt Strom durch die Spule und die Elementarmagnete auf der Platte werden ausgerichtet. Da die Daten aus einzelnen Bits bestehen, werden diese in Form von magnetischen Dipolen (im Prinzip kleine Dauermagnete) gespeichert. Beim Lesen kehrt sich der Vorgang um. Die magnetisierten Dipole erzeugen in der Spule eine Induktionsspannung, die dann weiter verarbeitet wird.

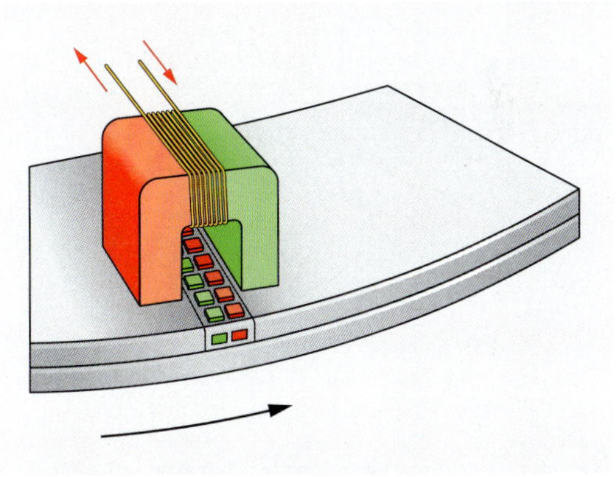

6 Induktionsvorgang bei der Festplatte

Versuche

1. Schieben Sie einen Dauermagneten unterschiedlich schnell in eine Spule, an die ein Spannungsmessgerät angeschlossen ist. Was kann man beobachten?
2. Schieben Sie den Dauermagneten mit etwa konstanter Geschwindigkeit nacheinander in zwei Spulen mit unterschiedlichen Windungszahlen. Vergleichen Sie die Ergebnisse.
3. Schieben Sie zwei unterschiedlich starke Magnete nacheinander mit gleicher Geschwindigkeit in eine Spule. Was stellt man fest?

Aufgaben

1. Eine Spule wird in einem gleich bleibenden (homogenen) Magnetfeld bewegt. Entsteht an den Anschlüssen eine Induktionsspannung? Begründen Sie Ihre Aussage.
2. Für den Versuch zur Ermittlung der Richtung der Induktionsspannung wurde ein kurzgeschlossener Ring verwendet, nicht aber ein offener Ring. Begründen Sie diese Maßnahme.
3. Was geschieht, wenn man an ein Mikrofon eine kleine Wechselspannung (mV) legt?
4. Beschreiben Sie, wie die Speicherung von Daten auf einer Festplatte funktioniert.

6.7.2 Wechselspannungsgenerator

Aufbau und Funktion

Den grundsätzlichen Aufbau eines **Wechselspannungsgenerators** zeigt Bild 1. Die vielen Windungen der Spule sind vereinfacht durch eine einzelne Leiterschleife dargestellt worden. Damit eine Spannung abgenommen werden kann, sind die Enden der Leiterschleife mit Ringen fest verbunden, auf die die Kohlebürsten drücken. Dadurch kann ständig eine Spannung abgenommen werden.

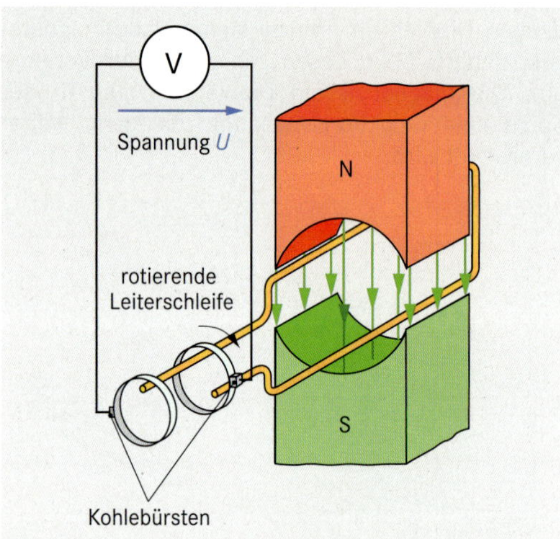

1 Modell eines Wechselspannungsgenerators

Für verschiedene Winkelstellungen der Leiterschleife werden die Spannungen ermittelt. Die Stellungen der Leiterschleife (2) sind dazu in 45°-Abständen dargestellt.

In der ersten Stellung (Winkelstellung 0°) liegt die Leiterschleife waagerecht. Das magnetische Feld ist durch Feldlinien dargestellt. Sie verlaufen parallel, d. h. das Feld ist gleichmäßig (homogen). Durch die Anzahl (Dichte) der Feldlinien verdeutlicht man die Stärke des Feldes. Da sich in dieser Stellung das Feld nicht ändert, ist die induzierte Spannung 0 V. Danach ändert sich das Feld und die Spannung steigt sinusförmig an.

Bei 90° ist die Änderung des Feldes am größten. Die Spannung ist maximal und positiv. Nach dieser Stellung sinkt die Spannung wieder.

In der Stellung 180° gibt es keine Änderung des magnetischen Feldes. Die Spannung ist deshalb wieder 0 V. Nach dieser Winkelstellung verlaufen die Feldlinien durch die Leiterschleifenfläche in eine andere Richtung. Die Polarität der induzierten Spannung ändert sich.

Bei 270° ist die Magnetfeldänderung wieder am größten. Die Spannung ist maximal, aber im negativen Bereich.

Bei 360° ist wie bei 180° die Spannung 0 V. Die Leiterschleife hat sich einmal vollständig gedreht. Die dafür benötigte Zeit wird als Periodendauer (eine Schwingung) bezeichnet. Danach beginnt eine weitere Schwingung, usw.

Bei einem Wechselspannungsgenerator entsteht eine Wechselspannung mit einem sinusförmigen Verlauf.

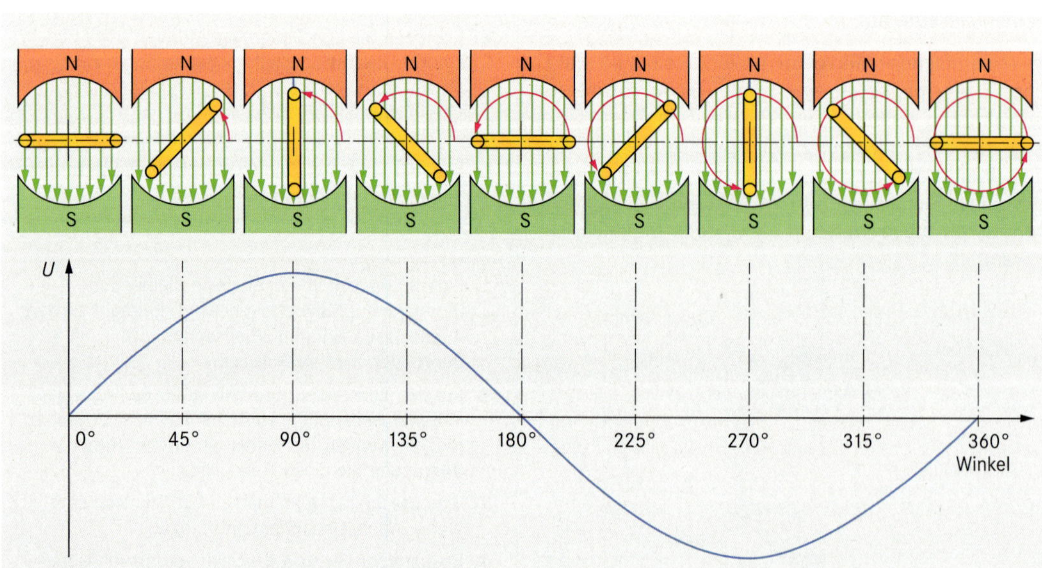

2 Spannungsentstehung beim Wechselspannungsgenerator

Industrielle Generatoren

Bei dem im Bild 1 dargestellten Generatormodell wird die elektrische Energie über Schleifkontakte abgenommen. Bei großen Leistungen ist diese Art der Energieabnahme ungünstig. Die Kontakte können durch Funkenbildung verbrennen. Deshalb nimmt man bei industriellen Generatoren die Energie an fest stehenden Spulen im Außenbereich (Stator) ab und lässt einen Magneten im Innern rotieren (3). Diese Maschinen werden als **Innenpolmaschinen** bezeichnet.

3 Industrieller Generator, Innenpolmaschine

Bei industriellen Generatoren ersetzt man auch den Dauermagneten durch einen Elektromagneten (4). Über Schleifkontakte wird die Energie für den Elektromagneten zugeführt.

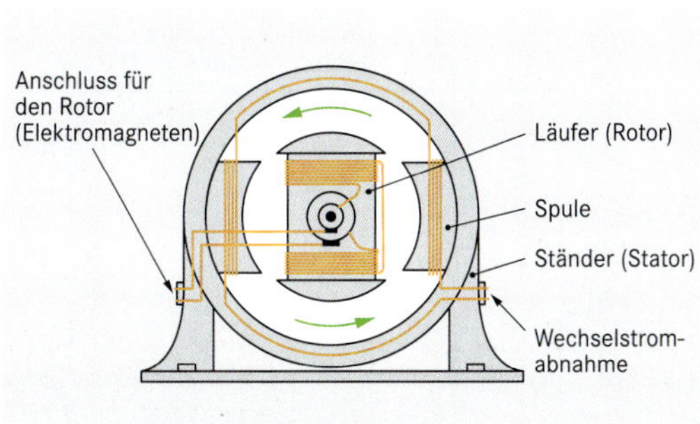

4 Prinzip einer Innenpolmaschine

Bei einer Innenpolmaschine wird die elektrische Energie an einer fest stehenden Spule, bei einer Außenpolmaschine an einer rotierenden Spule abgenommen.

Drehstromgenerator

Die elektrische Energie für Haushalte und Industrie wird in Drehstromgeneratoren erzeugt. Es handelt sich dabei im Prinzip um besonders wirkungsvoll arbeitende Wechselspannungsgeneratoren, die mit drei Spulen arbeiten. In Bild 5 ist das Prinzip eines Drehstromgenerators dargestellt.

Der Rotor besteht aus einem Elektromagneten mit einem Nord- und einem Südpol. Er wird mit einer Gleichspannung betrieben. Im Außenbereich (Stator) befinden sich drei feste und räumlich um 120° versetzte Spulen. Durch die Rotation des Elektromagneten werden in den Spulen nacheinander drei um 120° versetzte Spannungen induziert ①.

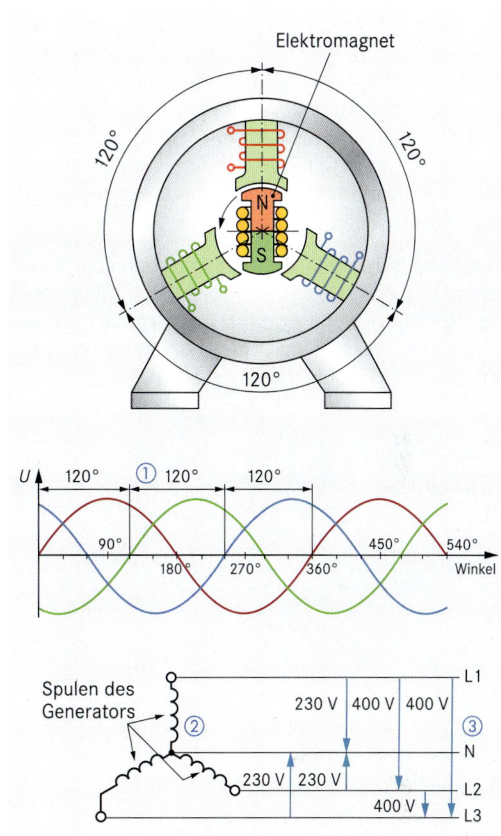

5 Modell und Spannungen eines Drehstromgenerators

Die drei Spulen des Generators werden einseitig verbunden (Bezeichnung N-Leiter ②), so dass insgesamt nur vier Leiter zum Weitertransport der Energie benötigt werden. Es stehen zwischen den drei Außenleitern ③ (Bezeichnungen L1, L2, L3) und dem gemeinsamen N-Leiter drei gleich große Spannungen von 230 V zur Verfügung. Die Spannung zwischen zwei Außenleitern beträgt 400 V.

Drehstrom besteht aus drei um 120° versetzten Strömen. Für die Übertragung der mit Drehstromgeneratoren erzeugten Spannungen werden vier Leitungen verwendet mit den Bezeichnungen N, L1, L2 und L3.

Aufgaben

1. Beschreiben Sie die Entstehung einer sinusförmigen Spannung bei einem Wechselspannungsgenerator.
2. Beschreiben Sie den Unterschied zwischen einer Innen- und Außenpolmaschine.
3. Erklären Sie die Arbeitsweise eines Drehstromgenerators.

6.8 Transformatoren

Aufbau und Funktion

Elektrizitätswerke liefern über ein weit verzweigtes Leitungsnetz in unsere Haushalte eine Wechselspannung von 230 V. Für viele Geräte werden aber kleinere Spannungen benötigt, z. B. bei der elektrischen Klingel, bei der elektrischen Eisenbahn oder bei bestimmten Niedervolt-Halogenlampen. Es muss deshalb zwischen der zur Verfügung stehenden Netzspannung an der Steckdose und dem Gerät ein **Transformator** zur Spannungsanpassung geschaltet werden.

Transformatoren können sehr unterschiedlich aussehen. Sie bestehen aber immer aus mindestens zwei Wicklungen und einem **Eisenkern**. Ein Versuch soll zeigen, weshalb trotz der getrennten Wicklungen eine Energieübertragung möglich ist (1).

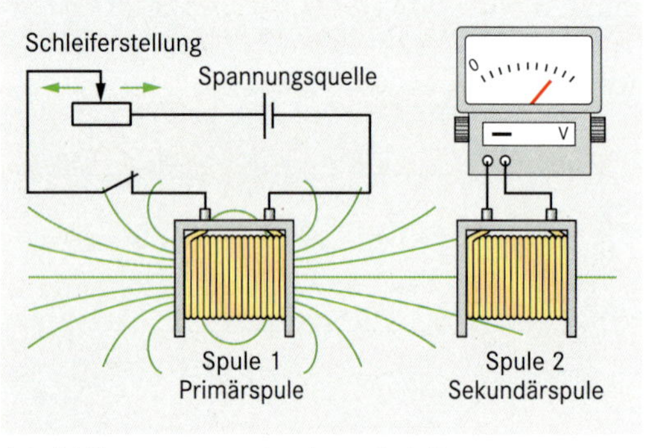

1 Induktionsspannung ohne bewegte Leiter

Zwei Spulen liegen nebeneinander. An die Spule 1 (**Primärspule**) ist eine Gleichspannungsquelle mit einem Einstellwiderstand angeschlossen. An der Spule 2 (**Sekundärspule**) liegt ein Spannungsmessgerät. Der Einstellwiderstand wird geändert und damit auch die Stromstärke. Obwohl zwischen Spule 1 und 2 keine leitende Verbindung besteht, zeigt das Messgerät eine Spannung an.

Durch die Änderung der Stromstärke in der Primärspule ändert sich das Magnetfeld. Da das Feld auch in die Sekundärspule hineinwirkt, wird dort durch Induktion eine Spannung erzeugt. Durch eine stärkere Kopplung zwischen der Primär- und der Sekundärspule wird die Energieübertragung verbessert. So kann man z. B. den räumlichen Abstand der Spulen verringern und/oder einen Eisenkern einfügen, der für eine bessere Übertragung des Magnetfeldes sorgt.

Transformatoren werden nicht mit Gleichspannung, sondern mit Wechselspannung betrieben. Es gibt sie für Leistungen von einigen Milli- bis Megawatt. Die zwei oder mehreren Wicklungen sind in einen Eisenkern eingebettet und liegen oft übereinander, um eine gute Verkopplung zu erzielen.

An die Primärspule wird eine Wechselspannung angelegt. Es fließt ein Strom, der im Eisenkern ein Magnetfeld hervorruft. Dieses Magnetfeld durchsetzt auch die Sekundärspule. Bei einer angelegten Wechselspannung ändern sich Spannung, Stromstärke und damit das Magnetfeld ständig. In der Sekundarspule entsteht somit fortlaufend eine Induktionsspannung.

Spannungsübersetzung

Wie man die Gesetzmäßigkeiten der Spannungsübersetzung ermitteln kann, zeigen ein Versuchsaufbau (2) und eine Messschaltung (3).

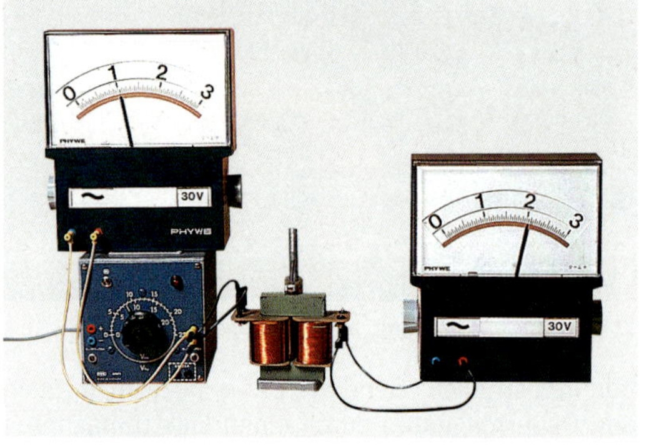

2 Versuchsaufbau zur Spannungsübersetzung

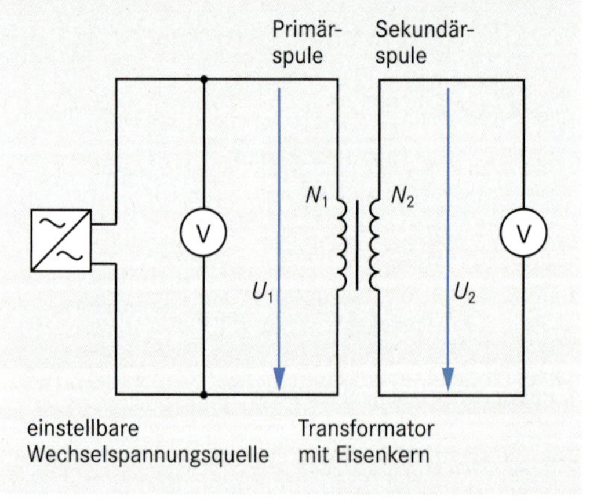

3 Messschaltung zur Spannungsübersetzung

Die Eingangsspannung beträgt 10 V. Verwendet werden Spulen mit 600 bzw. 1 200 Windungen. Somit ergeben sich vier unterschiedliche Fälle. Die Messergebnisse sind in einer Tabelle dargestellt (4).

N_1	U_1 in V	N_2	U_2 in V
600	10	600	10
1 200	10	1 200	10
1 200	10	600	5
600	10	1 200	20

4 Messwerte zur Spannungsübersetzung

Aus den Messwerten kann man erkennen, dass die Sekundärspannung durch die Primärspannung und durch das Verhältnis der Windungszahlen bestimmt wird. Das Verhältnis der Windungszahlen N_1/N_2 wird als **Übersetzungsverhältnis** $ü$ bezeichnet.

Beim Transformator verhalten sich die Spannungen wie die Windungszahlen.

Der formelmäßige Zusammenhang lautet:

$$\frac{U_1}{U_2} = \frac{N_1}{N_2} \qquad ü = \frac{N_1}{N_2}$$

Dieses Ergebnis gilt streng genommen nur für den Leerlauf oder bei geringen Stromstärken auf der Sekundärseite. Bei größeren Strömen gibt es Verluste durch Aufheizung der Wicklungen in Form von Wärme, die an die Umgebung abgeführt wird.

Hochspannungserzeugung

Transformatoren werden verwendet, um für die Energieübertragung **Hochspannungen** von z.B. 110 kV zu erzeugen (Hochspannungsleitungsnetz). Der dargestellte Modellversuch (5) verdeutlicht die Hochspannungserzeugung.

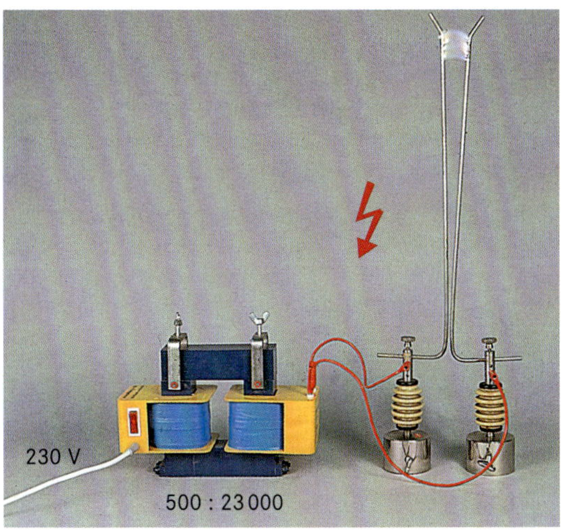

5 Hochspannungstransformator

Verwendet wird eine Primärwicklung von N_1 = 500 und eine Sekundarwicklung von N_2 = 23000 Windungen. Die Primärwicklung wird an die Netzspannung von 230 V über einen Schalter angeschlossen. An die Sekundärwicklung sind zwei hörnerartig gebogene Drähte befestigt. Der Abstand an der unteren und engsten Stelle beträgt etwa 2 mm.

Wenn die Spannung an der Primärspule einschaltet wird, entsteht ein kleiner Lichtbogen, der langsam nach oben steigt und schließlich abreißt. Durch die Entladung wird, wie beim Blitz, die Luft leitend. Die erzeugte Spannung beträgt etwa 10000 V.

Stromübersetzung

Beim Transformator werden nicht nur Spannungen sondern auch Ströme übertragen. Mit einer Messschaltung (6) lassen sich die Gesetzmäßigkeiten ermitteln.

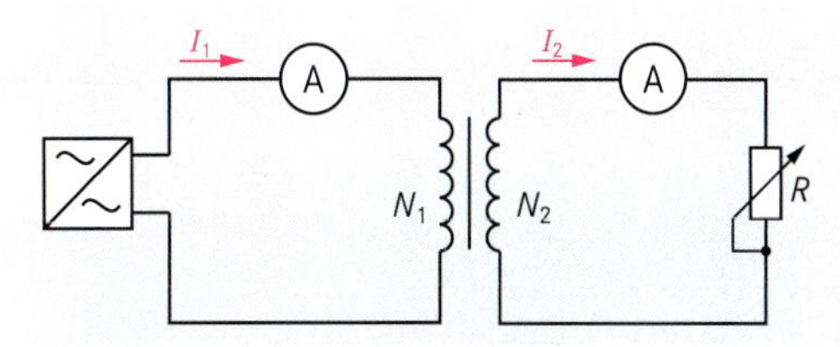

6 Messschaltung zur Stromübersetzung

An die Spule des Sekundärstromkreises des Transformators ist ein einstellbarer Widerstand angeschlossen. Damit kann man die Stromstärke im Sekundärstromkreis verändern. Gemessen wird die Stromstärke auf beiden Seiten für verschiedene Windungszahlen. Das Ergebnis befindet sich in einer Tabelle (7).

N_1	I_1 in A	N_2	I_1 in A
1200	0,10	1200	0,09
1200	0,06	600	0,10
600	0,35	1200	0,17

7 Messwerte zur Stromübersetzung

Aus den Messwerten ist erkennbar, dass die Stromstärke im Sekundärstromkreis groß ist, wenn die Windungszahl klein ist und umgekehrt. Dieses Verhalten ist die Umkehrung der Spannungsübersetzung.

Bei einem Transformator verhalten sich die Stromstärken etwa umgekehrt wie die Windungszahlen.

Aus diesen Gesetzmäßigkeiten ergibt sich folgende formelmäßige Beziehung:

$$\frac{I_1}{I_2} \approx \frac{N_2}{N_1}$$

Die **Stromübersetzung** wird beim Schweißtransformator angewendet. Er enthält in der Regel einen Transformator, bei dem eine geringe Stromstärke im Primärstromkreis in eine hohe Stromstärke im Sekundärstromkreis umgesetzt wird (geringe Windungszahl auf der Sekundärseite).

Aufgaben

1. Ein Transformator hat ein Übersetzungsverhältnis von 13:1. Wie groß ist die Sekundärspannung, wenn auf der Primärseite 24 V anliegen?
2. Bei einem Schweißtransformator mit N_1 = 1200 und N_2 = 1 wird auf der Primärseite eine Stromstärke von 0,3 A gemessen.
   Wie groß ist die Sekundärstromstärke?

6.9 Elektronik

6.9.1 Elektronische Werkstoffe

Elektronische Schaltungen enthalten viele **Bauelemente**, die sich hinsichtlich Werkstoff, Bauform, Baugröße sowie Anzahl der elektrischen Anschlüsse unterscheiden (1).

1 Elektronische Schaltung

In elektronischen Schaltungen befinden sich oft auch Bauelemente, in denen viele Komponenten auf kleinstem Raum zu einer Funktionseinheit zusammengefasst sind. Sie werden als **integrierte Schaltungen** (IC: engl. = Integrated Circuit) bezeichnet.

Die wichtigsten Werkstoffe für elektronische Bauelemente sind die **Halbleiter**. Sie sind Werkstoffe, die bei Zimmertemperatur den elektrischen Strom besser leiten als Isolatoren, aber schlechter als Metalle (2). Die Leitfähigkeit κ (Kappa) wird in MS/m (Megasiemens pro Meter) angegeben.

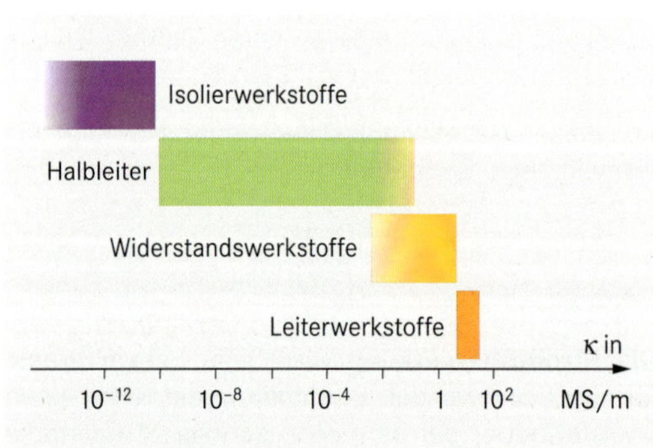

2 Leitfähigkeit von Werkstoffen

Zu den Halbleitern gehören unter anderem die chemischen Elemente Silizium, Germanium, Selen und einige chemische Verbindungen.

Das für die Technik wichtigste Halbleitermaterial ist Silizium. Mit rund 25 % kommt es nach dem Sauerstoff am häufigsten in der Erdkruste vor, allerdings nur als Verbindung im Siliziumdioxid. Aus dieser Verbindung bestehen weitgehend Sand, Kieselsteine und Quarz. Quarz findet man als Bergkristall oder, durch geringe Mengen von Schwermetallen gefärbt, als violetten Amethyst und als schwarzen Rauchquarz.

Video

Die Gewinnung des metallisch glänzenden Siliziums aus Quarzsand erfordert einen hohen Energieeinsatz. Zunächst wird dem Sand in speziellen Hochöfen Kohle bzw. Koks beigemengt. Bei Temperaturen von über 1 800 °C gewinnt man dann über ein nochmals extra zu behandelndes Zwischenprodukt schließlich das Rohsilizium mit einer Reinheit von ca. 98 %. Zur Herstellung elektronischer Bauelemente benötigt man jedoch noch viel reineres Silizium, bei dem auf ca. 10 Milliarden Siliziumatome nur ein Fremdatom kommen darf. Das gelingt mit einem besonderen Schmelzverfahren, dem Zonenschmelzverfahren. Eine ganze Reihe weiterer Verfahren sind nötig, bis schließlich ein funktionsfähiges elektronisches Bauelement oder gar ein IC zur Verfügung steht.

Die Geschichte der Halbleitertechnik beginnt um 1874. In diesem Jahr baute der Physiker Ferdinand Braun den ersten Gleichrichter (Diode) aus dem Halbleitermaterial Selen.

1906 wird Silizium erstmals als günstigstes Material für Halbleiterdioden genannt. Die Bezeichnung Halbleiter benutzt man erst ab dem Jahre 1911.

1948 gelingt die Herstellung des ersten Transistors. Die Serienproduktion kann jedoch erst 1952 beginnen, da man das Zonenschmelzverfahren vorher nicht beherrschte.

1959 kann zum ersten Mal eine Halbleiterschaltung aus mehreren Transistoren auf einem Stück Silizium untergebracht werden. Damit nahm die Mikroelektronik ihren Anfang.

Im Jahre 1982 betrug die Anzahl der Transistorfunktionen auf einem 7 mm x 7 mm großen Halbleiterplättchen schon 150 000. Heute gelingt es bereits, auf einem einzigen **Chip** mehrere Millionen Bauelemente bzw. Bauelementefunktionen unterzubringen (3).

3 Entwurf eines Chips

6.9.2 Widerstand und Temperatur

Aus Halbleitermaterialien lassen sich temperaturabhängige Widerstände herstellen. Zwei Arten werden unterschieden:

- Wenn der Widerstand mit zunehmender Temperatur steigt, wird das Bauteil als **Kaltleiter** oder **PTC-Widerstand** (von „positiver Temperatur-Koeffizient") bezeichnet.
- Sinkt der Widerstand dagegen mit zunehmender Temperatur, handelt es sich um einen **Heißleiter** oder **NTC-Widerstand** (von „negativer Temperatur-Koeffizient").

Die Bauformen sind sehr unterschiedlich (4).

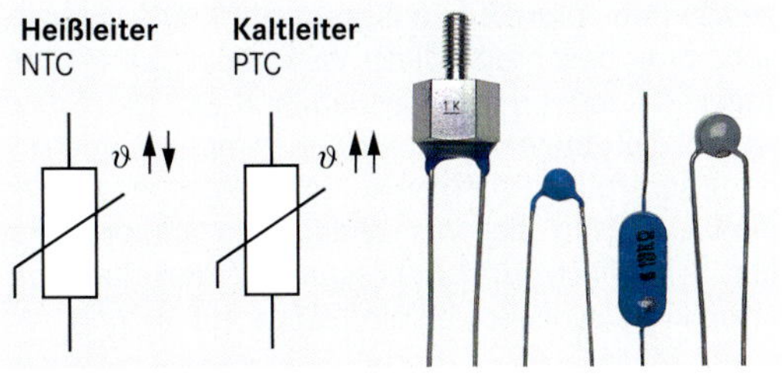

4 Schaltzeichen und Bauformen

Bei Kaltleitern (PTC-Widerständen) nimmt der elektrische Widerstand bei Temperaturerhöhung zu. Bei Heißleitern (NTC-Widerständen) nimmt der Widerstand ab, wenn die Temperatur steigt.

Das besondere Temperaturverhalten wird im Schaltzeichen verdeutlicht. Mit dem schrägen Strich im Widerstandssymbol kennzeichnet man die Veränderlichkeit des Widerstandes und der Haken verdeutlicht, dass diese Veränderlichkeit nichtlinear ist. Der Temperatureinfluss wird durch den griechischen Buchstaben Theta (Formelzeichen für die Temperatur) angegeben. Die Pfeile am Formelzeichen geben die Änderungsrichtung an. Gehen die Pfeile in die gleiche Richtung, dann wird der Widerstand größer, wenn die Temperatur steigt (gleichsinniges Verhalten). Also handelt es sich um einen PTC-Widerstand. Sind die Pfeile entgegengesetzt gerichtet, hat man ein gegensätzliches Verhalten vor sich. Der Widerstand sinkt, wenn die Temperatur steigt (NTC-Widerstand).

Temperaturabhängige Halbleiterwiderstände werden zu Mess-, Steuerungs- und Regelungsaufgaben eingesetzt. Ein einfaches Beispiel ist der **Temperaturwächter** (5).

Die Schaltung besteht aus zwei Stromkreisen. Im Messstromkreis (Steuerstromkreis) sind eine Spannungsquelle, ein Relais und der Heißleiter in Reihe geschaltet. Mit dem Relaiskontakt lässt sich der Signalstromkreis (Schaltstromkreis) bestehend aus Schaltkontakt, Spannungsquelle und Klingel steuern.

Steigt die Temperatur, sinkt der Widerstand des Heißleiters und die Stromstärke nimmt zu. Wenn der Anzugswert des Relais erreicht wird, schließt der Relaiskontakt den Stromkreis mit der Klingel und das Signal ertönt.

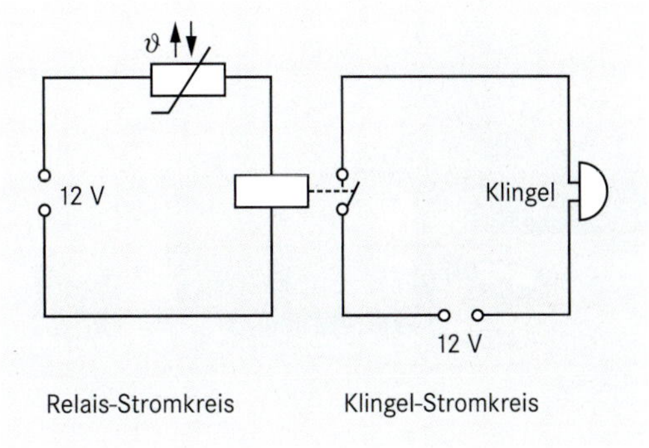

5 Temperaturwächter

Ein weiteres Beispiel ist das **elektronische Thermometer** (6). Die Reihenschaltung besteht aus einer Spannungsquelle, dem Anzeigeinstrument und einem Heißleiter. Je nach Temperatur ergibt sich eine bestimmte Stromstärke und somit ein entsprechender Zeigerausschlag. Es handelt sich um eine analoge Anzeige.

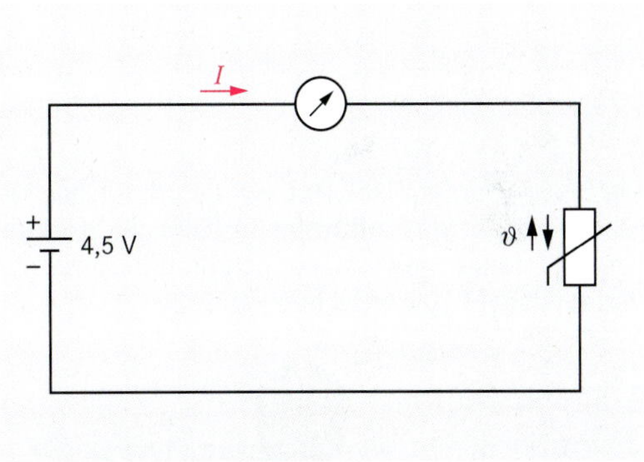

6 Elektronisches Thermometer

Da die Temperatur auf der Skala noch nicht direkt angezeigt wird, muss die Skala geeicht werden. Als einen Endpunkt kann man z. B. die Temperatur von 0 °C mit Eiswasser kennzeichnen. Für den anderen Endpunkt von 100 °C lässt sich kochendes Wasser verwenden. Zwischenwerte müssen mit Vergleichsmessgeräten gekennzeichnet werden.

Aufgaben

1. Erklären Sie den Unterschied zwischen einem PTC- und einem NTC-Widerstand.
2. Wie können Sie vorgehen, um herauszufinden, ob ein nicht gekennzeichneter Widerstand ein Heißleiter oder ein Kaltleiter ist?
3. Beschreiben Sie, wie die Schaltung in Bild 5 arbeitet, wenn der Heißleiter durch einen Kaltleiter ersetzt wird.

6.9.3 Widerstand und Licht

Ein lichtabhängiger Widerstand aus Halbleitermaterialien befindet sich in einem Stromkreis mit einem Strommessgerät (1). Der Widerstand wird mit einer Taschenlampe beleuchtet.

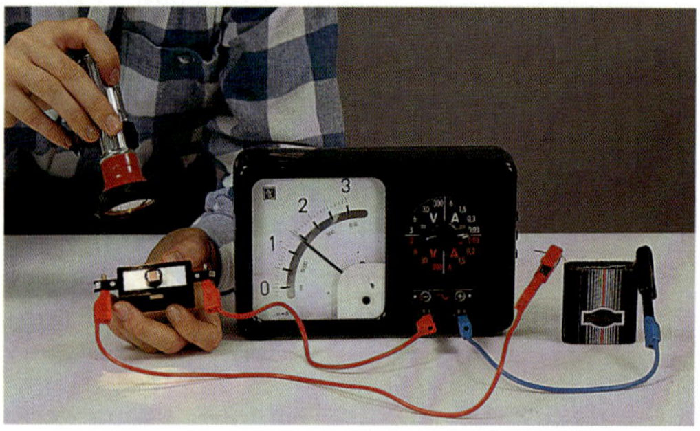

1 Beleuchtung eines Fotowiderstandes

Die Anzeige des Strommessers vergrößert sich, je näher die Taschenlampe an den Fotowiderstand herangebracht wird. Bei Dunkelheit hat dieses Bauelement einen viel größeren Widerstand als bei Helligkeit bzw. bei Beleuchtung. Einen Widerstand mit dieser Eigenschaft nennt man **Fotowiderstand** oder auch **LDR** (light dependent resistor, engl. = lichtabhängiger Widerstand).

Der Fotowiderstand (LDR) ist von der Beleuchtungsstärke abhängig. Er leitet den elektrischen Strom umso besser, je größer die Beleuchtungsstärke ist.

Der Fotowiderstand besitzt ein lichtdurchlässiges Fenster, damit das auftreffende Licht die dahinter liegende lange gewundene lichtempfindliche Widerstandsbahn gut erreichen kann (2).

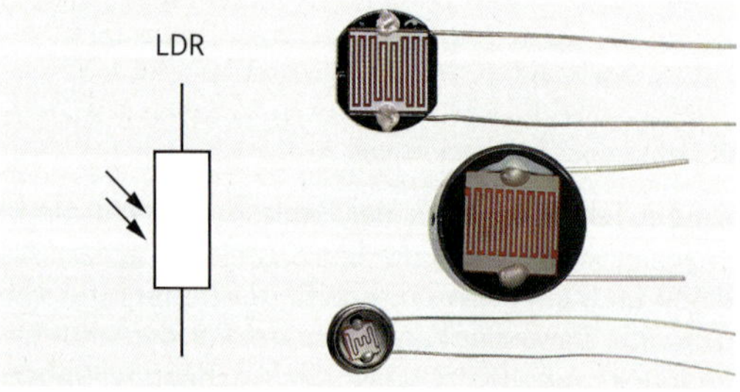

2 Fotowiderstände

Mit Fotowiderständen lassen sich lichtabhängige Mess- und Steuerungsschaltungen aufbauen. Ein Beispiel für die Messung der Beleuchtungsstärke ist in Bild 3 dargestellt. In einem Stromkreis befinden sich ein lichtabhängiger Widerstand und ein Messgerät für die Stromstärke. Dieser einfache **Belichtungsmesser** zeigt bei Dunkelheit eine geringe Stromstärke an. Bei einer größeren Beleuchtungsstärke erhält man dann aufgrund des verringerten Widerstandes einen größeren Zeigerausschlag.

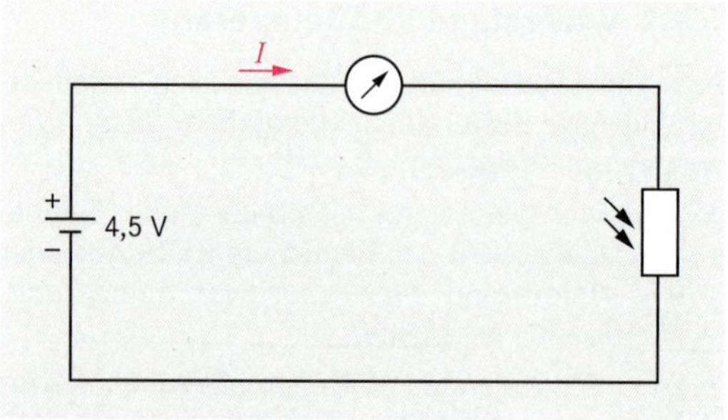

3 Belichtungsmesser

In **Dämmerungsschaltern** werden Fotowiderstände zur Steuerung eingesetzt. Abends wird die Beleuchtung am Hauseingang automatisch eingeschaltet, morgens ausgeschaltet. Die Prinzipschaltung beschreibt diese Wirkungsweise (4). Bei Tageslicht leitet der Fotowiderstand gut. Das Relais hat folglich angezogen und der Lampenstromkreis ist unterbrochen (Öffner-Kontakt). Wird es abends dunkel, erhöht sich der Widerstand immer mehr, bis schließlich der Relaiskontakt den Lampenstromkreis schließt und die Lampe aufleuchtet.

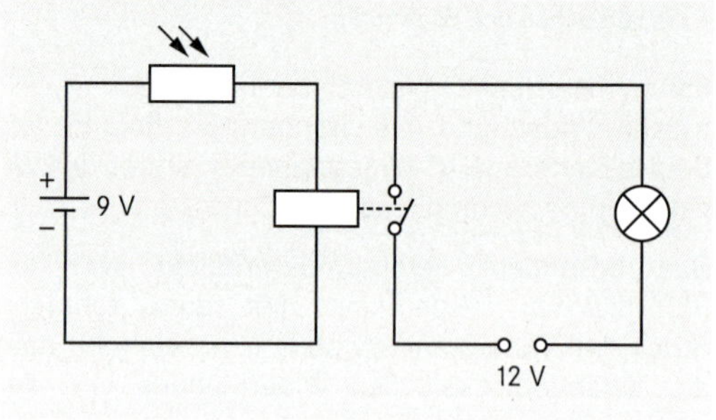

4 Lichtabhängiges Ein- und Ausschalten einer Lampe

Eine **Füllstandsüberwachung** kann mit einem Fotowiderstand durchgeführt werden (5). Der LDR wird von einer Lampe beleuchtet. Es handelt sich hierbei um eine Lichtschranke. Sinkt das Niveau der Flüssigkeit unter die Höhe des Lichtweges, verringert sich der Widerstand des Fotowiderstandes. Diese Änderung kann angezeigt werden oder ein Signal auslösen, z. B. eine Warnlampe einschalten.

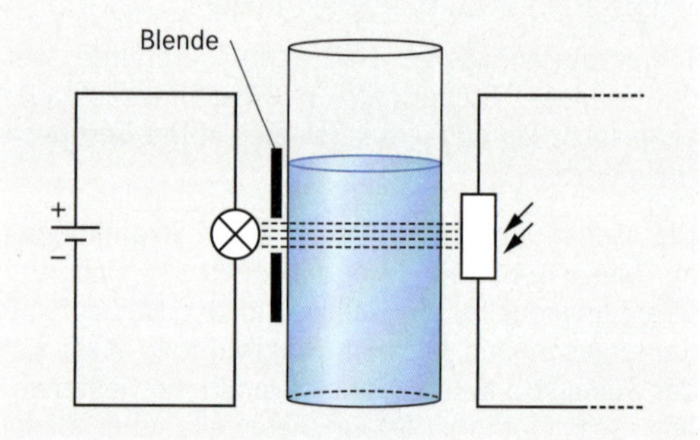

5 Füllstandsüberwachung eines Tanks

6.9.4 Dioden

Funktion und Arbeitsweise

Dioden sind wichtige elektronische Bauelemente. Es gibt sie für verschiedene Aufgaben und Leistungen (6).

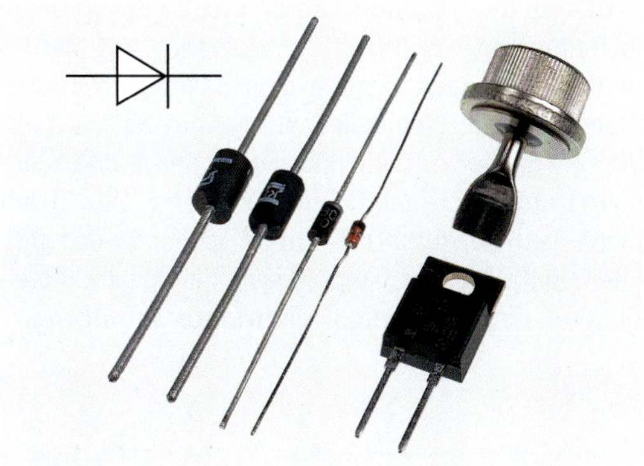

6 Dioden

Dioden besitzen zwei Pole (Anschlüsse) und leiten den elektrischen Strom in einer Richtung sehr gut, in der anderen dagegen sperren sie ihn. Diese Richtungen werden als **Durchlass**- bzw. **Sperrrichtung** bezeichnet. Dioden wirken somit für den Strom wie eine Einbahnstraße, mit der Eigenschaft eines Ventils.

Das Schaltzeichen gibt dieses Verhalten gut wieder (6). Bei Polung in Pfeilrichtung kann Strom fließen, bei umgekehrter Polung wird er gesperrt.

Eine Diode wirkt wie ein Ventil. In einer Richtung lässt sie den elektrischen Strom durch, in der anderen Richtung sperrt sie ihn.

Ein Versuchsaufbau demonstriert die Diodeneigenschaft (7). Die Lampe leuchtet nur dann, wenn die Diode in Durchlassrichtung gepolt ist. Wenn die Diode anders herum eingefügt wird, leuchtet die Lampe nicht.

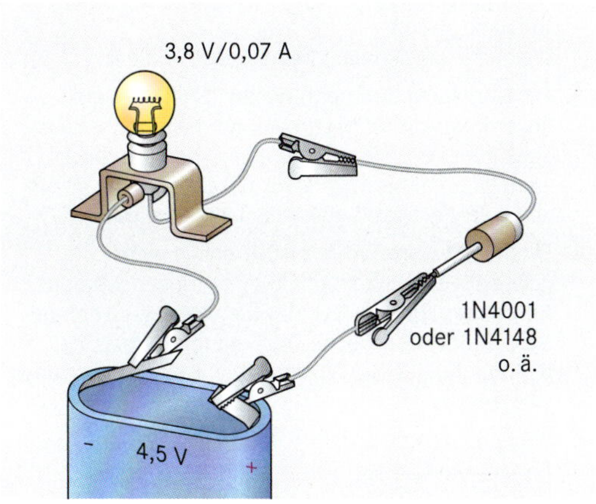

7 Durchlass- und Sperrverhalten einer Diode

Betreibt man eine Diode in Durchlassrichtung, dann wirkt sie wie ein sehr kleiner Widerstand. Schaltet man sie bei dieser Polung parallel zu einer Spannungsquelle, wirkt sie wie ein Kurzschluss. Dabei wird die maximal zulässige Stromstärke überschritten. Die Temperatur im Inneren der Diode erhöht sich, so dass die Kristallstruktur zerstört wird und die Diode ihre Ventilwirkung verliert.

Dioden werden deshalb in Durchlassrichtung mit einem **Vorwiderstand** betrieben (8). Er hat eine Schutzfunktion und begrenzt die Stromstärke.

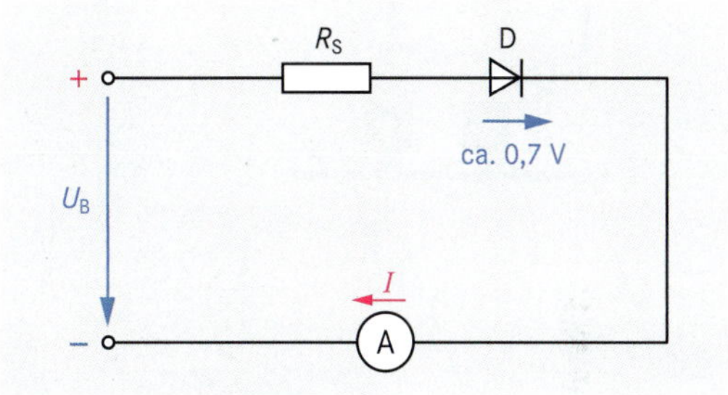

8 Diode mit Vorwiderstand

Bei Betrieb in Durchlassrichtung benötigt eine Diode einen Vorwiderstand.

Der Vorwiderstand lässt sich berechnen, denn es handelt sich um eine Reihenschaltung von Widerständen. Da durch die Diode Strom fließt, wirkt sie auch wie ein Widerstand. Die Spannung an Dioden in Durchlassrichtung beträgt ca. 0,7 V. Sie wird auch als Schleusenspannung bezeichnet. Mit diesem Wert, der Batteriespannung von 4,5 V und der für diesen Fall angenommenen Stromstärke von 70 mA ergibt sich dann folgender Wert:

$$R_S = \frac{U_B - 0{,}7\ \text{V}}{I} \qquad R_S = \frac{4{,}5\ \text{V} - 0{,}7\ \text{V}}{70\ \text{mA}} \qquad R_S = 54{,}3\ \Omega$$

Da dieser berechnete Widerstand als Bauelement nicht zur Verfügung steht, wird der nächstliegende Normwert von 68 Ω verwendet.

Wenn Dioden in Durchlassrichtung betrieben werden, liegt an ihnen immer eine Spannung von ca. 0,7 V.

Dioden besitzen auch in Sperrrichtung einen Widerstand. Dieser Sperrwiderstand ist im Vergleich zum Durchlasswiderstand sehr groß. Er befindet sich im MΩ-Bereich. Auch darf die angelegte Spannung in Sperrrichtung nicht beliebig groß werden.

Es gilt immer:
Grenzwerte bei elektronischen Bauelementen dürfen nicht überschritten werden, da es sonst zu einer Zerstörung des Bauelementes kommen kann.

Dioden besitzen im Durchlassbereich einen kleinen und im Sperrbereich einen sehr großen Widerstand.

Dioden als Gleichrichter

Viele elektronische Geräte werden am 230 V-Wechselspannungsnetz betrieben, obwohl sie eine kleine Gleichspannung benötigen. Dazwischen geschaltet sind Netzteile, mit denen man die Wechselspannung in eine entsprechende Gleichspannung umwandelt. Netzteile enthalten u. a. Dioden. Wie sie sich im Wechselstromkreis verhalten, zeigt ein Versuch (1).

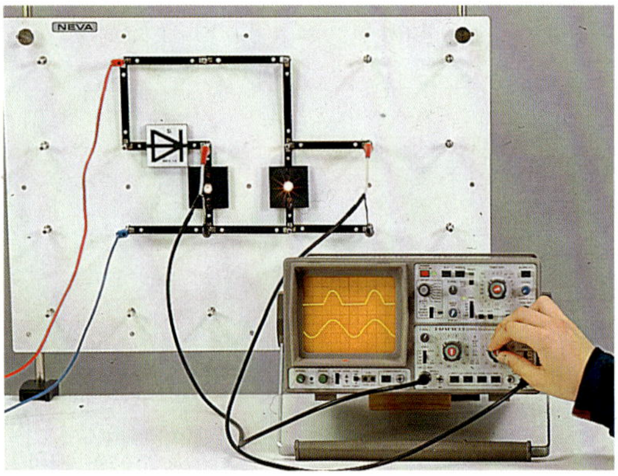

1 Diode im Wechselstromkreis

Auf dem Bildschirm des Oszilloskops erkennt man, dass nur in der Zeit, in der die Diode in Durchlassrichtung gepolt ist, eine Spannung an der Lampe liegt und somit auch ein Strom fließt. Der positive Anteil der Wechselspannung wird durchgelassen. In der nachfolgenden gleich langen Sperrzeit fließt kein Strom. Der negative Anteil der Wechselspannung wird also nicht durchgelassen. Die Schaltung wird deshalb als **Einweg-Gleichrichterschaltung** bezeichnet (2).

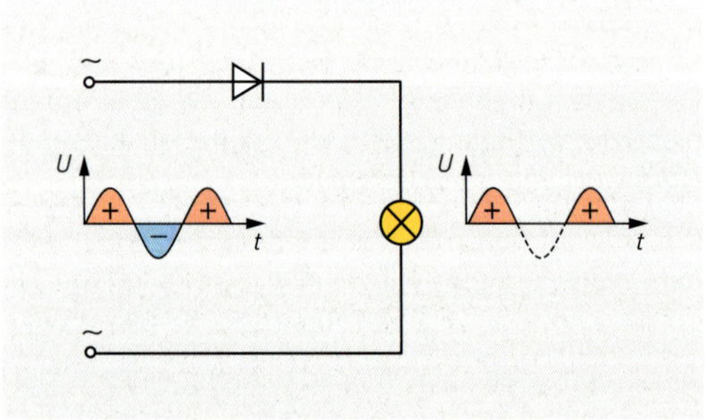

2 Einweg-Gleichrichterschaltung

Der Spannungsverlauf an der Lampe weist eine gleichbleibende Polarität auf, die Wechselspannung wurde also gleichgerichtet. Wegen der regelmäßigen Unterbrechungen spricht man von einer pulsierenden Gleichspannung. Deshalb leuchtet die Lampe im Wechselstromkreis bei gleicher Spannung etwas schwächer.

Durch eine Diode entsteht in einem Wechselstromkreis eine pulsierende Gleichspannung.

Auch die zweite Hälfte einer Wechselspannung kann für die Erzeugung der Gleichspannung verwendet werden, indem man vier Dioden zusammenschaltet (3). Die Schaltung wird als **Brückenschaltung** bezeichnet. Wenn die Wechselspannung positiv ist, fließt der Strom durch die Diode 2, die Lampe und die Diode 4. Beide Dioden liegen dabei in Reihe und werden in Durchlassrichtung betrieben. Die Dioden 1 und 3 sind dagegen gesperrt. Wenn jetzt die Wechselspannung ihre Polarität ändert (negativer Anteil), sind die Dioden 2 und 4 gesperrt und die Dioden 1 und 3 leitend. Der Strom fließt deshalb durch die Lampe immer in der gleichen Richtung. Es handelt sich bei dieser Schaltung um eine **Zweiweg-Gleichrichterschaltung**.

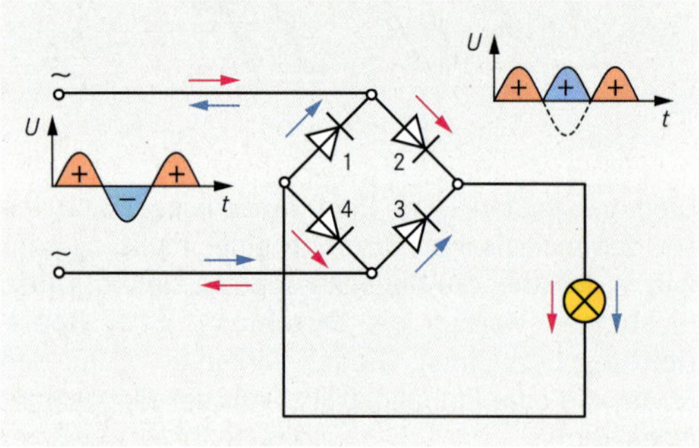

3 Zweiweg-Gleichrichterschaltung

Bei der Zweiweg-Gleichrichterschaltung werden die positiven und negativen Anteile der Wechselspannung für die Erzeugung der Gleichspannung genutzt.

Aufgaben

1. Gegeben ist die Reihenschaltung aus einer Diode und einer Lampe. Was ändert sich, wenn Sie die Diode in umgekehrter Richtung anordnen, in einem
   a) Gleichstromkreis bzw.
   b) Wechselstromkreis?
2. In einer Brückenschaltung wird eine Diode
   a) vergessen bzw.
   b) falsch gepolt.
   Welche Auswirkungen haben diese Fehler?
3. Ein Drehspulinstrument, dessen Nullpunkt am linken Skalenrand liegt, kann nur nach rechts ausschlagen. Wie müssen Sie eine Diode anordnen, wenn sie das Messwerk vor falscher Polung schützen soll? Fertigen Sie eine Schaltskizze an.
4. Eine Diode vom Typ 1 N 4001 soll in einer Einweg-Gleichrichterschaltung betrieben werden. Berechnen Sie den Schutzwiderstand R_S, wenn der Spitzenwert der Wechselspannung 6 V beträgt. Wählen Sie aus der Normreihe E 6 einen passenden Widerstand.
5. Was ändert sich auf dem Bildschirm in Bild 1, wenn Sie die Diode in der Gegenrichtung einbauen? Begründen Sie die Antwort.

6.9.5 Leuchtdioden

Elektronische Geräte, Radios, CD-Player u. a. besitzen z. B. eine Reihe von Leuchtfeldern. Sie zeigen an, wie weit der Verstärkerausgang mit den Lautsprechern ausgesteuert wird. Für diese Signalanzeige benutzt man **Leuchtdioden** (4). Sie werden auch als **LEDs** (light emitting diode, engl.= lichtaussendende Diode) bezeichnet.

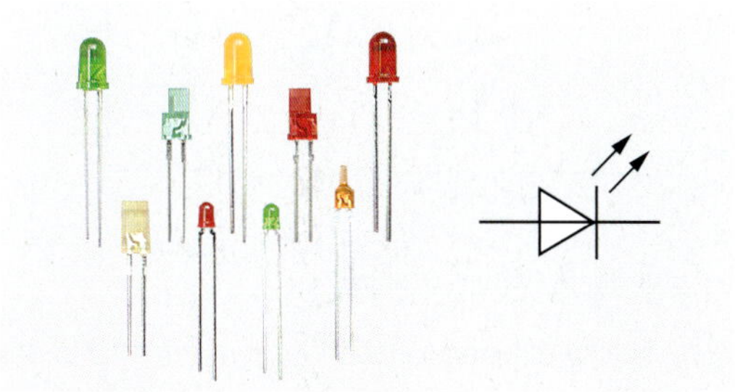

4 Leuchtdioden

Mit einer Schaltung kann eine Leuchtdiode untersucht werden (5). Spannungsquelle, Schalter, Schutzwiderstand und Leuchtdiode sind in Reihe geschaltet. Die Leuchtdiode leuchtet nur bei Polung in Durchlassrichtung.

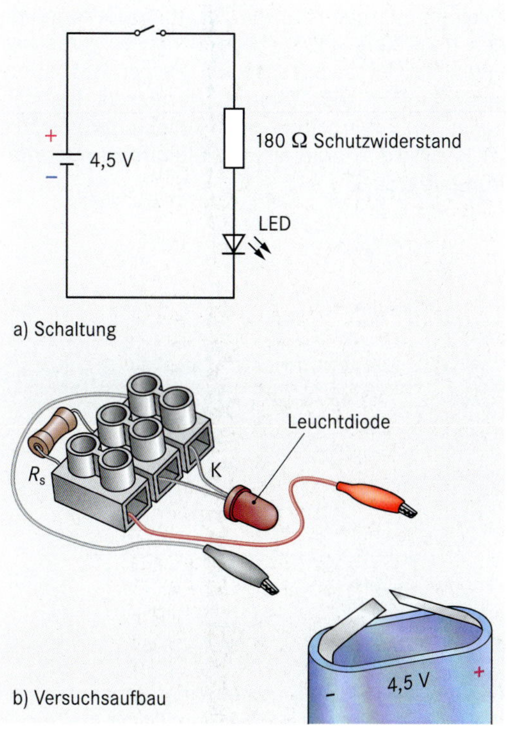

5 LED im Gleichstromkreis

Um beim Einbau in eine Schaltung Fehler zu vermeiden, erkennt man die Katode (Minusanschluss der LED) an dem verkürzten Anschlussdraht und an einer Gehäuseabflachung (6).

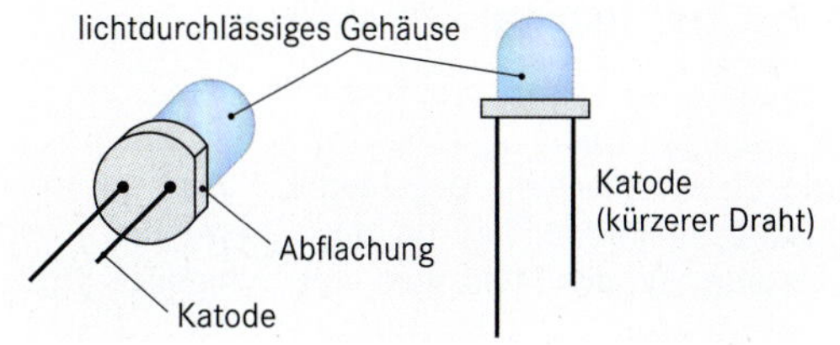

6 Diodenkennzeichnung

Wenn Leuchtdioden in Durchlassrichtung betrieben werden, wandeln sie elektrische Energie in Licht um.

Leuchtdioden benötigen zur Strombegrenzung einen Schutzwiderstand. Für die am häufigsten eingesetzten roten LEDs gelten folgende Kenndaten:

- Durchlassspannung: 1,6 V
- Maximaler Durchlassstrom: 20 mA

Legt man eine Batteriespannung von 5 V zu Grunde, ergibt sich für den Schutzwiderstand ein Wert von 170 Ω. Nimmt man den Widerstand 180 Ω der Normreihe E 12, kann man mit einer 4,5 V-Batterie experimentieren, ohne die LED zu gefährden.

Eine praktisches Anwendungsbeispiel einer Schaltung für eine LED ist ein **Polaritätsprüfer** für Gleichspannungen bis 12 V (7).

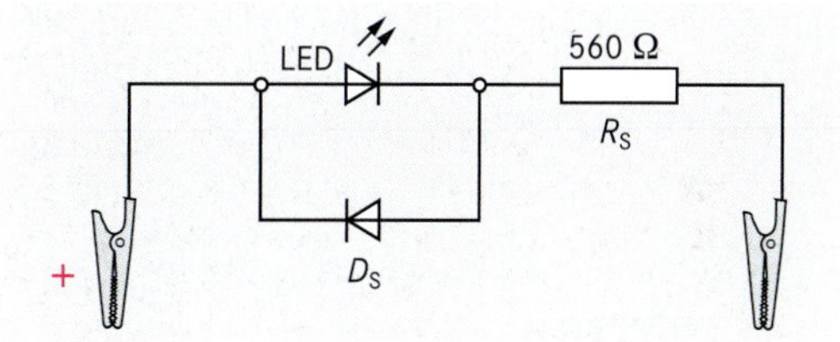

7 Polaritätsprüfer bis 12 V

Bei Polung in Durchlassrichtung leuchtet die LED, wobei die Stromstärke durch den Schutzwiderstand R_S im Messbereich sicher begrenzt wird.

Bei Polung in Sperrrichtung ist bei einer LED nur eine Sperrspannung von 3 V bis 5 V zulässig. Bei Spannungen über 5 V würde die Leuchtdiode zerstört werden. Die parallel geschaltete Schutzdiode D_S verhindert das, denn an ihr liegen bei dieser Polung nur ca. 0,7 V.

Aufgaben

1. Wie unterscheiden sich Leuchtdioden von Gleichrichterdioden bezüglich der
a) Funktionsweise und
b) Bauform?

2. Warum benötigen Leuchtdioden einen Schutzwiderstand?

3. Welche Krokodilklemme muss bei der Schaltung nach Bild 5b an den Pluspol angeschlossen werden, damit die LED leuchtet?
Begründen Sie die Antwort.

6.9.6 Transistor als Verstärker

Transistoren besitzt drei Anschlüsse mit den Bezeichnungen **Basis** B, **Kollektor** C und **Emitter** E. Das Gehäuse besteht aus Metall, Kunststoff oder aus beiden Materialien. Je nach Anwendung und Leistung sind die Bauformen unterschiedlich (1).

1 Transistoren

Transistorhalbleiter bestehen in der Regel aus Silizium. Durch das Dotieren (gezieltes Einfügen von Atomen) entstehen zwei Schichten, in denen frei bewegliche Elektronen (n-Silizium) vorkommen und eine Schicht, in der positive bewegliche Ladungen (p-Silizium) vorhanden sind. Alle drei Schichten bilden zusammen einen npn-Transistor (2).

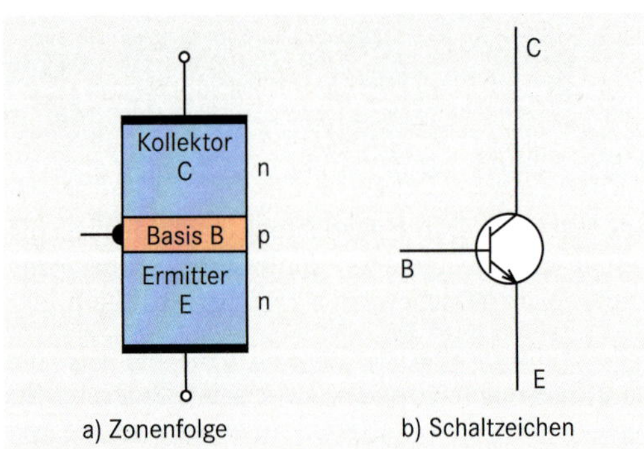

2 NPN-Transistor

Transistoren bestehen aus drei Halbleiterschichten. Die Anschlüsse werden als Basis, Kollektor und Emitter bezeichnet.

Um den Transistor als Verstärker einsetzen zu können, benötigt er eine Gleichspannung. Als Eingangselektrode der Verstärkerschaltung wird die Basis verwendet, die über Widerstände mit einer kleinen Spannung U_{BE} versorgt wird. Es fließt dadurch ein Basisstrom I_B. Als Ausgangselektrode dient der Kollektor. Die gemeinsame Elektrode für Ein- und Ausgang ist der Emitter. Die Schaltung wird deshalb als **Emitterschaltung** bezeichnet (3).

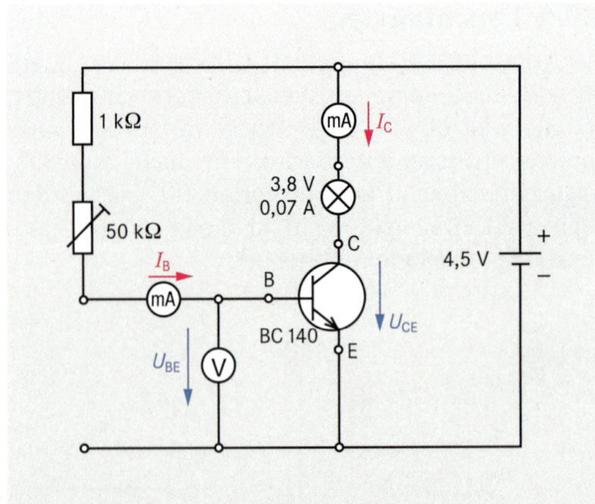

3 Transistor in Emitterschaltung

Zum Nachweis der Verstärkungswirkung sind im Eingangs- und Ausgangskreis Stromstärkenmessgeräte eingebaut. Ändert man jetzt den Widerstand des Potentiometers im Eingangskreis, dann lässt sich der Basisstrom verändern, z. B. 0,1 mA; 0,2 mA bis 0,8 mA. Diese Änderung der Eingangsgröße hat eine Änderung der Ausgangsgröße I_C zur Folge.

Überträgt man die Einstell- und Messwerte in ein Diagramm, erhält man die **Stromsteuerkennlinie** des Transistors (4). Sie verläuft nahezu geradlinig. Erkennbar ist auch, dass ein kleiner Basisstrom einen großen Kollektorstrom verursacht (Verstärkung). Das Verhältnis von Kollektorstromstärke zu Basisstromstärke ist der **Gleichstromverstärkungsfaktor** *B*.

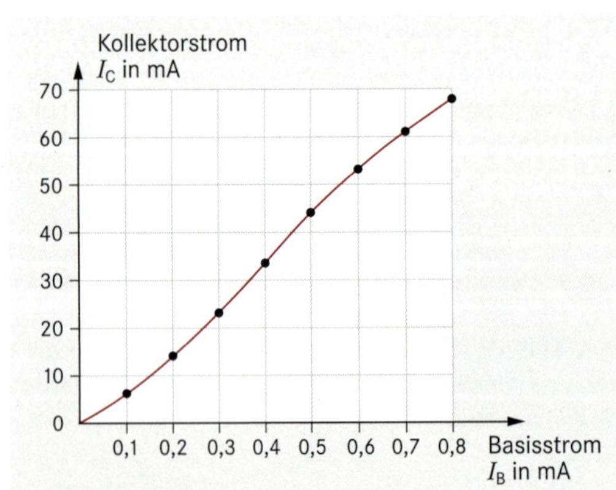

4 Stromsteuerkennlinie

Für I_B = 0,5 mA kann man aus der Kennlinie einen Wert von I_C = 44 mA entnehmen. Damit ergibt sich für den Gleichstromverstärkungsfaktor ein Wert von B = 44 mA/0,5 mA = 88. Der Kollektorstrom ist also 88-mal größer als der Basisstrom.

In einem Transistor steuert ein kleiner Basisstrom einen viel größeren Kollektorstrom.

6.9.7 Transistor als Schalter

Transistoren lassen sich auch als elektronische Schalter verwenden. Im Gegensatz zu einem mechanischen Schalter kann ein Transistor kontaktlos und somit verschleißfrei tausende von Schaltvorgängen in einer einzigen Sekunde ausführen.

Ein Schalter weist zwei Zustände auf: „EIN“ und „AUS“. Soll ein Transistor als Schalter eingesetzt werden, dann dürfen im Bereich der Stromsteuerkennlinie (4) nur diese zwei Zustände auftreten. Erreicht wird dieses, indem man wie in Bild 5 und 6 die Anschlüsse 3 und 4 verbindet (es fließt ein Basisstrom) und trennt (es fließt kein Basisstrom).

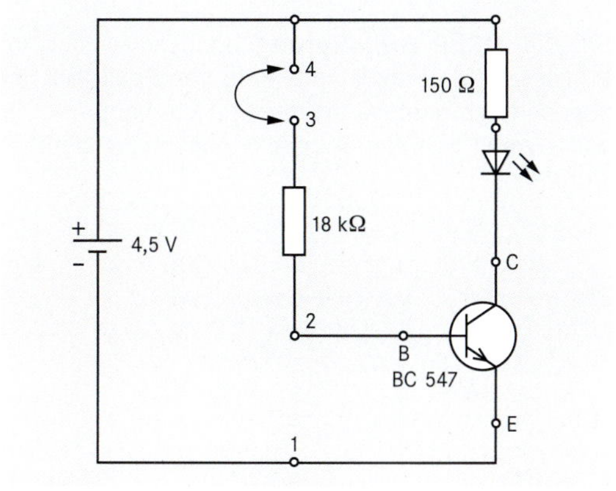

5 Prinzip eines Transistorschalters

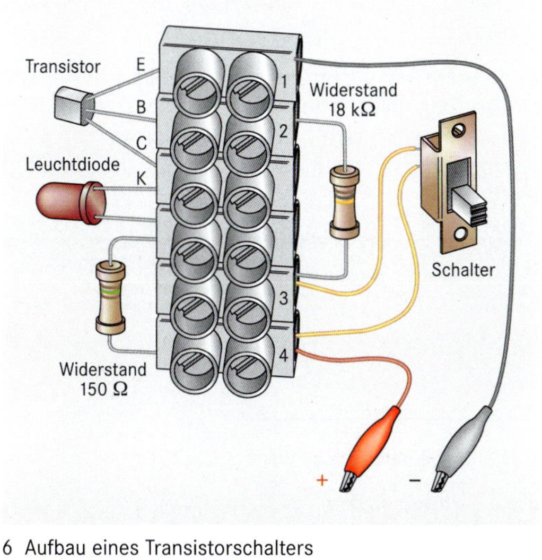

6 Aufbau eines Transistorschalters

AUS-Zustand:
Die Anschlüsse 3 und 4 sind nicht verbunden. Es fließt kein Kollektorstrom und die LED leuchtet nicht. Der Transistor ist gesperrt, weil die Strecke zwischen Kollektor und Emitter einen großen elektrischen Widerstand besitzt. Dies entspricht einem offenen Schalter.

EIN-Zustand:
Die Anschlüsse 3 und 4 sind leitend verbunden. Die LED sendet Licht aus. Es fließt ein Basisstrom, der den Transistor in den leitenden Zustand steuert (schaltet). Dabei weist die Strecke Kollektor-Emitter nur noch einen kleinen Widerstand auf. Dies entspricht einem geschlossenen Schalter.

Durch Steuerung über den Basisstrom kann ein Transistor wie ein mechanischer Schalter zwei Zustände annehmen: Sperrzustand (Schalter offen), Durchlasszustand (Schalter geschlossen).

Die zwei Schaltzustände lassen sich mithilfe der Stromsteuerkennlinie (4) wie folgt beschreiben:

- Sperrzustand:
  $I_B \approx 0$ mA und $I_C \approx 0$ mA
- Durchlasszustand:
  z. B. $I_B = 0{,}7$ mA und $I_C = 61$ mA

Für den Durchlasszustand sind auch andere Werte denkbar, z. B. $I_B = 0{,}6$ mA und $I_C = 53$ mA.

Maßgebend für die Wahl der beiden Schaltzustände sind der Transistortyp und die gewünschte Funktionsweise der Schaltung.

Aufgaben

1. Ein Transistor soll als Schalter eingesetzt werden. Beschreiben Sie den EIN- und den AUS-Zustand mit Hilfe der Ströme I_B und I_C.
2. Welche Unterschiede bestehen zwischen einem mechanischen Schalter und einem Transistorschalter?
3. Wie wirkt es sich aus, wenn beim Aufbau der Schaltung gemäß Bild 6 Kollektor und Emitter des Transistors vertauscht werden?
4. Bild 7 zeigt eine einfache Alarmvorrichtung. Sie soll ansprechen, wenn ein im Gelände ausgelegter Draht unterbrochen wird. Erklären Sie, wie die Schaltung funktioniert. Überprüfen Sie Ihre Erklärung mithilfe der Schaltung nach Bild 5.

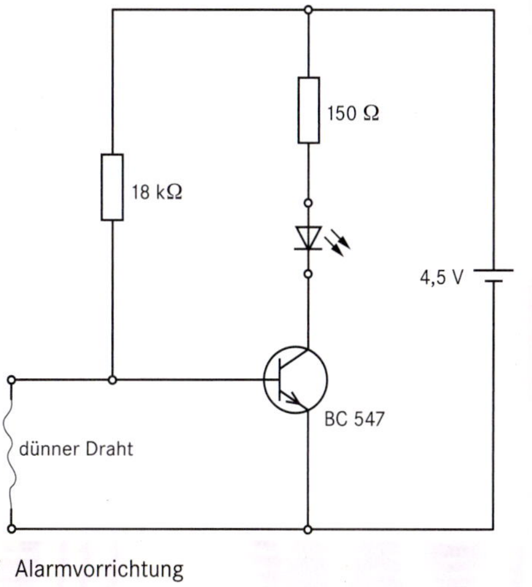

7 Alarmvorrichtung

6.9.8 Logische Schaltungen

Logische Schaltungen kommen in vielen technischen Geräten und Anlagen vor. Als vereinfachtes Beispiel dient eine Maschinensteuerung (1). Um Unfällen vorzubeugen, sind zwei Schalter (Taster) vorgesehen, die mit beiden Händen gleichzeitig zu bedienen sind. Nur wenn der eine und der andere Taster betätigt werden, ist der Stromkreis geschlossen und der Motor läuft.

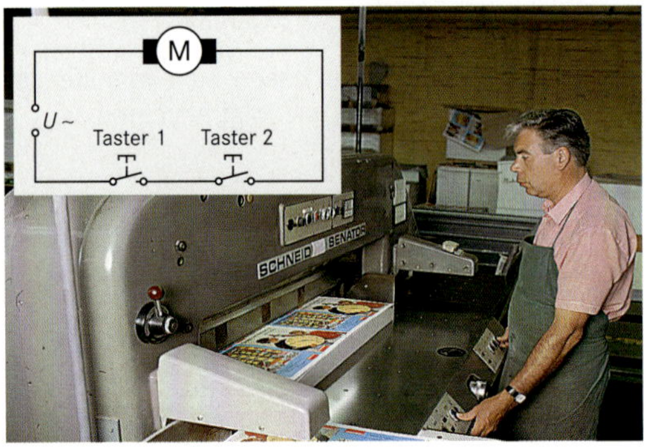

1 Logische Schaltung mit zwei Tastern

Im Beispiel gibt es für jeden der beiden Taster nur zwei Möglichkeiten: „JA“, er wird betätigt, oder „NEIN“, er wird nicht betätigt. Zur Darstellung dieser zwei Fälle eignen sich Bauelemente, die zwei Zustände annehmen können. Man nennt sie **binäre Bauelemente**. Zu ihnen zählen Taster, Schalter, Lampen, oder Transistoren. Die beiden unterscheidbaren Zustände bezeichnet man auch mit „0“ oder „1“.

Binäre Bauelemente ermöglichen den Bau logischer Schaltungen, die alle auf den Grundfunktionen UND, ODER und NICHT basieren.

Im Beispiel der Maschinensteuerung (1) wurde eine **UND-Verknüpfung** eingesetzt. Insgesamt gibt es vier Schalterstellungen, die in einer Tabelle aufgelistet sind (2).

A	B	X
0	0	0
1	0	0
0	1	0
1	1	1

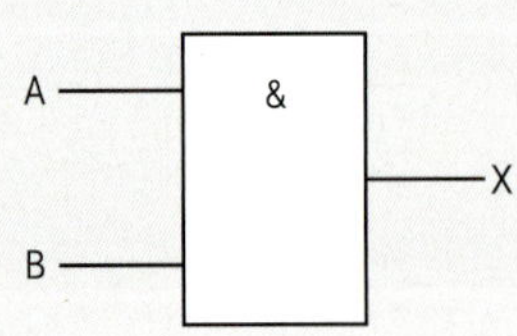

2 Wertetabelle der UND-Verknüpfung und Schaltzeichen

A=1 und B=1 bedeuten, dass beide Schalter in Position „1“ sind. A=0 und B=0 stehen für „Schalter in Position 0“. Ferner bedeuten: X=1 „Lampe leuchtet“ und X=0 „Lampe leuchtet nicht“.

Logische Schaltungen gibt es als elektronische Schaltungen in integrierter Form. Oft sind mehrere Bausteine in einem Gehäuse untergebracht (3).

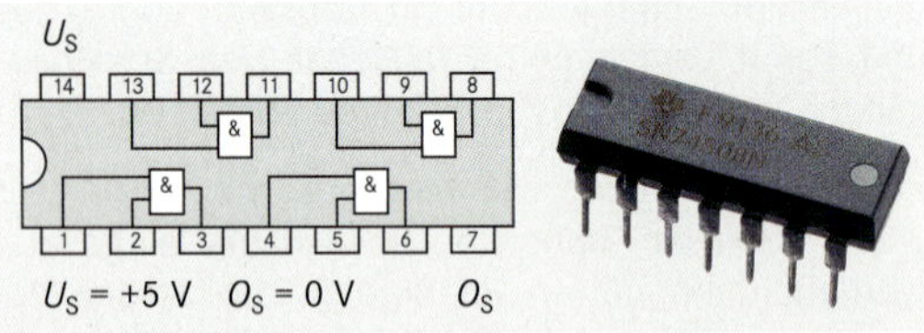

3 UND-Bausteine in einer integrierten Schaltung

Ein UND-Glied liefert nur dann am Ausgang den Zustand „1“, wenn alle Eingänge den Zustand „1“ besitzen.

Bei der **ODER-Verknüpfung** handelt es sich im Prinzip um die Parallelschaltung von Schaltern. Im abgebildeten Beispiel (4) leuchtet die Lampe X nur dann, wenn Schalter A oder B oder beide betätigt wurden.

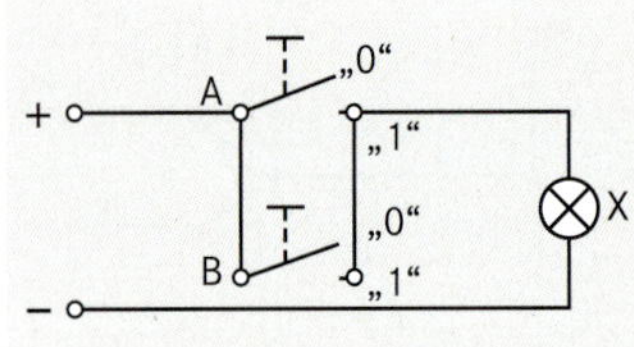

A	B	X
0	0	0
1	0	1
0	1	1
1	1	1

4 ODER-Verknüpfung und Wertetabelle

Beim ODER-Glied liegt am Ausgang der Zustand „1“, wenn mindestens ein Eingang den Zustand „1“ ausweist.

Bei der **NICHT-Verknüpfung** findet im Prinzip eine Umkehrung (Negation) des Eingangssignals statt (4). Es handelt sich um einen Inverter, denn die Lampe leuchtet nicht, wenn der Schalter betätigt wurde.

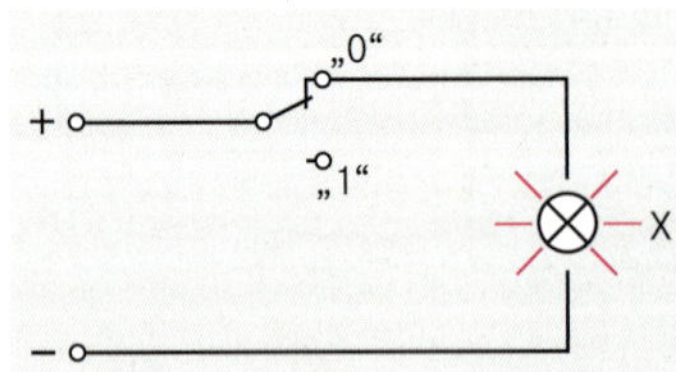

A	X
0	1
1	0

5 NICHT-Verknüpfung und Wertetabelle

Beim NICHT-Glied ist der Ausgangszustand immer entgegengesetzt zum Eingangszustand.

Mit diesen grundlegenden Bausteinen lassen sich komplexe Rechenschaltungen aufbauen mit denen Computer arbeiten.

Zum Entwerfen der Schaltungen wird eine Schaltalgebra verwendet. Sie wurde von George Boole (1815–1864) entwickelte und wird nach ihm auch als boolesche Algebra bezeichnet.

Magnetische Felder durch Stromfluss

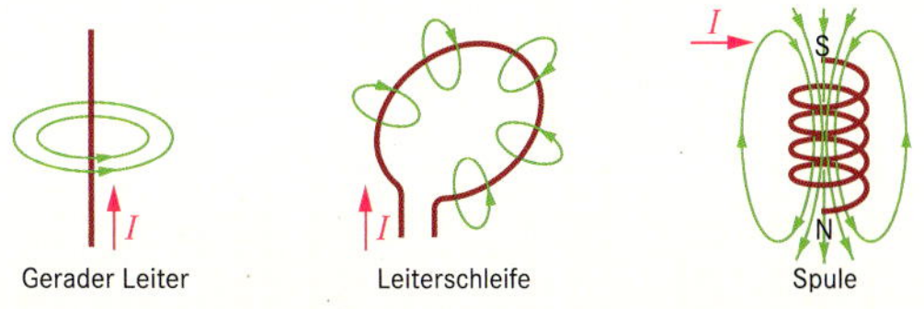

Rechte-Hand-Regel
Den Daumen der rechten Hand in Stromrichtung halten (vom Plus- zum Minuspol). Die gekrümmten Finger geben die Feldlinienrichtung an.

Die magnetische **Kraftwirkung** einer Spule hängt ab von der Stromstärke, der Windungszahl und dem Eisenkern.

Anwendungen von Elektromagneten:
Hebemagnet, Relais, Klingel, Sicherungsautomat, Lautsprecher, Drehspulmesswerk

Kraftwirkung durch Magnetfelder auf stromdurchflossene Leiter (Motoren)

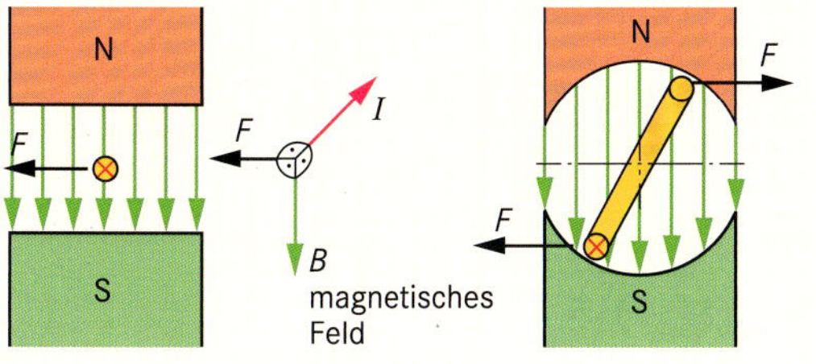

Gleichstrommotor
Eine Drehung der Leiterschleife um 360° wird durch Umkehrung der Stromrichtung in der Leiterschleife möglich (Stromwender, Kommutator).

Bestandteile des Gleichstrommotors:
Rotierende Anker, ruhender Stator (Felderzeugung), Stromwender mit Kohlebürsten

Induktionsspannung
Sie hängt ab von der Windungszahl, der Schnelligkeit der Magnetfeldänderung und der Stärke des Magnetfeldes.

Induktionsstrom
Er ist immer so gerichtet, dass sein Magnetfeld dem erzeugenden Magnetfeld entgegenwirkt.

Anwendungen der Induktion:
Mikrofon, Festplatte, Generator

Wechselspannungsgenerator
Es entsteht eine sinusförmige Wechselspannung.

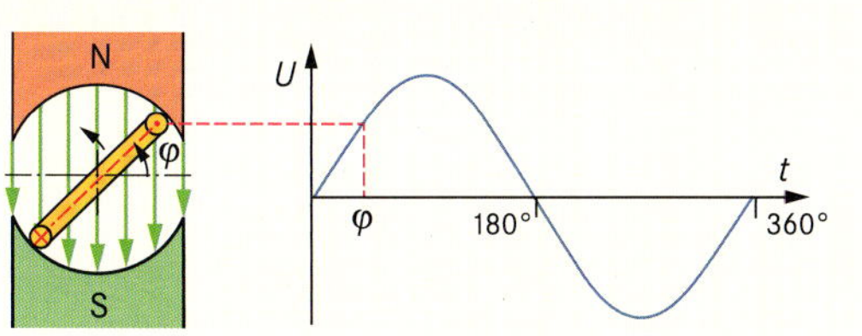

Transformator

- Aufbau: Zwei oder mehrere Wicklungen (Primär- und Sekundärwicklung), Eisenkern
- Das Magnetfeld der Primarspule durchdringt die Sekundärspule und induziert in ihr eine Spannung.
- Transformatoren arbeiten mit Wechselspannung.
- Anwendungen: Spannungsanpassung, Stromvergrößerung (Schweißtransformator)

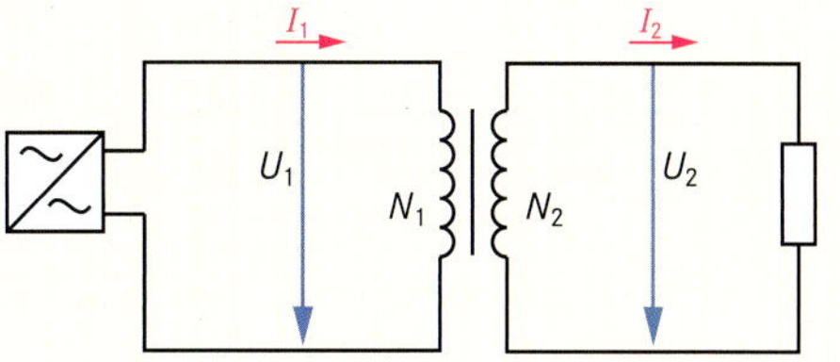

$$ü = \frac{N_1}{N_2}$$

$$\frac{U_1}{U_2} = \frac{N_1}{N_2} \qquad \frac{I_1}{I_2} \approx \frac{N_2}{N_1}$$

Elektronische Bauelemente
Sie bestehen aus Halbleitern, in erster Linie aus Silizium.

Halbleiterwiderstände
Heißleiter (NTC-Widerstände) und Kaltleiter (PTC-Widerstände) sind temperaturabhängige elektronische Widerstände.

Fotowiderstände (LDR)
Sie ändern ihren elektrischen Widerstand mit der Beleuchtung.

Gleichrichterdioden
Es handelt sich um Dioden, die den elektrischen Strom nur in einer Richtung (Ventilwirkung) leiten.

Leuchtdioden (LED)
Es sind Dioden, die bei richtiger Polung elektrische Energie in Licht umwandeln.

Transistoren
Diese elektronischen Bauelemente besitzen drei Anschlüsse: Emitter (E), Kollektor (C) und Basis (B). Bei richtiger Polung der Kollektor- und der Basisspannung gelingt es, den Transistor leitend zu machen. Dabei steuert ein kleiner Basisstrom einen viel größeren Kollektorstrom.

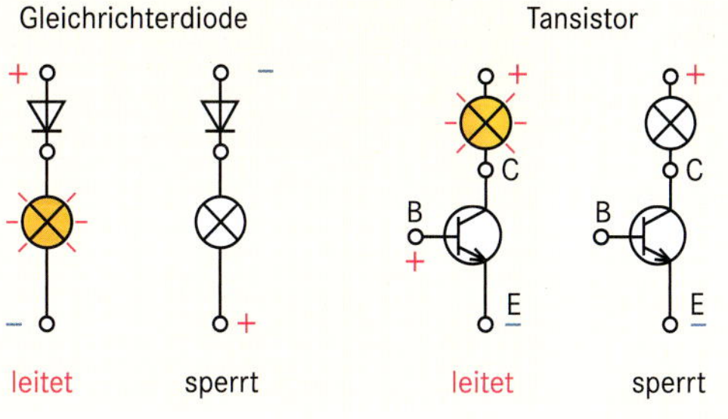

7 Schwingungen und Wellen

7.1 Mechanische Schwingungen

7.1.1 Beschreibung von Schwingungen

Was man unter einer **Schwingung** genau versteht, soll mit einer Versuchsanordnung (1) erklärt werden.

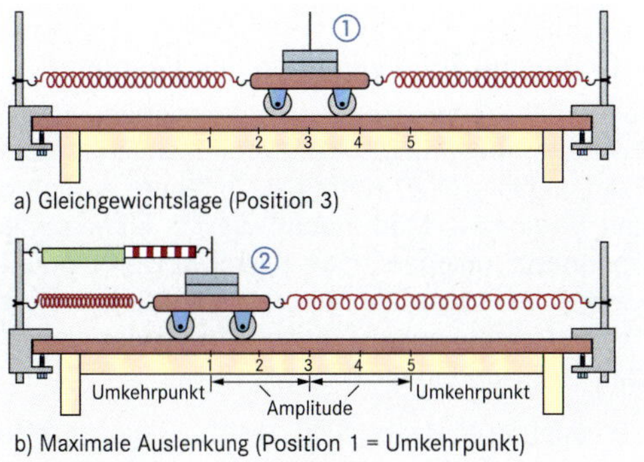

1 Federpendel mit einem Experimentierwagen

An einem Experimentierwagen sind zwei elastische Schraubenfedern befestigt ①. Zu Beginn nimmt der Wagen zwischen den gespannten Federn die Position 3 ein. Er befindet sich dort im Gleichgewicht (Gleichgewichtslage). Lenkt man nun den Wagen waagerecht aus und lässt ihn los, bewegt er sich hin und her, der Wagen schwingt.

Die **Bewegungsänderungen** werden durch Kräfte verursacht. Die Kraft, die beim Wagen Schwingungen bewirkt und in Gang hält, lässt sich nachweisen.

Beim Auslenken mit der Hand spürt man bereits, dass auf den Wagen eine Kraft in Richtung Gleichgewichtslage wirkt. Benutzt man einen Kraftmesser ②, erkennt man, dass diese Kraft mit der Auslenkung zunimmt. Da sie den Wagen in die Ausgangsposition zurückzutreiben versucht, bezeichnet man sie als Rückstellkraft. Beim Auslenken des Wagens nach links oder nach rechts nimmt der Betrag der **Rückstellkraft** gleichmäßig zu. Nach dem Loslassen wird der Wagen durch die Rückstellkraft zur Gleichgewichtslage hin beschleunigt.

Man könnte sich vorstellen, dass sich der ausgelenkte Wagen nach dem Loslassen sofort wieder in die Gleichgewichtslage begibt, denn dort ist die Rückstellkraft auf null zurückgegangen. Da der Wagen aber in dieser Position die größte Geschwindigkeit besitzt, schießt er infolge seiner Trägheit über die Gleichgewichtslage hinaus. Ab diesem Moment nimmt die Rückstellkraft in entgegengesetzter Richtung mit zunehmender Auslenkung ständig zu, bis die Geschwindigkeit des Wagens in Position 5 null ist.

Nun wiederholt sich der geschilderte Ablauf von Position 5 nach Position 1. In diesen beiden Punkten ändert sich die Bewegungsrichtung; sie heißen deshalb Umkehrpunkte. Durch sie ist auch die weiteste Auslenkung aus der Gleichgewichtslage, die Amplitude der Schwingung, festgelegt.

Schwingungen lassen sich auch mithilfe der Energieumwandlungen beschreiben. Bei den Schwingungen des Wagens wird Spannenergie der Federn in Bewegungsenergie umgewandelt, wenn er sich zur Gleichgewichtslage hinbewegt. Entfernt er sich aus dieser Position, erfolgt die Energieumwandlung in der umgekehrten Richtung. Die für den Umwandlungsprozess verfügbare Energie stammt aus dem Arbeitsaufwand für das Auslösen der Schwingungen, im vorliegenden Fall aus der Verformungsarbeit an den beiden Federn (1b).

Bei Schwingungen sind die Energieumwandlungen periodisch.

Langsame Schwingungen lassen sich mit dem Auge gut verfolgen. Der Bewegungsablauf lässt sich aber besser beschreiben, wenn der schwingende Körper eine Spur hinterlässt, wie beim **Sandpendel** (2). Es handelt sich dabei um einen Trichter, der mit feinem Sand gefüllt ist.

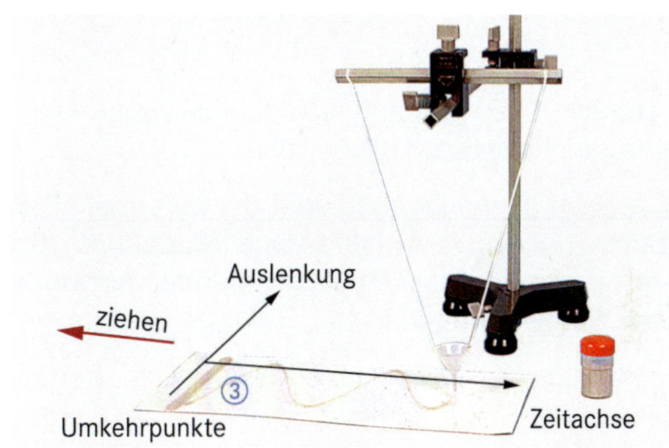

2 Sandpendel

Versetzt man das Pendel in Schwingungen und zieht einen Papierstreifen ③ senkrecht zur Schwingungsebene gleichmäßig unter ihm durch, dann entsteht ein **Auslenkung-Zeit-Diagramm**. In ihm ist zu jedem Zeitpunkt des Bewegungsablaufes die Auslenkung des Pendelkörpers aus der Gleichgewichtslage festgehalten.

Versuche

1. Beschreiben Sie die Bewegung des Wagens in Bild 1b. Warum bewegt er sich so lange hin und her?
2. Lenken Sie den Wagen mithilfe eines Kraftmessers aus (1b). Wie ändert sich die Kraftmesseranzeige bei zunehmender Auslenkung?

Aufgabe

Im Umkehrpunkt Position 1 (Bild 1b) hat die Spannenergie der Federn ein Maximum erreicht.

Beschreiben Sie die Energieumwandlungen bei der Bewegung von Position 1 nach Position 5.

7.1.2 Schwingungsarten

Harmonische Schwingungen

Den genauen Verlauf der Schwingung des Sandpendels zeigt das Auslenkung-Zeit-Diagramm (1). Dort ist die Schwingungsdauer, **Periodendauer** T ① (Dauer einer Schwingung) eingetragen worden.

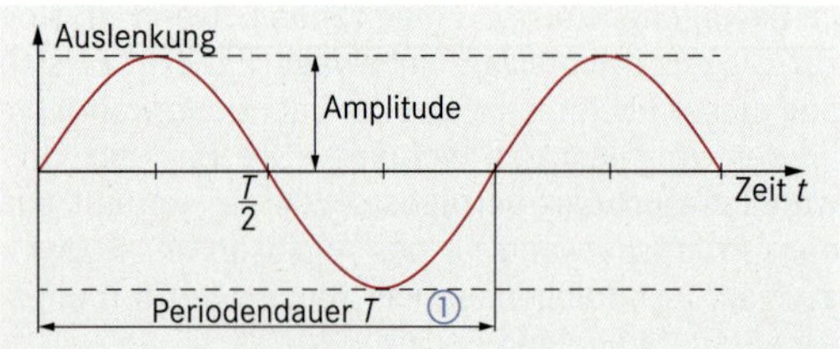

1 Auslenkung-Zeit-Diagramm

Schwingungen werden auch durch die **Frequenz** f gekennzeichnet. Sie ist das Verhältnis von Schwingungsanzahl zur benötigten Zeit $f = n/t$. Für den Sonderfall einer Schwingung $n = 1$ muss die Periodendauer $t = T$ eingesetzt werden. Es gilt dann:

$$f = \frac{1}{T} \qquad T = \frac{1}{f}$$

Als Einheit für die Frequenz ergibt sich 1/s oder 1 **Hertz** = 1 Hz, benannt nach dem deutschen Physiker Heinrich Hertz (1857–1894).

Trägt man die Auslenkung über der Zeit in ein Diagramm (1) ein, so entsteht eine **Sinuslinie**. Alle Schwingungen dieses Typs nennt man **harmonische Schwingungen**.

Schwingungen mit einem sinusförmigen Verlauf (Auslenkung-Zeit-Diagramm), nennt man harmonisch.

Freie Schwingungen und Eigenfrequenz

Eigenschwingungen (freie Schwingungen) entstehen, wenn ein schwingfähiges System einmal angeregt und dann sich selbst überlassen wird. Die zugehörige Frequenz heißt **Eigenfrequenz**.

Das Fadenpendel (2) ist ein schwingfähiges System mit einer Eigenfrequenz. Auslenkwinkel, Masse und Faden-(Pendel)länge können verändert und damit ihre Abhängigkeiten bestimmt werden.

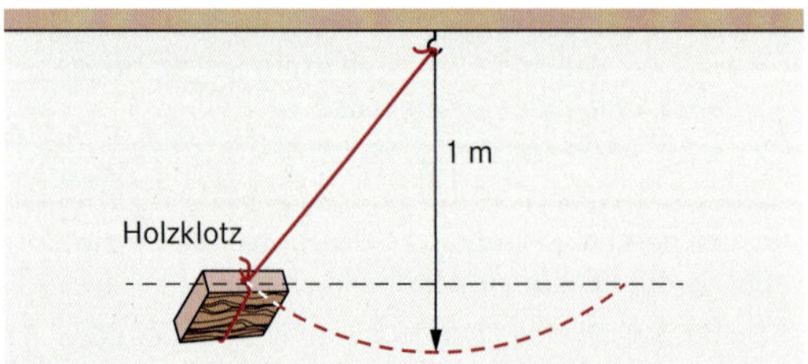

2 Abhängigkeit der Eigenfrequenz eines Fadenpendels

Eine Versuchsauswertung zeigt, dass die Eigenfrequenz unabhängig von der Masse und bei kleinen Auslenkungen nur von der Pendellänge abhängig ist.

Beim Fadenpendel hängt die Eigenfrequenz bei kleinen Auslenkwinkeln nur von der Pendellänge ab. Sie ist umso größer, je kürzer der Faden ist.

Erzwungene Schwingungen und Resonanz

Jeder hat sicher schon wahrgenommen, dass im Auto bei bestimmten Motordrehzahlen einzelne Fahrzeugteile (z. B. Kotflügel, Antenne) zu schwingen beginnen. Man nennt dieses Mitschwingen **Resonanz** (resonare, lat.= mitschwingen). Mitunter kommt es sogar zu Materialzerstörungen (Resonanzkatastrophen), z. B. Risse an Wänden und Brücken, bis zum Einsturz.

Demonstrieren lässt sich dieser Resonanzeffekt mit einem **Federpendel** (3). Durch die Auf- und Abbewegungen der Hand wird dem Pendel Energie zugeführt. Es muss im Rhythmus der **Erregerfrequenz** (aufgezwungenen Frequenz) mitschwingen. Die Amplitude ist dabei zunächst klein. Bei einer bestimmten Erregerfrequenz erreicht sie ein Maximum. Es herrscht Resonanz und die Schwingfrequenz wird als **Resonanzfrequenz** bezeichnet.

Der Resonanzfall tritt ein, wenn Erregerfrequenz und Eigenfrequenz nahezu übereinstimmen. Dabei wird vom schwingenden Körper an das mitschwingende System ein Maximum an Energie übertragen.

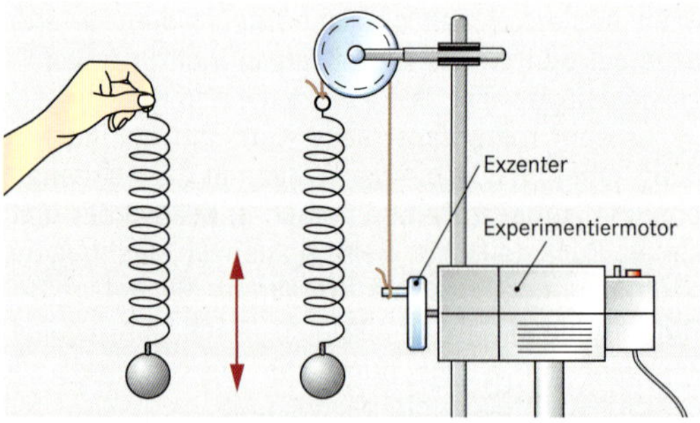

3 Erzwungene Schwingungen und Resonanz

Gedämpfte Schwingungen

Wenn man die Schwingungen eines Pendels eine Zeit lang beobachtet, stellt man fest, dass die Amplitude immer mehr abnimmt und am Ende das Pendel wieder die anfängliche Gleichgewichtslage erreicht hat. Die **Schwingung** ist also **gedämpft**.

Bei gedämpften mechanischen Schwingungen wird die beim Auslösen des Schwingungsvorganges zugeführte Energie immer mehr in innere Energie umgewandelt und dann als Wärme an die Umgebung abgegeben.

Sehr wichtig ist das Dämpfen von Schwingungen bei Fahrzeugen aller Art. Bei Fahrrädern werden Erschütterungen durch die Bereifung (Luftfederung) und die Sattelfederung abgeschwächt. Kraftfahrzeuge sind federnd aufgehängt. Robuste Schraubenfedern sorgen dafür, dass kurze, harte Stöße gedämpft werden.

Besonders günstig wirken sich die zwischen Fahrzeugaufbau und Radaufhängung angebrachten **hydraulischen Schwingungsdämpfer** auf den Fahrkomfort aus (4). Der Kolben, der in einem Zylinder durch enge Öffnungen Öl verdrängen muss, mildert die in Bodenunebenheiten entstehenden unangenehmen Federschwingungen wesentlich.

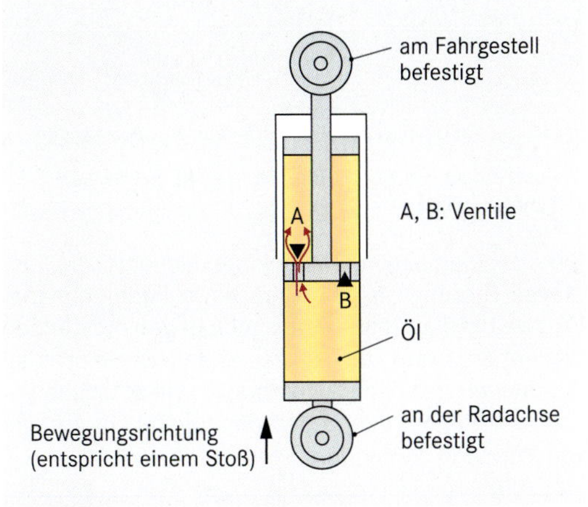

4 Prinzip eines hydraulischen Schwingungsdämpfers

Ungedämpfte Schwingungen

Bei den Schwingungen der Pendeluhr ist keine Abnahme der Amplitude zu beobachten; es handelt sich dabei um **ungedämpfte Schwingungen**. Wie kommen sie zu Stande?

Besonders anschaulich lässt sich die Entstehung ungedämpfter Schwingungen mithilfe einer Schaukel erklären. Im Umkehrpunkt muss ein genau dosierter Anschub erfolgen. Dosiert bedeutet dabei, dass die durch Reibung verursachten Verluste durch ständige Energiezufuhr ausgeglichen werden müssen.

In der Pendeluhr erfolgt ständig eine dosierte Energiezufuhr, die der niederländische Physiker und Mathematiker Christian Huygens (1629–1695) bereits 1656 entdeckt hat. Bild 5 zeigt das Prinzip der **Selbststeuerung**. Mit dem Anker und dem Steigrad steuert sich das Pendel selbst, indem das Steigrad dem Pendel portionenweise Energie zuführt. Diese stammt aus dem Vorrat an Lageenergie des langsam herabsinkenden Zuggewichts. Die Ankerklauen greifen dabei im Takt der Pendelschwingungen („Ticktack-Rhythmus") in die Zähne des Steigrades und verhindern ein schnelles Durchdrehen.

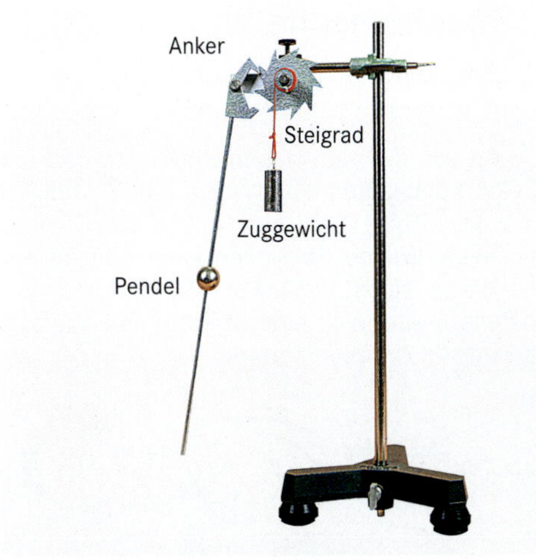

5 Selbststeuerung eines Uhrenpendels

Um eine ungedämpfte Schwingung zu erzeugen, muss in den Umkehrpunkten ständig Energie zugeführt werden, mit der die Reibungsverluste ausgeglichen werden.

Versuche

1. Stellen Sie einen Versuch nach Bild 2 her und führen die Teilversuche a) bis c) durch.
   Messen Sie die Zeit für zehn Schwingungen und berechnen Sie dann T und schließlich f.
   Formulieren Sie am Ende jeder Versuchsreihe ein Ergebnis und vergleichen Sie die Teilergebnisse.
   a) Wählen Sie beim Anregen der Schwingungen verschiedene Auslenkwinkel, z. B. ca. 5°, 10° und 20°.
   b) Ersetzen Sie den Holzklotz durch eine Masse von 500 g.
   c) Wählen Sie bei gleicher Masse einen halb so langen Faden.
2. Stellen Sie sich an die Tafel und bewegen Sie auf ihr zwischen zwei senkrecht übereinander liegenden Punkten ein Stück Kreide gleichmäßig auf und ab. Bewegen Sie sich nun zusätzlich gleichmäßig die Tafel entlang. Beschreiben Sie den entstandenen Kurvenzug und erklären Sie ihn.

Aufgaben

1. Welche Eigenschaften besitzen harmonische Schwingungen?
2. Skizzieren Sie das Auslenkung-Zeit-Diagramm einer harmonischen Schwingung und erklären Sie damit die Begriffe Amplitude, Periodendauer und Frequenz (siehe Bild 1).
3. Erklären Sie, wie man die Frequenz eines Fadenpendels ermitteln kann.
4. Ein Federpendel führt 50 Schwingungen in 20 Sekunden aus. Berechnen Sie die Periodendauer und die Frequenz.
5. Lässt man einen Tennisball fallen, hüpft er auf und ab. Handelt es sich dabei um eine harmonische Schwingung? Begründen Sie Ihre Aussage.

7.2 Mechanische Wellen

7.2.1 Entstehung und Ausbreitung

Fällt ein Gegenstand auf eine Wasseroberfläche, dann geht von der getroffenen Stelle eine Störung aus. Gut beobachten kann man die Störungen, wenn Wassertropfen auf eine ebene Wasseroberfläche fallen. Solche Störungen kann man in einfacher Weise selbst erzeugen (1). Von der Eintauchstelle breitet sich eine Störung aus, die sich kreisförmig nach außen bewegt.

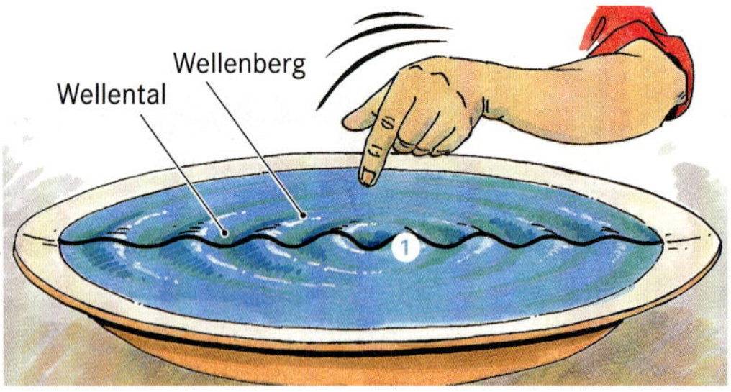

1 Entstehung von Wasserwellen

Beim periodischen Erzeugen von Störungen entstehen **Wellen**. Sie bestehen aus **Wellenbergen** und dazwischen liegenden Vertiefungen, die als **Wellentäler** bezeichnet werden. Das Wasser, das die Wellenbildung ermöglicht, wirkt als **Wellenträger**.

Legt man jetzt einen schwimmfähigen Gegenstand (z. B. Kork oder Styropor) auf die Wasseroberfläche ①, dann nehmen die Wellen den Körper nicht mit. Sie gehen gewissermaßen unter ihm durch. Von einem Wellenberg wird er angehoben, bei einem Wellental sinkt er ab. Wie lässt sich das erklären?

Zur Erklärung werden die in Bild 2 dargestellten Pendel verwendet. Ohne Verbindung zum Nachbarpendel schwingt erwartungsgemäß nur das angeregte Pendel. Verbindet man die Pendel jedoch mit einem Gummiband ②, schwingt das zunächst ruhende Pendel immer lebhafter mit, während das angeregte in gleichem Maße immer langsamer wird und kurzzeitig ganz zur Ruhe kommt. Danach wiederholt sich der Vorgang in umgekehrter Richtung. Wird die **elastische Kopplung** z. B. durch Einhängen eines kleinen Gewichtsstückes straffer gemacht, erfolgt die Energieübertragung rascher.

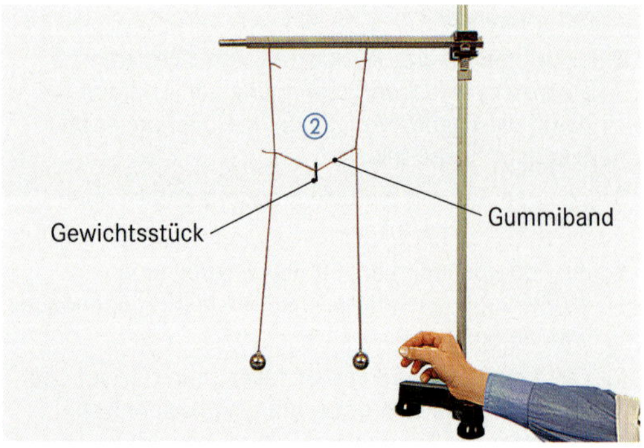

2 Zwei gekoppelte Pendel

Um ein ähnliches Wellenbild wie bei Wasserwellen zu erhalten, müsste die Anzahl der gekoppelten Fadenpendel wesentlich vergrößert werden. Dieses ist bei der Schraubenfeder (3) der Fall. Bei Bild 3a wird die Schraubenfeder zunächst einmalig ausgelenkt, bei Bild 3b dann regelmäßig.

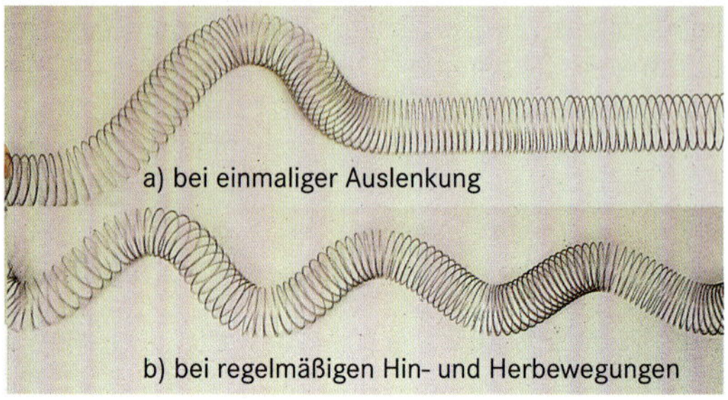

3 Ausbreitung von Querstörungen in einer elastischen Schraubenfeder

Bei der einmaligen Auslenkung wandert die einmalige Störung als Wellenberg die Feder entlang. Im zweiten Fall folgen in regelmäßigen Abständen Wellenberge und -täler aufeinander. Die einzelnen Windungen der Feder wirken also wie elastisch gekoppelte Pendel und geben die zugeführte Energie von Windung zu Windung weiter.

In mechanischen Wellen übertragen Teilchen auf elastisch gekoppelte Nachbarteilchen Energie. Dabei beginnen die Teilchen nacheinander mit derselben Frequenz um ihre Gleichgewichtslage zu schwingen.

Versuche

1. Füllen Sie einen großen flachen Teller mit Wasser und tauchen Sie eine Fingerspitze kurz ein. Was beobachten Sie, wenn Sie schräg darauf schauen?
2. Wiederholen Sie Versuch 1, aber so, dass Sie dieses Mal Ihren Finger in regelmäßigen Zeitabständen eintauchen lassen. Beschreiben Sie den Unterschied.
3. Legen Sie ein Streichholz oder ein Stück Kork in den Teller und wiederholen Sie die Versuche 1 und 2. Wie bewegt sich das Streichholz (Korkstück)?
4. Fertigen Sie zwei gleich lange Fadenpendel an. Versetzen Sie zunächst nur ein Pendel in Schwingungen. Verbinden Sie dann beide Pendel elastisch (2) und regen Sie wieder nur eines der beiden zu Schwingungen an. Was beobachten Sie?
5. Lenken Sie eine lange elastische Schraubenfeder (3) auf ebener Unterlage an einem Ende zunächst einmal kurz senkrecht zu ihrer Längsachse aus. Führen Sie danach periodische Hin- und Herbewegungen (Schwingungen) aus. Beschreiben Sie die ausgelösten Bewegungen.

7.2.2 Wellenerregung und Wellenform

Wellen lassen sich mithilfe eines Seils erzeugen. Die Seilwelle breitet sich längs des Seils aus. Dabei nimmt das Seil als Wellenträger eine Form an, die der Wellenform der Wasserwellen ähnelt.

In Bild 4 sind die momentanen Seil(-wellen-)formen in Zeitabständen von je $T/4$ festgehalten. T bedeutet die Zeit für eine vollständige Hin- und Herbewegung der Hand, die das eine Seilende hält. Die Zeit T ist somit auch die **Schwingungsdauer** der Erregerschwingung.

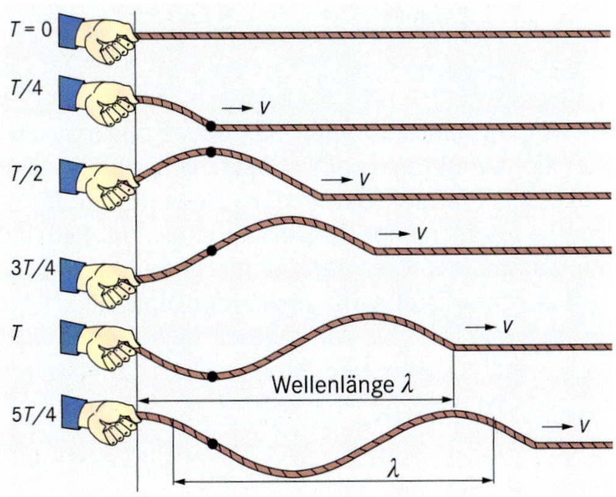

4 Wandernde (fortschreitende) Seilwelle

Die **Ausbreitungsgeschwindigkeit** einer Seilwelle lässt sich aus Bild 4 ableiten. Bei einer vollständigen Erregerschwingung, d. h. in der Zeit T, hat die Welle eine bestimmte Strecke zurückgelegt; man nennt sie **Wellenlänge** λ (griechischer Buchstabe; sprich „Lambda").

Da sich die Welle gleichförmig ausbreitet, erhält man die Ausbreitungsgeschwindigkeit als Quotient aus dem Weg und der dazu benötigten Zeit:

$$v = \frac{\lambda}{T} \qquad v = \lambda \cdot f$$

f: Frequenz des Wellenerregers und Frequenz, mit der die einzelnen Teilchen der Welle schwingen
λ: Wellenlänge, z. B. Abstand zwischen zwei Wellenbergen
T: Schwingungsdauer, Zeit für eine Schwingung

Die Ausbreitungsgeschwindigkeit einer Welle wird durch Frequenz und Wellenlänge bestimmt.

Beispiel

Wellenlänge

Eine Seilwelle, die mit der Frequenz $f = 2$ Hz erzeugt wird, braucht 5 s für die Strecke von 3 m. Wie groß ist die Wellenlänge?

$v = \frac{s}{t}$ $\qquad v = \frac{3\ \text{m}}{5\ \text{s}}$ $\qquad v = 0{,}6$ m

$\lambda = \frac{v}{f}$ $\qquad \lambda = \frac{0{,}6\ \text{m/s}}{2 \cdot 1/\text{s}}$ $\qquad \lambda = 0{,}3$ m

7.2.3 Teilchenbewegung im Wellenträger

Eine Welle wandert. Beobachten lässt sich dieses auf einer Wasseroberfläche, wenn sich ein schwimmender Körper auf und ab bewegt. Er wird gewissermaßen von Wasserwellen erfasst und vollführt Schwingungen. Die Teilchen des Wellenträgers müssen folglich auch genau solche Bewegungen ausführen. Wellen dieser Art nennt man **Querwellen**.

Bei Querwellen schwingen die Masseteilchen senkrecht zur Ausbreitungsrichtung der Welle. Eine Querwelle ist gewissermaßen eine wandernde Störung in einem Medium.

In Bild 5 sind Wellen mit unterschiedlichen Wellenlängen dargestellt. Je schneller die Handbewegung, umso kürzer ist die Wellenlänge. Die Wellenlänge λ_2 ist halb so groß wie λ_1. Wenn in beiden Fällen die Ausbreitungsgeschwindigkeit gleich ist, ist dagegen die Frequenz der Schwingung f_2 doppelt so groß wie f_1.

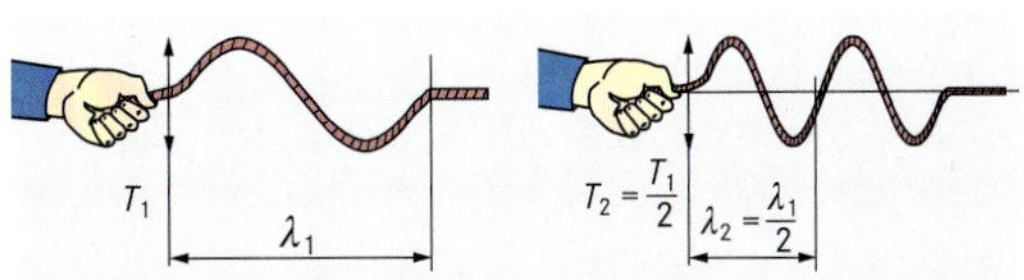

5 Wellen mit unterschiedlichen Wellenlängen

Versuche

1 Legen Sie ein nicht zu dünnes Seil gerade ausgerichtet auf einen Tisch und bewegen Sie das eine Ende gleichmäßig hin und her.
Beschreiben Sie die entstehende Welle.

2. Erzeugen Sie eine Seilwelle. Lassen Sie jemanden die Zeit t stoppen, die die Welle vom Seilanfang bis zum Seilende benötigt.
Berechnen Sie die Geschwindigkeit der Welle mit der Formel $v = s/t$. Hier bedeutet s die von der Welle durchlaufene Strecke.

Aufgaben

1. Erklären Sie, warum mechanische Wellen nur in einem Wellenträger entstehen können.
2. Skizzieren Sie eine Seilwelle nach Bild 4, aber für den Zeitbereich $3\ T/2$.
Tragen Sie die Wellenlänge in zwei unterschiedlichen Bereichen Ihrer Skizze ein.
3. Eine Person taucht von einem Boot aus im Abstand von je einer Sekunde einen Finger kurz in das Wasser. Die erzeugte Welle erreicht nach 5 Sekunden das 2,5 m entfernte Ufer.
   a) Berechnen Sie die Geschwindigkeit der Welle.
   b) Berechnen Sie die Wellenlänge.
   c) Was ändert sich, wenn die Person im Abstand von je einer halben Sekunde ihren Finger eintaucht? Siehe dazu Bild 5.
4. Beschreiben Sie die Bewegung des markierten Masseteilchens in Bild 4.

7.3 Akustik

7.3.1 Schallausbreitung

Blitze zucken hernieder; ihnen folgt das Rollen des Donners. Ist das Gewitter noch etwas weiter entfernt, sieht man zuerst den Blitz, hört aber oft erst Sekunden später den Donner (1). Der Schall benötigt also Zeit, um sich vom Ort der Entstehung bis zu uns, genauer gesagt, bis zu unserem Ohr auszubreiten. Wie geschieht das eigentlich?

1 Wettlauf zwischen Licht und Schall

Da unser Ohr keinen direkten Kontakt mit der Schallquelle hat, wird der Schall durch die Luft übertragen. Mit einem Versuch lässt sich dieses überprüfen. Dazu ist wie in Bild 2 eine elektrische Klingel unter einer Glasglocke angebracht. Schaltet man jetzt die Klingel ein, dann hört man das Klingelgeräusch. Pumpt man danach Luft mit einer Vakuumpumpe heraus, dann wird das Klingelgeräusch zunächst leiser, bis es schließlich ganz verstummt. Man erhält also das Ergebnis, dass sich Schall nur in Materie ausbreiten kann.

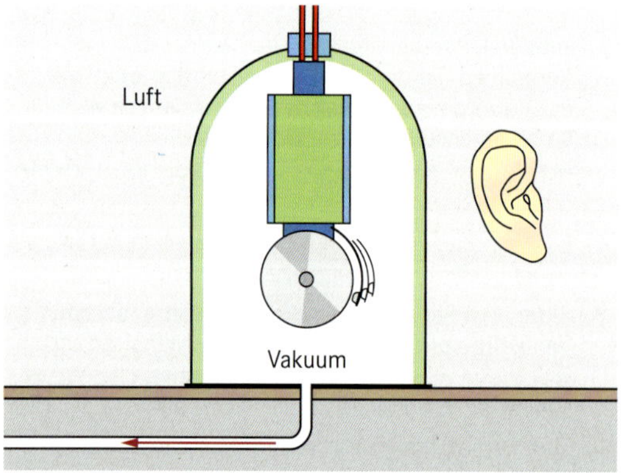

2 Im Vakuum ist es totenstill

Mit einem weiteren Versuch lässt sich das Prinzip der **Schallausbreitung** weiter vertiefen. Die zwei kleinen Papprohre von Bild 3 sind an einem Ende mit Gummihäuten (z. B. von einem Luftballon) bespannt. Sie sind so montiert, dass sich die offenen Enden gegenüber befinden. Zwei Tischtennisbälle sind so angebracht, dass sie die beiden Häute gerade berühren.

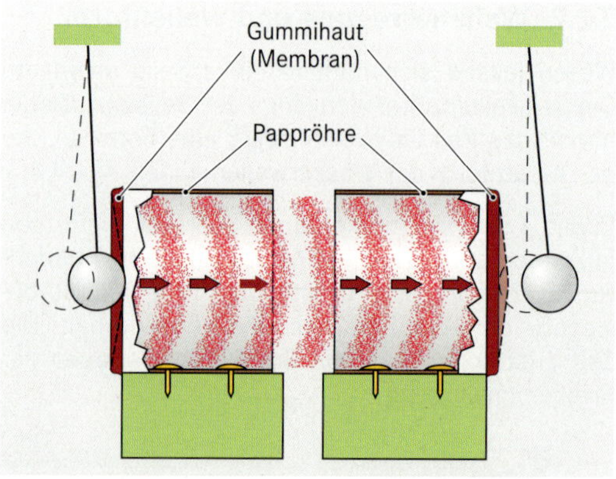

3 Ausbreitung einer Störung

Wenn man nun den einen Ball etwas auslenkt und auf die Membran prallen lässt, wird unmittelbar nach dem Aufprall der andere Ball von der Membran weggeschleudert. Der aufprallende Ball hat die Gummihaut kurz nach innen gedrückt und die Luft dahinter stoßartig zusammengepresst. Diese Verdichtung läuft bis zur anderen Membran, drückt diese nach außen und stößt dabei den zweiten Tischtennisball weg.

Schall breitet sich durch Luftverdichtungen und Luftverdünnungen aus.

Auch der Modellversuch in Bild 4 veranschaulicht das Prinzip der Schallausbreitung. Wird das eine Ende einer elastischen Schraubenfeder in Achsenrichtung hin- und herbewegt, dann wandern diese Störeinflüsse in Form von Verdichtungen und Verdünnungen die Schraubenfeder entlang, d. h. sie werden von Windung zu Windung weitergegeben.

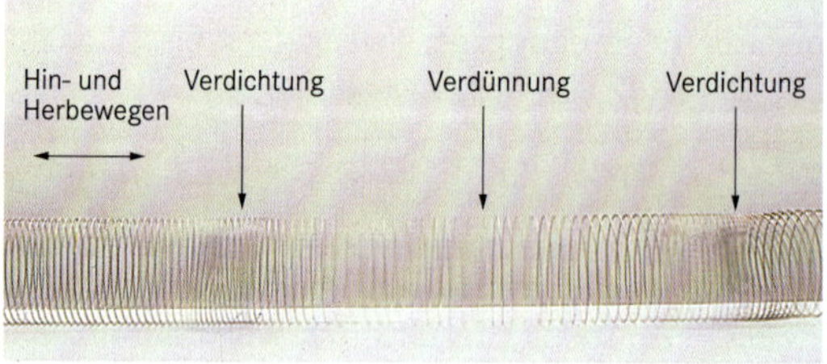

4 Ausbreitung von Störungen in einer elastischen Schraubenfeder

Versuch

Ersetzen Sie in dem in Bild 3 dargestellten Versuch das rechte Papprohr durch eine brennende Kerze.

Was beobachten Sie?

Erklären Sie den Vorgang.

Hinweis: Die Kerze nahe an die Öffnung des Papprohres heranbringen.

Aufgabe

Warum können sich Menschen auf dem Mond nicht so unterhalten wie auf der Erde?

7.3.2 Schallgeschwindigkeit

Eine einfache Messmöglichkeit zur Bestimmung der **Schallgeschwindigkeit** ist in Bild 5 dargestellt. Benötigt werden eine Stoppuhr und eine Startpistole bzw. eine Starterklappe. Beide Personen sollten sich in einer Entfernung von ca. 200 bis 300 m befinden. Die Stoppuhr wird erst gestartet, wenn die Starterklappe bedient bzw. der Rauch der Startpistole zu sehen ist. Die Uhr wird gestoppt, wenn der Schall gehört wird.

In der Luft legt der Schall in drei Sekunden ungefähr einen Kilometer zurück.

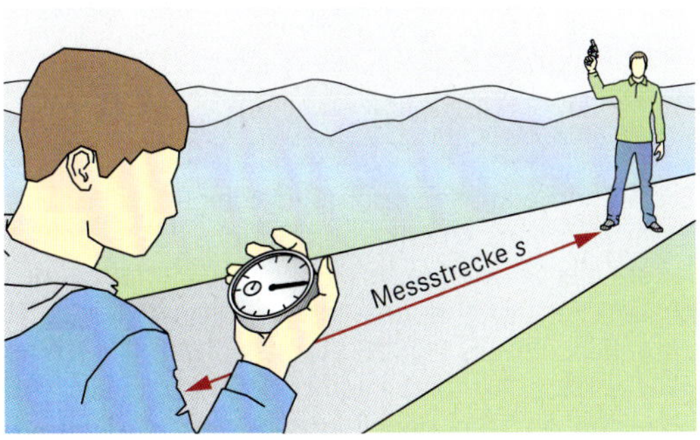

5 Ermittlung der Schallgeschwindigkeit

Auch in festen und flüssigen Stoffen breitet sich der Schall mehr oder weniger schnell aus (6).

Material	in m/s bei 20 °C
Kautschuk	40
Kohlendioxid	270
Luft	344
Kork	500
Wasser	1 480
Holz	5 500
Eisen	5 800

6 Beispiele für Schallgeschwindigkeiten

Aus den Werten und dem Diagramm in Bild 7 wird deutlich, dass im Vergleich mit Gasen oder Flüssigkeiten, feste Körper den Schall besonders gut leiten.

Wie gut ein fester Stoff (z. B. Tischplatte) und eine Flüssigkeit (z. B. Wasser) den Schall übertragen, lässt sich wie folgt einfach überprüfen:
Eine deutlich tickende Uhr wird flach auf die blanke Tischplatte gelegt. Setzt man sich an das andere Ende der Tischplatte, dann kann man ein leises Ticken hören. Legt man danach ein Ohr auf die Tischplatte, dann ist das Ticken viel lauter zu hören.

Im Vakuum kann sich der Schall nicht ausbreiten. Feste Körper und Flüssigkeiten sind meistens bessere Schall-Leiter als Gase.

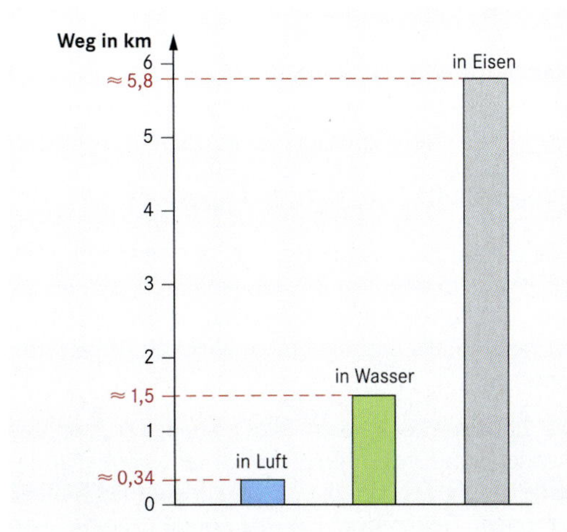

7 Schallweg in einer Sekunde

Der Schall kann wieder zurückkommen. Schickt man ein Schallsignal auf ein Hindernis (z. B. eine Felswand), dann wird es als **Echo** zurückgeworfen (reflektiert) wie Licht von einem Spiegel (8).

Die Reflexion von Schall verursacht in manchen Sälen und Bahnhofshallen einen mitunter störenden Nachhall. Man spricht dann von „schlechter Akustik“.

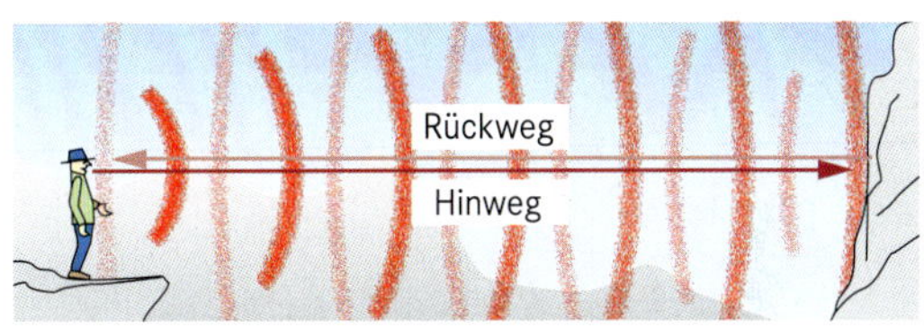

8 Schall wird an einer Felswand reflektiert

Versuch

Nehmen Sie zwei Löffel mit in die Badewanne und schlagen Sie diese zunächst über dem Wasser zusammen. Tauchen Sie danach ein Ohr unter Wasser und schlagen Sie die beiden Löffel unter Wasser im gleichen Abstand zum Ohr wie vorher gegeneinander. Vergleichen Sie die Ergebnisse.

Aufgaben

1. Wie weit ist ein Gewitter ungefähr entfernt, wenn zwischen dem Aufleuchten des Blitzes und dem Hören des Donners 6 s (4,5 s) vergehen?
2. Wie weit ist eine Felswand entfernt, wenn das Echo sechs Sekunden nach dem ausgesandten Schallsignal eintrifft?
3. Jemand behauptet, man könne einen herannahenden Zug viel früher hören, wenn man ein Ohr auf eine Schiene hält. Was sagen Sie dazu?
4. Warum muss in Bild 5 die Person auf ein optisches und nicht auf ein akustisches Signal (z. B. Rufen eines Startkommandos) hin die Stoppuhr starten? Hinweis: Das Licht legt in einer Sekunde ca. 300 000 km zurück.

7.3.3 Schallmessung

Wahrnehmung des Schalls

„Ruhe. Stören Sie nicht dauernd den Unterricht.“, ruft ein Lehrer einem Schüler zu. „Lauter.“, fordert derselbe Lehrer und meint damit eine Schülerin in der letzten Bank, die gerade vorliest.

Was einmal als laut oder gar zu laut bewertet wird, gilt in einem anderen Zusammenhang als leise, zu leise. Häufig kommt es dabei auf die Situation, die Art des Schalls und die Empfindlichkeit des Betroffenen an.

Die **Lautstärkeskala** in Bild 1 stellt dar, wie das menschliche Ohr unterschiedlich laute Schallereignisse empfindet. Um die Auswirkungen des Schalls auf unser Gehör bewerten zu können, sollte man den Hörvorgang etwas genauer kennen.

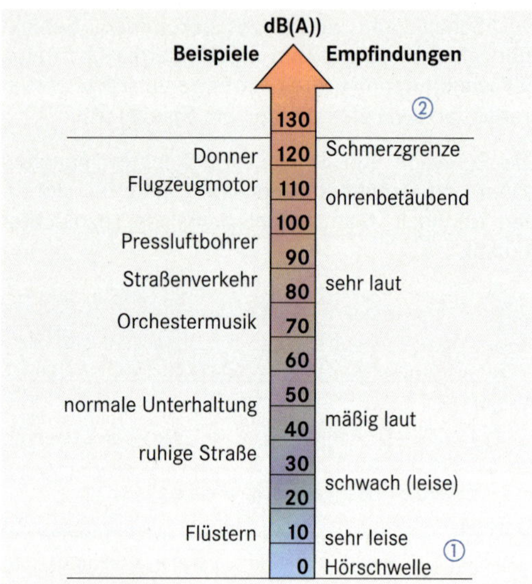

1 Lautstärkeskala

Die Schallwahrnehmung lässt sich durch folgenden einfachen Versuch verdeutlichen:
Man legt das Metallband eines Heftstreifens so auf die Tischkante, dass ungefähr die Hälfte darüber hinausragt. Jetzt zupft man das freie Ende an und beobachtet, wie lange der erzeugte Schall zu hören ist.

Ergebnis: Der erzeugte Schall wird immer leiser und schließlich unhörbar, obwohl man genau sieht, dass die Blattfeder noch etwas schwingt.

Ein zu leiser Schall bleibt unhörbar; überlaute Schallereignisse wirken unangenehm bis schmerzhaft. Erwartet man einen Knall, z. B. die Explosion eines Feuerwerkskörpers in der Nähe, versucht man sich noch rechtzeitig die Ohren zuzuhalten.

Bild 2 zeigt einen Schnitt durch das **menschliche Ohr**. Der ankommende Schall gelangt in Form von Druckschwankungen (Luftverdichtungen und -verdünnungen) an die Ohrmuschel, die ihn wie ein Schallfänger sammelt. Danach erreicht er über den äußeren Gehörgang das Trommelfell, das dann im Rhythmus der Druckschwankungen zu schwingen beginnt.

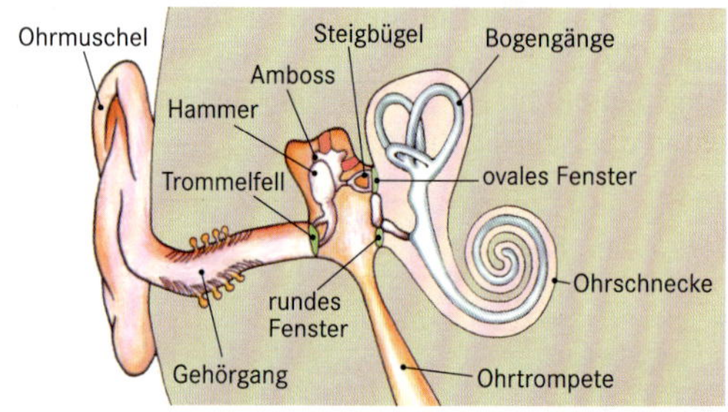

2 Das menschliche Ohr

Die Gehörknöchelchen im Mittelohr - wegen ihrer Form Hammer, Amboss und Steigbügel genannt - leiten die Schwingungen über die Membran des ovalen Fensters in das innere Ohr weiter. Dort sprechen die ca. 20 000 Hörzellen der Ohrschnecke je nach Art und Lautstärke des Schalls verschieden an. Die dabei ausgelösten Nervenreize wandern über den Gehörnerv zum Gehirn und lösen dort Schallempfindungen aus.

Der menschliche Hörbereich hängt von der Lautstärke und der Frequenz ab.

Ein Ton mit zu geringer Amplitude bleibt unhörbar, denn die sogenannte **Hörschwelle** ① wird noch nicht erreicht. Zu lauter Schall tut weh; die zugehörige Grenzlautstärke heißt **Schmerzgrenze** ②. Beide Grenzen sind in der Lautstärkeskala (1) eingetragen.

Die Abhängigkeit des Gehörs von der Frequenz lässt sich untersuchen, wenn man bei gleicher Lautstärke (Amplitude) die Frequenz eines Tongenerators von tiefen (z. B. 5 Hz) bis zu hohen Werten (ca. 20 000 Hz) ändert.

Dabei stellt man fest: Unser Ohr kann nur in einem bestimmten Frequenzbereich Schall hören. Beim Kleinkind liegt dieser Bereich zwischen ca. 20 Hz und 20 000 Hz. Im Alter sinkt die obere Grenze bis unter 10 000 Hz (**Altersschwerhörigkeit**).

Schall unter 20 Hz heißt Infraschall, Schall über 20 000 Hz Ultraschall.

Auf **Infraschall** hoher Intensität reagiert der Mensch mit Schwindelgefühlen, Übelkeit und sogar Ohnmacht. **Ultraschall** kann von einigen Tieren wahrgenommen werden. So gehorchen Hunde auf Signale aus Ultraschallpfeifen. Fledermäuse erzeugen und hören Laute mit Frequenzen bis zu 120 000 Hz; sie orten mithilfe des reflektierten Schalls (Echo) Hindernisse und Beutetiere (3).

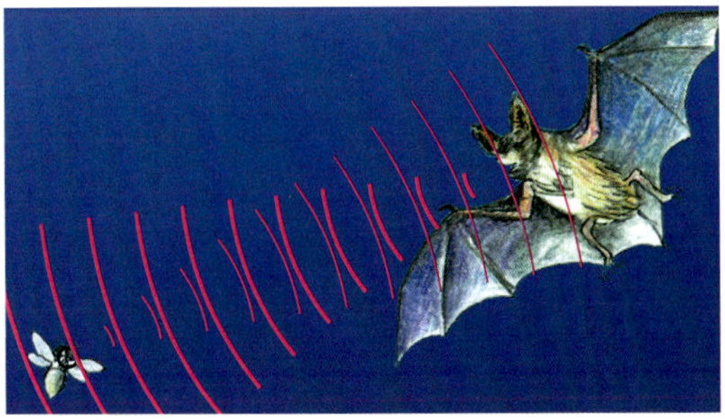

3 Die Fledermaus jagt mit Ultraschall

Schallmessung so, wie wir hören

Innerhalb des Hörbereiches weist unser Gehörsinn zwei Besonderheiten auf:

- Wie gut wir hören, hängt nicht nur von der Lautstärke, sondern auch von der Frequenz ab. Auf Frequenzen von ca. 2 000 Hz bis 4 000 Hz (z. B. Klirren von Flaschen) spricht unser Ohr am empfindlichsten an.
- Wie laut wir etwas hören, hängt maßgeblich von Lautstärkeunterschieden ab.

Untersuchungen mit vielen Testpersonen ergaben: Zwei genau gleiche Schallerzeuger empfindet der Mensch – obwohl die Druckschwankungen auf dem Ausbreitungsweg doppelt so stark sind – nicht als doppelt so laut. Dieser Eindruck entsteht erst bei zehn gleichen Schallquellen. Aus diesem Grund hat man für die Schallwahrnehmung durch den Menschen an Stelle der rein physikalischen Schallstärke die Lautstärke eingeführt und gibt sie in der Einheit **dB(A)** an. Der Buchstabe „A" bedeutet: Die Werte sind an die Empfindlichkeit des menschlichen Ohres angepasst. Die Abkürzung „dB" steht für Dezibel und ist die Einheit der Schallstärke.

Die Lautstärkeskala (1) kann mithilfe eines Schallpegelmessers (4) ermittelt werden. Dieses Gerät zeigt die Lautstärke in dB(A) an. Es registriert den Schall also genau so, wie ihn gesunde Ohren empfinden.

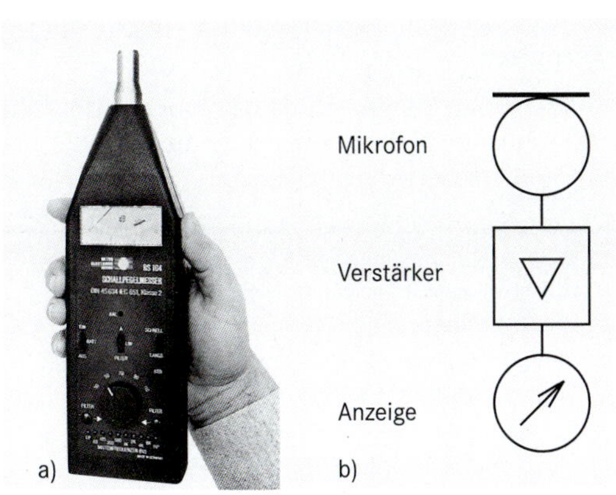

4 Schallpegelmesser: a) Foto, b) Funktionsprinzip

Versuche

1. Lassen Sie zuerst eine Klingel (elektrische Klingel oder Fahrradklingel) läuten und danach zwei. Beschreiben Sie den Unterschied.
2. Messen Sie mit dem Schallpegelmesser
   a) die Lautstärke aus einem Musikgerät, die Sie gerade noch hören können und
   b) die Lautstärke, die das Gerät maximal hergibt.
   c) Ordnen Sie diese Werte auf der Lautstärkeskala ein.

Aufgaben

1. Der Hahn (5) schafft 75 dB(A). Ordnen Sie diesen Schallpegel in der Lautstärkeskala ein.

5 Krähender Hahn (75 dB(A))

2. Ein Kraftfahrzeug erzeugt beim Fahren 77 dB(A). Welchen Schallpegel liefern 2, 4, 10 Fahrzeuge des gleichen Typs gemäß Bild 6?

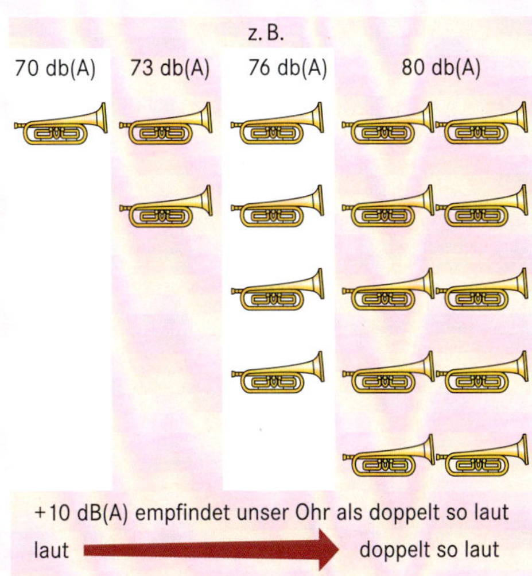

6 So empfindet unser Ohr Lautstärkeunterschiede

3. Der Schallpegelmesser zeigt in einer Disko 100 dB(A) an. Wievielmal lauter ist dieser Schall, verglichen mit Orchestermusik gemäß der Lautstärkeskala (1)?

7.3.4 Lärm

Der Bakteriologe Robert Koch (1843–1910) prophezeite: „Eines Tages wird der Mensch den **Lärm** ebenso bekämpfen müssen wie Pest und Cholera."

Diese Situation ist inzwischen für viele Wirklichkeit geworden. Umfragen belegen, dass sich bereits mehr als 50 Prozent der Bevölkerung durch Lärm, z. B. Nachbarschaftslärm, Verkehrslärm, Baustellenlärm, Fluglärm und Arbeitsplatzlärm, belästigt fühlen.

Ohrenärzte und Hörgeräteakustiker schätzen, dass bereits jeder dritte Deutsche nicht mehr einwandfrei hört. Bei vielen jungen Menschen wird Schwerhörigkeit in erster Linie durch die Schallbelastung in Diskotheken und eine zu hohe Langzeitbelastung von Ohrhörern verursacht.

Ab etwa 60 dB(A) gilt Lärm als lästig, ab etwa 90 dB(A) als schädlich. Von Lärm belästigte Menschen schlafen schlecht und zeigen weitere Störungen.

Ob Schall stört, hängt oft von der Art und der Einstellung zum Verursacher ab. So darf Musik, die man mag, auch laut oder sogar sehr laut sein.

Für die richtige Einschätzung von Lärmgefahren sollte man Folgendes beachten:

- An Lärm gewöhnt sich unser Gehör nicht.
- Gehörschäden sind unheilbar, da bei häufiger Überlastung Gehörzellen absterben und nicht mehr nachwachsen.
- Schwerhörige haben privat und beruflich große Nachteile, z. B. Verständnisprobleme, Verständigungsprobleme, erhöhte Unfallgefahr im Straßenverkehr.

Lärm ist störender Schall, der die Gesundheit dauerhaft schädigen kann.

An Maschinen lässt sich mitunter Lärm nicht vermeiden. Ein Gehörschutz (1) ist dort unerlässlich.

1 Gebotszeichen: Gehörschutz benutzen

Um Schädigungen durch Lärm vorzubeugen, hat der Gesetzgeber **Lärmschutzbestimmungen** erlassen, z. B. gegen Lärm am Arbeitsplatz (2).

2 Gesetzliche Richtwerte für Lärm am Arbeitsplatz in dB(A)

Bei den Maßnahmen zur **Lärmbekämpfung** lassen sich folgende Methoden unterscheiden:

- Schutzmaßnahmen an der Lärmquelle vornehmen, wie Kunststoff statt Metall verwenden, Vorgänge verlangsamen (z. B. pressen statt hämmern), Schalldämpfungsmaßnahmen (z. B. gepolsterte Türen, Doppeltüren, Schalldämpfer in Autos, Kapseln von Schallquellen durch schallschluckende Umhüllungen, elastische Lagerung).
- Schutzmaßnahmen bei der Ausbreitung vornehmen, wie sinnvolle Aufgliederung des Baulandes in Wohn- und Industriegebiete mit Zwischenzonen in Form von Parks oder mit Lärmschutzwänden (3), die Schall zurückwerfen bzw. schlucken.

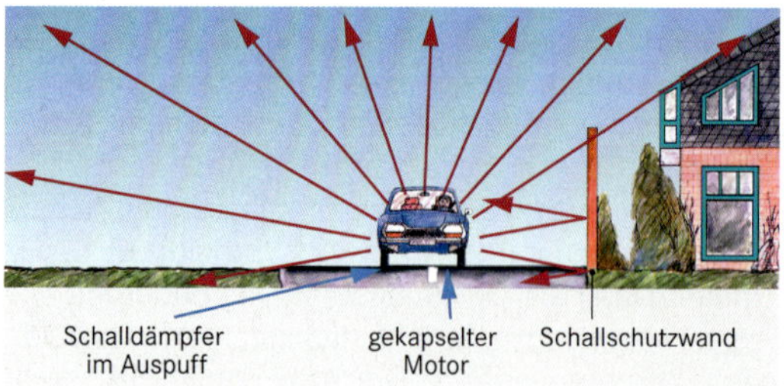

3 Technische Lärmschutzmaßnahmen

- Empfängerseitige Schutzmaßnahmen durch wirkungsvollen Schutz des Ohres gegen zu hohe Schallpegel vornehmen, z. B. durch Gehörschutz.

So gesehen bedeutet **Lärmschutz** gleichzeitig Umweltschutz. Jeder ist dazu aufgerufen, sich und andere vor Lärm und dessen negativen Auswirkungen zu schützen.

Lärm ist heute bereits ein Hauptfaktor der Umweltgefährdung und nicht weniger bedrohlich als die Luft- und Wasserverschmutzung.

Aufgaben

1. Nennen Sie Schallereignisse, die Sie beim konzentrierten Lesen oder während einer schriftlichen Prüfung stören.
2. Stellen Sie einen läutenden Wecker auf den Tisch. Wodurch wird er leiser?
3. Die Wassertropfen eines undichten Wasserhahnes fallen deutlich hörbar in das Spülbecken. Wie können Sie das Geräusch dämpfen?

Mechanische Schwingungen
Man versteht darunter die Hin- und Herbewegungen eines Körpers um seine Gleichgewichtslage.

Harmonische Schwingungen
Bei Schwingungen kommt es ständig zu Energieumwandlungen. Wenn das Auslenkung-Zeit-Diagramm eine Sinuslinie ist, nennt man die Schwingung harmonisch.

Kenngrößen von Schwingungen

- Die weiteste Auslenkung einer Schwingung heißt **Amplitude**.
- Die Zeit für eine Schwingung nennt man **Schwingungsdauer** oder **Periodendauer** T.
- Die **Frequenz** f gibt an, wie viele Schwingungen in einer bestimmten Zeit, z. B. in einer Sekunde ablaufen:

$$f = \frac{1}{T} \qquad T = \frac{1}{f}$$

Einheit der Frequenz
Hertz (Hz) 1 Hz = 1/s
Eine Schwingung pro Sekunde.

Eigenfrequenz
Ein sich selbst überlassener schwingender Körper schwingt frei mit einer charakteristischen Frequenz. Man nennt sie Eigenfrequenz.

Erzwungene Schwingungen
Zwingt man einen schwingfähigen Körper mit einer anderen Frequenz zu schwingen, dann führt er erzwungene Schwingungen aus.

Resonanz
Sie entsteht, wenn die Erregerfrequenz ungefähr gleich der Eigenfrequenz ist.

Gedämpfte Schwingungen
Wegen unvermeidbarer Energieverluste nimmt die Amplitude einer Schwingung ständig ab.

Ungedämpfte Schwingungen
Man erhält sie durch gezielten Ausgleich der Energieverluste.
Beispiel: Selbststeuerung bei Pendeluhren.

Mechanische Wellen
Sie entstehen durch Störungen in einem **Wellenträger**. Von der Störstelle aus wird Energie von den elastisch gekoppelten Teilchen des Wellenträgers übertragen. Die erfassten Teilchen führen nacheinander Schwingungen um ihre Gleichgewichtslage aus.

Ausbreitungsgeschwindigkeit von Wellen

$$v = \lambda \cdot f$$

Querwellen
Bei ihnen schwingen die Masseteilchen senkrecht zur Ausbreitungsrichtung der Welle.

Schallwellen
Schallwellen sind Längswellen, die sich in Form von Verdichtungen und Verdünnungen ausbreiten. Die Teilchen des Wellenträgers bewegen sich dabei in Ausbreitungsrichtung der Welle hin und her.

Schallentstehung, -ausbreitung, -empfang

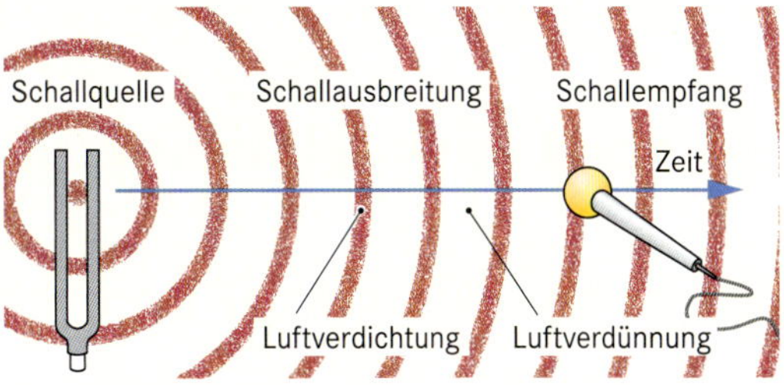

Schallausbreitung

Die Ausbreitung geschieht in Form von aufeinander folgenden Verdichtungen und Verdünnungen, die um den Schallerreger im Rhythmus der Schwingungen entstehen.
Schall kann sich nur in Materie ausbreiten.

Ausbreitungsgeschwindigkeiten von Schall

- Luft 340 m/s (bei 20 °C)
- Wasser 1 480 m/s
- Eisen 5 800 m/s

Merkmale von Schallwellen

- Je größer die Amplitude, umso lauter ist der Schall.
- Je größer die Frequenz, desto höher ist der Ton.

Hörbereich des menschlichen Ohres
Von ca. 20 Hz bis ca. 20 000 Hz

- Hörschwelle bei 0 dB(A)
- Schmerzgrenze bei 130 dB(A)

Schallbereiche

- **Infraschall** unter 20 Hz
- **Ultraschall** über 20 000 Hz

Angabe dB(A)

- dB: Dezibel
- (A): angepasst bzw. bewertet nach der Empfindlichkeit des menschlichen Gehörs

Lärmschutzmaßnahmen
Sie sind möglich durch Schalldämmung

- am Entstehungsort (am effektivsten),
- auf dem Ausbreitungsweg oder
- beim Empfänger.

8 Radioaktivität und Kernenergie

8.1 Radioaktivität

Video

8.1.1 Strahlen aus dem Atomkern

Entdeckung der Strahlenarten

Der Franzose **Henri Becquerel** (1852–1908) wird als der Entdecker der Radioaktivität bezeichnet. In einem Versuch hatte er uranhaltiges Mineral zunächst ins Sonnenlicht und dann auf eine lichtundurchlässig umhüllte Fotoplatte gelegt. Als er die Platte entwickelte, sah er den Mineralbrocken darauf abgebildet (1 ①). Becquerel wollte die Versuche wiederholen, steckte aber mangels Sonnenschein das Uransalz samt Fotoplatte in eine dunkle Schublade. Doch auch ohne Sonnenlicht war der Brocken abgebildet.

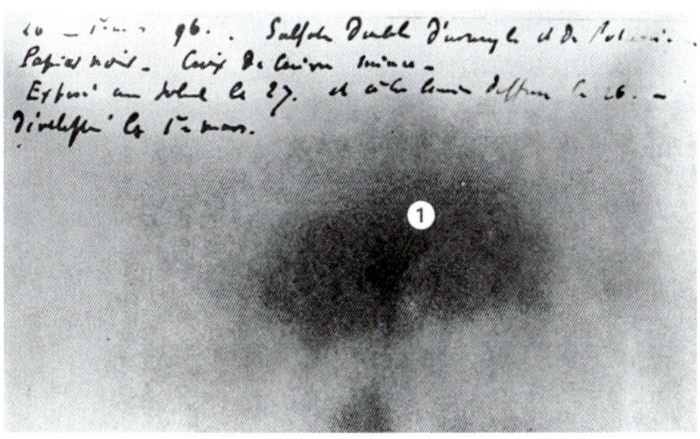

1 Die erste von „Becquerel-Strahlen" geschwärzte Platte

Mit der neuen Entdeckung beschäftigten sich daraufhin viele Forscher. Das französische Ehepaar Marie (1867–1934) und Pierre (1859–1906) Curie untersuchte systematisch alle damals bekannten chemischen Elemente auf diese neue Eigenschaft, die sie als **Radioaktivität** bezeichneten (radius, lat. = Strahl). Sie fanden die Radioaktivität beim Thorium und sehr viel stärker bei zwei bisher unbekannten Elementen, beim Polonium (benannt nach der polnischen Heimat von Marie Curie) und beim **Radium**. In den beiden nächsten Jahrzehnten wurden die übrigen in der Natur vorkommenden radioaktiven Elemente aufgefunden, u. a. von dem Chemiker Otto Hahn (1879–1968) und der Physikerin Lise Meitner (1878–968).

In der ganzen Welt beschäftigte man sich mit den merkwürdigen Eigenschaften dieser neuen Strahlen. Man fand dabei die folgenden Eigenschaften:

- Es gibt keine Möglichkeit, durch äußere Einwirkung das Aussenden **radioaktiver Strahlen** zu verstärken oder zu schwächen. Durch Aufheizen, Abkühlen oder Verändern des Drucks, selbst durch Feuer kann die Radioaktivität nicht zerstört werden.
- Die Strahlung wird auch nicht durch chemische Reaktionen verändert. Radium z. B. kann chemische Verbindungen eingehen und strahlt trotzdem.
- Ein radioaktiver Stoff ist stets etwas wärmer als seine Umgebung. Durch Absorption der eigenen Strahlung wird nämlich die Materie erwärmt. Die Strahlung kann dabei so intensiv sein, dass sie infolge der höheren Temperatur aufleuchtet.

Man fand ferner, dass die von einem Radiumpräparat ausgehende Strahlung drei verschiedene Anteile hat. Sie lässt sich sortieren, wenn man ein Bündel dieser Strahlung durch ein starkes Magnetfeld laufen lässt (2).

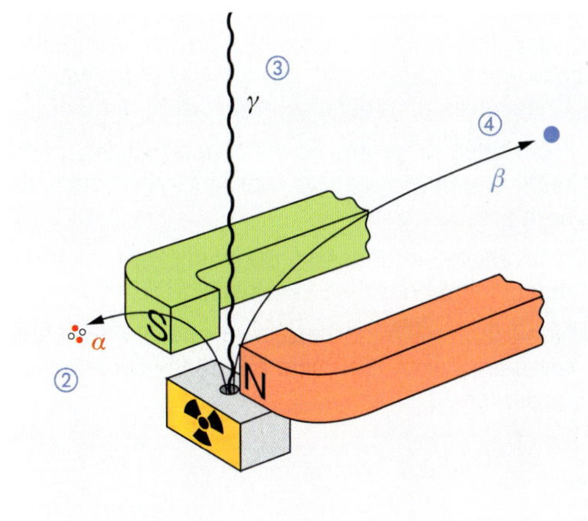

2 Strahlenablenkung im Magnetfeld

Ein Teil wird abgelenkt. Aus der Ablenkungsrichtung ergibt sich, dass es sich um einen Strom positiver Teilchen handeln muss. Man nennt diese Art von Strahlen **Alphastrahlen** (α-Strahlen ②), die Teilchen **Alphateilchen** (α-Teilchen).

Ein anderer Teil, die **Gammastrahlen** (γ-Strahlen ③), geht unabgelenkt durch das Magnetfeld hindurch. Und ein dritter Teil wird erheblich stärker abgelenkt als die Alphateilchen, aber in die entgegengesetzte Richtung. Man nennt sie **Betastrahlen** (β-Strahlen ④). Die Teilchen heißen **Betateilchen** (β-Teilchen).

Viele Untersuchungen an diesen Strahlen führten zu folgenden Ergebnissen:

- Alphastrahlen bestehen aus einzelnen, schnellen Heliumkernen. Diese sind zweifach positiv geladen.
- Betastrahlen bestehen aus schnellen Elektronen.
- Gammastrahlen transportieren keine Ladung. Sie werden deshalb im Magnetfeld nicht abgelenkt. Sie sind von derselben Natur wie Röntgenstrahlung, nur energiereicher.
- α-, β- und γ-Strahlen kommen aus dem Atomkern.

In der Natur gibt es sehr viele radioaktive Stoffe. Man spricht von **natürlicher Radioaktivität**.

Eigenschaften der Strahlen

Menschen besitzen keine Sinnesorgane zur Wahrnehmung der Radioaktivität. Sie lässt sich aber z. B. mit einem Elektroskop nachweisen. Bringt man z. B. ein radioaktives Präparat in die unmittelbare Nähe eines aufgeladenen Elektroskops, dann wird dieses nach kurzer Zeit entladen. Die Luft in der Umgebung des Elektroskops wird elektrisch leitend, da durch die Strahlung in der Luft geladene Atome (Ionen) entstehen. Radioaktive Strahlung kann also Luft ionisieren.

Auf der ionisierenden Wirkung beruhen zahlreiche Nachweismethoden, mit denen folgende weitere Eigenschaften festgestellt werden können (1):

- α-Strahlen können dünne Papierblätter nicht mehr durchdringen. Sie werden vollständig absorbiert ①.
- β-Strahlen werden erst durch dickere Aluminiumschichten deutlich geschwächt ②.
- Noch größere Absorberdicken und dichtere Materialien (Eisen, Blei) sind bei den γ-Strahlen erforderlich ③.

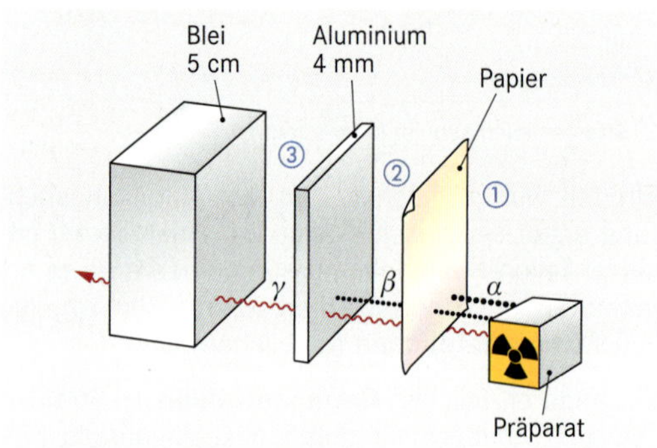

1 Durchdringungsvermögen

Daraus ergeben sich Grundregeln für den **Strahlenschutz**:

- Einwirkungsdauer klein halten!
- Entfernung groß wählen!
- Geeignet abschirmen!
- Körperkontakte vermeiden!

Nachweis der radioaktiven Strahlen mit dem Zählrohr

Auf der ionisierenden Wirkung beruht das von Hans Geiger (1882–1946) und Walther Müller (1905–1979) entwickelte Zählrohr (2). Es besteht aus einem Metallrohr, das mit einem Edelgas unter vermindertem Druck gefüllt ist. Im Innern des Zählrohrs ist in der Zylinderachse ein dünner Draht isoliert aufgespannt. Zwischen Draht und Rohrwand liegt eine Spannung von ca. 500 V. Das Rohr ist mit einem sehr dünnen Glimmerfenster verschlossen, durch das die Teilchen in das Rohr gelangen können.

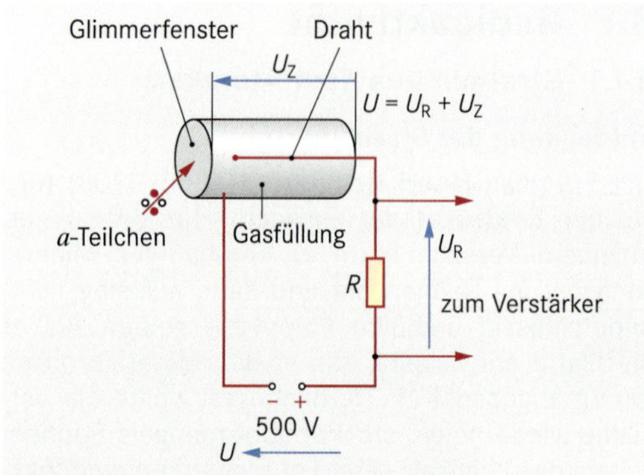

2 Aufbau eines Geiger-Müller-Zählrohrs

Wenn ein Teilchen in das Innere des Zählrohrs dringt, werden positive Ionen und Elektronen erzeugt. Im elektrischen Feld zwischen Draht und Metallgehäuse werden die erzeugten Ladungsträger so stark beschleunigt, dass diese durch Stoßionisation weitere Ladungsträger erzeugen. Das Gas wird leitend. Es fließt kurzzeitig ein Strom über den Hochohmwiderstand R und es entsteht dort die Teilspannung U_R. Am Zählrohr sinkt deshalb die Spannung von U auf $U_z = U - U_R$ ab. Die Entladung bricht ab und das Gas wird wieder zu einem Isolator. Das Zählrohr ist für ein neues Teilchen bereit.

Die am Widerstand auftretende Teilspannung kann man verstärken und einem Lautsprecher oder einem Zähler zuführen. Jeder Stromstoß am Zählrohr wird als Knacken im Lautsprecher hörbar. Die Stromstöße nennt man auch **Impulse**. Die Zahl der Impulse in einer Sekunde wird durch die **Zählrate** gemessen.

Das Gerät registriert bereits Impulse, und zwar etwa 20 Impulse pro Minute, ohne dass ein radioaktives Präparat vor dem Zählrohr aufgestellt wird. Dieser **Null-Effekt** stammt von radioaktiven Stoffen in der Luft, aus der Umgebung sowie von der Strahlung aus dem Weltraum (natürliche Radioaktivität). Die Nullrate muss man bei allen Versuchen berücksichtigen. Mit Präparat ist die Zählrate erheblich größer.

Radioaktive Strahlen bestehen aus α-Teilchen, β-Teilchen und γ-Strahlen. Sie können Materie unterschiedlich tief durchdringen.

Aufgaben

1. Wie kann man nachweisen, dass hohe Temperaturen und chemische Veränderungen die Radioaktivität eines Stoffes nicht zerstören.
2. Entwerfen Sie eine Versuchsanordnung, mit der man feststellen kann, dass α-Teilchen positiv, β-Teilchen negativ und γ-Strahlen gar nicht geladen sind.
3. Ein Präparat sendet β-Teilchen aus. Womit kann man sie weitgehend abschirmen?

8.1.2 Aufbau der Atome

Der englische Physiker Ernest Rutherford (1871–1937) benutzte radioaktive Strahlung, um Atome zu beschießen. Er kam zur Überzeugung, dass der größte Teil eines Atoms leerer Raum ist. Rutherford entwickelte auch ein **Atommodell**, das dazu passte.

Das Atom (3) besteht danach aus einem positiv geladenen **Atomkern**, in dem nahezu die gesamte Masse (99,9 %) konzentriert ist, und der **Atomhülle**, die sich aus negativ geladenen Elektronen zusammensetzt (Kern-Hülle-Modell). Nach außen ist das Atom neutral.

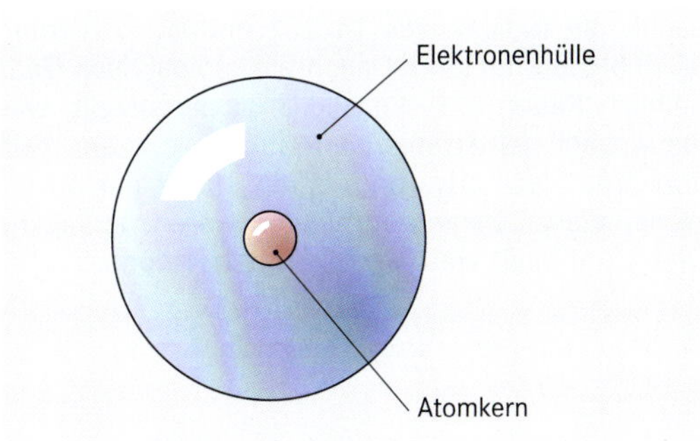

3 Atommodell nach Rutherford

Der Kern ist kein einheitliches Gebilde, sondern selbst wieder aus „Elementarteilchen" zusammengesetzt (4).

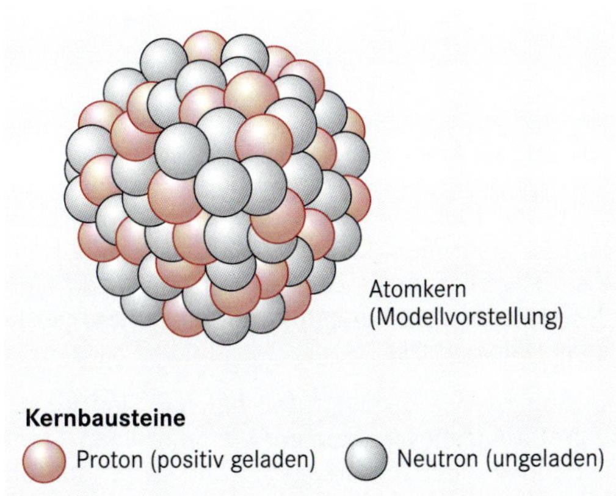

4 Tröpfchenmodell des Atomkerns

Alle Atomkerne sind aus zwei verschiedenen Bausteinen zusammengesetzt, den Protonen und den Neutronen. Man nennt sie Nukleonen (Kernbausteine).

Protonen sind positiv geladen. Ihre Ladung ist entgegengesetzt gleich der Ladung eines Elektrons und ihre Masse ist nahezu 1836-mal größer als die des Elektrons. **Neutronen** haben fast die gleiche Masse wie die Protonen, tragen jedoch keine Ladung.

Die Anzahl der Nukleonen im Kern heißt **Massenzahl *A*** des Kerns. Die Zahl der Protonen heißt **Kernladungszahl *Z***, da sie Auskunft gibt über die Höhe der im Kern konzentrierten elektrischen Ladung. Sie ist gleich der **Ordnungszahl** des betreffenden chemischen Elementes im Periodensystem.

Zwischen der Massenzahl A, der Neutronenzahl N und der Kernladungszahl Z besteht folgende Beziehung: $A = N + Z$

Ein **Nuklid** ist eine Atomsorte, bei der alle Kerne die gleiche Ordnungszahl Z und die gleiche Massezahl A haben. Zur Kennzeichnung eines Nuklids schreibt man die Werte für A und Z an das Elementsymbol X:

$${}^{A}_{Z}\mathrm{X}$$

Beispiele

Kernaufbau

- Wasserstoff hat die Kernladungszahl 1, die Massezahl 1, also wird er bezeichnet mit ${}^{1}_{1}\mathrm{H}$.
- Helium hat die Massezahl 4 (2 Protonen und 2 Neutronen), also: ${}^{4}_{2}\mathrm{He}$.
- Weitere Beispiele: Uran ${}^{235}_{92}\mathrm{U}$, Sauerstoff ${}^{16}_{8}\mathrm{O}$, vereinfachte Schreibweise U 235 oder O 16.

Es gibt Nuklide, die sich chemisch nicht unterscheiden, aber unterschiedliche Massenzahlen besitzen. Sie haben gleiche Protonenzahlen, aber verschiedene Neutronenzahlen. Man nennt sie **Isotope**. Die meisten chemischen Elemente haben mehrere Isotope. So existieren z. B. drei verschiedene Arten von Wasserstoff, der gewöhnliche Wasserstoff, das Deuterium und das Tritium (5).

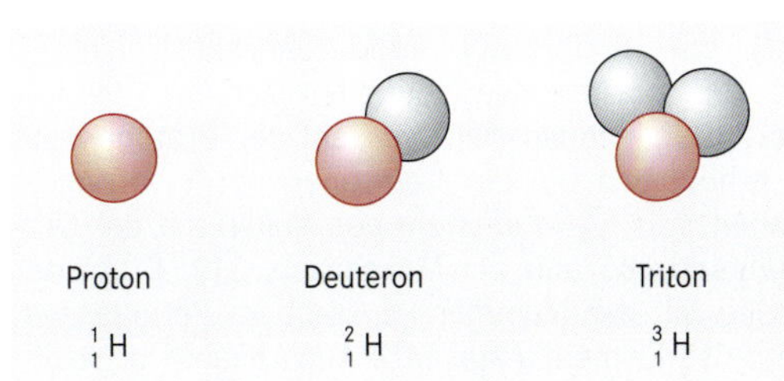

5 Atomkerne der Isotope des Wasserstoffs

Atome mit gleicher Protonenzahl, aber verschiedener Neutronenzahl nennt man Isotope. Die meisten chemischen Elemente haben mehrere Isotope.

Eine sehr einfache Vorstellung vom Aufbau des Atomkerns ist das **Tröpfchenmodell** (4). Die Nukleonen liegen im Kern wie in einem kugelförmigen Flüssigkeitstropfen dicht gepackt beieinander. Dass der Kern auf Grund der abstoßenden elektrischen Kräfte zwischen den positiv geladenen Protonen nicht auseinander fliegt, liegt an der überaus starken **Kernkraft**. Sie hat eine geringe Reichweite und wirkt praktisch wie ein Klettverschluss und nur dann, wenn sich die Nukleonen berühren.

8.2 Kernumwandlungen

8.2.1 Radioaktiver Zerfall

Stößt ein Kern (1) ein α-Teilchen (**α-Zerfall**, ${}^{4}_{2}He$) aus ①, so wird seine Massenzahl um 4 kleiner, die Kernladungszahl nur um 2. Aus ${}^{226}_{88}Ra$ entsteht dann das Nuklid mit der Massenzahl 226-4 = 222 und der Ladungszahl 88-2 = 86. Dem Periodensystem entnimmt man, dass es das Element mit der Ordnungszahl 86 ist, das Edelgas Radon ②. Durch Kernumwandlungen ist ein neues Atom entstanden. Der Ausgangskern zerfällt in zwei Teile.

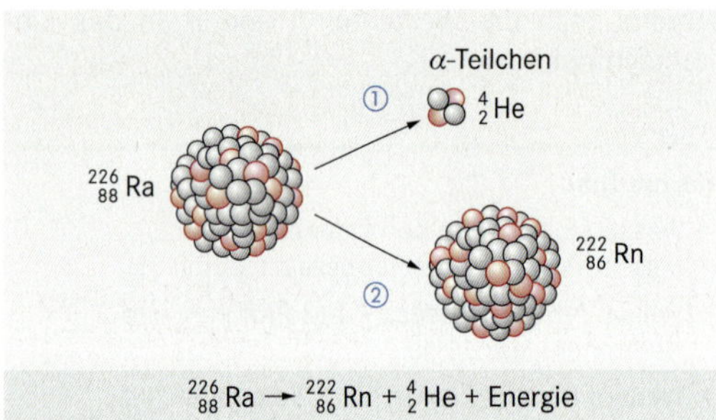

1 Alphazerfall (α-Zerfall)

Da die ausgesandten Teilchen nicht in Ruhe sind, sondern Bewegungsenergie haben, wird gleichzeitig Energie frei. Auch Rn 222 ist nicht stabil und zerfällt unter Aussendung eines α-Teilchens in Po 218 (Polonium), das ebenfalls radioaktiv ist.

Beim α-Zerfall wird die Massenzahl um 4, die Kernladungszahl um 2 kleiner.

Sendet ein Atomkern (2) ein β-Teilchen aus (**β-Zerfall**), dann ändert sich die Massenzahl *A* nicht ③. Aber die positive Kernladung hat sich um 1 vergrößert. Daher muss sich die Zahl der Protonen um 1 erhöht und die der Neutronen um 1 verringert haben. Aus ${}^{218}_{84}Po$ entsteht das Nuklid mit der Ordnungszahl 85 und der Massenzahl 218 ④. An der Stelle mit der Nummer 85 steht im Periodensystem das Element Astat (At). Auch hier wird gleichzeitig Energie frei.

Beim β-Zerfall ändert sich die Massenzahl nicht; die Kernladungszahl wird um 1 größer.

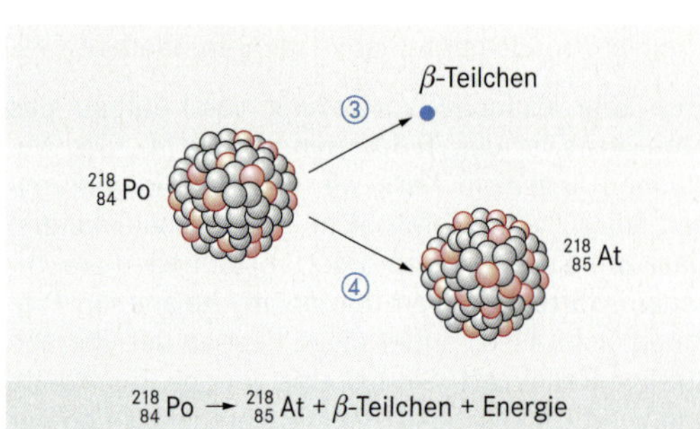

2 Betazerfall (β-Zerfall)

Das einzelne Nuklid zeigt niemals beide Zerfälle, sondern entweder nur den α-Zerfall oder nur den β-Zerfall. Bei der γ-Strahlung sendet der Atomkern energiereiche Strahlung, die sogenannten Gammaquanten aus. Es verändert sich weder die Massenzahl noch die Kernladungszahl. α- und β-Zerfälle sind häufig von γ-Strahlung begleitet.

Der Zerfall des Urans geht so lange vor sich, bis einmal ein stabiles Isotop entstanden ist. Im ersten Beispiel war das Ausgangsnuklid nicht Ra 226 (1), sondern U 238. Der Zerfall endet schließlich bei dem stabilen Blei-Isotop ${}^{206}_{82}Pb$.

Als Beispiel wird eine Thoriumverbindung untersucht, die radioaktives Th 232 enthält (3). Unter den Folgeprodukten ist auch ein radioaktives Gas, nämlich Radon 220. Im Bild 3 ist dargestellt, wie die Anzahl der strahlenden Nuklide mit der Zeit abnimmt. Nach etwa 56 s ist die Hälfte der Atomkerne, die zu Beginn vorhanden waren, zerfallen. Diese Zeit heißt **Halbwertszeit** des Radons.

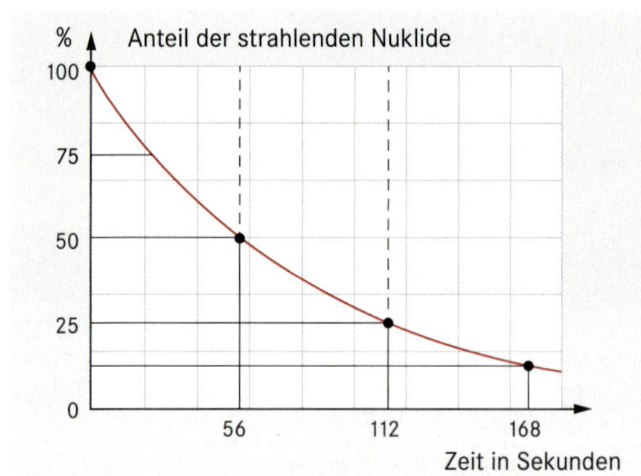

3 Die Zahl der strahlenden Nuklide nimmt ab

Unter der Halbwertszeit einer radioaktiven Substanz versteht man die Zeitspanne, in der die Hälfte einer vorliegenden Zahl von Nukliden zerfallen ist. Jede radioaktive Substanz hat eine charakteristische Halbwertszeit.

Die Angabe der Halbwertszeit hat nur Sinn für eine große Anzahl von Atomen. Vom einzelnen Atom können wir nicht vorhersagen, wann es zerfällt, ob sofort oder erst nach 100 Jahren.

Es gibt Radionuklide mit sehr kurzen, aber auch mit extrem langen Halbwertszeiten. Polonium 214 z. B. hat eine Halbwertszeit von 0,000164 s, Kalium 40 eine von 1 280 000 000 Jahren.

Ein bestimmtes Präparat kennzeichnet man durch die **Aktivität *A***. Sie gibt an wie groß die Zahl der Zerfälle in 1 s ist. Die Einheit der Aktivität ist 1/s und heißt zu Ehren des Entdeckers 1 **Becquerel** (1 Bq). Auch der menschliche Körper enthält radioaktive Stoffe. Man misst ca. 5 000 Bq. In jeder Sekunde zerfallen also im Körper 5 000 Atomkerne.

8.2.2 Künstliche Kernumwandlung

Bei natürlicher radioaktiver Strahlung zerfallen die Kerne ohne unser Zutun. Die erste **künstliche Kernumwandlung** konnte 1919 Rutherford beobachten. Er beschoss Stickstoffatome mit α-Teilchen und fand, dass hin und wieder auch ein Proton auftrat. Die Versuche waren äußerst mühsam und zeitraubend.

Registriert wurde nämlich die Strahlung mit einem Stoff, der beim Auftreffen von α-Teilchen an der Auftreffstelle kurzzeitig aufleuchtet. Diese Lichtblitze mussten unter dem Mikroskop beobachtet und gezählt werden. Rutherford schloss aus seinen Versuchen, dass schnelle Heliumatome ① einen Stickstoffkern „zertrümmern" können (4).

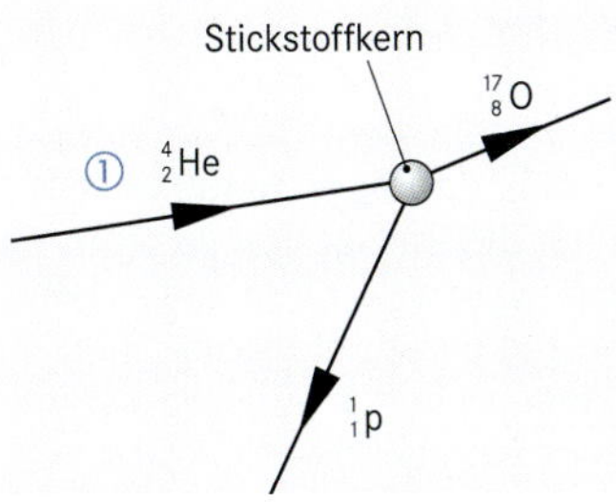

4 Beobachtete Reaktion

1938 gelang es den beiden Deutschen Otto Hahn (1879–1968) und Fritz Straßmann (1902–1980), Kerne wirklich zu spalten (6), d.h. in zwei große Bruchstücke zu zerlegen ② (5). Sie beschossen **Uran** 235 mit „langsamen Neutronen" ($v \approx$ 200 m/s ③), weil sie durch Anlagern von Neutronen schwerere Kerne als Uran aufbauen wollten. Stattdessen erhielten sie zwei mittelschwere, radioaktive Spaltprodukte ④. Zusätzlich traten zwei bis drei schnelle Neutronen ($v \approx$ 10 000 km/s ⑤) auf.

Bei der **Spaltung eines Kerns** U 235 wird ein Energiebetrag von $1{,}6 \cdot 10^{-19}$ Joule freigesetzt. Das ist eine winzige Energiemenge. Um die Energie von 1 Joule zusammenzubringen, müssten 30 Milliarden Kerne zerfallen. Nun enthält aber 1 kg reines U 235 eine ungeheuer große Zahl von Kernen, nämlich $26 \cdot 10^{23}$. Daher liefert diese Uranmenge rund $8 \cdot 10^{13}$ Joule = 80 000 Milliarden Joule, also rund 2,5-millionenmal so viel Energie, wie bei Verbrennung der gleichen Menge Steinkohle frei wird.

6 Fritz Straßmann und Otto Hahn (von links) im Fachgespräch

Der überwiegende Teil der freiwerdenden Energie, nämlich ca. 82 %, ist kinetische Energie der Spaltprodukte. Diese kinetische Energie wird durch Stöße auf andere Atome übertragen. Die innere Energie der Materie steigt und sie bekommt eine höhere Temperatur. Die Energie wird als Wärme an die Umgebung abgeführt.

Die **Kernenergie** lässt sich nur nutzbar machen, wenn eine ungeheuer große Zahl von Kernreaktionen ausgelöst wird. Da aber bei jeder Spaltung von U 235 zwei bis drei Neutronen entstehen, die wiederum Kernreaktionen auslösen können, kann sich in kurzer Zeit die Reaktion auf sehr viele Atome ausdehnen. Die Zahl der Spaltungen wächst lawinenartig an. Einen solchen Vorgang bezeichnet man als **Kettenreaktion**. Kontrolliert ablaufende Kernreaktionen verwirklicht man im **Kernreaktor**.

Damit eine Kettenreaktion überhaupt entstehen kann, muss eine Mindestmenge an spaltbarem Material vorhanden sein. Für Uran 235 beträgt diese **kritische Masse** ungefähr 50 kg. Bei **Atombomben** werden mehrere kleine Blöcke mit einem hohen Gehalt an spaltbarem Uran (90 %) zusammengeschossen.

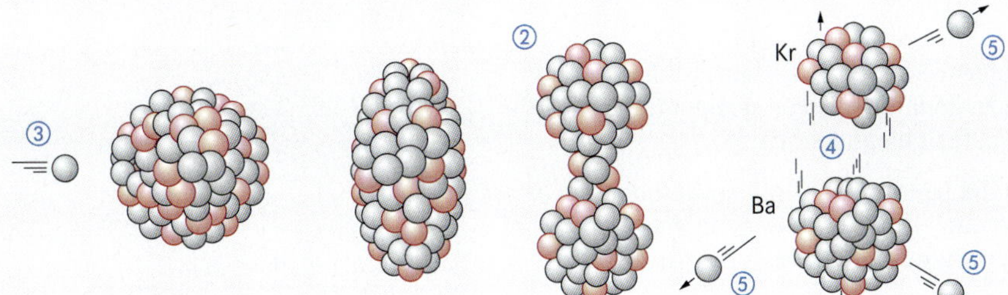

$$^{1}_{0}n + ^{235}_{92}U \longrightarrow ^{89}_{36}Kr + ^{144}_{56}Ba + 3\,^{1}_{0}n$$

5 Kernspaltung von Uran 235

8.3 Strahlengefahr und Strahlenschutz

8.3.1 Grundbegriffe des Strahlenschutzes

Schon wenige Jahre nach ihrer Entdeckung wurden die Röntgenstrahlen in der Medizin zum Durchleuchten von Körperteilen verwendet, z. B. beim Behandeln von Knochenbrüchen. Bald stellte man aber fest, dass diese neue Art von Strahlen auch Schäden hervorrufen können, zumal man anfangs recht sorglos experimentierte. Hautschäden wurden ebenfalls beim Umgang mit radioaktiven Stoffen gemeldet, so bei Becquerel und in einem Selbstversuch bei Pierre Curie.

Der Abwurf zweier Atombomben auf die japanischen Städte Hiroshima und Nagasaki im Jahre 1945 hat der Menschheit klargemacht, welche große Gefahr mit der Nutzung radioaktiver Stoffe verbunden ist. Die beiden Städte wurden dem Erdboden gleichgemacht und weit über 100 000 Menschen getötet. Schreckliche Auswirkungen hatte die freigesetzte radioaktive Strahlung. Die Folgeschäden an Leben und Gesundheit der Opfer wurden erst Jahre oder Jahrzehnte später erkannt.

Spätestens seit der Katastrophe im Kernkraftwerk **Tschernobyl** (Ukraine 1986) und in **Fukushima** (Japan 2011) ist uns allen bewusst geworden, welche Gefahren auch mit der friedlichen Nutzung der Kernenergie verbunden sind und welche außerordentliche Sorgfalt der Betrieb kerntechnischer Anlagen und der Umgang mit radioaktiven Stoffen erfordern.

Heute gibt es gesetzliche Bestimmungen und genaue Vorschriften, die beachtet werden müssen. Auch sind radioaktive Stoffe und andere Vorrichtungen, bei denen eine Gefährdung durch Strahlen auftreten kann, durch ein **Strahlenwarnzeichen** zu kennzeichnen (1).

1 Warnschild

Um die Strahlenwirkungen beurteilen, messen und vergleichen zu können, müssen geeignete physikalische Größen festgelegt werden.

Ein Maß für die biologische Strahlenwirkung ist die Energie, die von 1 kg der Körpersubstanz absorbiert wird (**Energiedosis *D***). Man hat festgelegt:

$$D = \frac{W}{m}$$

Als Einheit wurde das **Gray** (Gy) festgelegt, benannt nach dem englischen Physiker L. H. Gray (1905–1965), dem wesentliche Beiträge zur **Strahlendosimetrie** zu verdanken sind (2).

1 Gy = 1 J/kg

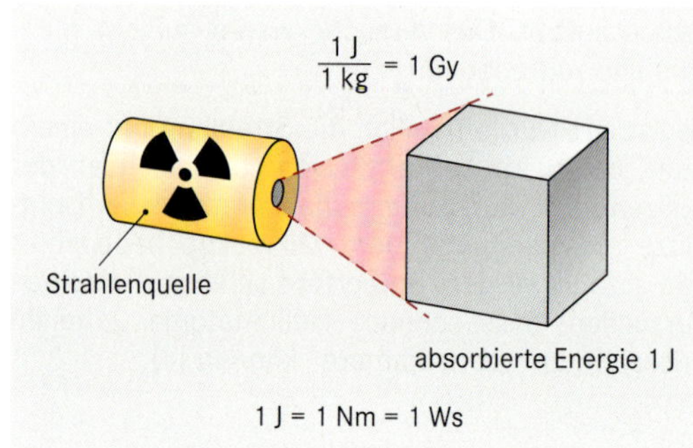

2 Energiedosis

Bei 75 kg erhält der Mensch 450 Joule. Diese Energie würde nur die winzige Temperaturerhöhung von rund 0,0014 °C bewirken. Bei jeder fiebrigen Erkältung ist die Temperaturerhöhung 1000-mal größer. Eine Energiedosis von 6 Gy aber, die in kurzer Zeit z. B. bei einer Atombombenexplosion dem menschlichen Körper zugeführt wird, ist im Allgemeinen tödlich. Diese Überlegungen machen deutlich, dass die absorbierte Energie allein die Gefährlichkeit der Strahlung nicht ausmacht, sondern ihre Fähigkeit, Atome und Moleküle zu ionisieren. Allgemein gilt:

Je größer die Energieaufnahme durch radioaktive Strahlung, desto größer ist auch die Wirkung.

Für die **biologische Strahlenwirkung** ist außer der Energie auch die Strahlenart von Bedeutung. Die von radioaktiven Stoffen ausgesandten α-Strahlen sind erfahrungsgemäß 20-mal wirksamer als Röntgen-, γ- oder β-Strahlen. Die Alphastrahlen haben die 20-fache Wirkung, also wäre eine Röntgenstrahlung mit der 20-fachen Energiedosis z. B. von 2,0 Gy nötig, um die gleiche Wirkung zu erzielen wie α-Strahlen von 0,1 Gy. Die unterschiedliche Strahlenwirkung kommt zu Stande, weil die α-Strahlen pro Weglänge sehr viel mehr Ionen erzeugen (3). Diese häufigere Ionisierung führt zu größeren Schäden.

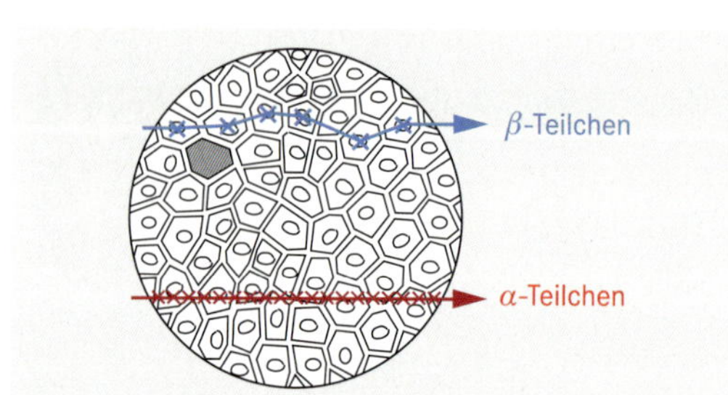

3 Ionenerzeugung durch α- und β-Strahlen

8.3.2 Strahlenbelastung und Schutzmaßnahmen

Um die Wirkungen der verschiedenen Strahlenarten miteinander vergleichen zu können, benutzt man die **Äquivalentdosis *H***. Man erhält sie, indem man die **Energiedosis *D*** der betreffenden Strahlungsart mit einem **Qualitätsfaktor *Q*** (4) multipliziert.

$$H = D \cdot Q$$

Röntgenstrahlen	1
Betastrahlen	1
Protonen	5
Neutronen	5 bis 20
Alphastrahlen	20

4 Qualitätsfaktoren

Da Q ein reiner Zahlenfaktor ist, hat H die gleiche Einheit J/kg wie D. An der Angabe z. B. von 2 J/kg kann man nicht erkennen, ob es sich um eine Energie oder um eine Äquivalentdosis handelt. Deshalb verwendet man für die Äquivalentdosis den anderen Einheitennamen **Sievert** (Sv), benannt nach dem schwedischen Strahlenforscher Rolf M. Sievert (1896–1966).

Die Einheit der Äquivalentdosis ist das Sievert: 1 Sv = 1 J/kg

Eine frühere Einheit war 1 **Rem** (rem = röntgen equivalent man).

1 Sv = 1 J/kg 1 Sv = 100 rem

Wirken radioaktive Stoffe durch ihre Strahlung von außen auf den Körper ein, dann spielt wegen ihrer großen Reichweite die Gammastrahlung eine wesentliche Rolle. α- und β-Strahlen rufen nur in den obersten Gewebeschichten eine Schädigung hervor. Ganz anders sieht es dagegen aus, wenn radioaktive Stoffe mit der Atemluft, mit der Nahrung oder über Wunden in den Körper gelangen (Inkorporation). Dann kommt die große biologische Wirksamkeit der α- und β- Strahlen voll zur Geltung.

Beispielsweise ergeben 1 000 Bq von mit der Nahrung aufgenommenem Jod 131 beim Erwachsenen eine Äquivalentdosis in der Schilddrüse von 0,43 mSv, beim Kleinkind eine von 3,5 mSv.

Die gesamte Natur ist schwach radioaktiv. Die dadurch bedingte, mittlere **natürliche Strahlenbelastung** von 2,1 mSv im Jahr (4) setzt sich zusammen aus der

- kosmischen Strahlung,
- Strahlung aus Erdboden und Lufthülle (terrestrische Strahlung) und
- Eigenstrahlung des menschlichen Körpers, einschließlich des inhalierten Radons.

In Frankreich liegt der Mittelwert bei 2,5 mSv, das Maximum bei 4 mSv pro Jahr. Medizin, Kernwaffenversuche und kerntechnische Anlagen bewirken im Mittel eine zusätzliche **Strahlenbelastung** von 1,55 mSv pro Jahr (5).

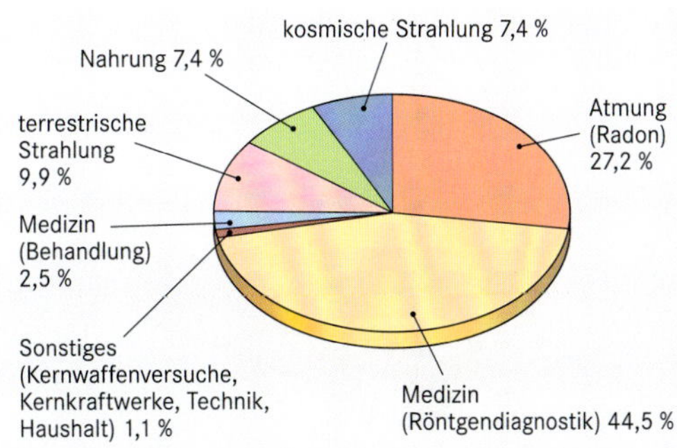

5 Mittlere Strahlenbelastung in Deutschland

Die Gesamtaktivität im menschlichen Körper von ca. 5 000 Bq wird vor allem durch Kalium 40, Kohlenstoff 14 und Rubidium 87 hervorgerufen, die mit der Atemluft, dem Trinkwasser und der Nahrung, z. B. über den **Weide-Kuh-Milch-Pfad**, aufgenommen und im Körper für eine gewisse Zeit gespeichert wird.

Auch die bei Katastrophen freigesetzten Radionuklide können auf diese Weise in den Körper gelangen. So stieg in Bayern nach dem Unglück in Tschernobyl der Gehalt an Jod 131 in der Molkereimilch auf 400 Bq/l an. Nach wenigen Wochen war er wieder auf unter 10 Bq/l abgesunken. 1986 wurde in der Bundesrepublik Deutschland im Mittel eine um 0,04 mSv höhere Belastung gemessen.

Jede zusätzliche Strahlenbelastung muss so gering wie möglich gehalten werden. Daher sollte man Röntgenuntersuchungen in der Strahlungstherapie auf das Notwendigste beschränken.

Aufgaben

1. Nennen Sie die Eigenschaften radioaktiver Strahlung und geben Sie an, welche Größen geeignet erscheinen, die Wirkung zu messen.
2. Welche Energie in Joule wird einem erwachsenen Menschen (m = 75 kg) bei Bestrahlung mit 6 Gy zugeführt?
3. Nennen Sie die wichtigsten Strahlenschutzmaßnahmen.
4. Was versteht man unter der natürlichen Strahlenbelastung?
5. Warum schwankt die natürliche Strahlenbelastung sehr stark?
6. Wie groß ist die zusätzliche Strahlenbelastung bei
   a) einem 7-stündigen Aufenthalt in 3 000 m Höhe (1,3 mSv/Jahr),
   b) einem 4-wöchigen Ferienaufenthalt in Frankreich (4 m Sv/Jahr)?

Radioaktive Strahlen
Sie können aus α-, β- und γ-Strahlen bestehen und kommen aus dem Atomkern.

Strahlenarten
- α-Strahlen: Heliumkerne (positiv)
- β-Strahlen: Elektronen (negativ)
- γ-Strahlen: Energiereiche Strahlung

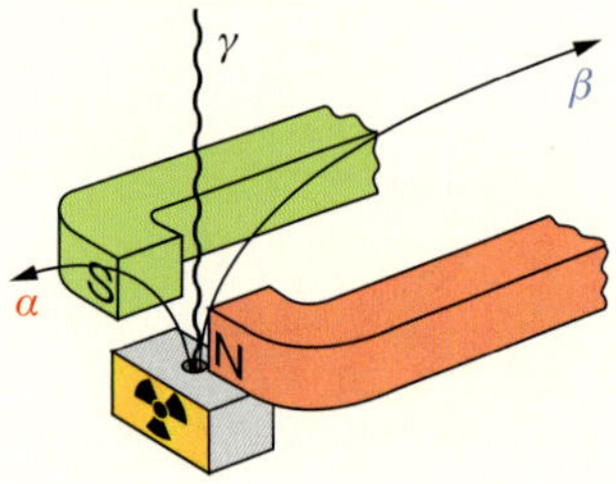

Nachweis radioaktiver Strahlen
Eine Nachweismethode der Radioaktivität beruht auf dem Ionisationsvermögen der Strahlung.

Eigenschaften radioaktiver Strahlen
Sie unterscheiden sich durch ihr Durchdringungsvermögen (Reichweite) und ihr Ionisationsvermögen.

Abschirmung

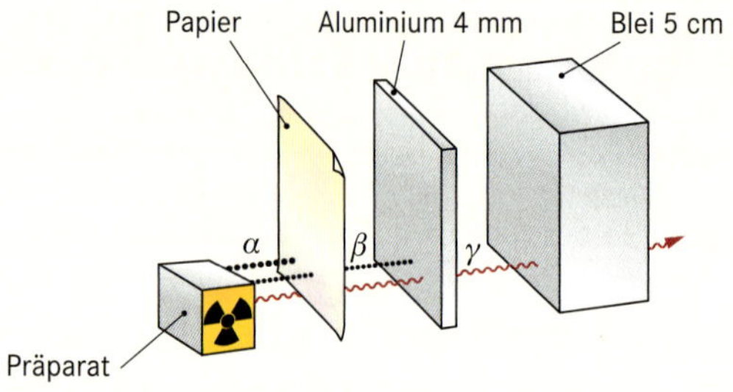

Kernbausteine
Die Kernbausteine **(Nukleonen)** sind positiv geladene Protonen und ungeladene Neutronen.

Massenzahl *A*
Sie gibt an, wie viele Nukleonen sich im Kern (Kernladungszahl) befinden.

Protonenzahl *Z*
Sie gibt an, wie viele Protonen sich im Kern **(Ordnungszahl)** befinden.

Neutronenzahl *N*

Sie ist die Zahl der Neutronen im Kern.

$$A = N + Z$$

Nuklide
Schreibweise: ${}^{A}_{Z}X$
Beispiele: ${}^{4}_{4}He$, ${}^{235}_{92}U$
Kurzschreibweise: He 4, U 235

Isotope
Es handelt sich um Atome mit gleicher Protonenzahl, aber verschiedener Neutronenzahl.

Alpha-Zerfall
Beispiel: ${}^{226}_{88}Ra \rightarrow {}^{222}_{86}Ra + {}^{4}_{2}He$ + Energie

Beta-Zerfall
Beispiel: ${}^{218}_{84}Po \rightarrow {}^{218}_{85}At + e^{-}$ + Energie

Halbwertszeit
Es ist die Zeit, in der die Hälfte der vorhandenen Nuklide zerfallen ist. Jede radioaktive Substanz hat eine charakteristische Halbwertszeit.

Kernspaltung
Bestimmte schwere Atomkerne lassen sich durch Beschuss mit Neutronen in zwei mittelschwere Kerne spalten. Dabei werden große Energiemengen freigesetzt, unkontrolliert in der **Atombombe** (Kettenreaktion), kontrolliert in **Kernreaktoren**.

Biologische Strahlenwirkung
Man unterscheidet somatische und genetische Schäden. Letztere wirken sich erst bei den Nachkommen aus.

Strahlenschutz durch
- Abschirmung,
- Abstand von radioaktiven Stoffen,
- geringe Aufenthaltszeit im Bereich der Strahlung und
- keine Aufnahme radioaktiver Stoffe in den Körper.

Aktivität
Sie ist die Zahl der Kernumwandlungen dividiert durch die zugehörige Zeitspanne.
Einheit: 1/s = 1 Bequerel

Energiedosis *D*
Sie ist die absorbierte Energie *W* dividiert durch die Masse *m*.

$$D = \frac{W}{m}$$

Einheit: 1 Gray (Gy) = 1 J/kg

Äquivalentdosis *H*
Bei dieser Angabe wird die Energiedosis *D* mit einem Qualitätsfaktor *Q* multipliziert.

$$H = D \cdot Q$$

Einheit: 1 Sievert (Sv) = 1 J/kg
Alte Einheit: Rem (rem) 1 Sv = 100 rem

Beispiele:
Röntgenstrahlen: $Q = 1$
Hochwirksame Alphastrahlen: $Q = 20$

A

B

C

D

E

F

G

H

I

J

K

L

M

N

T

U

V

W

Z

A1PIX - Your Photo Today, Taufkirchen: 28.1 (Superbild/Alaska Stock), 32.4b (Superbild);

AFP Agence France-Presse GmbH, Berlin: 12.2;

Airbus S.A.S., Blagnac Cedex: 30.1;

akg-images GmbH, Berlin: 66.2, 67.5, 67.6, 69.4, 69.5;

Astrofoto, Sörth: 106.1, 107.8 (Nakanishi);

Bang, Gunter Dr., Ober-Ramstadt: 120.4;

Blase, Dieter, Metelen: 68.1;

bpk - Bildagentur für Kunst, Kultur und Geschichte, Berlin: 215.6;

Caro Fotoagentur GmbH, Berlin: 19.3 (Sven Hoffmann);

Continental Aftermarket GmbH, Frankfurt am Main: 44.3;

Corbis, Düsseldorf: 37.6 (Thierry Roge/Reuters), 72.1;

Daimler AG, Stuttgart: 151.7;

De Beers UK Limited, London: 120.1 (beide) (Diamond Trading Company, Frankfurt/Main);

DEKRA Automobil GmbH, Stuttgart: 55.4;

Deutsche Post AG, Bonn: 39.4;

Deutsches Museum, München: 146.2;

Dr. Specht GmbH, Taunusstein: 94.1;

Druwe & Polastri, Cremlingen/Weddel: 15 (beide), 28.2, 44.1, 49.3, 90.1, 108.6, 119.4, 122.4, 133.4, 144.1, 154.3, 155.4, 158.1, 163.7, 164.1, 168.1, 168.3, 175.8, 188.1, 189.4, 190 (beide), 191.6, 192.1, 193.4, 194.1, 196.1, 196.3;

EGO Elektrogeräte GmbH, Oberedingen: 172.1;

Fotex Medien Agentur GmbH, Hamburg: 41.6 (Raimund);

fotolia.com, New York: 155.7 (Michel Angelo);

Fries, Dietmar, Nohfelden: 117.6;

Hamburgische Electricitäts-Werke AG (HEW), Hamburg: 40.1;

Hübscher, Heinrich, Lüneburg: 120.6, 156.1, 176.1a;

Kohn, Klaus G., Braunschweig: 19.1 (alle), 54.2, 108.1, 110.3 (alle), 123.6, 123.9, 132.1;

Lochhaas, Horst, Darmstadt: 11.3, 27.7, 111.8;

mauritius images GmbH, Mittenwald: 19.2, 32.4a, 69.3 (Gebhard), 70.1 (Habel);

Max Rubner-Institut - Bundesforschungsinstitut für Ernährung und Lebensmittel, Kiel: 78.1 (Prof. Buchheim);

MORAVIA Gesellschaft für Verkehrszeichen und Signalgläser mbH, Wiesbaden: 112.1;

OKAPIA GK, Frankfurt am Main: 207.5 (Frédéric Didillon/BIOS);

Picture-Alliance GmbH, Frankfurt/Main: 37.5 (B. Thissen), 54.3, 103.1, 109.8;

Rixe, Dieter, Braunschweig: 50.1, 54.1 (beide), 76.2, 108.4, 123.7, 123.8;

Robert Bosch GmbH Bosch Power Tools Communications (PT/COM), Leinfelden-Echterdingen: 145.6;

Schaeffler Technologies GmbH & Co KG, Herzogenaurach: 27.5;

schlaich bergermann und partner, Stuttgart: 113.8;

Schwanke + Raasch GbR, Hannover: 30.3, 30.4, 31.6;

Seip, Stefan, Stuttgart: 107.7;

Siemens Archiv, München: 169.4, 185;

Simper, Manfred, Wennigsen: 116.1;

Stark, Friedrich, Dortmund: 32.1;

Stolt, Matthias, Hamburg: 127.5;

Styria Verlag, Graz: 105.6;

Tegen, Hans, Hambühren: 33 (beide), 75.1b, 110.2, 113.5, 118.2, 142.1, 143.5, 150.4, 187.5;

transit - Fotografie und -Archiv, Leipzig: 36.1 (Thomas Haertrich);

Uwe Brandes Fotografie & EBV, Vechelde/Klein Gleidingen: 180.2;

VDE Verband der Elektrotechnik Elektronik Informationstechnik e. V., Frankfurt/Main: 146.1;

Volkswagen AG, Wolfsburg: 82.1;

Vorwerk, Bernd, Wedel: 16.1, 64.1;

WEBER-HYDRAULIK GMBH, Güglingen: 70.3;

Zalman: 88.1.

Weitere Illustrationen: deckermedia GbR, Vechelde

Hinweis: Für den Fall, dass berechtigte Ansprüche von Rechteinhabern unbeabsichtigt nicht berücksichtigt wurden, sichert der Verlag die Vergütung im Rahmen der üblichen Vereinbarungen zu.

Eigenschaften verschiedener Stoffe

Stoff	Symbol bzw. Formel	Dichte ϱ in g/cm³ bei 20 °C *ϱ in g/l bei 0 °C 1013,25 mbar	Schmelz-temperatur ϑ_E in °C	Siede-Temperatur ϑ_S in °C	Spezifische Wärme-kapazität c in $\frac{J}{g \cdot K}$ bei 20 °C	Spezifischer elektrischer Widerstand ϱ in $\frac{\Omega mm^2}{m}$ bei 20 °C *bei 25 °C
Feste Stoffe:						
Kohlenstoff	C					
Graphit		2,25	3550	4350	0,708	–
Diamant		3,52	>3600	4200	0,502	$3 \cdot 10^{17} \dots 5 \cdot 10^{18}$
Schwefel (rhombisch)	S	2,06	113	445	0,720	$\approx 10^{22}$
Natriumchlorid	NaCl	2,164	808	1465	0,867	$1{,}15 \cdot 10^9$
Metalle						
Aluminium	Al	2,70	660	2400	0,90	0,027
Blei	Pb	11,35	327	1750	0,13	0,21
Eisen	Fe	7,86	1535	2800	0,45	0,099
Gold	Au	19,3	1063	2660	0,13	0,022
Kupfer	Cu	8,93	1083	2582	0,39	0,017
Magnesium	Mg	1,74	650	1110	1,02	0,047
Messing (62 % Cu; 38 % Zn)		8,3	–	–	0,38	0,08
Nickel	Ni	8,9	1453	2800	0,45	0,073
Platin	Pt	21,45	1769	4000	0,13	0,106
Silber	Ag	10,5	961	2190	0,23	0,016
Wismut	Bi	9,75	271	1550	0,12	1,21
Wolfram	W	19,27	3380	5900	0,13	0,054
Zink	Zn	7,13	420	907	0,39	0,062
Zinn	Sn	7,30	232	2600	0,23	0,121
Typische undotierte Halbleiter						
Germanium	Ge	5,36	959	2700	0,31	$0{,}6 \cdot 10^6$ bei 27 °C
Silizium	Si	2,4	1410	2600	0,70	$2{,}3 \cdot 10^9$ bei 27 °C
Naturstoffe, Keramik u. a.						
Beton (lufttrocken)		1,5 ... 2,4	–	–	0,84	1–5
Eis (bei 0 °C)	H_2O	0,917	–	–	2,09	–
Erde (trocken)		1,3 ... 2,0	–	–	–	$10^8 \dots 10^{10}$
Glas		2,4	≈ 500	–	0,8	$10^{12} \dots 10^{19}$
Granit		2,6 ... 3,0			0,75	–
Hartgummi		1,1 ... 1,2	–	–	1,26 ... 1,67	$10^{19} \dots 10^{22}$
Sandstein		1,9 ... 2,3	–	–	0,71	–
Holz		0,4 ... 0,8	–	–	1,26 ... 1,57	$10^{14} \dots 10^{20}$
Keramik		2,4	1670	–	0,85	10^{16}
Styropor		0,017	–	–	–	10^{16}
Flüssigkeiten:						
Glyzerin	$C_3H_8O_3$	1,26	18	291	2,39	$1{,}6 \cdot 10^{11}$*
Petroleum	–	0,85	–	150 ... 300	–	$\approx 10^{18}$
Quecksilber	Hg	13,55	-39	357	0,14	1,86
Wasser	H_2O	0,998	0	100	4,18	$10^{10} \dots 4 \cdot 10^{10}$
Gase:						
Chlor	Cl_2	3,214*	-101	-34	0,49	–
Helium	He	0,1785*	–	-269	5,23	–
Kohlendioxid	CO_2	1,9769*	-56,6	-78	0,84	–
Luft		1,2929*	-213	-193	1,00	–
Sauerstoff	O_2	1,42895*	-219	-183	0,92	–
Stickstoff	N_2	1,2505*	-210	-196	1,04	–
Wasserstoff	H_2	0,08988*	-259	-253	14,32	–